高等职业教育铁道机车专业教材

电力机车电机电器

主　编　张　龙
副主编　李晓艳　华彤天　杨建东
主　审　郭世明

西南交通大学出版社
·成　都·

内容简介

本书对目前国产主型电力机车上的各类电机、电器的基本原理、工作特点、基本结构、维护保养等做了详细介绍。

全书共分十章，第一至三章系统地介绍了直流和脉流牵引电机的特性、换向和通风冷却、结构和维护保养；第四章介绍了电力机车主变压器和平波电抗器的运行特点及基本结构；第五、六章介绍了三相交流牵引电机的原理及构成，韶山4改型、韶山9型、和谐1型、和谐3型电力机车上交流辅助电机的运行原理及基本构成；第七至十章分别介绍了电器理论基础、电力机车用接触器、继电器、主型电器及其他电器的作用、基本结构、工作原理、主要技术参数、维护保养等知识。

本书可作为高等职业院校电力机车驾驶和电力机车检修专业教材，也可作为普通中等职业学校电力机车专业教材，还可作为电力机务段有关运用、检修人员的岗位培训教材。

图书在版编目（CIP）数据

电力机车电机电器 / 张龙主编. —成都：西南交通大学出版社，2018.8（2025.6 重印）

高等职业教育铁道机车专业“十三五”规划教材

ISBN 978-7-5643-6316-1

Ⅰ. ①电… Ⅱ. ①张… Ⅲ. ①电力机车－电机－高等职业教育－教材②电力机车－牵引电器－高等职业教育－教材 Ⅳ. ①U264

中国版本图书馆 CIP 数据核字（2018）第 177505 号

高等职业教育铁道机车专业教材

电力机车电机电器

主编　张　龙

责任编辑　张文越
助理编辑　李华宇
封面设计　墨创文化

出版发行　西南交通大学出版社
（四川省成都市二环路北一段 111 号
西南交通大学创新大厦 21 楼）
邮政编码　610031
发行部电话　028-87600564　028-87600533
官网　http://www.xnjdcbs.com
印刷　郫县犀浦印刷厂

成品尺寸　185 mm × 260 mm
印张　22.5
字数　560 千
版次　2018 年 8 月第 1 版
印次　2025 年 6 月第 6 次
定价　63.00 元
书号　ISBN 978-7-5643-6316-1

课件咨询电话：028-81435775
图书如有印装质量问题　本社负责退换

前　言

“电力机车电机电器”是电力机车驾驶和检修专业的一门专业课程，主要讲授电力机车上应用的各种电机、电器的基本原理、结构特点、工作特性、技术参数、维护保养等，具体以韶山$_{4\text{改}}$型、韶山$_9$型、和谐$_1$型、和谐$_3$型电力机车应用的各种电机、电器为典型产品进行介绍。本书可作为“电力机车电机电器”课程的理论教材，根据电力机车驾驶、检修专业人才培养方案，参照职业技能规范，结合电力机车运用、检修生产实际编写。课程教学中的实践环节可由各院校根据具体设备状况编写相应的指导书，以达到全面培养学生能力的目标。

本书具有以下主要特色：

（1）结合实际：

本书紧扣教学基本要求，结合当前高等职业教育教学现状，理论知识以“必需、够用”为度，侧重培养学生对所学知识的应用能力。

（2）内容得当：

本书紧扣了我国当前电力机车运用和检修的现状，既介绍传统交-直传动的韶山$_{4\text{改}}$型、韶山$_9$型电力机车中应用到的各种电机、电器，也介绍现代交流传动的和谐$_1$型、和谐$_3$型电力机车中应用到的各种电机、电器。

（3）有利自学：

本书减少了繁杂的理论分析、公式推导，做到了图文并茂、语言规范、深入浅出、通俗易懂，教学重点突出，能满足自学的需求。

本书由陕西铁路工程职业技术学院张龙担任主编，陕西铁路工程职业技术学院李晓艳、南京铁道职业技术学院华彤天和山西同文职业技术学院杨建东担任副主编，西南交通大学郭世明教授担任主审。编写分工为：张龙编写第一章；华彤天编写第二章；南京铁道职业技术学院顾建凯编写第三章；陕西铁路工程职业技术学院田栋栋编写第四、六章；杨建东编写第五章；李晓艳编写第七、八章；陕西铁路工程职业技术学院毛向德编写第九章；天津铁道职业技术学院林桂清编写第十章。本书编写过程中，得到了全国铁道机车专业教学指导委员会的支持，得到了株洲电力机车有限公司、湖东电力机务段等单位和铁路职业教育界同仁的帮助，在此一并表示衷心感谢。

由于编者水平有限，书中难免存在疏漏和不妥之处，恳请广大读者批评指正。

编　者

2018 年 6 月

目　录

第一章　直流牵引电机的特性

牵引电机是驱动机车车辆动轮轴的主电机，为了满足轨道交通运输生产的需要，必须对机车牵引性能提出一定要求，因此，牵引电机在设计参数选择和结构形式上不同于普通电机，而成为电机的一个单独类型。例如，牵引电机能产生足够大的牵引力，能方便和广泛调节速度，有较高的过载能力，具备先进经济技术指标等。

本章结合电力机车运行特点，介绍了牵引电机的一些特殊问题；分析了直流牵引电机的工作特性；比较了不同励磁方式下的直流牵引电机应用于电力牵引时的优缺点；简述了直流电机常用的启动、调速和制动方法；讨论了采用磁场削弱调速时的优点和存在的问题。

第一节　牵引电机的一般概念

一、牵引电机的传动和悬挂方式

牵引电机的安装和一般常见电机不同，它不是用地脚螺钉固定在基础上，而采用悬挂方式安装在机车上，并通过齿轮传动装置驱动机车轮对使机车行驶。因此，必须考虑到机车结构特点和运行要求，合理地选择传动方式和悬挂方式。同时也必须指出，传动和悬挂方式也对牵引电机的总体结构和外形尺寸起着制约作用。

牵引电机的传动方式通常分为个别传动和组合传动两种。

1. 个别传动

个别传动是目前国内外应用最为广泛的传动方式。所谓个别传动是指一台牵引电机只驱动一个轮对,它是借助电机输出轴上的小齿轮驱动轮对轴上的大齿轮来实现机车牵引运行的。个别传动有以下两种悬挂方式。

（1）抱轴式悬挂。

这种悬挂是指牵引电机一侧通过滑动轴承抱在机车动轮轴上，另一侧通过弹性缓冲装置悬挂在机车转向架的横梁上，如图 1-1 所示。这种悬挂的牵引电机，其质量约一半是直接压在机车的动轮轴上，称为簧下质量；另一半通过转向架经轴箱弹簧压在轮轴上，称为簧上质量。故这种悬挂方式有时也称为半悬挂。

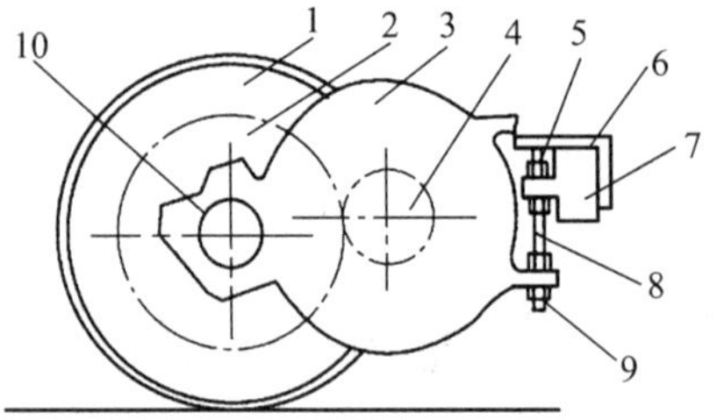

图 1-1　抱轴式悬挂示意图

1—机车动轮；2—大齿轮；3—牵引电机；4—小齿轮；5—橡胶件；
6—安全托板；7—枕梁；8—拉杆；9—橡胶件；10—轮轴

抱轴式悬挂结构简单、检修方便、成本较低。但由于这种悬挂方式牵引电机约一半的质量直接压在机车动轮轴上，且呈刚性连接，使车轮与钢轨之间的动力作用直接传到牵引电机，影响牵引电机的正常工作。此外，齿轮传动比由于受电机轴和轮轴之间中心距离的限制，电机尺寸也不能任意选择，这就限制了机车功率和速度的提高，一般适用于速度不超过 120 km/h 的客、货两用机车。

（2）架承式悬挂。

对于构造速度较高的客运机车和电动车辆，抱轴式悬挂方式已不能适应运行要求，通常要采用架承式悬挂。所谓架承式悬挂就是将牵引电机完全固定在转向架上，这样，牵引电机的全部质量都成为转向架减振弹簧以上的质量，即成为簧上质量。因此，线路动力作用对牵引电机工作的不良影响将大为减少，克服了抱轴式悬挂的缺点。但这种悬挂方式由于牵引电机是簧上部分，在行车过程中，牵引电机的转轴中心线与机车动轴中心线会产生较大的相对移动。为此，必须改变传动结构，在牵引电机转轴和机车动轴之间装置弹性的或联轴节式的传动构件。通常不再将小齿轮（主动齿轮）直接装在电机转轴上，而是通过两个滚柱轴承装在齿轮箱上，并与装在机车动轮轴上的大齿轮相啮合。这时，牵引电机的转轴和小齿轮之间必须采用联轴节传动。

① 采用球面齿式联轴节的架承式悬挂。

采用球面齿式联轴节的架承式悬挂如图 1-2 所示。这种传动方式在我国主要应用在地铁电动车辆上。由图 1-2 可见，牵引电机全部悬挂在机车转向架上。它是在牵引电机机座一侧的上方有两个悬臂，下方有一个支承，均用螺钉固定在转向架上，呈三点半悬挂。可见，电机在转向架上的悬挂结构比较简单。牵引电机转轴传动端与球面齿式联轴节相联，即电机转轴上安装球面齿轮，该球面齿轮传动联轴节内齿圈，内齿圈又传动小齿轮轴上的球面齿轮，再传动小齿轮（装在齿轮箱内），最后传动大齿轮以驱动机车行驶。这种传动方式不仅解决了机车运行中牵引电机转轴相对于机车动轮轴有位移而影响传动的问题，同时由于小齿轮不直接装在电机转轴上，故小齿轮和它的轴可以作成一个整体，从而可减少小齿轮的齿数以提高机车的速度和减轻电机的质量。这种传动方式的缺点是由于

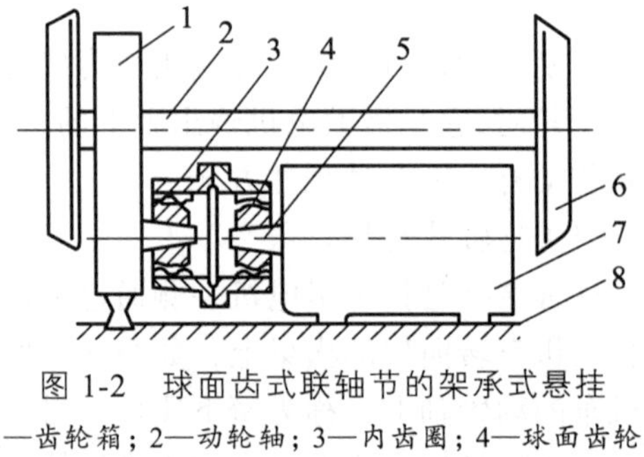

图 1-2　球面齿式联轴节的架承式悬挂

1—齿轮箱；2—动轮轴；3—内齿圈；4—球面齿轮；
5—电机轴；6—动轮；7—电机；8—转向架

联轴节占用了空间，使电机的轴向尺寸缩短，故不适用于大功率干线机车中的牵引电机。

② 采用空心轴传动的架承式悬挂。

大功率牵引电机可采用空心轴传动方式。空心轴传动可分为电枢空心轴和动轮空心轴两类。

采用电枢空心轴传动的架承式悬挂如图 1-3 所示。这种传动方式是将电机的转轴作成空心的，该空心轴通过球面齿式联轴节与动轮轴相连，传动轴穿过空心轴的内腔，将转矩传给小齿轮（装在齿轮箱内）。由于利用了电机空心轴内腔的空间，节省了联轴节所占据的电机轴向空间，故电机可充分利用轴向长度尺寸，以提高牵引电机的功率。

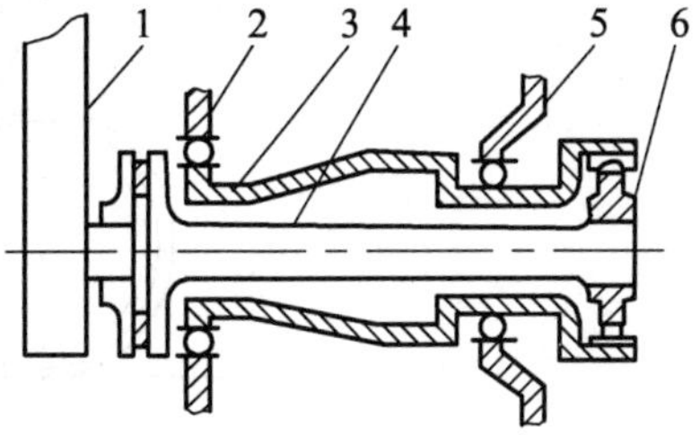

图 1-3　电枢空心轴传动的架承式悬挂

1—传动齿轮箱；2，5—电机端盖；3—电枢空心轴；4—传动轴；6—球面齿式联轴节

电枢空心轴传动方式适用于车速不超过 160 km/h 的准高速客运机车。

采用轮轴空心轴传动的架承式悬挂如图 1-4 所示。这种传动方式由套在轮轴外的空心轴及其两端的六连杆万向节组成。牵引电机是全悬挂，安装在转向架横向中心线上，小齿轮热套在电机转轴上，大齿轮通过滚动轴承装在空心轴的轴套上。电机产生的转矩传递到大齿轮上后，由万向节Ⅰ通过空心轴和万向节Ⅱ传递给车轮Ⅱ，在经车轴传给车轮Ⅰ，驱动机车行驶。

这种传动装置结构复杂，但传递功率大，工作可靠。由于传动齿轮箱支承在转向架构架上，簧下质量显著减轻。轮轴空心轴传动方式适用于车速在 220 ~ 250 km/h 的高速客运机车。

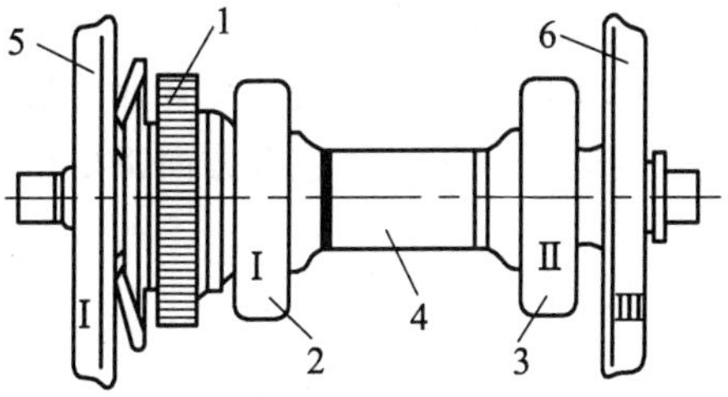

图 1-4　轮轴空心轴传动的架承式悬挂

1—大齿轮；2，3—万向节；4—轮轴空心轴；5，6—动轮

个别传动的主要优点是当一台牵引电机发生故障时，可以单独切除，不会影响其他电机工作，同时充分利用了机车下部空间，所以它得到了广泛应用。但是，由于各轮轴间没有直接的机械联系，个别轮对容易空转，从而使机车的黏着牵引力降低。

2. 组合传动

组合传动就是每个转向架上只安装一台牵引电机（这种转向架称为单电机转向架），通过变速齿轮装置传动该转向架的每一根机车动轮轴。也就是一台转向架的各个轴组合在一起由一台牵引电机驱动，如图 1-5 所示。组合传动装置的结构比个别传动复杂，但由于组合传动有其特点而受到重视。干线电力机车随着铁路运输重载高速的不断发展，要求充分利用机车每一个轮对的黏着重量，以实现大的黏着牵引力，在这种情况下，就倾向采用组合传动。组合传动还有利于降低牵引电机单位功率的质量，因为组合传动相当于把几个轮对上的较小功率的牵引电机合并为一台大功率的电机，电机功率越大，其质量指标（即每 1 kW 功率的质量）越低，在相同容量下，电机造价也将降低。此外，采用组合传动还可以将传动齿轮进行不同的搭配来改变传动比，这样就可实现同一台机车既可成为高速客运机车，又可作为牵引力大的低速货运机车，从而使机车和牵引电机具有通用性。

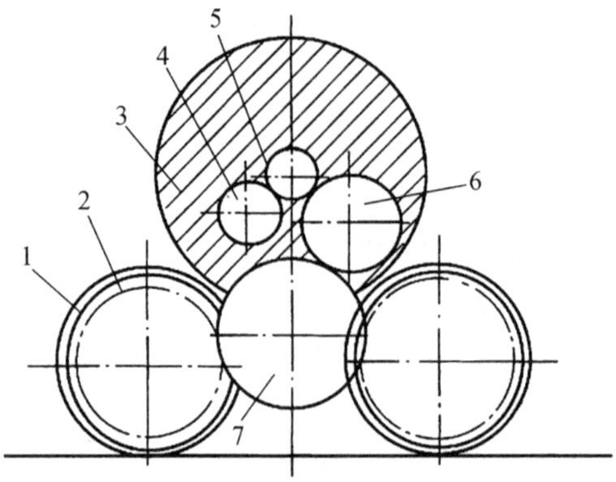

图 1-5　单电机两轴转向架组合传动

1—车轮；2—大齿轮；3—电机；4，6—变速齿轮；5—电机轴上小齿轮；7—中间齿轮

二、牵引电机的主要特点

直流和脉流牵引电机的工作原理和普通直流电机是一致的，其基本结构也是相似的。但是，牵引电机的工作条件与普通直流电机相比有很大区别，因此在选择牵引电机的设计、结构、材料、绝缘、工艺等方面都要慎重考虑。牵引电机工作的主要特点是：

1．使用环境恶劣

牵引电机安装在车体下面，直接受到雨、雪、潮气的影响，机车运行中掀起的尘土也容易侵入电机内部。此外，由于季节和负载的变化，还经常受到温度和湿度变化的影响。因此，电机绝缘容易受潮、受污，对其性能和寿命产生极为不良的影响。所以，牵引电机的绝缘材料和绝缘结构应具有较好的防潮、防尘性能及良好的通风、散热条件。

2．外形尺寸受限制

牵引电机悬挂在车体下面，其安装空间受到很大限制，轴向尺寸受轨距限制，径向尺寸受动轮直径的限制。为了获得尽可能大的功率，要求牵引电机结构必须紧凑，并采用较高等级的绝缘材料和性能较好的导电、导磁材料。

3．动力作用大

机车运行通过钢轨不平顺处（如钢轨接缝、道岔等）时，因撞击而产生的动力作用会传递给牵引电机，使牵引电机承受很大的冲击和振动。试验表明：当机车速度达到 120 km/h 时，抱轴式悬挂的牵引电机，垂直加速度可达 15g；横向加速度可达 7g；电枢表面的动力加速度可达 25g。这样大的动力作用常常造成牵引电机磁极螺栓松动、线圈连线断裂、零部件损坏等故障。同时，由于电刷的振动影响了电刷和换向器的正常接触，导致换向恶化。

当牵引电机采用架承式悬挂时，动力作用大大减小，试验证明其垂直加速度为 0.5g，横向加速度为 0.35g，这充分说明了采用架承式悬挂对发展高速铁路运输具有重要的意义。

4. 换向困难

直、脉流牵引电机换向困难的原因除了受机械动力方面的影响外，还有电气方面的原因，如牵引电机经常起动、制动，此时电流可达额定电流的两倍；当机车在长大坡上运行时，电机将长时间处于过电流状态；当机车高速运行时，采用深的磁场削弱使气隙磁场畸变增大；电网电压波动使电机端电压升高等，这些都将造成牵引电机换向困难。

脉流牵引电机的电流为脉动电流，除了直流分量外，还有一定的交流分量，电磁交流分量的存在将使电机换向更为困难，致使换向火花增大甚至引起环火。因此，在设计直、脉流牵引电机时，必须对换向问题予以特别注意。

5. 负载分配不均匀

牵引电机和普通电机的另一不同之处是：在同一机车上的数台牵引电机，不论在电的方面还是在机械方面都是连接在一起的。在电的方面，各电机之间是并联连接；在机械方面，各电机通过动轮与钢轨间的黏着作用而互相耦合在一起。因此，由于同一台机车上牵引电机特性有差异，各动轮直径不等或个别轮对发生“空转”“滑行”等原因，都有可能造成各电机负载分配不均，有的电机处于过载运行，有的电机处于欠载运行，从而使机车牵引力不能充分发挥。

三、牵引电机必须满足的要求

为了保证牵引电机在上述条件下可靠地工作，同时能适应机车运行的需要，牵引电机必须满足下列要求：

（1）应有足够大的起动牵引力和较高的过载能力。

（2）具有良好的调速性能。保证机车在不同的行驶条件下，有宽广的速度调节范围，并在速度变化范围内，能充分发挥牵引电机的功率。在正、反方向运行时，其特性尽可能相同。

（3）换向可靠。在大电流、高电压、高转速及磁场削弱条件下运行时，换向火花不应超过规定的火花等级。

（4）牵引电机各个部件应具有足够的机械强度，以保证电机在最恶劣的运行条件下可靠工作。

（5）牵引电机的绝缘必须具有很高的电气强度，并具有良好的防潮和耐热性能，以保证电机有足够的过载能力，并在其寿命期限内可靠工作。

（6）牵引电机的结构应充分适应机车运行和检修的需要。如电机的传动与悬挂应使机车与钢轨间的动力作用尽量减小；对灰尘、潮气及雨雪的侵入有良好的防护作用；便于检修和更换电刷等。

（7）必须尽可能地降低牵引电机单位容量的质量，使电磁材料和结构材料得以充分利用。

第二节　直流牵引电机的工作特性

牵引电机输出的机械转矩和转速是说明电机工作特性的两个重要物理量，电机的效率是衡量电机在实现能量转换过程中损耗大小的量。当电压和励磁电流恒定时，牵引电机的工作特性是指电机的转速 n、转矩 T、效率 η 与输出功率 P_2 之间的关系曲线，即 $n=f(P_2)$，$T=f(P_2)$，$\eta=f(P_2)$。在实际运行中，测量电枢电流 I_a 比测量 P_2 容易，且 I_a 随着 P_2 的增加而增加，所以工作特性也可表示为电枢电流的函数，即，即 $n=f(I_a)$，$T=f(I_a)$，$\eta=f(I_a)$。牵引电机的机械特性是指电机转速和电磁转矩之间的关系曲线，即 $n=f(T)$。

励磁方式不同的电机具有不同的特性。直流电机可分为他励、并励、串励和复励，他励电机特性和并励电机相同，因此只需分析并励、串励和复励三种电机的特性。

一、转速特性 $n=f(I_a)$

不论是哪一种励磁方式的直流电机，其转速对电枢电流的变化关系可根据直流电机电动势平衡方程式求得，即

$$U_N = E_a + I_a R_a = C_e \Phi n + I_a R_a \tag{1-1}$$

式中　U_N——加在电机上的端电压，V；

I_a——电枢电流，A；

R_a——电枢回路电阻，Ω；

Φ——每极磁通，Wb；

C_e——电机常数，对于已制成的电机 C_e 为常数，其值为

$$C_e = \frac{pN}{60a \times 10^6};$$

式中　p——磁极对数；

N——电枢绕组的总导体数；

a——电枢绕组的并联支路对数。

由式（1-1）可解得

$$n = \frac{U_N - I_a R_a}{C_e \Phi} \tag{1-2}$$

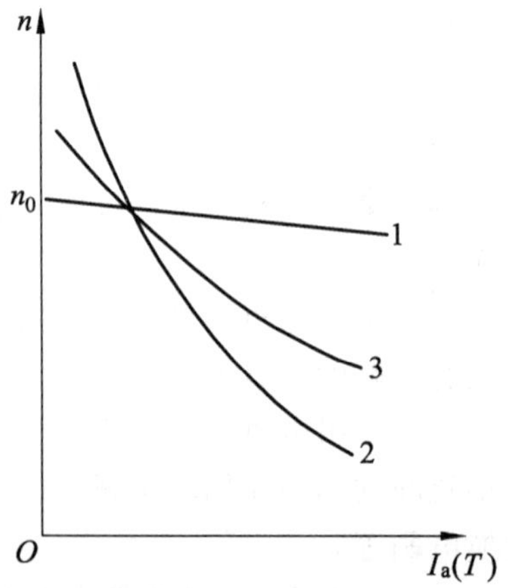

图 1-6　直流牵引电机的转速特性

1—并（他）励；2—串励；3—积复励

从式（1-2）可以看出，当 U 和励磁电流 I_f 都为常值时，影响电机转速的因素有两个：一是电枢回路电阻压降 $I_a R_a$；二是磁通 Φ。各种电机的转速特性如图 1-6 所示。

并励电机，空载时 $P_2=0$，$I_a \approx 0$，此时转速为空载转速 $n_0=\dfrac{U_N}{C_e\Phi}$。随着 I_a 的增加，电阻压降增加，使转速趋于下降；电枢反应的去磁作用使磁通略为减少，又使

转速趋于上升。由于两种因素对转速的影响可部分互相抵消，所以电机转速变化很小。转速特性曲线可能是略为下垂，也可能是略为上翘。实用上，为保证电机稳定运行，常使并励电机具有略为下降的转速特性（曲线 1）。

空载转速 n_0 与额定转速 n_N 之差，用额定转速的百分数表示，称为电机的转速变化率 Δn，即

$$\Delta n=\frac{n_N-n_0}{n_N}\times 100\% \tag{1-3}$$

并励电机在负载变化时转速变化很小，其转速变化率只有 2%～8%，所以基本上是一种恒速电机。

串励电机当 I_a 增加时，一方面 I_aR_a 增大，另一方面由于 $I_f=I_a$，使磁通 Φ 亦增大。这两方面的作用都可使转速降低，因此转速随电枢电流的增加而迅速下降（曲线 2）。如果负载很轻，I_a 和 Φ 都很小，电机转速很高。空载时 $\Phi\approx 0$，理论上电机的转速将趋于无穷大，实际上可达（5～6）n_0。这样高的转速会使转子损坏，因此串励电机不允许在空载或很轻的负载下运行，也不允许使用皮带、链条传动，以免皮带或链条滑脱时，造成空载运行。由于串励电机不允许空载运行，其转速变化率的定义为

$$\Delta n=\frac{n_{1/4}-n_N}{n_N}\times 100\% \tag{1-4}$$

式中　$n_{1/4}$——$P_2=\frac{1}{4}P_N$ 时电机的转速。

复励电机具有并励和串励两套绕组，通常接成积复励。两套绕组的磁势比例不同，可得到不同的特性。在设计时，可以灵活安排它的两种励磁成分，使其特性介于并励和串励电机特性之间（曲线 3）。

二、转矩特性 $T=f(I_a)$

转矩特性的关系可由转矩平衡方程式推出，当忽略空载转矩后，电机输出的转矩等于电磁转矩，故转矩特性可以直接由电磁转矩公式求出，即

$$T=C_T\Phi I_a \tag{1-5}$$

式中　C_T——转矩常数，$C_T=\frac{pN}{2\pi a}$。

各种励磁方式电机的转矩特性，如图 1-7 所示。

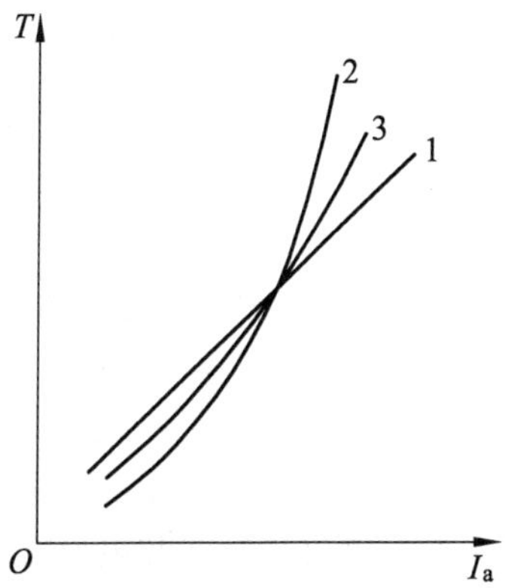

图 1-7　直流牵引电机的转矩特性
1—并（他）励；2—串励；3—积复励

并励电机，磁通不随电枢电流变化而变化，转矩与电枢电流成正比，$T=f(I_a)$ 为一直线（曲线 1）；实际上，由于电枢反应的去磁作用，电机的转矩在电枢电流较大时，稍有下降。对于串励电机，在轻载时磁路不饱和，可以认为 $\Phi\propto I_a$，则 $T=C_T\Phi I_a\propto I_a^2$，所以 $T=C_T\Phi I_a$ 是一条抛物线（曲线 2）；当负载增加时，随着电枢电流的增大，磁路逐渐饱

和，磁通基本不变，$T = C_T \Phi I_a$ 是一条直线。积复励电机转矩特性介于并励和串励之间（曲线 3）。

三、效率特性 $\eta = f(I_a)$

在学习直流电机基本知识时已知，电机进行能量转换过程中，会引起损耗，按负载变化对损耗的影响，可将损耗分为两类：

第一类为铜耗 p_{Cu} 和附加损耗 p_s。它们都随电流变化而变化，且与电流的平方成正比，这类损耗称为变值损耗，用系数 $K'I^2$ 表示。

第二类为铁耗 p_{Fe} 和机械损耗 p_Ω。其总和几乎与负载变化无关，这类损耗称为定值损耗，用系数 K 表示。

因此，电机总损耗可表示为 $\Sigma p = K'I^2 + K$，则电机的效率为

$$\eta = \frac{UI - (K'I + K)}{UI} \tag{1-6}$$

当电压恒定时，按式（1-6）绘成曲线，就可得到电机的效率特性曲线，如图 1-8 所示。

效率特性曲线的形状取决于定值损耗和变值损耗之间的比例关系。由图 1-8 可见，效率特性曲线上有一个最大值 η_{max}（曲线 A 点处），它出现在 $\frac{d\eta}{dI} = 0$ 处。对式（1-6）微分并令 $\frac{d\eta}{dI} = 0$，即

$$\frac{d\eta}{dI} = \frac{UI(U - 2K'I) - U(UI - K'I^2 - K)}{U^2 I^2} = 0$$

化简后得

$$K'I^2 = K$$

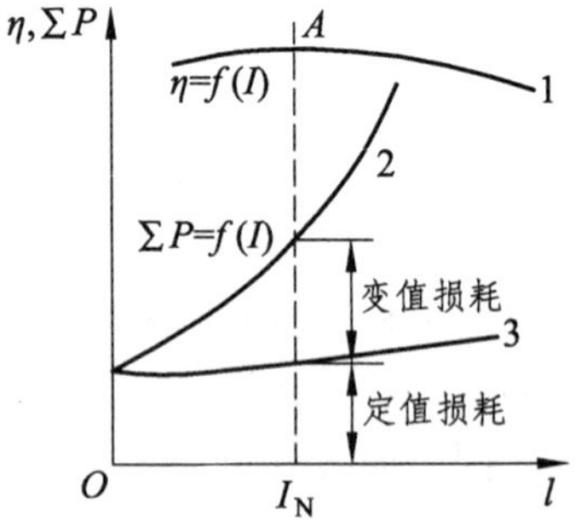

图 1-8　牵引电机的效率特性

1—$\eta = f(I)$ 曲线；2—$\Sigma p = f(I)$ 曲线；3—定值损耗曲线

可见当 $K'I^2 = K$ 时，即变值损耗等于定值损耗时，电机有最高效率。因此，在设计电机时可用控制变值损耗和定值损耗比例关系的方法，使电机在额定电流时或经常工作的电流附近具有最高效率，或者说使电机在一定的负载变化范围内，能获得最优越、最合理的效率。

四、机械特性 $n = f(T)$

机械特性表示了电机中最重要的两个物理量——转速和电磁转矩之间的关系，在电力拖动中具有重要意义，是决定电机能否稳定运行及分析比较各种电机性能的依据。

因为电磁转矩 T 和电枢电流 I_a 有比例关系（$T = C_T \Phi I_a$），机械特性具有与转速特性相似的曲线形状（见图 1-6）。他励和并励电机，速度变化范围较小，称为硬特性；串励电机，速度变化范围大，称为软特性。

五、机车的牵引特性 $F_K = f(v_K)$

机车牵引力 F_K 与机车速度 v_K 之间的关系称为机车牵引特性，它可从牵引电机的转速特性和转矩特性求得。

机车运行速度可用下式表示：

$$v_K = \frac{60\pi D_K n}{10^3 \mu} = \frac{D_K n}{5.3\mu} \text{（km/h）} \tag{1-7}$$

式中　D_K——机车动轮直径，m；

n——牵引电机转速，r/min；

μ——齿轮传动比。

对任一机车来说，动轮直径 D_K 和齿轮传动比 μ 都为常数，因此，机车速度 V_K 正比于电机转速 n，要求得机车速度特性，只要在牵引电机的转速特性上，改变转速 n 的比例尺即可得到，这个比例尺为 $\frac{D_K}{5.3\mu}$。

机车牵引力可用下式表示：

$$F_K = \frac{2T\mu\eta_c}{D_K} \text{（kN）} \tag{1-8}$$

式中　T——牵引电机转矩，kN · m；

η_c——齿轮传动效率。

由式（1-8）可见，依据牵引电机转矩特性 $T = f(I_a)$，改变 T 的比例尺（即乘以 $\frac{2\mu\eta_c}{D_K}$），便可得到机车牵引力特性。

机车牵引特性 $F_K = f(v_K)$ 可以由 $F_K = f(I_a)$ 和 $v_K = f(I_a)$ 两曲线求得。对应于同一负载电流值，可得出相应的轮周线速度和牵引力值，在 F_K-v_K 坐标中可以绘出一个点，将各负载电流值下作出的对应点连接起来，就可作出机车牵引特性 $F_K = f(v_K)$ 曲线。由于 v_K 正比于牵引电机的转速 n，F_K 正比于牵引电机的转矩 T，所以机车的牵引特性曲线与牵引电机的机械特性曲线有相同的形状。

第三节　不同励磁方式下直流牵引电机的特性分析

为了说明哪一种励磁方式的直流电机更适用于作为电力机车上的牵引电机，需要对不同励磁方式的直流电机在机车牵引性能方面进行比较和分析。

一、串励和并励牵引电机的特性比较

1. 自调节性能

由图 1-6 可见，并励牵引电机转速随着负载的增加下降很小，而串励牵引电机转速却随

着负载的增加下降很多。因此，串励牵引电机的牵引力和速度能按照机车的运行条件自动进行调节，在重载或上坡时，随着机车速度的降低，串励牵引电机的转矩能自动增大，使机车发挥较大的牵引力；在轻载或平道运行时，机车牵引力减小，使机车具有较高的速度，即串励牵引电机自调节性能好。

2. 功率的利用

图 1-9 绘出了串励和并励牵引电机的机车的牵引特性。设两种电机具有相同的额定牵引力和额定速度（a点），当牵引力自F_N变化到F_1时，串励牵引电机的工作点由a点变化到b点，并励牵引电机的工作点由a点变化到c点。牵引电机的功率是牵引力和速度的乘积，即$P=F_K v_K$。两种电机相比，并励牵引电机在牵引力F_K变化时，由于速度v_K变化小，所以功率变化较大，因此，并励牵引电机的功率利用不好。串励牵引电机由于其速度v_K随牵引力F_K的增大而降低较多，若在同样的牵引力F_K变化下，它的功率变化比并励牵引电机要小，接近于恒功率运行。因此，串励牵引电机的功率利用较好，能在各种运行条件下充分发挥机车的功率，同时能合理地利用机车上与牵引功率有关的各种电气设备的容量。

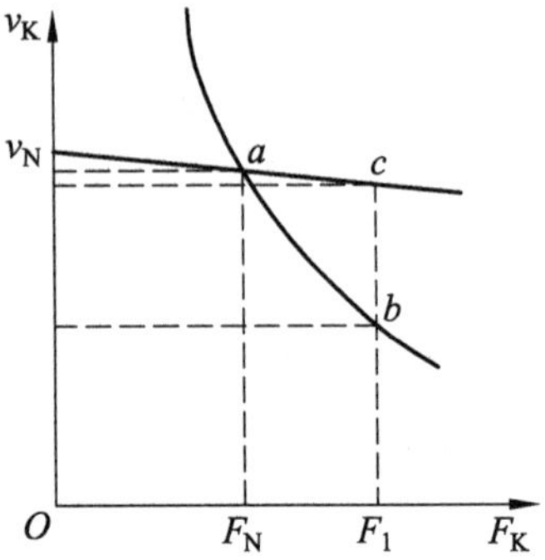

图 1-9　牵引电机的功率利用

3. 牵引电机之间的负载分配

机车运行时，有几台牵引电机并联运行，为了能充分利用机车功率，要求各牵引电机的负载分配要均匀。但是，由于各牵引电机的特性有差异，以及机车动轮直径不完全相同等原因，实际上各牵引电机的负载分配是不均匀的。

图 1-10 所示为牵引电机特性有差异时的负载分配情况。从图中可以看出两台特性稍有差异的串励（或并励）牵引电机，装在一台机车上并联运行时，即使动轮直径相同，电机转速相同，电机的负载电流和转矩均有差别。从图 1-10（a）中可以看出，串励牵引电机具有较软的特性，在同一运行速度下的负载电流I_1和I_2差值比较小。并励牵引电机由于其特性较硬，如图 1-10（b）所示，负载电流I_1和I_2差值要比串励牵引电机大得多。

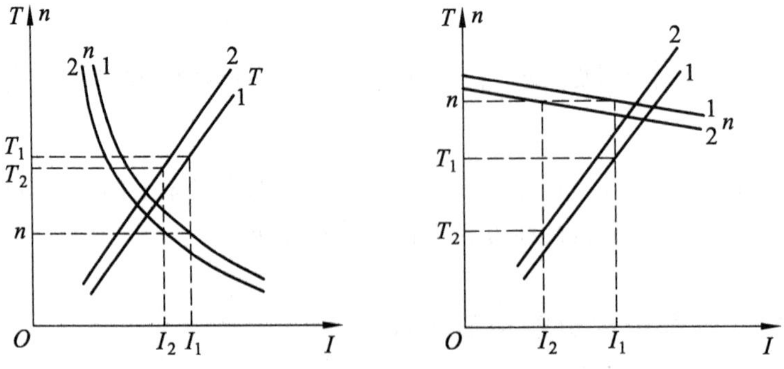

（a）串励　（b）并励

图 1-10　牵引电机特性有差异时的负载分配

如果两台牵引电机的特性完全相同，而各自驱动的动轮直径稍有不同，机车运行时两台电机的转速将产生差异，图 1-11 所示为动轮直径有差异时的负载分配情况。设一台电机的转速为 n_1，另一台电机的转速为 n_2，由相同转速差异引起的负载电流 I_1 和 I_2 的差值，串励牵引电机比并励牵引电机小。

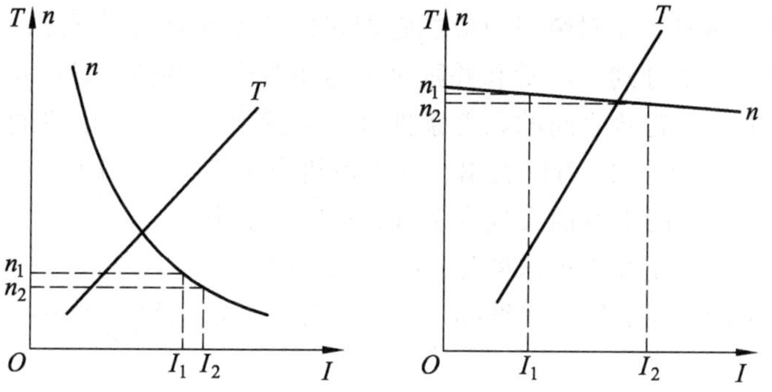

（a）串励　　（b）并励

图 1-11　动轮直径有差异时牵引电机特性的负载分配

4. 电压波动对牵引电机工作的影响

机车运行时，接触网的电压会经常发生波动，当电压突然变化时，由于列车的机械惯性，机车的速度来不及变化，牵引电机就可能承受较大的电流和牵引力冲击。图 1-12 所示为串励和并励牵引电机在电压突然增加时产生的电流和牵引力变化。设电机变化前电压为 U_1，相应的速度特性为 $v_1 = f(I)$，变化后电压为 U_2，相应的速度特性为 $v_2 = f(I)$。从图中可以看出，当电网电压 U_1 突变为 U_2 时，电机的转速来不及变化，电机的工作点从 $v_1 = f(I)$ 曲线跃变到 $v_2 = f(I)$ 曲线上，其电流和牵引力都将产生相应的变化。并励电机由于特性较硬，电流和牵引力的冲击都比串励电机大得多，这将使牵引电机工作条件恶化并引起列车运行中的冲击。

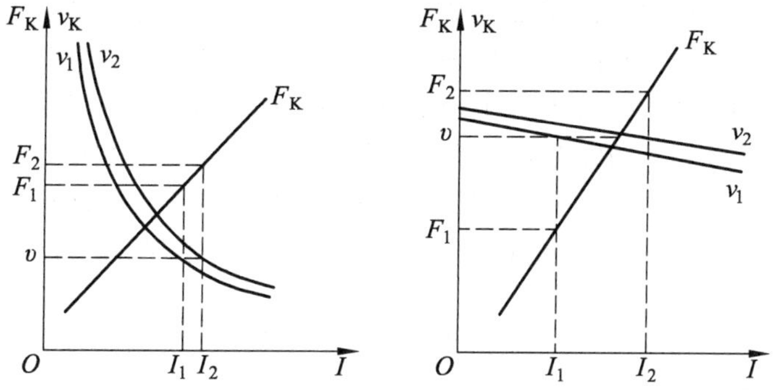

（a）串励　　（b）并励

图 1-12　电压波动时牵引电机电流和牵引力的变化

另外，当牵引电机的外加电压突然增加时，并励电机由于励磁线圈匝数较多，因此电机励磁回路内的电流增长速度要比电枢电路内的电流增长速度慢得多，电枢反电势不能及时增加，在过渡过程开始阶段，会造成电枢电流冲击过大。而串励电机励磁绕组与电枢绕组串联，电流增长速度相同，引起的电流冲击要比并励电机小得多。

5. 防空转性能

机车在重载起动或爬坡时，常会发生黏着破坏而使动轮空转，致使机车牵引力下降。空转时，动轮转速迅速上升，使机车走行部分受到损坏，影响使用寿命；如转速超过牵引电机的最大转速时，还可能造成电机环火等严重故障。因此，要求牵引电机应具有良好的防空转性能，在出现动轮空转时，轮对牵引力应能随着转速的增高而急剧下降，使黏着迅速恢复。

图 1-13 中曲线 1，2 分别为串励和并励牵引电机的牵引特性，设电机工作在 a 点，速度为 n 。由于某种原因，使轮轨之间的黏着条件破坏而发生空转时，电机的转速沿特性曲线上升，速度增量为 Δn 。从图 1-13 可以看出，并励电机由于其特性较硬，牵引力随转速的上升而大幅度下降，轮周牵引力很快地低于黏着牵引力，使黏着迅速恢复；而串励牵引电机特性较软，牵引力下降很小，转速将继续上升，黏着不易恢复，将形成空转。

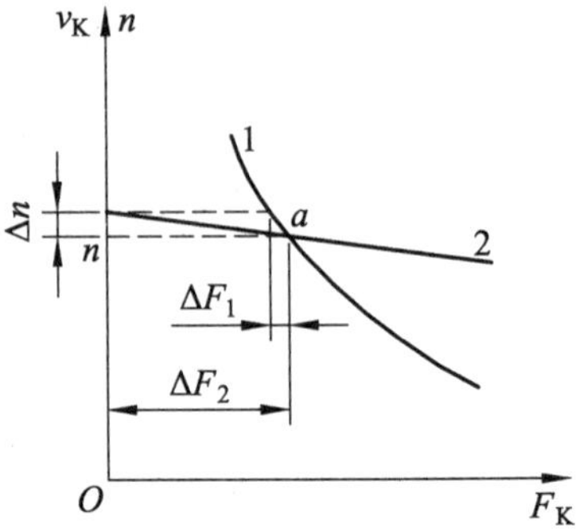

图 1-13　牵引电机防空转性能

1—串励；2—并励

综合上述分析可知，作为机车的牵引动力，串励牵引电机具有自调节性能较好，功率利用较好，并联工作时负载分配较均匀，受电网电压波动影响较小等优点，因此被广泛地应用于电传动机车上。

但是，机车上采用串励牵引电机也存在缺点，主要为：

（1）个别传动时，容易发生空转。

（2）电气制动时，由于串励发电机特性不稳定，需要将励磁绕组改接为他励。这样既增加了设备，又给操纵带来麻烦。

为此，近年来又研制和发展了一些具有硬特性的他励和积复牵引电机。

二、他励牵引电机

他励电机的特点是励磁绕组由单独电源供电。对应于一定的电枢电压和励磁电流，其转速特性和并励电机相同，是一条略为下降的硬特性曲线，并不符合机车牵引的要求。但是，如果在一定的端电压下，能人为或自动地调节他励电机的励磁电流，就可获得许多条特性曲线，如图 1-14 所示。如果连续调节励磁电流，磁通将连续变化，造成特性曲线连续移动，可以形成“面”形特性。所以，只要根据需要对励磁电流进行调节，他励电机的工作点就可以运行在该“面”上任何一个位置（见图 1-14 中虚线所标定的范围内），达到符合机车牵引要求的特性。

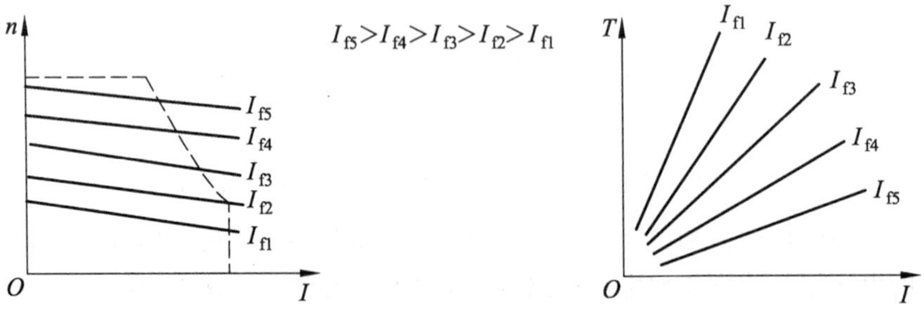

（a）转速特性　　（b）转矩特性

图 1-14　牵引电机防空转性能

随着大功率晶闸管元件和电子控制技术的发展，能够对他励电机进行连续的外部调节，以获得优良的牵引特性，他励电机就有可能作为电传动机车的牵引电机。

电力机车上采用他励牵引电机的优点是：

（1）合适的调节特性。根据机车运行条件的需要，可以通过对他励牵引电机的电压和励磁电流进行自动连续的特殊控制，在最大可能的调速范围内进行平滑调速，并获得所希望的软特性，使机车实现恒转矩起动的恒功率运行。

（2）优良的防空转性能。在出现空转时，利用他励电机本身具有的硬特性，及时制止空转，提高黏着利用。

（3）充分发挥机车牵引力。可针对机车中每台牵引电机的特性、轮径、轴重等特点采用个别励磁，使每台电机都能充分发挥牵引力。

（4）能实现无级磁场削弱。

（5）便于牵引和制动工况的转换。当机车由牵引工况转入制动工况时，电路不需要进行大的换接，他励电机便可立即进入他励发电机，并能平滑控制制动力。

由此可见，采用控制励磁调节的他励电机作为牵引电机是有发展前途的。但是，这需要一套复杂的电子控制系统来进行励磁调节。因此，从经济性、可靠性等方面它不如自调节性能良好的串励电机。

三、积复励牵引电机

电力机车中采用的复励电机，其原理如图 1-15 所示。它有一个串励绕组和一个他励绕组，两绕组极性相同，因而是积复励电机。复励电机的机械特性介于并励特性与串励特性之间（见图 1-6）。它既有串励电机的优点——自调节性能较好，功率利用较好，并联工作时负载分配较均匀，受电网电压波动影响较小等；又有他励电机的优点——防空转性能好，电气制动方便（电气制动时，将串励绕组切除，就成为他励发电机）。

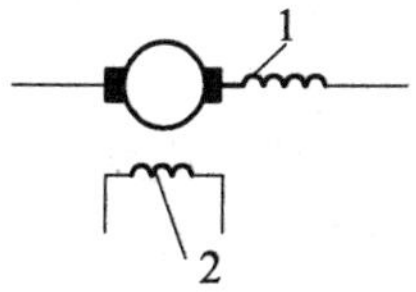

图 1-15　复励牵引电机原理图

1—串励绕组；2—他励绕组

另外，复励牵引电机的他励绕组的励磁电流也可根据机车运行条件进行调节，以获得更大的调速范围。因此，复励牵引电机已得到广泛应用。如国产韶山$_7$型电力机车，从日本引进的 6K 型电力机车均采用复励牵引电机。

第四节　直流牵引电机的启动、反转、调速和制动

一、直流牵引电机的启动

直流电机由静止状态达到正常运转状态的过程称为启动过程。直流电机在启动过程中不仅转速发生变化，而且转矩、电流等也在发生变化。

当忽略电枢绕组电感时，电枢电流 I_a 为

$$I_a = \frac{U - E_a}{R_a} \tag{1-9}$$

在启动开始瞬间，由于转速 $n = 0$，故电枢感应电动势 $E_a = 0$，此时的电流称启动电流，用 I_{st} 表示：

$$I_{st} = \frac{U}{R_a} \tag{1-10}$$

由于电枢绕组电阻 R_a 很小，如果直接加额定电压启动，启动电流 I_{st} 很大，可达到额定电流的十几倍。这样大的启动电流将带来以下不良影响。

（1）使电机换向恶化，产生严重的火花，导致电刷和换向器表面烧损。

（2）产生很大的电磁转矩，使传动机构和生产机械受到强烈冲击而损坏。

（3）使电网电压波动，影响供电的稳定性。为此，在启动时必须设法限制启动电流 I_{st}。

由式（1-10）可知，为了限制启动电流，可降低电机外加电源电压或增大电枢回路的电阻，这是通常采用的两种启动方法。

1. 降低电源电压启动（降压启动）

在启动瞬间，给直流电机加上较低的直流电压，随着电机转速的升高，电枢电动势在逐渐地增加，同时端电压 U 也人为地不断增加，U 与 E_a 的差值使启动过程中电枢电流保持在允许的范围内，直到电机端电压上升到额定值，电机启动完毕。采用降低电源电压的方法启动并励电机时必须注意：启动时必须加上额定的励磁电压，使磁通在一开始就有额定值，否则电机的启动电流虽然比较大，但启动转矩却较小，电机仍无法启动。

降压启动的优点是在启动过程中无电阻损耗，并可达到平稳升速，但需要专用的电源设备，多用于要求经常启动的大中型直流电机。在采用直流电机作为牵引动力的机车上，电源由专门的发电机或变压器供给，通过调节发电机的励磁和变压器的抽头很容易改变其输出电压。因此，降压启动广泛应用于电力机车和内燃机车上。

2. 电枢回路串电阻启动（变阻启动）

直流电机在电枢回路串入适当的启动电阻 R_{st}，按照把启动电流 I_{st} 限制在 $1.5 \sim 2.5\,I_N$ 的范围内来选择启动电阻的大小。在启动过程中，随着转速 n 的升高，电枢电动势 E_a 也在升高，电枢电流就相应地减小，为了保持一定的加速转矩，应逐渐将启动电阻切除，直到启动电阻被全部切除，电机启动完毕，达到额定转速稳定运行。

变阻启动能有效地限制启动电流，所需启动设备简单，广泛应用于各种中小型直流电机，如工矿机车、城市电车上多采用电阻启动。但变阻启动过程中能量消耗大，不适用于经常启动的大中型直流电机。

二、改变直流牵引电机转向的方法

直流电机的旋转方向取决于电磁转矩的方向，而电磁转矩 $T = C_T \Phi I_a$ 的方向取决于磁通

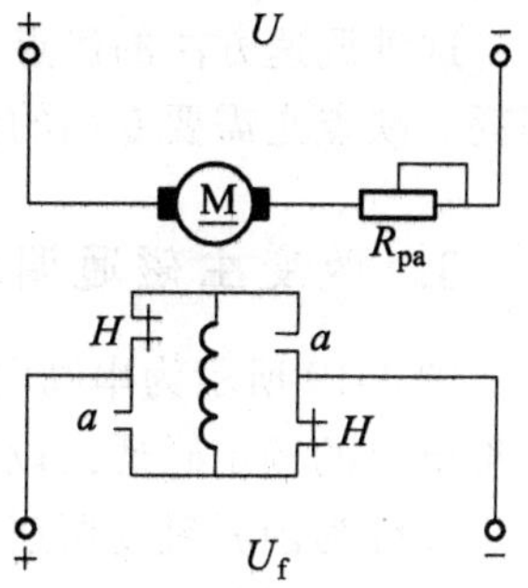

图 1-16　励磁绕组反接

Φ 与电枢电流 I_a 相互作用的方向，故实现电机反转的方法有两种：一种是改变磁通（即励磁电流）的方向，另一种是改变电枢电流的方向。若同时改变磁通方向及电枢电流的方向，则直流电机的转向维持不变。牵引电机常采用励磁绕组反接法，如图 1-16 所示。

由图 1-16 可见，利用电器触头 H、a 的闭合与断开将励磁绕组进行反接，改变了励磁绕组中电流的方向，进而改变了磁通的方向，以达到实现改变直流牵引电机转向的目的。

三、直流牵引电机的调速

在电机的机械负载不变的条件下，用人为的方法调节电机的转速就叫调速。

由图 1-16 所列出的电机转速为

$$n=\frac{U-I_a(R_a+R_{pa})}{C_e\Phi} \tag{1-11}$$

式中　R_{pa}——电枢回路串接的电阻。

由式（1-11）可知，影响电机转速的 3 个因素是电源电压 U 、电枢回路串接的电阻 R_{pa} 、气隙主磁通 Φ 。因此，改变以上 3 个因素中任何一个，都能达到调节电机转速的目的。

1. 电枢回路串接电阻调速

图 1-17 所示为串励电机电枢串接电阻时的机械特性。在某一负载下，电阻越大，转速越低。

这种调速方法的优点是只需增设电阻和切换开关，设备简单，控制方便。缺点是能耗较大，经济性差；速度调节是有级的，调速的平滑性差。

2. 改变电源电压调速

图 1-18 所示为串励电机电压降低时的机械特性。在某一负载下，电压越低，转速也越低。为保证电机安全运行，电压只能以额定电压为上限而降低，也称降压调速。

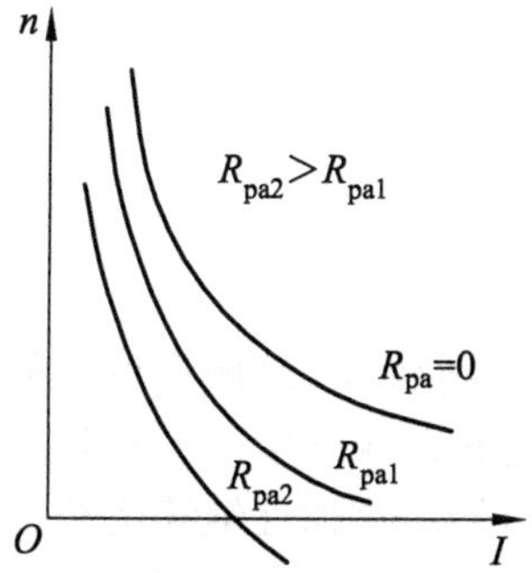

图 1-17　串励电机电枢串接电阻时的机械特性

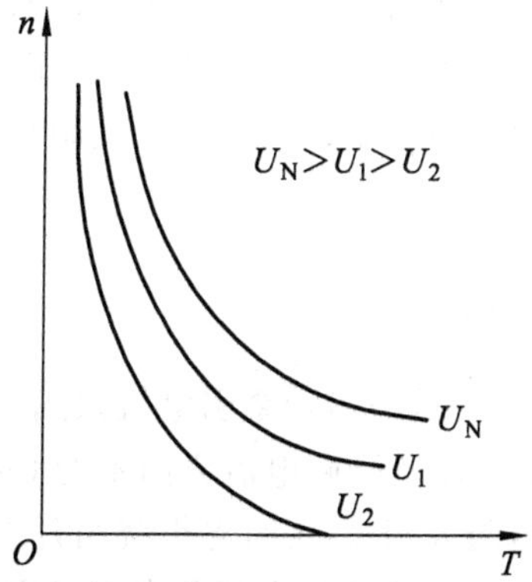

图 1-18　串励电机电压降低时的机械特性

这种调速方法的优点是电源电压若能平滑调节，就可实现无级调速；调速中无附加能量损耗。缺点是需要专用的调压电源，成本较高；转速只能调低，不能调高。

3. 改变主磁通调速

图 1-19 所示为串励电机磁通减弱时的机械特性。在某一负载下磁通越弱，则转速越高。一般电机的额定磁通已设计得使铁心接近饱和，因此，改变磁通只能在额定磁通下减弱磁通，所以又称为削弱磁场调速。削弱磁场需要在励磁绕组的两端并联电阻，一般电机的励磁功率只有电机容量的 1% ~ 5%，因此用于削弱磁场的并联电阻容量也很小。

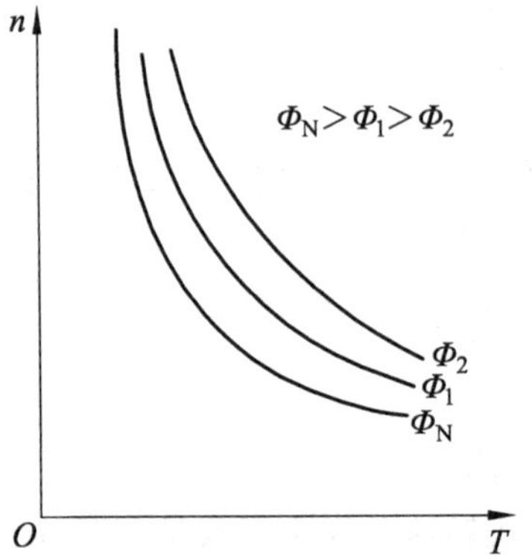

图 1-19 串励电机磁通减弱时的机械特性

这种调速方法设备简单、控制方便、功率损耗小，可以提高电机的转速，是直流牵引电机常用的调速方法之一。

直流牵引电机，为扩大调速范围，常把几种方法配合使用。如地铁电动车组，常采用电枢串电阻和弱磁调速；电力机车和内燃机车，常采用改变电压和弱磁调速。

四、直流牵引电机的制动

机车运行过程中，有时需要尽快使牵引电机停转或从高速运行转换到低速运行；机车下坡时，需要限制牵引电机的转速，以免发生危险。这就需要在牵引电机的轴上加一个与转向相反的转矩（称制动转矩）来实现，该过程称为牵引电机的制动。

若制动转矩是由机械制动闸产生的摩擦转矩，则称为机械制动；而制动转矩是牵引电机本身产生的电磁转矩，则称为电气制动。直流牵引电机的电气制动可分为能耗制动和再生制动两种。

1. 能耗制动

图 1-20 所示为串励牵引电机采用能耗制动的电路。电气制动时，励磁绕组由单独的励磁电源供电，并保持励磁电流方向不变（磁通方向不变），将电枢绕组从电源上断开并立即接到一个制动电阻 R_L 上。这时电枢绕组外加电压 $U=0$，而电机转子靠惯性继续旋转，切割方向未变的磁通，所感应的电势仍存在且方向不变，因此，产生的电枢电流（制动电流）为

$$I_a=\frac{U-E_a}{R_a+R_L}=\frac{-E_a}{R_a+R_L}=\frac{-C_e\Phi n}{R_a+R_L} \tag{1-12}$$

由式（1-12）可见，电枢电流 I_a 改变了方向，而磁通 Φ 的方向未变，电磁转矩 $T=C_T\Phi I_a$ 亦改变了方向。因此，T 与 n 的方向相反，T 成为制动转矩，使电机转速很快下降。

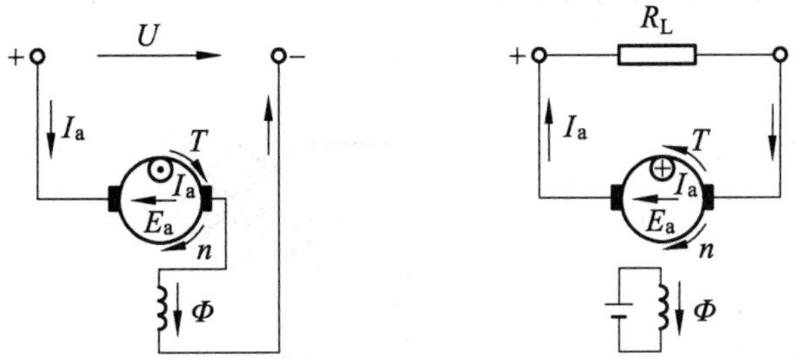

（a）电机状态　　（b）发电机状态

图 1-20　能耗制动时电路原理接线图

在制动过程中，电机靠惯性继续旋转，在磁场不变的情况下，产生感应电势方向不变并输出电流，变成一台他励发电机，把机车的动能转换成电能，消耗在制动电阻上，故称为能耗制动。

调节制动电阻 R_L 或调节励磁电流改变磁通的大小，都可以改变制动电流的大小，以调节制动转矩的大小。另外，电机的转速越高，制动转矩越大，则制动的效果越好；而低速时，制动转矩相应变小，需要配用机械制动，使电机迅速停转。

电力机车上多采用串励牵引电机，在电气制动时，由于串励发电机特性不稳定，需要将励磁绕组改为他励。

能耗制动设备简单，操作方便。但制动时，将列车的动能转换为电能后消耗在电阻上，变成热能散发到大气中，没有被利用，而且低速时制动效果差。

能耗制动所需设备简单，成本低，操作方便。不足之处是列车的动能转换为电能后消耗在电阻上，变成热能散发到大气中，没有被利用；不易迅速制停，因为当电机转速 n 较小时，E_a 较小，I_a 也较小，使制动转矩相应减小。在低速时可以采取减小制动电阻 R_L 的方法增大电枢电流 I_a，以提高低速区的制动转矩。

2. 再生制动

再生制动时，电机作为发电机运行，电磁转矩为制动转矩，将列车的动能转换为电能回馈给电网。

电机作电机运行时，电源电压 U 大于反电动势 E_a，电枢电流方向与 U 同向，电磁转矩方向与转向相同。保持磁通方向不变，当转速升到一定数值后，感应电势 E_a 大于电源电压 U，电枢电流方向与 E_a 同向，电机作发电机运行，电磁转矩与转向相反，起制动作用，发电机产生的电能送回到电网。

电力机车下坡时，由于重力加速度的作用使车速增高，牵引电机感应电势 E_a 随之增大，若 $E_a=U$，则 $I_a=0$，牵引电机就不需要从电网输入电能，电力机车由于本身的位能自动滑行并继续加速。转速继续升高，将使 $E_a > U$，则电枢电流 I_a 反向，牵引电机自动转换为发电机运行状态。此时，机车下坡的位能，通过电机转换成电能，回馈给电网。由于电枢电流 I_a 反向，电磁转矩也随之反向而起到制动作用，车速越高，制动转矩越大，如图 1-21 所示。转速增高到一定程度，电力机车下坡时的位能产生的动力转矩与电机的制动转矩和摩擦相平衡时，电力机车可恒速稳定向下滑行（ b 点）。

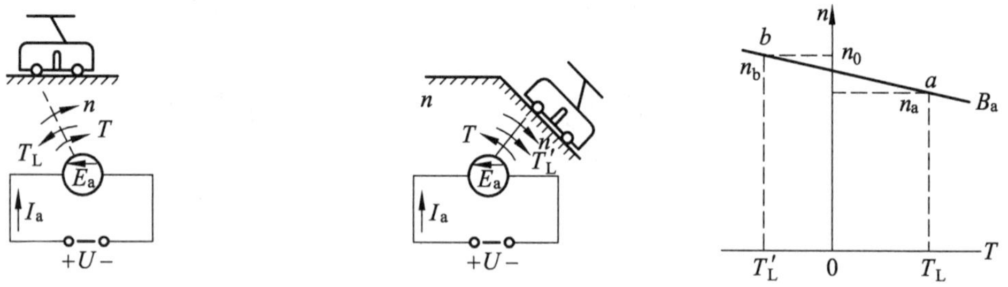

（a）平路行驶（电机状态，$U>E_a$，$I_a>0$）（b）下坡（发电机状态，$E_a>U$，$I_a<0$）（c）机械特性

图 1-21　电力机车下坡时的回馈制动

他励和复励牵引电机回馈制动时，需要保持励磁绕组的电流方向不变，电枢回路的接线不变。串励牵引电机进行回馈制动时，由于串励发电机在许可的范围内工作不稳定，需要将串励绕组改接为他励，由较低的电压供电以得到所需要的励磁电流。

再生制动效果好，可将机车的动能转换为电能反馈给电网。其经济效果好，是一种很有前途的制动方式。

第五节　直流串励牵引电机的磁场削弱

机车运行的特点是频繁起动和根据线路纵断面的变化广泛地调节行驶速度。直流牵引电机具有良好的调速性能，并广泛地采用改变端电压和主极磁通的调速方法。改变主极磁通的调速方法很多，目前比较常用的一种是在电机主极绕组两端并联一级或数级分路电阻，从而减少励磁电流和磁通。因此，又称为磁场削弱，如图 1-22 所示。当分路电阻上的开关断开时，励磁绕组中电流等于电枢电流，这种状态称为满磁场。如果开关闭合，电枢电流中的一部分流过分路电阻，励磁绕组中的电流小于电枢电流，电机处于磁场削弱状态。磁场削弱的程度取决于分路电阻的大小，只要改变分路电阻的阻值，就能获得不同的磁场削弱。

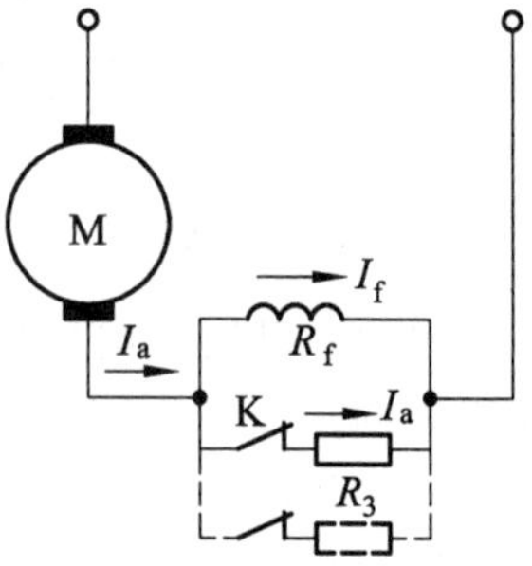

图 1-22　磁场削弱原理图

一、磁场削弱系数

牵引电机磁场削弱的程度可用磁场削弱系数 β 来表示，即

$$\beta = \frac{F_\beta}{F_{\mathrm{f}}} \tag{1-13}$$

式中 F_β——磁场削弱时励磁绕组的磁势；

F_{f}——满磁场时励磁绕组的磁势。

因为在磁场削弱前后，励磁绕组的匝数是不会变化的，因此，式（1-13）又可表示为

$$\beta = \frac{F_\beta}{F_{\mathrm{f}}} = \frac{I_{\mathrm{f}}W}{I_{\mathrm{a}}W} = \frac{I_{\mathrm{f}}}{I_{\mathrm{a}}} \tag{1-14}$$

式中 I_{f}——磁场削弱时通过励磁绕组的电流；

I_{a}——磁场削弱时的电枢电流；

W——励磁绕组匝数。

设励磁绕组的电阻为 R_{f}，分路电阻为 R_{s}，则

$$(I_{\mathrm{a}} - I_{\mathrm{f}})R_{\mathrm{s}} = I_{\mathrm{f}}R_{\mathrm{f}}$$

即

$$I_{\mathrm{f}} = \frac{R_{\mathrm{s}}}{R_{\mathrm{f}} + R_{\mathrm{s}}} I_{\mathrm{a}}$$

代入式（2-14）可得

$$\beta = \frac{R_{\mathrm{s}}}{R_{\mathrm{f}} + R_{\mathrm{s}}} \tag{1-15}$$

对于已制成的电机，R_{f}是常数，因而，从式（1-15）可见，磁场削弱系数β值是由分路电阻R_{s}决定的，与励磁绕组的匝数无关，当需要改变β时，只需改变分路电阻值即可。

值得注意的是，由于R_{s}值较小，所以当同一台机车各电机的R_{s}值有差异时，将造成磁场削弱时的特性差异，引起负载分配不均匀。

二、磁场削弱时的电机特性

当牵引电机在某一磁场削弱级运行时，相应的有一条磁场削弱特性曲线，这条特性曲线可以根据满磁场时的特性曲线求得。

1. 恒电压磁场削弱时的转速特性

满磁场时，牵引电机的转速为n，且

$$n = \frac{U - I_{\mathrm{a}}R_{\mathrm{a}}}{C_{\mathrm{e}}\Phi} \approx \frac{U}{C_{\mathrm{e}}\Phi}$$

磁场削弱系数为β时，牵引电机的转速为n'，电枢电流为I'_{a}，磁通为Φ'，则

$$n' = \frac{U - I'_{\mathrm{a}}R_{\mathrm{a}}}{C_{\mathrm{e}}\Phi'} \approx \frac{U}{C_{\mathrm{e}}\Phi'}$$

两式相除，得

$$\frac{n'}{n}=\frac{\Phi}{\Phi'} \tag{1-16}$$

若令磁场削弱时的转速 n' 等于满磁场时的转速 n，即 $n'=n$，从式（1-16）可知，此时两种情况下的磁通必须相等，即 $\Phi'=\Phi$。所以，磁场削弱时的励磁电流与满磁场时的励磁电流必须相等。为了保证这一条件，磁场削弱时的电枢电流 I'_a 必须是满磁场电枢电流 I_a 的 $\frac{1}{\beta}$ 倍，即 $I'_a=\frac{1}{\beta}I_a$。

因此，只要把恒定电压满磁场时的转速特性曲线各点的横坐标（I_a）加大 $\frac{1}{\beta}$ 倍，即可得到磁场削弱系数为 β 时的转速特性曲线，如图 1-23 所示。图 1-23 中曲线 1 为满磁场时的转速特性曲线，取曲线上任一点 A，沿水平方向右移到离纵轴 $\frac{I_a}{\beta}$ 处，便可得到点 B。用相同的方法逐点平移，即可画出磁场削弱系数为 β 时的转速特性曲线 2。

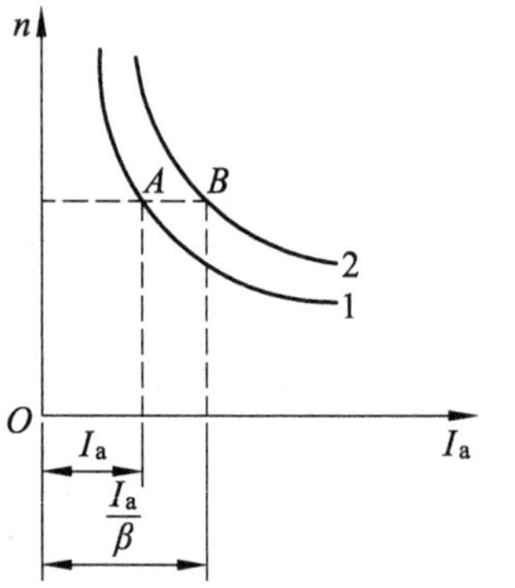

图 1-23　恒电压磁场削弱时的转速特性

1—满磁场；2—削弱磁场

由图 1-23 可见，在同样的负载电流下，磁场削弱后电机转速比满磁场时增加了。因此，通过多级磁场削弱，可以扩大牵引电机的调速范围，即增加了机车的调速范围。

磁场削弱可以在任意端电压下进行，但一般机车的调速通常是先调节牵引电机的端电压，当牵引电机的端电压已达到额定值，仍需要提高机车速度时，才用磁场削弱，作为扩大机车调速范围的辅助手段。磁场削弱程度越深，机车运行的速度越高。磁场削弱深度受到一定的限制，由于电枢磁场的影响，过分削弱磁场会使主磁场严重畸变，最大片间电压增大。同时，电机转速很高，不能保证牵引电机的安全换向，甚至会引起环火。因此，牵引电机的最小磁场削弱系数受换向条件限制。

当牵引电机磁场削弱系数的允许极限 β_{min} 确定后，如果采用分级削弱，还必须决定磁场削弱级数，也就是决定各级的 β 值。决定的原则是：分别画出满磁场和最深磁场削弱时的特性曲线，在各级间过渡时，应使牵引电机电流或牵引力的波动限制在一定的范围内。如 ZD105 型脉流牵引电机有 3 个磁场削弱级，分别为 70%、54% 和 45%。另外，为了改善该脉流牵引电机的换向，在励磁绕组上并联一个固定分路电阻，其固定磁场削弱系数 β_0 为 96%。

上述用闭合接触器接入分路电阻进行磁场削弱的方法属于有级调速，其级数少而且特性不连续，在转换过程中电流和牵引力将产生突变，使机车运行不平稳。目前有些机车，应用晶闸管无级磁场削弱电路，实现了从满磁场到最深削弱磁场的连续平滑调节，不仅改善了机车的工作性能，还减少了有触点开关和分路电阻，提高了机车运行的可靠性。

2. 恒电压磁场削弱时的转矩特性

设满磁场时，牵引电机的电磁转矩为 T；磁场削弱系数为 β 时，牵引电机的电磁转矩为

T'，则

$$T = C_T \Phi I_a$$
$$T' = C_T \Phi' I'_a$$

两式相除，得

$$\frac{T'}{T} = \frac{\Phi' I'_a}{\Phi I_a} \tag{1-17}$$

按前述假设，磁场削弱后的主磁通与满磁场时的主磁通相等，则两者的励磁电流亦相等，因此，两种情况下电枢电流的关系为

$$I'_a = \frac{1}{\beta} I_a \tag{1-18}$$

将式（2-18）代入式（2-17），得

$$T' = \frac{1}{\beta} T \tag{1-19}$$

从式（1-18）和式（1-19）可知，只要将满磁场转矩特性曲线上任一点的纵横坐标值各乘以 $\frac{1}{\beta}$，就能得到磁场削弱系数为 β 时的转矩特性曲线上的相应点，绘出磁场削弱时的转矩特性曲线，如图 1-24 所示。

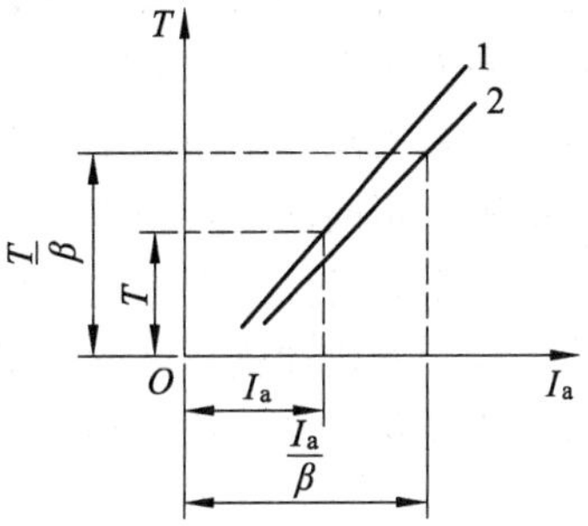

图 1-24　恒电压磁场削弱时的转矩特性

1—满磁场；2—削弱磁场

三、串励牵引电机在恒电压下磁场削弱时的功率利用

串励牵引电机由于其特性为软特性而具有良好的牵引性能。但是，在端电压一定时，随着电机转速的增高，串励牵引电机发出的功率将不断地减少。图 1-25 中曲线 1 是满磁场时的转速特性，当电机的转速由 n_N 增加到 n' 时，电机电流由 I_N 下降为 I'，电机的功率也相应减少。因此，在满磁场下工作的串励牵引电机，当其转速在高于额定值的范围内运行时，电机的功率并没有充分发挥。当串励牵引电机采用磁场削弱时，如图 1-25 中曲线 2 和曲线 3，转速由 n_N 增至 n' 时，电机电流下降较少，可以在接近额定电流或额定电流下运行。因此，磁场削弱能够充分发挥牵引电机的功率。

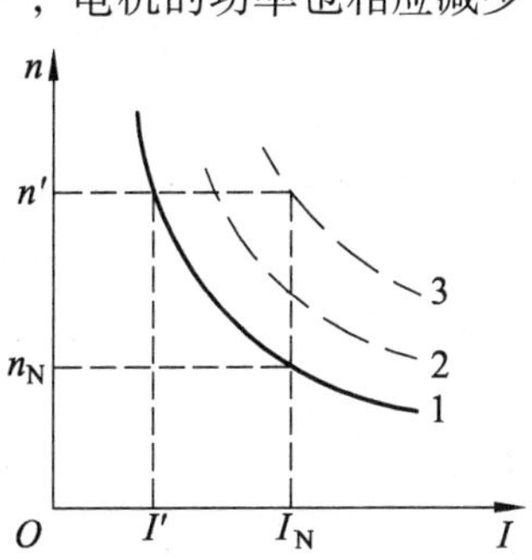

图 1-25　牵引电机的功率利用

1—满磁场；2、3—削弱磁场

串励牵引电机在采用磁场削弱时，为什么能够充分发挥其功率呢？下面根据机车的运行特点，分析串励牵引电机在两种不同运行条件下的功率发挥情况。

1. 当机车牵引力不变时

设牵引电机在满磁场时的功率为 P，转矩为 T，转速为 n，则

$$P = Tn$$

进行磁场削弱后，牵引电机的功率为 P'，转矩为 T'，转速为 n'，则

$$P' = T'n'$$

由于磁场削弱前后机车的牵引力不变，即牵引电机的转矩不变，$T = T'$。但进行磁场削弱后，牵引电机的转速增高，$n' > n$。所以牵引电机的功率相应增大。磁场削弱越深，转速增加越多，功率增加也越多。

2. 机车上坡牵引并维持磁场削弱前的速度时

磁场削弱前后机车的速度不变，即牵引电机的转速不变，则

$$n' = n$$

机车上坡时要维持速度不变，牵引力必须增加，此时如采用磁场削弱，则 $T' > T$，牵引电机的功率 $P' = T'n'$ 相应增大。

因此，采用磁场削弱，不仅能发挥牵引电机的全功率，甚至能够提高牵引电机的利用功率。根据机车不同的运行条件，磁场削弱所得到的功率增量，对于恒压供电的串励牵引电机来说，是由于磁场削弱后的电枢电流增大而得到的（见图 1-23 和图 1-24），这时牵引电机可能过载运行，发热加剧。因此，最合理的办法是：根据不同的运行条件，尽可能使磁场削弱后电枢电流变化不大，使串励牵引电机的功率得到充分利用。

小 结

牵引电机的传动方式分为个别传动和组合传动两种。个别传动是一台牵引电机只驱动一个轮对，其主要优点是一台牵引电机发生故障时可切除，并不影响其他电机工作，提高了机车运行的可靠性；缺点是个别轮对容易空转，使机车的黏着牵引力降低。个别传动的牵引电机有两种悬挂方式：抱轴式悬挂结构简单，但簧下重量大，动力作用大，只适用车速不超过 120 km/h 的电力机车；架承式悬挂因电机的重量均为簧上重量，改善了牵引电机的工作条件，如采用电枢空心轴传动，机车速度可达 160 km/h，如采用轮轴空心轴传动，机车速度可达 250 km/h。组合传动也称为单电机转向架，这种传动方式虽然结构复杂，但牵引电机功率大，经济指标高，是值得关注的发展方向。

牵引电机（尤其是采用抱轴式悬挂的脉流牵引电机），其工作条件极为困难，主要特点是：使用环境恶劣；外形尺寸受限；动力作用大；换向困难；负载分配不均等。为适应机车运行的需要，对牵引电机提出了相应的要求。

直流牵引电机的特性有工作特性和机械特性，代表了电机本身的运行性能。励磁方式不同的牵引电机其特性差异较大，他励和并励电机，转速随负载变化较小，称为硬特性；串励电机转速随着负载变化较大，称为软特性。

具有软特性的串励牵引电机，自调节性能好，功率利用较好，并联工作时负载分配较均匀，受电网电压波动影响较小。它在电力机车上得到了广泛应用。其主要缺点是：个别传动

时容易发生空转；电气制动时需将串励改为他励。他励电机具有硬的机械特性，并不符合牵引要求。但是，如果利用晶闸管系统自动连续地调节励磁电流，便可获得所需要的牵引性能。机车上采用他励牵引电机的主要优点是：具有优良的防空转性能，能实现无级调速等。串励加他励的积复励牵引电机，他励磁场电流用微机控制，可获得良好的牵引性能。

启动、反转、调速和制动是电机运行时必须解决的问题。启动的问题主要是限制启动电流的大小，电力机车的牵引电机常用降压启动。调速问题实际上是用改变外加电压、电枢回路附加电阻和主极磁通的方法改变电机的机械特性，使它与负载有不同的交点，从而获得不同的转速。电气制动是使电机本身产生的电磁转矩与转向相反而成为制动转矩，使电机停转或限速运行，有能耗制动和回馈制动。

牵引电机的磁场削弱是指采用某种手段，将电机的励磁磁势（主磁通）减少。常用的方法是在电机励磁绕组两端并联分路电阻。采用磁场削弱，可以提高电机的转速，并可提高电机的利用功率。

思考与习题

1. 牵引电机的传动方式有哪几种？各有何优缺点？
2. 什么叫抱轴式悬挂和架承式悬挂？各有哪些优缺点？
3. 牵引电机工作条件的主要特点有哪些？
4. 画出并励和串励电机的工作特性曲线，并分析曲线形成的原因。
5. 根据机车的负载特点分析哪几种励磁方式的电机可用作为牵引电机？
6. 比较串励和并励电机作为牵引电机的优缺点。
7. 为什么电力机车上大多数采用串励牵引电机？使用中存在什么问题？
8. 他励电机作为牵引电机使用时需要有哪些条件？他励牵引电机有哪些优缺点？
9. 直流电机在启动时有哪些要求？直流电机的启动电流决定于什么？正常工作时的电流又决定于什么？
10. 直流电机有几种启动方法？分析各种方法的优缺点及使用范围。
11. 直流电机有几种调速方法？电力机车常采用哪些方法调速？
12. 试说明电气制动原理。直流电机电动与制动状态的根本区别是什么？
13. 直流牵引电机有几种制动方法？说明它们的异同点和使用场合。
14. 何谓磁场削弱？牵引电机磁场削弱的方法和作用是什么？
15. 分析串励牵引电机在恒电压下进行磁场削弱时为什么可以提高电机的功率？

第二章　直流和脉流牵引电机的换向及通风冷却

“换向”是装有换向器电机运行时的薄弱环节，对电机正常运行有很大的影响，是评定电机质量优劣的标准之一。由于牵引电机特殊的工作条件，使换向更为困难，尤其是由脉动电源供电的脉流牵引电机，其换向条件更加恶化。

牵引电机功率大，结构尺寸又受到安装空间的限制，发热极为严重。为降低电机的温度，牵引电机在结构、材料、工艺上采取了许多措施。大功率牵引电机还采用专门的通风系统进行冷却。

本章依据换向的经典理论讨论换向问题，并注重研究直流和脉流牵引电机换向的特殊问题，寻求改善换向的方法。本章还介绍了牵引电机所采取的通风冷却方法。

第一节　换向的基本概念

一、火花现象和火花等级

生产实践发现，直流电机运行时，其电刷与换向器之间常常会产生火花。火花通常出现在电刷的后刷边，出现火花是直流电机换向不良的直接表现。如果火花在电刷上范围很小，亮度微弱，呈清蓝色，它对电机运行并无危害，不必要求绝对没有火花。但当火花在电刷上范围较大，比较明亮，呈白色或红色，就会灼伤换向器及电刷，影响电机的正常运行。因此，火花的大小直接反映了直流电机换向性能的好坏。

根据国家标准《电机基本技术要求》（GB 755—2008）的规定，电刷下的火花分为 5 级，见表 2-1。

表 2-1 中 1 级、$1\frac{1}{4}$ 级、$1\frac{1}{2}$ 级均为无害火花，允许电机在这些火花等级下长期运行。在 2 级火花作用下，换向器上会出现灰渣和黑色的痕迹。随着运行时间的延长，黑色痕迹将逐渐扩展，电刷和换向器磨损也显著增加，因此，2 级火花只允许短时出现。电机运行时绝不允许出现 3 级火花。

直流和脉流牵引电机由于工作条件恶劣，如负载急剧变化、电网电压波动、强烈机械振动的冲击、在脉动电压下工作等，都使电机换向更加困难。为了保证牵引电机运行可靠，直流牵引电机在运行时的火花等级应限制在下述范围内：在额定磁场和各削弱磁场级位上正常运行时，火花不应超过 $1\frac{1}{2}$ 级；在其他情况下（如短时冲击负载）运行时，火花不应超过 2 级。对于脉流牵引电机，其换向条件更为困难，允许在 2 级火花下持续运行。此时，换向器表面将发黑，但只要不损坏换向器工作表面，这种火花是允许的。

表 2-1　火花等级

火花级别	电刷下火花的特点	换向器及电刷的状态
1	无火花	换向器上没有黑痕，电刷上没有灼痕
$1\frac{1}{4}$	电刷边缘仅小部分有微弱的点状火花，或有非放电性的红色小火花	
$1\frac{1}{2}$	电刷边缘大部分或全部有轻微的火花	换向器上有黑痕，但用汽油能擦去，同时在电刷上有轻微的灼痕
2	电刷边缘全部或大部分有强烈的火花	换向器上有黑痕，用汽油不能擦去，同时电刷上有灼痕。如短时出现这一级火花，换向器上不出现灼痕，电刷不被烧焦或损坏
3	电刷的整个边缘有强烈的火花，同时有大火花飞出	换向器上黑痕相当严重，用汽油不能擦除，电刷上有灼痕。如在这一级火花下短时运行，则在换向器上将出现灼痕，同时电刷将被烧焦或损坏

直流和脉流牵引电机在运行过程中的火花情况，除使用专门仪器测量外，很难直接观察。因此，通常以换向器及电刷的表面状态作为确定火花等级的主要依据。

二、换向的物理过程

为了解每个电枢元件中电流换向的过程，以一个单叠绕组元件为例进行分析。为简便起见，假设电刷宽度 b_b 等于一个换向片片距 β_K，电刷固定不动，换向器以线速度 v_K 向左移动。所讨论的换向元件用粗线表示，它和换向片 1 及 2 相接，如图 2-1 所示。

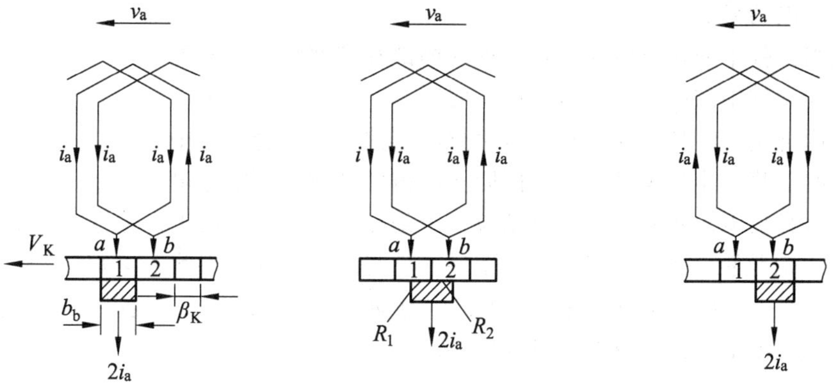

（a）换向开始　（b）换向期间　（c）换向结束

图 2-1　换向元件中电流的换向过程

开始换向瞬间，电枢转到电刷与换向片 1 相接触的位置，如图 2-1（a）所示，这时换向元件属于电刷右边的一条电枢绕组支路，元件中流过的电流 i 等于电枢绕组的支路电流 i_a，设此电流的方向为正，当电枢转到电刷与换向片 1 及 2 都接触的位置时，如图 2-1（b）所示，换向元件被电刷短路，这时随着换向器的继续移动，换向元件中的电流 i 开始减小。当 i 减小到零之后，再反向增加；当电枢转到电刷只与换向片 2 接触时，如图 2-1（c）所示，换向元件则属于电刷左边的一条支路，这时元件中的电流仍等于电枢绕组的支路电流 i_a，但其方向与原来相反，即为 $-i_a$。至此，该元件换向结束。

如上所述，当旋转的电枢元件从电枢绕组一条支路经过电刷进入电枢绕组另一条支路时，该元件中电流从一个方向改变为另一个方向。电枢绕组元件中电流方向的改变称为换向。

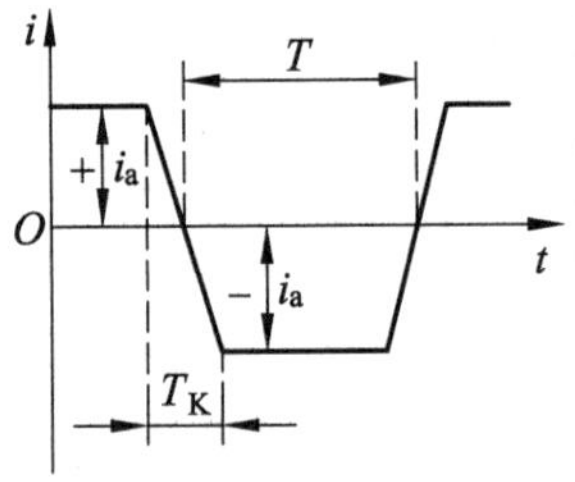

图 2-2　电枢绕组元件中电流的变化

换向元件从换向开始到换向结束所经历的时间称为换向周期，用 T_K 表示，如图 2-2 所示，T_K 也就是换向过程中换向器在空间移动距离 b_b 所需的时间。换向周期 T_K 是很短的，通常只有千分之几秒。应该指出，换向周期 T_K 虽然很短，但换向过程却很复杂，不仅仅是单一的电磁变化过程，同时还出现了机械、电化学与电热等现象，而且它们之间又相互影响，这样，给研究换向问题带来了极大的困难。

三、换向元件中的电动势及换向电流

换向过程也就是电枢绕组元件被电刷短路的过程，被电刷短路的元件中电流（即换向电流）的变化规律，取决于闭合回路中的电动势和电阻。图 2-3 为换向元件的电路图。

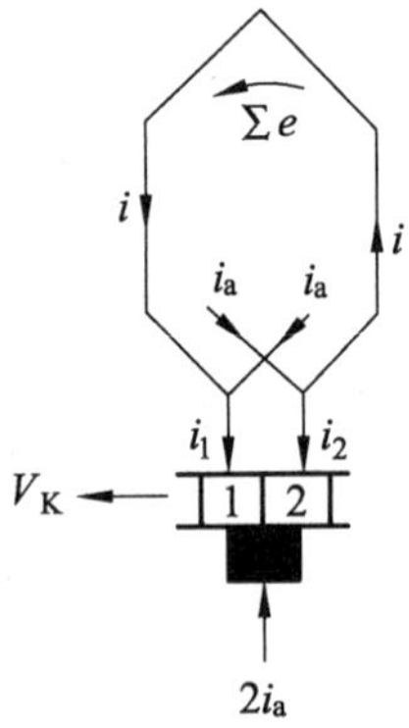

图 2-3　换向元件电路图

1. 换向元件中的电动势

换向元件由于电流换向和受到外磁场作用，将产生以下电动势。

（1）电抗电动势 e_r。

电枢绕组元件中通过电流时，在元件的槽部和端部将产生漏磁通。由于换向元件中的电流在很短的换向周期 T_K 内由 $+i_a$ 变为 $-i_a$，所产生的漏磁通也相应地变化。根据电磁感应定律，当闭合回路中的磁链变化时，将产生反电动势，力图阻止磁链的变化，即阻止电流的变化，这种反电动势称为电抗电动势。于是在换向元件中由于元件本身的电感而产生自感电动势 e_L；对整距元件，同槽中上、下层元件将同时换向，因此下层元件产生漏磁通也和上层元件相交链，所以，在该元件中除了自感电动势 e_L 外，还产生互感电动势 e_M。自感电动势 e_L 和互感电动势 e_M 之和，称为电抗电动势 e_r，即

$$e_r = e_L + e_M = -L_r \frac{di_a}{dt} \qquad (2\text{-}1)$$

式中　L_r——换向元件的合成电感系数，包括自感和互感；

$\frac{di_a}{dt}$——电流变化率。

根据电磁感应定律可以判断，电抗电动势 e_r 的方向与换向前的电流方向一致，即换向元件中电抗电动势 e_r 的作用是阻碍电流换向的。图 2-4 画出了电抗电动势的方向及所研究的换

向元件和它所产生的漏磁通。

电抗电动势 e_r 的大小决定于电枢电流和转速，电流越大，转速越高，则电抗电动势 e_r 越大，电机换向就越困难。

（2）电枢反应电动势 e_a。

当电机负载运行时，电机中除了主磁场外，还存在电枢磁场，如图 2-5 所示。在几何中心线处，主磁场等于零，但存在着较强的电枢磁场。当电枢旋转时，处于几何中性线上的换向元件，将切割交轴电枢磁场而产生电枢反应电动势 e_a。根据右手定则可以判断电枢反应电动势 e_a 的方向也是和换向前的电枢电流方向相同，即电枢反应电动势 e_a 和电抗电动势 e_r 方向一致，都是阻碍电流换向的。

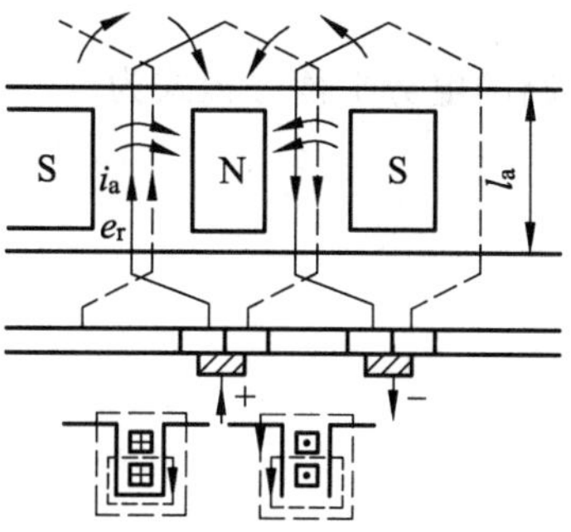

图 2-4　换向元件中的漏磁通及电抗电动势的方向

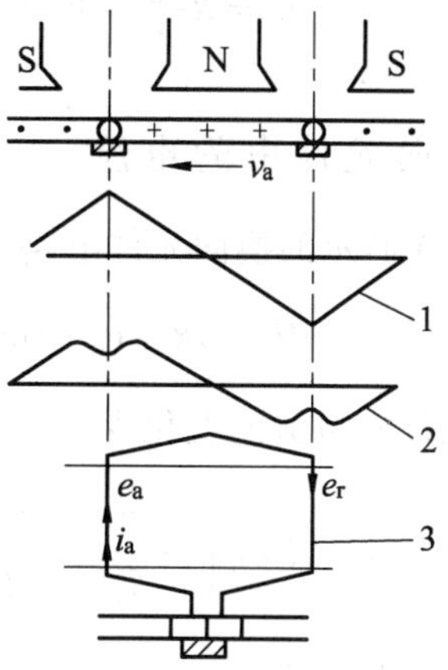

图 2-5　电枢反应磁场图

1—交轴电枢磁势；2—交轴电枢反应磁密；3—换向元件

（3）换向电动势 e_k。

上面所讨论的电抗电动势 e_r 和电枢反应电动势 e_a，是没有安装换向极的电机中换向元件所感应的电动势，它们都是阻止电流换向的。为了改善换向，几乎容量在 1 kW 以上的直流电机都安装有换向极，换向极安装在几何中性线上。换向极极性应有适当的配合，以使它的磁势与交轴电枢反应磁势相反，如图 2-6 所示。这样，当换向元件切割换向极磁场时，感应产生换向电动势 e_k，其方向与电抗电动势 e_r 和电枢反应电动势 e_a 相反，用来抵消电抗电动势 e_r 和电枢反应电动势 e_a 对换向的不利影响。

因此，当电机换向时，换向元件回路内的合成电动势等于以上 3 个电动势之和，即

$$\Sigma e = e_r + e_a - e_k \tag{2-2}$$

当换向电动势 e_k 选择合适，使 $e_k = e_r + e_a$，恰好可以互相抵消时，换向元件中的合成电动势 $\Sigma e = 0$，此时电机能得到较好的换向。如果换向极磁场没有配合好，则合成电动势

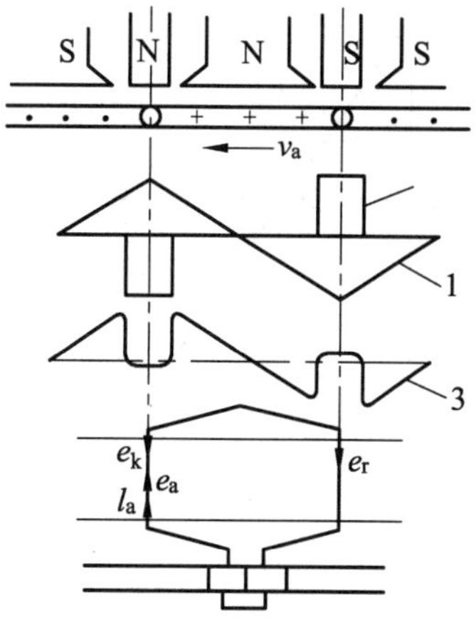

图 2-6　有换向极时的磁场图

1—交轴电枢磁势；2—换向极磁势；3—合成磁势

就不等于零，这时在换向元件中将产生附加电流。过大的附加电流，会使电机换向恶化。

2. 换向元件中的电阻

图 2-3 所示为换向元件电路，若不计元件及引线电阻，换向回路的电阻即是电刷与换向片间的接触电阻。接触电阻的大小可认为和电刷接触面积成反比，设 R 为电刷总接触电阻，R_1、R_2 分别为电刷与换向片 1、2 的接触电阻，则

$$\left.\begin{aligned} R_1 &= R\frac{T_K}{T_K - t} \\ R_2 &= R\frac{T_K}{t} \end{aligned}\right\} \tag{2-3}$$

3. 换向元件中的电流

由图 2-3 所示的换向元件电路，可得换向元件回路的电势平衡方程式为

$$(i_a + i)R_1 - (i_a - i)R_2 = \Sigma e$$

换向元件中电流的变化规律为

$$i = i_a\left(1 + \frac{2t}{T_K}\right) + \frac{\Sigma e}{R}\cdot\frac{T_K - t}{T_K^2} = i_L + i_K \tag{2-4}$$

式中 i_L——直线换向电流；

i_K——附加换向电流。

在换向过程中，换向元件中电流 i 的变化情况可根据 Σe 的不同，分为电阻换向、延迟换向和超越换向 3 种基本类型，如图 2-7 所示。

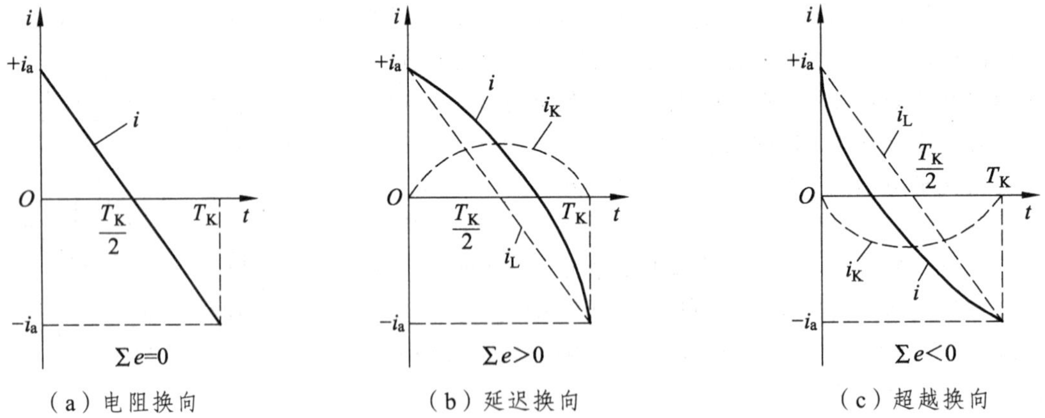

图 2-7 换向元件中电流的变化规律

（1）电阻换向。

当 $e_k = e_r + e_a$ 时为理想换向情况，此时，元件中的合成电动势 $\Sigma e = 0$，换向元件中电流的变化仅取决于换向元件回路的电阻，故称为电阻换向。因为此时换向电流 i 对时间 t 按直线关

系变化，所以电阻换向又称为直线换向，如图 2-7（a）所示。

直线换向的特点是电刷接触面上电流密度的分布始终是均匀的，它是一种理想的换向情况，在电刷与换向器之间不产生火花。

（2）延迟换向。

在一般情况下，换向电动势 e_k 并不可能恰好抵消电抗电动势 e_r 和电枢反应电动势 e_a，如果换向极磁场较弱，则 $e_K < e_r + e_a$，合成电动势 $\Sigma e \neq 0$，则换向元件中产生附加电流 i_K，根据楞次定律可知，i_K 是阻止换向电流 i 变化的。当 i =0 时，电流改变方向的时刻比直线换向时推迟，故称为延迟换向，如图 2-7（b）所示。延迟换向说明换向极磁势较弱，故又称为欠补偿换向。

由图 2-8（a）可见，由于 i_K 与 i_1 同方向而与 i_2 反方向，相应地使后刷边（即滑出换向器的一边）的电流密度增大，前刷边（即滑入换向器的一边）的电流密度减小，从而破坏了电刷下电流密度分布的均匀性，这对换向是不利的，可能产生火花。

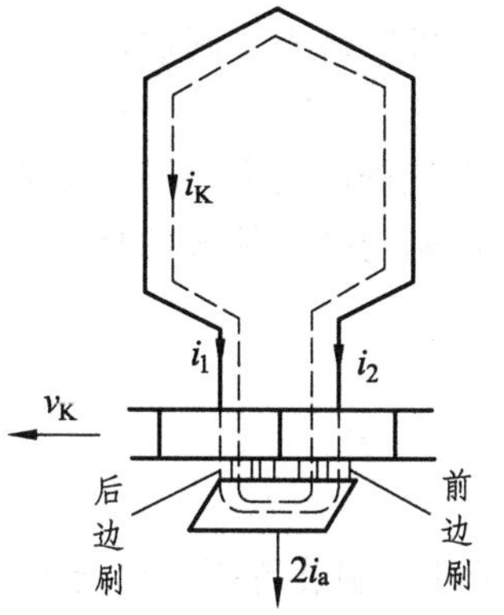

（a）延迟换向

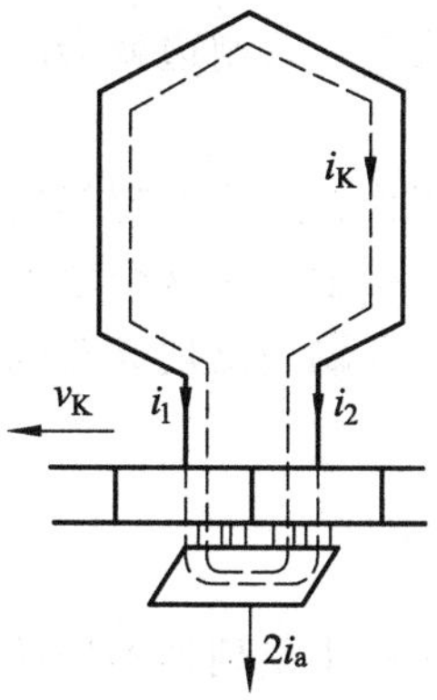

（b）超越换向

图 2-8　$\Sigma e \neq 0$ 时的换向电流图

（3）超越换向。

若换向极磁场较强，则 $e_K > e_r + e_a$，$\Sigma e \neq 0$。在这种情况下，换向元件中的附加电流 i_K 改变了方向，即与换向电动势 e_K 的方向相同，是帮助换向的。当 i =0 时，电流改变方向的时刻比直线换向时提前，故称为超越换向，如图 2-7（c）所示。超越换向说明换向极磁势较强，故又称为过补偿换向。

由图 2-8（b）可见，由于 i_K 与 i_2 同方向而与 i_1 反方向，相应地使前刷边（即滑入换向器的一边）的电流密度增大，后刷边（即滑出换向器的一边）的电流密度减小，从而也破坏了电刷下电流密度分布的均匀性，同样对电机换向不利。

第二节　产生火花的原因

直流电机的换向问题十分复杂，产生火花的原因也是多种多样的。通过不断实践和分析研究，到目前为止，对产生火花的原因通常归纳为 3 个方面，即电磁原因、机械原因和化学原因。

一、电磁原因

早期认为，产生火花的原因是由于电刷接触面的电流密度太大所致。但是实践证明，产生火花的原因并不是电流密度大。因为在近乎直线换向时，即使平均电流密度达到 200 A/cm^2 以上，后刷边电流密度达 350～400 A/cm^2 时，也没有发生火花，而电机正常运用中，电刷平均电流密度仅为 8～20 A/cm^2。可见，这种认识并不科学。

经过不断实践和长期研究，对电磁原因有以下认识：

（1）当电机处于直线换向时，尽管电流密度可能很大，但电刷下不会产生火花。

（2）当延迟换向不太严重时，在换向开始和结束瞬间，附加换向电流 i_K 都等于零，这时，后刷边电流密度虽然很大，但并不会产生火花。只有过分延迟换向时，当 $t=T_K$，i_K 还未降到零，在换向元件和电刷断开瞬间，换向元件中的 i_K 以电磁能量 $\frac{1}{2}L_r i_K^2$ 的形式释放出来，当这部分能量足够大时，后刷边就会产生火花。因此，可以认为，附加换向电流 i_K 过大是产生火花的电磁原因。

（3）当电机工作在严重的超越换向时，前刷边电流密度增大，同时电刷与换向片刚开始接触，仅有少数点接触，使这个增大的电流集中在电刷与换向片开始接触的少数点上，导致电刷局部过热而在前刷边出现火花或电弧。

二、机械原因

牵引电机在运行中受到强烈振动，换向器、转子和电刷装置不良也会导致电机产生火花，这类火花称之为机械火花。

机械火花的产生可以归纳为两大类：

1. 换向器及电机旋转部分的缺陷

（1）个别换向器片或云母片凸出。

（2）换向器偏心、转子动平衡不好。

（3）换向器工作表面污染、有毛刺、斑痕或拉伤沟纹等。

（4）换向器工作表面变形，如呈椭圆形、腰形或锥形等。

2. 电刷装置的缺陷

（1）电刷接触面研磨的不光滑，接触不良或只是局部接触。

（2）电刷在刷盒中间隙不合适，造成跳动、倾斜或卡死现象。

（3）电刷上压力不适当。

（4）刷握装置不稳固，造成刷握位置偏离几何中心线。

（5）刷架圈的定位不准确或安装不牢固等。

产生机械火花的原因是多种多样的，有时可能是几种原因同时起作用。因此，在电机零部件生产和组装时，必须精心制造和严格工艺要求。电机运行时，一旦出现火花，应仔细观察和具体分析。一般来说，机械火花和电磁火花是有区别的。机械火花呈红色或黄色，连续而较粗，沿切线方向飞出，且在换向器表面产生没规律的黑痕。电磁原因引起的火花呈白色或蓝色，连续而细小，基本上都在后刷边燃烧，换向器上会留下有规律的黑色痕迹。

三、化学原因——换向器滑动面的薄膜

以前，主要是以电磁理论方面来研究换向，从机械方面来分析产生火花的原因。但实际上，换向问题相当复杂，除电磁原因和机械原因会导致火花外，化学原因也将导致直流和脉流牵引电机在运行中产生火花。

在正常情况下，当电机长期运行之后，换向器滑动面会覆盖一层很薄的薄膜，电刷在与换向器接触时，并不是直接与换向器铜片本身接触，而是通过这层薄膜与换向器铜片接触。要获得良好的换向，除保持电磁和机械方面的良好条件外，还必须在换向器表面形成均匀而光亮的薄膜层，不正常薄膜的出现将预示着电机换向的恶化。

1. 薄膜的形成、化学成分及作用

换向器滑动面的薄膜是电刷与换向器接触并在相对运动过程中逐渐形成的。由于大气中有水蒸气，使电刷和换向器表面都覆盖着一层水膜，当电机工作时，电刷和换向器接触面上流过电流，该电流使水气发生电解作用，电刷和换向器形成两个极，正极产生氧，负极产生氢。开始，铜离子向外运动，遇到氧离子生成氧化亚铜膜。而铜离子不断穿越最初建立的膜，再与空气中的氧相遇产生新的膜，使膜不断加厚。随着膜的不断加厚，新生膜的速度也逐渐减慢，直到一定的厚度为止。这样，换向器滑动面的氧化膜就形成了。同时，在这层薄膜上面又吸附着一层非常薄、有黏性的石墨和炭粉组成的炭膜，其结构如图 2-9 所示。

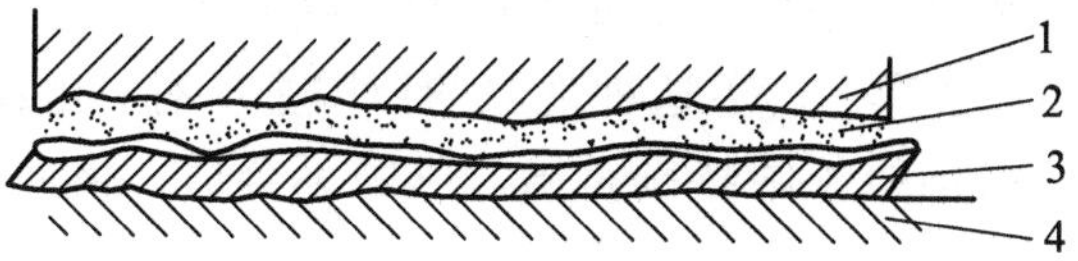

图 2-9　换向器滑动面薄膜

1—电刷；2—石墨炭粉；3—氧化亚铜；4—换向器

从图 2-9 可见，换向器滑动面薄膜由两部分组成：

（1）金属氧化膜：由氧化铜和氧化亚铜的混合物组成。

（2）炭膜：在氧化膜上面，由微小的炭粒、石墨和其他附着物组成。

电机运行时，由于金属氧化膜本身具有较高的电阻，从而增加了换向元件回路的电阻，降低了附加换向电流 i_K，改善了电机的换向。炭膜附着物在吸收空气中的水分之后能产生良好的润滑作用，减小电刷与换向器之间的磨耗，使电刷运行稳定。另外，薄膜与电刷间相互存在着一定的黏附作用，可以缓冲或减小电刷的颤振频率和速度，保持电刷与换向器之间滑动接触的稳定性，减小或消除机械性火花。因此，薄膜对电机的工作起着十分重要的作用。

但是，这层薄膜并非静止不变。电机工作时，金属氧化膜在电刷的摩擦下被破坏，但当电流通过时，由电刷和换向器形成的正、负电极使空气中的水气电解，加之换向器滑动接触面温度较高，又会使铜表面氧化形成新的氧化膜。同时，由正电刷分离出许多极小的微粒吸

附在氧化膜上形成炭膜，又由负电刷将它们清除。因此，薄膜是在不断地形成与破坏，如果破坏的速率小于形成的速率，则氧化膜逐步建立起来，对正常运行的电机维持一种动态平衡。

薄膜的形成及其颜色，还与电刷的材质、电刷压力、电流密度、运行时间长短及周围环境情况等许多因素有关。正常的换向器表面薄膜应当是棕褐色的，在手电光照之下，能反射出光泽，有一种油润感。从运用观点来看，只要薄膜是均匀的、光亮的、稳定的和呈棕褐色的，则标志着电机的换向是满意的。

2. 不正常的换向器薄膜

直流和脉流牵引电机在换向不良、内部发生故障或者在高原缺氧、干燥以及周围空气中有某种化学气体的环境中运行时，都会使换向器表面薄膜遭到破坏，出现异常状态。不正常的换向器薄膜，主要有以下几种：

（1）黑片。

黑片是指换向片工作表面出现无光泽的黑膜。这是因为当火花达到一定程度时，其热效应引起铜和碳的气化，使铜表面变得粗糙，而出现的无光泽黑膜。如果整个换向器表面都发黑，表明电机在正常运行时，火花达到 2 级或以上，此时必须对该电机进行换向调整。通常换向器表面只是部分换向片发黑，分为有规律和无规律分布两类。

① 有规律分布的黑片。

有规律分布的黑片是指沿换向器圆周，按一定的间隔距离，在换向器表面出现黑片。

按槽节距分布的黑片。如每槽有 4 个元件的电枢，在换向器表面上出现隔 3 片有 1 片换向片发黑。通常是与电枢槽中最后换向的电枢元件相连的换向片发黑。这是因为当一个槽内有几个元件同时换向时，槽内最后一个元件储存的电磁能量的散失比其他几个元件更为困难，在换向结束时，集中于最后一个元件中的电磁能量，无法通过互感由其他元件吸收，因而产生火花使换向片烧黑。产生这种现象的原因主要有：电刷或换向极分布不等分；电刷不在主极中心线上；换向极气隙特别是第二气隙不合适；换向极绕组或补偿绕组匝间短路等。

与均压线相连的换向片发黑。这是由于均压线电流过大引起的。原因可能是励磁绕组发生故障（断线、匝间短路等），使主磁场差别很大，则均衡电流就很大；或是采用了不同牌号的电刷，接触电阻不同，使并联支路电流相差较大，均压线电流增大。

沿换向器表面对称地出现成组（几片）换向片发黑。这种黑片现象可能是换向器因机械缺陷或过热而产生较大的变形，引起换向器表面局部跳动量过大所致。因为局部跳动量过大时会使电刷跳离换向器工作表面，可能产生覆盖几片换向片的电弧。电刷压力偏低时也可能造成换向器表面局部成组几片发黑。

② 无规律的换向片发黑。

换向器工作表面上无规律的换向片发黑，大多是由于机械方面的原因，使电刷与换向器表面接触不良引起的。如电刷压力不够；电刷在刷盒中活动不灵活；个别换向片或云母片凸出；电枢动平衡不好；换向器表面有油污等。

（2）条纹和沟槽。

条纹是指沿换向器圆周表面上形成的有明暗色调变化的平行圆环，其宽度是不规则的。

条纹的继续发展会在换向器表面产生沟槽。

条纹的形成是由于电刷接触面上局部电流比较集中或电刷的机械摩擦作用，使局部薄膜变薄或消失而造成的。电刷接触面上沉积有铜粒子，或者电刷成膜性能差、结构不均匀、含有较硬的杂质等，均易引起条纹，甚至发展成沟槽。

（3）电刷轨痕。

这是指平行的电刷轨道之间在色调上的不同。其主要原因有：同一刷握内各并联电刷之间的电流分配不均匀；电刷压力相差太大；并联电刷牌号不同；电刷高度相差太大；个别电刷与刷盒连接不良等。

（4）铜毛刺。

铜毛刺是指在换向片边缘出现像碎片一样的毛刺，它们逐渐发展成薄铜片延伸至云母槽内。铜毛刺继续发展，会使相邻的换向片短路，此时铜薄片被烧掉，在两换向片边缘处出现一些麻点，严重时，可能引起环火。

铜毛刺是由于电刷滑行过程中的压延作用和电刷振动时的锤击作用形成的。如果换向器表面没有形成薄膜层，电刷的摩擦作用显著增加，在此机械力的作用下，容易发生铜毛刺。此外，电刷在刷盒中间隙过大，运行时电刷接触面过小（有时只有 30%），从而使电刷下电流密度和单位压力大幅度增加，换向器表面由于过热而产生铜退火，这时因压延作用易产生铜毛刺。

（5）换向器表面高度磨光。

这是指换向器表面的氧化膜被摩擦掉，露出本铜色，抛光发亮，像镜面一样。此时，电刷与换向器之间的接触电阻减小，附加换向电流 i_K 增大，从而使电机换向恶化。同时，由于电刷与换向器之间的摩擦增加，电刷会产生高频振动和异常磨耗，严重时，只运行了几百千米换向器就磨损到限。

高度磨光是由于多种外因作用，破坏了换向器表面氧化膜层而形成的。如长期在低负载下工作；严寒条件下换向器表面积有冰霜；在干旱风沙地区运行等。此时应设法找出破坏氧化膜的原因，重建氧化膜，必要时可选用经过特殊处理，含有帮助建立氧化膜物质（如 MoS_2）的电刷。

总之，换向器表面状态反映了电机运行是否正常。因此，在电机运行时，应当经常注意和检查换向器的表面状态，观察薄膜的变化情况，许多牵引电机的故障在尚未造成破坏前，往往可以根据换向器表面的异常状态来进行早期诊断，找出故障发生的原因和部位，及时进行处理，以保证电机正常运行。

第三节　改善直流牵引电机换向的方法

改善换向的目的在于消除电刷下的火花。消除换向火花的实质，是设法减小换向元件中的附加换向电流 i_K。从对换向过程的分析可知，减小换向元件中的附加换向电流 i_K，可以通过减少换向元件中的合成电势 Σe 和增大换向回路电阻两条途径实现。

一、设置换向极

换向极装在电机的几何中心线上，其作用是在元件的换向区域内建立一个换向极磁势 F_w，该磁场与交轴电枢反应磁势 F_{aq} 相反，它除了抵消电枢反应磁势外，还剩下一个换向磁势 F_k，并在换向区建立一个换向磁场 B_k，换向元件切割换向磁场 B_k 后，就会在换向元件产生一个与电抗电动势 e_r 方向相反的换向电动势 e_k，如果换向电动势 e_k 大小与电抗电动势 e_r 相等，即合成电动势 $\Sigma e = 0$，从而改善电机的换向。

为了保证在任何负载下换向电动势都能恰好抵消电抗电动势，换向极应满足以下要求：

（1）极性正确。

换向极的极性要保证它的磁场方向与交轴电枢反应磁场方向相反。因此，对于电机，换向极的极性应与沿旋转方向前面的主极极性相反，如图 2-10 所示。

（2）换向极绕组必须与电枢绕组串联。

电机运行时电抗电动势 e_r 的数值不是常数，电抗电动势 e_r 随着负载电流的变化成正比变化。为了保证换向电动势 e_k 在整个负载范围内随时抵消电抗电动势 e_r，则要求换向电动势 e_k 也必须随着负载电流的变化而变化。因此，换向极绕组必须与电枢绕组串联。

（3）换向极磁路处于低饱和状态。

换向电动势 e_k 是换向元件切割换向区磁密 B_k 产生的，只有在磁路不饱和时，才能保证 B_k 与电枢电流 I_a 成比例变化，满足 e_k 正比于 I_a 的要求。

为了使换向极磁路不饱和，在设计电机时，通常采用较大的换向极气隙以使换向极磁密降低。但是，如果单纯增大换向极和电枢表面间的空气隙，将使漏磁通增加，而换向极漏磁通也是造成换向极磁路饱和的重要因素。为此，牵引电机常将换向极气隙分成两部分，即电枢与换向极极靴之间的第一气隙 δ_1 和换向极根部与机座内壁之间的第二气隙 δ_2，如图 2-11 所示。第二气隙垫以非磁性垫片，如发现换向电动势补偿不当，还可以通过调节第二气隙的大小来调整 B_k 的数值，使电机得到良好的换向。

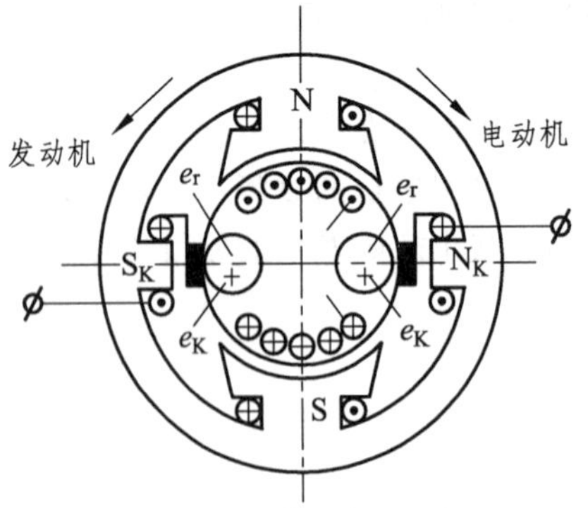

图 2-10　换向极的极性

N，S—主极；N_K，S_K—换向极

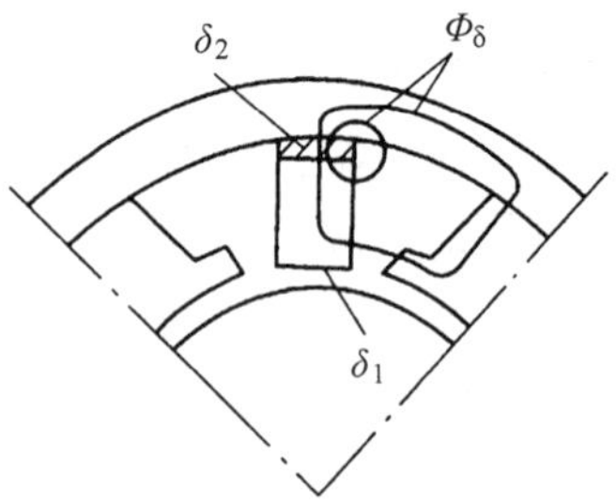

图 2-11　换向极气隙

δ_1—第一气隙；δ_2—第二气隙；ϕ_δ—漏磁通

二、减小电抗电动势 e_r 的数值

为了得到良好的换向，在设计牵引电机时，希望电抗电动势 e_r 的数值尽可能小一些，这

样抵消电抗电动势 e_r 所需要的换向电动势 e_k 也就小些。当这两个电动势的绝对值都减小以后，它们的剩余电动势也相应减小，这样就改善了电机的换向条件。同时，由于电抗电动势 e_r 减小，相应换向电动势 e_k 也减小，在换向极气隙较小的情况下，也保证磁路处于低饱和状态，从而使换向电动势 e_k 在负载变化的范围内都能较好地抵消电抗电动势 e_r。

但是，过分减小电抗电动势 e_r 值将会使电机质量增加，经济指标下降。因此，电抗电动势 e_r 的数值应控制在适当的范围内。

三、增加换向回路的电阻

换向回路的电阻主要取决于电刷与换向片之间的接触电阻，增加接触电阻可以减小附加换向电流 i_K 的数值，从而改善电机换向。

接触电阻的大小，主要取决于电刷的材质和结构，不同牌号的电刷有不同的接触电阻。脉流牵引电机由于换向条件困难，广泛采用高接触电阻的电化石墨电刷，如 ZD105 型脉流牵引电机采用的 D374B 型电刷。该型号电刷具有较高的电阻率，以保证良好的换向，同时又有较好的耐磨性和机械强度。为了增加换向回路的电阻和改善电刷与换向器的接触状况，在脉流牵引电机中还广泛采用双分裂式电刷，如图 2-12 所示。这种结构是两块电刷放在同一刷盒中，顶部压块用橡胶制成。由于每一块电刷质量小，惯性小，同时橡胶压块可以吸收电刷的振动，使电刷与换向器接触良好。另外，在两块电刷接触面间有横向间隙，增加了换向回路的横向电阻，从而改善了电机的换向性能。实践证明，采用这种电刷结构可以大幅度降低电刷下的火花。

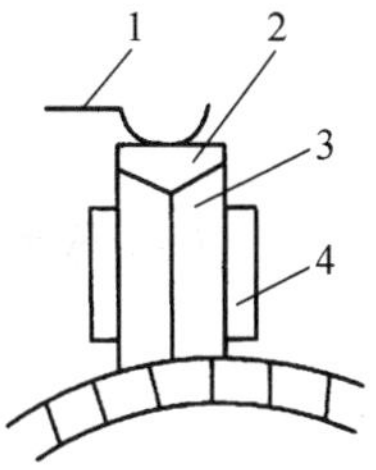

图 2-12　双分裂式电刷示意图

1—压指；2—压块；3—电刷；4—刷盒

从以上分析可知，电刷性能和结构对电机换向影响很大，选取电刷是十分重要的，必须根据不同电机的具体情况来考虑。同时还应注意以下几点要求：

（1）在同一台电机中，必须采用相同牌号的电刷。否则，会由于接触电阻大小不同造成电刷间负载分配不均，致使接触电阻小的电刷因电流较大而使换向恶化。

（2）在牵引电机中，电刷电流密度一般在 $12 \sim 16\ A/cm^2$ 的范围内选用。因为，电刷是以接触压降来表示的，接触压降和电流密度有关，当电刷电流密度较小时，随着电流增大，接触压降随之增大，当电流密度达到一定数值后，接触压降不再增加，此时，换向回路的接触电阻随电流密度的增大而减小，这对换向是十分不利的。因此，对电刷的电流密度有一定限制。

（3）对于抱轴式悬挂的牵引电机，电刷上的单位压力，一般取 $2.94 \times 10^4 \sim 3.29 \times 10^4$ Pa。因为压力太大将使电刷磨损加快，压力过小会使电刷跳动而产生火花。

最后还应指出，在电刷使用中还要注意以下几点：

（1）电刷应仔细研磨吻合，保持清洁以及电刷和刷握间应有适当间隙，防止电刷接触面粘铜。

（2）在正常使用中，温度升高会使电刷接触压降减小，可能引起换向不良。

（3）一台电机上各电刷压力必须均匀，压力不均会使电流分配不均，电流较大的可能产生火花，低电密下滑动的电刷，对换向器磨损也有影响。

第四节　脉流牵引电机的换向特点

在单相交流电网供电的电力机车上，大多采用硅整流器整流后供电给牵引电机。这时，加在牵引电机两端的电压为脉动电压，流过牵引电机各绕组的电流为脉动电流，由这种方式供电的牵引电机称为脉流牵引电机。脉流牵引电机典型的供电线路如图 2-13 所示，其电压和电流波形如图 2-14 所示。

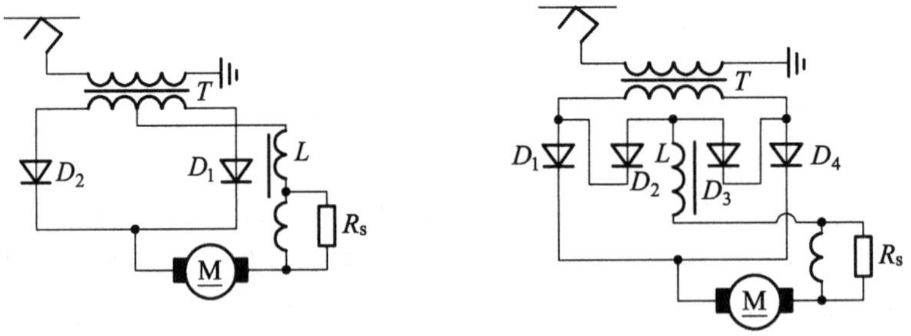

图 2-13　脉流牵引电机供电线路

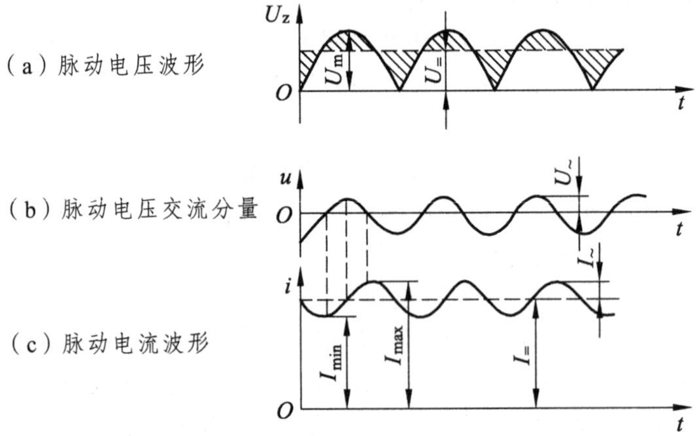

图 2-14　脉动电压和脉动电流波形图

由图 2-14 可见，其电压、电流都是脉动的，包括直流分量和交流分量。因为直流分量是主要成分，所以脉流牵引电机在本质上仍然是直流牵引电机，其结构和工作特性与直流牵引电机相仿。但是，由于交流分量的存在，给电机工作带来新的特点，在电磁、换向、发热方面构成了脉流牵引电机的特殊问题。

一、脉流牵引电机的电磁特点

1．脉动电压

图 2-14（a）是硅机组全导通时的整流电压波形，该电压是一个脉动电压，加在牵引电机和平波电抗器的两端（见图 2-13）。

脉动电压 U_z 的波形可用傅氏级数进行分解，即

$$U_z = \frac{2}{\pi}U_m\left(1+\frac{2}{1\times 3}\cos 2\omega t-\frac{2}{3\times 5}\cos 4\omega t+\frac{2}{5\times 7}\cos 6\omega t-\cdots\right) \tag{2-5}$$

由式（2-5）可见，整流电压中包括一个直流分量和一系列偶次谐波的交流分量。在交流分量中，谐波的次数（频率）越高，其幅值越小，为了分析方便和工程需要，四次以上谐波可以略去。这样，加在脉流牵引电机两端的可以看成一个由直流电压分量和一个以两倍于电源频率（100 Hz）的交流电压分量组成，即

$$U_z = \frac{2}{\pi}U_m + \frac{4}{3\pi}U_m\cos 2\omega t = U_= + U_\sim \cos 2\omega t \tag{2-6}$$

式中 $U_=$——直流电压分量，$U_= = \frac{2}{\pi}U_m$；

$U_\sim$——交流电压分量的幅值，$U_\sim = \frac{4}{3\pi}U_m$；

U_m——脉动电压最大值。

电压的脉动程度可用电压脉动系数 K_u 表示，它是交流分量幅值和直流分量的比值，对于不可控的单相全波整流线路：

$$K_u = \frac{U_=}{U_\sim} = \frac{2}{3} \approx 0.66 \tag{2-7}$$

2. 脉动电流

在脉动电压作用下，通过脉流牵引电机的电流可以看成是直流电压分量和交流电压分量分别单独作用的结果。设脉流牵引电机回路总电阻为 R，总电感为 L_2。对于直流分量，L_2 不起作用；对于交流分量，R 可忽略不计。因此，脉流牵引电机的电流为

$$i = \frac{U_= - E_a}{R} + \frac{U_\sim}{2\omega L_2}\cos\left(2\omega t - \frac{\pi}{2}\right) \tag{2-8}$$

式（2-8）表明，通过脉流牵引电机的电流，同样可看成是由一个直流分量和一个两倍电源频率的交流分量叠加而成。直流分量为 $I_=$，交流分量幅值为 $I_\sim$，即

$$I_= = \frac{U_= - E_a}{R} \tag{2-9}$$

$$I_\sim = \frac{U_\sim}{2\omega L_2} \tag{2-10}$$

式（2-9）中的 E_a 为脉流牵引电机的反电势，在这里认为 E_a 是没有交流分量的。这是因为脉流牵引电机为了改善换向，在励磁绕组上通常并联着一个固定分路电阻。此时，主极励磁电流中的交流分量绝大部分从分路电阻中流过，使主极磁通脉动很小，因此，可以认为 E_a 是没有脉动的。

电流的脉动程度可以用电流脉动系数 K_i 表示：

$$K_i = \frac{I_{max} - I_{min}}{I_{max} + I_{min}} \times 100\% \tag{2-11}$$

式中，I_{max} 和 I_{min} 分别为电流波形中的最大值和最小值（见图 2-14）。

忽略四次以上谐波时，电流脉动系数 K_i 为交流分量的幅值 $I_{\sim}$ 与直流分量 $I_{=}$ 的比值，即

$$K_i=\frac{I_{\sim}}{I_{=}}=\frac{U_{\sim}}{2\omega L_2 I_{=}}=\frac{0.66U_{=}}{2\times 2\pi f L_2 I_{=}}=1.05\frac{U_{=}}{1\,000 I_{=} L_2} \tag{2-12}$$

电流脉动系数 K_i 的值越大，电流交流分量的幅值就越大，电流脉动也越严重。从式（2-12）可以看出，电流的脉动程度同脉流牵引电机回路的电感 L_2 成反比。为了将脉动电流的 K_i 值控制在一定范围内，只靠电机本身的电感是不够的，必须串入一个平波电抗器，以增加电机回路中的总电感量，对脉动电流起到敷平作用。

国内外脉流牵引电机制造和运行的经验表明：为了改善脉流牵引电机的换向条件，在额定工况下，电流脉动系数 K_i 一般限制在 20% ~ 30%。如韶山 $_4$ 型电力机车的电流脉动系数为 25% ~ 27.5%。

3. 脉动磁通

当脉动电流通过脉流牵引电机各绕组时，将产生脉动磁势和相应的脉动磁通，如图 2-15 所示。图中，脉动电流的直流分量与其所产生的磁通关系曲线 $\Phi=f(I)$ 称为基本磁化曲线，电流的交变分量所产生的磁通沿局部磁滞回线变化。磁滞回线很窄，因此，可以近似地认为它沿基本磁化曲线的切线方向变化，称为局部磁化曲线。

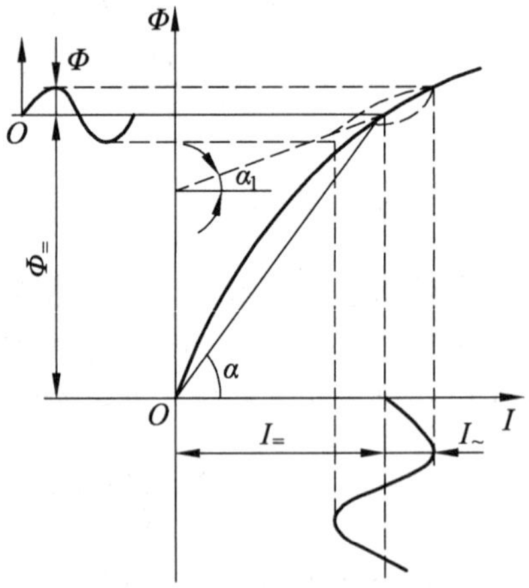

图 2-15　脉动电流和脉动磁通

由图 2-15 可以看出，脉动磁通也是由直流分量和交流分量组成的，其脉动程度可用磁通脉动系数 K_Φ 来表示，即

$$K_\Phi=\frac{\Phi_{\sim}}{\Phi_{=}}\approx K_i\frac{I}{\phi}\frac{\mathrm{d}\phi}{\mathrm{d}I} \tag{2-13}$$

式中　Φ，I ——对应于基本磁化曲线的磁通、电流；

　　　$\mathrm{d}\phi$，$\mathrm{d}I$ ——对应于局部磁化曲线磁通、电流的变化量。

由于电机磁路中涡流的反磁作用，使磁通的交变分量幅值降低，则磁通脉动系数为

$$K_\Phi=K_B K_i\frac{I}{\Phi}\frac{\mathrm{d}\phi}{\mathrm{d}I} \tag{2-14}$$

式中　K_B ——涡流作用系数，电机采用叠片磁导体时，$K_B=0.5\sim0.7$；采用非叠片磁导体时，$K_B=0.22\sim0.34$。

当电机工作在磁化曲线的线性阶段时，$\frac{I}{\Phi}\frac{\mathrm{d}\phi}{\mathrm{d}I}\approx 1$，$K_\Phi\approx K_B K_i$，如果不采用相应措施，在限定的电流脉动系数情况下，磁通脉动系数可能会大于 10%。

脉流牵引电机通常在励磁绕组上并联一个固定分路电阻。励磁绕组对交流分量电流呈现出较大的电抗，因此，交流分量电流的绝大部分由分路电阻流过而不经过励磁绕组，从而减小了主磁通的脉动。加装固定分路电阻后，对直流磁场进行了固定削弱。

在有固定分路的脉流牵引电机中，当固定磁场削弱系数在 $85\% < \beta_0 < 98\%$ 范围内时，如果 $K_i = 25\% \sim 30\%$，则额定状态下 $K_\Phi = 2\% \sim 3\%$。

综上所述，脉流牵引电机和直流牵引电机的工作条件不完全相同，这主要是脉流牵引电机的各个电磁量中除直流分量外，还存在着以两倍电源频率、按正弦规律变化的交流分量。

二、脉流牵引电机的换向特点

一台换向正常的直流牵引电机，若工作在脉动电源下，这台电机的换向将显著恶化，这是因为用于脉动电源条件下，牵引电机的换向元件中，除了已经介绍过的直流电抗电动势、直流换向电动势外，由于脉动电源中交流分量的作用，还将引起另外 3 种交流电动势，即：

（1）由电枢电流交流分量 $I_{a\sim}$ 引起的交流电抗电动势 $e_{r\sim}$；

（2）由换向极区磁通交变分量 $\Phi_{K\sim}$ 引起的交流换向电动势 $e_{K\sim}$；

（3）由主极磁通交变分量 $\Phi_{f\sim}$ 引起的变压器电动势 e_t，如图 2-16 所示。

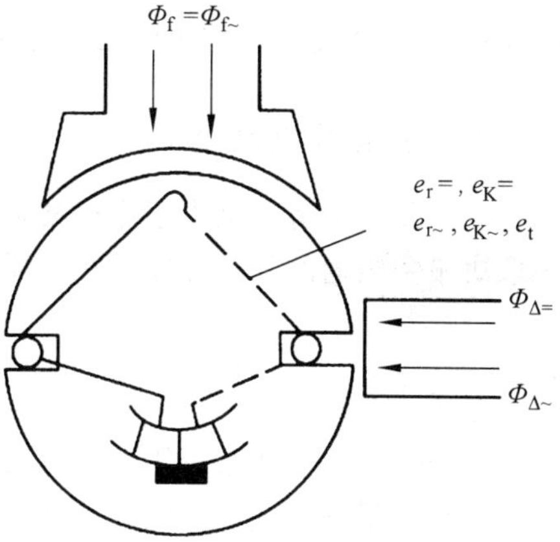

图 2-16　换向元件中的交流电动势和直流电动势

研究脉流牵引电机的换向问题，主要是分析各交流电动势的大小、性质及它们之间的相互关系，从而找出改善脉流牵引电机换向的方法。假定电流、磁通、磁密的交流分量均按正弦变化，则在以下分析中，各正弦物理量均可以用相量表示。

1. 交流电抗电动势 $e_{r\sim}$

脉流牵引电机的换向过程，如图 2-17 所示。图中 T_K 为换向周期，T 为交流分量电流的变化周期。

交流电抗电动势 $e_{r\sim}$ 是由电枢电流交流分量 $I_{a\sim}$ 换向产生的。由于换向周期 T_K 比交流分量电流的变化周期 T 要小得多，可以认为在换向周期内交流分量的幅值不变。因此，交流电抗电动势 $\dot{e}_{r\sim}$ 与电枢电流的交流分量 $\dot{I}_{a\sim}$ 同相位，如图 2-18 所示。

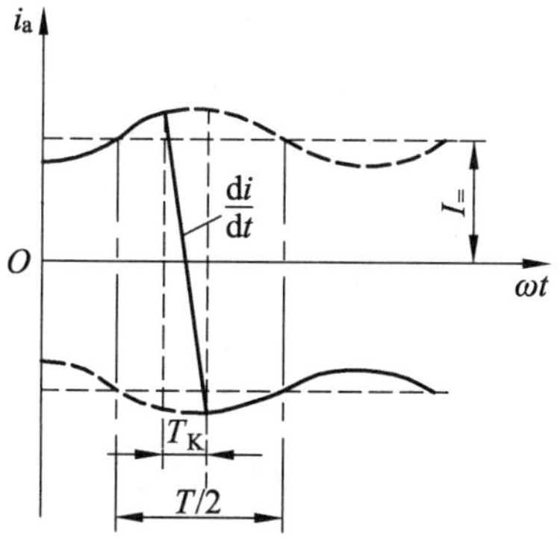

图 2-17　脉动电枢电流换向图

图 2-18　交流电抗电势相量

因为交流电抗电动势 $e_{r\sim}$ 是在电枢电流的交流分量 $I_{a\sim}$ 换向时产生的，由直流电机换向原理可知，交流电抗电动势 $e_{r\sim}$ 的大小正比于电枢电流的交流分量 $I_{a\sim}$，即 $e_{r\sim} \propto I_{a\sim}$。由于直流电抗电动势 $e_{r=}$ 也是正比于直流电流分量 $I_{a=}$，即 $e_{r=} \propto I_{a=}$。所以交流电抗电动势 $e_{r\sim}$ 和直流电抗电动势 $e_{r=}$ 之间的关系可用式（2-15）来表示：

$$\frac{e_{r\sim}}{e_{r=}} = \frac{I_{a\sim}}{I_{a=}} = \frac{(I_{a\max} - I_{a\min})/2}{(I_{a\max} + I_{a\min})/2} = K_i \tag{2-15}$$

即

$$e_{r\sim} = K_i e_{r=} \tag{2-16}$$

式（2-16）表明，在一定的电流脉动系数下，交流电抗电动势 $e_{r\sim}$ 的幅值正比于直流电抗电动势 $e_{r=}$，其交变频率和相位与电枢电流交流分量相同。

2. 变压器电动势 e_t

变压器电动势 e_t 是由于主极磁通交变分量 $\Phi_{f\sim}$ 的作用，在换向元件中感应的电动势，大小取决于主磁通的脉动程度，相位滞后 $\Phi_{f\sim}$ 90°，其表达式为

$$e_t = -W_a \frac{d\Phi_{f\sim}}{dt} \tag{2-17}$$

脉流牵引电机通常采用固定分路电阻以降低主磁通的脉动程度，如图 2-19 所示。当采用固定分路电阻时，变压器电动势的大小和相位分析如下：

设励磁绕组两端电压的交流分量为 $\dot{U}_{f\sim}$，流过分路电阻的电流交流分量为 $\dot{I}_{R\sim}$，流过励磁绕组的电流交流分量为 $\dot{I}_{f\sim}$，由电路关系可知：$\dot{I}_{R\sim}$ 和 $\dot{U}_{f\sim}$ 同相位；$\dot{I}_{f\sim}$ 滞后 $\dot{U}_{f\sim}$ 90°；$\dot{I}_{a\sim} = \dot{I}_{R\sim} + \dot{I}_{f\sim}$；$\dot{I}_{f\sim}$ 滞后于 $\dot{I}_{a\sim}$，相位角为 α_1；$\dot{\Phi}_{f\sim}$ 滞后于 $\dot{I}_{f\sim}$，相位角为 α_2；$\dot{e}_t$ 滞后于 $\dot{\Phi}_{f\sim}$ 90°。

相位角 α_1 由分路电阻和励磁绕组阻抗的数值决定，减小分路电阻将使 α_1 增大。当 $\beta_0 = 95\%$ 或更小时，α_1 接近 45°。

相位角 α_2 由磁路的涡流作用决定，其大小和磁路系统的结构形式有关（实心或叠片铁心）。当磁路的涡流作用较大时，α_2 将增大，α_2 的变化范围为 30° ~ 50°。

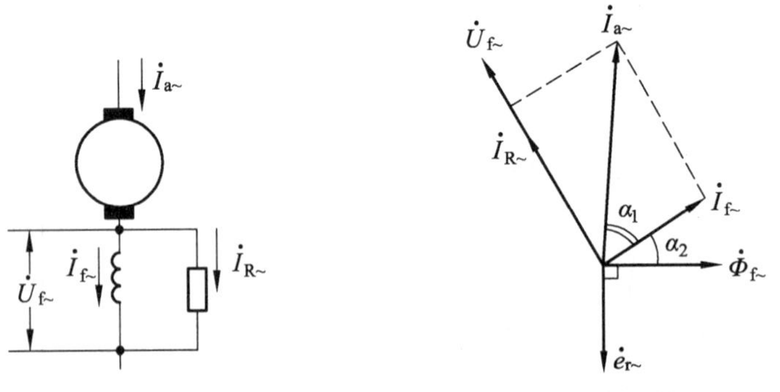

（a）电阻分路电路原理图　　（b）相量图

图 2-19　电阻分路时换向元件中的变压器电动势

上述各电磁量的关系，如图 2-19（b）所示。由图可知，当采用固定电阻分路时，变压器电动势 $\dot{e}_t$ 的相位大致与 $\dot{I}_{a\sim}$ 相位相反，即与交流电抗电动势 $\dot{e}_{r\sim}$ 相位相反。因此，就相位而言，变压器电动势 $\dot{e}_t$ 可以抵消交流电抗电动势 $\dot{e}_{r\sim}$。

3. 交流换向电动势 $e_{k\sim}$

交流换向电动势 $e_{k\sim}$ 是换向元件切割换向极区合成交变磁通 $\Phi_{K\sim}$ 而产生的，其大小取决于换向极区合成交变磁通的数值，相位与换向极区合成交变磁通 $\dot{\Phi}_{K\sim}$ 同相。因此，研究交流换向电动势 $\dot{e}_{K\sim}$ 的大小和相位，实际上是研究换向极区合成交变磁通 $\dot{\Phi}_{K\sim}$ 的大小和相位。

图 2-20（a）为脉流牵引电机横剖面图，图中画出了换向区各交变磁通的分布情况及流通的途径。

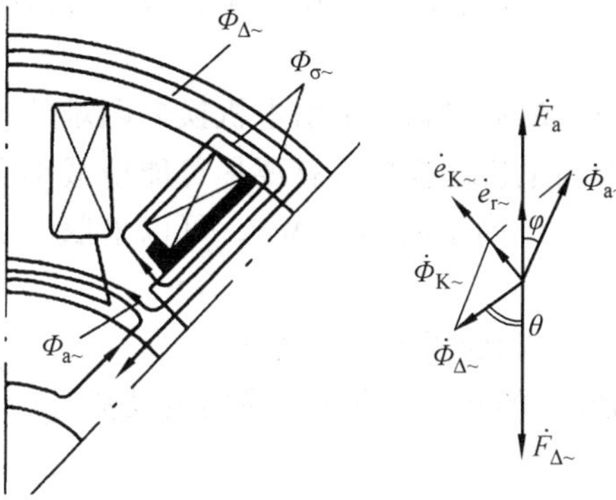

（a）交变磁通的磁路　　（b）交流换向电势相量图

图 2-20　换向区交变磁通及电势

$\dot{\Phi}_{a\sim}$——交轴电枢反应磁势的交变分量 $\dot{F}_{a\sim}$ 产生的磁通；$\dot{\Phi}_{\Delta\sim}$——换向极磁势的交变分量 $\dot{F}_{\Delta\sim}$ 产生的磁通；
$\dot{\Phi}_{\sigma\sim}$——换向极漏磁通的交变分量；$\dot{\Phi}_{K\sim}$——换向区合成交变磁通

换向区磁势、交变磁通及在换向元件中产生的电动势相量图，如图 2-20（b）所示。各相量关系如下：

（1）电枢磁势的交变分量 $\dot{F}_{a\sim}$ 产生的交变磁通 $\dot{\Phi}_{a\sim}$ 通过主极极靴闭合，由于磁路的涡流作用，使 $\dot{\Phi}_{a\sim}$ 滞后于 $\dot{F}_{a\sim}$ 一个 φ 角。

（2）换向极磁势的交变分量 $\dot{F}_{\Delta\sim}$ 与电枢磁势的交变分量 $\dot{F}_{a\sim}$ 相位相反。$\dot{F}_{\Delta\sim}$ 产生的交变磁通为 $\dot{\Phi}_{\Delta\sim}$，由于磁路的涡流作用，$\dot{\Phi}_{\Delta\sim}$ 滞后于 $\dot{F}_{\Delta\sim}$ 一个 θ 角。

由于 $\dot{\Phi}_{a\sim}$ 是通过主极极靴闭合，所经磁路为叠片铁心，而 $\dot{\Phi}_{\Delta\sim}$ 是通过机座实心体闭合，故后者涡流作用强，使 $\dot{\Phi}_{\Delta\sim}$ 对 $\dot{F}_{\Delta\sim}$ 的滞后角 θ 大于 $\dot{\Phi}_{a\sim}$ 对 $\dot{F}_{a\sim}$ 的滞后角 φ，即 $\theta > \varphi$。

（3）$\dot{F}_{\Delta\sim}$ 同时产生换向极交变漏磁通 $\dot{\Phi}_{\sigma\sim}$，该磁通大体上和 $\dot{F}_{\Delta\sim}$ 同相，随着磁路饱和程度和涡流作用而增加，使得进入换向区的换向极磁通 $\dot{\Phi}_{\Delta\sim}$ 不仅数值减小而且相位更加滞后。

（4）换向区合成交变磁通 $\dot{\Phi}_{K\sim}$ 由 $\dot{\Phi}_{\Delta\sim}$ 和 $\dot{\Phi}_{a\sim}$ 两部分合成。合成结果使 $\dot{\Phi}_{K\sim}$ 具有如图 2-20（b）所示的相位。

上述分析说明，在整体机座及采用实心换向极铁心的情况下，由于磁路中的涡流作用，电枢磁通交变分量的影响以及交流漏磁通的存在，使得 $\dot{\Phi}_{K\sim}$ 大体上和 $\dot{F}_{a\sim}$ 同相而和 $\dot{F}_{\Delta\sim}$ 反相，

即 $\dot{\Phi}_{K\sim}$ 发生“倒相”现象。由于交流换向电动势 $\dot{e}_{k\sim}$ 和 $\dot{\Phi}_{K\sim}$ 同相，将使交流换向电动势 $\dot{e}_{k\sim}$ 和交流电抗电动势 $\dot{e}_{r\sim}$ 接近同相，这对于电机的换向是非常不利的，这也就是脉流牵引电机换向困难的实质。

4. 换向元件中的交流剩余电动势

将上面得到的交流电抗电动势 $\dot{e}_{r\sim}$、变压器电动势 $\dot{e}_t$ 和交流换向电动势 $\dot{e}_{k\sim}$ 相量合成，即可得到交流剩余电动势 $\Delta\dot{e}_{\sim}$，如图 2-21 所示。图中 $\dot{e}_{r\sim}$ 和 $\dot{I}_{a\sim}$ 同相。采用固定分路时，变压器电动势 $\dot{e}_t$ 大体上与交流电抗电动势 $\dot{e}_{r\sim}$ 反相，由于磁路中的涡流作用、电枢反应交变分量的影响以及交变漏磁通的存在，可能导致交流换向电动势 $\dot{e}_{K\sim}$ 和交流电抗电动势 $\dot{e}_{r\sim}$ 接近同相。3 个电动势叠加的结果是在换向元件中产生较大的交流剩余电动势 $\Delta\dot{e}_{\sim}$。

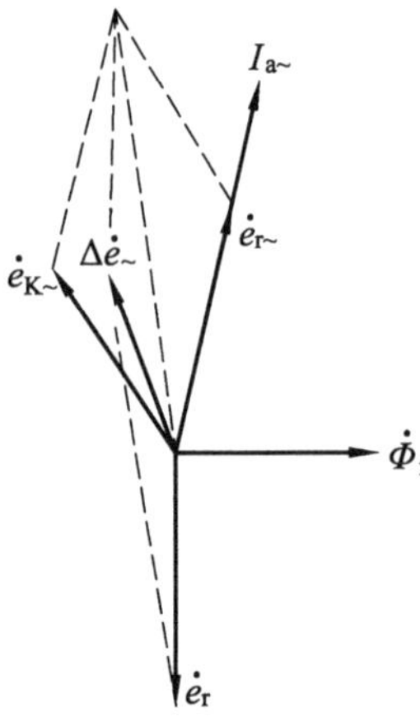

图 2-21 换向元件中交流剩余电动势

过大的交流剩余电动势 $\Delta\dot{e}_{\sim}$ 是引起脉流牵引电机换向困难的根本原因。因此，要改善脉流牵引电机的换向，就要尽可能地减小交流剩余电动势 $\Delta\dot{e}_{\sim}$。为了减小交流剩余电动势 $\Delta\dot{e}_{\sim}$，可以采取以下方法：

（1）减小交流电抗电动势 $e_{r\sim}$ 和变压器电动势 e_t；

（2）调整交流换向电动势 $e_{K\sim}$ 的相位，使交流换向电动势 $e_{K\sim}$ 和交流电抗电动势 $e_{r\sim}$ 抵消；

（3）利用变压器电动势 e_t 来补偿换向元件中的不平衡电动势。

第五节 改善脉流牵引电机换向的方法

脉流牵引电机换向比直流牵引电机换向更为困难，为了保证脉流牵引电机可靠运行，必须针对它在换向方面存在的问题采取相应措施。

这些措施一方面是在设计、制造脉流牵引电机时，首先必须保证电机在直流电源下运行时换向可靠。为此，必须采取使直流牵引电机换向良好的一系列措施。另一方面，还必须考虑到脉流牵引电机中存在着交变电流和交变磁通，在换向元件产生了 3 种交流电动势这一特殊问题。针对这 3 种交流电动势的性质和作用，采取相应措施，这些措施主要包括以下几个方面。

一、减小交流电动势的数值

1. 减小交流电抗电动势 $e_{r\sim}$

交流电抗电动势 $e_{r\sim}$ 是由于电枢电流的交流分量 $I_{a\sim}$ 换向时产生的。由公式（2-16）可知，在一定的电流脉动系数下，交流电抗电动势 $e_{r\sim}$ 和直流电抗电动势 $e_{r=}$ 是成正比的。所以，减小交流电抗电势的实质是降低直流电抗电势，即可通过减小直流电抗电动势 $e_{r=}$ 达到减小交流电抗电动势 $e_{r\sim}$ 数值的目的。

2. 减小变压器电动势 e_t

换向元件中的变压器电动势 e_t 是由于主极磁通交变分量 $\Phi_{f\sim}$ 的作用而产生的，目前还没有建立相应的电动势和变压器电动势 e_t 抵消的有效措施，而通常的方法是在主极绕组并联一个分路电阻，如图 2-19 所示，固定分路电阻使磁场实行了固定削弱。

采用固定分路后，由于主极绕组对交流分量有较大的阻抗，大部分交流分量流过固定分路电阻，使主极磁通交变分量 $\Phi_{f\sim}$ 降低，变压器电动势 e_t 减小。如果固定分路电阻数值越小，主磁通的交变分量 $\Phi_{f\sim}$ 也越小，则变压器电动势 e_t 也越小。

二、改善交流换向电动势 $e_{K\sim}$ 的相位

由于换向极磁路中的涡流和漏磁通的影响，使得交流换向电动势 $\dot{e}_{K\sim}$ 的相位产生不合理的“倒相”现象。这样一来，它不仅不能起到抵消交流电抗电动势 $\dot{e}_{r\sim}$ 的作用，反而有可能和交流电抗电动势 $\dot{e}_{r\sim}$ 叠加，使换向元件中有较大的剩余电动势 $\Delta\dot{e}_{\sim}$，造成电机换向困难。为了改善交流换向电动势 $\dot{e}_{K\sim}$ 的相位，就必须减小换向极磁路的涡流作用和换向极漏磁通，这就需要在电机结构方面采取一定的措施。

1. 换向极铁心采用电工钢片叠制

叠片铁心可以减小换向极磁路的涡流作用以及磁路的磁阻，使 $\Phi_{\Delta\sim}$ 的数值增加，并且减小了换向极磁势的交变分量 $\dot{F}_{\Delta\sim}$ 产生的磁通 $\dot{\Phi}_{\Delta\sim}$ 和换向极磁势的交变分量 $\dot{F}_{\Delta\sim}$ 之间的相位角 θ，使换向区合成交变磁通 $\dot{\Phi}_{K\sim}$ 和交流换向电动势 $\dot{e}_{K\sim}$ 相位变得合理。这种换向极在国内外许多脉流牵引电机中得到广泛的应用，如国产 ZD105、ZD115 型脉流牵引电机均采用叠片换向极极心。

2. 机座内壁敷设磁桥

磁桥由数片厚度为 0.5 mm 的冷轧电工钢片叠成，总厚度为 2 ~ 3 mm，在换向极中心处留 3 ~ 4 mm 的缺口，如图 2-22 所示。

磁桥的作用是让流经机座的换向极交变磁通 $\dot{\Phi}_{\Delta\sim}$ 在磁桥中流通，避免由于整体机座对交变磁通的涡流作用。由于磁桥导磁率高，而且处于低饱和状态，能将换向区合成交变磁通 $\dot{\Phi}_{K\sim}$ 和交流换向电动势 $\dot{e}_{K\sim}$ 相位调整到和交流电抗电动势 $\dot{e}_{r\sim}$ 相反的方向。

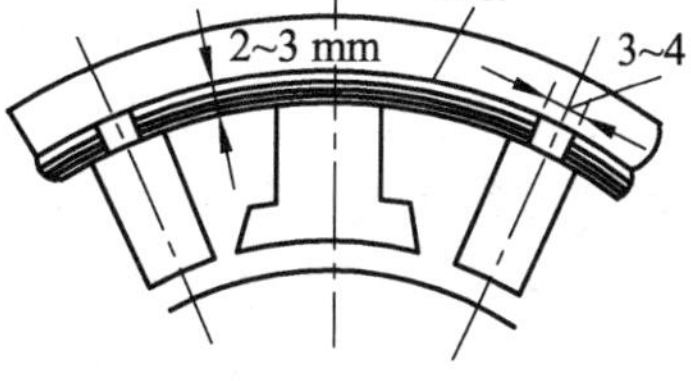

图 2-22　磁桥结构示意图

缺口是一个空气间隙，其作用是使磁通的直流分量（特别是主磁通的直流分量）不易通过磁桥，否则会造成磁桥饱和而使导磁率下降。

国产 ZQ650-1 和 ZQ800-1 型脉流牵引电机采用了这种结构之后，运行经验表明，采用磁桥结构，在相同的运行条件下，火花降低了约 0.5 级。

3. 减小换向极漏磁通

漏磁通 $\Phi_{\sigma\sim}$ 对换向区合成交变磁通 $\Phi_{K\sim}$ 的数值和相位影响很大。漏磁通 $\Phi_{\sigma\sim}$ 较大时，即使在滞后角 θ 不大的情况下，也会使换向区合成交变磁通 $\Phi_{K\sim}$ 的相位变得很不合理。减小漏磁通 $\Phi_{\sigma\sim}$ 的措施有：

（1）采用非磁性（黄铜或不锈钢板）换向极线圈托架，对漏磁通起屏蔽作用。

（2）适当控制主极的极弧系数和换向极的极靴宽度，增加主极尖与换向极之间的距离。

（3）采用换向极第二气隙。

4. 采用全叠片或半叠片机座

采用全叠片机座，可以很好地减小磁路中的涡流作用，使换向极交变磁通 $\Phi_{\Delta\sim}$ 的数值增加，θ 角减小，从而改善了换向极交变磁通 $\dot{\Phi}_{\Delta\sim}$ 和交流换向电动势 $\dot{e}_{K\sim}$ 的相位，使换向元件中的剩余电动势 $\Delta\dot{e}_{\sim}$ 大大降低。另外，全叠片机座磁路不易饱和，磁路特性比较均匀。国产 ZD111S、ZD115 型脉流牵引电机采用了全叠片无机壳机座。但是，全叠片机座的制造工艺复杂。为简化制造工艺，国内外一些脉流牵引电机采用半叠片机座，图 2-23 所示为钢板结构的焊接半叠片机座，图中项 2 为具有一定宽度的半叠片层，用 0.5 mm 厚的电工钢带扁绕叠压在机座体内，然后用法兰压紧并与机座焊成一个整体。国产 ZD107 型和进口 MB-530-AVR 型脉流牵引电机采用了这种结构。

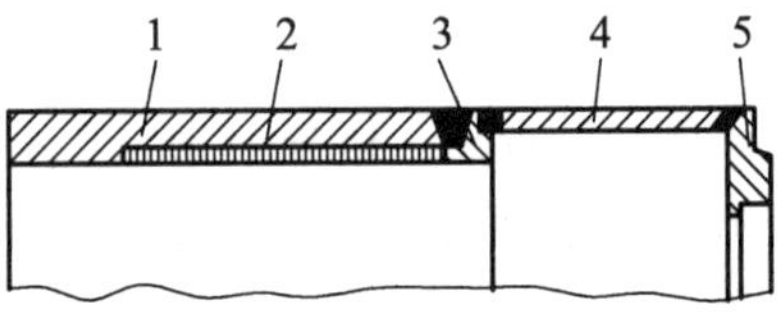

图 2-23　半叠机座

1—机座体；2—电工钢片叠片座；3—法兰；4—非磁路部分；5—前端法兰

三、选择合适的变压器电动势补偿不平衡电动势

由换向元件中各交流电动势的相位关系可以看出，变压器电动势 $\dot{e}_t$ 和交流电抗电动势 $\dot{e}_{r\sim}$ 的相位几乎是反相的，因此，可以利用变压器电动势 $\dot{e}_t$ 来抵消交流电抗电动势 $\dot{e}_{r\sim}$。实践证明，这是积极有效的办法。利用变压器电势改善电机的换向，实质上是利用变压器电动势 $\dot{e}_t$ 来抵消（$\dot{e}_{r\sim}+\dot{e}_{K\sim}$）。为了使变压器电动势 $\dot{e}_t$ 在数值和相位上都能补偿（$\dot{e}_{r\sim}+\dot{e}_{K\sim}$），必须选择合适的固定磁场削弱系数 β_0。

如果 β_0 取得过小，即固定分路电阻 R_{S0} 数值过小，则励磁电流的交流分量几乎都从固定分路电阻上通过，流过励磁绕组中的交流分量电流 $\dot{I}_{f\sim}$ 数值较小，$\dot{\Phi}_{f\sim}$ 较小，因而产生的变压器电势 $\dot{e}_t$ 数值较小，不足以抵消（$\dot{e}_{r\sim}+\dot{e}_{K\sim}$）。

若 β_0 取得太大，即 R_{S0} 数值较大，则励磁电流的交流分量 $\dot{I}_{f\sim}$ 和电枢电流的交流分量 $\dot{I}_{a\sim}$ 的相位角 α_1 减小，此时虽然 $\dot{I}_{f\sim}$、$\dot{\Phi}_{f\sim}$ 和 $\dot{e}_t$ 数值相应增大，但 $\dot{e}_t$ 的相位不合适，也不能起到抵消（$\dot{e}_{r\sim}+\dot{e}_{K\sim}$）的作用。因此，变压器电动势 $\dot{e}_t$ 的大小和相位对 β_0 的数值提出了相互矛盾的要求。

最合适的 β_0 值，除了通过多方案计算求得最佳的理论数值外，还必须根据换向试验的实际效果来确定。脉流牵引电机的设计和试验资料表明，在额定工况下，当 $K_i = 25\%$ 时，最合适的 $\beta_0 = 95\%$。

国外有些脉流牵引电机，不采用固定磁场分路，其目的就是利用变压器电动势 $\dot{e}_t$ 来补偿（$\dot{e}_{r\sim}+\dot{e}_{K\sim}$）。国产 ZD105 型脉流牵引电机，取 $\beta_0=95\%$，既减小了变压器电势 $\dot{e}_t$ 的数值，又利用变压器电动势 $\dot{e}_t$ 来补偿（$\dot{e}_{r\sim}+\dot{e}_{K\sim}$）。

四、采用感应分路

采用固定分路电阻改善脉流牵引电机的换向时，即使选择了一个合适的 β_0，也只能满足一种（额定）运行状态。因为变压器电动势 $\dot{e}_t$ 的大小与电机的转速无关，而交流电抗电动势 $\dot{e}_{r\sim}$ 和交流换向电动势 $\dot{e}_{k\sim}$ 数值却随之增加，此时，由于 $\dot{I}_{f\sim}$ 减小，$\dot{\Phi}_{f\sim}$ 和变压器电动势 $\dot{e}_t$ 则相应减小，相位角 α_1 相应增大，$\dot{e}_t$ 的相位相应滞后。这样，就破坏了原有各交流电势之间的平衡关系，影响了电机的换向。

为了改善脉流牵引电机在高速运行时的换向，通常在磁场削弱电阻上串联一个电抗器，整个磁场分路称为感应分路，如图 2-24（a）所示。

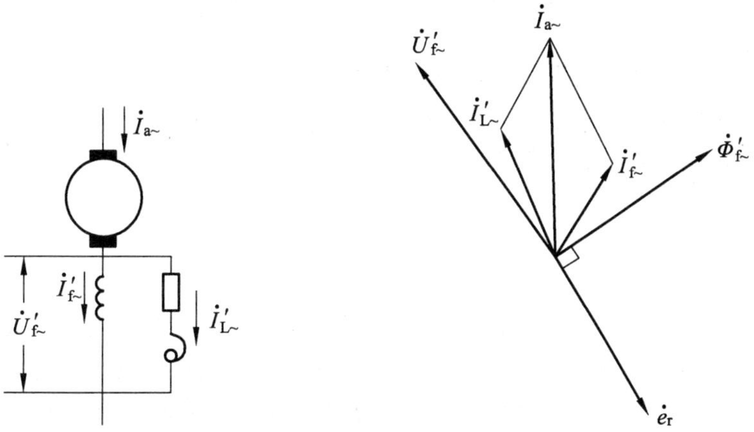

（a）感应分路原理图　　　（b）相量图

图 2-24　感应分路时换向元件中变压器电势

采用感应分路后，和纯电阻分路相比，励磁绕组中的交流分量电流 $\dot{I}'_{f\sim}$ 在数值上增大了，相位也超前了。相应 $\dot{\Phi}'_{f\sim}$ 数值增大，相位超前，使 $\dot{e}'_t$ 数值增大，相位超前，如图 2-24（b）所示。这样，就解决了仅用电阻分路磁场削弱时造成 e_t 数值减小和相位滞后的后果，使脉流牵引电机在高速运行时，换向元件中各交流电动势也能互相补偿。图 2-25 画出了电阻分路和感应分路时变压器电动势的相位，感应分路时各物理量的符号用加“′”表示。

以上介绍的改善脉流牵引电机换向的各种方法，它们之间不是孤立的，而是辩证的、相互联系的，在脉流牵引电机上究竟采用哪些方法，不仅要考虑电机的工艺性、经济性因素，更重要的是必须通过实践来验证。

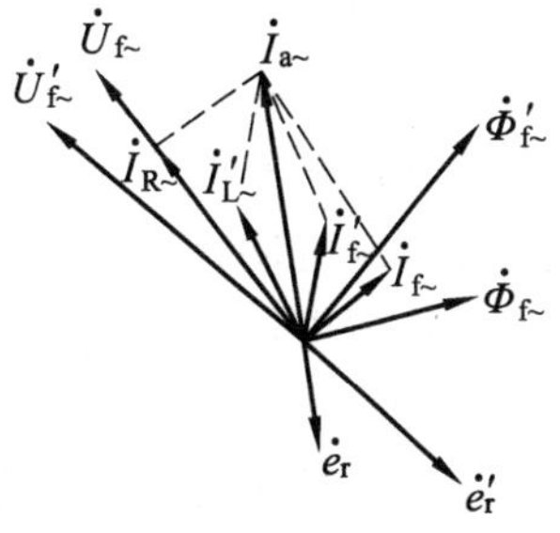

图 2-25　电阻分路和感应分路变压器电势相位比较

第六节　换向器上的环火

直流和脉流牵引电机在某些恶劣条件下运行时，正、负电刷之间可能形成一股强烈的环形电弧；同时伴有闪光与巨响，这种现象称为环火（俗称“放炮”）。强烈的电弧会灼伤换向器的表面和电刷，对电机具有很大的破坏性。此外，发生环火时，还会造成：

（1）电弧还可能由换向器表面飞越到换向器前压圈、转轴、刷架圈、磁极铁心或机座上，造成电机接地，这种现象称为飞弧。

（2）环火相当于电枢绕组通过电刷直接短路，强大的电流可能会烧断电枢绕组并将其甩出，造成电机“扫膛”。

（3）牵引电机此时处于发电机运行状态，如图 2-26 所示。这时，电流经环火电弧直接流入励磁绕组，使电机反电动势猛增，$E_a > U$，电枢绕组中产生巨大的反向短路电流，使电机处于发电机运行状态，将产生一个很大的制动转矩，由于列车惯性很大而造成动轮踏面严重擦伤。

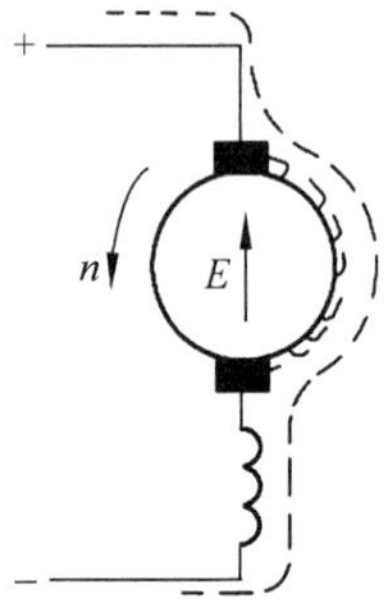

图 2-26　环火示意图

环火是直流、脉流牵引电机最严重的故障之一，因此，研究环火产生的原因及如何采取措施防止电机在运行中发生环火，对保证牵引电机的安全运行有着非常重要的意义。

一、产生环火的原因

电机在运行时，由于电磁或机械方面的原因，在电刷下可能产生原始火花。当换向片间电压过高时，可能产生电位火花。随着换向器的旋转，火花形成小的电弧，如果这些电弧迅速熄灭，对于电机的运行没有什么危害。如果电弧被机械地拉长，使正、负电刷短路，就形成了环火。由火花引起的电弧能否继续维持以致形成环火，决定于电弧本身的能量、换向器的片间电压等。因此，换向器片间电压分布曲线和电位特性与电机环火有直接的内在联系。

1. 换向器片间电压分布曲线和电位特性

相邻两换向片间的电压，近似等于连接在这两个换向片上的电枢绕组元件中的感应电势。电动势的大小正比于元件上所处位置的气隙磁密 B_δ。因此，片间电压 ΔU_K 和 B_δ 成正比，即片间电压的分布曲线 $\Delta U_K = f(x)$ 与气隙中磁密分布曲线 $B_\delta = f(x)$ 形状相同。$\Delta U_K = f(x)$ 曲线也能用实验方法直接求出，如图 2-27 所示。

换向器电位特性 $U_K = f(x)$，是片间电压累加的结果，可用电压表测得，如图 2-27 所示。电位特性曲线形状与片间电压的分布有关，也取决于气隙磁密分布曲线的形状。

主极气隙中磁密分布曲线与电机的负载有关。电机带上负载后，交轴电枢反应使气隙磁场分布曲线发生畸变（见图 2-27 中曲线 2），$\Delta U_K = f(x)$ 和 $U_K = f(x)$ 随之变化。片间电压分布曲线发生畸变（见图 2-27 中曲线 4），在接近电刷后刷边处，出现最大片间电压 $\Delta U_{K\max}$，电位特性也相应变陡（见图 2-27 曲线 6）。

在脉流牵引电机中，存在着片间电压的交流分量，它由两部分组成：

（1）主极交变磁通在电枢绕组元件中产生的变压器电势；

（2）电枢反应交变磁通引起气隙磁密脉动，产生的附加电势。

此时，片间电压的交流分量和直流分量叠加，形成了脉流牵引电机的片间电压分布曲线，如图 2-28 所示。从图中可以看出，片间电压的最大值增大，通常情况下，比直流时增加 15%～20%。因此，其电位特性也随之变陡。

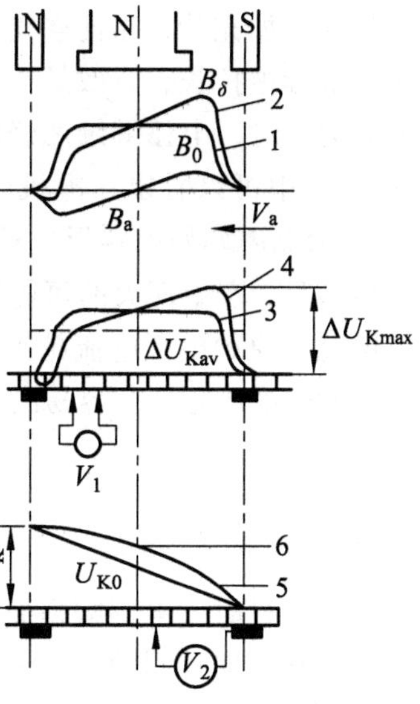

图 2-27　片间电压和电位特性曲线

1—空载气隙磁密分布曲线；2—负载气隙磁密分布曲线；3—空载片间电压曲线；4—负载片间电压曲线；5—空载电位特性曲线；6—负载电位特性曲线

2. 电刷下火花的扩展

当原始火花较大时，随着换向器的转动，原始火花将被机械地拉长，从而在电刷与换向片间形成电弧，该电弧能否维持甚至发展，取决于电弧本身的能量及换向器上的电位分布。

图 2-29 表示在一定的电弧电流下，沿换向器圆周长度维持稳定电弧所需要的电压值，该曲线称为电弧特性 $U_g = f(I_g L_g)$，L_g 表示沿换向器圆周的电弧长度。原始火花形成的原始电弧，燃烧到换向器上的 K 点，若电弧电流为 I_2，则维持电弧燃烧的最小电压为 U_{g2}，如电弧两端的电压小于此值，则电弧自行熄灭；反之，电弧则继续燃烧。

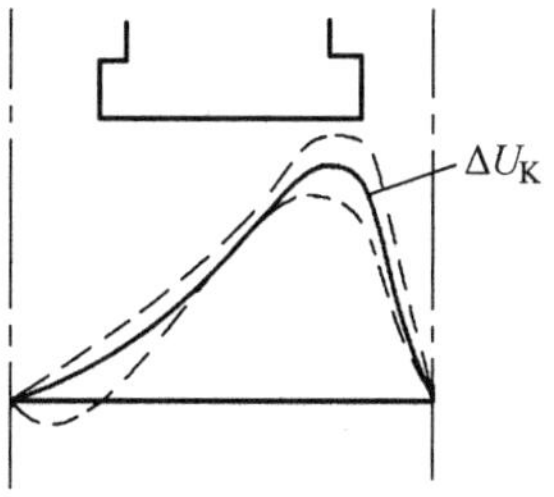

图 2-28　脉动电压下的片间电压分布曲线

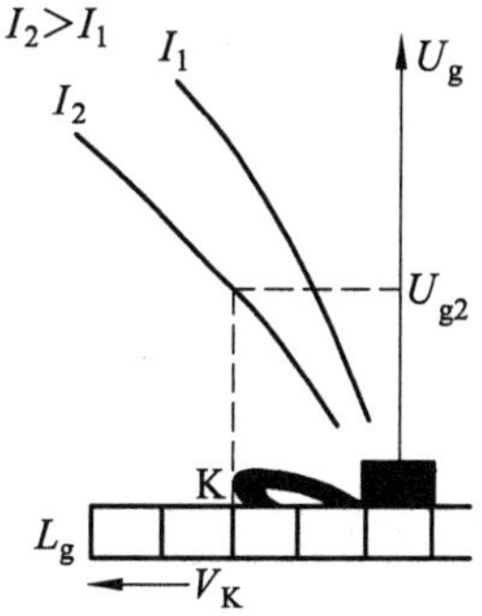

图 2-29　电弧特性曲线

将电位特性曲线和电弧特性曲线用同一坐标表示，如图 2-30 所示，就可以解释电位特性与环火的关系。图中曲线 1 表示牵引电机的电位特性，曲线 3 表示当电弧电流为 I_1 时的电弧特性，两曲线交于 a 点。

如果由原始火花形成的原始电弧燃烧到换向器圆周上的 b 点，这时加在电弧上的电压 U_{K1} 小于维持电弧燃烧所需要的电压 U_{g1}，即 $U_{K1}<U_{g1}$，则电弧不能继续燃烧而自行熄灭。但是，如果原始电弧燃烧到 c 点，此时 $U_{K2}>U_{g2}$，则电弧将越过 c 点后继续燃烧，在 c 点以后为电弧燃烧条件更加充分，并且空气已被电离，使电弧更为强烈而且继续被拉长，以致最后形成环火。交点 a 是当电弧电流为 I_1 时，电弧继续燃烧的临界点。

从图 2-30 中可以看出，电机的电位特性越陡（图中曲线 2），交点离原始电弧发生处越近，$U_K > U_g$ 的条件也越容易满足，产生环火的可能性也越大。在同样的电位特性情况下原始电弧电流越大，电弧特性曲线下降得越多，交点的电压越低，容易满足燃烧条件，也更容易产生环火。

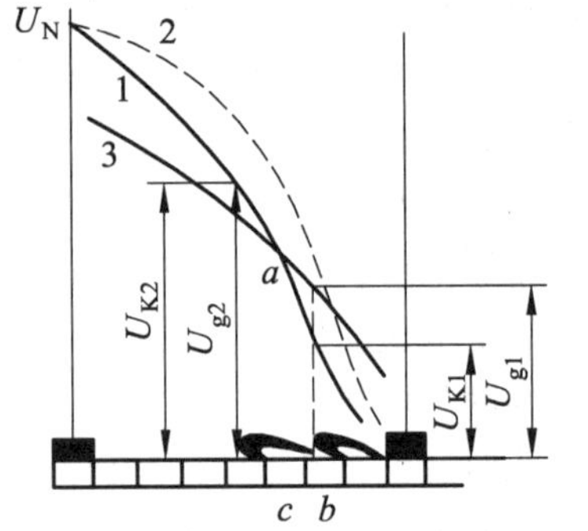

图 2-30　电弧燃烧形成环火示意图

3. 电位火花的扩展

牵引电机运行时，电刷磨损而产生炭粉或电刷碎片，换向器磨损下来的铜粉以及其他导电灰尘会积聚在换向片间的沟槽中，这些可导电物质在换向片间形成了所谓的导电桥。当片间电压过高时，此导电桥中的导电尘粒因燃烧形成火花。如果片间电压足够大，就会在这些导电尘粒燃烧完毕后，出现片间电弧，或称为单元闪络，如图 2-31（a）所示。此燃烧的电弧使周围空气电离，当换向器以 V_K 转动时，该电弧随换向器一起转动，并且由于电弧形成的气体内压力及作用在电弧上的电动力使电弧拉长，如图 2-31（b）所示。当电弧向前扩展时，它遗留下来的离化气体是导电的，因而，电弧不断伸长，如图 2-31（c）所示，以致最后形成环火。

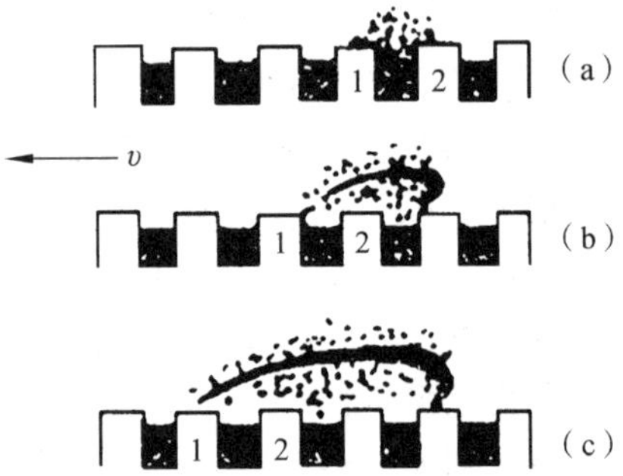

图 2-31　导电桥形成环火示意图

从以上分析可知，引起电机环火的内部因素是电机的换向情况、电位特性及片间电压的数值。但电机最终是否发生环火还取决于电机的负载情况和运行状态等外部条件。例如，牵引电机运行中，当负载电流急剧增加或发生短路时，特别是在磁场削弱过深的情况下，由于电枢电流急剧增加，则电抗电势 e_r 随之增大，而由于换向极磁路中涡流的阻尼效应使换向电动势 e_K 不能随之增大，此时 $e_r \gg e_K$，电机处于严重延迟换向状态，后刷边可能出现强烈电弧。同时，由于电枢电流的急剧增加及主磁场的减弱，使气隙磁场畸变严重，换向器片间电压最大值显著增加，电位特性变陡，并产生电位电弧。这时，电刷下的原始电弧和电位电弧就可能汇合在一起，发展成跨越正、负电刷间的电弧，导致电机环火。

二、防止环火的措施

电机环火最根本的原因是换向器上电位特性过陡及片间电压过高。因此，牵引电机需要在参数选择和结构上采取必要的措施，以提高电机换向的稳定性，防止环火的发生。

1. 限制换向器圆周上的电位梯度和最大片间电压值

牵引电机运行经验表明，为了防止环火的发生，沿换向器圆周上单位长度的电位差（即电位梯度）的最大值，应小于 80 ~ 90 V/cm，最大片间电压应不超过下列极限值：

（1）当云母片厚度为 0.8 mm 时，$U_{\mathrm{K\,max}} \leqslant 35$ V；

（2）当云母片厚度为 1.0 mm 时，$U_{\mathrm{K\,max}} \leqslant 37 \sim 40$ V；

（3）当云母片厚度为 1.2 mm 时，$U_{\mathrm{K\,max}} \leqslant 40 \sim 43$ V；

（4）当云母片厚度为 1.5 mm 时，$U_{\mathrm{K\,max}} \leqslant 43 \sim 45$ V。

同时应注意到，如用较大的最高片间电压值时，则应考虑用较小的电位梯度。

2. 采用适当的主极极靴形状

采用适当的主极极靴形状，可以改善换向器的电位分布。牵引电机所采用的极靴形状，是使得极尖处的空气隙大于极中心处的空气隙,这样可以减小电枢反应对主磁通的畸变作用。

牵引电机常用的极靴形状有两种：

（1）偏心气隙。

偏心气隙是指极靴构成的圆弧直径大于电枢构成的直径，而且两圆弧的圆心所处的位置不同，如图 2-32（a）所示。它是用一个大于电枢半径 R_a 的半径 R_m 画出来的，并且其圆心顺着轴线从电枢圆心移动一个距离 $\overline{OO'}$，这样，极尖处的气隙就增加了。

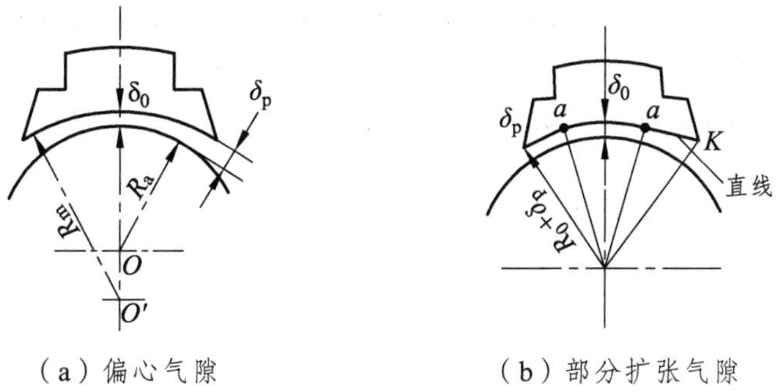

图 2-32　主极极靴形状

O—电枢圆心；O'—极弧圆心

（2）部分扩张气隙。

部分扩张气隙的主极极靴由两部分组成：第一部分极弧与电枢为同心圆，在这段范围内，气隙是均匀的并且等于 δ_0；第二部分气隙是从 $a(a')$ 点处的气隙 δ_0 开始，向极靴边缘增加到 δ_p 值，极靴这一部分用直线画出，气隙 δ_x 是扩张气隙，如图 2-32（b）所示。图中 $\overline{aK}$ 是直线。

上述两种极靴形状，都是使极尖处气隙加大，这样不仅减小了电枢反应对主极磁通的影响，改善了换向器电位分布，而且还能使最高片间电压处离换向区远一些，增加了电机的抗环火能力。通常极尖下气隙长度为磁极中心处气隙长度的 1.8 ~ 2.5 倍。

3. 选择适当的极弧系数

采用适当的极弧系数，可以改善片间电压分布，减小电枢反应对主磁场的畸变作用。

极弧系数 α 的计算式为

$$\alpha = \frac{b}{\tau} \qquad (2\text{-}18)$$

式中　b——极弧长度；

τ——极距。

α 的选择对电机的换向有很大影响。对于极数已定的电机，α 的大小主要取决于极弧长度。图 2-33 表示两种不同的极弧长度 b_1、b_2 空载和负载气隙磁密的分布曲线，即片间电压的分布曲线。从图中可以看出，当极弧系数较小时，片间电压最大值的数值增大，但最大值的位置离原始火花发生处的距离较远。因此，极弧系数的选择应兼顾上述两方面的情况。对于牵引电机，由于片间电压较高，发生环火的可能性大，极弧系数宜取小些，一般取 $\alpha = 0.6 \sim 0.7$。

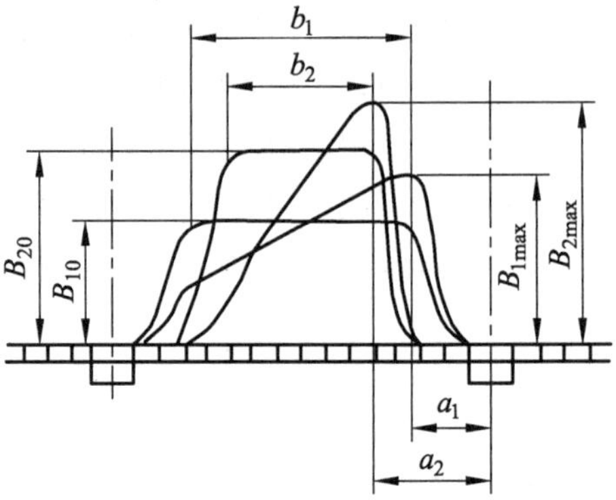

图 2-33　极弧系数对片间电压的影响

4. 设置补偿绕组

牵引电机气隙磁密畸变是由电机负载以后的电枢反应引起的。因此，防止环火的有效措施应该是尽可能消除电枢磁场引起的气隙磁密的畸变，对于负载急剧变化和经常在磁场削弱下工作的牵引电机来讲，其最有效的方法是装置补偿绕组。利用补偿绕组消除由于电枢反应而引起的气隙磁场畸变，从而限制片间电压的最大值，减小产生电位火花的可能性；同时使换向器电位特性曲线较为平坦，有利于抑制原始火花和电位火花的扩展，大大减小电机发生环火的可能性。

为了达到上述目的，对补偿绕组提出下列要求：

（1）补偿绕组嵌放在主极极靴上专门冲制的槽内，线圈跨接在相邻的两主极之间，如图 2-34 所示。

（2）为了在不同的负载下都能补偿电枢磁势，补偿绕组应与电枢绕组串联。

（3）补偿绕组产生的磁势与电枢磁势的方向相反。

图 2-35 画出了电枢磁势和补偿绕组磁势的波形。两者基本上能够补偿。但是，由于在两主极之间无法安装补偿绕组，故补偿绕组磁势为梯形波（曲线 2），这样在两主极之间的电枢磁势不能全被补偿，留下一个三角形的磁势波（阴影部分），该磁势可由换向极磁势补偿。

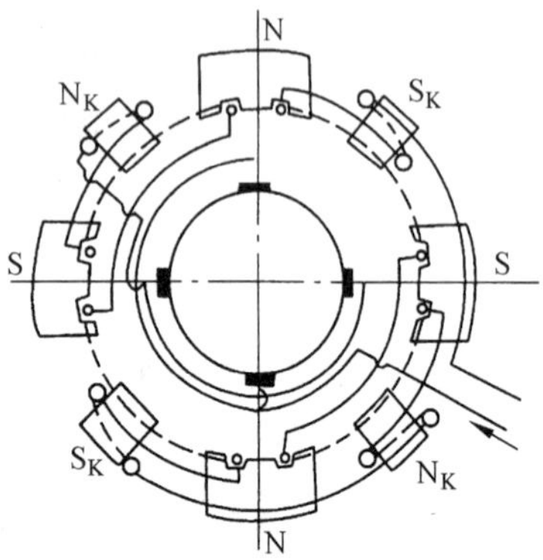

图 2-34　补偿绕组及联接法

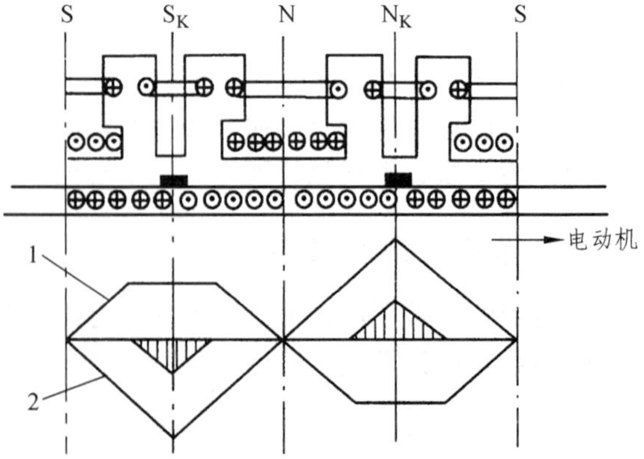

图 2-35　有补偿绕组的磁势

对于脉流牵引电机，由于补偿绕组的交流磁势可以补偿电枢磁势中的交流磁势，从而改善了交流换向电势的相位，可有效地降低换向元件中的交流剩余电势，从而改善了脉流牵引电机的换向。

电机安装补偿绕组后，使其结构复杂，增加了制造及检修的工作量。因此，只有在换向特别困难的牵引电机中采用，国产 ZD105、ZD115 型脉流牵引电机均采用了补偿绕组。

应当指出，牵引电机虽然在设计和结构上采取了一定的措施来防止环火的发生，但在实际运行中仍有可能发生环火。为了减轻环火后的破坏性影响，在牵引电机的结构和线路上也采取了相应的措施，例如：

（1）换向器前端云母环 3° 面露出部分用耐弧性能好的聚四氟乙烯板覆盖，使得环火时不致烧毁前端云母环。

（2）在电机刷盒侧壁与刷架圈之间设放电间隙，在环火尚未发展到十分严重程度时，使得放电间隙击穿，电弧不经过前端云母环。

（3）采用快速动作断路器。如快速断路器能在电弧扩展到相邻电刷之前切断电路，就能起到防止环火的作用。即使在环火发生后断开，也能减小电机的损坏程度。

第七节　牵引电机的发热和通风冷却

电机发热对电机运行性能有很大影响，温度过高，将使绝缘材料损坏而丧失绝缘性能，以致影响电机的使用寿命，严重时甚至把电机烧毁。同时，过高的温度会引起电机的零部件变形，直接影响电机的安全运行。

牵引电机功率大，结构尺寸又受空间位置的限制，发热较为严重。其发热问题不仅直接关系到电机的使用寿命和可靠运行，也是决定电机额定容量的主要因素之一。讨论牵引电机发热和散热问题，目的是找出降低牵引电机温升的方法。

一、电机的损耗和温升

直流牵引电机在实现能量转换的过程中，电机内部将产生机械损耗 p_{Ω}、铁耗 p_{Fe}、铜耗 p_{Cu}、附加损耗 p_s 四类能量损耗，这些损耗一方面使电机的输出功率减小，效率降低；另一方面，损耗最终都变为热能，使电机各部分的温度升高，引起电机发热。

脉流牵引电机，除了上述损耗外，由于电流和磁通中交变分量的存在，在电机中还会引起一些新的损耗，主要有：

（1）电流中交流分量引起的附加铜耗 $p_{Cu\sim}$，其大小与电流交流分量幅值的平方成正比，即和电流脉动系数的大小有关。电流脉动系数越大，电流交流分量的幅值就越大，引起的 $p_{Cu\sim}$ 就越大。

（2）磁通中交变分量引起的附加铁耗 $p_{Fe\sim}$，包括主极和电枢反应磁通的交变分量在铁磁回路中引起的铁耗。如果励磁绕组采用固定分路电阻，则励磁绕组中电流交流分量很小，主磁通交变分量可以忽略不计。

因此，脉流牵引电机的铜耗比直流供电时大。交流分量引起的各种损耗不但计较复杂，而且不易准确，因此，这些损耗常用试验方法加以确定。根据试验，其数值为电机额定功率的 1% 左右。

电机运行时，电机中的损耗转变为热能，使电机各部分温度升高。当电机温度高于周围介质温度时，热量向周围散发。如果电机产生的热量与散发的热量平衡时，电机的温度不再升高，维持稳定的温度。由于电机周围介质温度可能不同，所以电机各部分温度的高低并不能代表电机的发热和散热情况，温度高并不能表示电机的发热量大或散热不好。为了综合评价电机的发热和散热情况，在设计和使用电机时，通常以温升作为评价电机性能的指标。

电机某一部件的温度 t_2 与周围介质温度 t_1 之差，称为该部件的温升，用 θ 表示，即

$$\theta = t_2 - t_1 \tag{2-19}$$

但是，电机中的绝缘材料是根据耐热能力分级的，决定绝缘材料寿命的因素是温度而不是温升。为了统一两者之间的关系，在设计电机时，必须规定一个周围介质温度，以便限制电机的温升，使电机运行时的温度不超过绝缘材料的允许温度。

根据牵引电机的实际运行情况，机车用直流电机的定额按照《机车用直流电机基本技术条件》（TB 1449）的规定，冷却空气温度的标准值为 25 °C，采用不同等级绝缘材料的电机各部件的温升限制值见表 2-2。

表 2-2　电机绕组和换向器的温升限值　（°C）

电机部件	测量方法	绕组绝缘材料的不同相应于连续、小时或断续定额的温升限值				
		E	B	F	H	C
定子绕组	电阻法	115	130	155	180	200
电枢绕组	电阻法	105	120	140	160	180
换向器	温度计法	105	105	105	105	105

由于测温方法不同，对同一物体的温度可能测得不同的温度数值。因此，在规定温升限值的同时，应规定具体的测温方法。牵引电机常用的测温方法有温度计法、电阻法和埋置检温计法。

二、电机的发热和散热

1. 发热和稳定温升

电机运行时，由于电机内部几个热源同时发热，致使各部分的温度不同。为简化分析，可以将电机各部分看成是温度均匀的均质固体，即其内部没有温差，且该固体是表面均匀散热的理想发热体。

图 2-36 所示为均质固体的发热曲线，曲线表明物体发热时，其温升随时间按指数函数规律变化。随着时间的推移，温升上升速度逐步减慢。这是由于物体中由损耗转化的热，一部分被物体吸收使其温度升高，另一部分散发到周围介质中去的缘故。开始发热时，物体与周

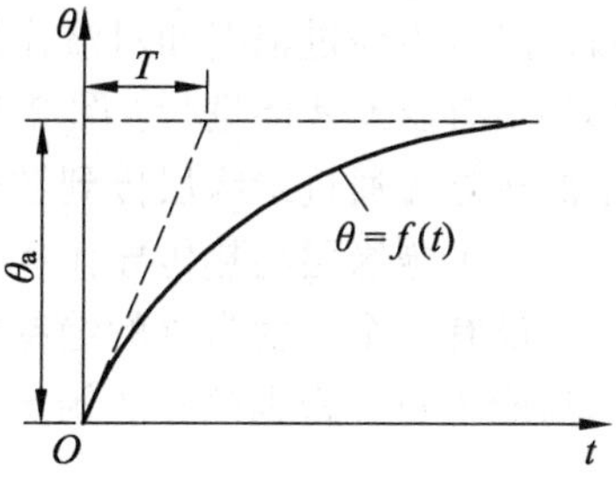

图 2-36　均质固体的发热曲线

围介质的温差较小，散发出的热量较少，产生的热量大部分用以升高物体本身的温度，温度上升得较快。随着电机温度的升高，温差的增大，散发的热量逐渐增加，用以升高物体本身的热量逐渐减少，温度上升速度减慢。当发热体经过较长时间，温度升高到一定数值后，产生的热量等于散发热量，物体的温度不再升高，达到热稳定状态。此时，物体的温升称为稳定温升，用 θ_∞ 表示。

根据能量守恒定律，当物体温升达到稳定温升时，在任一段短暂的时间 $\mathrm{d}t$ 内，该物体所产生的热量全部由其表面散出，即

$$Q\mathrm{d}t = \alpha A\theta_\infty \mathrm{d}t$$

式中　Q——发热体在单位时间内产生的热量，即电机的损耗，W；

α——表面散热系数，即每平方米表面积，每 1 °C 的温度差，每秒时间内所散发的热量，W/(m^2 · °C)；

A——散热表面的面积，m^2。

同此可得

$$\theta_\infty = \frac{Q}{aA} \tag{2-20}$$

由式（2-20）可知，稳定温升取决于物体产生损耗的大小，物体散热表面面积和表面散热系数。电机的损耗和负载大小有关，所以电机各部分的温升也取决于负载。负载大时，损耗增大，稳定温升也越高。散热系数和散热面积的乘积（αA）称为电机的散热能力，散热能力越大，散发的热量越多，稳定温升就越低。因此，降低稳定温升有两种方法，一是降低电机的各种损耗，二是提高电机的散热能力。

图 2-36 中 T 称为发热时间常数，是假设发热体热量不散失时，物体达到稳定温升所需的时间。

$$T = \frac{GC}{aA}\ (\mathrm{s}) \tag{2-21}$$

式中　G——物体的质量，kg；

C——比热，即 1 kg 物质升高 1 °C 时所吸收的热量，W / · s(m^2 · °C)。

从理论上讲，物体要在无限长的时间后（$t=\infty$）才能达到热稳定状态。实际上当 $t = 4T$ 时，$\theta = 0.982\theta_\infty$，可认为物体的温升已达到稳定温升。

实践证明，电机各部分的发热曲线和均质固体的发热曲线有相似的形状，因此，可根据式（2-20）来计算电机各部分的稳定温升。

2. 散　热

电机的损耗引起发热而使电机温度升高，当电机的温度高于周围介质温度时，热量开始向周围介质中散发，称为电机的散热。

电机的散热过程为：发热体（产生损耗处）的热量先通过内部的传导作用传导到部件表

面，然后再经过辐射和对流作用散发到周围介质中去。不论是热传导作用还是热散发作用，都必须有温差才能进行。图 2-37 所示为电枢槽内导体铜耗产生的热量散出的情况，铜导体产生的热能先通过绝缘层传到散热表面，再由散热表面将热能散发到周围空气中去。

（1）绝缘层的热传导作用。

设有一个厚度为 β 的绝缘层，如图 3-38 所示，绝缘层两边温差为 $\theta = t_1 - t_2$，通过绝缘层的热能为 Q。根据热路欧姆定律，则

$$Q = \frac{\theta_{12}}{R_\beta} \tag{2-22}$$

式中，R_β 为绝缘层的热阻，可由下式计算：

$$R_\beta = \frac{\beta}{\lambda A} \tag{2-23}$$

式中　β——绝缘层的厚度，cm；

A——绝缘层的面积，cm^2；

λ——导热系数，当绝缘层两表面之间温度为 1 °C，经过 1 cm 厚的绝缘层的单位面积（1 cm^2）的热量，W /(cm · °C)。

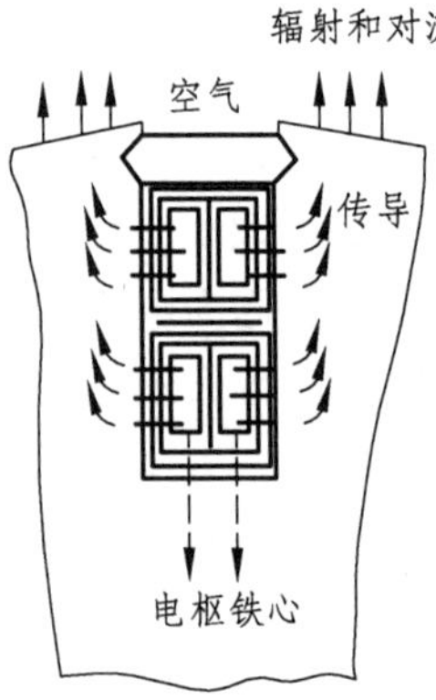

图 2-37　电枢槽内导体热能的传导和散发

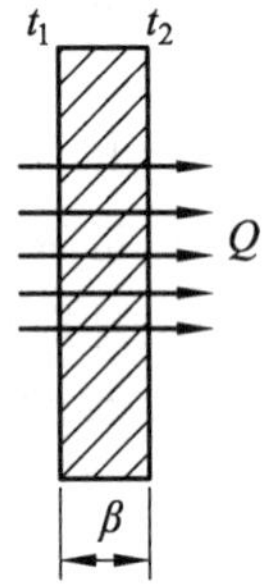

图 2-38　绝缘层热传导示意图

将式（3-23）代入式（3-22），可得

$$Q = \lambda \frac{A}{\beta} \theta_{12} \text{（W）} \tag{2-24}$$

显然，通过绝缘层热量的大小，取决于绝缘层两边的温差、绝缘层的厚度和面积及绝缘材料的导热系数。温差越大，面积越大，则通过的热量也越大；绝缘材料越厚，则热量越不容易通过。导热系数的大小，取定于材料。电机中常用材料和空气中的导热系数值列于表 2-3 中。

绝缘材料的 λ 值多为 0.002 左右。在选择电机绝缘结构时，应在保证耐压允许的条件下尽量将绝缘层做得薄些，使其易于导热。空气是不良的导热体，静止薄空气的 λ 值仅为 0.000 25，约为一般绝缘材料的 10%。因此，线圈绝缘层内应尽量消除空气层。在电机线圈外包几层绝缘时，要力求包紧并提高浸漆烘干质量，使线圈内及线圈与槽壁间尽量减小空气层，以提高导热效果。金属的导热系数一般为 0.5 ~ 3.5，比绝缘材料要大几百倍，其热阻一般可忽略不计。

表 2-3　电机常用材料的导热系数

材料名称	导热系数 λ /[W/(cm·°C)]	材料名称	导热系数 λ /[W/(cm·°C)]
紫　铜	3.5	云母片	0.0024
铝	2.0	层压板	0.001
钢	0.63	硅橡胶	0.003
涂漆电工钢片	0.012	浸漆玻璃丝带	0.002 2
不涂漆电工钢片	0.425	静止薄空气	0.000 25

（2）表面层的热散发作用。

电机内部的热量，经热传导作用传递到部件表面后，再以辐射和对流的方式由表面层向空气散热，其散发的热量 Q 与表面层对空气的温差 θ 之间的关系为

$$Q = \alpha A\theta \text{（W）} \tag{2-25}$$

散热量的大小，取决于散热表面积、散热表面与空气之间的温差及散热系数。散热系数与散热面的性质及周围空气的流动情况有关。空气的流动情况分为自然对流和强制对流两种。发热体在平静的大气中，热量主要以辐射和自然对流方式散发到周围介质中去，散热系数主要取定于发热体表面性质和周围介质的温差。强制对流是由于风扇等外力的鼓风作用使空气流动引起的。

电机采用通风冷却，可通过对发热电机的鼓风作用，增加散热系数，提高电机的散热能力。风速 V 为 4 ~ 45 m/s 时，散热系数可按经验公式计算，即

$$\alpha = 30\sqrt{V} - 20 \qquad [\mathrm{W/(m^2 \cdot {}^\circ C)}] \tag{2-26}$$

由式（2-26）可知，通风作用越强，风速越大；散热系数就越大，在同样的热量下，电机的温升就越低。

为了降低电机的温升，除了在设计电机时降低电机的电磁负载，减小电机的损耗外，更重要的是提高电机的散热能力，即增强电机内部的传热能力和表面散热能力。

三、牵引电机的通风冷却

1. 牵引电机的通风方式

（1）根据冷却空气进入电机内部所依靠的力量，分为：

① 自通风：由装在电机转轴上的离心式风扇鼓风。这种通风方式的优点是不需要附加设备，缺点是风量和风压随电机转速的变化而变化。

② 独立通风：由单独设置的通风机给电机鼓风。这种通风方式的优点是送入电机的风量、风压与电机的运行情况无关；缺点是需要增设通风机、拖动机械、管道等辅助设备。

（2）根据通风器（通风机、风扇）安装位置的不同，分为：

① 强迫通风：通风器装在空气的入口端，由通风器将空气压入电机内部，如图 2-39 所示。这时，电机内部的空气压力一般大于大气压力。

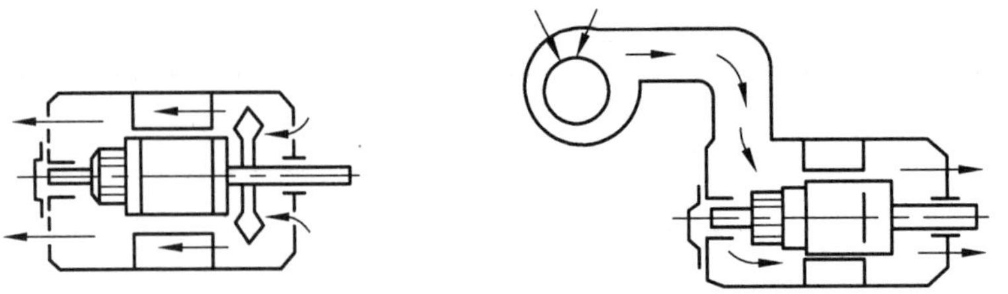

（a）自通风　　（b）独立通风

图 2-39　强迫通风

② 诱导通风：通风器装在空气的出口端，由通风器将电机内部的空气抽出，如图 2-40 所示。

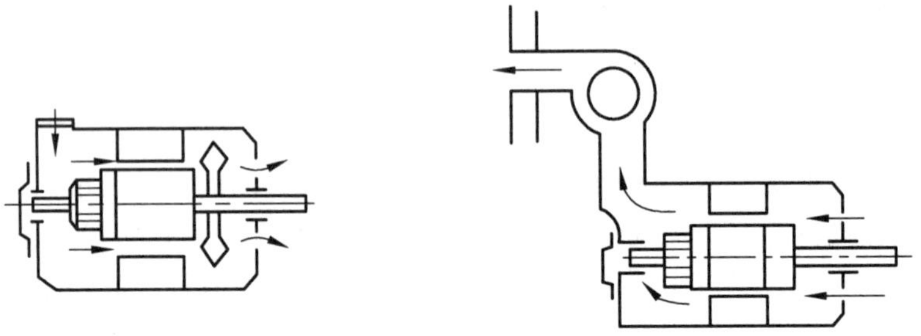

（a）自通风　　（b）独立通风

图 2-40　诱导通风

（3）根据冷却空气在电机中的主要流通方向，分为：

① 轴向通风：冷却空气由电机的一端进入，另一端排出，在电枢内部沿转子铁心的轴向通风道流通。这种通风方式的优点是铁心结构紧凑；缺点是通风损耗较大，沿电机轴向的温度不够均匀。

② 径向通风：空气进入电机内部，沿着电枢内的径向风道流通。这种径向风道是在压装电枢铁心时，每隔一定距离放置一片风道齿构成的。这种通风方式的优点是通风损耗小，散热面积较大，沿电机轴向的温度较均匀；缺点是径向通风槽使电机的轴向尺寸增大。

③ 轴向-径向复合通风：电机既有轴向风道也有径向风道，结合二者的特点设计，具有良好的通风效果，但结构复杂。

牵引电机根据其结构特点和运行特点，通常采用强迫式独立通风，风道沿轴向布置，其原因是：

• 牵引电机功率大，尺寸受限制，因而其电磁负荷较高，发热严重。因此，必须用强压的冷却空气加快其散热。

• 牵引电机负载的性质是断续的。在机车牵引和电气制动时，电机的电流较大，使电机迅速发热；在机车惰行和停站时，电机断电，是电机的散热间隙。独立通风可以充分利用断电间隙使电机冷却，为下一区间电机运行创造很好的条件。

• 牵引电机的轴向长度受轨距的限制，采用径向通风会增加电机的轴向长度，所以一般都采用轴向通风。

近年来，在干线电力机车上，采用自通风的牵引电机也引起了人们的关注。因为根据机车的运行特点，牵引电机的实际温度达不到极限温度，满风量并不是长期需要的。另外，随着绝缘材料等级的提高及绝缘结构的不断完善、换向器升高片采用氩弧焊工艺等，使电机承受热过载能力有所提高。所以，干线电力机车的牵引电机采用自通风方式并非不可行。

2. 牵引电机的通风结构和通风参数

牵引电机的通风系统如图 2-41 所示。冷却空气由换向器端上部进风口进入换向器室，然后分成两路：一路经过换向器表面，电枢和磁极之间空气隙及主极、换向器之间的间隙，到非换向器端；另一路经换向器套筒的内孔道、电枢铁心内部通风孔道和电枢后支架到非换向器端。两路汇合后，由后端盖的排风孔排出。

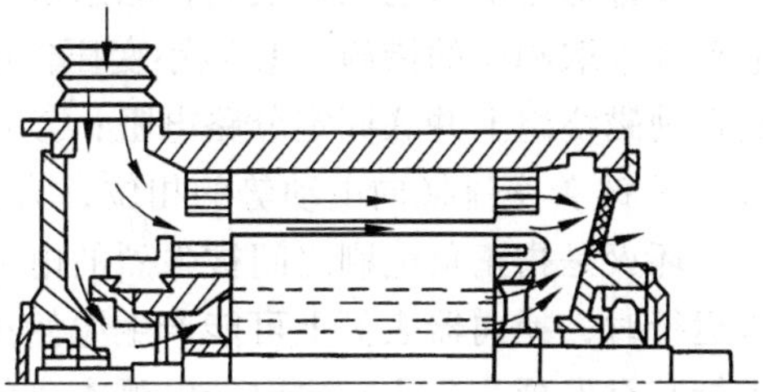

图 2-41　牵引电机通风系统示意图

这种通风结构，进风口开在换向器端，以利用换向器处的空间，使进入电机内部的平行气流分布均匀。但是，由电刷磨下的炭粉容易堆积在电机各线圈的缝隙里，使线圈的绝缘电阻降低。

采用强迫式独立通风的牵引电机，内部的空气压力一般是大于大气压力的。电机工作时，电枢绕组后端接的“鼻部”起了自通风的风扇作用，在靠近后端盖部轴承室附近的局部空间内的气压低于大气压，形成负压，此负压与转速的平方成正比。负压的产生可能使齿轮箱的润滑油吸入电机轴承室，并进一步窜入电机内部，损害电机绝缘并使轴承发热。为此，ZD105 型牵引电机除在后端盖外加装外油封外，并在后端盖上设有 8 个通大气孔，将产生负压的空间和大气相通，这样防止了窜油，提高了电机运行的可靠性。

牵引电机采用强迫式独立通风时，为了使电机温升不超过允许值，必须引进一定的风量对电机进行冷却。引起风量太多，将大大增加通风辅助设备的容量；引起风量过小，又达不到预期的效果。冷却空气通过电机内各个风道时，均遇到阻力，要使一定的风量以一定的速度吹拂发热体的表面，必须在入风口处建立一定的电压，用来补偿电机内部风道中风阻引起的风压降。因此，风量、风压是牵引电机的主要通风参数。

牵引电机的通风风量和进风口风压，常常是以制成的实际电机的风量和风压为参考加以确定。一般持续容量为 600 ~ 800 kW 的牵引电机，所需风量为 105 ~ 120 m^3/min，进风口压力约为 1 100 Pa。

小　结

换向是指电枢绕组元件从一条支路进入另一条支路时，元件中电流方向变换的过程。换向不良时，将在直流和脉流牵引电机的换向器与电刷之间产生有害火花。产生火花有电磁、机械和化学等方面的原因，其中，电磁原因起着决定性的作用。而附加换向电流 i_K 过大是产生火花的电磁原因。

改善换向的目的在于消除电刷下的火花。机械方面的原因可以通地改进制造工艺和加强日常维护保养来消除。消除电磁火花的实质，是设法限制附加换向电流 i_K。主要方法有：① 设置换向极——换向元件切割其磁场产生换向电动势以抵消电抗电动势，使合成电动势 $\Sigma e \approx 0$；② 减小电抗电动势——合理选择电机的参数；③ 增大换向回路的电阻——采用双分裂式电刷。

脉流牵引电机的电压、电流和磁通中除存在直流分量外，还存在着以两倍电源频率按正弦规律变化的交流分量，使其换向更为复杂。在它的换向元件中，除直流电动势外，还存在 3 种交流电动势，即交流电抗电势 $e_{r\sim}$、变压器电势 e_t 和交流换向电势 $e_{K\sim}$。

改善脉流牵引电机的换向，除采取使直流下换向良好的一系列措施外，还必须针对交流电动势采取相应的措施：① 减小变压器电动势或用变压器电动势抵消交流电抗电动势，方法是在励磁绕组上并联固定分路电阻；② 减小交流电抗电动势，其实质上是降低直流电抗电动势；③ 改善交流换向电动势的相位，为此，从电机结构方面采取了一系列可行的措施。

环火是指正负电刷之间被强烈的电弧所短路，是直流和脉流牵引电机最严重的故障。电机运行时，换向器表面上可能产生原始火花和电位火花，火花较大时形成电弧，该电弧能否维持甚至发展为环火，决定于电弧本身的能量、换向器上的电位和片间电压等。原始电弧电流越大，电位特性越陡，片间电压越高，产生环火的可能性就越大。

为了防止环火的发生，牵引电机在参数和结构上必须采取必要的措施，最有效的措施是设置补偿绕组。利用补偿绕组消除由于电枢反应引起的气隙磁场畸变，减小片间电压的最大值，同时使得电位特性曲线较为平坦。

牵引电机的功率大，尺寸又受到空间的限制，因而电机发热比较严重。温升过高，不仅直接关系到电机的使用寿命和安全运行，还限制了电机的额定容量，因此，温升是评价牵引电机性能的重要指标。

电机内部的热量，是靠传导、对流、辐射作用散发出去的。通过绝缘层传导的热量，取决于绝缘层的厚度、面积及绝缘材料的导热系数；以对流和辐射方式由表面散热时，散热量的大小，取决于散热面积和散热系数，散热系数主要取决于周围空气的流动情况。为了增强电机内部的传热能力，牵引电机在材料和工艺上采取了许多措施，并采用通风冷却增大散热系数，提高电机的散热能力。电力机车用脉流牵引电机，根据其结构特点和运行特点，通常采用强迫式独立通风，风道沿轴向布置。

思考与习题

1. 什么叫换向？直流牵引电机的换向元件在换向过程中产生哪些电动势？各由什么原因引起的？怎样判断某一电动势是帮助换向还是阻碍换向的？

2. 直流牵引电机换向分几种情况？是由什么原因造成的？画出换向元件中换向电流的变化规律。

3. 换向器表面薄膜是怎样形成的？对换向有什么影响？

4. 换向器表面薄膜的正常状态是什么样的？若电机运行时，出现按槽节距分布的黑片可能是什么原因引起的？

5. 换向极的作用是什么？对换向极有哪些具体要求？

6. 牵引电机在额定负载时换向良好，如发生下列改变时，会对换向产生什么影响？（1）负载电流大幅度增加时；（2）转速升高时；（3）换向极绕组有一部分匝数短路时。

7. 为什么要采用双分裂式电刷？

8. 画出脉流牵引电机供电线路图，说明其主要部件的名称和用途。

9. 什么是电流脉动系数？其大小和哪些因素有关？

10. 分析脉流牵引电机换向元件中各交流电动势产生的原因、特点及对换向的影响。

11. 为了改善交流换向电动势的相位，在电机结构上采用哪些措施？

12. 脉流牵引电机加固定磁场分路电阻的作用是什么？

13. 为什么换向极下空气隙比主极下空气隙大？换向极第二气隙有什么作用？某牵引电机运行时后刷边产生火花，这时如何调整第二气隙才能消除火花？

14. 什么叫环火？电机环火的后果是什么？

15. 分析牵引电机产生环火的原因。

16. 牵引电机为了防止环火，在参数和结构上采取了哪些措施？

17. 为什么用温升而不直接用温度表示电机的发热程度？发热部件的稳定温升与哪些因素有关？

18. 什么叫温升？牵引电机的温升高低与哪些因素有关？温升过高对电机有哪些影响？是不是电机的温升越低越好？

19. 电机的散热能力指的是什么？散热能力与哪些因素有关？如何提高牵引电机的散热能力？

20. 电机的通风方式有哪些种类？牵引电机通常采用哪种方式？为什么？

21. 为什么脉流牵引电机比直流牵引电机有较高的温升？ZD105 型脉流牵引电机为了降低温升，在结构及工艺上采取了哪些措施？

第三章　脉流牵引电机的结构及维护保养

脉流牵引电机与普通直电机在结构上基本相同，但为了适应牵引电机运行性能、通风冷却方式、传动方式及使用环境等条件的不同，脉流牵引电机某些零部件的结构有一定的差别。

本章在介绍牵引电机定额的基础上，结合牵引电机的实际结构，介绍牵引电机制造中常用的电工材料，讨论脉流牵引电机主要零部件的功用和结构形式，重点介绍 $SS_{4改}$ 型电力机车用 ZD105 型牵引电机和 SS_9 型电力机车用 ZD115 型牵引电机的结构特点，还简要介绍脉流牵引电机的维护保养。

第一节　牵引电机的定额和额定数据

电机是实现机、电能量转换的机械，因此，要有各种电量和机械量来表征其运行性能。电机的定额是由电机制造厂按照国家技术标准要求，对电机的全部电量和机械量的数值以及运行方式所做的规定。电机的定额表示了电机的运行特点和工作能力。规定定额的目的是为了能在试验台上验证电机的性能，同时作为评价电机的依据，是不同电机之间进行比较的基础，还是应用部门正确使用电机的依据。

一、牵引电机的定额

机车用直流电机的定额按照《机车用直流电机基本技术条件》（TB 1449）的规定，分为连续定额、小时定额、断续定额及等效定额四类，全部按定额运行称为“额定运行”。

1. 连续定额

连续定额是相应于电机在试验台上，按温升试验所规定的条件连续运行，且温升不超过规定限值时，所能承受负载的定额。

2. 小时定额

小时定额是相应于电机在试验台上，按温升试验所规定的条件，从实际冷态开始运行

1 h，而温升不超过规定限值时所能承受负载的定额。

3. 断续定额

断续定额是相应于一系列完全相同的周期，每一周期包括一个或几个在规定负载值下的工作时间，根据情况，不论是否被一个停止时间所隔开，在长期运行以后，电机的温升不超过规定的限值时所能承受负载的定额。

4. 等效定额

等效定额是断续定额的替代办法。它具有恒定电压、电流和转速值的连续或短时定额的作用，就温升而言，它与电机在实际使用中承受一系列断续的工作周期是等效的。根据机车运行特点，牵引电机负载的性质基本上是连续的和短时重复的。因此，牵引电机规定了两个定额，即连续定额和小时定额。

二、额定数据

在规定的定额情况下，制造厂对电机的每个电量或机械量所规定的数值，称为电机的额定数据。牵引电机所规定的两种定额下的额定数据含义如下。

1. 额定小时功率 P_{Nh}

额定小时功率是指牵引电机在规定的通风条件下，从实际冷态开始运行 1 h，各部件不超过允许值时，电机轴上输出的有效机械功率。

2. 额定连续功率 $P_{N\infty}$

牵引电机在连续定额下工作，经过较长时间运行以后，电机温升在允许的范围内不再增加时，电机轴上输出的有效机械功率。

小时功率和连续功率在概念上的区别是：电机从实际冷态开始在小时功率下运行 1 h，损耗产生的热量主要被电机各部件所吸收，因此，小时功率的大小主要取决于电机热容量的大小；电机长时间运行后，损耗产生的热量全部由冷却介质散发出去，因此，连续功率取决于电机的散热能力，通风效果越好，散发的热量就越多，连续功率也越大。

3. 额定电压 U_N

额定电压是指在额定运行时电机的端电压。

由直流接触网直接供电给直流牵引电机的直流电力机车，其额定电压等于接触网的额定电压。而对于通过机车上变压器降压→整流器整流→平波电抗器滤波后向脉流牵引电机供电的交-直型整流器式电力机车，其额定电压不受接触网电压的限制，可根据机车和牵引电机在设计和运用方面最经济、最可靠的条件来选择，由用户和制造厂协商决定。

为了保证牵引电机正常可靠地运行，《机车用直流电机基本技术条件》（TB 1449）规定了电机的最高电压。对于由直流接触网供电的牵引电机，最高电压规定为额定电压的 1.2 倍。对于通过交-直型整流器式电力机车采用的脉动牵引电机，最高电压规定为额定电压的 1.16 倍。

4. 额定电流 I_N

额定电流是指电机在额定运行时，允许从电源输入的电流。牵引电机的额定电流与额定功率、额定小时功率相对应，有额定连续电流 I_{Nh} 和额定小时电流 $I_{N\infty}$，它们和功率、电压的关系为

$$I_{N\infty}=\frac{P_{N\infty}}{U_{N\infty}\eta_{N\infty}}$$

$$I_{Nh}=\frac{P_{Nh}}{U_{Nh}\eta_{Nh}}$$

式中　$\eta_{N\infty}$——小时定额运行时的效率；

η_{Nh}——连续定额运行时的效率。

电机在使用过程中不允许超过的电流称为最大电流。对于牵引电机，最大电流规定为额定电流的 2 倍。

5. 额定转速 n_N

额定转速是指电机在额定运行时的转速。牵引电机的额定转速是指与机车额定速度相对应的电机转速（按机车轮箍处于“半磨耗”状态进行换算）。连续定额和小时定额下的额定转速分别为 n_∞ 和 n_h。

牵引电机的最大转速是指与机车正常运行时的最大速度相对应的电机转速（按机车轮箍处于“半磨耗”状态进行换算）。

6. 串励电机的励磁率

串励电机的励磁率是指励磁绕组中的安匝数与励磁绕组在相同电枢电流下所能得到的最大安匝数之比。

串励牵引电机的励磁条件规定如下：

（1）当通过励磁绕组的电流等于电枢电流时，为满磁场；

（2）当电机以使用中允许的最大励磁率运行的，为最大磁场；

（3）当电机以比最大磁场较小的励磁率运行时，为削弱磁场；

（4）当电机以使用中允许的最小励磁率运行时，为最小磁场；

（5）当电机励磁绕组无并联的固定分路时，最大磁场和满磁场相等。

三、牵引电机的型号

我国牵引电机的型号在 1987 年以前是根据电工产品型号编制办法统一编制的，它由汉语

拼音大写字母和阿拉伯数字组成。汉语拼音字母表示电机的类型，如直流（或脉流）牵引电机用“ZQ”表示；数字表示该电机的近似功率数（单位为 kW）。SS_{3B}型电力机车采用的脉流牵引电机型号为 ZQ800-1，该电机的功率为 800 kW，横线后面的数字表示同功率电机的设计序号。

1987 年 1 月 1 日开始实施的铁道部标准《机车用电机产品型号编制和申请办法》（TB 1705—1986），对专为铁路干线机车、动车设计制造的电机型号编制方法做了规定。

产品型号由产品代号、用途及设计代号和改型设计代号三部分组成，并按图 3-1 所示的顺序排列。

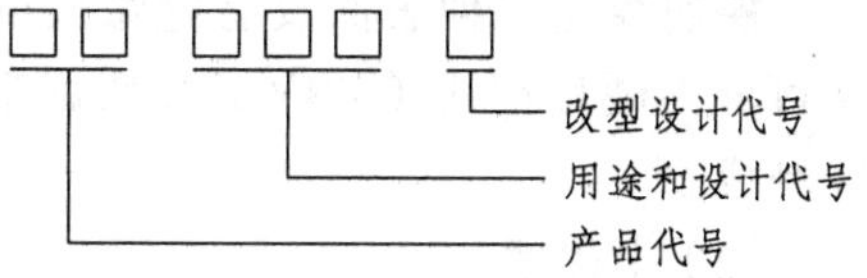

图 3-1　产品型号组成

四、铭　牌

每台牵引电机都有一块铭牌，铭牌上标有该电机的型号、主要额定数据及绝缘等级、励磁方式等，如图 3-2 所示。

铁道部株洲电力机车工厂脉流牵引电动机						
电机型号	ZD105	定　额	连续制	小时制	出厂日期	年　月
技术条件	ZD10-000-000-JT	额定功率	800	860 kW	质　量	3 970 kg
励磁方式	串励	额定电压	1 020	1 020 V	最大电压	1 183 V
绝缘等级	H/F	额定电流	840	910 A	最大电流	1 200 A
出厂序号	×××××	额定转速	960	940 r/min	最大转速	1 850 r/min
		额定磁场	96%	96%		

图 3-2　铭牌样式

第二节　牵引电机常用电工材料及绝缘结构

牵引电机运行条件十分苛刻，不仅在体积、质量方面受到限制，而且承受轨道冲击，并在恶劣的环境下使用，因而电工材料的选用对其运行性能、电气和机械强度有着非常重要的意义。

牵引电机常用的电工材料有导电材料、导磁材料和绝缘材料。

一、导电材料

用来制造牵引电机线圈的导线、换向器的梯形铜排、引线电缆和电碳制品等均属导电材料。

1. 导　线

导线有铜导线和铝导线两种。牵引电机的线圈一般采用软铜导线，它是由含铜量在

99.9% 以上的纯铜（或称紫铜）制成的硬铜线，经退火处理而得。它具有导电性能好（仅次于银），电阻系数小，良好的导热性和耐腐蚀性，在常温下有足够的机械强度、良好的延展性，便于加工等一系列优点。

铜导线按外表有无绝缘层，分为裸铜线和电磁线两类。

（1）裸铜线。

裸铜线是一种表面没有绝缘层的导线。按其截面形状可分为扁铜线和圆铜线。扁铜线又可分为硬扁铜线（TBY）和软扁铜线（TBR）两种。牵引电机的磁极线圈常采用软扁铜线制成。

（2）电磁线。

电磁线是一种外表带有绝缘层的导线。按耐热等级、绝缘材料类别、用途的不同可分为：普通漆包线、耐高温漆包线、纤维漆包线及特种漆包线等。

牵引电机电枢线圈常用的电磁线有高强度聚酯漆包线、高强度聚酯亚胺漆包线、高强度聚酰亚胺漆包线、玻璃丝包线、玻璃丝包漆包线、高强度聚酰亚胺薄膜漆包线等。

2. 梯形铜排

牵引电机的换向片采用由电解铜经冷拉成型的梯形铜排制成，在牵引电机中，为了提高换向片的耐磨性、耐弧性和机械性能，梯形铜排中常含有银、镉、铬、锆和稀土等。

3. 电碳制品

电碳制品用来制造电机的电刷，主要是由于它具有良好的导电性，极高的导热系数，耐高温，在有水蒸气的情况下石墨自润滑性好、化学稳定性好，只与很强的氧化剂作用等优点。

电碳制品分为碳质材料、碳-石墨材料、天然石墨材料、电化石墨质材料和金属-石墨质材等 5 类基本材料。

脉流牵引电机运行情况是否良好，除取决于其设计和结构是否合理外，还与正确选用电刷的材料及结构有着密切的关系。

二、导磁材料

用来制造牵引电机铁心的材料主要是电工钢片。电磁性能好的电工钢片在一定的频率和磁感应强度下具有低的损耗，在一定的磁场强度下具有高的磁感应强度。此外，加工性能、尺寸公差和表面质量等也是衡量硅钢片质量的指标。

普通电工钢片是由硅钢锭轧制而成，含硅量一般为 0.8% ~ 4.8%，电工钢片按轧制方法分为热轧和冷轧钢片两种，按含硅量多少可分为低硅、中硅和高硅电工钢片。常用厚度有 0.35 mm 和 0.5 mm 两种。牵引电机的电枢铁心采用冷轧电工钢片，其厚度为 0.5 mm。

三、绝缘材料

牵引电机中使用有多种绝缘材料。由同一种或几种绝缘材料通过一定的工艺而组合在一起所形成的结构称为绝缘结构。牵引电机中所用的绝缘材料和绝缘结构，其基本作用是把具有不同电位的各带电部件之间以及带电部件与机座、铁心等不带电的部件隔开，以确保电流能按规定的路径流通。如果电机中带电部件与机座、铁心等不带电的部件之间的绝缘被破坏，就叫作电机“接地”。如果电机中电位不同的带电部件之间的绝缘状态被破坏，就叫作“短路”。接地和短路都是电机的故障状态，严重的绝缘损坏将导致整个电机烧损。

1. 绝缘材料的基本要求

为了保证电机的可靠运行，避免发生接地和短路故障，对电机绝缘材料和绝缘结构的基本要求是：

（1）应有良好的介电性能，即具有较高的绝缘电阻和耐压强度。

（2）应有良好的耐热性能，即不因长时间受热作用而失去其介电性能和机械强度。

（3）应有良好的机械强度和耐磨性能。

（4）应有良好的导热性、防潮性等。

2. 绝缘材料的分类

绝缘材料的种类很多，可分为天然绝缘材料和人工绝缘材料，有机绝缘材料和无机绝缘材料，或者用不同的绝缘材料组合而成的复合绝缘材料。绝缘材料也可根据产品形态分为以下 6 类。

（1）漆、树脂和胶类：包括浸渍漆、覆盖漆和环氧树脂等。

（2）浸渍纤维制品类：包括漆布、漆管和绑扎带等。

（3）层压制品类：包括层压板、层压管和层压棒等。

（4）塑料类：包括粉末塑料和玻璃纤维塑料等。

（5）云母制品类：包括云母带、云母板和石母箔等。

（6）薄膜、粘带和复合制品类：包括薄膜、粘带和各种复合制品等。

上述绝缘材料的性能和作用是不同的，但都是电机绝缘结构中常用的材料。牵引电机运行时，其绝缘结构经常受温度、湿度、大气中的氧气、电场及机械振动的作用，特别是温度的剧烈变化和在长时间的热作用下，会使绝缘材料的性能逐渐变坏，最终完全失去绝缘性能（这种现象称为绝缘材料的老化）。因此，为了在同一工作温度下，合理地选用绝缘材料，使牵引电机在足够长的时间内可靠地运行。通常将各种绝缘材料按其耐热性能来进行分级，也就是每一级的绝缘材料都规定了它的极限容许温度。如果电机各部分的温度不超过所选用绝缘材料的极限容许温度，则该电机能在足够长的年限内可靠地运行。

绝缘材料的耐热分级见表 3-1，其中“极限容许温度”是指电机绝缘结构中最热点的容许温度，绝缘级别的符号由国际电工协会规定的。表 3-1 中只列举了一些电机中常用的绝缘材料，各种绝缘材料的名称、型号、规格、耐热等级、性能指标和主要用途在电工手册或产品目录中可以查到。

表 3-1　绝缘材料耐热等级表

级别	极限容许温度/°C	绝缘材料类别名称	用于电机中绝缘材料的名称
B	130	1. 以云母片和粉云母纸为基础的材料 2. 聚酯薄膜和纤维 3. 玻璃纤维 4. 以矿物作填料的热硬性合成胶（环氧、聚酯等）	1. 醇酸玻璃云母带 2. 环氧玻璃粉云母带 3. 玻璃柔软云母板 4. 醇酸玻璃柔软云母板 5. 环氧换向器粉云母板 6. 聚酯漆包线 7. 酚醛玻璃布板 8. 三聚氰胺醇酸漆 9. 环氧聚酯酚层压玻璃布板 10. 环氧聚酯酚醛无溶剂漆 11. 聚酯薄膜聚酯纤维纸复合箔（简称 DMD） 12. 醇酸玻璃漆布 13. 聚酯薄膜玻璃漆布复合箔 14. 聚酯薄膜环氧玻璃坯布
F	155	1. 以环氧为基础的玻璃云母制品 2. 芳香聚酰胺纤维纸的复合材料	1. 硅有机环氧玻璃布板 2. 聚酯薄膜耐高温合成纤维纸复合箔（简称 NMN） 3. 环氧酚醛上胶玻璃漆布 4. 耐高温合成纤维纸 5. 环氧酚醛层压玻璃布板 6. 不饱和聚酯无溶剂漆 7. 聚酯浸渍漆 8. 硅有机塑型云母板
H	180	1. 硅有机漆和硅有机云母制品 2. 硅有机橡胶制品 3. 聚酰亚胺薄膜的合成制品 4. 硅有机玻璃制品	1. 硅有机玻璃云母带 2. 硅有机玻璃粉云母带 3. 硅有机柔软云母板 4. 硅有机玻璃粘带 5. 硅有玻璃机布带 6. 硅有机浸渍漆 7. 硅有机石棉塑料 8. 聚酰亚胺薄膜 9. 聚酰亚胺漆包线 10. 聚酰亚胺薄膜耐高温合成纤维纸复合箔（简称 NHN） 11. 耐高温合成纤维纸 12. 聚二苯醚层压玻璃布板 13. 聚酰亚胺层压玻璃布板
C	＞180	1. 聚二苯醚制品 2. 聚四氟乙烯 3. 聚酰亚胺或耐高温的硅有机漆包线	1. 二苯醚云母板 2. 聚酰亚胺浸渍漆 3. 聚酰亚胺薄膜

四、牵引电机的绝缘结构

1. 匝间绝缘

匝间绝缘是指同一线圈的各个线匝之间的绝缘。其作用是将电机各绕组中电位不同的导体互相隔离，以免发生匝间短路。属于这一类的绝缘有主极线圈和换向极线圈的匝间绝缘、电枢线圈的匝间绝缘及换向片间绝缘等。因为匝间的电位差不大，所以匝间绝缘所包扎的层数不多，厚度也较薄。一般情况下，匝间绝缘只需包扎一层或仅靠导线本身所带绝缘（如漆包线，单丝或双丝高强度漆包线及薄膜导线等）即可。对于扁铜线绕制的线圈，也只垫 2 ~ 3 层的漆布或复合绝缘。但是，匝间绝缘是电机绝缘结构中比较薄弱的环节，因此，在线圈包扎成型或嵌线装配时，必须保证不能损伤匝间绝缘。

2. 层间绝缘

层间绝缘是指线圈上、下层之间的绝缘。其作用是防止线圈上、下层之间由于绝缘层损坏而引起层间短路。属于这一类的绝缘有分层平绕的主极线圈各层间的绝缘，电枢绕组前后端节部分及槽内部分上、下层之间的绝缘等。

3. 对地绝缘

对地绝缘是指电机各绕组对机座和其他不带电部件之间的绝缘。其作用就是把电机中带电部件和机座、铁心等不带电部件隔离开，以免发生对地击穿。属于这一类的绝缘有主极线圈和换向极线圈的对地绝缘、电枢绕组的对地绝缘及换向器的对地绝缘等。

电枢绕组在嵌线前预先放入槽内的槽衬绝缘和槽底垫条，称为槽绝缘，在绕组端部的为端部绝缘，在绕组端部与电枢前压圈之间的绝缘一般称为支架绝缘，这些都是对地绝缘。对地绝缘是电机的主绝缘，它的工作电压较高，所以要求它的电性能和热性能必须满足电机运行的要求。对地绝缘的层数和厚度，取决于绝缘材料本身的电气性能和电机的额定工作电压。在绝缘材料具有一定的电气强度条件下，电机的额定工作电压越高，对地绝缘包扎的层数（或绝缘厚度）也要求越多。

4. 外包绝缘

外包绝缘是指包在对地绝缘外面的绝缘。其作用主要是保护对地绝缘免受机械损伤并使整个线圈结实平整。当然，外包绝缘也起到了对地绝缘的补强作用。

5. 填充及衬垫绝缘

填充绝缘主要用于填充线圈的空隙，使整个线圈牢固地形成一个整体，减少振动，也使线圈成型规矩、平整，以便于包扎对地绝缘，也有利于散热。衬垫绝缘的主要作用是保护绝缘结构在工艺操作时免受机械损伤。

6. 换向器绝缘

换向器绝缘包括换向片片间绝缘和换向片组对地绝缘。换向器的主绝缘是换向片组和压圈间的 V 形云母环及云母套筒。它们通常由多层优质虫胶塑性云母板经烘压压制而成，其厚度取决于电机的额定工作电压。

第三节　脉流牵引电机的基本结构

脉流牵引电机的结构与普通的直流电机基本相同，主要由静止的定子和旋转的转子两大部分组成。定子的作用是产生磁场、提供磁路和作为牵引电机的机械支撑，它由机座、主磁极、换向极、端盖和轴承等部件组成。转子是用来产生感应电动势和电磁转矩，从而实现能量转换的主要部件，它由转轴、电枢铁心、电枢绕组和换向器等部件组成。转子通过电枢轴承与定子保持相对位置，使两者之间有一个间隙，称为空气隙。此外，直流和脉流牵引电机还有一套电刷装置，电刷和换向器接触，以实现电枢电路与外电路的连接。

脉流牵引电机由于在发热方面较为严重，在换向方面较为困难，所以它的某些部件具有特殊的结构形式。

一、定　子

1. 机　座

脉流牵引电机的机座既作为安装电机所有零件的机械外壳，又是联系各磁极的导磁铁轭。

为了使有限的安装空间得到最佳的利用，并使机座的质量最轻（机座质量占牵引电机总质量的 30%～35%），合理地选择机座的形状十分重要。现代牵引电机采用的整体式机座，通常有方形和圆形两种，如图 3-3 所示。对于抱轴式悬挂的四极牵引电机通常采用方形机座，且主磁极布置大部分采用水平-垂直布置，如图 3-3（a）所示。这种结构可以合理地布置磁极，能较好地利用转向架下部的空间。但是机座较重，而且加工工艺比较复杂。对于六极或极数更多的牵引电机大都采用圆形机座，如图 3-3（b）、（c）所示。虽然圆形机座的空间利用率不如方形机座好，但它可以减轻电机重量和简化加工工艺。因此，架承式悬挂和容量较小的牵引电机通常都采用圆形机座。

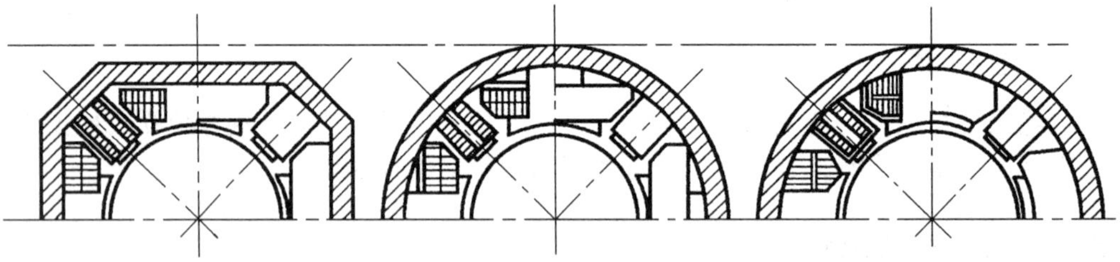

（a）方形机座　　（b）圆形机座　　（c）主极线圈压形后，空间利用较好的圆形机座

图 3-3　牵引电机机座形状

牵引电机的机座一般都采用导磁性能和机械性能良好的铸钢制成。为了保证电机运行性能良好，要求铸钢机座表面光滑，不允许有砂眼、气孔、裂缝及大量渣滓存在。在圆形机座中，有时为了加工方便，结构轻盈，也采用钢板焊接的机座。脉流牵引电机的机座大都采用铸钢结构，为了改善脉动电压供电下的电机换向，在铸钢机座内壁敷设有磁桥。有时也采用叠片磁轭式机座，其机座外壳由较薄的钢板焊成，并与定子叠片铁心焊接起来。

抱轴式悬挂牵引电机的机座一侧有吊杆座，通过吊杆将牵引电机悬挂在机车转向架上；另一侧有抱轴承座，以便把牵引电机抱在机车动轮轴上，在机座上设有换向器检查孔，便于检查换向器和更换电刷，检查孔口平时用弹性活动盖板密封。机座上还开设有进风口，用于对牵引电机的通风冷却。机座两端装有端盖，靠换向器端为前端盖，另一端为后端盖。前、后端盖都装有滚动轴承，牵引电机的转轴就安装在这两个轴承内。端盖上还设有通风孔，以便使冷空气吸入或排出。对于独立通风的牵引电机，一般将前端盖的进风口密封，后端盖的排风口端焊有钢丝网，以防止异物侵入牵引电机的内部。

2. 主磁极

脉流牵引电机的主磁极（简称主极）是用来产生主磁场的，它由主极铁心和主极线圈两部分组成，如图 3-4 所示。

为了降低电枢旋转时电枢铁心的齿和槽相对磁场移动所引起的磁场脉动在主极极靴表面产生的涡流损耗，主极铁心通常采用厚 1 ~ 1.5 mm 的钢板叠成，铁心两端用较厚的端板压紧，并用铆钉铆紧。主极铁心较窄的部分称为极身，以便有足够的空间安装主极线圈，扩大的部分称为极靴，其形状决定了气隙磁密和感应电动势在空间的分布波形。为了抵消电枢反应的影响，防止牵引电机产生环火，有些牵引电机安装了补偿绕组，这时主极极靴部分带有齿槽结构，补偿绕组嵌放在主极极靴表面的槽内，并用特制的槽楔将其固定（见图 3-8）。

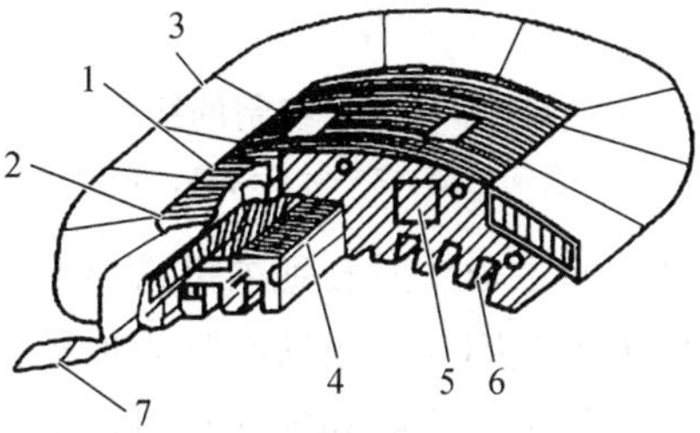

图 3-4　主极结构图

1—主极铁心；2—铁心端板；3—主极线圈；4—铆钉；5—铁心心柱；6—补偿绕组槽；7—主极线圈接头

主极线圈的作用是通以直流电流而建立主磁场。在牵引电机中，主极线圈大多采用扁铜线绕制而成。主极线圈的绕制方法有平绕和扁绕两种。平绕又称为宽边绕法，如图 3-5 所示。其特点是绕制方法简单，可一次成型，适用于多层、多匝线圈。由于这种结构能分层绕制，有利于线圈在机座内布置，使得空间利用较好，但散热条件差。扁绕又称为窄边绕法，如图 3-6 所示。其特点是线圈结构紧密，在机械方面比较稳定，而且散热条件好，但其制造工艺比较复杂，需经过几次退火、整形处理。扁绕主要用于牵引电机的换向极线圈。在功率较大的牵引电机中，为了改善线圈的散热条件，主极线圈也有采用扁绕结构的。

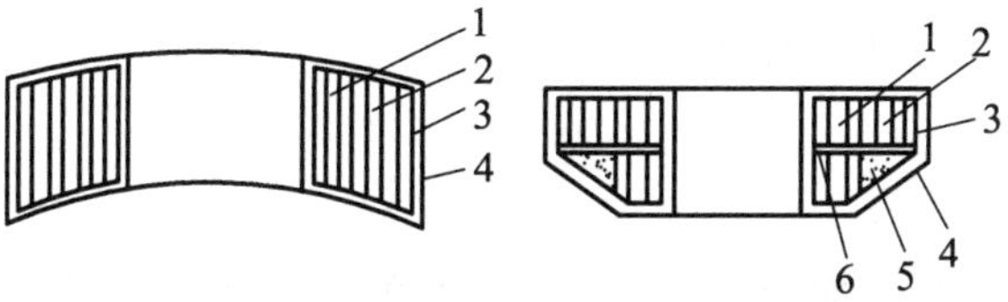

图 3-5　用平绕法绕制的线圈

1—线圈；2—匝间绝缘；3—对地绝缘；4—外包绝缘；5—填充材料；6—层间绝缘

主极线圈的绝缘结构如图 3-5 所示。当为双层线圈时，还应加层间绝缘。对于圆形机座的主极线圈，为了便于布置，均压制成弧形。

为了便于主极线圈间的连接，主极线圈采用开口式和交叉式两种形式，如图 3-7 所示。它们在机座上交叉布置，以产生需要的极性。

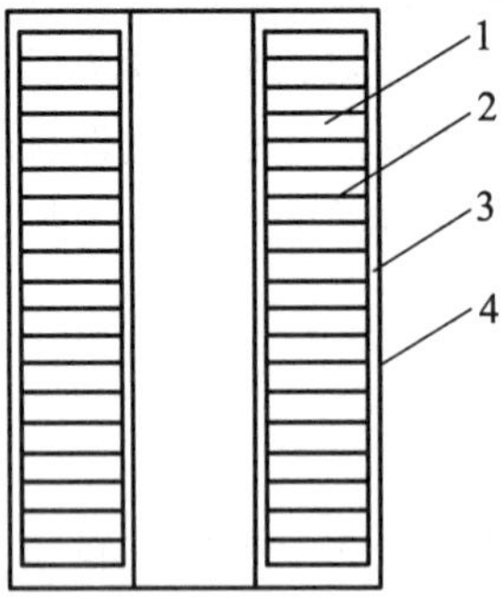

图 3-6　用扁绕法绕制的线圈

1—线圈；2—匝间绝缘；3—对地绝缘；4—外包绝缘

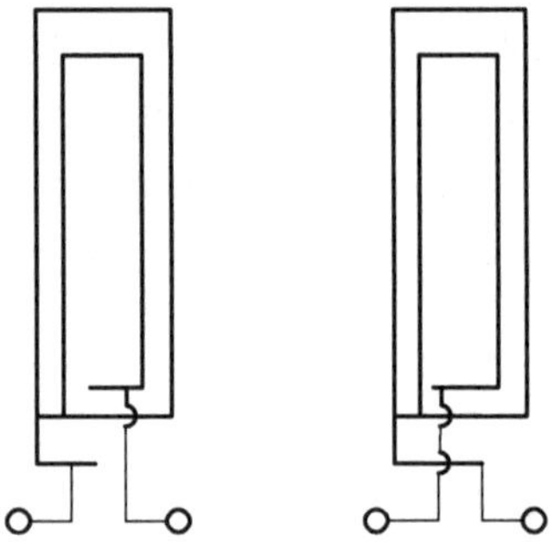

（a）开口式　　（b）交叉式

图 3-7　主极线圈出线头示意图

制成的主极线圈套到主机铁心上，在两者的空隙处，填充聚砜纤维毡碎片，再浇注环氧胶，使主极线圈与主极铁心牢固地黏合在一起，称之为一体化结构。采用一体化结构后，从根本上消除了因线圈和铁心相对活动而产生的绝缘磨损现象，提高了电机运行的可靠性。

3. 换向极

换向极又称附加极，由换向极铁心和换向极线圈两部分组成，它是用来产生换向磁场以改善牵引电机换向性能的，由换向极铁心和换向极线圈两部分组成。

在脉流牵引电机中，为了减少换向极磁通的涡流和由此引起的对电机换向的影响，通常采用由电工钢片叠成的换向铁心；换向极极靴的形状和尺寸是由电机换向要求决定的。其形状决定了换向极磁场的波形，对电机换向性能影响很大。

为了减少换向极的漏磁和降低换向极磁路的饱和程度，在换向极铁心和机座之间增加了一个气隙，称为第二气隙；第二气隙由非磁性材料（铜板或层压布板）做的垫片构成，调整垫片片数，即可调节第二气隙的大小，以达到调整电机换向性能的目的。换向极极靴表面与电枢圆周表面的空气隙称为换向极气隙，也称为第一气隙。

换向极线圈一般都采用扁铜线扁绕制成，换向极线圈的匝间、对地和外包绝缘与主极线圈的绝缘结构相同。线圈与铁心间也进行一体化浇注。

4. 补偿绕组

为了改善脉流牵引电机的换向，提高电机运行的可靠性，大容量的脉流牵引电机设置有补偿绕组。补偿绕组跨嵌在相邻两个主极极靴槽内，其安装情况如图 3-8 所示。

补偿绕组一般用扁铜线按同心式扁绕或平绕数匝而成。嵌放补偿绕组的主极铁心上的槽形为开口槽，为了不使主极导磁面积过分削弱，使用了磁性槽楔，中间嵌有绝缘条，如图 3-9 所示，以减少涡流的影响。开口槽有向心槽和平行槽两种形式，如图 3-10 所示。

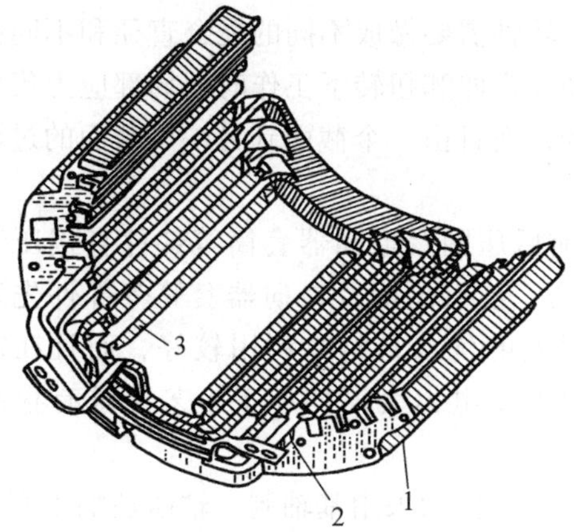

图 3-8　补偿绕组

1—主极铁心；2—补偿绕组；3—槽楔

图 3-9　补偿绕组在主极铁心槽内的布置

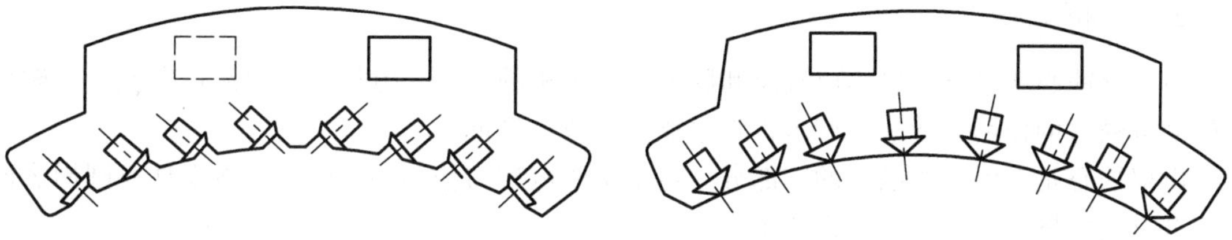

（a）平行槽　　（b）向心槽

图 3-10　补偿绕组槽型

向心槽的缺点是：嵌线和检修都比较困难，补偿绕组的绝缘强度也较差。与换向极轴线平行的平行槽则解决了上述问题。

5. 绕组接线

为了便于调节牵引电机的磁场和改变牵引电机的旋转方向，总是将主极线圈单独接成一个电路，用电缆直接引出；换向极线圈、电枢绕组及补偿绕组串联成为另一个电路，另外用电缆引出，引出电缆的端头装有管形的铜接头。

二、转　子

1. 转　轴

转轴是牵引电机中工作最困难的部件之一，因为它不仅要传递牵引电机所产生的巨大转矩，而且还要经常承受很大的冲击载荷（特别是抱轴式牵引电机），此时转轴将利用弹性变形来吸收大部分的冲击力。其弹性虽然不大，但经常反复变形会使转轴的材料产生疲劳，甚至出现裂纹或折损。同时，转轴上还安装着电枢铁心、换向器、滚柱轴承内圈和小齿轮等零部件，使转轴经常有内应力存在。所以，用来制造转轴的钢材必须具有很高的机械强度和足够的韧性。电力机车牵引电机的转轴采用优质合金钢，如铬锰钢和铬钼钢等。

由于转轴上沿轴向不同位置的负载大小不同，转轴需要做成不同的配合直径和不同截面的分级圆柱体，称为阶梯轴。为了尽可能消除转轴在弯曲和扭转下工作时的局部应力集中，在考虑轴的结构时，应将不同截面的转换部分减少，而且由一个截面到另一个截面的过渡应采用圆弧过渡，曲线半径应尽可能做得大一些。

当电枢直径在 400 mm 以下时，电枢铁心、前后压圈及换向器套筒等部件直接压装在转轴上。当电枢直径在 400 mm 以上时，电枢铁心、前后压圈及换向器套筒等部件先装在电枢套筒上，然后将电枢套筒装在转轴上。这样做的优点是材料利用较好，而且在需要更换转轴时，无需将电枢绕组与换向片焊开；缺点是电枢套筒的加工工艺要求有很高的精确度。

转轴和各部分的配合除轴承内圈采用基孔制外，其他均采用基轴制。轴端还加工有压油孔道，以供连接专用油泵拆卸小齿轮用。整个转轴加工完成后，不允许表面有任何破坏性痕迹，在搬运和组装过程中，应采用软钢丝绳吊装，而且要加装轴端橡胶保护套。

2. 电枢铁心

由电枢铁心和电枢绕组构成直流和脉流牵引电机的电枢，电枢绕组中流过电流，在磁场中受到电磁力的作用，使电枢旋转，将电能转换成机械能。

电枢铁心是牵引电机磁路的一部分，也是承受电磁力作用的部件。在电枢铁心圆周表面均匀开有电枢槽，槽内嵌放电枢绕组。

当电枢在磁场中旋转时，定子上的 N、S 极磁通变替穿过电枢铁心，使电枢铁心中产生涡流和磁滞损耗。为了减少这些损耗的影响，电枢铁心通常用 0.5 mm 厚带绝缘层的冷轧电工钢片叠压而成。图 3-11 所示为牵引电机电枢冲片的一种结构形式。

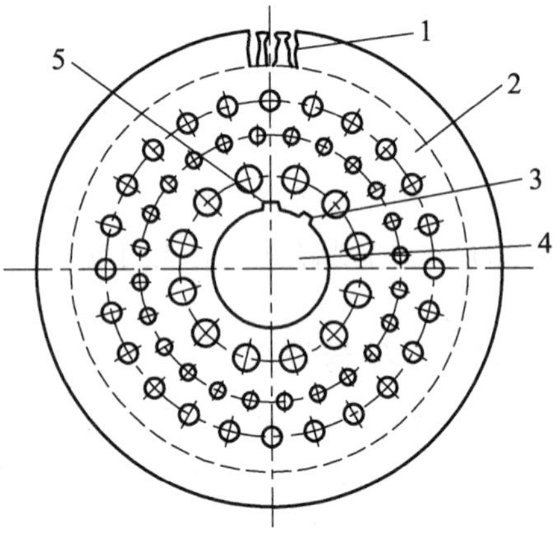

图 3-11　电枢冲片

1—电枢槽；2—通风孔；3—标记孔；4—轴孔；5—键槽

电枢冲片上有电枢槽、轴孔、通风孔、键槽和标记孔。在牵引电机中，电枢槽总是做成开口的矩形槽，这样可以方便地把预先成型的电枢线圈嵌放到电枢槽中。通风孔构成了电枢铁心内部的轴向通风道，使铁心内部能通过足够的风量，达到良好的散热作用。电枢槽和通风孔的数目应为磁极数的整数倍，并且在圆周均匀分布，使电枢在任何位置时，电机的磁路都完全对称，以避免磁通的纵向振荡。半圆形的标记孔是铁心叠装时用的定位标志，电枢冲片按同一面叠放，既可以使叠片整齐，又可以提高铁心的叠压系数。

电枢铁心采用静配合安装在转轴或电枢套筒上。为了防止铁心端部的冲片边缘松散，铁心两端各有一块较厚的电枢端板，它是用数张 1 mm 厚的钢板点焊而成的。

电枢铁心两端装有压圈，它一方面作为电枢绕组的支架，另一方面把电枢冲片压紧，使电枢冲片保持固定的压力，在换向器一端的称为前压圈，前压圈与换向器套筒成为一体，非换向器端称为电枢后压圈，采用静配合装在转轴或电枢套筒上。

3. 电枢绕组

电枢绕组是直流和脉流牵引电机进行能量转换的部件，把电枢线圈嵌放在电枢铁心圆周的电枢槽中，按一定的规律和换向器连接起来就构成了电枢绕组。

电枢绕组由许多绕组元件组成。绕组元件是指从一个换向片开始到所连接的另一个换向片为止的那一部分导线，它是电枢绕组的一个最基本的单元，故称为绕组元件。绕组元件通常采用单丝或双丝薄膜导线制成。在牵引电机中，通常采用单叠单匝绕组元件。为了制造方便，总是将几个元件包扎在一起嵌放在同一个电枢槽中，这就是电枢线圈。电枢线圈在嵌线前就做成成型线圈，这样既简化了嵌线工艺，也改善了绝缘质量。

绕组元件在电枢槽内的放置分为竖放和平放两种，如图 3-12 所示。因为竖放工艺简单，所以一般都采用竖放。平放对改善电机换向有利，同时可以使绕组中的附加损耗减小，其缺点是绕组元件和换向片连接时，需要将元件压扁或扭转，工艺比较复杂。

电枢绕组在电枢铁心槽内的绝缘结构如图 3-12 所示。

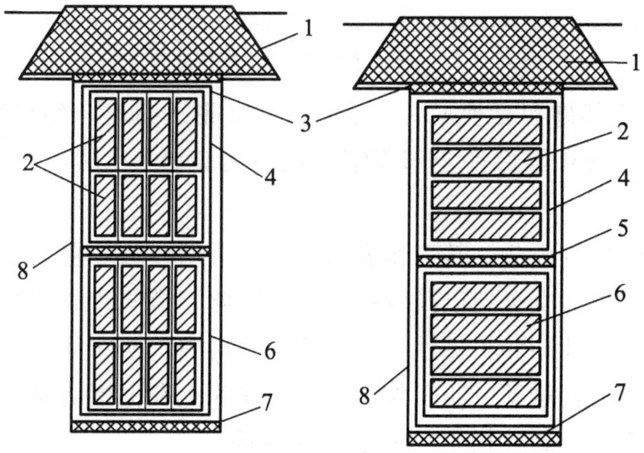

（a）竖放　　　　（b）平放

图 3-12　绕组元件在内的布置

1—槽楔；2—绕组元件；3—衬垫；4—对地绝缘和外包绝缘；
5—衬垫；6—匝间绝缘；7—衬垫；8—槽绝缘

当电枢旋转时，电枢圆周的最大线速度可达 60 m/s 或更高，因此，绕组元件将受到很大的离心力作用，为了防止绕组元件甩出，电枢线圈在槽内部分需用槽楔固定，目前采用较多的是环氧酚醛玻璃布板制成的槽楔。同样，电枢线圈的端接部分也受到离心力作用，必须用扎线来固定。在牵引电机中，电枢线圈的端接部分通常采用热固性的环氧无纬玻璃丝带绑扎。

4. 换向器

换向器是直流和脉流牵引电机特有的重要部件，其作用是在发电机状态下将电枢绕组中产生的交流电动势转换为电刷间的直流电动势；在电机状态下将输入的直流电流转换为电枢绕组中的交变电流，以产生单方向的电磁转矩。电机运行时，换向器既要通过很大的电流，又要承受着各种机械应力。因此，换向器工作情况的好坏，直接影响着电机的运行性能。

换向器是由很多相互绝缘的换向片组合而成的，它有多种形式。现代牵引电机大多采用多拱式换向器，如图 3-13 所示。

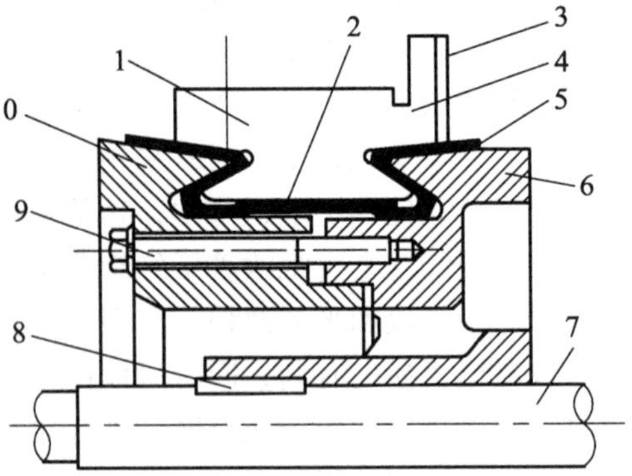

图 3-13　换向器结构

1—换向片；2—绝缘套筒；3—云母片；4—升高片；5—V 形云母环；
6—换向片套筒；7—转轴；8—键；9—换向器螺栓；10—压圈

拱式换向器的主要部件包括换向片、云母片、V 形云母环、绝缘套筒、换向器套筒和压圈以及组装螺栓等，所有零部件全部固定在换向器套筒上，然后将换向器套筒装配在转轴上。

换向片是换向器的导电部分。其工作表面与电刷滑动接触。它既要传导电流，又要承受离心力、热应力、摩擦力和电火花以及电弧作用。因此，换向片应具有良好的导电性能、导热性能、耐磨性能、耐弧性能和机械性能。在牵引电机中，换向片是由含少量银的梯形铜排制成的。换向片与电刷的接触部分叫工作部分，换向片上和电枢绕组元件连接的部分叫升高片，绕组元件引出线嵌入升高片槽中，采用 TIG 焊接。

相邻换向片间用云母片绝缘，云母片厚度为 0.8 ~ 1.5 mm，形状和换向片相同，用衬垫云母板冲制而成。为了保证换向片尺寸的精确性，要求云母片只能含少量的胶质，它在温度为 20 °C、压力为 60 MPa 的作用下，收缩率应不大于 7%。因为换向片的磨损比云母片快，故在组装好的换向器上，还必须将云母片下刻 0.8 ~ 1.5 mm，同时换向片两侧要进行倒角，如图 3-14 所示，以保证电机运行时电刷和换向器良好接触。

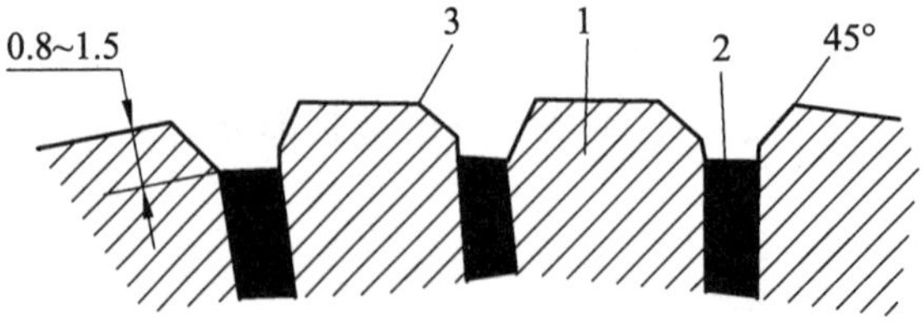

图 3-14　换向片倒角及云母片下刻示意图

1—换向片；2—云母片；3—倒角

V 形云母环和绝缘套筒用来作为换向器的对地绝缘，它们通常采用多层塑性云母板（或者环氧酚醛玻璃坯布和聚酯玻璃坯布）在高温、高压下模压成型，其厚度取决于牵引电机的电压等级。V 形云母环的形状如图 3-15（a）所示，为了对换向片传递径向压力，V 形云母环的着力锥面与轴线成 30°，另一锥面虽然不传递压力，但为了便于脱模与轴线成 3° 角。绝缘套筒的形状比较简单，一般做成圆筒形，如图 3-15（b）所示。

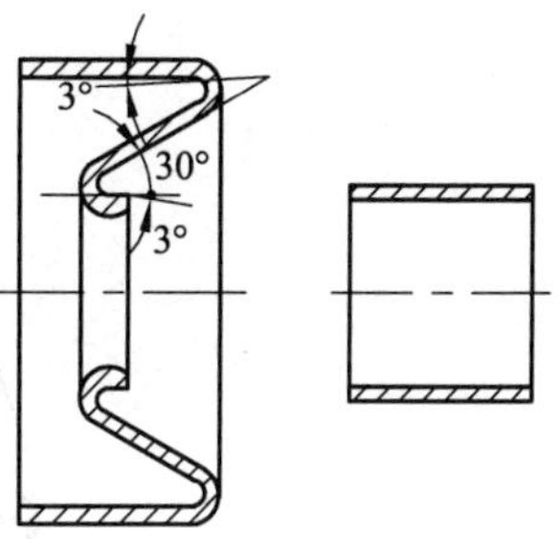

（a）V 形云母环　（b）绝缘套筒

图 3-15　V 形云母环和绝缘套筒

拱式换向器的紧固是靠换向器套筒、压圈和组装螺栓实现的。从图 3-15 可以看出，换向器紧固后，在换向片燕尾上部（成为“3° 面”）与 V 形压圈之间有 0.5 ~ 1.0 mm 的间隙。所以紧固力均匀分布在燕尾部下表面（成为“30° 面）上，可以用集中力 N 表示，力 N 可分解为水平分力 P_x 和垂直分力 P_y，其受力情况如图 3-16 所示。

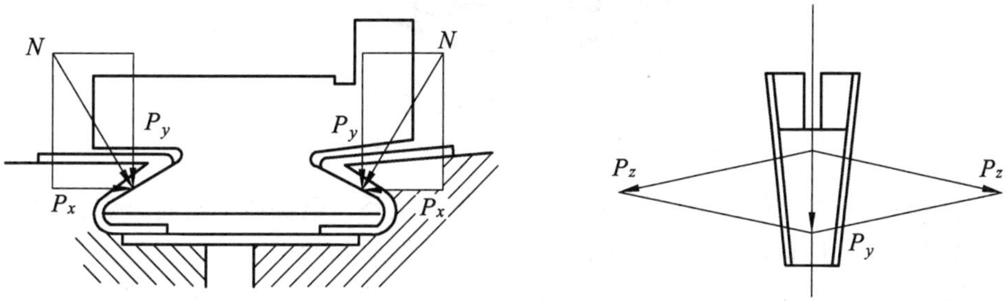

图 3-16　换向器受力分析

分力 P_x 通过换向器套筒和压圈作用于换向片上，用来夹紧换向片。分力 P_y 作用于每个换向片的中心，它又可以分解为两个分力 P_z，作用于换向片的两个侧面产生拱压力，使换向器成为一个紧固的整体。

牵引电机的换向器采用长螺栓紧固，螺栓采用优质合金钢（铬钼钢）制成，其弹性好，能够利用弹性变形来抵消换向片由于通过电流而引起的热膨胀。

换向器的制造工艺对换向器的运行质量有很大的影响。为了使换向器在实际运行中经得起温度和转速不断变化的考验，在装配过程中采用动压成型工艺，装配好的换向器需要经过静平衡、耐压和超速试验，以保证运行时状态良好。

三、电刷装置

脉流牵引电机的换向器端装有电刷装置，其作用是将转动的电枢绕组与外电路连接起来。电刷装置由电刷、刷握、刷握架、刷杆和刷架圈等组成，如图 3-17 所示。

电刷装置的结构和电刷的性能对牵引电机的换向性能影响很大，为了保证良好的换向效果，电刷装置应满足下述要求：

（1）电刷应有良好的集流性能和换向能力。

（2）刷握在换向器轴向、径向和切线方向位置都能调节。轴向调节是为了保证电刷处在换向器中央部位；径向调节是为了保证刷盒底面与换向器表面的距离；圆周方向调节是为了保证电刷准确地处在主极中心线上。

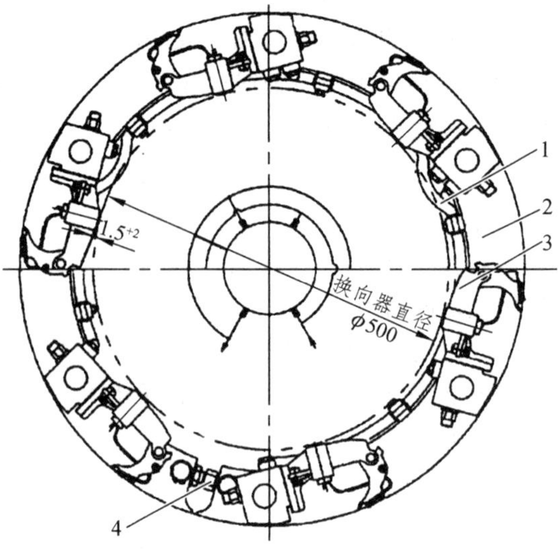

图 3-17　电刷装置

1—连接线；2—刷架圈；3—刷握；4—锁紧装置

（3）电刷和换向器工作表面应保持紧密和可靠的接触，电刷压力稳定并保持均匀不变。

（4）电刷装置应具有较高的机械强度，并能承受振动和冲击。

（5）刷杆等绝缘零件应有较高的介电强度，不因受潮、受污而造成闪络或飞弧故障。

电刷是用来导入或输出电枢电流的，目前牵引电机广泛采用电化石墨电刷，该电刷电阻率高、多孔、换向性能好，电流密度大，但机械强度较差，磨损较大。为了增加换向回路的电阻和改善电刷与换向器的接触，提高电刷的耐磨性，在牵引电机中采用了双分裂式电刷，如图 3-18 所示。其结构是将两块电刷放在同一刷盒中，压指压力通过三角形压块加在电刷上，由于三角形压块有着 120° 夹角，对下面的两块电刷产生向外推力，这样一方面使两块电刷之间保持一定的间隙，加大了换向元件回路的横向电阻；另一方面使两块电刷受力均匀，可以防止平头电刷产生的偏磨现象。同时，由于每块电刷质量小、惯性小，使电刷和换向器接触良好。电刷顶部的三角形压块采用橡胶制成，还可以吸收电刷的振动，以改善电机换向性能。电刷刷辫由柔韧的电刷线制成，电刷通过刷辫直接与刷握架连接，以防止电流通过弹簧压力装置而引起弹簧退火。

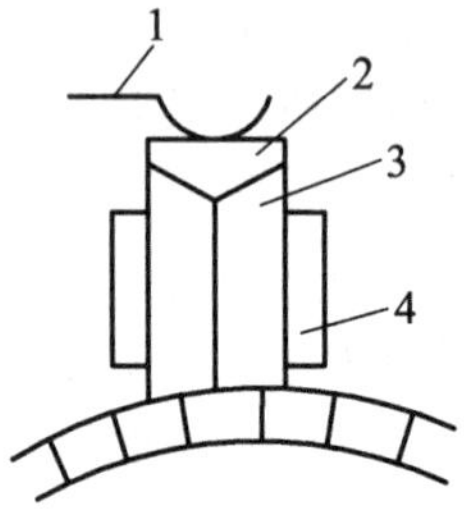

图 3-18　双分裂式电刷示意图

1—压指；2—压块；3—电刷；4—刷盒

刷握由刷盒（刷握体）和弹簧压力装置组成，如图 3-19 所示。刷盒用机械强度较高的硅黄铜制成。电刷在刷盒中应能自由地上下移动，但不应有过大的间隙。过大的间隙会造成电刷在刷盒中摆动，特别是牵引电机需要在正、反两个方向旋转，电刷在刷盒中产生不同方向的倾斜。如图 3-20 所示，会造成电刷与刷盒壁边接触处的局部磨损。同时，使电刷与换向器局部接触表面的电流密度增大，造成电刷边缘过热和换向恶化。所以，牵引电机的电刷和刷盒的尺寸应十分精确。

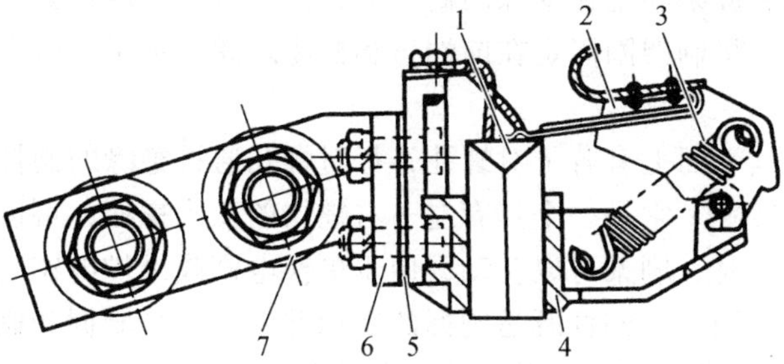

图 3-19　刷握结构图

1—电刷；2—压指；3—弹簧；4—刷盒；
5—垫片；6—刷握座；7—刷杆

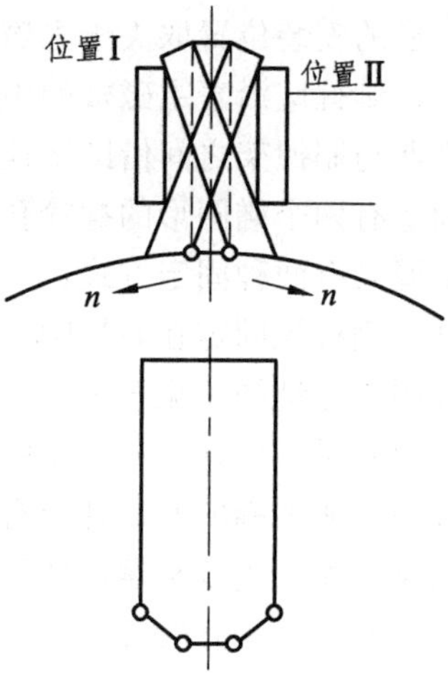

图 3-20　电刷在刷盒中的摆动

电刷压力由刷握的弹簧压力装置产生，电刷接触压力对电刷工作性能有很大影响。牵引电机在运行中受到很大的振动和冲击，所以其电刷压力应较一般固定在地面运行的电机大一些。对于抱轴式悬挂的牵引电机，电刷压力一般不小于 44 kPa；对于架承式悬挂的牵引电机，电刷压力一般应不小于 34 kPa。

刷握的弹簧压力装置，按所采用的弹簧形式可分为立卷弹簧压力装置和涡卷弹簧压力装置两种结构。图 3-17 所示的刷握采用了立卷弹簧压力装置，该装置包括压指和螺旋形拉伸弹簧两部分，压指在弹簧力作用下，通过杠杆作用对电刷施加压力。这种结构机械稳定，可方便地更换电刷。但由于拉伸弹簧的弹簧力随拉伸长度变化较大，故随着电刷磨耗而引起的电刷压力变化也较大。因此，许多国家对刷握结构进行了改进，目前已广泛采用了恒压刷握结构。

恒压刷握大多数是采用涡卷弹簧压力装置，如图 3-21 所示，涡卷弹簧用经过热处理的高碳钢制成，在它的整个卷曲长度上产生均匀的压力，当电刷磨损时，涡卷弹簧仅扭过一个很小的角度，保证了电刷压力基本不变。同时，电刷压力还可以利用棘轮装置加以调节，当弹簧调节到所需要的压力后，用开口销固定好。

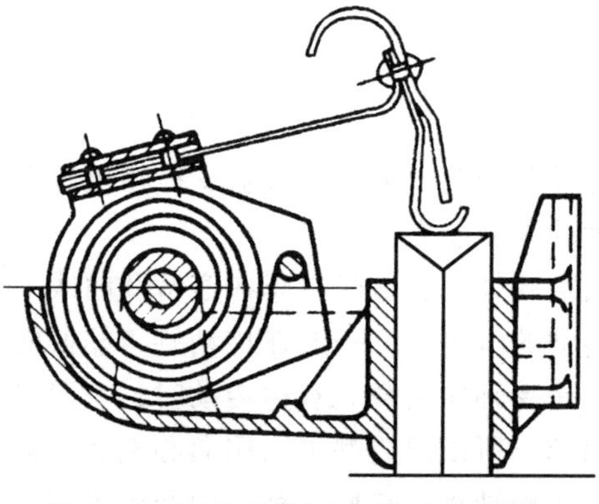

图 3-21　涡卷弹簧压力装置的刷握

刷握的安装位置取决于主磁极的布置方式和电枢绕组元件的形式。当电枢绕组具有对称元件时，刷握应沿着主磁极的中心线放置。

刷握与刷握架之间借助螺栓固定。配合表面间垫有垫片以调节刷握在圆周方向的位置；配合面上有两个椭圆形的螺栓孔，用来调节刷握与换向器表面的相对位置。

刷握架有两种固定方式：一种是刷握架固定在绝缘的刷杆上，刷杆直接固定在机座上；另一种是刷杆先固定在刷架圈上，然后将刷架圈固定在前端盖和机座之间。牵引电机大都采用刷架圈固定结构（见图 3-17）。

刷架圈是一个开口的钢制圆环，其端面上有若干对螺孔，每对螺孔通过绝缘的刷杆固定一组刷握。刷架圈的开口处装有锁紧装置，它是一个具有左、右螺纹的双头螺栓，可以放松或收紧刷架圈。当双头螺栓使开口缩小时，刷架可以转动，便于更换电刷或维护电刷装置；当双头螺栓开口张开时，可以使刷架圈固定。刷杆既是刷握的支承部件，又是刷握和刷架之间的绝缘部件。其绝缘体有瓷质绝缘子、酚醛玻璃纤维和合成树脂等几种，图 3-22 所示为用酚醛玻璃纤维压制而成的刷杆结构示意图。

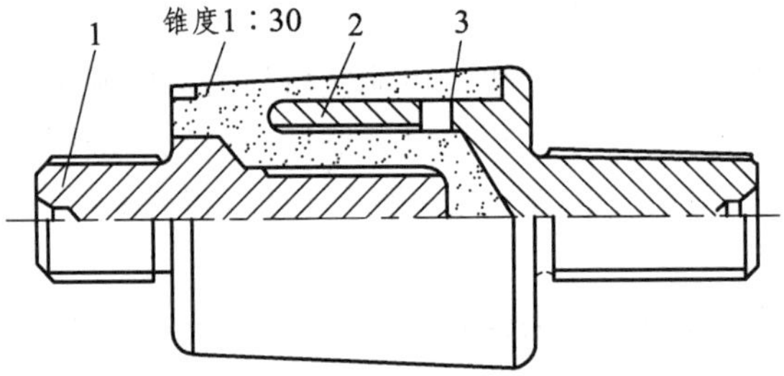

图 3-22　刷杆

1—螺杆；2—螺纹套；3—酚醛玻璃纤维

由于刷杆直接暴露在空气中，工作条件极差，所以要经常保持绝缘表面的清洁和光滑。如果绝缘表面被炭粉、油脂等污染，很容易产生爬电和飞弧，将绝缘表面烧坏。为了提高刷杆的耐弧性，在刷杆表面再热套一个厚度为 3 mm 左右的聚四氟乙烯套。聚四氟乙烯套在承受电弧时，表面微小分子在瞬间蒸发所产生的气体有消弧性，能去掉刷杆表面的污垢，使其表面能经常保持纯白色。同时，由于表面光滑，不易沾染油脂和灰尘。

四、电枢轴承和抱轴轴承

1. 电枢轴承

脉流牵引电机的转子通过两个电枢轴承和端盖支撑在机座上。现代牵引电机大都是采用滚柱轴承，因为它具有较大的承载能力。

电枢轴承除了承受径向负载外，还承受机车在道岔及曲线上运行时由于电枢振动所产生的轴向负载，所以在单边传动的电机中，一般在传动侧（非换向器端）采用向心轴承，而换向器侧采用推力轴承，由它承受轴向负载。双边传动时，一般采用斜齿轮传动。理论上所有的轴向力都在齿轮上被抵消掉，所以两边都可以用向心轴承。但实际上，为了在试验台上进行试验，还是装了两个单向止推轴承，它们对称（向两个不同的方向）地装在电枢轴上。

选择牵引电机滚柱轴承的形式时，要力求拆装方便，轴承结构应该在电机拆装时，不需要将轴承外圈（连同滚柱）由端盖拆下，也不需要将轴承内圈由轴上取下，所以一般采用双绝缘外圈的轴承。

轴承内圈一般采用静配合装在转轴上，加热温度不超过200 °C；轴承外圈采用过渡配合装在端盖的轴承孔内。

滚柱轴承用黏度高的中性润滑脂，为了防止轴承室中的润滑脂泄漏或脏物侵入轴承室，并进一步窜入电机内部，玷污电机，损害电机绝缘并使轴承发热，往往采用各种类型的油封将轴承室密封。牵引电机中主要采用曲折油封。曲折油封又称为迷宫式油封，分为水平曲折和垂直曲折两种。垂直曲折油封如图 3-23 所示。它是在不动的轴承盖的凹部与旋转的封环（或轴套）之间组成了许多垂直油障。这种曲折间隙的形状非常复杂，所以对空气和液体都有很大的阻力。曲折油封的优点是没有任何受磨损的部分，但需要保持所有空隙的精确性，故所有零件应制造得非常精确。

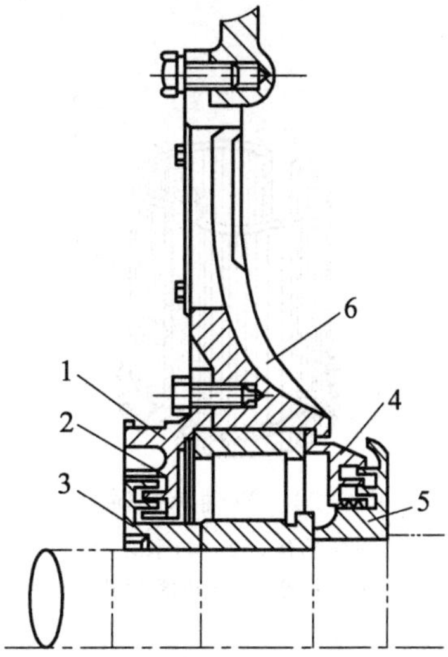

图 3-23　轴承曲折油封

1—外轴承盖；2—挡油板；3—封环；4—内轴承盖；5—轴套；6—端盖

为了在牵引电机不解体的情况下补充润滑脂，轴承室设有补充润滑脂的加油管。

2. 抱轴轴承

抱轴式悬挂牵引电机的抱轴轴承是指将电机支承在动轮轴上的凸出结构，可采用滑动轴承或滚动轴承。在目前的技术条件下，动轮轴上安装滚动轴还有困难，所以一般采用滑动轴承。

抱轴式滑动轴承有轴瓦、轴承盖和油箱等组成。为了拆装方便，轴瓦做成如图 3-24 所示的分裂式，上轴瓦直接紧贴在机座的抱轴轴承座内壁上。下轴瓦具有供给润滑油的方孔，安装在可拆装的抱轴轴承盖内。轴瓦体有锡青铜和钢背两种。为了增加轴瓦的耐磨程度，在轴瓦体内表面浇铸了一层厚约 3 mm 的轴承合金。轴瓦和动轮轴的配合面应有足够的间隙，使润滑油能流入间隙形成润滑油膜，为此，抱轴轴承的径向间隙为 0.3 ~ 0.8 mm。

抱轴轴承的轴承盖由铸钢制成，为了减轻质量，油箱可用钢板焊成后再焊到轴承盖上。抱轴轴承的组装如图 3-25 所示。轴承和机座的配合面采用过渡配合，并与轮轴垂直中心面倾斜 15° ~ 30° 角度，使电机可靠地支持在动轮轴上。轴承盖与机座用螺栓固定，螺栓用经过热处理的 45# 钢制成，以保证螺栓有足够的机械强度。

由于抱轴轴承部分的检修十分困难，所以抱轴轴承的润滑装置应非常可靠。目前，牵引电机应用较广的润滑装置有垫毡润滑和强迫油循环两种，图 4-25 所示为最简单的垫毡润滑系统，油箱内的润滑油通过集油器上的垫毡（由细毛毡或羊毛线组成）的毛细管作用被吸收到动轮轴轴颈上，拉力弹簧能保持吸满润滑油的垫毡始终紧贴在动轮轴轴颈上，以保证可靠的润滑作用。油标尺可以检查出油箱内的润滑油的高度，平时应注意油面高度是否符合要求，防止因缺油引起轴承过热或燃轴事故。

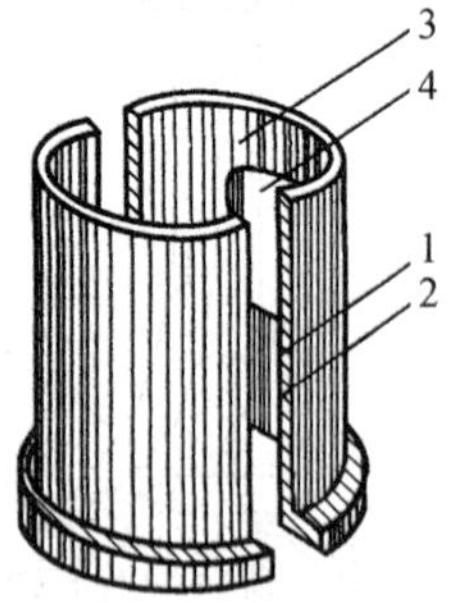

图 3-24　抱轴承的轴瓦

1—轴瓦体；2—轴承合金；
3—油槽；4—润滑油孔

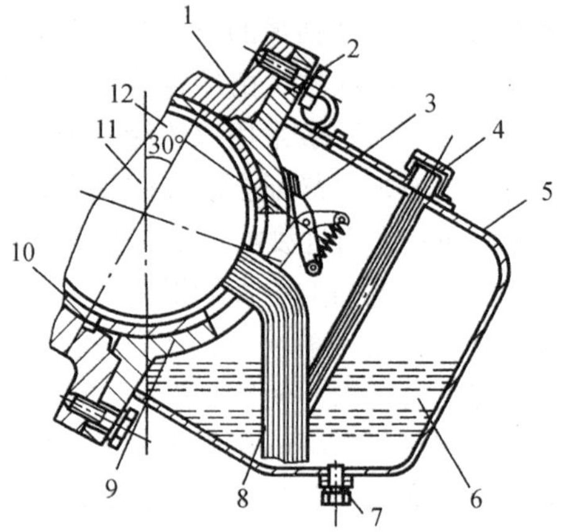

图 3-25　抱轴承组装图

1—机座；2—轴承盖；3—集油器；4—油标尺；
5—油箱体；6—润滑油；7—油堵；8—毛线；
9—下轴瓦；10—上轴瓦；11—动轮轴；
12—拉力弹簧

第四节　典型脉流牵引电机的结构特点

一、牵引电机的特点

牵引电机是进行机械能和电能相互转换的重要部件。它安装在机车转向架上，通过传动装置与轮对相连。机车在牵引工况时，牵引电机将电能转换成机械能，驱动机车运行。当机车在电气制动工况时，牵引电机将列车的机械能转化成为电能，产生列车的制动力。

牵引电机的工作条件十分恶劣，主要表现在：

（1）负载变化大；

（2）要承受来自轮轴的冲击力；

（3）使用环境恶劣；

（4）由单相整流器供电，电流是脉动的。

在脉动电流下工作的牵引电机称为脉流牵引电机。由于电流的脉动，使牵引电机的换向更为困难，发热更为严重，要求更为苛刻。

二、ZD105 型脉流牵引电机

1. ZD105 型脉流牵引电机的结构

ZD105 型脉流牵引电机是 SS_4 型电力机车和 $SS_{4改}$ 型大功率干线电力机车的主电机，是带有补偿绕组的 6 极、串励、脉流电机。图 3-26 所示为 $SS_{4改}$ 型电力机车采用的 ZDl05 型脉流牵引电机的纵、横剖面图。

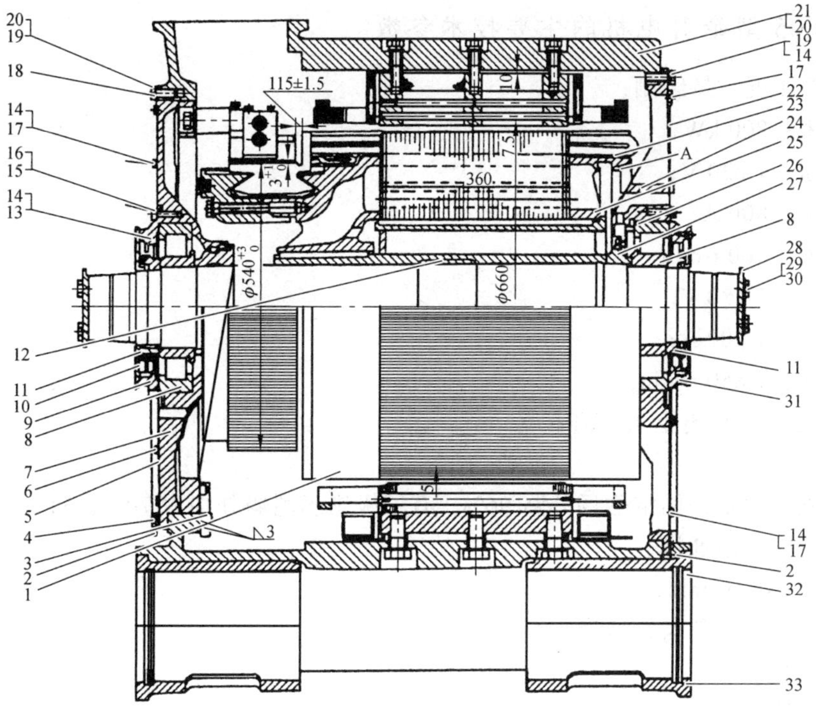

（a）纵剖面图

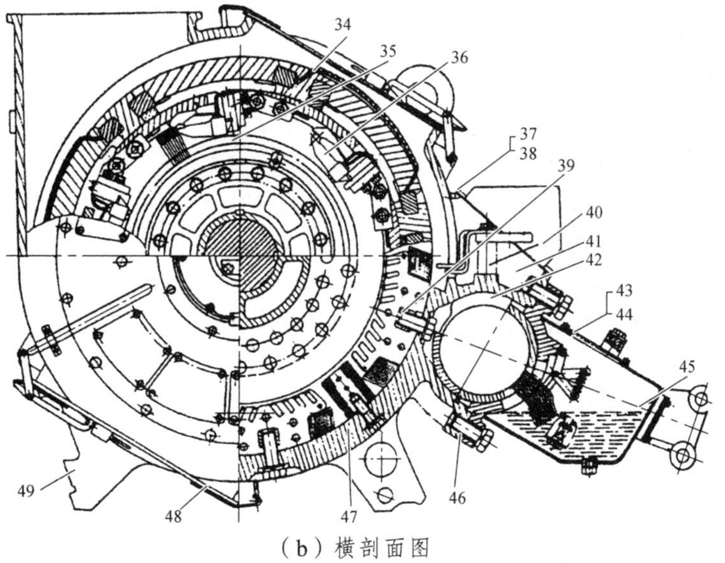

（b）横剖面图

图 3-26　SS$_{4改}$ 型电力机车采用的 ZDl05 型脉流牵引电机的纵、横剖面图

1—电枢；2—油杯；3—刷架圈定位件；4—油管夹；5—前端盖盖板；6—排油管；7—前端盖；8—轴承；9—前端盖轴承；10—前端外盖；11，27—封环；12，25—电枢支架；13，15，17，19，29，43—螺栓；14—弹簧垫圈；16，20，44—弹性垫圈；18—刷架装配门；21—定子装配；22—后端盖网孔盖板；23—预成型后支架绝缘；24—后端盖；26—后端内轴承盖；28—挡板；30—止动垫圈；31—后轴承端盖；32—上抱轴瓦；33—下抱轴瓦；34—上观察孔盖；35—刷握装配；36—补偿绕组；37—轴；38—开口销；39—主极一体化装配；40—出线盒；41—接线板；42—绝缘板；45—油箱；46—键；47—换向极一体化装配；48—下观察孔盖；49—吊杆座；A—F 级填充泥或硅橡胶密封胶

2. ZD105 型牵引电机的主要技术参数

额定计算工况：持续制；
额定功率：800 kW；
额定电压：1 020 V；
额定电流：800 A；
额定转速：960 r/min；
最高电压：1 180 V；
最大电流：1 200 A；
最大转速：1 850 r/min；
绝缘等级（定子/电枢）：H/F；
极对数：3；
励磁方式：串励，固定磁场分路 96%，有三级磁场削弱分别为 70%、54%、45%；
冷却方式：强迫通风；
通风量：135 m^3/min；
传动方式：双侧斜齿轮传动；
齿轮传动比：4.19；
齿轮中心距：604 mm；
电枢外径：660 mm；
电枢长度：360 mm；
电枢槽数：93；
每槽元件数：4；
槽形尺寸：9.4 mm × 42.8 mm；
电枢导体布置：交叉竖放；
电枢绕组形式：单叠绕组；
换向器直径：540 mm；
换向器工作面长度：128 mm；
换向片数：372；
刷握数：6；
每刷握电刷数：3；
电刷尺寸：22 mm × 36 mm × 50 mm；
主极气隙：5 mm；
主极线圈绕制形式：扁绕压弧；
主极线圈匝数：11；
换向气隙（第一气隙/第二气隙）：10/7.5 mm；
换向极线圈匝数：6；
补偿线圈匝数：8；
电机效率：94.05%；
电机质量：3 970 kg。

3. 主要部件的结构特点

ZD105 型脉流牵引电机主要由定子、转子和电刷装置等部分组成，如图 3-26 所示。

（1）机座采用 ZG25Ⅱ型铸钢铸成圆筒形。主磁极和换向极以 30° 角相互间隔布置于机座内侧，主磁极和换向极的线圈与铁心间隙用 F 级环氧浇注胶浇注形成一体，杜绝由于线圈松动而引起的引线断裂、接地等故障，以提高电机运行的可靠性。

（2）主极线圈、换向极线圈都采用扁绕式，以改善线圈的散热条件。

（3）换向极铁心采用无芯柱叠片结构，借助芯块和端板用螺栓固定在机座上。换向极铁心在轴向还有两根铆钉，用以铆接换向极铁心，这样，增大了换向极铁心磁路的有效横截面面积，防止了换向极铁心磁路的局部过饱和。换向极线圈采用扁铜线扁绕制成，换向极线圈的匝间、对地和外包绝缘与主极线圈的绝缘结构相同。

（4）采用国际通用的电机引出线符号。4 个引出线端符号为：A——电枢首端；B——换向极绕组末端；D_1——主极绕组首端；D_2——主极绕组末端。从换向器端看，电流由引出线 A_1 经过 3 个并联的正电刷，流入电枢绕组，然后经过 3 个并联的负电刷流入换向极线圈和补偿绕组，最后由引出线 B_2 流出，如图 3-27（a）所示。在非换向器端，6 个主极线圈按 N-S-N-S-N-S 极性串联，电流由引出线 D_1（或 D_2）流入，由引出线 D_2（或 D_1）流出，如图 3-27（b）所示。定子绕组间的连接线均用线卡固定在机座内壁，以提高耐振性。

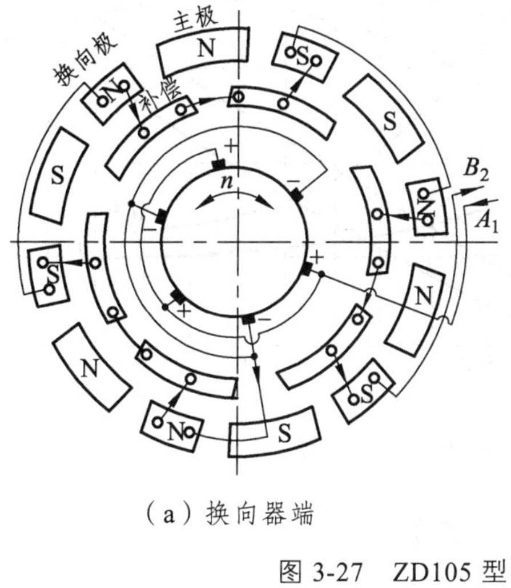

（a）换向器端

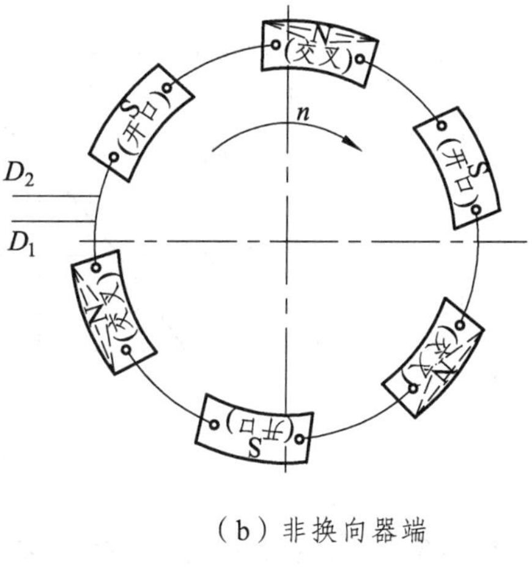

（b）非换向器端

图 3-27　ZD105 型牵引电机绕组接线图

（5）抱轴轴承为滑动式，油箱为整体式，采用恒油位结构以改善润滑条件。不仅在轴瓦方孔上开有 4 条回油沟，还在抱轴瓦的领圈上开有两道回油沟，以防止抱轴轴承润滑油与齿轮箱润滑油互相窜通。

（6）采用双边斜齿轮传动，传动比 $\mu = 4.19$，大齿轮齿数 $Z = 88$，小齿轮齿数 $z = 21$，齿轮模数 $m = 11$。

（7）电枢铁心不直接压装在转轴上，而是先压装在电枢套筒上，然后电枢套筒压装在电机转轴上，这样的结构有利于电枢的检修。

（8） 换向器采用如图 2-14 所示的拱式换向器。由 372 片银铜换向片和 372 片双马云母片相互间隔叠压，经 3 次冷压、3 次热烘、3 次热压而成，绝缘等级为 F 级。

（9） 该电机有 6 个刷握，每个刷握的刷盒中装有 3 副双分裂式电刷，电刷的牌号为 D374B。一个刷盒中装置 3 块电刷，电刷接头采用单靴式接头，刷握弹簧采用圆形弹簧，电刷采用单压指结构。

三、ZD115 型脉流牵引电机

1. ZD115 型脉流牵引电机的结构

ZD115 型脉流牵引电机是 SS_8 型和 SS_9 型电力机车所用的牵引电机，它是带有补偿绕组的 6 极、串励、脉流牵引电机。

ZD115 型牵引电机在额定电压下的速率、转矩、空载和效率特性曲线如图 3-28 所示。

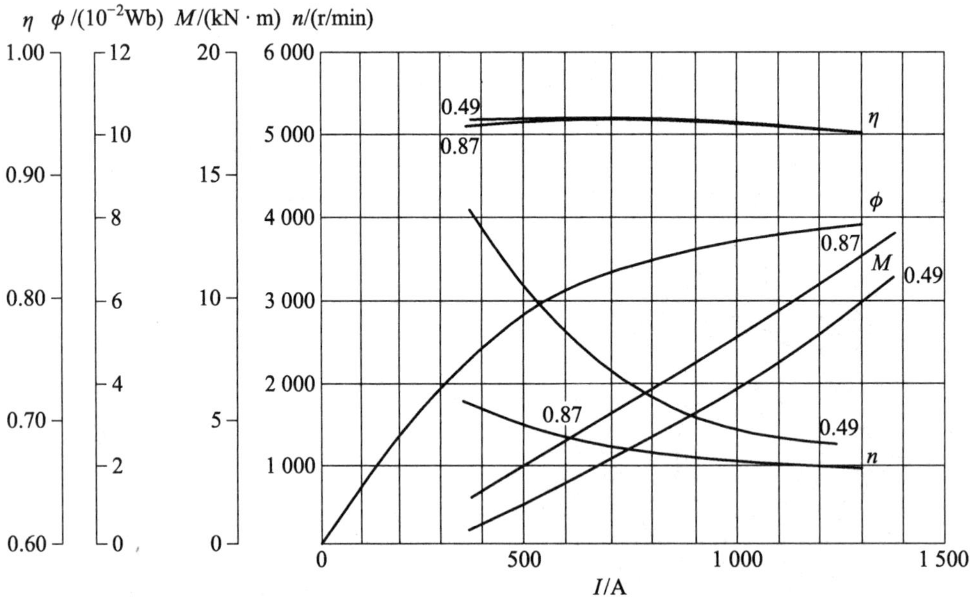

图 3-28 ZD115 型牵引电机特性曲线

2. ZD115 型脉流牵引电机的主要技术参数

额定电压：990 V；

额定功率：880 kW；

额定电流：870 A；

额定转速：1 081 r/min；

最高恒功电压：1 100 V；

启动电流：1 305 A；

最高转速：1 945 r/min；

励磁方式：串励，固定磁场分路 87%，最深磁场削弱 49%；

冷却方式：强迫通风；

冷却风量：130 m^3 · min；

定子绕组绝缘等级：H 级；

转子绕组绝缘等级：H 级；

悬挂方式：刚性架轴承；

传动方式：六连杆空心轴转动；

齿轮传动比：77/31 = 2.484；

极数：6；

电枢直径：680 mm；

电枢铁心长：275 mm；

换向器直径：500 mm；

电枢槽数：93；

电枢槽形尺寸：10 mm × 37 mm；

每槽元件数：4；

电枢导体排列方式：交叉立放；

电枢绕组形式：单叠绕组；

主极线圈匝数：11；

主极气隙：5.5 mm；

换向极线圈匝数：7；

换向极第一气隙：10 mm

换向极第二气隙：6 mm；

补偿绕组匝数：6；

刷握数：6；

每刷握电刷数：3；

每刷尺寸：（2 × 10）mm × 42 mm；

电机总质量：3 550 kg。

SS_9 型电力机车所采用的 ZD115 型脉流牵引电机实际是降功率使用，电机本身具备的功率为 900 kW，而 SS_9 型电力机车实际只用到了 800 kW，因此，电机能够发挥的储备功率还很多。

3. ZD115 型脉流牵引电机的结构

ZD115 型牵引电机的结构如图 3-29 和图 3-30 所示。它主要由定子、电枢、电刷装置等部分组成。定子的作用是产生磁场并从机械上支撑整个电机，其主要零部件有主极、换向极、机座、补偿绕组、端盖和轴承等。电枢是用来产生感应电动势和电磁转矩以实现能量转换的主要部件，它由电枢铁心、电枢绕组、换向器和转轴等组成。电枢绕组通过换向器和电刷装置与外部电路连接。ZD115 型牵引电机采用架承式悬挂，一端悬挂在转向架的构架上，另一端则固定在轮对的空心轴套上。

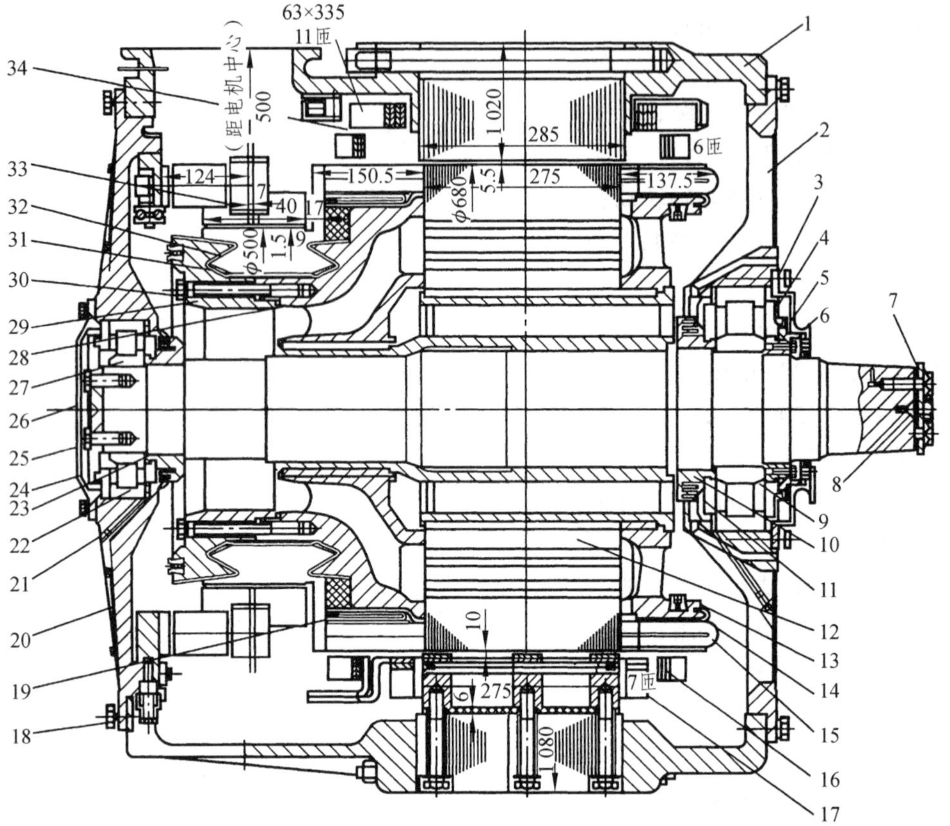

图 3-29　ZD115 型脉流牵引电机纵剖面图

1—机座；2—后端盖；3—后轴承盖；4—挡环；5—油封；6—挡圈；7—轴承挡板；8—轴承；9—轴承；10—油封；11—内轴承盖；12—电枢铁心；13—电枢后支架；14—后支架绝缘；15—电枢线圈；16—补偿绕组；17—换向极绕组；18—定位锁销；19—均压线；20—前端盖；21—油杯；22—内轴承盖；26—轴端挡板；27—轴承；28—换向器套筒；29—换向器压圈；30—换向器螺栓；31—云母套筒；32—云母环；33—刷架；34—主极绕组

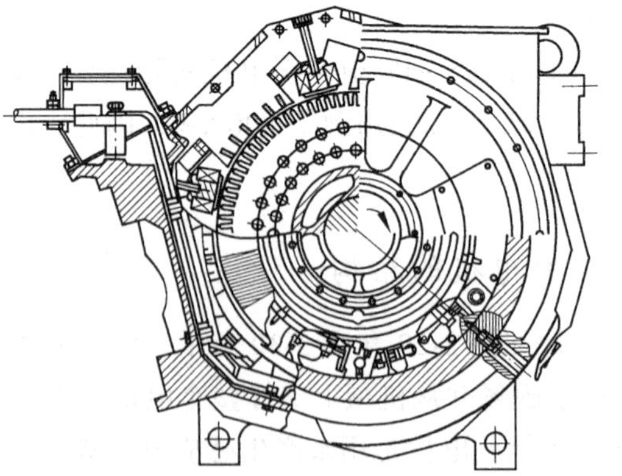

图 3-30　ZD115 型脉流牵引电机横剖面图

（1）定子。

定子的作用是产生磁场并从机械上支撑整个电机，其主要零部件有机座、主磁极、换向极、补偿绕组、端盖、轴承等。

机座是安装电机所有零部件的外壳，又是联系各磁极的导磁磁轭。ZD115 型牵引电机采用的是全叠片无机壳机座。机座的主要导磁部分为钢板叠片组，由前后压圈通过拉杆和筋板焊接将叠片紧固成一体。前后压圈均为铸钢件。叠片由 1mm 厚的钢板冲制而成，如图 3-31 和图 3-32 所示。

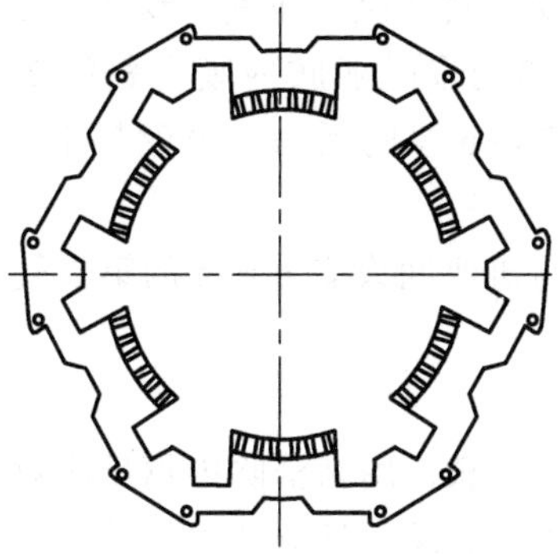

图 3-31　定子冲片图

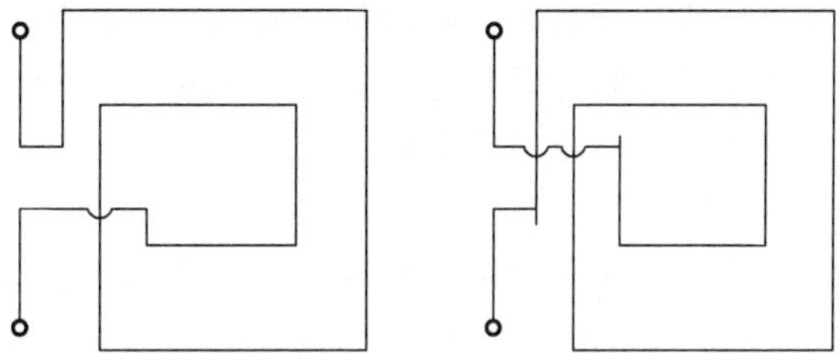

（a）开口式　（b）交叉式

图 3-32　主极引出线形式

冲片呈十二边形，带有主极铁心及补偿槽。这种全叠片无机壳机座电机的主要优点是：

① 能改善电机脉流换向及过渡过程的换向性能。

② 主极铁心与机轭连成一体，能保证主极的等分精度，从而提高定子装配质量。

③ 磁路均匀，可减小电机的速率特性差异。

④ 机座与主极线圈的配合面均为平面，因此，主极线圈不需压弧，这样既可简化线圈的制造和安装工艺，又有利于改善线圈的散热条件。

机座两端装有端盖。在换向器端的上方设有进风口，右下方设有观察孔，作维护检查之用。前端盖上有一个圆柱形定位销，与机座上的孔相配合，以提高装配精度。

（2）主磁极。

主磁极是由主极铁心和主极线圈组成，主极铁心与机轭连在一起。如图 4-31 所示，极靴部分有 6 个向心半开口补偿槽，用以安装补偿绕组。在极尖处局部削角，以减小电枢横轴反应。主极绕组与机座、补偿绕组与机座、换向极绕组与换向极铁心均采用白坯装配。主极绕组直接嵌放在机座的主极槽内，补偿绕组整体嵌放在极靴的向心槽内，主极绕组与补偿绕组由槽楔固定。换向极铁心通过螺栓固定在机座上。绕组之间的连线通过银铜焊接以减小接触电阻。定子整体采用真空压力浸漆处理。

主极线圈由 6.3 mm × 33.5 mm 的 TMR 铜母线平绕而成，共 11 匝，用 0.25 mm 厚的 NHN 复合箔作为匝间绝缘。线圈对地绝缘是用 0.05 mm 厚的聚酰亚胺薄膜半叠包 2 次，0.14 mm 厚的粉云母玻璃丝带半叠包 3 次。外包绝缘为 0.2 mm 厚的无碱玻璃丝带半叠包 1 次。为方便外部连线，主极线圈的引出线分交叉和开口两种形式，如图 4-32 所示。

主极线圈嵌入定子的大槽内，槽中先放一层 0.25 mm 厚的 NHN 复合箔及一层 0.9 mm 厚的 H 级聚砜毡作为槽绝缘，嵌完线圈后用不锈钢槽楔加以固定。

（3）换向极。

换向极由换向极铁心和换向极线圈组成。为了改善脉流牵引电机的换向性能，换向极铁心也是采用叠片结构，铁心冲片由 0.5 mm 厚的冷轧电工钢片 W470-50 冲制，在换向极铁心的螺栓连接部位由 3 块 45 锻钢制成心块，心块与冲片叠压后铆压成一整体。铁心的极靴部位设有托板，用以支承换向极线圈，托板由非导磁钢制成，用两个沉头螺钉固定在心块上，沉头螺钉拧紧后点焊在托板上，以起到防松作用。

换向极线圈用 7.1 mm × 28 mm 的 TMR 铜母线扁绕而成，共 7 匝。匝间绝缘用 0.2 mm 厚的二苯醚坯布，每匝间垫 2 层。对地绝缘用 0.05 mm 厚的聚酰亚胺薄膜半叠包 2 次，0.14 mm 厚的粉云母玻璃丝带半叠包 3 次。外包绝缘为 0.2 mm 厚的无碱玻璃丝带半叠包 1 次。线圈与铁心套装后，其间的空隙用聚砜毡填满。

为了改善换向，尤其是过渡过程的换向，换向极铁心与机座间设有 6 mm 的第二气隙。第二气隙由 341 层压玻璃布板制成。

（4）补偿绕组。

补偿绕组放置在主极极靴部分的补偿槽内，与电枢绕组串联，用来消除电枢反应对主极气隙磁场所产生的畸变，使换向器片间电压分布均匀，从而减少发生环火的可能性。

补偿绕组线圈的两边分别嵌于相邻两个主极的补偿槽内，补偿线圈分为交叉式和开口式两种，图 3-33 所示为开口式补偿线圈。

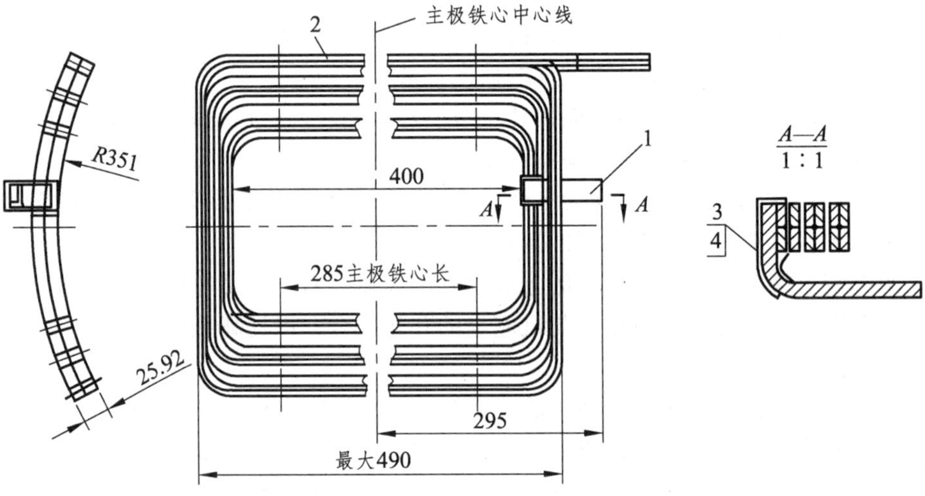

图 3-33　开口式补偿线圈

1—补偿线圈引线头；2—补偿线圈导线；3—对地绝缘；4—外包绝缘

补偿绕组线圈是用两根 5 mm × 12.5 mm 的 HF 薄膜导线并联绕制而成的，共 6 匝，每槽 2 匝。补偿线圈槽内直线部分的对地绝缘（即槽绝缘）为 3 层 0.2 mm 厚的 NHN 复合箔。槽口绝缘用 Nomex 纸模压成型。槽外直线部分及端接部分的对地绝缘为 0.14 mm 厚的粉云母带半叠包 3 次。外包绝缘为 0.2 mm 厚的无碱玻璃丝带半叠包 1 次。槽楔为 4 mm 厚的聚胺一酰亚胺玻璃上胶布。槽楔下面放有 1 条 0.5 mm 厚的 341 层亚板垫条。补偿槽内结构如图 3-34 所示。

ZD115 型牵引电机的定子线圈均为白坯嵌线。主极、换向极线圈的引出线及各绕组之间的连线均采用钎焊连接，定子在安装完成之后进行整体真空压力浸漆。

（5）端盖和油封结构。

ZD115 型牵引电机端盖和油封结构如图 3-35 所示。

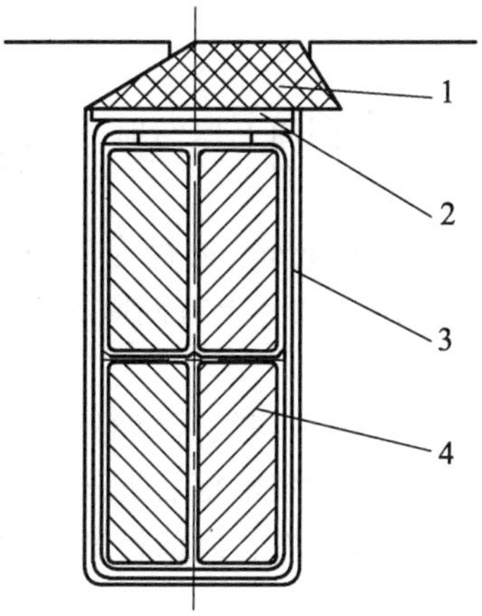

图 3-34　补偿槽形

1—槽楔；2—垫片；3—槽绝缘；4—补偿绕组

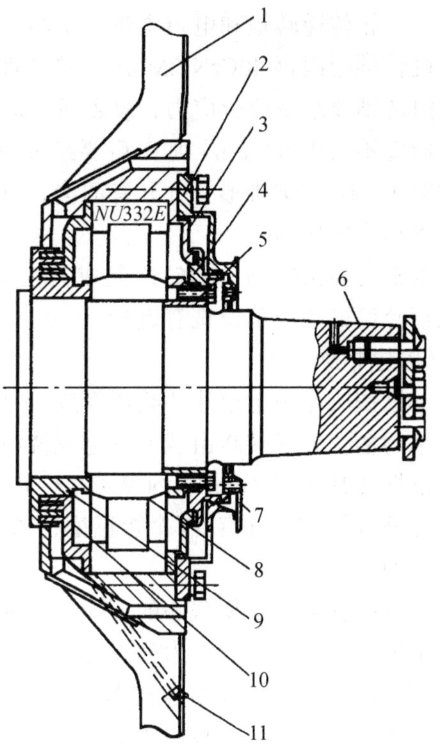

图 3-35　端盖和油封结构

1—后端盖；2—后轴承盖板；3—挡环；4—油封；5—挡圈；6—转轴；7—回油板；8—轴承；9—油封；10—内轴承盖；11—油杯

前后端盖将电机两端封闭，并通过轴承支撑转子。两端盖均由铸钢 ZG25Mn 制成。后端盖开有 11 个扇形窗口，为冷却空气的出口；还开有 8 个通大气孔，用以消除轴承室负压。前端盖装有型号为 NH322E 的滚动轴承，除轴承室负压。前端盖装有型号为 NH322E 的滚动轴承，后端盖装有型号为 NU322E 的轴承。轴承两侧是迷宫式油封，轴承室内填以 3 号锂基润滑脂，其数量约占轴承室总量的 1/3 ~ 1/2。用注油枪通过油杯给轴承补充润滑脂。

电机转动时，由于转动部件，特别是电枢绕组后端鼻部的抽风作用，使轴承室附近的气压低于外部大气压（称为负压）。这种负压作用会把齿轮箱内的润滑油吸入电机的轴承室，并进一步窜入电机内部，损坏电机绝缘并会使轴承发热。为了防治这种窜油现象的发生，ZD115 型牵引电机传动端轴承采用了如图 3-35 所示的迷宫式油封结构。后轴承盖板上设有回油槽和排油槽，若有少量齿轮箱油通过轴承盖板与转轴之间的空隙进入时，可通过回油板的回油槽排至齿轮箱内。废油通过挡环与油封之间的间隙窜入后轴承盖板与油封之间的油腔，通过排油槽向外排出。

（6）电枢。

电枢又称转子，是实现能量转换的主要部件，其结构如图 3-29 和图 3-30 所示。它由电枢支架、电枢铁心、换向器、电枢绕组和均压线等组成。

① 电枢支架。

电枢支架由转轴和电枢套筒两部分组成，电枢套筒热套在转轴上。电枢支架上装有换向器、电枢铁心、油封等零部件。转轴后端轴伸作为安装主动齿轮之用。转轴要承受电磁扭矩以及由齿轮传递转矩和电枢重量产生的弯矩，所以对其机械性能要求较高。ZD115 型脉流牵引电机转轴用锻钢 40CrNi2MoA 经热处理后制成，有较好的机械性能。

因转轴要承受疲劳应力，故表面粗糙度一般不大于 3.2 μm，与轴承的配合面则要求其表面粗糙度不大于 0.8 μm。加工后要经过探伤检查，不允许有裂纹存在。垫套主动齿轮的轴伸为锥度 1∶10 的圆锥形，并开有油沟，以便用油枪注油将小齿轮压出。齿轮热套后，轴端用挡板将小齿轮压紧。

电枢套筒由铸钢 ZG25Mn 制成，粗加工后热套在转轴上。为使换向器和电枢铁心定位，在电枢套筒的相应部位铣有键槽。

② 电枢铁心。

电枢铁心是由电枢冲片叠压而成，是电机磁路的一部分。铁心圆周上均匀地开有嵌放电枢绕组的槽，转子转矩由载流的电枢绕组和主磁场相互作用而产生。

电枢冲片用 0.5 mm 厚的 W470 冷轧硅钢片冲制。其外径为 680 mm，内径为 320 mm。沿冲片外圆均匀的开有 93 个矩形槽，槽形尺寸为 10 mm × 37 mm。冲片上有两圈共 56 个通风孔，如图 3-30 所示。

电枢后支架靠电枢铁心的一端开有 9 个径向通风槽,用以提高电枢绕组后端部散热效果。

电枢铁心与电枢支架为静配合，以键定位。压装的次序是：先压装电枢后支架，然后压装电枢铁心冲片，再压装换向器。铁心总长度为 275 mm。为了防止铁心齿部松散，铁心叠压两端用端板夹紧。端板用 1 mm 厚的 Q235A 钢板冲片点焊而成。

③ 换向器。

换向器是直流电机的重要部件，它在高速旋转时的机械稳定性以及其表面氧化膜的状态对电机换向性能的影响很大。

换向器结构如图 3-29 所示，它主要由换向片、云母片、V 形云母环、云母套筒、换向器套筒、换向器压圈和紧固螺栓等组成。

换向器有 372 片换向片，其横截面为梯形，采用整体升高片，材料是银铜合金，其中银含量不小于 0.15%。用 372 片 1.2 mm 厚的云母片作为片间绝缘，将换向片与云母片相间排列成一圆筒形，经多次烘压，使之成为一体。然后在两端车削燕尾槽，用换向器压圈、换向器套筒和紧固螺栓将其压紧。换向片组与压圈和套筒之间用 V 形云母环和云母套筒进行绝缘。压圈与套筒之间设有密封垫圈，以防止水汽、异物等进入换向器内部。整个换向器通过换向器套筒装在电枢支架上。

换向器片间压力主要是靠套筒和压圈以及紧固螺栓所形成的合成拱力来维持。换向器紧固螺栓既要承受来自片间的压装应力，又要承受换向器旋转时产生的离心力和热应力，它用 35CrMo 合金钢制成，有较好的机械性能。

为了提高耐电弧和耐闪烙性能，换向器前端云母环伸出部分粘贴有 0.8 mm 厚的聚四氟乙烯板。

换向器工作直径为 500 mm，单边磨耗允许最大值为 8 mm。为了保证电刷和换向器的良好接触，换向器工作表面必须光滑，其表面粗糙度为 0.8 μm。片间云母需下刻 1 ~ 1.5 mm，同时换向片两侧需倒角 0.3 × 45°，端部要倒角 1 × 45°（见图 3-36）。热态时，换向器工作表面的跳动量不得大于 0.04 mm。

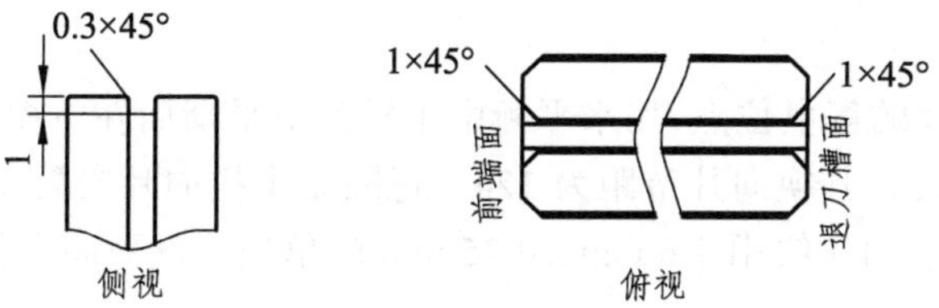

图 3-36　换向器表面倒角

④ 电枢绕组。

ZD115 型牵引电机的电枢绕组由 93 个电枢线圈组成，为单叠绕组，其线圈节距为 15 mm，换向器合成节距为 1 mm。每个电枢线圈有 4 个电枢元件，由 4 根 3.75 mm × 7.1 mm 的薄双玻璃丝 HF 薄膜导线合并而成，如图 3-37 所示。导体在槽中交叉立体布置（图 3-38）以提高槽的利用率，而且由于每个元件导体高度较小，可降低换向附加损耗，提高电机效率。电枢导体引出线部分（与换向片相连接的部分）压扁至 1.6 mm，嵌入换向片的升高片槽内，导体与升高片采用 TIG 焊接。电枢线圈的直线部分用 0.075 mm × 20 mm 薄云母复合带半叠片包 2 次，0.038 mm × 32 mm 钠化聚四氟乙烯带半叠包 1 次，0.06 mm × 20 mm 无碱玻璃丝带半叠包 1 次。端接部分用 0.075 mm × 20 mm 的薄膜云母复合带半叠包 1 次，用 0.06 mm × 20 mm 无碱玻璃丝带半叠包 1 次。电枢槽内用 0.12 mm 厚的 NHN 复合箔作槽绝缘，槽楔下面垫入 0.2 mm 的 NHN 复合箔，以保护线圈绝缘。槽楔为 4 mm 厚的聚胺-酰亚胺玻璃上胶布。

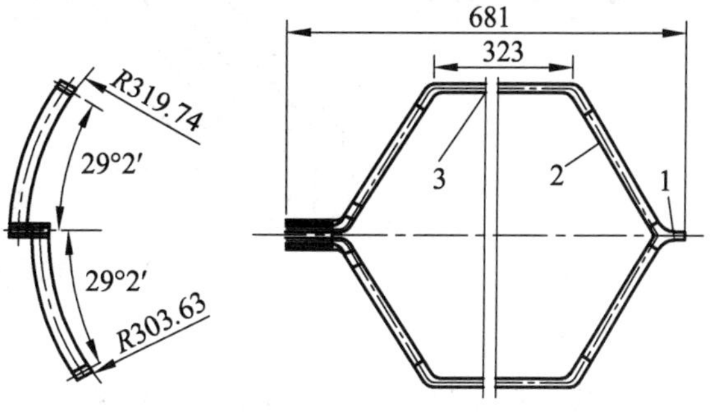

图 3-37　电枢线圈

1—鼻部；2—直线部分；3—斜线部分

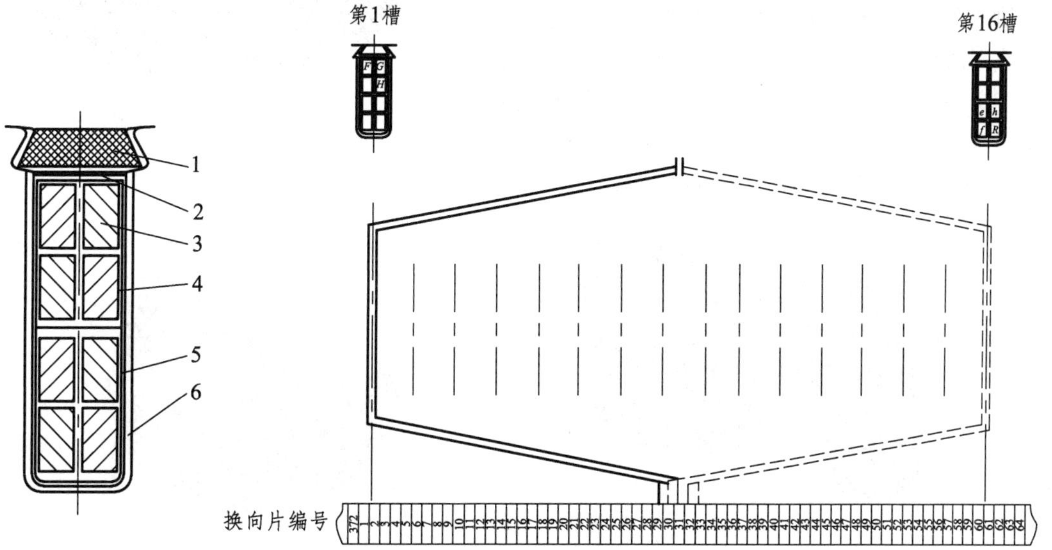

图 3-38　电枢槽形和电枢导体在槽内的排列

1—槽楔；2—垫片；3—电枢导体；4—匝间绝缘；5—对地绝缘；6—外包绝缘

⑤ 均压线。

均压线连接换向片的等电位点，用来平衡由于磁路不平衡而在电枢绕组内部引起的环流。电枢共有 186 根均压线，其换向片节距为 124。每隔 1 个换向片布置 1 根均压线，均压线连接方式如图 3-39 所示。均压线用 1.6 mm × 4.25 mm 的单玻璃丝薄膜导线制成，嵌放在换向片升高片槽的底部。

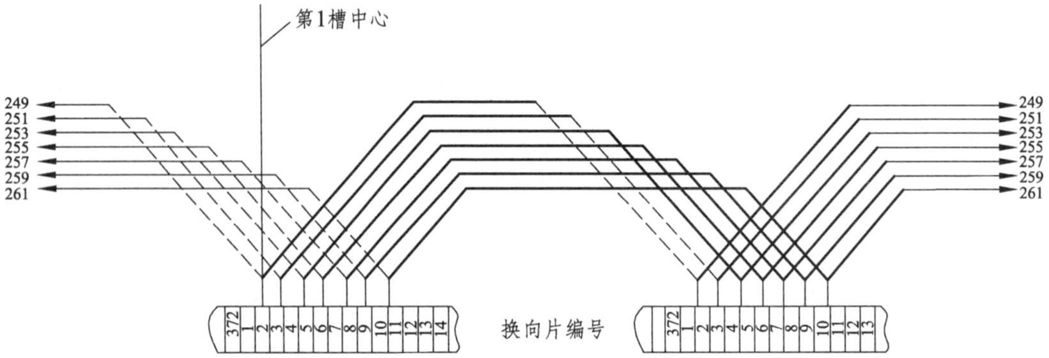

图 3-39 均压线嵌线示意图

（7）电刷装置。

电刷装置由刷架圈、刷握装置、锁紧装置、定位装置以及连线组成，如 3-40 所示。

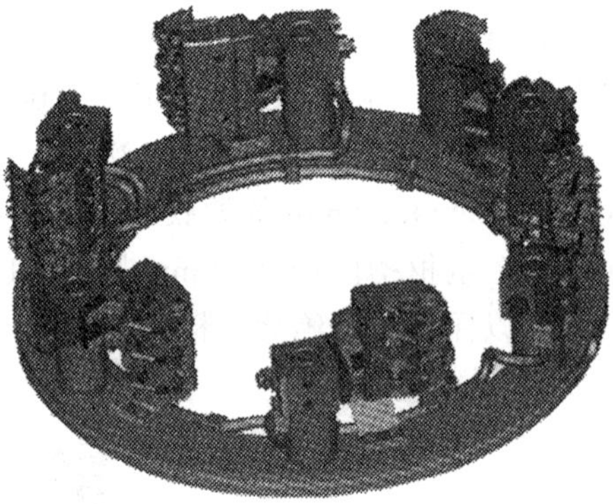

图 3-40 电刷装置

刷架圈装在前端盖上，是由 20# 钢制成的一个开口圆环，开口处装有一个具有左右旋转螺纹的双头螺栓，可以放松或收紧刷架圈。当双头螺栓使开口缩小时，刷架圈可以转动，便于更换电刷或维修电刷装置，当双头螺栓使开口张大时，可使刷架圈固定。

刷架圈上均布着 6 个刷握装置，为保证良好换向，各刷握装置均匀分布在直径为 500 mm 的圆周上，其不等分度不得超过 0.35 mm。刷握装置如图 3-41 和图 3-42 所示，它是由电刷、压指、调节螺栓、弹簧、刷盒、刷杆座、刷杆等部分组成。

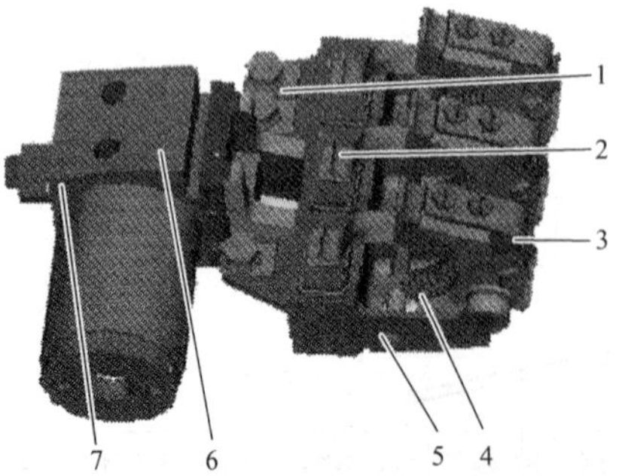

图 3-41 刷握装置

1—电刷；2—压指；3—调节螺栓；4—弹簧；5—刷盒；6—刷杆座；7—刷杆

图 3-42 刷盒装配

刷盒用锡青铜铸成，每个刷盒有 3 个刷孔，安放 3 块电刷。电刷为双分裂式，其尺寸为（2×10）mm × 42 mm × 55 mm，牌号为 DE7。电刷由圆柱弹簧通过压指加压，电刷压力为 26.4 ~ 30.4 N，通过调节螺栓可以将电刷压力进行调整。

刷盒通过一个方头螺栓固定在刷杆座上。刷盒与刷杆座的配合面为齿牙板结构，便于安装时定位，且使两者结合稳固。刷杆座通过一个刷杆固定在刷架圈上。刷杆表面压有聚四氟乙烯套，以增强刷杆表面的耐电弧、耐闪络及抗污染能力。

定位销件用以保证刷架圈每次转动后均能恢复到原来的中性线位置。刷架圈上的定位销孔是在调整好刷架圈的位置并经过试验确认后与前端盖配钻的。定位销件通过螺纹安装在前端盖上，其上的圆柱销插入刷架圈上的销孔中，起定位作用。

在检查孔盖（见图 3-30）上与定位销相对应的位置设有一个圆柱销，起联锁作用。若定位销未插入销孔，观察孔盖将不能盖上。

刷架圈靠近刷盒的位置装有放电板，放电间隙为（12.5 ± 1）mm。放电板可减小电机环火造成的损坏。

（8）电机的绕组接线。

ZD115 型牵引电机的引出线共 4 根：非换向器端有 2 根主极绕组引出线 D1 和 D2；换向器端有 2 根电枢电路（包括电枢绕组及刷架、换向极绕组和补偿绕组）的引出线 A1 和 A2。它们都固定在接线盒（见图 3-30）内的接线装置上。

牵引电机内部的各绕组接线如图 3-43 所示。从换向器端看，电流由引出线 A1 经过 3 个并联的正电刷，流入电枢绕组的 6 条并联支路，然后经过 3 个并联的负电刷流入换向极绕组和补偿绕组。最后由引出线 B2 流出。在非换向器端，6 个主极按 S-N-S-N-S-N 极性串联，电流由 D1（或 D2）流入，由引出线 D2（或 D1）流出。电流由 D1 流入时，从电机换向器端看，转向为顺时针；反之，则按逆时针方向旋转。

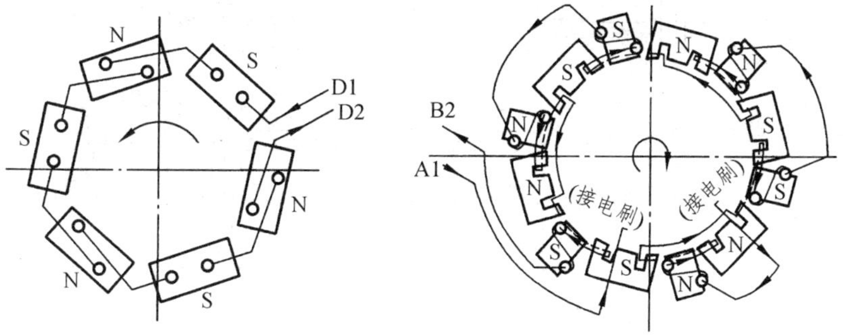

（a）非换向器端　　　　（b）换向器端

图 3-43　电机绕组连线原理图

（9）出线盒。

出线盒安放在机座抱轴部分上方左右两侧。引出线固定在绝缘杆上，固定机车引出线的上下引线夹装在接线盒外侧。在引线夹内上方，装有防积雪装置，该装置可防止在积雪融化后的水或雨水直接进入接线盒内，以避免造成电机连线短路。电机的接线盒结构如图 3-44 所示。

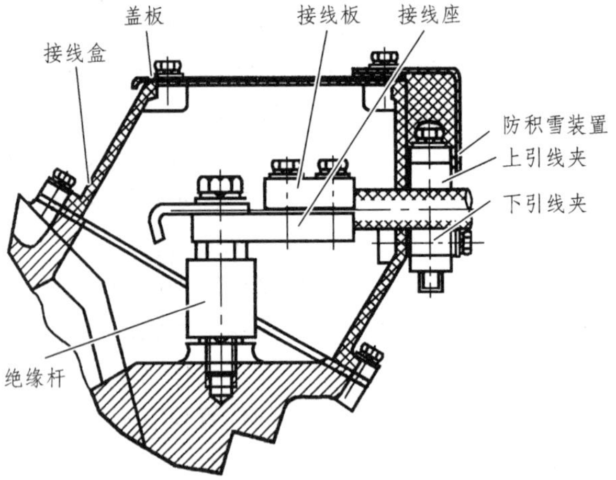

图 3-44　ZD115 型脉流牵引电机接线盒装配

（10）通风系统。

ZD115 型牵引电机采用强迫通风冷却，冷却空气从换向器端上部进风口进入换向器室，然后分成两路（见图 3-45）：一路经过换向器表面，通过电枢表面和主极、换向极之间的间隙，到非换向器端；另一路经换向器套筒风道、电枢铁心通风孔道、电枢套筒通风孔道和电枢后支架的径向与轴向风道到非换向器端，最后两路汇总后由后端盖的出风口排出。

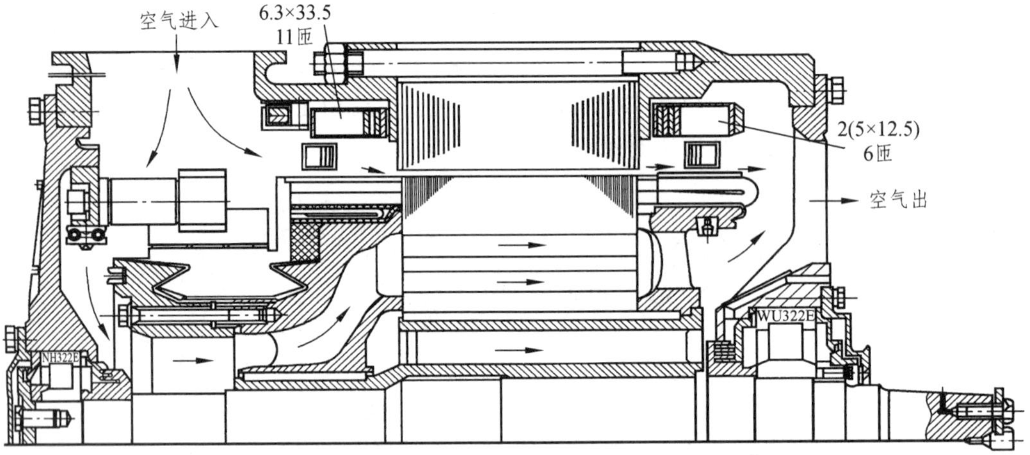

图 3-45　ZD115 型牵引电机通风示意图

第五节　脉流牵引电机的维护保养

牵引电机的运行条件和使用环境十分恶劣，因此，要使电机在运行过程中保持良好质量状态，就必须进行正确的操作和维护保养，才可以减少电机的故障，延长使用寿命和获得机车的高运转率。

一、换向器的维护保养

（1）良好的换向器表面薄膜其颜色应是淡褐色至亮黑色并反射出光泽。如果颜色从铜色变到深棕色成深褐色，但薄膜稳定、均匀、光亮，而且电刷运行良好，这种情况也属于正常。如果换向器表面有不正常的状态和颜色，应分析原因，并及时做出相应处理。

（2）经常用干燥的压缩空气吹扫换向器表面，如有油垢，可用浸有少量酒精或丙酮的无毛抹布揩拭干净，并注意不要用有油污的或不干净的手去触摸换向器表面；如换向器表面有较明显烧损痕迹而用无毛抹布揩拭无效时，可用 0 号玻璃砂布进行清擦。换向器打磨器如图 3-46 所示。但是特别严重的拉伤或烧损，不能用该方法处理，需进行光刀处理。

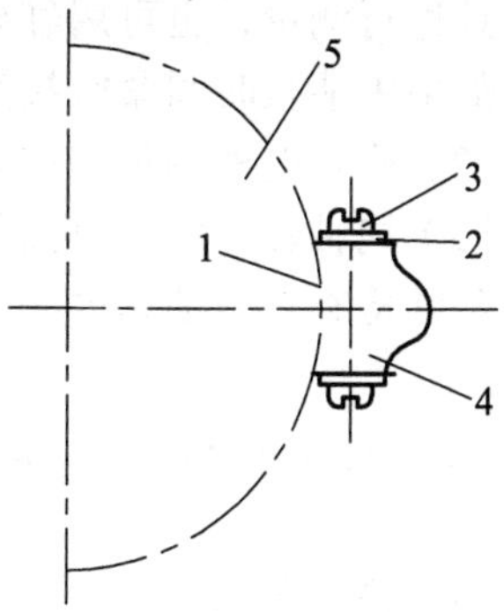

图 3-46　换向器打磨器

1—砂布；2—砂布压板；3—紧固螺栓；4—打磨器体；5—换向器

（3）检查换向器 V 形云母环伸出部分的表面状态，应经常保持该部分清洁，如有烧痕，应用玻璃砂布把烧损处打磨干净后，涂以绝缘漆。

二、电刷装置的维护保养

刷架装置是电机的重要部件之一，其质量的好坏直接影响电机的换向性能，因此，必须对它有足够的重视并经常进行维护保养。

（1）检查刷握及连线紧固螺栓是否松动，特别是刷架连线接头是否接触良好。

（2）常将电刷在刷盘孔内上下移动几次，除去炭粉及其蚀杂物，以保持电刷活动自如，并用塞尺检查电刷与刷盒孔间的间隙是否在限度范围内。注意检查刷辫不要碰上换向器的升高片，以及检查电剧是否破损，刷辫是否脱落，若有问题应及时更换。

（3）用弹簧秤检查电刷压力是否在规定范围内，同一刷盒其电刷压力不应相差 3 N。

（4）检查所使用的电刷牌号和制造厂家规定是否一致，更换电刷时同一电机应使用同一厂家同一牌号的电刷；同一电机所使用电刷的高度差及同一电刷的双分裂电刷的高度差不应超出规定数值，否则应进行更换。

（5）检查刷盒底面相对换向片的平行度是否符合技术要求，刷盒底面与换向器表面距离是否在 2 ~ 4 mm。

（6）换电刷前，应先打磨电刷接触面，使其与换向器圆弧面贴合，以保证良好的换向。

（7）检查并调整刷盒，以保证刷盒上的电刷在电枢窜动范围内都在换向器工作面上。

（8）经常应用干燥的高压空气吹扫刷握，用干净布擦拭绝缘刷杆外表面的油污及污物。

（9）锉掉连线接头和刷盒上因飞弧而造成的铜瘤或铜毛刺。

（10）换损坏刷杆时，应重校刷杆等分度，若在机车上更换同一刷握的两个刷杆，应先更换一个刷杆，紧固定位后再更换另一个刷杆，并做好刷杆位置标记。不允许两只刷杆同时拆下更换，否则会影响刷盒的中性位。

（11）检查刷架圈定位销及撑紧装置的固定情况。

三、电枢轴承和抱轴轴承的维护保养

（1）经常检查电枢轴承的温升（允许温升为 55 °C）。轴承温升的检查，可用水银或酒精温度计进行测量，也可用红外线测温仪进行测量；运用中的机车停车后可用手的触觉进行检查，如果手能长时间紧密接触发热体，这时最高温度约为 60 °C。

（2）检查电枢轴承和抱轴轴承的密封情况是否良好。

（3）抱轴轴承的润滑油是否保持清洁，吸油羊毛刷是否富有弹性，并与动轮轴颈紧密贴合。经常检查轴承油箱内润滑油的油面高度，缺油时及时补充。

四、其他部件的维护保养

（1）检查各绕组可见部分的绝缘膜有无变色或损伤现象。

（2）检查主极和换向极的气隙是否均匀，检查磁极的紧固状态。

（3）检查各绕组间连接线的固定情况。

（4）经常清扫机座上的灰尘和油垢，以保证电机有良好的散热性能。

除上述日常维护外，严格地按机车操纵规程操纵机车，对减少电机的故障，延长使用寿命也具有重要的意义。例如，避免在坡道或曲线上起动重载列车，起不动时不要随意强行起动；需制动时，应充分利用电阻制动或再生制动；运行时操纵手柄移位不要太快；过大坡时提早加速，以利用动能闯坡；轮对发生空转时，手柄迅速降位带撒砂；无动力回送机车动车时，不能随意操纵主电路控制器等。

一般来说，电机出现故障后总会出现某种异常现象，例如，换向器表面出现有规则或无规则的黑痕或灼痕；电枢绕组或磁极线圈的绝缘漆膜变色；运动部分过热或有不正常的声响等。若能即使发现这些异常问题，并采取相应措施，对防止事故以及查明故障的原因和处所，有十分重要的意义。

小　结

电机的定额是由电机制造厂规定的电机全部电量和机械量的数值，表明了电机的工作特点及工作能力，是应用部门正确使用电机的依据。根据机车运行的特点，牵引电机的定额有连续定额和小时定额。

脉流牵引电机在结构上与普通电机基本相同，可以分为静止（定子）部分和旋转（转子）部分。静止部分主要是主磁极，由它产生电机赖以工作的主磁场。旋转部分主要是电枢，电枢绕组使电机的核心部件，通过电流时，产生电磁转矩。

电枢绕组与外电路的连接是通过换向器和电刷实现的，换向器是直流电机必不可少的部件。由于脉流牵引电机在发热和换向方面较为困难，所以牵引电机某些部件有着特殊的结构形式。

脉流牵引电机使用了多种绝缘材料和不同的绝缘结构，这是牵引电机不造成短路和接地故障的重要保证。绝缘结构可分为匝间、层间、对地、外包、填充和衬垫、换向器绝缘等，不同的绝缘结构可采用不同的绝缘材料构成。

脉流牵引电机的定子由机座、主磁极和换向极、补偿绕组及电枢轴承等部件组成。机座作为电枢支撑和导磁铁轭，其外形可分为圆形和方形两种，其材料可采用铸钢，现代电机也采用叠片机座。

主磁极作为产生主磁场的部件，由铁心和线圈两部分组成，为了降低涡流损耗，铁心采用钢板叠压而成。线圈采用扁铜线绕制而成，绕制方法不同将导致不同的散热条件和制造工艺。

换向极作为产生换向磁场帮助电机换向的部件，也是由铁心和线圈两部分组成。设置换向极第二气隙的目的是减少漏磁通和降低磁路饱和程度。主磁极和换向极均采用一体化结构，以保证在机车运行振动下，有良好的抗振动性能。脉流牵引电机，在其机座内壁敷设了磁桥或采用叠片机座。换向极铁心采用电工钢片叠成，还有两个主磁极之间跨嵌了补偿绕组，以改善其换向性能。

ZD105 型牵引电机是 SS_4 和 $SS_{4改}$ 型电力机车的主电机，采用抱轴式悬挂，是带补偿绕组的 6 极串励脉流牵引电机。

ZD115 型牵引电机是 SS_9 改进型电力机车的主电机，采用架承式悬挂。它是带补偿绕组的 6 极串励脉流牵引电机。采用无级磁场削弱，固定磁场分路 87%，最深磁场削弱 49%；采用全叠片机座，提高了电机的换向能力。

牵引电机的运行条件和使用环境十分恶劣，因此，要使电机在运行过程中保持良好质量状态，必须进行正确的操作和良好的维护保养，才可减少电机的故障，以延长牵引电机的使用寿命。

思考与习题

1. 何谓电机的定额？牵引电机为什么规定两种定额？
2. 何谓额定数据？牵引电机有哪些额定数据？
3. 电机绝缘材料的作用是什么?对它有哪些要求？
4. 牵引电机的主磁极和换向极采用了哪些绝缘结构？
5. 电枢绕组采用了哪些绝缘结构？
6. 补偿绕组采用了哪些绝缘结构？
7. 换向器采用了哪些绝缘材料和绝缘结构？
8. 直流牵引电机均换向极铁心为什么可以用整块钢制成？
9. 主极线圈采用平绕和扁绕各具有哪些优缺点？
10. 为什么要对主磁极和换向极进行一体化处理？
11. 转子包括哪些主要部件？各部件有什么作用？
12. 电枢铁心为什么用电工钢片叠成？
13. 换向器包括哪些部件？各部件有什么作用？
14. 拱式换向器的紧固作用是怎样产生的？
15. 为什么要对换向片倒角？对云母片进行下刻？
16. 牵引电机的电刷装置包括哪些部件？各部件有什么作用？
17. 简述 ZD105 型脉流牵引电机的结构特点。
18. 简述 ZD115 型脉流牵引电机的结构特点。
19. 牵引电机维护和保养的部件包括哪些？

第四章　主变压器及平波电抗器

主变压器又称为牵引变压器，是电力机车上重要的电气设备，用来将接触网上取得的 25 kV 高压电降低为电力机车各电路所需的电压，以满足电力机车各种电气设备工作的需要。主变压器工作原理与普通单相降压电力变压器相同，但由于其工作条件特殊，特别是为了满足电力机车调压、整流电路的特殊要求，主变压器在设计及结构形式上有自身特点。

平波电抗器是串接在交直传动电力机车主电路中的电感装置，用来减小整流电路的电流脉动系数，以改善脉流牵引电机的换向条件。

本章在讨论主变压器基本结构的基础上，结合 $SS_{4改}$、SS_9、HXD_1、HXD_1、HXD_3 型电力机车实际，介绍典型主变压器的主要技术数据和结构特点，并扼要介绍 $SS_{4改}$、SS_9 型电力机车的平波电抗器。

第一节　主变压器的特点和型号

一、电力机车主变压器的特点

主变压器与电力机车其他部件相比，其体积大、质量大，一般都安装在电力机车中部，一部分在车体内，一部分在车体底架下部。主变压器的安装位置与外形如图 4-1 所示。

（a）主变压器在机车中的位置

（b）TBQ3B 主变压器外形图

图 4-1　主变压器

电力机车用主变压器的特点大致可归纳为以下几个方面。

1. 绕组多

为满足电力机车调压及辅助电气设备用电的需要，主变压器除高压网侧绕组外，二次侧低压绕组有牵引绕组、辅助绕组、励磁绕组及取暖绕组等多个绕组，有的绕组还有多个抽头。为保证各绕组之间的耦合程度恰当，有的绕组还需交叉布置，给绕组的绕制和装配带来了一定的难度。

2. 电压波动范围大

我国干线电气化铁道接触网的额定电压为 25 kV，允许电网电压在 19 ~ 29 kV 波动，这就要求主变压器的铁心和绕组绝缘结构的设计应留有足够的裕量，磁路的磁通密度不能过高，以满足高网压下正常工作的要求。

3. 负载变化大

随着电力机车运行条件的变化，主变压器的负载变化范围是很大的，这就要求主变压器应能承受较大的负载变化，并具有一定的过载能力，以保证电力机车的可靠运行。

4. 耐振动

电力机车运行中产生的冲击和振动将不可避免地要传给主变压器，这就要求主变压器的各个部件应具有足够的机械强度，所有连接紧固件应有防松装置。

5. 对阻抗电压要求高

因主变压器二次侧绕组有较高的短路故障概率，故绕组抽头间的阻抗电压不能太小，且要求各调压级的阻抗电压尽可能一致，以满足电力机车对调压整流电路和短路保护的要求。

6. 质量轻、体积小、用铜多

为满足电力机车总体布置及减轻自重的需要，主变压器与同容量的电力变压器相比，应具有较轻的质量和较小的体积。这就要求主变压器在设计上采用铜导线、高导磁率的冷轧硅钢片，强迫油循环冷却；工艺上采用真空干燥、真空注油等措施，来减轻质量和缩小体积。由于主变压器绕组多、容量大，故用铜量特别多，通常，一般电力变压器的铜重与铁重之比为 1∶4 左右，而主变压器的这个比值一般为 1∶2，有的甚至达到 1∶1（如韶山系列早期的电力机车）。用铜量多不但使主变压器造价高，而且还使冷却困难，冷却器庞大，这对变压器的轻量化是不利的。

二、电力机车主变压器的型号

国产 SS 系列电力机车使用 TBQ 系列主变压器，其型号意义为：T——铁路机车用；B——

变压器；Q——牵引；数字为设计序号；“-”后为容量（kV·A）。例如，$SS_{4改}$型电力机车主变压器的型号为TBQ8-4923/25，即表示其容量为4 923 kV·A，电压为25 kV；SS_{9G}型电力机车主变压器的型号为TBQ12-8668/25，即表示其容量为8 668 kV·A，电压为25 kV。

第二节　主变压器的基本结构

主变压器由器身、油箱、保护装置、冷却系统和出线装置等组成。

一、器　身

主变压器的器身包括铁心、绕组（线圈）、器身绝缘和引线装置等。

1. 铁　心

铁心的作用是构成主变压器的闭合磁路，同时也是支撑绕组及引线装置的机械骨架。因此，要求铁心必须具有良好的导磁性能和足够的机械强度。

铁心由芯柱、铁轭和夹紧装置组成。其中，套装绕组（线圈）的部分叫芯柱；连接芯柱构成闭合磁路的部分叫铁轭；夹紧装置用来夹持芯柱和铁轭，以构成坚实的整体，并借以支撑和压紧绕组，固定引线。为了减小铁心中的磁滞和涡流损耗，芯柱和铁轭均采用高磁导率的冷轧硅钢片叠装而成。TBQ系列主变压器的铁芯多数采用0.35 mm厚的晶粒有取向冷轧硅钢片。

国产TBQ系列主变压器大多采用单相二柱式芯式叠铁心，如图4-2所示。

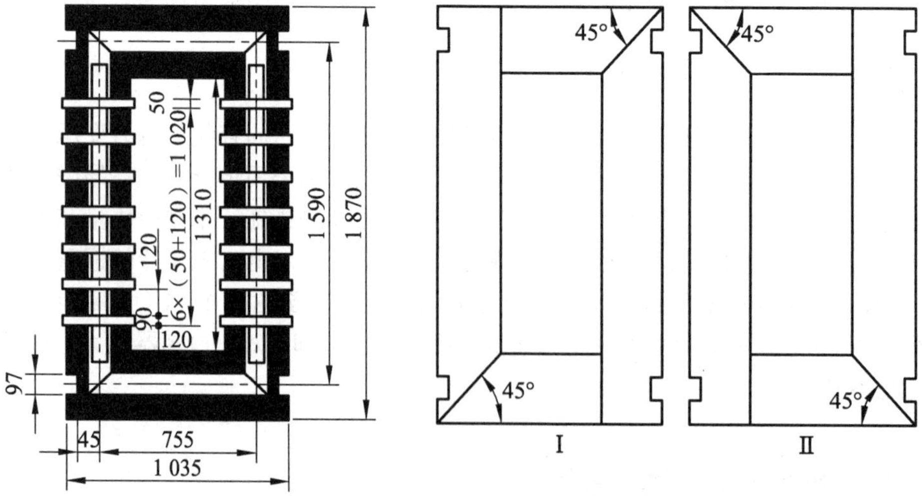

图4-2　单相二柱式芯式叠铁心

壳式铁心通常为卧放布置，它由硅钢片叠成“日”字形，铁心截面为矩形。高、低压绕组交错叠装在中间的一个芯柱上，芯柱通过旁轭构成闭合磁路，使铁心包围绕组，如图 4-3 所示。

壳式结构的主变压器具有机械强度高、阻抗电压易满足需求等优点。但其制造复杂，铁心用材较多，故实际应用较少。目前在我国运用的干线电力机车中，只有从法国引进的 6G 型电力机车及我国生产的 SS_7 型电力机车的主变压器采用壳式铁心。

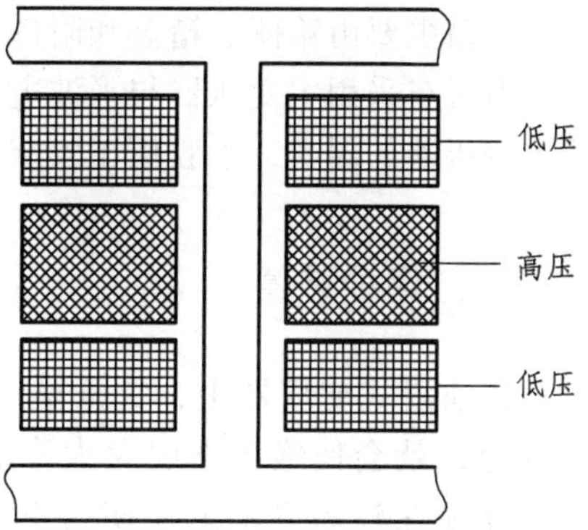

图 4-3　壳式变压器

2. 绕　组

绕组是主变压器最关键的部件，为了保证变压器安全可靠地运行，变压器绕组必须具有足够的电气强度、耐热强度、机械强度和良好的散热条件，使变压器既能在额定工作条件下长期使用，又能经受住过渡过程中（如短路、雷击、操作等）产生的过电压、过电流以及相应的电磁力的作用，不致发生绝缘击穿、过热、变形或损坏。

检查变压器绕组故障的一般方法有：

（1）测量绝缘电阻值。

（2）测定线圈的直流电阻。

（3）测定变比。

（4）直流漏泄和交流耐压试验。

（5）空载试验。

（6）化验变压器油。

3. 器身绝缘和绕组引线

油浸式主变压器的内部绝缘分为主绝缘和纵绝缘两类，主绝缘是指绕组（或引线）对地及对其他绕组（或引线）之间的绝缘；纵绝缘则指同一绕组不同部位之间的绝缘。

绕组引线均用裸铜排制成，引线与绕线出头的焊接采用电焊接。由于铜是加速变压器油氧化的催化剂，故引线表面要覆盖一层绝缘作保护层。所有绕组引线均通过引线支架定在器身上。

二、油　箱

油箱是油浸式主变压器的外壳，主变压器的器身就放在充满变压器油的油箱内。对油箱的基本要求是：

（1）在保证内部必要的绝缘距离条件下，尽可能减小体积，以节约用油。

（2）应具有必要的真空强度，以便在检修时能利用油箱进行真空干燥。

（3）油箱外部各种附件的布置应便于安装和维护。

油箱主要由箱体、箱盖和附件等组成。主变压器的器身放在充满变压器油的油箱中。有的电力机车采用主变压器与平波电抗器共用油箱，此种共用油箱形状呈凸字形，大腔用于安装主变压器的器身，小腔用于安装平波电抗器，两腔之间设置一块铝板进行隔磁。

三、保护装置

在油浸式变压器中，变压器油既是绝缘介质，又是冷却介质。但变压器油只要含有少量水分，就会使绝缘强度大大降低（含 0.004% 水分时，绝缘强度降低约 50%）。此外，变压器油在较高温度下长期与空气中的氧接触时会逐渐老化，在油中生成不传热的悬浮物，堵塞油道并使酸值增加，导致绝缘强度降低，影响变压器的安全。为了减缓变压器油受潮或老化的程度，使油能较长久地保持良好状态，在 TBQ 系列变压器上专门设置了保护装置。

1. 储油柜

储油柜安装在箱盖的上方。主变压器的储油柜的容量应能满足在高温（+40 °C）并在变压器持续运行时，油不溢出储油柜，在低温（−25 °C）且变压器不工作时，储油柜中应有油。主变压器储油柜的功能有：

（1）减小变压器油与空气接触的面积，减少变压器油受潮和氧化，减缓变压器油的老化过程。

（2）当变压器油受热膨胀时，多余的变压器油进入并储存在储油柜里。

（3）当油箱中的变压器油变冷收缩时，若原来油箱中的油不能充满油箱时，储油柜里的油就通过油管和蝶阀进入油箱，并把油箱填满，使油箱内任何时候都充满变压器油。

2. 吸湿器

TBQ 系列主变压器均采用吊式吸湿器，其主体为一玻璃管，内盛 1.5 kg 用氯化钴浸渍过的变色硅胶作为吸湿剂。变色硅胶干燥时呈蓝色，吸潮后则呈粉红色。当玻璃管内硅胶的 2/3 呈粉红色时，则已受潮，应更换或进行干燥处理。

吸湿器使进入储油柜的空气过滤，达到清洁、干燥的目的。

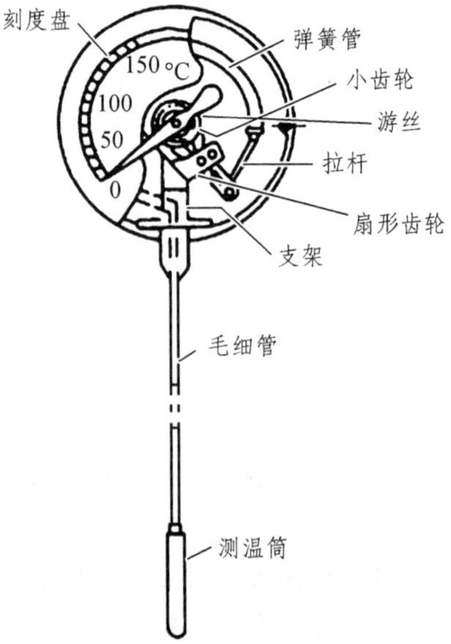

图 4-4　信号温度计

3. 信号温度计

信号温度计用作测量和监视变压器的上层油温，安装在储油柜壁上。由测温筒（温包）、金属毛细管、压力计等构成一个密闭系统，如图 4-4 所示。在密闭系统内充以氯甲烷或丙酮乙醚液体。测温筒安装在变压器箱盖上的充以变压器油的温度计座内。当变压器上层油温升高时，测温筒内的液体温度也随之升高而气化，体积膨胀，压力增加，并沿金属毛细管传到压力计中，压力计中的弹簧管受压变形，通过传动机构带动指针偏转，从而指示出油温数值。

4. 油位表

储油柜侧壁上有玻璃管油位表，玻璃管中有一个空心的红色玻璃球，用以指示油位。

5. 油流继电器

油流继电器装在油管中，用来监视变压器油循环状态是否正常。当前油泵正常运行时，油流继电器的常开接点闭合，显示油循环正常的信号。另外，还可以观察玻璃面板内的指针摆动位置，判断油循环是否正常。如果油流减小到一定程度，动板借弹簧作用返回，带动指针回零，同时常闭接点闭合，常开接点打开，表示油流异常。

6. 压力释放阀

主变压器运行中，因外电路或变压器内部有故障，出现很大的短路电流时，热量过高使变压器油迅速气化，变压器内部压力升高。当压力升高到 70 kPa 时，压力释放阀口在 2 ms 内迅速打开，排出的气体和油沿管路排到车下；当恢复正常时，阀口关闭。

四、冷却系统

主变压器运行中产生的所有损耗转变成热能，使主变压器温度升高。当主变压器温升超过规定的限值，将使绝缘损坏，直接影响主变压器的寿命。因此，主变压器应具有相应的散热能力。

TBQ 系列主变压器在保证内部散热良好的同时，其外部冷却采用了强迫导向油循环风冷式冷却系统，即变压器油经潜油泵强迫循环，热油经冷却器由风机将热量吹向大气。该系统分为油路和风路两部分。

五、出线装置

主变压器各绕组的引线从油箱内引至油箱外时，必须采用出线装置，以便使带电的导线与接地的油箱绝缘。TBQ 系列主变压器的出线装置多数采用复合瓷绝缘套管。

六、变压器油

主变压器油箱内充满变压器油。变压器油既是绝缘介质，又是冷却介质。变压器油不能受潮，不能混用，否则绝缘性能就大为降低。因此，器身在进箱前必须经真空干燥处理。运行中变压器油的耐压值不应低于 30 kV。在以下情况下，变压器油一定要进行滤油。

（1）变压器油泵烧损修复后。

（2）烧损油泵时。

（3）运行多年未经过滤油的。

（4）架修主变压器时。

第三节　典型主变压器的结构特点

一、$SS_{4改}$型电力机车主变压器的结构特点

1. 结　构

$SS_{4改}$型电力机车主变压器的型号为 TBQ8-4923/25。这是一种一体化变压器，除含有主变压器外，还含有平波电抗器和 4 个独立磁路的滤波电抗器，它们装在一个油箱里，共用一个冷却系统。

TBQ8-4923/25 型主变压器由下油箱、上油箱、器身、油保护装置、冷却系统、其他附属装置等组成，器身由铁心、线圈、绝缘件组成。

（1）铁心。

主变压器的铁心为心式结构。采用 0.35 mm 性能优良的冷轧电工钢片叠装而成，由于该电工钢片表面覆有一层薄的氧化膜，有一定的绝缘作用，所以表面不涂漆。芯柱截面为 10 级阶梯形。铁心如图 4-5 所示。

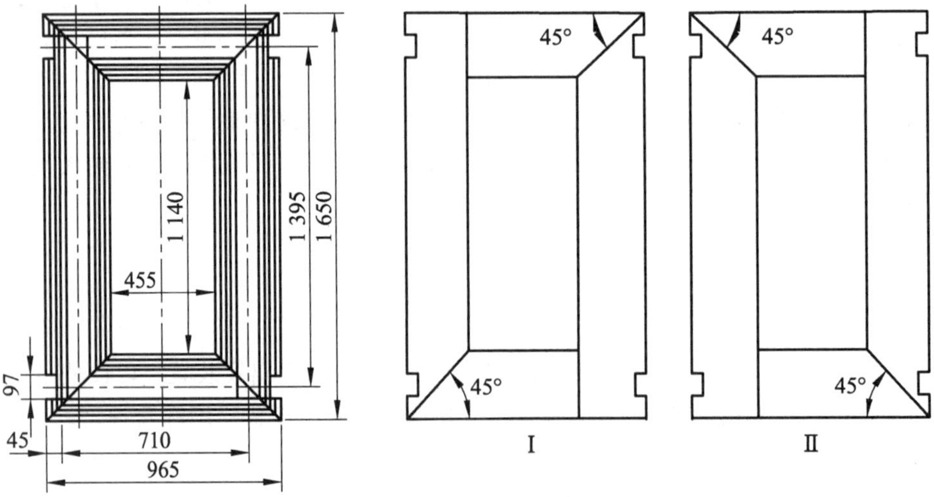

图 4-5　TBQ8-4923/25 主变压器的铁心

硅钢片叠积时，要按照图中Ⅰ、Ⅱ二片一叠交替进行。为降低铁损，硅钢片接缝采用半斜接。即硅钢片的 4 个接缝中，有 2 个是直接缝，有 2 个是斜接缝。这可显著减小空载损耗和空载电流。硅钢片不冲孔，采用环氧玻璃粘带绑扎。铁心用夹件夹紧，夹件与硅钢片之间有夹件油道，以作绝缘和冷却油流路径。

铁心的主要技术数据如表 4-1 所示。

表 4-1　TBQ8-4923/25 主变压器铁心数据

芯柱直径 /mm	两芯柱中芯距/mm	窗高 /mm	芯柱净截面积 /cm^2	芯柱磁通密度/T	硅钢片质量/kg	叠片系数	空载损耗 /W	空载电流 /%
265	710	1 140	491.7	1.591 1	1 596	0.95	4 000	0.4

（2）绕组。

TBQ8-4923/25 型主变压器有 4 个绕组，分别为高压绕组、牵引绕组、辅助绕组和励磁绕组，其电气原理图如图 4-6 所示。

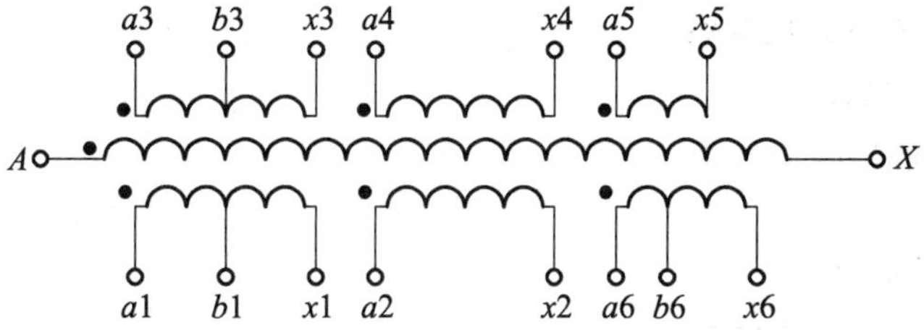

图 4-6　TBQ8-4923/25 主变压器电气原理图

高压绕组从接触网吸取电能，作为变压器的原边绕组，额定电压为 25 kV。

牵引绕组用来满足机车牵引或机车电阻制动的需要，牵引绕组包括基本绕组和调压绕组，两个绕组的线圈匝数相同，电压相等。额定电压是（695.4+2 × 347.7）× 2 V。

辅助绕组用来供给辅助设备用电，并通过电源柜向控制电路供电，其额定电压为 399.86 V，从该绕组抽头得到 226 V 的电源、供电炉等使用。

励磁绕组在机车电阻制动时，向牵引电机的励磁绕组供电，额定电压是 104.3 V。

高压绕组由布置在两个芯柱（靠近高压绕组 *A* 端的称为 *A* 柱，另一个称为 *X* 柱）上的两个连续式绕组并联而成。高压绕组总匝数为 1 438 匝，其中，*A* 柱绕组为左绕向，*X* 柱绕组为右绕向，两柱绕组并联，引线端子号为 *A*、*X*，额定电压为 25 kV。

（3）油箱。

TBQ8 主变压器的油箱箱底用 10 mm 厚的钢板制成，上面焊有用来限制器身移动的 4 个定位钉，并设有放油塞。箱壁长边用 8 mm、短边用 6 mm 的钢板焊接而成，为防止变形，四周焊有一些加强钢筋板。

上油箱用钢板制成，其内腔用作安装 4 台滤波电抗器。上油箱和下油箱的箱沿间垫有直径为 20 mm 的耐油圆橡胶密封圈，四周用螺栓固定，以防漏油。上油箱上安装有储油柜和 1 个 WTZ-288 型信号温度计。

（4）冷却系统。

TBQ8 主变压器采用独立的强迫导向油循环风冷却系统。系统中设置有 STD-1 型铝冷却器，能承受 700 kPa 的压力。

冷却油循环通路：热油从油箱上部抽出，经油流继电器进入潜油泵进油口，经潜油泵加压后，进入冷却器。热油在冷却器内被吹风冷却，从冷却器出来的冷油沿油道进入油箱下部，冷油先冷却主变压器的铁心、绕组，然后冷却平波电抗器的绕组、铁心。此后冷油进入上油箱，再冷却 4 台滤波电抗器后进入潜油泵的进油口，反复循环。

冷却系统的风路：冷却器上部装有通风机，冷却风从车体侧墙吸入后，经通风机进入冷却器散管后排向大气。

在平波电抗器腔内设置有多处隔板，使油流按一定路径流动，此方式为强迫导向油循环方式。

2. 主要技术参数

（1）额定容量：

高压绕组：4 923 kVA；

牵引绕组：1 168.25 × 4 kVA；

辅助绕组：250 kVA；

励磁绕组：87.6 kVA。

（2）额定电压：

高压绕组：25 000 V；

牵引绕组：（695.4+2 × 347.7）× 2 V；

辅助绕组：399.86/226 V；

励磁绕组：104.3 V。

（3）额定电流：

高压绕组：196.92 A；

牵引绕组：1 680 A；

辅助绕组：625/100 A；

励磁绕组：840 A；

（4）出线端子标号：

高压绕组：*A*，*X*；

牵引绕组：*a*1、*b*1、*x*1，*a*2、*x*2，*a*3、*b*3、*x*3，*a*4、*x*4；

辅助绕组：*a*6、*x*6/*b*6、*x*6；

励磁绕组：*a*5、*x*5。

（5）整流电路：单相桥式。

（6）调压方式：相控。

（7）空载电流：0.4%。

（8）空载损耗：4 000 W。

（9）负载损耗（75 °C）：90 000 W。

（10）阻抗电压：

高压绕组-牵引绕组：1 168.25 × 4 kVA，13.2%；

高压绕组-辅助绕组：2.28%（实测）。

（11）冷却方式：强迫油循环风冷。

（12）通风机：

型号：TZTF-6.0#F；

风量：22 500 m^3/h；
全压：1 600 Pa；
电机功率：15 kW。
（13）潜油泵：
型号：TG180-200/10D-2；
流量：80 m^3/h；
扬程：200 kPa；
电机功率：10 kW。
（14）外施耐压试验：
高压绕组 X 端对牵引、辅助、励磁绕组和地（A 端不进行工频试验）：5 kV；
四个牵引绕组对地及其他：5.2 kV；
辅助绕组对地及其他：5 kV；
励磁绕组对地及其他：5 kV；
感应耐压试验：200 Hz，30 s（150 Hz，40 s）240%U_N；
试验时高压绕组 X 端必须接地：此时高压绕组 A 端对地电压：60 kV。
（15）质量：
器身总质量（含主变压器，平波电抗器，滤波电抗器）：7 940 kg；
油重（指质量）：2 500 kg；
总重（指质量）：13 100 kg。

二、SS_9 型电力机车主变压器的结构特点

1. 结　构

SS_9 型电力机车主变压器型号为 TBQ12-8668/25，其主要结构有以下几个部分。
（1）铁心。
TBQ12-8668/25 型主变压器的铁心为心式结构，采用性能优良的冷轧硅钢片，硅钢片厚度为 0.3 mm。为降低铁损，硅钢片叠积时按两片一叠交替进行。
铁心数据如表 4-2 所示。

表 4-2　TBQ12-8668/25 主变压器的铁心数据

芯柱直径 /mm	两芯柱中芯距 /mm	窗高 /mm	芯柱净截面积 /cm^2	芯柱磁通密度 /T	硅钢片质量 /kg	叠片系数	空载损耗 /W	空载电流 /%
300	710	1 230	637.7	1.609	2 156	0.95	4 450	0.4

（2）绕组。
TBQ12-8668/25 型主变压器的电路原理如图 4-7 所示，共有高压绕组、牵引绕组、辅助绕组（含辅助 1、辅助 2、辅助 3 绕组）、励磁绕组及采暖绕组等 8 种绕组。

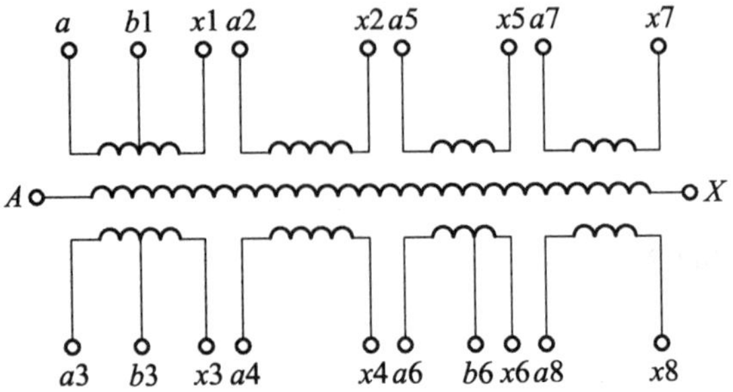

图 4-7　TBQ12-8668/25 主变压器原理图

① 高压绕组。

TBQ12-8668/25 主变压器高压绕组有两个，分别套在铁心的 *A* 柱及 *X* 柱，绕组的出头为 *A*、*X*，绕组结构特点为连续式绕组，一共 66 段，总匝数为 1 092 匝。高压绕组由接触网吸取电能，作为变压器的原为绕组，额定电压为 25 kV。

② 牵引绕组。

牵引绕组用来满足机车牵引或机车电阻制动的需要，牵引绕组包括基本绕组和调压绕组，两个绕组的线圈匝数相同，电压相等。额定电压是（695.4+2 × 347.7）× 2 V。牵引绕组具体分为牵引内线圈及牵引外线圈两个线圈，分别对应相控方式中的小桥及大桥，牵引外线圈对应 *a*1*b*1*x*1 或 *a*3*b*3*x*3，牵引内线圈对应 *a*2*x*2 或 *a*4*x*4。牵引线圈结构为螺旋式线圈，匝数为 30 匝，采用换位导线可以避免由漏磁电势引起的环流。

③ 辅助绕组。

辅助绕组用来供给辅助设备用电，并通过电源柜向控制电路供电，其额定电压为 399.86 V，从该绕组抽头得到 226 V 的电源，供电炉等使用。辅助绕组为连绕式线圈，每柱一层，两柱串联，中间抽头为 *b*6。

④ 励磁绕组。

励磁绕组在电力机车电气制动时，向牵引电机的励磁绕组供电，额定电压是 104.3 V。励磁绕组匝数为 5 匝。

⑤ 采暖绕组。

采暖绕组为层式线圈，3 根并绕，总匝数为 38 匝。

（3）油保护装置。

① 储油柜。

储油柜安装在车体内，用快速接头与油箱相连。因此，储油柜的容量：在高温（ + 40 °C）并在主变压器持续运行时，油不溢出储油柜；在低温（ – 30 °C）且变压器处于不工作时，储油柜中应有油。

② 油表。

油表在储油柜上，油表旁边有刻度，这些刻度是指变压器未工作，在环境温度分别为 + 40 °C、+ 20 °C、– 30 °C 时，储油柜里的油具有的油位，可根据油位指示调整变压器油量。

③ 吸湿器。

吸湿器装在储油柜上，用金属管与储油柜上部空间连接起来。

当储油柜油面上升时，柜内油位上部空间的部分空气必须要排往大气；当储油柜内的油位下降时，柜内油位上部的空气不足，需要从大气中吸进空气，以免形成负压。这就要求在储油柜与大气中建立一个通道，这种通道必须能把进入储油柜空气的湿气除掉，这个任务由吸湿器完成。

④ PT100 电阻温度计。

PT100 电阻温度计装在箱盖上，它是用来测量变压器油箱中上层油温的，并有电信号送到司机室，在司机室显示屏上可显示测温。

油流继电器、压力释放阀、冷却系统等与 $SS_{4改}$ 型电力机车的基本相同，不再赘述。

2. TBQ12-8668/25 主变压器的主要技术参数

（1）额定容量：

高压绕组：8 668 kVA；

牵引绕组：8 668 kVA；

辅助绕组 1：314.7 kVA；

辅助绕组 2：22.9 kVA；

励磁绕组：108 kVA

采暖绕组：580 × 2 kVA。

（2）额定电压：

高压绕组：25 000 V；

牵引绕组：(686.8 + 2 × 343.4) × 2 V；

辅助绕组：399.86/226 V；

励磁绕组：104.3 V。

（3）额定电流：

高压绕组：346.7 A；

牵引绕组：2 610 A；

辅助绕组：809/100 A；

励磁绕组：945 A；

采暖绕组：667 A。

（4）出线端子标号：

高压绕组：*A*，*X*；

牵引绕组：*a*1、*b*1、*x*1，*a*2、*x*2，*a*3、*b*3、*x*3，*a*4、*x*4；

辅助绕组：*a*6、*x*6/*b*6、*x*6；

励磁绕组：*a*5*x*5；

采暖绕组：*a*7*x*7/*a*8*x*8。

（5）整流电路：单相桥式。

（6）调压方式：晶闸管相控调压。

（7）空载电流：0.4%。

（8）空载损耗：4 450 W。

（9）负载损耗（75 °C）：160 000 W。

（10）阻抗电压：

高压绕组-牵引绕组：10.6%。

（11）冷却方式：强迫油循环风冷。

（12）通风机：

型号：TZTF5.6A-2F；

风量：27 000 m^3/h；

电机功率：22 kW。

（13）潜油泵：

型号：TG2A.95-170/10D；

流量：95 m^3/h；

扬程：170 kPa；

电机功率：10 kW。

（14）外施耐压试验（50 Hz，1 min）：

高压绕组 *X* 端对牵引、辅助绕组和地（*A* 端不进行工频试验）：5 kV；

低压绕组两柱串联后对地及其他：5.2 kV；

辅助绕组对地及其他：5 kV；

感应耐压试验：200 Hz，30 s（150 Hz，40 s）240%U_N；

试验时高压绕组 *X* 端必须接地，此时高压绕组 *A* 端对地电压：60 kV。

（15）质量：

器身：5 100 kg；

油箱及附件：3 130 kg；

变压器油：2 850 kg；

滤波电抗器：1 090 kg；

平波电抗器：3 430 kg；

总质量：约 15 600 kg。

三、HXD_1 型电力机车主变压器的结构特点

HXD_1 型电力机车采用 EFAT 6744 型主变压器。其内除主变压器外，还装有两台 100 Hz 滤波电抗器。它们装在同一个油箱内，共用一个冷却系统。主变压器是单相变压器，卧式结构，采取车体下悬挂安装方式。

1. 主变压器的主要技术参数

（1）型号：EFAT6744。

（2）相数：单相。

（3）负载种类：牵引负载。

（4）额定电压：25 kV（最低 19 kV，最高 31 kV）。

（5）频率：50 Hz。

（6）冷却方式：强迫导向油循环风冷（ODAF）。
（7）连接组：*I*，*i*0，*i*0，*i*0，*i*0。
（8）绕组温升限值：70 K。
（9）变压器油温升限值：47 K。
（10）空载电流：0.947%，允差+30%。
（11）空载允耗：2 000 W，允差+15%。
（12）负载损耗：120 kW，允差+15%。
（13）阻抗电压：
原边对四个牵引绕组：38%±10%（在 1 320×4 kV · A 时）；
原边对单个牵引绕组：36%±10%（在 1 320 kV · A 时）。
（14）短路持续时间：50 ~ 60 ms（最大 200 ms）。
（15）质量：
主变压器器身：4 000 kg；
滤波电抗器器身：306 kg；
总质量：8 069 kg。

2. 滤波电抗器的主要技术参数

（1）型号：HFAT4936。
（2）频率：100 Hz。
（3）额定容量：198 kV · A。
（4）额定电压：183 V。
（5）额定电流：1 080 A。
（6）电感值：0.27 mH。
（7）冷却方式：强迫油循环风冷（OFAF）。

3. 主变压器绕组参数（见表 4-3）

表 4-3　EFAT 6744 型主变压器绕组参数

	单位	高压绕组 OS	牵引绕组 US1	牵引绕组 US2	牵引绕组 US3	牵引绕组 US4
额定容量	kVA	5 280	1 320	1 320	1 320	1 320
额定容量	V	25 000	970	970	970	970
额定容量	A	211	1 361	1 361	1 361	1 361
电阻	Ω	235	1 512	1 512	1 512	1 512
匝数		1 907	74	74	74	74
工频耐压	kV	7	7	7	7	7
感应耐压（150 Hz，40 s）	kV	60	—	—	—	—
冲击试验电压（1.2/50 μs）	kV	130	—	—	—	—
端子号		UE	1，1，1，2	2，1，2，2	3，1，3，2	4，1，4，2

4. 结构特点

EFAT 6744 型主变压器如图 4-8 所示，接线原理如图 4-9 所示。

主变压器吊挂在机车中部地板下变压器安装梁上，冷却设备（冷却塔）安装在车内，它们之间用油管连接起来储油柜安装在冷却塔内，它与变压器通过快速接头用软管连通。除 *A* 端子安装在油箱端部外，其余套管都在箱盖上。

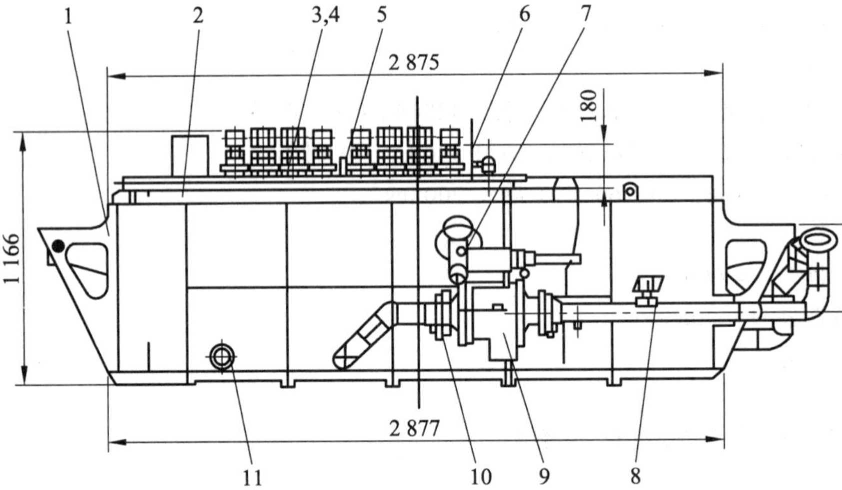

图 4-8 EFAT 6744 型主变压器简图

1—油箱；2—箱盖；3—低压套管；4—低压套管；5—快速接头；6—温度传感器；7—高压端子；8—油流继电器；9—油泵；10—碟阀；11—放油阀

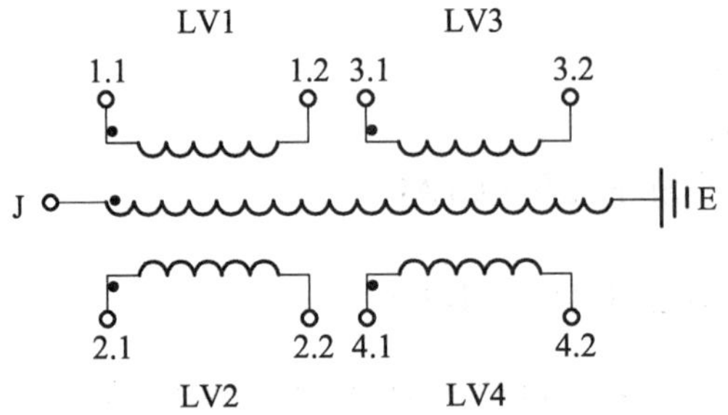

图 4-9 EFAT 6744 型主变压器接线原理图

（1）采用卧式结构，主变压器与 2 个滤波电抗器共油箱。

（2）采用同心式线圈结构，铁心整体包扎，从而在相同的容量下，变压器的质量和体积更小。

（3）采用强迫油循环冷却方式，可以提高变压器的可靠性和使用寿命。

四、HXD_3 型电力机车主变压器的结构特点

HXD_3 型电力机车主变压器的型号为 JQFP-11620/25，主变压器悬挂安装于机车车底的中间，原边电压通过高压电缆由受电弓经高压电器柜连接到主变压器。设计时，将需要经常检测及保养的部件装配在机车的两侧，以便于维护、保养和检查。主变压器采用油冷，具有温

度、油流、压力、布赫继电器等保护功能。

1. 结　构

JQFP-11620/25 型主变压器采用下悬式安装方式的一体化结构，内装 1 台牵引变压器和 3 台谐振电抗器，变压器的冷却采用强迫导向油循环风冷方式。为了缩小变压器体积和节省车内空间，变压器的储油柜集成在车内一个冷却塔里。变压器总质量约为 13.8 t，其中变压器油的质量约为 2.3 t。

（1）铁心。

HXD3 型电力机车主变压器的铁心为芯式结构，由 0.3 mm 厚的有取向冷轧硅钢片叠成，芯柱采用多级近似圆形的截面，铁轭也为多级近似圆形截面，涂漆。夹件与硅钢片之间有夹件油道，以作为绝缘和冷却油流路径。由于采用强迫导向油循环冷却方式，下夹件上有油孔，从油冷却器出来的油通过油管进入油箱的集油腔，再通过下夹件的油孔，然后流向绕组。

（2）绕组。

JQFP-11620/25 型主变压器的接线原理图如图 4-10 所示。

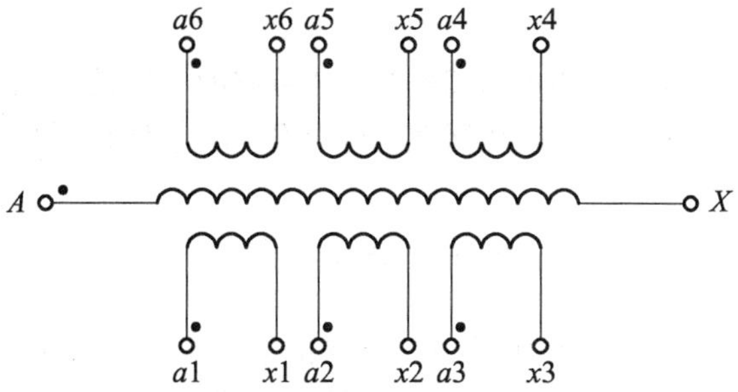

图 4-10　JQFP-11620/25 型主变压器接线原理图

主变压器采用高阻抗绕组结构，使变压器内部空间漏磁场很强，大量采用无磁结构件，共有 3 种绕组：高压绕组、牵引绕组和辅助绕组。为了满足高阻抗的要求，变压器绕组采用层式线圈，线圈导线采用 Nomex 纸绝缘，具有耐热等级高、机械强度大等特点。高压绕组分别布置在 2 个柱上，8 个绕组相互并联。牵引绕组采用多根导线并联，之间互不相连，相互弱耦合。

由铁心开始内侧为牵引绕组和辅助绕组，外侧为高压绕组，绕组绕在 20 mm 的绝缘筒上，整个绕组不浸漆。各绕组主要数据如表 4-4 所示。

表 4-4　JQFP-11620/25 型主变压器各线圈数据

	高压线圈	牵引线圈	辅助线圈
额定电压/V	25 000	1 450×6	399
额定电流/A	360	966×6	759
匝数 /（柱）	1 380×3	80×3	22
线圈数	4	3	1
并绕导线数	2	15	15
线圈形式	层式	层式	层式
裸线截面积/mm^2	10.72	180.15	180.15
电流密度 /（A/mm^2）	5.22/3.49	5.36	4.22
直流电阻（85 °C）/Ω	5.836/8	0.013 44	0.003 66

（3）引线。

JQFP-11620/25 型主变压器的引线设计结构紧凑，采用顶部电缆出线，占用空间少，电缆交叉处用绝缘纸板包扎，电流大的引线采用多根并联，可以随意弯曲，引线与端子之间采用冷压连接，操作方便，避免了焊接的麻烦。

（4）油箱。

油箱采用钢板焊接，加磁屏蔽，避免漏磁干扰外部信号。在油箱壁下部装有活门，用于注油、滤油和放油。油箱壁的侧面安装有压力释放阀。

油箱的两侧分别是储油柜和氮气肿胀箱，二者之间有管路连接。JQFP-11620/25 型主变压器采用真空注油，并注入一定压力的氮气，通过不同的温度下氮气体积的变化来调节储油柜中油位的高低，以补充油箱中的测量，并且使变压器油不与空气接触，从而减缓变压器油的老化过程。

第四节　主变压器的维护与检修

为了使主变压器经常处于良好的工作状态，必须对主变压器进行日常的维护和定期检修，以减少或避免主变压器在运行中发生故障及不必要的临时检修，从而保证主变压器安全可靠运行。

一、日常维护和保养

（1）主变压器必须保持正常的油量，以保证良好的冷却作用和绝缘性能。油量不足时，必须及时补足合格的同型号变压器油。

（2）定时检查和校验测量油温用的温度计，以保证指示准确。

（3）经常检查油的温度，正常运行时，主变压器上层油温应不大于 95 °C，绕组平均温度不得大于 105 °C（环境温度为 + 40 °C 时）。

（4）主变压器各部分电气接触应保持良好，若有触头发热等不正常现象时，应及时处理。绝缘瓷瓶应经常保持清洁、无裂纹、无放电痕迹及其他异常现象，确保瓷瓶绝缘性能良好。

（5）主变压器刚开始投入运行、长期停运或检修后投入运行时，必须仔细检查它的外部状态，并对主变压器的各绕组及变压器油进行绝缘强度试验，确认合格后，方能投入运行。

（6）加强对变压器油的保养。若变压器油不净或老化，将严重威胁变压器的安全运行。若变压器油制造厂过滤不净或在使用中由于油泵烧损、轴承磨损、泵轮转子铁心松动等原因都可能使变压器油内混入金属碎片和产生游离，使油变污；变压器油经长期使用后，也会发生老化析出酸及油泥。因此，在下列情况下，变压器必须进行滤油处理，以提高变压器油的质量。

① 变压器油泵烧损修复后；

② 烧损油泵时；

③ 运行多年而未经滤油的；

④ 主变压器中修时；

⑤ 闪点下降及发生其他情况认为需要滤油时。

（7）定时检查吸湿器中的干燥剂，观察是否变色。硅胶在干燥时呈蓝色，吸收潮气后呈粉红色。因此，当硅胶呈粉红色时，需要进行干燥或更换。受潮的硅胶在 140 °C 温度下焙烘约 8 h（或在 300 °C 温度下焙烘约 2 h）后，便可以完全变成蓝色。

二、主变压器的检修

根据《电力机车段修规程》规定，主变压器分为小修和大修两个修程。一般情况下，电力机车在中修时进行主变压器的小修，每四五年进行一次大修。

电力机车进行辅修、小修时，主变压器应进行外部检查：各瓷瓶应清洁、无裂纹，接线应牢固、无漏油现象；瓷瓶表面缺损面积小于 3 cm^2 时进行涂绝缘漆处理，修补面积大于 3 cm^2 时须经耐压试验，合格后方可继续使用。油箱焊缝、油泵及散热器的管路、接头均不得漏油；油位应在规定范围内。干燥剂半数以上变色或变质时，应进行干燥或更换。

电力机车小修时，主变压器的变压器油应作耐压试验及化学分析，均须符合规定的技术标准。电力机车中修时，对主变压器使用 2 500 V 兆欧表测定各绕组的对地绝缘电阻，应符合限度要求。

除上述定期检修外，在主变压器运行中，如发现异常声响、瓷套管破损或放电、变压器油温度不正常、漏油严重等情况时，必须进行事故性检修。

第五节　平波电抗器

平波电抗器是串接在牵引电机回路中的电感装置，可用来减小整流电流的脉动，改善牵引电机的换向条件。对于交-直流传动的电力机车，由于整流器输出电压是一个脉动电压，在整流电路中必然产生脉动电流，这种脉动电流会影响牵引电机的换向。因此，在牵引电机回路中串联另外的电抗装置，改善牵引电机的换向，减少整流电流的脉动，这个电抗装置称平波电抗器，如图 4-11 所示。

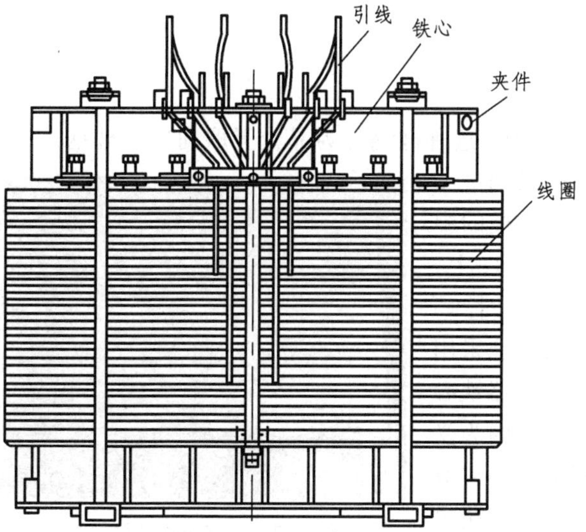

（a）结构原理图

（b）实物图

图 4-11　平波电抗器

整流电流的波形如图 4-12 所示。

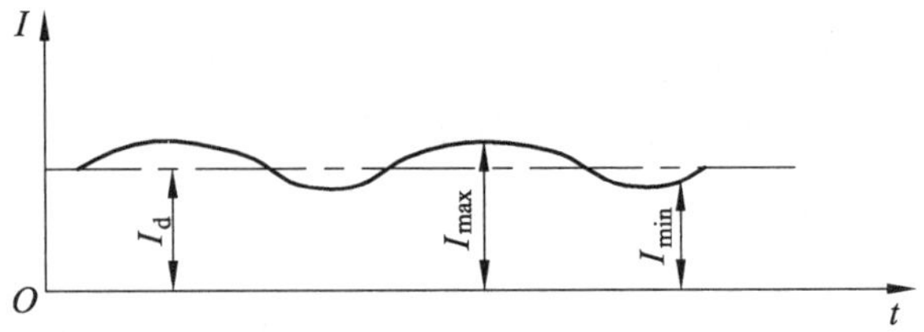

图 4-12　整流电流波形

整流电流相对脉动的大小用电流的脉动系数 K_i 表示。

$$K_i = \frac{\frac{1}{2}(I_{max} - I_{min})}{I_d} \times 100\% = \frac{I_{max} - I_{min}}{I_{max} + I_{min}} \times 100\% \tag{4-1}$$

式中　I_{max}——最大电流；

I_{min}——最小电流；

I_d——流过平波电抗器的平均电流。

从牵引电机安全换向的角度来考虑，希望电流脉动系数尽可能小，并且在牵引电机的负载范围内，电流脉动系数尽量保持不变。但在实际应用中，过分降低电流脉动系数是不可取的，因为 K_i 值过低则要求平波电抗器的电感量大，这就会使平波电抗器的体积和质量增加；同时使主变压器绕组中电流的高次谐波成分增加，而增加对附近地区通信线路的干扰。一般要求电流脉动系数 K_i 值在 20% ~ 30%，在额定工况下，K_i 约为 28%。

一、平波电抗器的基本结构

1. 铁　心

平波电抗器的铁心如图 4-13 所示。

由硅钢片叠成，硅钢片的牌号为 DW465-50。这种硅钢片为晶粒无取向冷轧硅钢片，表面有涂层，但不够牢固，在冲剪、运输过程中要小心，切忌碰破涂层。芯柱截面为 8 级，近似圆形。芯柱的中间部分做成分段，段间有气隙垫块。铁轭做成矩形；上、下铁轭和分段铁心之间采用不锈钢制的拉螺杆紧固。

图 4-13　平波电抗器的铁心

与主变压器的铁芯不同，平波电抗器一般不能采用晶粒取向冷轧硅钢片。在额定工况下，平波电抗器铁心在交、直流同时激磁时，磁通密度已达到饱和（因为受尺寸和质量限制，磁通密度取得很高），若采用晶粒取向冷轧硅钢片，会造成电感量过低，使脉流系数超过 30%。而无取向冷轧硅钢片虽然起始饱和密度并不高，但高饱和时，其磁曲线仍然具有较大的斜率，因而在高饱和工况下尚有较大的脉流电感，满足平波电抗器的需要。

铁心中的磁通在通过气隙时，一部分垂直穿过，另一部分则由气隙外面绕行而过，后者称绕行磁通。气隙越大，绕行磁通越多，绕行磁通垂直穿过硅钢片，边缘时，会产生较大的涡流损耗和噪声。气隙分段后，每段气隙相对减小，绕行磁通相应减少，产生的涡流损耗及噪声就显著减少，如图 4-14 所示。

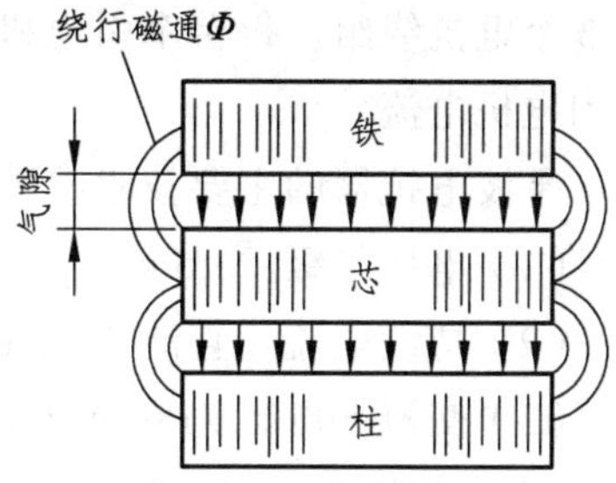

图 4-14　通过气隙的磁通

气隙分段布置对平波电抗器电感特性有影响，因此，必须使芯柱气隙排放在绕组高度以内，至少低于绕组两个端面 10 mm。这样可以减少散磁通，使电感计算较为准确。

在结构设计、施工生产、故障检修时，要注意防止平波电抗器的铁心短路。

平波电抗器的铁心应接地。为了防止在试验或运行中由于静电感应作用使铁心及各金属零部件间产生悬浮电位而导致局部放电，平波电抗器的铁心必须确保一点可靠接地，接地片的设置就是为了确保铁心一点接地的。分段铁心采用接地铜片相互连接后，再与下铁轭相连，上、下铁轭分别接地。

2. 绕　组

平波电抗器绕组采用连续式，每个绕组匝数为 136 匝，用换位导线绕制。

平波电抗器组装后进行整体浸漆处理。

二、典型平波电抗器结构特点

1. $SS_{4改}$型电力机车平波电抗器

$SS_{4改}$型电力机车采用 TXP7 型平波电抗器，每节车内装有 1 台平波电抗器，4 组电抗绕组分别串入 4 台牵引电机电路中。

TXP7 型平波电抗器由铁心组装、绕组、引线、油道隔板组等 4 部分组成。此平波电抗器为带气隙的铁心式平波电抗器，气隙是为了有效地改善牵引电机的换向。

平波电抗器的主要技术参数：

（1）电压等级：1.5 kV。

（2）基准电流（工频交流）：180 A。

（3）交流 50 Hz、180 A 时的电感：14 mH。

（4）直流 800 × 4 A 时的电感：7.8 × 4 H。

（5）直流电阻（75 °C）：0.017 17 Ω 。

（6）绝缘等级：A。

（7）线圈温升限值：75 K。

（7）冷却方式：强迫导向油循环风冷。

（9）质量：约 2 520 kg。

2. SS_9 型电力机车平波电抗器

SS_9 型电力机车采用 TXP10 型平波电抗器，每节车内装有 2 台平波电抗器，每台电抗器有 3 个电抗绕组。每台牵引电机与 1 个电抗绕组串联，因此，平波电抗器流过的电流是 1 台牵引电机电流。

平波电抗器的主要技术参数：

（1）电压等级：1.5 kV。

（2）持续电流（直流）：870 A。

（3）交流 50 Hz、180 A 时的电感：13.5 mH。

（4）直流 870 × 6 A 时的电感：7.5 × 6 H。

（5）直流电阻（75 °C）：0.020 304 Ω。

（6）绝缘等级：A。

（7）线圈温升限值：75 K。

（8）冷却方式：强迫导向油循环风冷（ODAF）。

（9）质量：约 3 400 kg（2 台）。

小　结

主变压器是用于交流电力机车上的特殊单相降压变压器。为满足机车牵引的特殊需要，与一般的单相电力变压器比较，具有绕组多、耐振动、阻抗电压要求高、体积和质量相对较小，且能在规定的电压波动及负载变化范围内可靠工作等特点。

主变压器的工作原理与一般电力变压器相同。其基本结构包括器身、油箱、冷却系统、保护装置及出线装置等 5 个部分。

器身由铁心、绕组、器身绝缘和引线组成，是变压器的核心部件。铁心采用单相二柱式心式结构，由导磁性能优良的冷轧硅钢片叠装而成。绕组通常包括高压绕组、牵引绕组和辅助绕组等。高压绕组均采用连续式绕组；牵引绕组多数采用螺旋式绕组；辅助绕组、励磁绕组则可能有多种不同连接方式。

器身放置在充满变压器油的油箱内。为加强主变压器的散热能力，均采用强迫油循环风冷却系统。为了防止变压器油的迅速老化及监视油循环系统的工作状态，TBQ 系列主变坟器上设置了储油柜、吸湿器、油流继电器、压力释放阀及信号温度等保护装置。

平波电抗器是一种串接在脉流牵引电机回路中的电感装置，用来减小整流电流的脉动，以改善脉流牵引电机的换向，使电流脉动系数基本不变。平波电抗器的铁心均具有较大的气隙，并采用气隙分散布置的分段式芯柱结构。绕组为连续式，与脉流牵引电机串联使用。为了加强平波电抗器的散热能力，其器身与主变压器器身共油箱，采用强迫导向油循环风冷式冷却方式。

思考与习题

1. 主变压器一般安装在电力机车的哪个位置？和一般电力变压器相比较，具有哪些特点？

2. 主变压器的器身由哪些部件组成？铁心在叠装过程中有哪些工艺要求？

3. TBQ系列主变压器设置了哪些保护装置？分别起什么作用？

4. 画出$SS_{4改}$、SS_9、HXD_1、HXD_3型电力机车主变压器的电路原理图，说明各绕组的名称、作用和主要技术参数。

5. 平波电抗器一般安装在电力机车的哪个位置？其作用是什么？

6. 利用电感的相关知识，说明平波电抗器的工作原理。

第五章　三相交流牵引电机

随着大功率晶闸管，特别是可关断晶闸管的迅速发展，可调压、调频逆变器成功解决了交流电机的调速问题，三相交流电机作为理想的牵引电机，已成为现实。

本章主要介绍三相交流异步牵引电机的特点、调速方法，交-直-交变频调速系统的基本原理，三相交流异步牵引电机的运行方式及其特性，三相交流异步牵引电机的恒转矩和恒功率特性的调节方法，典型三相交流异步牵引电机的结构特点，并扼要介绍晶闸管同步牵引电机的基本原理和构成。

第一节　三相交流异步牵引电机变频调速的基本原理

一、三相异步电机的调速方法

1. 三相异步电机的调速方法

三相异步电机转速公式为

$$n = n_1(1-s) = \frac{60f_1}{p_N}(1-s) \tag{5-1}$$

由式（5-1）可见，改变供电频率 f_1、电机的极对数 p_N 及转差率 s 均可达到改变转速的目的。

从调速的本质来看，不同的调速方式无非是改变交流电机的同步转速或不改变同步转两种。

（1）不改变同步转速的调速方法有绕线式电机的转子串电阻调速、斩波调速、串级调速以及应用电磁转差离合器、液力偶合器、油膜离合器等调速。

（2）改变同步转速的调速方法有改变定子极对数的调速、改变定子电压、频率的变频调速、无换向器电机的调速等。

从调速时的能耗观点来看，有高效调速方法与低效调速方法两种。

（1）高效调速指转差率不变，因此无转差损耗，如多速电机、变频调速及能将转差损耗回收的调速方法（如串级调速等）。

（2）有转差损耗的调速方法属低效调速，如转子串电阻调速方法，能量就损耗在转子回路中；电磁离合器的调速方法，能量损耗在离合器线圈中；液力偶合器调速，能量损耗在液力偶合器的油中。一般来说转差损耗随调速范围扩大而增加，如果调速范围不大，能量损耗是很小的。

2. 各种调速方法特点

（1）变极对数调速方法。

这种调速方法是用改变定子绕组的接线方式来改变鼠笼型电机定子极对数达到调速目的，特点如下：

① 具有较硬的机械特性，稳定性良好；

② 无转差损耗，效率高；

③ 接线简单、控制方便、价格低；

④ 有级调速，级差较大，不能获得平滑调速；

⑤ 可以与调压调速、电磁转差离合器配合使用，获得较高效率的平滑调速特性。

本方法适用于不需要无级调速的生产机械，如金属切削机床、升降机、起重设备、风机、水泵等。

（2）变频调速方法。

变频调速是改变电机定子电源的频率，从而改变其同步转速的调速方法。变频调速系统主要设备是提供变频电源的变频器，变频器可分成交-直-交变频器和交-交变频器两大类，目前国内大都使用交-直-交变频器。其特点：

① 效率高，调速过程中没有附加损耗；

② 应用范围广，可用于鼠笼型异步电机；

③ 调速范围大，特性硬，精度高；

④ 技术复杂，造价高，维护检修困难。

本方法适用于要求精度高、调速性能较好的场合，如电力机车、内燃机车、城市轨道车辆等。

（3）串级调速方法。

串级调速是指绕线式电机转子回路中串入可调节的附加电势来改变电机的转差，达到调速的目的。大部分转差功率被串入的附加电势所吸收，再利用产生附加的装置，把吸收的转差功率返回电网或转换能量加以利用。根据转差功率吸收利用方式，串级调速可分为电机串级调速、机械串级调速及晶闸管串级调速形式，多采用晶闸管串级调速，其特点为：

① 可将调速过程中的转差损耗回馈到电网或生产机械上，效率较高；

② 装置容量与调速范围成正比，投资省，适用于调速在额定转速 70%～90% 的生产机械上；

③ 调速装置故障时可以切换至全速运行，避免停产；

④ 晶闸管串级调速功率因数偏低，谐波影响较大。

本方法适合于风机、水泵及轧钢机、矿井提升机、挤压机上使用。

（4）绕线式电机转子串电阻调速方法。

绕线式异步电机转子串入附加电阻，使电机的转差率加大，电机在较低的转速下运行。串入的电阻越大，电机的转速越低。此方法设备简单，控制方便，但转差功率以发热的形式消耗在电阻上。它属于有级调速，其机械特性较软。

（5）定子调压调速方法。

当改变电机的定子电压时，可以得到一组不同的机械特性曲线，从而获得不同的转速。电机的转矩与电压平方成正比，因此，最大转矩下降很多，其调速范围较小，使一般鼠笼型电机难以应用。为了扩大调速范围，调压调速应采用转子电阻值大的笼型电机，如专供调压调速用的力矩电机，或者在绕线式电机上串联频敏电阻。为了扩大稳定运行范围，当调速在 2∶1 以上的场合应采用反馈控制以达到自动调节转速目的。

调压调速的主要装置是一个能提供电压变化的电源，目前常用的调压方式有串联饱和电抗器、自耦变压器以及晶闸管调压等几种。晶闸管调压方式为最佳。调压调速的特点：

① 调压调速线路简单，易实现自动控制；

② 调压过程中转差功率以发热形式消耗在转子电阻中，效率较低。

调压调速一般适用于 100 kW 以下的生产机械。

（6）电磁调速电机调速方法。

电磁调速电机由鼠笼型电机、电磁转差离合器和直流励磁电源（控制器）三部分组成。直流励磁电源功率较小，通常由单相半波或全波晶闸管整流器组成，改变晶闸管的导通角，可以改变励磁电流的大小。

电磁转差离合器由电枢、磁极和励磁绕组三部分组成。电枢和后者没有机械联系，都能自由转动。电枢与电机转子同轴联接称主动部分，由电机带动；磁极用联轴节与负载轴对接称从动部分。当电枢与磁极均为静止时，如励磁绕组通以直流，则沿气隙圆周表面将形成若干对 N、S 极性交替的磁极，其磁通经过电枢。当电枢随拖动电机旋转时，由于电枢与磁极间相对运动，因而使电枢感应产生涡流，此涡流与磁通相互作用产生转矩，带动有磁极的转子按同一方向旋转，但其转速恒低于电枢的转速 n_1，这是一种转差调速方式，变动转差离合器的直流励磁电流，便可改变离合器的输出转矩和转速。电磁调速电机的调速特点：

① 装置结构及控制线路简单、运行可靠、维修方便；

② 调速平滑、无级调速；

③ 对电网无谐影响；

④ 速度不大、效率低。

本方法适用于中、小功率，要求平滑动、短时低速运行的生产机械。

（7）液力耦合器调速方法。

液力耦合器是一种液力传动装置，一般由泵轮和涡轮组成，它们统称工作轮，放在密封壳体中。壳中充入一定量的工作液体，当泵轮在原动机带动下旋转时，处于其中的液体受叶片推动而旋转，在离心力作用下沿着泵轮外环进入涡轮时，就在同一转向上给涡轮叶片以推力，使其带动生产机械运转。液力耦合器的动力转输能力与壳内相对充液量的大小是一致的。在工作过程中，改变充液率就可以改变耦合器的涡轮转速，做到无级调速，其特点为：

① 功率适应范围大，可满足从几十千瓦至数千千瓦不同功率的需要；

② 结构简单，工作可靠，使用及维修方便，且造价低；
③ 尺寸小，容量大；
④ 控制调节方便，容易实现自动控制。
本方法适用于风机、水泵的调速。

二、交-直-交变频调速系统的工作原理

1．交-直-交变频调速基本电路

交-直-交变频调速基本电路如图 5-1 所示。频率固定的电网三相交流电经过变频器转变为频率可变的三相交流电，再向交流电机供电。变频器主要由整流器、直流环节和逆变器三部分组成。

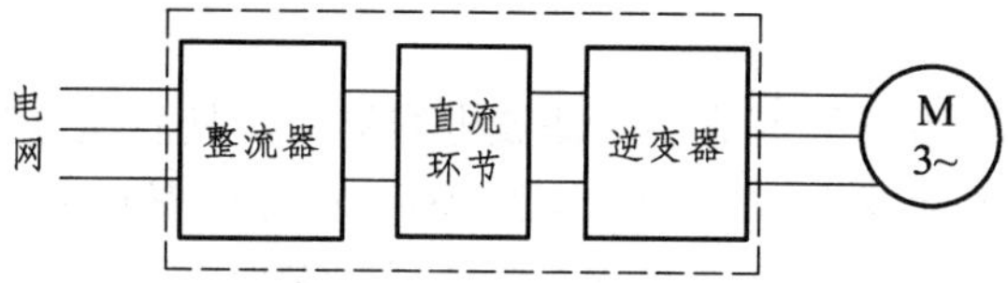

图 5-1　交-直-交变频调速基本电路

整流器主要作用是将电网三相交流电整流成直流电，分为不可控整流器和可控整流器。不可控整流器中的电子器件为二极管，而可控整流器中的电子器件大多采用双极型或复合型电子器件，如可控硅、GTR、GTO、IGBT、IPM 等，如图 5-2 所示。

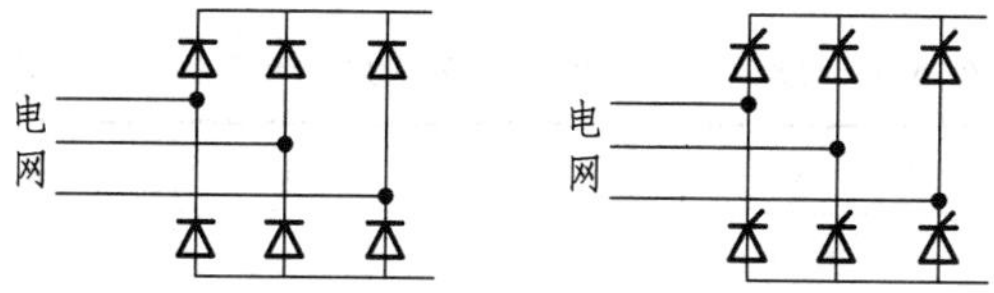

（a）不可控整流器　　（b）可控整流器

图 5-2　整流器

直流环节分电压型和电流型两种，如图 5-3 所示，C_d 主要起稳压作用，L_d 主要起稳流作用。

（a）电压型　　（b）电流型

图 5-3　直流环节

逆变器的作用主要是将直流电逆变为频率可调的三相交流电，并向三相异步牵引电机供电，分为电压型逆变器和电流型逆变器，其基本电路如图 5-4 所示。

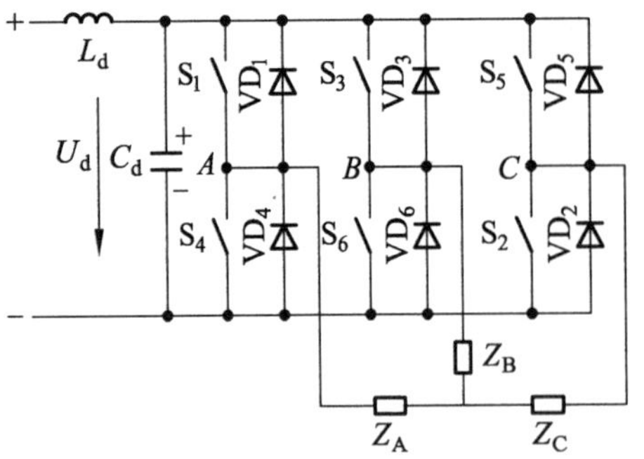

（a）电压型逆变器

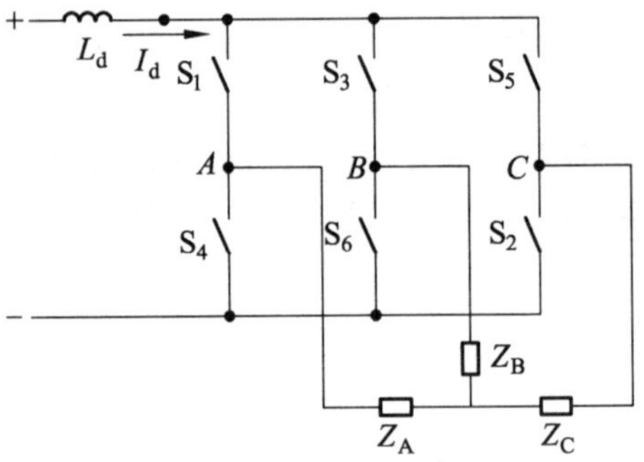

（b）电流型逆变器

图 5-4　逆变器

2. 逆变器基本原理

（1）电压型逆变器。

图 5-4（a）中，直流电源并联有大容量滤波电容器 C_d，使直流输出电压具有电压源特性，内阻很小。电感 L_d 的电感量较小，起限流作用。$S_1 \sim S_6$ 为功率开关，根据实际需要可以选用可控型电子器件。$VD_1 \sim VD_6$ 为续流二极管，为负载的滞后电流提供一条反馈到电源的通路。每只功率开关每隔 60° 电角度触发导通一次，相邻两相的功率开关触发导通时间互差 120°，一个周期共换相 6 次，对应 6 个不同的工作状态（又称六拍）。根据功率开关的导通持续时间不同，可以分为 180° 导电型和 120° 导电型两种工作方式。

以 180° 导电型工作方式为例，功率开关的导通规律如表 5-1 所示。经计算各个工作状态下的相电压和线电压如表 5-2 所示。逆变器输出电压波形如图 5-5 所示。

表 5-1　180° 导电型逆变器功率开关导通规律

工作状态	S_1	S_2	S_3	S_4	S_5	S_6
状态 1（0 ~ 60°）	导通				导通	导通
状态 2（60° ~ 120°）	导通	导通				导通
状态 3（120° ~ 180°）	导通	导通	导通			导通
状态 4（180° ~ 240°）		导通	导通	导通		
状态 5（240° ~ 300°）			导通	导通	导通	
状态 6（300° ~ 360°）				导通	导通	

表 5-2　负载为 Y 形接法时各个工作状态下的相、线电压

工作状态		状态 1	状态 2	状态 3	状态 4	状态 5	状态 6
相电压	u_A	$U_d/3$	$2U_d/3$	$U_d/3$	$-U_d/3$	$-2U_d/3$	$-U_d/3$
	u_B	$-2U_d/3$	$-U_d/3$	$U_d/3$	$2U_d/3$	$U_d/3$	$-U_d/3$
	u_C	$U_d/3$	$-U_d/3$	$-2U_d/3$	$-U_d/3$	$U_d/3$	$2U_d/3$
线电压	u_{AB}	U_d	U_d	0	$-U_d$	$-U_d$	0
	u_{BC}	$-U_d$	0	U_d	U_d	0	$-U_d$
	u_{CA}	0	$-U_d$	$-U_d$	0	U_d	U_d

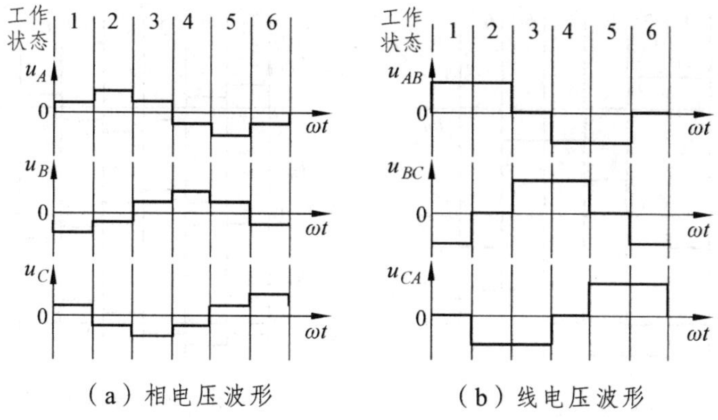

图 5-5　逆变器输出电压波形图

（2）电流型逆变器。

图 5-4（b）中，直流电源串联有大容量滤波电感 L_d，起限流作用，为逆变器提供的直流电流波形平直、脉动小，具有电流源特性。同时又是缓冲负载无功能量的贮能元件。$S_1 \sim S_6$ 为功率开关，根据实际需要可以选用可控型电子器件。

以 120° 导电型工作方式为例，功率开关的导通规律如表 5-3 所示。经计算各个工作状态下的相电流和线电流如表 5-4 所示。逆变器输出电流波形如图 5-6 所示。

表 5-3　120° 导电型逆变器功率开关导通规律

工作状态	S_1	S_2	S_3	S_4	S_5	S_6
状态 1（0 ~ 60°）	导通					导通
状态 2（60° ~ 120°）	导通	导通				
状态 3（120° ~ 180°）		导通	导通			
状态 4（180° ~ 240°）			导通	导通		
状态 5（240° ~ 300°）				导通	导通	
状态 6（300° ~ 360°）					导通	导通

表 5-4　负载为 Δ 形接法时各个工作状态下的相、线电流

工作状态		状态 1	状态 2	状态 3	状态 4	状态 5	状态 6
线电流	i_A	I_d	I_d	0	$-I_d$	$-I_d$	0
	i_B	$-I_d$	0	I_d	I_d	0	$-I_d$
	i_C	0	$-I_d$	$-I_d$	0	I_d	I_d
相电流	i_{AB}	$2I_d/3$	$I_d/3$	$-I_d/3$	$-2I_d/3$	$-I_d/3$	$I_d/3$
	i_{BC}	$-I_d/3$	$I_d/3$	$2I_d/3$	$I_d/3$	$-I_d/3$	$-2I_d/3$
	i_{CA}	$-I_d/3$	$-2I_d/3$	$-I_d/3$	$I_d/3$	$2I_d/3$	$I_d/3$

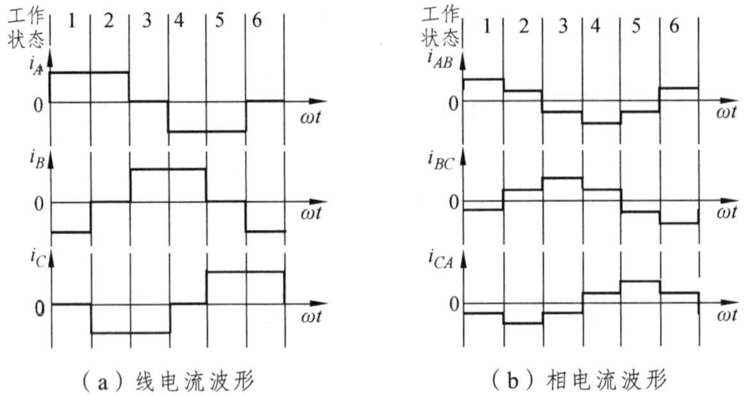

图 5-6　逆变器输出电流波形图

3. 交-直-交变频调速系统

交-直-交变频调速系统经过近十多年的发展，出现了许多形式，如电压、频率协调控制的变频调速系统，转差频率控制的变频调速系统，谐振型变频调速系统，矢量控制的变频调速系统和直接转矩控制的变频调速系统等。

在电力牵引的运用中，交流传动系统最基本的任务是通过机电能量的转换，达到传动装置调速的目的，发挥系统调速范围宽、系统功率大等优势。实现机电转换的主体是牵引电机，因此电传动系统是围绕牵引电机控制方法，实现变流装置能量变换的有序控制。为了保证系统优异的运行特性，控制系统应具备运行的稳定性、快速动态响应以及鲁棒性等特性。从观当今控制技术的主流和发展趋势，直接转矩控制是最先进的高性能交流控制策略之一。该系统直接进行转矩的 Band-Band 控制，简化了控制系统结构，所以电力机车常采用这种系统。

（1）直接转矩控制思路。

异步电机的直接转矩控制理论是建立在异步电机的动态方程上的。当忽略空转阻力矩时，异步电机的运动方程可表示为

$$T - T_{\mathrm{L}} = J\frac{\mathrm{d}\Omega}{\mathrm{d}t} \tag{5-2}$$

式中，T 为电磁转矩；T_{L} 为负载转矩；J 为电机转动惯量；Ω 为转子机械角速度（$\Omega = \frac{\pi Dn}{60}$，$D$ 为转子直径，n 为转子转速）。根据式（5-2），调节转速可以通过调节电磁转矩来实现。

而 $\dot{T} = K\dot{\psi}_1 \times \dot{I}_1$（式中，$\dot{\psi}_1$ 为定子磁链，磁通与定子匝数的乘积，即 $\dot{\psi}_1 = \dot{\Phi} \cdot N_1$，$\dot{I}_1$ 为定子电流，K 为一常数），故在定子磁链不变的情况下，调节电磁转矩可以通过调节定子电流来实现。

根据电机电压方程

$$\dot{U}_1 = r_1\dot{I}_1 + \frac{\mathrm{d}\dot{\psi}_1}{\mathrm{d}t} \tag{5-3}$$

式中，$\dot{U}_1$为定子电压；r_1为定子电阻。在定子磁链不变的情况下，$\dot{I}_1=\dfrac{\dot{U}_1}{r_1}$。所以调节定子电流可以通过调节定子电压来实现。

综上所述，在保持定子磁链不变的情况下，通过调节定子电压即可调节电磁转矩，从而达到调速的目的。

为了使数学模型简化，直接转矩控制的变频调速系统避开旋转变换，仅仅采用了由三相坐标到二相坐标的转换。在静止二相坐标系中，根据式（5-4）、（5-5）、（5-6）可以设计两个模型：定子磁链模型和转矩模型，如图 5-7 所示。由定子磁链模型组成的磁链闭环使定子磁链保持不变，而转矩模型组成的转矩闭环实现电机的调速。

$$\psi_{\alpha 1}=\int(u_{\alpha 1}-r_1 i_{\alpha 1})\mathrm{d}t \tag{5-4}$$

$$\psi_{\beta 1}=\int(u_{\beta 1}-r_1 i_{\beta 1})\mathrm{d}t \tag{5-5}$$

$$T=p_N(i_{\beta 1}\cdot\psi_{\alpha 1}-i_{\alpha 1}\cdot\psi_{\beta 1}) \tag{5-6}$$

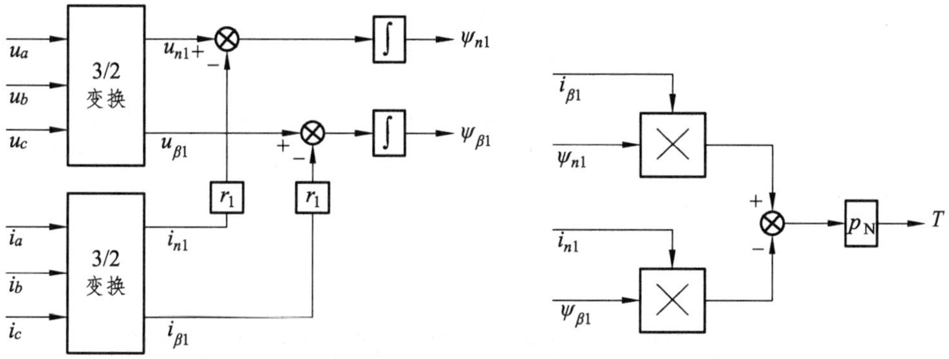

（a）定子磁链模型　　　　（b）转矩模型

图 5-7　定子磁链模型和转矩模型

（2）交-直-交变频调速系统原理。

图 5-8 为直接转矩控制交-直-交变频调速系统的基本框图。该系统主要由主电路和控制系统两部分组成，主电路：电网单相交流电经主断路器送入变压器主绕组，经降压从二次侧输出单相频率不变的交流电，经整流器整流成直流电，再由逆变器转变为频率可调的三相交流电，输送给三相异步牵引电机。控制系统：三相异步牵引电机经 3/2 变换，转变为二相交流电机，由电流互感器检测出两相电流$i_{\alpha 1}$和$i_{\beta 1}$，由电压互敢器检测出两相电压$u_{\alpha 1}$和$u_{\beta 1}$，一起送入定子磁链模型，输出磁链$\psi_{\alpha 1}$和$\psi_{\beta 1}$，再合成为定子磁链ψ_1，与给定定子磁链ψ_1^*进行比较，输出差值信号$\Delta\psi_1$，经磁链滞环调节后送入开关状态选择。$i_{\alpha 1}$、$i_{\beta 1}$和$\psi_{\alpha 1}$、$\psi_{\beta 1}$经转矩模型输出转矩T。给定转速ω^*与经过转速传感器 TG 检测出来的转子实际转速ω进行比较，输出的转速差值信号$\Delta\omega$经转速调节器转变为转矩给定信号T^*，T^*与T进行比较，输出转矩差值信号ΔT，经转矩滞环调节后送入开关状态选择。最后由开关状态选择去控制逆变器中功率开关的导通状态，通过调节电压矢量的大小达到调节牵引电机转速的目的。

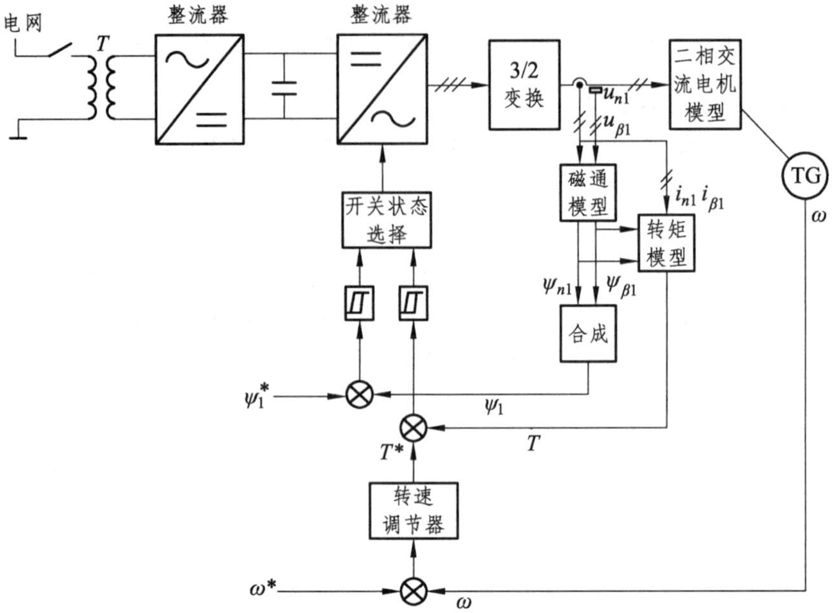

图 5-8　直接转矩控制交-直-交变频调速系统框图

直接转矩控制的核心思想是通过不同时刻给出不同的电压矢量，以控制定子按一定幅值的正六边形磁链轨迹运行并控制其旋转速度（参阅有关资料），在机车控制级的控制下，即可按直接转矩控制的思想控制牵引电机的输出力矩，使机车获得预期的牵引特性。

第二节　三相交流异步牵引电机运行方式和特性

一、异步电机变频运行的机械特性

由异步电机原理可知：在一定的电压和频率下，异步电机的机械特性如图 5-9 所示。

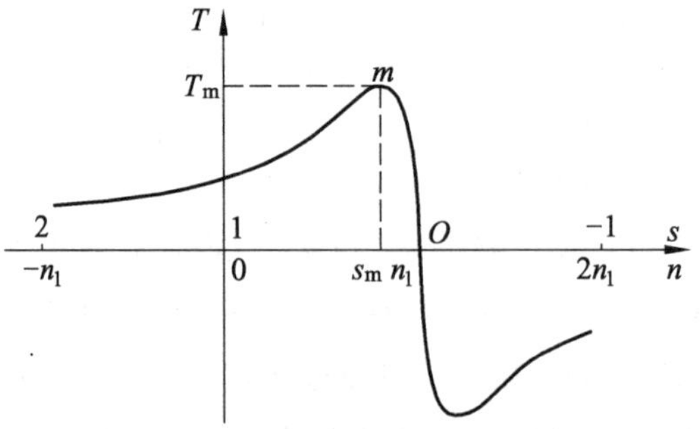

图 5-9　一定频率和电压下异步电机的机械特性

当异步电机作为电机运行时，电机在 $0 < s < 1$ 范围内运行，图中 s_m 为电机最大转矩时的临界转差率。其中：$s = 0 \sim s_m$ 一段是电机的稳定运行范围；当 $s > s_m$ 后，电机的转矩将明显减少，使电机转速越来越低，直到停转。所以 s 在（$s_m \sim 1$）区段是电机不稳定运行区。

二、异步牵引电机运行方式及其机械特性

1. 保持额定磁通的恒磁通运行

为了充分利用铁心材料，在设计电机时，一般将额定工作点选在磁化曲线开始弯曲处。因此，调速时希望保持每极磁通 Φ_m 为额定值，即 $\Phi_m = \Phi_{mN}$。因为磁通增加，将引起铁心过分饱和、励磁电流急剧增加，导致绕组过分发热，功率因数降低；而磁通减少，将使电机输出转矩下降，如果负载转矩仍维持不变，势必导致定、转子过电流，也要产生过热，故而希望保持磁通恒定，即实现恒磁通变频调速。

（1）$\dfrac{E_1}{f_1}$ 恒定运行。

根据异步电机定子每相绕组感应电动势

$$E_1 = 4.44 f_1 N_1 K_{N1} \Phi_m \tag{5-7}$$

式中　N_1——定子绕组每相串联匝数；

K_{N1}——基波绕组系数；

Φ_m——每极气隙磁通。

为保持 Φ_m 不变，在改变电源频率 f_1 的同时，必须按比例改变感应电动势 E_1 亦即保持 $E_1 / f_1 = \text{const}$（常量），这就要求对电动势和频率进行协调控制。显然，它是一种理想的保持磁通恒定的控制方法。

此时的机械特性方程可由异步电机稳态等效电路导出（见图 5-10）。

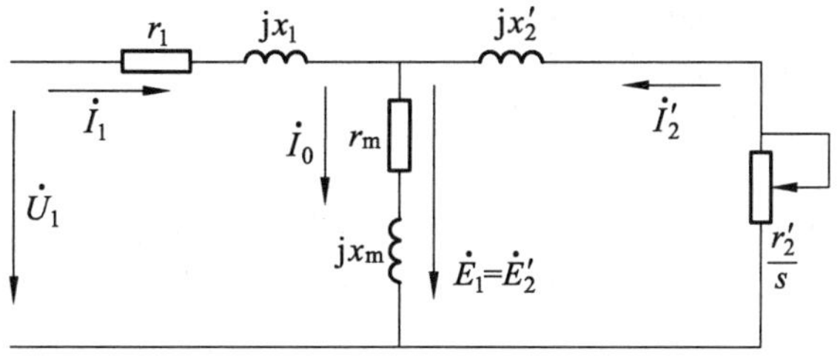

图 5-10　异步电机稳态等效电路

转子电流为

$$I'_2 = \frac{E'_2}{\sqrt{\left(\dfrac{r'_2}{s}\right)^2 + x'^2_2}} = \frac{E_1}{\sqrt{\left(\dfrac{r'_2}{s}\right)^2 + x'^2_2}} \tag{5-8}$$

式中　E'_2——折算到定子频率（即 s = 1）、定子绕组的转子每相感应电动势；

x'_2——折算到定子频率、定子绕组的转子每相漏抗；

r'_2——折算到定子绕组的转子每相电阻。

电磁功率为

$$P_{\mathrm{M}} = m_1 I_2'^2 \frac{r_2'}{s} \tag{5-9}$$

式中　m_1——定子相数。

电磁转矩为

$$T = \frac{P_{\mathrm{M}}}{\Omega_1} = \frac{m_1 p_{\mathrm{N}}}{2\pi}\left(\frac{E_1}{f_1}\right)^2 \frac{f_1 r_2'/s}{\left(\frac{r_2'}{s}\right)^2 + x_2'^2} \tag{5-10}$$

式中　Ω_1——同步机械角速度。

式（5-10）即为保持 E_1/f_1 恒定的机械特性方程式。为求得最大转矩，令 $\mathrm{d}T/\mathrm{d}s = 0$，由此得到产生最大转矩时的转差率 $s_{\mathrm{m}} = \frac{r_2'}{x_2'}$，其相应的最大转矩为

$$T_{\mathrm{m}} = \frac{m_1 p_{\mathrm{N}}}{8\pi^2}\left(\frac{E_1}{f_1}\right)^2 \frac{1}{L_{2\sigma}'} \tag{5-11}$$

式中　$L_{2\sigma}'$——转子每相漏感（折算到定子绕组）。

可见，保持 E_1/f_1 恒定进行变频调速时，最大转矩保持不变。由式（5-11）可知，当 s 很小时，$r_2'/s \gg x_2'$，此时

$$T \approx \frac{m_1 p_{\mathrm{N}}}{2\pi}\left(\frac{E_1}{f_1}\right)^2 \frac{s f_1}{r_2'} \propto s \tag{5-12}$$

说明 s 很小时机械特性近似为直线，在此直线上，带负载后产生的转速降为

$$\Delta n = s n_1 = s\frac{60}{p_{\mathrm{N}}} f_1 = \frac{60}{p_{\mathrm{N}}^2} \frac{2\pi r_2' T}{m_1\left(\frac{E_1}{f_1}\right)^2} \tag{5-13}$$

式（5-13）表明，保持 E_1/f_1 恒定进行变频调速时，对应于同一转矩 T，转速降 Δn 基本不变，亦即直线部分斜率不变（硬度相同），机械特性平行地移动，如图 5-11 所示。

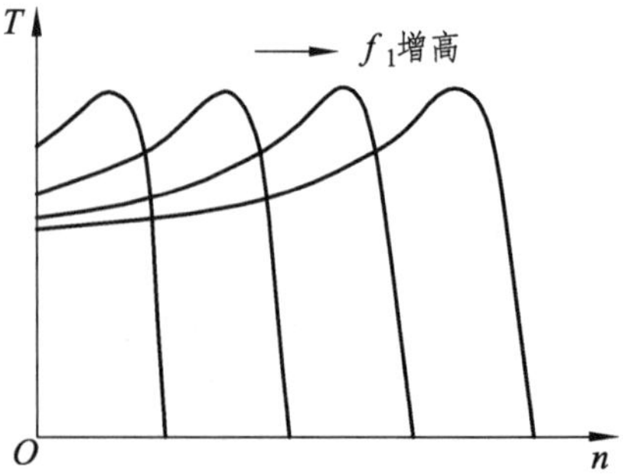

图 5-11　E_1/f_1 恒定时变频调速机械特性

在变频调速过程中，即频率变化前后，电机的过载能力应相等。根据电机学，过载能力为

$$k_{\mathrm{m}} = \frac{T_{\mathrm{m}}}{T_{\mathrm{N}}} \tag{5-14}$$

式中　T_{N}——额定转矩。

设调速前 $k_{\mathrm{m}} = T_{\mathrm{m}}/T_{\mathrm{N}}$，调速后 $k_{\mathrm{m}}' = T_{\mathrm{m}}'/T_{\mathrm{N}}'$，按照过载能力相等的条件，根据式（5-14），保持 E_1/f_1 恒定时，$T_{\mathrm{m}} = T_{\mathrm{m}}'$，则 $T_{\mathrm{N}} = T_{\mathrm{N}}'$。说明输出转矩不变，属于恒转矩调速。

（2）U_1/f_1 恒定运行（或恒定子电流运行）。

实际上，由于感应电动势难于直接控制，保持 E_1/f_1 恒定只是一种理想的控制方法。当忽略定子漏阻抗压降时，近似地可以认为定子相电压

$$U_1 \approx E_1 = 4.44 f_1 N_1 K_{N1} \Phi_m \tag{5-15}$$

因此，保持 $U_1/f_1 \approx \text{const}$（常量），可以近似地维持 Φ_m 恒定，从而实现近似的恒磁通调速，这可通过对定子相电压和频率进行协调控制来实现。由图 5-10 可以导出保持 U_1/f_1 恒定时的机械特性方程。

$$I_2' = \frac{U_1}{\sqrt{\left(r_1 + c_1 \frac{r_2'}{s}\right)^2 + \left(x_1 + c_1 x_2'\right)^2}} \tag{5-16}$$

$$c_1 = 1 + x_1/x_m \approx 1$$

式中　x_m——与气隙主磁通相对应的定子每相绕组励磁电抗；

x_1——定子绕组每相漏抗；

r_1——定子绕组每相电阻。

电磁转矩为

$$T = \frac{P_M}{\Omega_1} = \frac{m_1 p_N}{2\pi}\left(\frac{U_1}{f_1}\right)^2 \frac{f_1 r_2'/s}{\left(r_1 + \frac{r_2'}{s}\right)^2 + \left(x_1 + x_2'\right)^2} \tag{5-17}$$

式（5-17）即为保持 U_1/f_1 恒定的机械特性方程式。令 $\mathrm{d}T/\mathrm{d}s = 0$，可以产生最大转矩时的转差率为

$$s_m = \frac{r_2'}{\sqrt{r_1^2 + \left(x_1 + x_2'\right)^2}} \tag{5-18}$$

相应的最大转矩为

$$T_m = \frac{m_1 p_N}{8\pi^2}\left(\frac{U_1}{f_1}\right)^2 \frac{1}{\frac{r_1}{2\pi f_1} + \sqrt{\left(\frac{r_1}{2\pi f_1}\right)^2 + \left(L_{1\sigma} + L_{2\sigma}'\right)^2}} \tag{5-19}$$

式中　$L_{1\sigma}$——定子每相漏感；

$L_{2\sigma}'$——转子每相漏感的折算值。

可见，保持 U_1/f_1 恒定进行变频调速时，最大转矩将随 f_1 的降低而降低。此时直线部分的斜率仍不变，机械特性如图 5-12 实线所示。

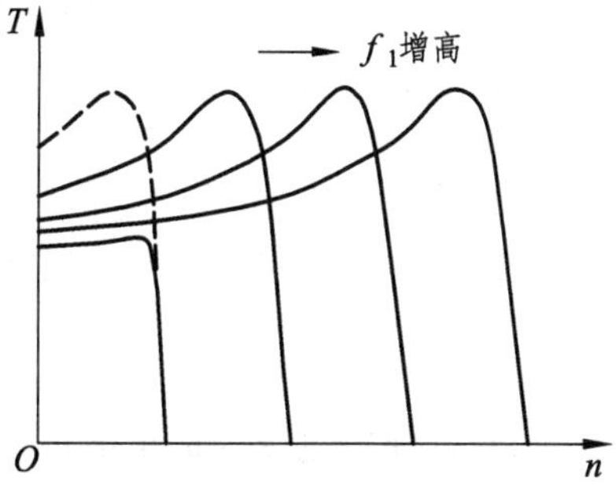

图 5-12　E_1/f_1 恒定时变频调速机械特性

采用 $U_1 \approx E_1$，使控制易于实现，但也带来误差。由图 5-10 的等效电路所知，U_1 扣除定子漏阻抗压降之后的部分即由感应电动势 E_1 所平衡。显然，被忽略的定子漏阻

抗压降在U_1中所占比例的大小决定了它的影响。当频率f_1的数值对较高时，由式（5-15）可知，此时E_1数值较大，定子漏阻抗压降在U_1中比例较小，认为$U_1 \approx E_1$不致引起太大误差；当频率相对较低时，E_1数值变小，U_1也变小，此时定子漏阻抗压降在U_1中所占比例增大，已经不能满足$U_1 \approx E_1$，此时若仍以U_1/f_1恒定代替U_1/f_1恒定，则不能不带来较大误差。为此，可在低频段提高定子电压U_1，目的是补偿定子漏阻抗压降，近似地维持U_1/f_1恒定。补偿后的机械特性，如图 5-12 虚线所示。

由于异步电机定子电流$\dot{I}_1$为

$$\dot{I}_1 \approx -\dot{I}'_2 = \frac{\dot{U}_1}{(r_1 + r_2'/s) + j(x_{1\sigma} + x_{2\sigma}')} \quad (5\text{-}20)$$

即

$$\dot{I}_1 \approx \frac{\dot{U}_1}{2\pi f_1} \cdot \frac{1}{L_1 + L_2'} \quad (5\text{-}21)$$

所以在 U_1/f_1 恒定的情况下，I_1 也保持恒定，故这种运行方式又称为恒定子电流运行方式。

2. 保持电压为额定值的恒电压运行

在额定频率（基波）以上调速时，鉴于电机绕组是按额定电压等级设计的，超过额定电压运行将受到绕组绝缘强度的限制，因此，定子电压不可能与频率成正比地升高，只能保持在额定电压，即$U_1 = U_{1N}$。由式（5-15）可知，此时气隙磁通$\varPhi_m$将随着频率f_1的升高而反比例下降，类似于直流电机的弱磁升速。

体现定子电压、供电频率及电机参数关系的机械特性方程式如下：

$$T = \frac{P_M}{\varOmega_1} = \frac{m_1 p_N}{2\pi}\left(\frac{U_1}{f_1}\right)^2 \frac{f_1 r_2'/s}{\left(r_1 + \frac{r_2'}{s}\right)^2 + \left(x_1 + x_2'\right)^2} \quad (5\text{-}22)$$

令$\mathrm{d}T/\mathrm{d}s = 0$，即可求出产生最大转矩时的转差率为

$$s_m = \frac{r_2'}{\sqrt{r_1^2 + \left(x_1 + x_2'\right)^2}} \quad (5\text{-}23)$$

相应最大转矩为

$$T_m = \frac{m_1 p_N}{8\pi^2}\left(\frac{U_1}{f_1}\right)^2 \frac{1}{\frac{r_1}{2\pi f_1} + \sqrt{\left(\frac{r_1}{2\pi f_1}\right)^2 + \left(L_{1\sigma} + L_{2\sigma}'\right)^2}} \quad (5\text{-}24)$$

可见，保持电压为额定值进行变频调速时，最大转矩将随f_1的升高而减少。

当s很小时，有$r_2'/s \gg r_1$及$r_2'/s \gg (x_1 + x_2')$，式（12-22）可简化为

$$T \approx \frac{m_1 p_N}{2\pi}\left(\frac{U_1}{f_1}\right)^2 \frac{sf_1}{r_2'} \propto s \tag{5-25}$$

此时近似为一条直线，在此直线上，有

$$s = \frac{2\pi f_1 r_2' T}{m_1 p_N U_1^2} \tag{5-26}$$

带负载后的转速降为

$$\Delta n = sn_1 = s\frac{60 f_1}{p_N} = \frac{120\pi r_2' T}{m_1 p_N^2 U_1^2} f_1^2 \tag{5-27}$$

式（5-27）说明，保持 $U_1 = U_{1N}$ 进行变频调速时，对应于同一转矩 T，转速降 Δn 随 f_1 的增加而平方倍加大，频率越高，转速越高，即直线部分的硬度随 f_1 的增加而迅速变软。机械特性如图 5-13 所示。

由式（5-25）可知，当保持电压为额定值、且 s 变化范围不大时，如果频率 f_1 增加，则转矩 T 减少，而同步机械角速度 $\Omega_1 = 2\pi f_1 / p_N$ 将随频率而增加。这就是说，随着频率增加，转矩减少，而转速增加。根据 $P_M = T\Omega_1$，可近似地看作恒功率调速。综合额定频率以下及以上两种情况，其定子电压和气隙磁通的控制特性如图 5-14 所示。

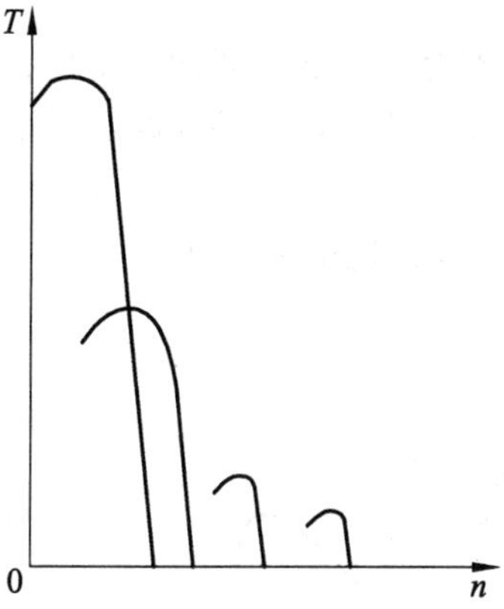

图 5-13　保持 U_1 为额定值时变频调速的机械特性

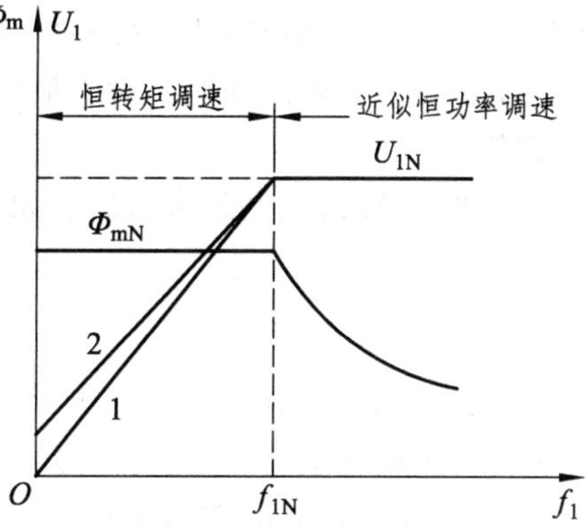

图 5-14　异步牵引电机变频调速的控制特性

1—不含定子压降补偿；
2—含定子压降补偿

3. 恒转差频率运行

这是一种在逆变电路的输出电压达到最大值后，仅仅通过改变逆变电路输出频率的运行方式。

由于

$$f_1 = \frac{pn_1}{60} \tag{5-28}$$

根据（8-25）式可得

$$T \propto \left(\frac{U_1}{f_1}\right)^2 f_s \tag{5-29}$$

式中，$f_s = n_1 - n$，称为转差频率。

根据（5-29）式，当U_1达到最大值后，如果保持f_s不变，则

$$T \propto \frac{1}{f_1^2} \tag{5-30}$$

其运行机械特性如图 5-15 所示。相当于直流串励牵引电机的自然转矩特性。

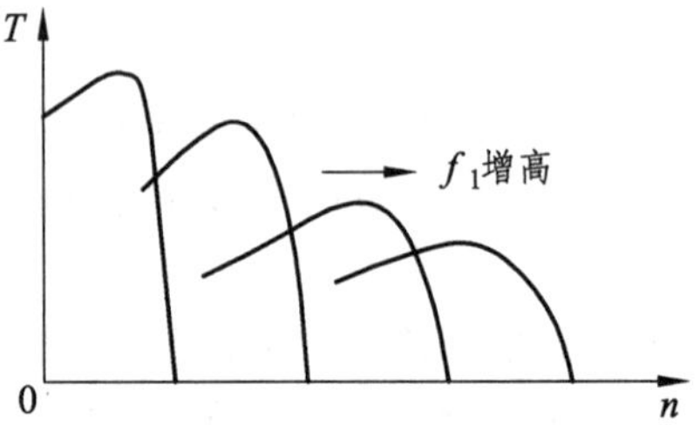

图 5-15　保持U_1和f_s不变时变频调速的机械特性

4. 恒功率运行

恒转差频率运行时，随着转速n的增加，为保持f_s不变，n_1必然要同步增加，所以f_1增大，导致T急剧下降。如果设计上f_s对于最大值留有余地，在n增加的同时，增加f_s，可以防止T急剧下降。

根据式（5-29），当U_1达到最大值后，如果使f_s与f_1成正比增加，则

$$T \propto \frac{1}{f_1} \tag{5-31}$$

其运行机械特性如图 5-16 所示。T与f_1成正比增加，防止T下降过快。这种电源电压恒定、转差频率与电源频率成正比、输入电流也基本恒定的运行方式称为牵引电机恒功率运行，相当于直流牵引电机在磁场削弱工况下运行。

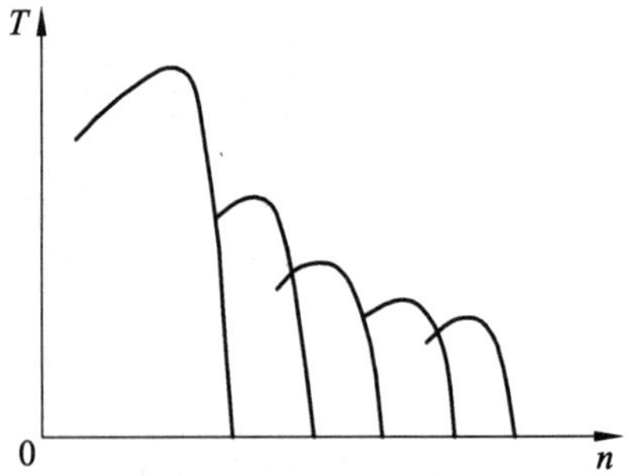

图 5-16　保持功率不变时变频调速的机械特性

根据上述分析可知，异步电机在低频条件下，T_m不变的特性可以满足机车起动时具有较大而稳定不变的牵引力，而在高速运行时机车牵引力较小，使异步电机输出功率可基本保持不变。显然，这特性很适合铁路牵引动力的要求。

根据异步电机定子绕组电压平衡方程，可得

$$\Phi_m = \frac{E_1}{4.44 f_1 K_{N1} N_1} = \frac{U_1}{4.44 f_1 K_{N1} N_1} \tag{5-32}$$

在U_1/f_1为常数条件下，异步电机气隙磁通是不变，若这时的磁通接近于饱和状态，可

认为异步电机工作在满磁场状态；在U_1等于常数条件下，气隙磁通随f_1增加而减少，则可认为异步电机工作在磁场削弱状态。

假如异步电机在正常工作时，突然降低定子的供电频率，转子的机械惯性将使其维持在高于旋转磁场同步转速的转速上，这时转差率为负值，电机进入发电机状态运行，将电机轴上的机械能转换成电能反馈给电网或消耗在制动电阻上。这样，机车在下坡或高速运行需要制动时，就很容易实现再生制动或电阻制动。而当电机需要改变转向时，只需改变逆变器输出电源的相序即可实现。

上述分析表明，根据机车牵引的要求，只对异步电机的电压、频率采取不同的调节方式，异步电机同样具有起动牵引力大、调速范围宽、过载能强等优良的牵引性能。当然，对异步电机的变频调节必须遵循一定的规律，同时也应考虑控制手段的难易程度。

第三节　机车牵引中三相交流异步牵引电机特性调节

一、机车牵引运行的调节区域

异步电机作为铁路机车的牵引电机，必须满足牵引性能的要求。一般来说，电力机车的牵引运行可分为：起动加速区、恒功率输出区、提高速度区或恒电压区这 3 个运行调节区，如图 5-17 所示。在机车起动加速阶段，一般要求牵引力尽可能接近黏着牵引力，以获得大而稳定的起动牵引力，这时异步动机应按恒转矩要求进行变频调节；起动后，随着速度的提高，牵引电机输出功率也不断增大，起动过程结束，则希望牵引电机按在各种运行速度下保持恒功率输出的要求进行变频调节。为了满足机车起动和运行时牵引特性的要求，需要在调节频率的同时相应调节牵引电机的电压。下面简要分析异步牵引电机工作在不同运行区的变频调节规律。

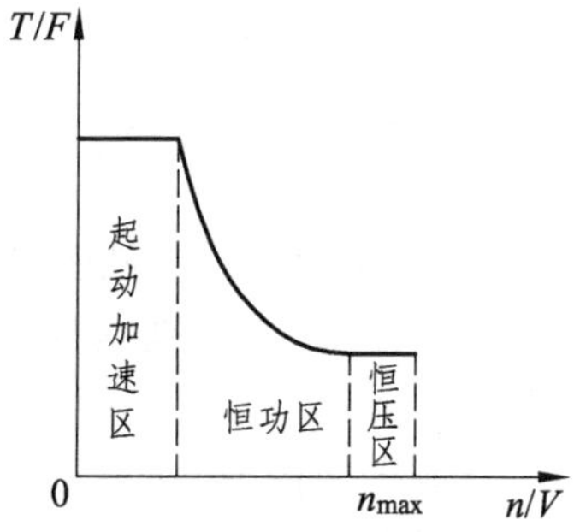

图 5-17　机车牵引特性

二、恒转矩特性的变频调节

通常运行在固定频率下的三相异步电机，其起动电流约为额定电流的 5 ~ 6 倍。但由于此时转子的频率高、漏抗大、功率因数很低，所以起动转矩实际上并不大。而采用变频调节时，则可使异步电机在较低频率下起动，此时定、转子漏抗都很小，从而改善了转子的功率因数，增大了起动转矩。一般来说，机车起动时，异步电机低频起动电流大致为二倍额定电流的情况下，可使电机起动转矩为最大转矩的 70% 左右，并保持不变。由于异步电机最大转矩正比于$(U_1/f_1)^2$，U_1与f_1之比通常称为“伏赫比”。要使机车获得恒定的起动转矩，电机必须保持伏赫比不变，即电机的端电压随频率的提高而正比例增加，这时，电机的气隙磁通也近似不变。这就是机车起动加速区异步电机变频调节规律。

应当注意的是：电机启动开始时，频率很低，因此 $x_{1\sigma}$ 和 $x_{2\sigma}$ 很小，这时电阻在阻抗中的比例相当大，忽略 r_1 会产生较大的误差。若要保持磁通不变，则在起动时必须适当增加电压 U_1，以克服 r_1 所产生电压降。在恒转矩下变频调节时电机电压 U_1 和定子电流 I_1 随频率 f_1 的变化曲线如图 5-18 所示。

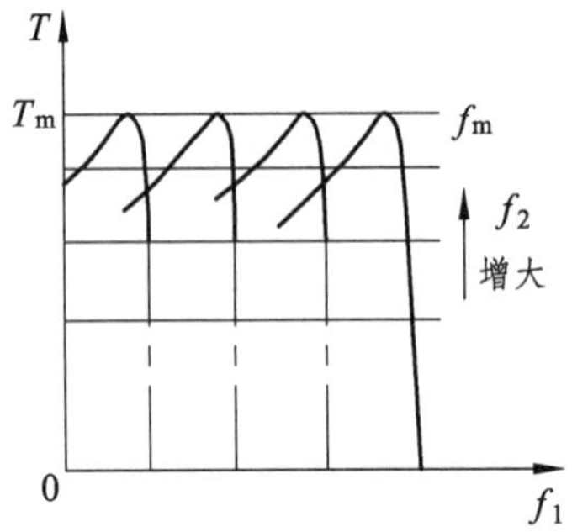

（a）转矩与定子频率的关系

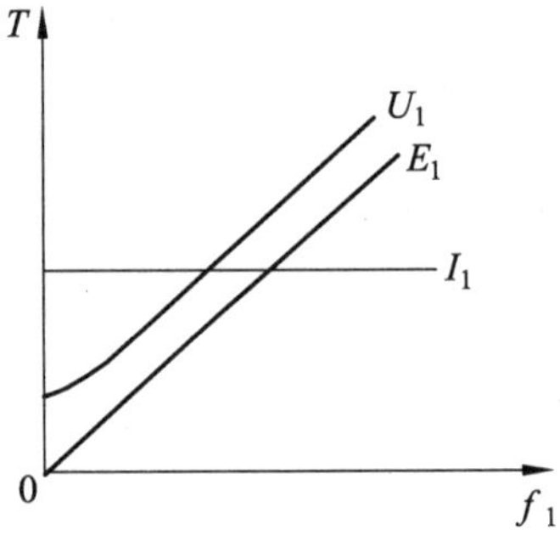

（b）电机定子电流、电压、电势与定子频率的关系

图 5-18　恒转矩调节特性

根据式（5-21），恒磁通运行时，在 U_1/f_1 不变时，无任 f_1 如何变化，定子电流 I_1 维持不变，这时变频器在恒电流下运行，可以充分利用变频装置的容量，便变频装置的设计更为经济。

三、恒功率特性的变频调节

在恒转矩运行中，随着电机转速的上升，电压 U_1 的提高，电机输出功率增大。但电压的提高受到电机功率或变频器最大电压的限制，当电压升高到一定数值后将维持不变，或者电压不再正比于 f_1 上升，此后异步牵引电机将以恒功率输出为条件进行电压和频率的调节。

为使异步牵引电机有恒定的输出功率，电压和频率的调节方式分为：恒功率变电压变频调节和恒功率恒电压变频调节两种。

1. 恒功率变电压变频调节

恒额定功率运行时，牵引电机的输出功率不变，即

$$T_N \cdot n = AT_m \cdot n = 常数 \tag{5-33}$$

式中　A——电机额定转矩 T_N 与最大转矩 T_m 之比。

根据式（5-19），对于结构一定的电机，可得

$$T_m = K_T\left(\frac{U_1}{f_1}\right)^2 \tag{5-34}$$

代入式（5-33），可得

$$AK_T\left(\frac{U_1}{f_1}\right)^2 n = \text{常数} \tag{5-35}$$

在转差率很小的情况下，转子转速 n 可以近似地认为等于同步转速 n_1，因 n_1 正比于 f_1，即可得

$$n_1 = K_1 f_1 \tag{5-36}$$

K_1 为比例常数，将式（5-36）代入式（5-35），得出

$$\frac{U_1^{\ 2}}{f_1} = \text{常数} \quad \text{或} \quad \mathrm{U}_1 = K_2\sqrt{f_1} \tag{5-37}$$

K_2 为比例常数。由式（5-37）可见，为保持不同运行速度下输出功率不变，异步电机的电压 U_1 应随定子频率 f_1 的平方根正比变化。这就是保持异步牵引电机工作在额定工况下输出功率恒定时所应遵循的变频调节规律。所以，这种调节方式称为恒功率变电压变频调节，其牵引特性曲线如图 5-19 所示。

恒功率变电压变频调速时异步牵引电机的电压、电流和功率曲线如图 5-20 所示。

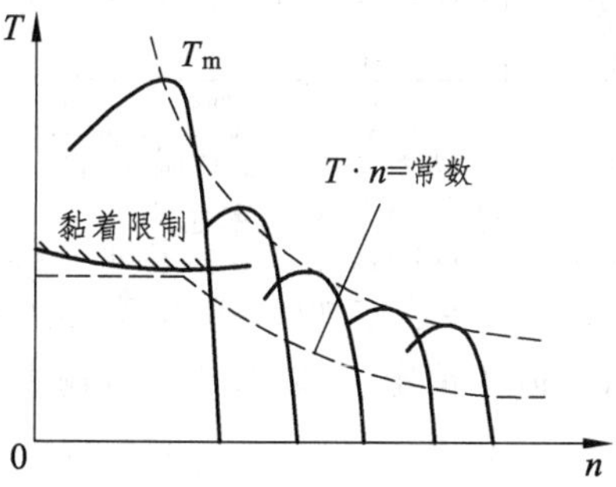

图 5-19　异步电机恒功率变电压变频调速时的牵引特性

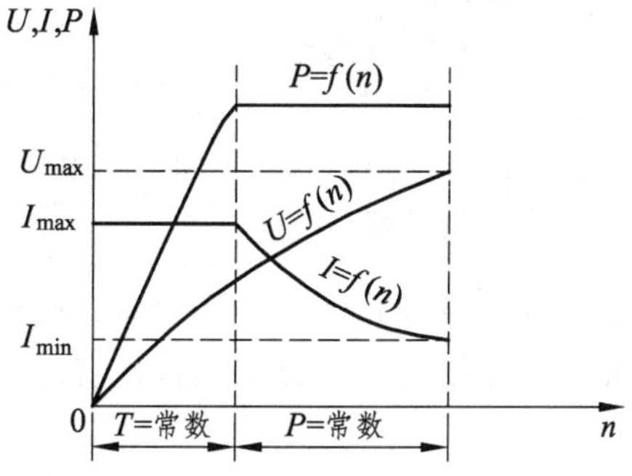

图 5-20　恒功率变电压变频调速时的电压、电流和功率曲线

电动机启动转矩为 1.6 ~ 1.8 倍的额定转矩，并保持不变。转速增加时电压和功率正比增加，电流不变。电机启动结束进入恒功率运行区，电压按式（5-37）关系变化，电流随转速增加而减小，两者乘积保持恒定，作恒功率运行。

2. 恒功率恒电压变频调节

机车运行时，保持异步电机的电压和功率都不变的变频调速方法，称为恒电压变频调节。根据恒功率条件 $AT_m \cdot n$=常数，将式（5-37）代入可得：

$$AK_T\frac{U_1^2}{f_1^2}n = \text{常数} \tag{5-38}$$

若转差率很小，将 $n_1 = K_1 f_1$ 代入式（5-38），可得

$$K_2\frac{A}{f_1}U_1^2 = \text{常数} \tag{5-39}$$

K_1 和 K_2 为比例常数。显然，在电压不变的情况下，电机输出功率恒定的条件是：

$$\frac{A}{f_1}=\text{常数} \tag{5-40}$$

由式（5-40）可见，在恒功率恒电压条件下，频率调节的规律是：随着频率的增加，电机额定转矩与最大转矩之比 A 也应正比增加，即电机工作点越来越接近电机的最大转矩。为了保证电机正常工作，必须使最高频率时的工作转矩低于最大转矩。图 5-21 所示为该种调频方式所得的牵引特性曲线。

恒功率恒电压变频调速时异步牵引电机的电压、电流和功率曲线如图 5-22 所示。

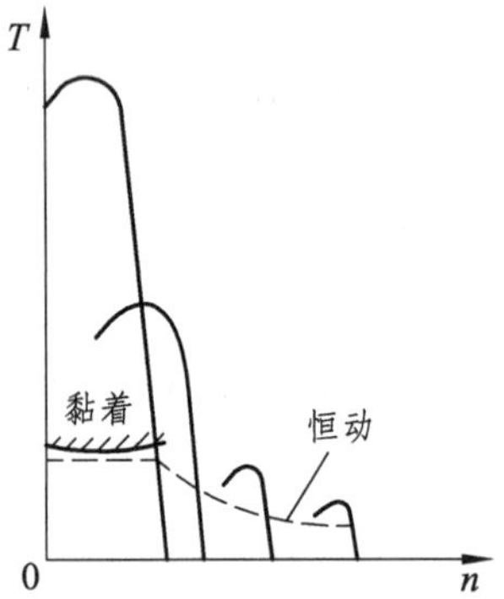

图 5-21　异步电机恒功率、恒电压变频调速时的牵引特性曲线

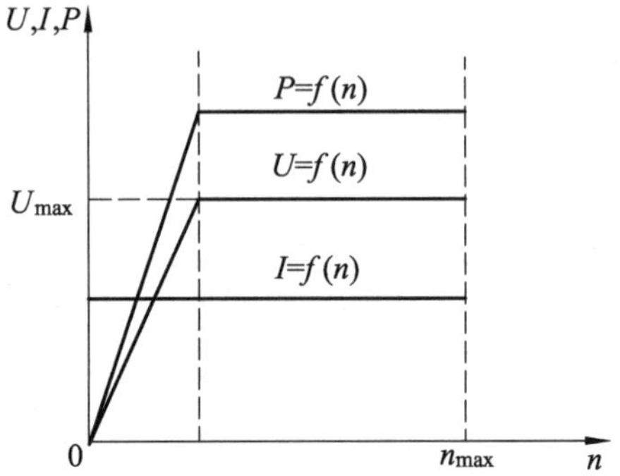

图 5-22　恒功率恒电压变频调速时的电压、电流和功率曲线

由于这种调节方式采用了逆变器，输出电压恒定，所以转速增加时，电机实际上随 f_1 的增加，维持在磁场削弱工况下运行，使定于电流不致下降（恒定），以保持电机输出的功率不变。

以上是从两种极端情况来分析异步牵引电机的变频调节规律，实际的最佳控制规律则应从异步牵引电机和逆变器两方面的经济技术指标来考虑，以求得两者的最佳配合。

第四节　典型三相交流异步牵引电机结构特点

一、异步牵引电机的结构特点

异步牵引电机就其外形看，与一般直（脉）流牵引电机相近，不同的是机座上不需要换向器观察孔。

异步牵引电机的内部结构与普通异步电机基本相同，其机座多采用钢板焊接结构，定子轭由电工钢片叠压而成。电机的极数取决于最高定子频率，一般牵引逆变器在最高出电压时，最高频率不超过 200 Hz。电机的极数一般取 $2p=4$、6、8 极，电机功率大时，极数较多。较大功率的异步牵引电机定子槽一般为开口槽，以便采用成形绕组，获得良好的绝缘性能，增强运行的可靠性。

异步牵引电机的转子采用鼠笼式，鼠笼绕组用铝或铜硅铝合金铸成，当电机功率较大（1 000 kW 以上）时，则采用钢材料制成。为了改善电机的启动性能，转子槽一般采用矩形槽，功率较大时，也采用梯形槽。异步牵引电机一般不用斜槽转子。

异步牵引电机因安装空间限制，结构较为紧凑，为了节省轴向空间，电机一般不采用径向通风道，而采用轴向通风道。机座上方有进风口，由专用通风机进行强迫通风冷却。由于异步牵引电机悬挂在转向架上，机车运行中电机将承受强烈的振动，迫使它加大空气隙，通常为 1.5 ~ 2.5 mm。

异步牵引电机转速由于不受换向条件等的限制，齿轮传动装置可选用较高的传动比，一般异步牵引电机的传动比大于 4。例如，国产 AC4000 型交流传动电力机车中采用的 YD103S 型异步牵引电机，其传动比为 4.4。

二、典型三相交流异步牵引电机的结构特点和技术参数

1. YJ85A 型交流牵引电机

YJ85A 型交流牵引电机是引进日本东芝公司的图纸和制造技术，进行国产化生产的电机，其外形见图 5-23。该电机原型号为 Sea-107，是专为中国出口而设计。自 2006 年初在永济电机公司开始生产，已成为我国铁路线上发挥作用最大、保有量最大的异步牵引电机。其额定功率为 1 250 kW，额定电压为 2 150 V。

图 5-23　YJ85A 型交流电牵引电机外形图

（1）电机的额定参数：

型号：YJ85A。

额定功率：1 250 kW。

额定电压：2 150 V。

额定电流：390 A。

额定转速：1 365 r/min。

额定频率：46 Hz。

额定效率：95%。

功率因素：0.91。

最高转速：2 662 r/min。

极数：4。

绝缘等级（定/r）：200 级。

接线方式：Y。

冷却空气量：1.53 m^3/s（92 m^3/min）。

质量：2 600 kg。

（2）电机的结构。

① 整机结构。

电机与机车的连接为滚动抱轴承结构，单端外锥轴斜齿轮输出，输出面锥度为 1∶50；电机带有一支磁电式速度传感器，测速是通过装在非输出端抽头的测速齿盘来完成；电机采用三轴承结构，传动端装用 UN 型绝缘圆柱滚子轴承，非传动端用 1 个 UN 型绝缘圆柱滚子轴承和 1 个 QJ 型绝缘四点接触球轴承，3 个轴承均采用国产的铁路牵引电机专用润滑脂润滑。采用绝缘轴承是为了防止制造中转子和定子不同心，或逆变器脉冲电源在电机轴上产生轴电流；电机采用轴向强迫通风方式，冷却风从非传动端端盖径向通风孔进入，经过转子通风孔，定转子间的气隙，定子背部的通风道后，从传动端端盖轴向排出；电机两端的端盖均为铸钢结构，在电机定子与传动端端盖间还有一个定子过渡盘，此件也为铸钢结构；在电机两端盖处均设有注油口，在维护保养时可以按要求进行定时、定量补充润滑油。电机整机结构如图 5-24 所示。

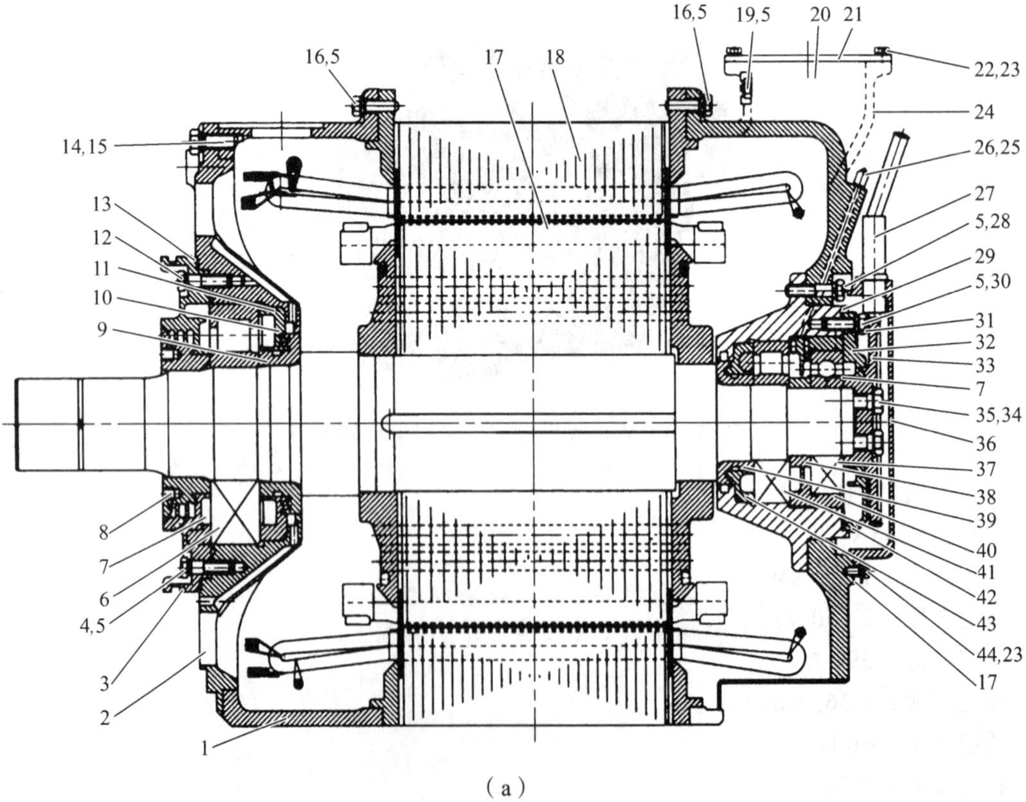

（a）

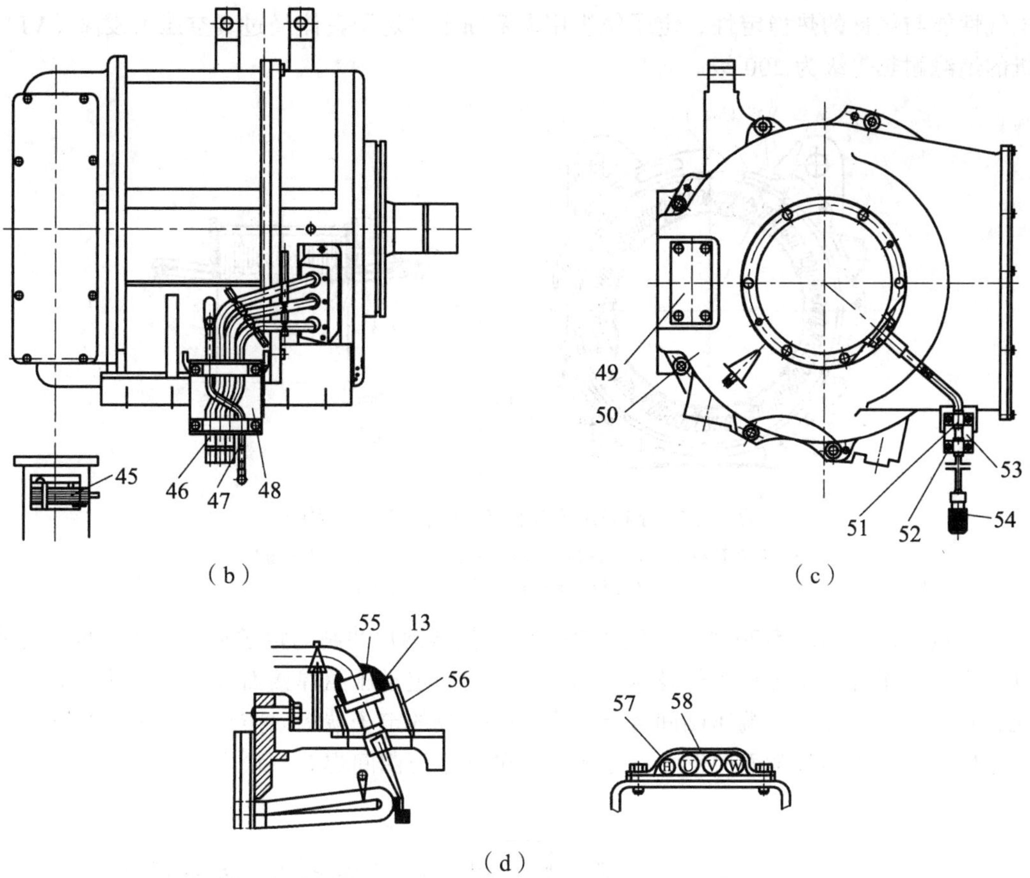

图 5-24　YJ85A 型交流牵引电机结构图

1—过渡盘装配；2—传动端端盖；3—传动端轴承外盖；4—螺栓 M16；5—垫圈 16；6—NU 轴承；7—润滑脂；8—传动端外封环；9—传动端轴套；10—传动端内封环；11—销子；12—密封圈；13—密封胶；14—螺栓 M20；15—垫圈 20；16—螺栓 M16；17—转子；18—定子；19—螺栓 M16；20—进风口盖板；21—进风口防护罩；22—螺栓 M12；23—垫圈 12；24—非传动端端盖；25—加油嘴盖；26—加油嘴；27—测速传感器；28—螺栓 M16；29—非传动端轴承座；30—螺栓 M16；31—键；32—非传动端外封环；33—测速齿盘；34—抽头扣片；35—螺栓 M12；36—非传动端轴承外盖；37—QJ 轴承；38—轴承内圈隔盖；39—非传动端内轴套；40—轴承外圈隔套；41—NU 轴承；42—密封垫；43—非传动端内封环；44—螺栓 M12；45—铭牌；46—三相引出线；47—接地线；48—引出线引导板；49—观察孔盖板；50—小件组焊；51—油管卡子；52—橡胶护垫；53—传感器引导板；54—传感器接头；55—引出线护套；56—接线盒；57—大线卡子；58—橡胶护垫

② 定子结构。

YJ85A 型交流牵引电机定子结构如图 5-25 所示。定子无传统的框架式机座，直接用硅钢片叠压而成，为全叠片结构。定子采用开口式槽型，槽内垫有槽绝缘，绕组为双层硬绕组，根据接线的需要，绕组的引出线做成 5 种长度形式，因此无须过渡连线，定子的槽楔用绝缘材料制成且很薄。定子的三相引出线接成 Y 形，绕组与三相引出线间有一过渡连线，此过渡连线可以减少连线间截面积的过大变化和电流密度的过大变化，三相引出线采用机车专用电缆。电机设有接地线，接地线也采用机车专用电缆。针对变频电机需要在较高频率下运行的特点，绕组采用聚酰亚胺薄膜带熔敷的导线二根并绕而成。为了得到足够的机械强度、良好的电气性能与优良的热稳定性，定子绕组用端箍固定。定子整体经过真空压力浸漆（VPI），电机的绝缘耐热等级为 200 级。

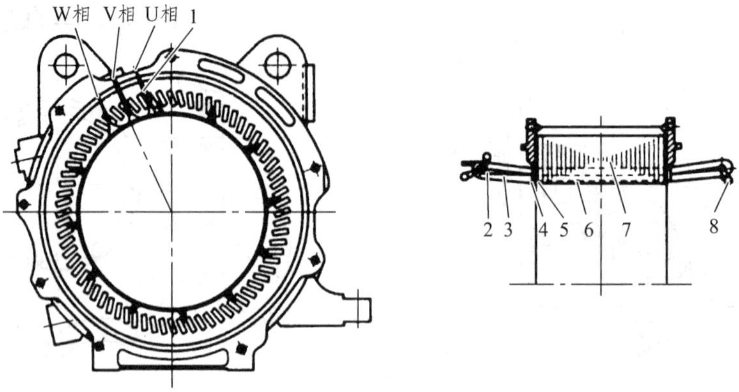

图 5-25 YJ85A 型交流牵引电机定子结构图

1—定子引线头；2，8—定子护环；3—定子线圈；4—槽楔；
5—槽口绝缘；6—槽绝缘；7—定子铁心

定子铁心结构如图 5-26 所示。定子铁心由冷扎硅钢片冲制的定子冲片叠压，通过上吊挂组件、下吊挂组件、小吊挂组件及两个通风道与两端定子压圈焊接而成，定子铁心既无拉杆也无拉板，定子冲片与两端压圈间各有一个点焊而成的定子端板以防冲片齿胀；为防电机在运行中因小吊挂螺栓故障而脱落，在定子铁心的两个压圈间焊有一块安全托板。

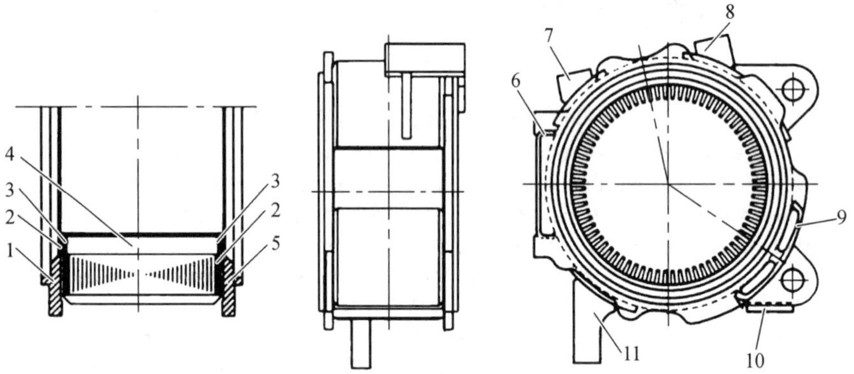

图 5-26 YJ85A 型交流电牵引电机定子铁心结构图

1—传动端压圈；2—定子盖板；3—定子大槽冲片；4—定子冲片；5—非传动端压圈；
6—下通风道板；7—下吊挂组件；8—上吊挂组件；9—上通风道板；
10—安全托板；11—小吊挂组件

定子冲片用 50W470 硅钢片冲制而成，冲片内圆冲有 72 个开口槽，冲片上既没有轴向通风孔，也没有焊接用定位槽。定子冲片、槽型如图 5-27 所示。

定子铁心的吊挂组件由压成弧形的钢板和锻钢吊挂块焊接而成，铁心上的通风道直接用钢板压制成形。

定子线圈用两根薄膜绕包的电磁线并绕而成，线圈匝数间垫有云母绝缘，对地用聚酰亚胺复合云母作为主绝缘，外包绝缘采用无碱玻璃丝带。定子线圈及线圈端部如图 5-28 和图 5-29 所示。

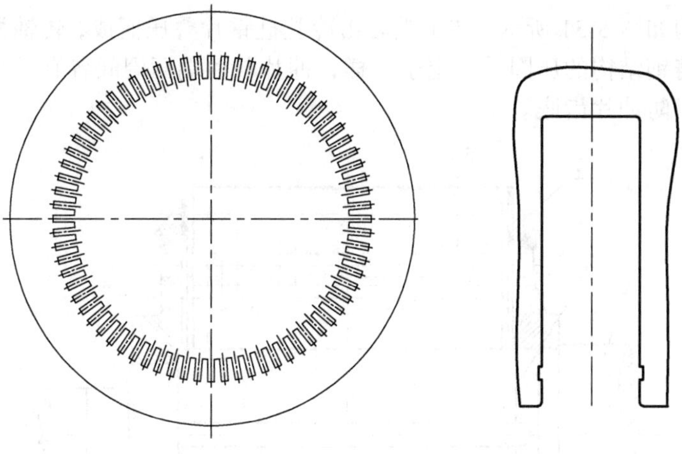

图 5-27　YJ85A 型交流牵引电机定子冲片结构图

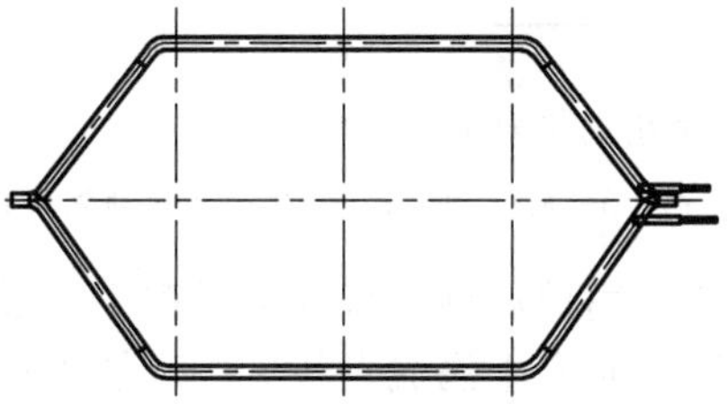

图 5-28　定子线圈

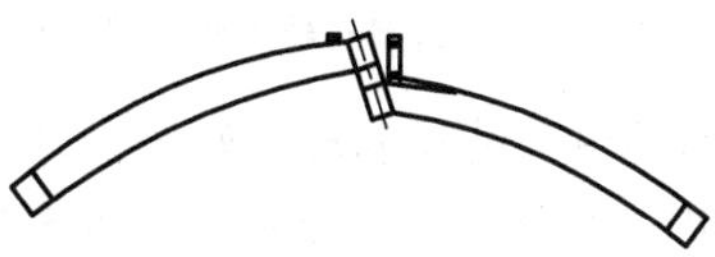

图 5-29　线圈端部

③ 转子结构。

YJ85A 型交流牵引电机转子结构如图 5-30 所示。转子为鼠笼式结构，鼠笼由专用铜合金导条与锻纯铜的端环用感应焊焊接而成。端环一侧车一较浅的环槽，导条与端环进行对接焊接，称为对接式结构。为防止导条在铁心槽内出现窜动，导条打入槽后，用专用滚压机将导条滚压胀紧。为提高端环抗高速旋转时产生的离心力的强度，鼠笼焊接后，端环的外圆经过加工再套一个护环，护环用高强度的专用护环钢制成，转子经过动平衡试验，避免高转速时对整机带来的振动。

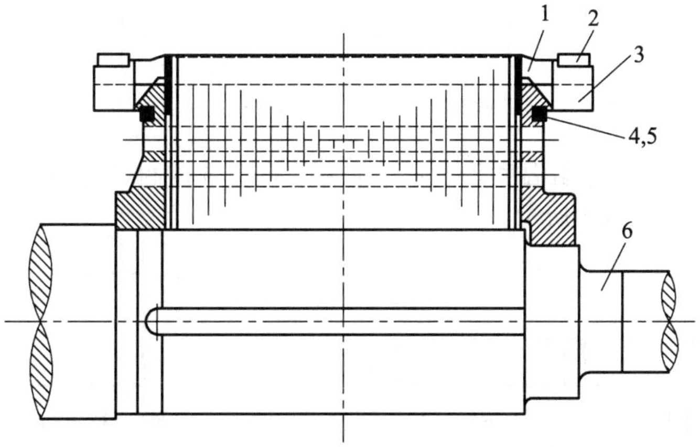

图 5-30　YJ85A 型交流牵引电机转子结构图

1—导条；2—护环；3—端环；4—平衡块；5—平衡块螺钉；6—转子铁心

转子铁心结构如图 5-31 所示，转子铁心由冷扎硅钢片叠压而成，转轴材质为高强度合金钢，铁心两端为铸钢结构的压圈。与定子一样，冲片与两端压圈间各有一个端板冲片点焊而成的转子端板，以防冲片齿胀。

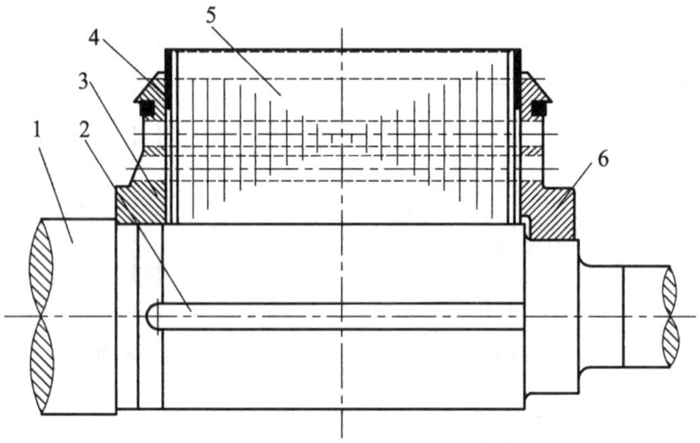

图 5-31　YJ85A 型交流牵引电机转子铁心结构图

1—转轴；2—键；3—转子传动端压板；4—转子端板；5—转子冲片；6—转子非传动端压板

转子端环由锻纯铜制成，转子护环用高强度的专用护环钢（特种不锈钢）制成。它们均用整体锻出，不得拼焊。为防护环带磁性在电机运行时产生涡流发热，护环加工后除需经超声波探伤外，还需进行剩磁量的检查。

转子护环的作用是对端环及端环与导条的焊接面进行保护，所以护环材料的机械性能的稳定、化学成分的稳定，内部晶格结构的均匀，加工尺寸的合格都至关重要。

端环与护环间过盈量的选取也是一个很重要的问题，由于不同的材料有不同的弹性模量和线胀系数，所以在选取过盈量时应考虑电机运行中温度变化带来的影响。

转子端环、护环如图 5-32 和图 5-33 所示。

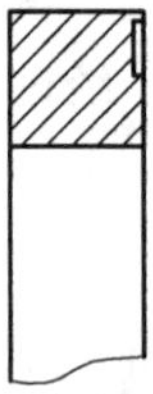

图 5-32　转子端环

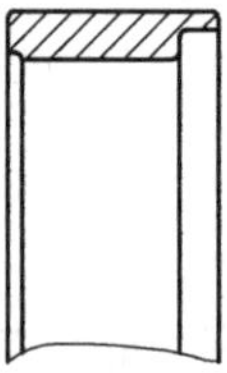

图 5-33　转子护环

转子导条的材料选用电阻温度系数较小的专用铜合金拉制或扎制，其形状如图 5-34 所示，导条端部结构如图 5-35 所示。

图 5-34　转子导条

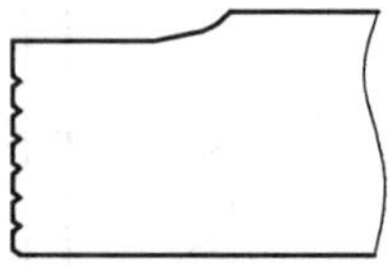

图 5-35　导条端部结构

转子冲片与定子冲片由同一张硅钢片复冲而成。定子冲片内孔落下的料，去除电机的气隙所在部分的材料后，即为转子冲片的原料。

转子冲片上有两排轴向通风孔，不设径向通风槽。冲片上冲有 58 个半闭口槽。转子冲片及槽形如图 5-36 和图 5-37 所示。

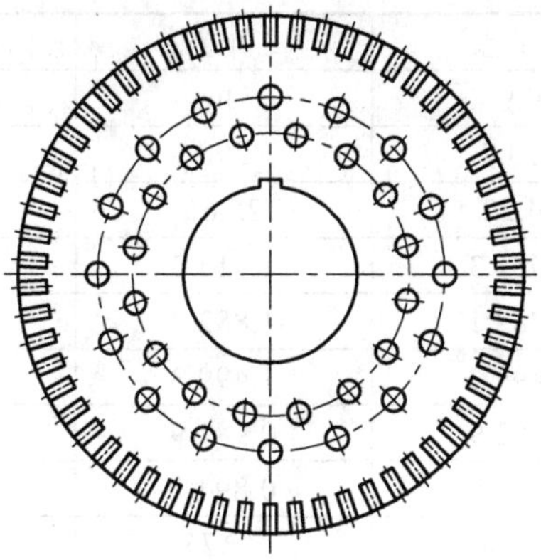

图 5-36　转子冲片

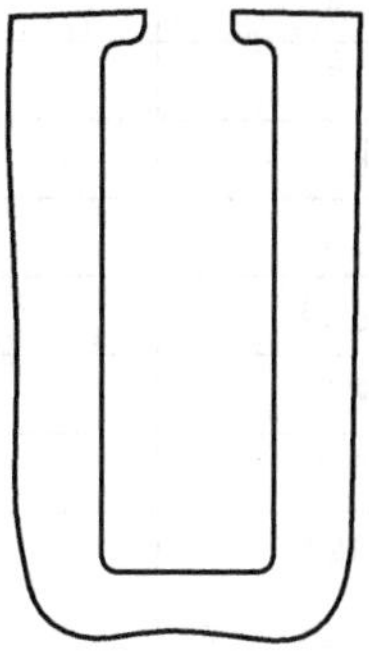

图 5-37　半闭口槽形

电机的转轴用优质合金钢锻造，锻造后进行粗加工、调质、精加工和磨削加工。锻造和调质保证转轴既有高的强度又有好的抗冲击韧性，精加工和磨削加工保证转轴有好的组装性能和高的回转精度。转轴为外轴锥，锥度 1∶50，锥度大端直径为 ϕ125 mm，转轴全长 1 106 mm。由于锥度面较长，为拆卸齿轮方便，轴锥上均匀划了 9 条油槽。转轴形状如图 5-38 所示。

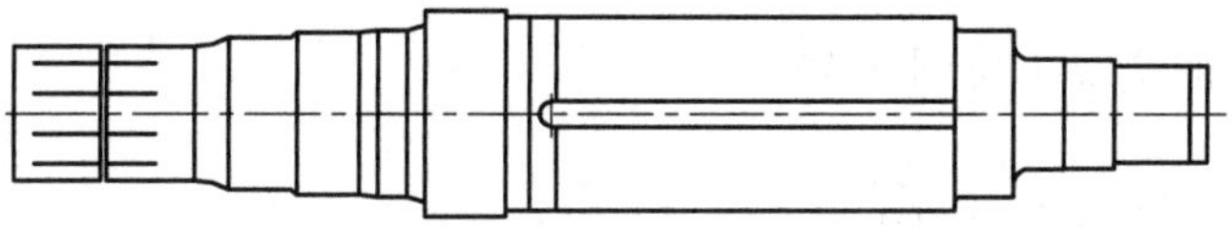

图 5-38　转轴

（3）牵引电机的电气性能。

① 电机特征点能力指标（见表 5-5）。

表 5-5　电机特征点能力指标

特征点	单位	启动点	进恒功点	最高速度点
定子频率	Hz	0.9	46	86
电压	V	91.4	2 150	2 150
定子电流	A	510.7	390	410
功率	kW	0	1 250	1 250
转速	r/min	0	1 360	2 662
转矩	N · m	11 852	8 806	4 703
功率因数		0.983	0.926	0.871
效率	%	0	94.67	94.01
转子频率	Hz	0.85	0.625	1.389
转差率	%	100	1.4	1.6
机车速度	km/h	0	65	120
牵引力	kN	558.5	412.9	221.5

② 电机特征点电磁参数（见表 5-6）。

表 5-6 电机特征点电磁参数

特征点	单位	启动点	进恒功点	最高速度点
定子频率	Hz	0.9	46	86
定子电流	A	510.7	390	410
压频比	V/Hz	24.22	25.66	12.98
定子齿磁密	T	1.931 3	1.914 2	0.981 9
转子齿磁密	T	1.882 1	1.882 9	0.965 1
定子轭磁密	T	1.499 3	1.499 3	0.755 2
转子轭磁密	T	0.982 9	0.982 9	0.495 1
气隙磁密	T	0.893 7	0.894 1	0.457 9
磁化电流	A	77.76	77.75	37.63
导条/端环电密	A/mm^2	9.79/8.65	7.45/6.58	8.20/7.25
定子发热因素		11 398.4	6416.7	7 352.6
定子/转子铜耗	kW	47.74/31.63	27.19/18.31	32.07/22.21
铁耗	kW	0.05	8.42	5.37
机械/杂散损耗	kW	0/0	3.97/12.54	7.41/12.58
总损耗	kW	79.42	70.42	79.63

③ 电机牵引特征曲线（见图 5-39）。

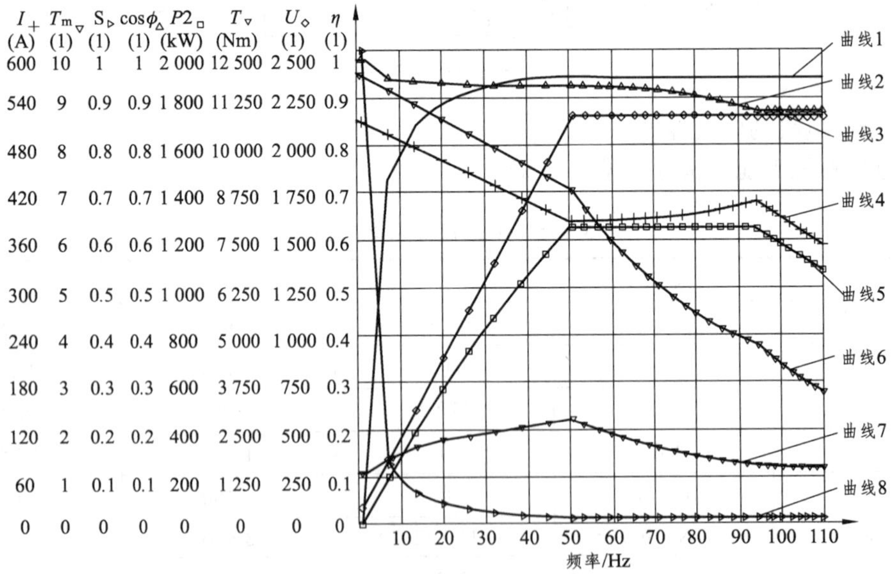

图 5-39 电机牵引工况特性曲线

曲线 1——电机效率与电源频率的关系 $\eta(f)$；曲线 2——电机功率因数与电源频率的关系 $\cos\Phi(f)$；
曲线 3——电机线压与电源频率的关系 $U(f)$；曲线 4——定子电流与电源频率的关系 $I(f)$；
曲线 5——电机输出功率与电源频率的关系 $P_2(f)$；曲线 6——电机转矩与电源频率的关系 $T(f)$；
曲线 7——电机转矩倍数与电源频率的关系 $T_m(f)$；
曲线 8——转子转差率与电源频率的关系 $s(f)$

④ 电机制动特性曲线（见图 5-40）。

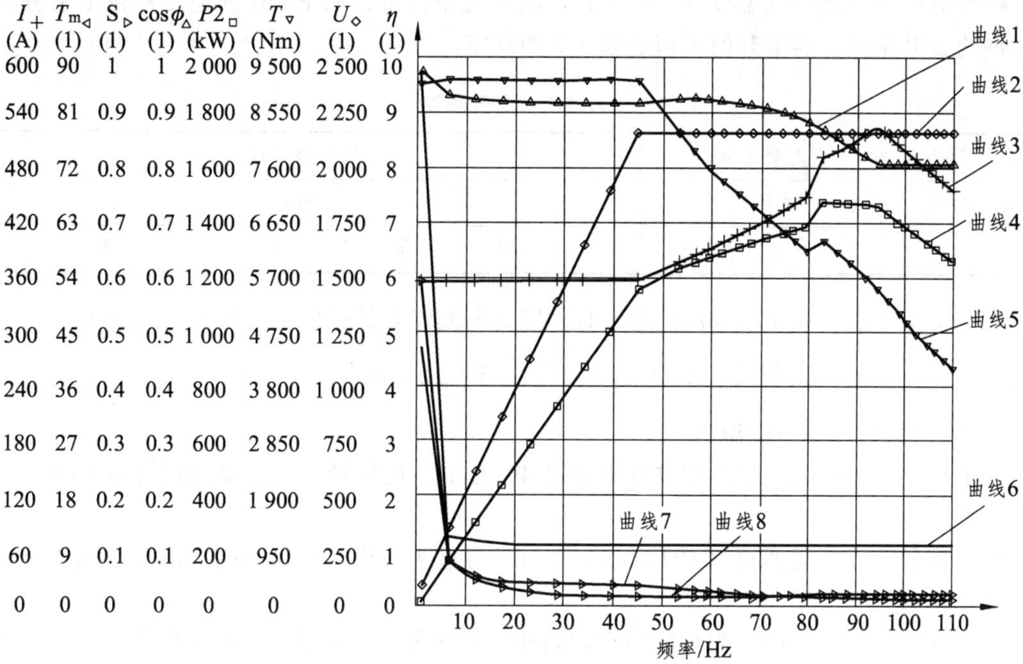

图 5-40　电机制动工况特性曲线

曲线 1—电机功率因数与电源频率的关系 $\cos\Phi(f)$；曲线 2—电机线电压与电源频率的关系 $U(f)$；曲线 3—定子电流与电源频率的关系 $I(f)$；曲线 4—电机制动功率与电源频率的关系 $P_2(f)$；曲线 5—电机转矩与电源频率的关系 $T(f)$；曲线 6—电机效率与电源频率的关系 $\eta(f)$；曲线 7—电机转矩倍数与电源频率的关系 $T_m(f)$；曲线 8—转子转差率与电源频率的关系 $s(f)$

⑤ 牵引电机的技术要求。

使用环境条件：

- 环境空气温度（遮阴处）为 − 25 ~ 45 °C；在 − 40 ~ − 25 °C 可正常存放。
- 海拔不超过 2 500 mm。
- 空气相对湿度：最湿月月平均最大相对湿度为 90%（该月月平均最低温度为 25 °C）。
- 配装的机车可以受雨、雪、风沙的侵袭，但电机的冷却空气需经滤清。
- 电机可承受机车正常运行时产生的冲击和振动。

一般要求：

- 产品符合本电机专用技术条件的要求，并按规定程序的图样及技术文件进行制造。
- 产品的整机及主要零部件（如定子、转子和易损件等）均具有互换性。
- 外形及安装尺寸符合经机车制造厂签认的本牵引电机外形图。
- 电机组装完成后，转子转动平稳、轻快、轴承无停滞现象，声音均匀无杂声，电机装配部件完整正确，表面漆干燥，无碰坏、裂痕等现象。

电机定额和通风：

- 电机以连续定额为保证定额；
- 电机为强迫外通风，风量为 1.53 m^3/s（92 m^3/min）。

温升限值：

• 当电机在冷却空气温度在 10 ~ 40 °C 的环境条件下，用 PWM 波逆变器供电下进行各种定额的温升试验，其温升值不超过表 5-7 的规定。

表 5-7　温升限制

电机部件	测量方法	允许温升/K
定子绕组	电阻法	200
转子	电温度法	温升以不损害邻近绕组或其他部件为限

当冷却空气温度在 10 ~ 40 °C 之外时，应对所测温升进行修正。修正公式如下：

$$修正公式 = \Delta\vartheta[1-(t-25)/(235+\Delta\vartheta+t)]$$

式中，t 为试验时冷却空气温度。

• 轴承温度升限值：当冷却空气不超过 40 °C 时，电机轴承允许温升限值为 55 K。

承受超速性能：

电机在热态下，能承受 3 194 r/min，2 min 的超速试验。试验后电机没有影响正常运行的机械损伤和永久变形。

注：在做出厂试验时，为预防因空转高速运行对轴承的损害，超速试验转速应该减少到 2 662 r/min。

绝缘性能：

• 绝缘电阻。

电机在热态下，用 1 000 V 兆欧表测量定子绕组对机座的绝缘电阻值应不低于 10 MΩ。冷态下，绝缘电阻应不低于 100 MΩ。

用 500 V 兆欧表测量定子对转轴间的绝缘电阻应不低于 5 MΩ。

• 承受对地耐压性能。

在热态下，钉子绕组对机座可承受 5 400 V 工频耐压 1 min，无击穿和闪络。

电机的振动：

电机在额定转速范围内空转运行，当固定时其振动速度小于 2.8 mm/s，当自由状态时其振动速度小于 3.5 mm/s。

电机的噪声：

电机空载运行，转速为 1 360 ~ 2 662 r/min，正常通风，两个转向上噪声的 A 级权声功率限值为 110 dB（A）。

特性曲线试验和制造偏差：

特性试验时绕组的基准温度为 150 °C。

电机的规定特性和典型特性为配套逆变器供电下的变频特性。特性曲线是指电源供给电机的线电压、线电流、电压频率与由此产生的转差、转矩、功率因数、效率与转速的关系曲线。

• 转矩偏差：相应于规定的特性曲线上 0 ~ 90% 最大转速范围内，在任一输入功率时，典型转矩不应小于 95% 的规定值。

• 损耗偏差：在连续定额下测得的牵引电机损耗不应超过特性曲线上对应值的 15%。

• 空载试验下，对应等效电压 2 150 V、50 Hz 的电流偏差不应超过最初 4 台电机（其中 1 台经过型式试验）确定的典型值的±10%。

• 转子堵转试验时，试验电压为能产生额定电流的对应值（在经型式试验合格的被试电机上确定此电压值），在这一电压下，转子堵转时的电流偏差不超过最初 4 台电机（其中 1 台是经过型式试验的）确定的典型值的±5%。

2. Mitrac TM3800 F 型交流牵引电机

Mitrac TM3800 F 型交流牵引电机是一个四极三相鼠笼式单轴承异步电机，冷却方式采用强迫风冷，悬挂方式采用半悬挂、单级斜齿轮传动。该电机为逆变器供电特别设计，可降低逆变电源造成的脉动转矩、损耗和噪声等级。该电机由庞巴迪（Bombardier）公司开发生产，产品符合 IEC60349-2 标准。每台 HXD3B 型机车由 6 台该电机驱动。其外形图如图 5-41 所示。

图 5-41　Mitrac TM3800 F 型交流电牵引电机外形图

（1）主要技术参数：

型号：Mitrac TM3800 F。

极对数：2。

直流中间电压（最大）：2 950 V。

额定功率：1 632 kW。

额定转速：1 494 r/min。

额定电流：498 A。

额定电压：2 183 V。

额定频率：50.4 Hz。

最大电机转速：3 198 r/min。

功率因数：0.904。

冷却类型：外部冷却。

冷却风量：约 1.8 m^3/s。

绝缘级别：200 级。

质量：2 150 kg。

（2）电机结构。

Mitrac TM 3800 F 型电机主要由定子、转子、端盖、轴承等部件组成，其横剖面如图 5-42 所示。

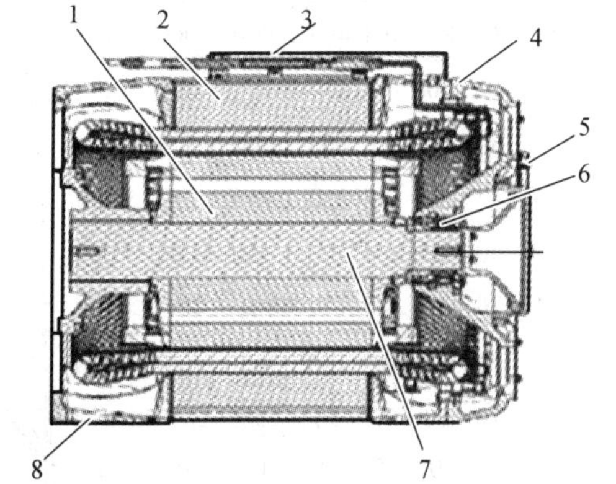

图 5-42　Mitrac TM 3800 F 型电机横剖面图

1—转子；2—定子；3—端盖；4—非传动端端盖；5—速度传感器；6—滚动轴承；7—转轴；8—传动端安装盖

定子无传统的框架式机座，采用叠片形式，由两个坚固的铸钢压板将叠片压接在一起。压板通过钢套焊接在一起，构成结构紧凑、有足够的扭转强度的机体。叠片由高导磁率硅钢片组成，该无取向的硅钢片双面均涂有专门开发的极厚半有机绝缘涂层，具有很高的表面电阻，可有效降低定子铁心的涡流损耗。定子总成的非驱动端装有端盖，端盖材料系具有高强度和高韧性的球墨铸铁。端盖内装有轴承。轴承采用等离子喷涂陶瓷层的绝缘轴承，可以有效阻断可能通过轴承的轴电流，保证轴承的使用寿命。定子的驱动端端面直接与齿轮箱配合。

定子采用开口式槽型，槽内垫有双面带机械保护层的 Dupont 高绝缘强度槽绝缘膜，绕组为双层绕组。定子绕组由绕制成形的线圈组成，线圈由包由 Kapton 耐电晕薄膜的矩形截面铜导线绕制而成，线圈成型后，其外侧再包匝多层粉母带，线圈在定子的 *A* 端连接成 Y 形三相绕组，并通过三相引出线引至外侧接线端。所有连接部分使用铜焊，并做同样的绝缘处理。两端定子槽口做封胶处理。定子绕组采用真空加压浸漆绝缘处理（VPI 处理），使用有机硅脂。整个定子绝缘体系符合交流电机最高耐温等级，即 C200 级要求。

转子为短路鼠笼式结构，由短路笼导条和 2 个短路环（铜材质）组成，采用中频感应钎焊。短路环的外侧包有收缩环，其很高的机械强度保证了转子在离心负载下的工作可靠性。叠片由两个压环连接在一起，热套在电机轴上。转子导条经过特殊设计以减小由于电流谐波引起的损耗、振动和扭矩波动。电机的转轴用优质合金钢锻造，全长为 686.5 mm。

电机和齿轮箱为一体式结构，在传动端没有轴承盖。非传动端端盖由球墨铸铁材料构成。端盖的形状尺寸小，刚度大。

电机非传动端有一个 NU 型的绝缘轴承。在非传动侧端盖处设有注油口，允许补加润滑脂。轴承密封通过不接触的迷宫式油脂密封完成。在传动端，电机带有薄板式联轴节。

（3）特性。

① 牵引特性（见图 5-43）。

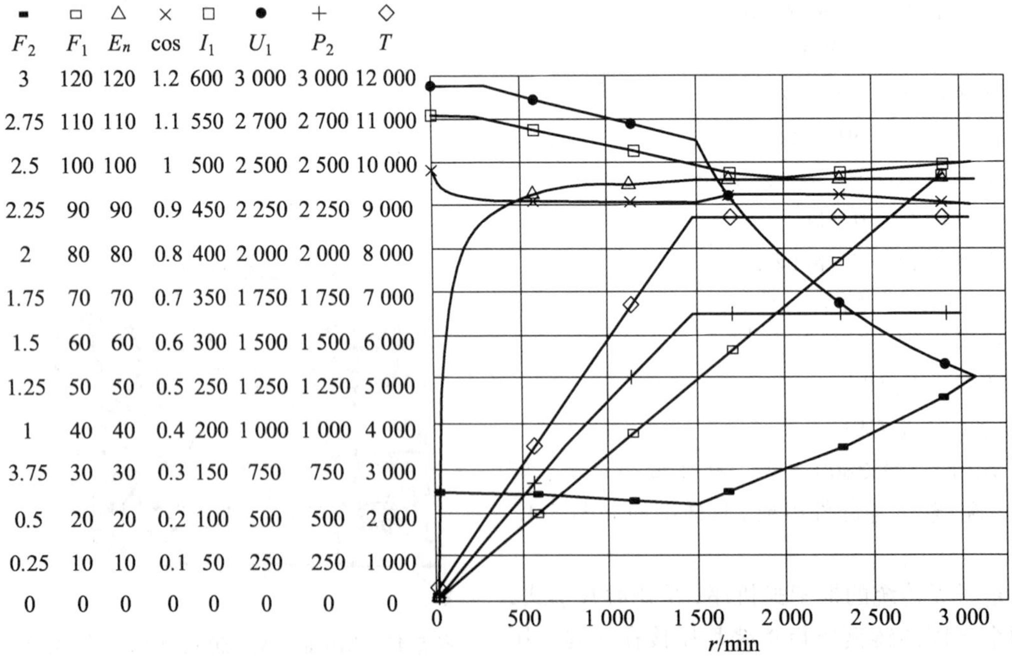

图 5-43　Mitrac TM 3800 F 型电机牵引特性曲线

温度：定子 150 °C；转子 150 °C。额定值：$U_1 = 2\ 183$ V；$U_d = 2\ 800$ V；$I_1 = 497$ A；η_N

= 96.1%；P_2 = 1 632 kW；T = 10 434 N · m；n = 1 494 r/min；cosφ = 0.904；f_1 = 50.3 Hz；f_2 = 0.55 Hz。最大值：U_1 = 2 183 V；I_1 = 552 A；P_2 = 1 632 kW；f_1 = 103.4 Hz；n = 3 065 r/min；T = 11 745 N · m。中间电压：U_d = 2 800 V。

② 制动特性（见图 5-44）。

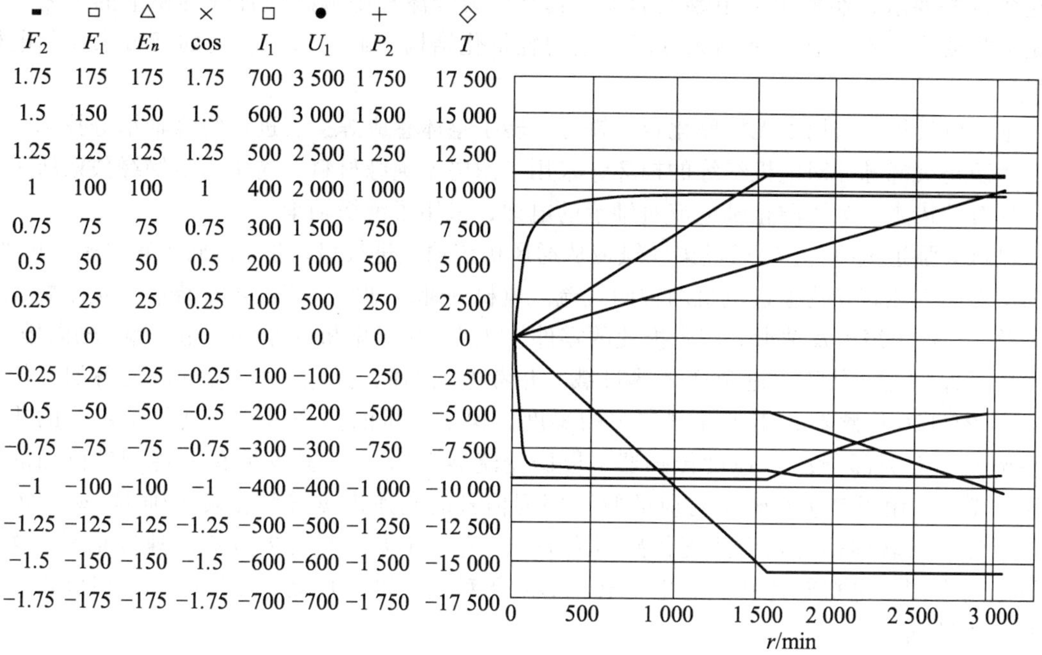

图 5-44　Mitrac TM 3800 F 型电机制动特性曲线

最大值（制动）：U_1 = 2 183 V；I_1 = 468 A；P_2 = − 1 568 kW；T = − 9 499 N · m；n = 3 065 r/min；f_1 = 101.1 Hz。中间电压：U_d = 2 800 V（制动）。

（4）电机特点。

在牵引模式，牵引电机将电能转变为机械能，在制动模式牵引电机将机械能转变为电能。当电机由三相电源供电时，定子绕组将产生旋转的正弦分布磁动势，作用在气隙上的磁动势产生相应的旋转磁场。基波磁场以同步速度旋转。该同步转速是电源频率在特定电机极对数下形成的。旋转磁场在转子导条中产生与同步转速和转子转速的差值成比例变化的电压，该电压将在转子回路中产生电流，转子电流和定子磁场在转子上产生机械转矩。电源电压和频率控制电机转矩，电源频率和转差率控制电机转速。

牵引电机采用半悬挂方式，通过抱轴箱与轮对相连。机车在牵引运行状态时，牵引电机将电能转换成机械能，通过轮对驱动机车运行。当机车在再生制动状态运行时，牵引电机将机械能转换成电能，产生列车的制动力，此时电机处于发电状态。牵引电机的工作条件十分恶劣，与其他电机比较，负载变化大，冲击和振动严重，受恶劣的条件（如风沙、雨雪气候、酸碱性气体等）影响，侵蚀严重。

对逆变器供电的牵引电机来说，在元件关断时，尖峰脉冲对电机绝缘会产生极为不利的影响；此外，当电机在额定转速以上运行时，电源为矩形波，流经电机的电流含有大量谐波，从而使电机效率降低，所产生谐波转矩使电机转速波动；同时还因共模电压产生轴电流。为此，MitracTM 3800 F 型牵引电机针对这些特殊的因素，采用了不同的改进措施。

为满足机车对电机的运行要求，并且在尺寸和重量受限制的情况下，Mitrac TM3800 F 型牵引电机采用如下设计方式。为满足尺寸要求，在设计中采用高的电磁负荷磁参数，用高耐热等级的绝缘材料，高性能的硅钢片和高强度的转轴等材料，选用高的加工精度要求；为达到这些要求，制造中采用数控加工，真空压力浸漆和中频感应钎焊等精细的工艺；为满足质量要求，在设计中采用无专门机座的轻量化结构，通过选择合适的极数来控制电机质量。

本电机设计还采用了无机座化定子铁心、转子整体感应焊接、进口绝缘轴承等技术。通常，为防止尖峰脉冲对电机绝缘的损坏，采用了耐电晕绝缘材料，这是为防绝缘失效所采取的一项有效措施。为了防止轴电流对轴承的电蚀，采用了绝缘轴承。

电机为强迫风冷，空气通过柔性风道从通风机传输至进气口，进气口同齿轮箱是一体的，在那里径向气流转换为通过电机的轴向气流。电机内部冷却空气流经定子绕组、定子叠片、转子叠片、转子绕组及轴承等产生损耗的零件。出风口位于电机的非传动端一侧，轴向排布。

为了保护定子线圈，避免产生热过载，并考虑到功能上的控制，为电机配备如下传感器：① PT 100 传感器，用于探测定子的温度，保证电机的安全运行，其位于定子的非传动端侧面的外壳部分；② 速度传感器（根据变流器来选定），其安装在非传动端侧面的电机端护罩上，用于产生与转速对应的脉冲序列信号的测速齿盘安装在转子轴端。牵引电机的转速测量及转向确定是由速度传感器来完成。它给出两路相位差 90° 的速度信号，这两个信号用来测量电机转速和判定电机转向，以便对电机进行控制。两路信号的相位差用来判断电机转向。

电机电缆与定子绕组间的连接采用铜焊。电机带有 3 根最长为 3 m 的功率电缆和接地电缆，电缆端部不带连接器，镀锡长度为 40 mm。

Mitrac TM 3800 F 型牵引电机结构简单，维护方便，同时能满足机车的牵引运行要求，该电机已批量用于 HXD_{3B} 型机车，运行安全可靠。

3. JD160 型交流牵引电机

JD160 型交流牵引电机是 HXD_1 电力机车采用的国产化三相交流异步牵引电机（进口电机型号为 ITB2624-0TD02），其主要技术参数：

电机电压：0 ~ 1 419 V。

供电方式：逆变器供电。

逆变器形式：VVVF 电压型。

中间直流回路电压：1 820 V。

控制方式：矢量控制。

定额功率：1 224 kW。

额定电压：1 375 V。

额定电流：598 A。

额定频率：58.1 Hz。

额定转速：1 719.1 r/min。

额定效率：95.15%。
额定功率因数：0.903。
额定转矩：6 800 N · m。
最大转速（全磨耗）：3 452 r/min。
启动转矩：9 717 N · m。
定子外径：780 mm。
定子内径：450 mm。
定子槽数：72。
转子外径：680 mm。
转子内径：170 mm。
转子槽数：60。
铁心长度：400 mm。
冷却方式：强迫通风空气冷却。
冷却风量：1.35 m^3/s。
风压：3 000 Pa。
绝缘等级：200 级。
极数：4 极。
悬挂方式：抱轴式。
质量：2 580 kg。

第五节　三相交流异步牵引电机维护保养

为了在电机发生严重损害前，检查和排除隐性故障，应进行定期的、仔细的维护保养工作。操作过程中牵引电机旋转部分和电机暴露部分带危险电压，未经授权打开盖板、不适当地对电机进行处理、错误操作或不恰当地维护都可能会导致严重伤害或材料损坏。因此，在对电机进行维护前，应确认以下事项：

（1）有资质的人员才能对牵引电机进行操作，没有资质的人员严禁操作或靠近电机。

（2）操作人员在现场操作或维护时，必须在关于装配和维护说明书及所有其他的与任务相关的产品文件指导下才能进行工作。

（3）操作人员必须始终按照维护说明书中规定的方法进行操作。

（4）操作前必须对电机实施放电处理。

一、维护周期

三相交流牵引电机基本维护周期及维护要求见表 5-8，最终的维护周期应根据对电力机车初期运行的维护保养经验而定。

表 5-8 三相交流牵引电机基本维护周期及维护要求

维护间隔	维护工作
第一次运行里程达到 15 000 km	首次更换齿轮箱油，为了除掉污物和齿轮磨耗的铁质 检查电机传动端端盖下部磁性排油螺栓上是否有吸附有金属颗粒，并清理干净
运行里程达到 100 000 km	视觉检查： 连接至电机接线盒的母线无破损、短路接地现象； 电机温度、速度传感器连接良好，护套无破损，绝缘状态良好； 排风口无杂物堵塞排水孔，清洁、畅通； 齿轮箱油位正常
运行里程达到 200 000 km 或每年	电机轴承（N 端）补充润滑脂（每 120 000 km）； 更换齿轮箱油（之前，抽样检查 2 个机车 4 个驱动系统内的油）
运行里程达到 800 000 km 或每 4 年	清洁牵引电机； 更换牵引电机上的轴承和 O 形密封圈，检查绕组； 测量绝缘电阻； 测量线圈直流电阻

二、主要部件的维护

1. 绝缘系统的维护

牵引电机的绝缘系统，在热负荷、电负荷和机械振动的作用下，在空气中的潮湿和污秽的侵蚀之下，绝缘水平会逐渐下降，甚至老化至丧失绝缘性能。因此，需要对牵引电机的绝缘系统进行维护，并检测其状况。主要用以下方式对牵引电机的绝缘进行检测。

（1）绝缘电阻的测定。主要用来判断绝缘受潮和脏污程度。冷态下，用 1 000 V 兆欧表测量绕组对机座的绝缘电阻值，JD160 型异步牵引电机的绝缘电阻值应不低于 10 M，若绝缘电阻过低，应进行烘潮处理，或使电机在低压下运转，利用电机的发热来驱除潮气。

（2）耐压试验。用比运行电压高得多的工频试验电压加于电机各绕组，以直接检查其对地绝缘水平。由于此方法是一种破坏性试验，对绝缘系统有损坏作用，故一般只用于新造牵引电机或绝缘重新浸渍处理的电机。新制造的 JD160 型异步牵引电机定子绕组对地耐压试验为工频 6 200 V（1 min），使用过且没有经过解体的电机为 4 096 V（5 s），使用过且经过检修解体的电机为 3 040 V（1 min）。

（3）匝间绝缘检查。电机绕组匝间绝缘的检查，目前一般采用脉冲耐压试验。匝间耐压为 8 800 V（3 s）。检查后，击穿的线圈应进行修复，对绝缘水平下降过大的电机，应进行清洗，然后重新浸漆处理。

2. 轴　承

轴承是电机中比较关键的部件，轴承故障将影响电机正常运转，甚至转子固死，造成机破。轴承故障一般表现为轴承烧损。引起轴承烧损的原因有外圈滚道面磨损、内圈滚道面磨损、滚珠滚道面磨损、保持架变形断裂、润滑脂皂化、电蚀等。

轴承滚道面磨损产生的原因可能是轴承的径向装配游隙太小，或者负荷太大，也可能是润滑不良，此时应该检查轴承的径向装配游隙、齿轮啮合状况和外部负荷以及轴承的润滑情况。

保持架变形断裂可能是润滑不良、承受了过大的冲击所致，应该检查轴承的润滑情况、齿轮啮合状况和电机与转向架的装配情况。

润滑脂皂化，轴承转动时不能有效地形成油膜，滚珠与内圈、外圈、保持架干磨，导致轴承过热发黑，运行时间长时轴承会烧损。润滑脂皂化是润滑脂本身的化学性能不稳定易氧化变质所致，应该重新选用适应该环境的润滑脂。

电蚀是指轴承在旋转时有电流通过其内外圈和滚珠的接触面，导致润滑油膜起火燃烧，使其表面局部产生熔融，形成凹凸状，电蚀严重的在表面会呈现洗衣板状或梨皮状。电蚀产生的原因是内圈与外圈之间存在电位差，轴电流流过其间，解决的方法是采用绝缘轴承。本电机两端均采用绝缘轴承，从设计上保证轴承不发生电腐蚀，但是如果运用不当导致绝缘轴承的绝缘性能降低甚至丧失绝缘性能时，轴承也会发生电腐蚀，因此应注意检查轴承的绝缘性能。

为防止轴承发生故障，在尽量选用优质轴承的同时，正确地安装与维护也是很重要的。因此，应注意下列几点：

（1）在装配轴承前，要用汽油彻底清洗，仔细检查轴承内外圈、滚柱、保持架等有无缺陷，然后测量其游隙。JD160 型异步牵引电机非传动端轴承 BB1-7009BB，其径向自由游隙为 0.132 ~ 0.160 mm，装配后游隙值为 0.071 ~ 0.145 mm；传动端采用 BC1-7088A 轴承，其径向自由游隙为 0.340 ~ 0.370 mm，装配后游隙值为 0.188 ~ 0.300 mm。间隙过小，轴承容易发热，甚至烧损。

（2）JD160 型异步牵引电机非传动端轴承用 MOBILITH SHO220 脂润滑，轴承室内润滑脂不能太多或太少，否则会引起轴承发热。一般润滑脂应占轴承室容积的 1/3 ~ 1/2，对新装轴承填充润滑脂 1.1 kg，并应注意使每一滚柱都涂润滑脂，运行时应定期定量补充润滑脂。

（3）JD160 型异步牵引电机传动端轴承用齿轮箱 MOBILUBE SHO80W140 润滑油循环润滑，应定期检验和更换齿轮箱油。

（4）新装轴承在运转前，要用手转动转子数圈，然后在低速下空载运转约 15 min，以使润滑脂分布均匀。库存电机要定期进行低速空转，以防止滚柱润滑不良。

（5）在运行或例行检查时，应密切注意轴承状况，如发现有异常声音或振动、轴承室异常发热时，应立即停止运转，找出原因，并予以解决，必要时更换轴承。如发现轴承室漏油，应采取对策并及时补充润滑油脂。

（6）润滑脂补充方法。在正常运行时，至少应保证每 120 000 km 对非传动端轴承补充润滑脂量约 240 g，补充润滑脂前应将注油嘴清理干净。各用户可以根据具体运行情况（如漏油程度、运行距离等）制定补充润滑脂的周期和补充量；在电机解体检修和每运行 800 000 km 时应全部更换新润滑脂；对于长期（半年以上）保管后的备用电机以及发生不可预测的自然灾害，作为应急措施而认为需要补充润滑脂时，非传动端轴承补充约 240 g 润滑脂，补充的润滑脂必须和制造厂使用的润滑脂牌号、厂家一致。请勿使用一年半以前制造的润滑脂。虽然制造后存放期间短于一年半，但如果润滑脂罐打开后经过 3 个月，则切勿使用。补充了润滑脂的电机应在低速条件下移动车辆几千米（如开到服务区间去），使得润滑脂均匀分布，避免发生轴承滚珠或轨道面损伤的情况。

（7）润滑油的维护。新驱动系统，首次运行 15 000 km 时，应更换齿轮箱润滑油，避免新齿轮磨合的铁渣损害电机轴承，以后每运行 200 000 km 就更换一次齿轮箱润滑油。为了评估规定的换油周期是否满足实际运行要求，或是否可以延长换油的周期，建议对油的品质进行检查。在每跑完 120 000 km 或每年定期主要检验前，应从两个不同机车上选取 4 个使用的驱动系统，做油样分析，从齿轮箱中选取大约 100 cm^3 的油（从排油螺丝孔取）。补充的润滑油必须和制造厂使用的润滑油牌号、厂家一致。

3. 转子维护

检查轴、铁心以及转子鼠笼有无机械损伤。检查所有鼠笼焊接接头，特别检查其是否变色，因为变色意味着存在超热负荷。

4. 磁性排油螺栓

在电机传动端端盖下部安装了磁性排油螺栓，如图 5-45 所示。该螺栓的作用是吸附过滤传动端润滑油路中的铁质残渣，减少润滑油的铁质残渣，以免造成轴承的异常损害。因此，经常对磁性排油螺栓进行清洗是保证轴承正常工作的重要一环。

5. 接线柱

电机接线盒中的接线柱用于支撑固定和连接机车电缆线及电机内部引出线，其绝缘性能直接影响电机和逆变器的安全运行，对接线柱的维护非常重要。接线柱的安装如图 5-46 所示。

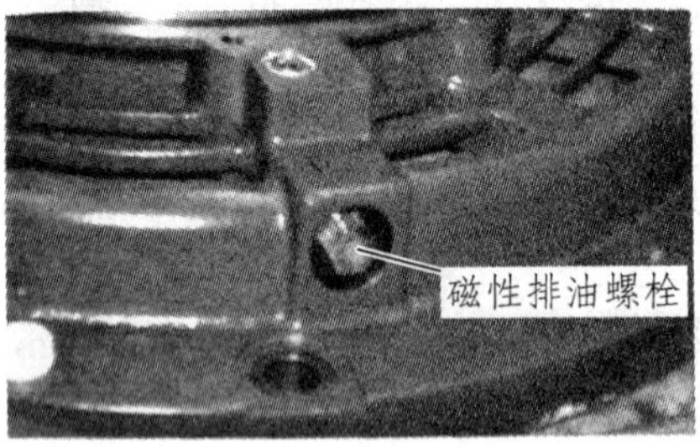

图 5-45　磁性排油螺栓

图 5-46　电机接线盒

接线柱的主要材料成分是云母，云母易于吸潮导致绝缘性能下降，特别是其表面的绝缘性能，因此须保持其表面不受污染。为了保证电机和逆变器的安全运行，日常维护中应经常检测其绝缘电阻，用 1 000 V 兆欧表测量其绝缘电阻不低于 50 MΩ。

安装机车电缆线时，接线柱安装螺栓的紧固力矩为 45 ~ 55 N · m，严禁超过该值，以免对接线柱造成损坏。

6. 电机内部清洁

电机是一个非密封体，空气中的灰尘等微粒可能从传动端端盖出风口和随冷却空气从非传动端端盖进风口进入电机，吸附在绕组、风道表面，影响电机绝缘性能和电机散热。电机清洁对保持绝缘性能和通风效果影响较大，根据运用经验，电机每运行 800 000 km 应进行一次内部清洁工作。

（1）绕组清洁。可以使用酒精和其他中性清洁剂对绕组表面进行清洁，pH 值不可高于 9，且使用时间不可超过 30 min，若绕组有较厚污垢时使用时间为 2 ~ 3 h，随后必须用清水漂洗，清洗后绕组应在 110 ~ 120 °C 的烘箱中干燥 12 h。

（2）冷却风道清洁。如果仅仅轻度弄脏，可以用压缩空气将脏物从定子和转子冷却风道吹出。如果污染严重，定子和转子冷却风道必须用适当的软棒和刷子甚至酒精等容易挥发的清洁剂进行清洁，清洁后用压缩空气吹干净，可以自然晾干。

三、维护注意事项

（1）应经常清理磁性排油螺栓，首次运行 1.5 000 km 和每运行 100 000 km 应进行清理。

（2）电机 N 端轴承必须每运行 120 000 km 就补充润滑脂，每次补充 240 g，补充润滑脂前应将注油嘴清理干净。补充了润滑脂的电机应在低速条件下移动车辆几千米（如开到服务区间去），使得润滑脂均匀分布，避免发生轴承滚珠或轨道面损伤的情况。

（3）齿轮箱油必须每 200 000 km 就更换一次。

（4）橡胶部件的预期寿命为 5 年，不仅与运行距离有关，还与存放时间有关。

（5）电机轴承经过拆卸后，即使没有达到运行里程，也应更换轴承。

（6）主动齿轮重新安装时，须用环规和塞规分别检查主动齿轮、转轴内孔结合面积在 85% 以上，压入时应严格控制压入量为 4.4 ~ 4.6 mm。

（7）非随车至机务段的电机运行前，应拆下 N 端轴承盖中部的运输保护螺栓，并安装Ⅵ 16×30 短螺栓在原位置以防止异物进入。

（8）接线盒内连接螺栓紧固力矩 45 ~ 55 N · m，严禁超过该值，以免对接线柱造成损坏。

第六节　晶闸管同步牵引电机

一、直流电机衍化为同步电机

电机是机-电能量转换的装置，它们都是以电磁感应定律 $e = Blv$ 和电磁力定律 $f = Bli$ 为工作基础的。而从磁场的观点来看，电机的运动是主磁场和电枢磁场的相互作用和结果。

在直流电机中，主磁场 F_0 由安装在定子上的主磁极通以励磁电流建立，所以 F_0 在空间静止。电枢磁场 F_a 由电枢绕组中流过电流产生，由于电刷在空间位置固定不动，所以 F_a 在空间也是静止的，如图 5-47 所示。当电刷安装在几何中性线时，F_0 与 F_a 在空间相差 $\psi = 90°$ 电角，即 F_0 和 F_a 相互垂直，并始终保持相对位置不变。

在同步电机中，当定子三相对称绕组通过三相对称电流，产生定子旋转磁场 F_a 。而同步电机的磁极——转子由直流励磁，当同步电机稳定运行时，磁极（转子）的转速就是旋转磁场的同步转速。因而，这个旋转磁场称为机械旋转磁场 F_0，如图 5-48 所示。由于 F_a 和 F_0 都以同步转速旋转，这两个旋转磁场必然保持相对静止状态，可用一个 Ψ 角来反映这两个磁场相对静止的角度。

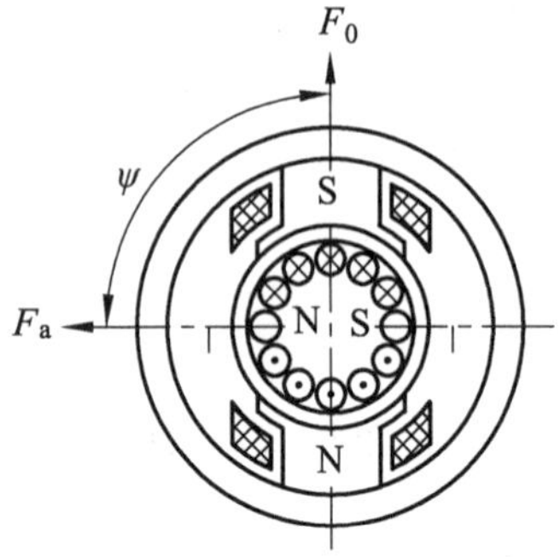

图 5-47　直流电机磁场示意图

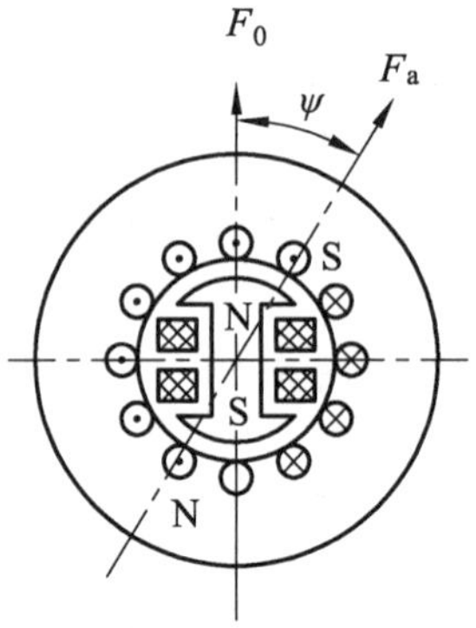

图 5-48　同步电机磁场示意图

电机的运动可看成是主磁场和电枢磁场相互作用的结果，因此，这两个磁场之间的关系将在很大程度上决定电机的运行性能。

由直流电机换向基本原理可知，直流电机换向器和电刷的任务在于及时地使电枢电流改变方向，以始终保持主磁场 F_0 和电枢磁场 F_a 的相对位置不变以获得转矩。那么，设想将直流电机的换向片减少到只有 3 片，如图 5-49（b）所示，此时，除了电机转矩有大的波动外，其他并无变化。再将定子变成旋转式的，即可得到旋转定子式直流电机，如图 5-49（c）所示。若采用晶闸管元件来替代 3 个换向片，完成换向器的任务，可得到晶闸管同步牵引电机，如图 5-50 所示。由图 5-50 可见，该系统既有通入三相交流电流的定子所产生的电枢磁场 F_a，又有用直流电流励磁的转子所产生的主磁场 F_0，这两个磁场相互作用就会使电机轴上输出转矩。这里电枢电流的交变，对于直流电机是依靠机械变流器——换向器完成，而对于同步电机则是依靠电子变流器——晶闸管逆变器完成。所以，同步牵引电机和直流电机具有完全相同的调速特性，在特性分析时可按直流电机的方法处理。但是，其内部物理过程却和一般的同步电机一样，故电机结构和参数必须按同步电机要求设计。

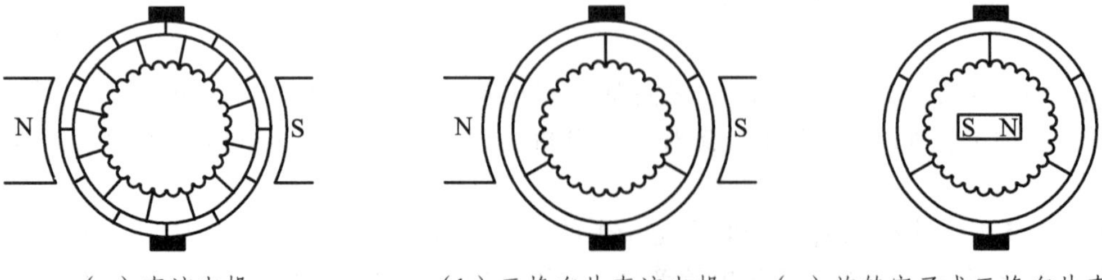

（a）直流电机　（b）三换向片直流电机　（c）旋转定子式三换向片直流电机

图 5-49　直流电机衍化为同步电机过程示意图

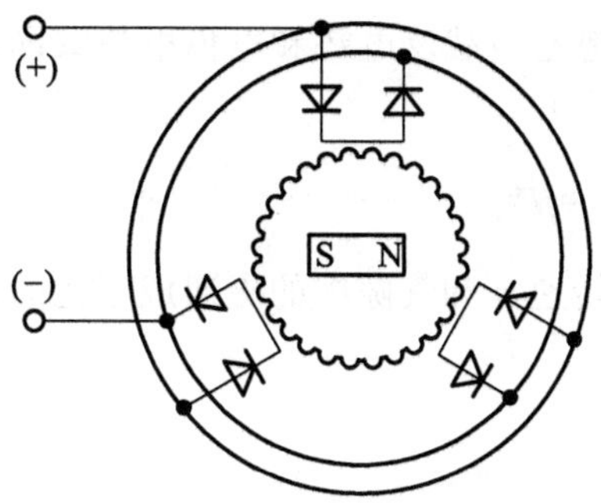

图 5-50　晶闸管同步牵引电机系统模型

二、晶闸管同步牵引电机的构成原理

晶闸管同步牵引电机是近年来正迅速发展的一种新型无级变速电机，由晶闸管逆变器、同步电机、转子位置检测器及控制、触发电路等组成，如图 5-51 所示。图中假设已经存在直流电源为转子励磁，转子和接近开关式位置检测器的转盘用机械方法耦合在一起，转盘上有 120° 凸出部位。位置检测器的接近开关 $r_1 \sim r_6$ 每隔 60° 电角一个，固在定子上（图中未标出），接近开关上绕制有线圈。

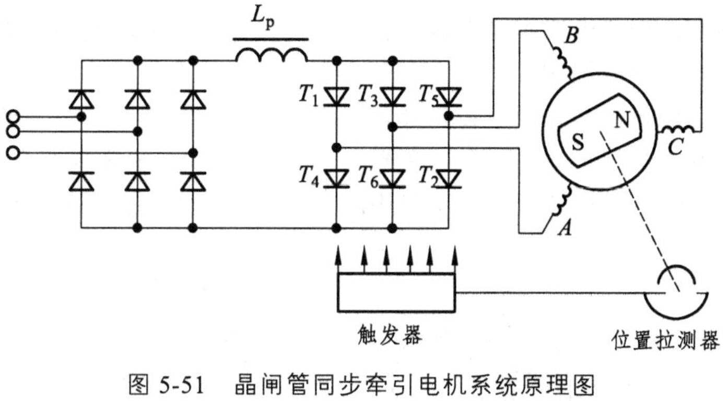

图 5-51　晶闸管同步牵引电机系统原理图

晶闸管同步牵引电机定子等效电路如图 5-52 所示，由该等效电路可列出电压方程式：

$$\dot{U}_C = \dot{E}_0 + \dot{I}r_a + j\dot{I}X_s + j\dot{I}X_a \tag{5-41}$$

式中　$\dot{U}_C$——相电压；

$\dot{E}_0$——空载反电势；

$\dot{I}$——相绕组电流；

r_a——相绕组电阻；

X_s——漏抗；

X_a——相绕组感抗。

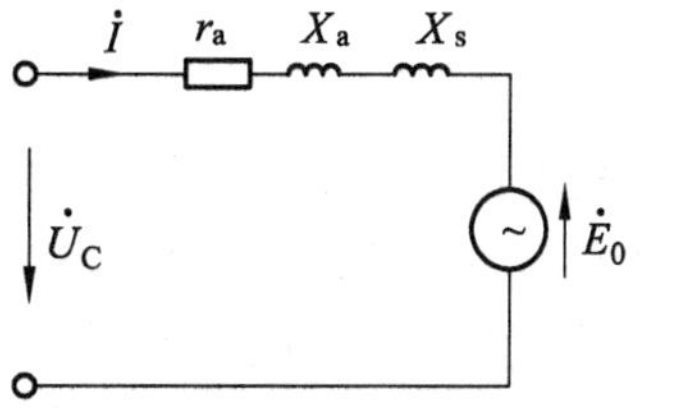

图 5-52　同步牵引电机等效电路

而同步电机负载时的反电势为

$$\dot{E}_\delta = \dot{E}_0 + j\dot{I}X_s \tag{5-42}$$

式（5-42）说明负载反电势是空载反电势和电枢电势共同作用的结果，合并式（5-42）和式（5-41）可得

$$\dot{U}_C = \dot{E}_\delta + \dot{I}r_a + j\dot{I}X_s \tag{5-43}$$

负载反电势是与同步电机转速 n 和气隙中的磁通成正比的，即

$$E_\delta \propto n\Phi_s$$

则

$$n \propto \frac{U_c - I(r_a + X_s)}{F_\delta} \tag{5-44}$$

由式（5-44）可见，晶闸管同步牵引电机的调速方法和直流电机一样，既可以调节端电压，也可调节主磁通。而其主磁场既可由单独电源供电，称为他励，也可以串入主电路，称为串励。

三、晶闸管同步牵引电机的结构特点

由逆变器供电，并由转子位置检测器控制的晶闸管同步牵引电机，就系统而言，它具有直流电机的调节性能；但就电机本身而言，它只是一台自控调频调速的同步电机。因此，与普通同步电机有完全相同的结构。

晶闸管同步牵引电机通常采用旋转磁极式同步电机结构形式。旋转磁极式同步电机有凸极式和隐极式两种基本结构形式，如图 5-53 所示。大功率牵引电机需要在 2 000 ~ 2 200 r/min 的转速下工作，所以晶闸管同步牵引电机采用隐极式转子是唯一合理的结构。

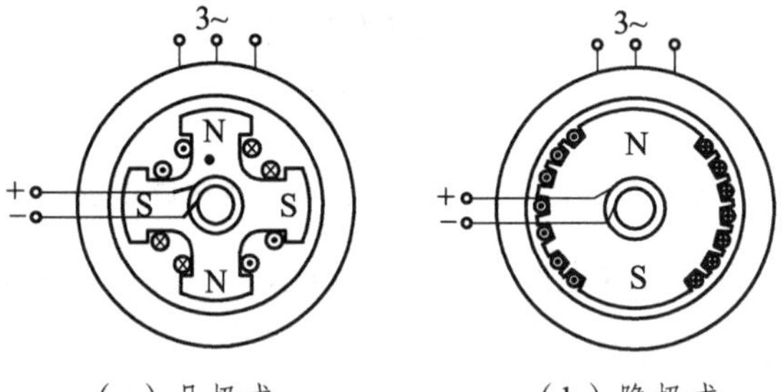

（a）凸极式　　（b）隐极式

图 5-53　同步牵引电机基本结构形式

晶闸管同步牵引电机的定子机座和铁心结构与异步牵引电机基本相同。定子绕组通常采用短矩双层波绕组，三相对称绕组做星形连接。

对于大功率的同步牵引电机最好是将定子绕组做成在电气上彼此独立的两个 Y 接，两个 Y 形向相位差为 30° 电角，每个三相绕组由独立的逆变器供电，这样电枢绕组的相数就增加了一倍。

隐极式转子的极数通常取 6 ~ 8 极。转子铁心表面分布着嵌放励磁绕组的槽，转子槽数一般选得比定子槽数稍少一些。转子励磁绕组做成具有不同绕制方向的同心式多匝线圈结构，

绕组在槽内部分用硬铝制槽楔固定，端部用玻璃丝带绑扎。为了改善晶闸管元件的换流条件，减少稳态时气隙磁通的脉动和改善电机的启动性能，在同步牵引电机转子的表面装有阻尼绕组。隐极式转子的阻尼绕组导条布置在沿圆周均匀分布的齿冠上特制的孔（槽）内，铜质导条两端分别焊在两个铜制端板上，组成了短路鼠笼形式的阻尼绕组。

小　结

无换向器的三相交流电机在制造成本、单位功率质量、运行维修等方面比有换向器的直流电机有一系列优点，特别是三相异步电机的结构最为简单，工作最为可靠及具有优越的防空转性能。

三相异步电机的调速方法主要有变频调速、变极对数调速及变转差率调速。其中变频调速方法因具有效率高、调速过程中没有附加损耗、应用范围广、调速范围大、特性硬、精度高等优点，在电力机车、内燃机车、城市轨道车辆上得到了广泛应用。

变频调速系统有交-直-交变频调速系统和交-交变频调速系统。目前机车上主要采用交-直-交变频调速系统，该系统的变频器主要由整流器、直流环节和逆变器三部分组成。

整流器主要作用是将电网三相交流电整流成直流电，分为不可控整流器和可控整流器。不可控整流器中的电子器件为二极管，而可控整流器中的电子器件大多采用双极型或复合型电子器件。

直流环节分电压型和电流型两种，C_d主要起稳压作用，L_d主要起稳流作用。

逆变器的作用主要是将直流电逆变为频率可调的三相交流电，并向三相异步牵引电机供电，分为电压型逆变器和电流型逆变器。

交-直-交变频调速系统经过近十多年的发展，出现了许多形式，如电压、频率协调控制的变频调速系统，转差频率控制的变频调速系统，谐振型变频调速系统，矢量控制的变频调速系统和直接转矩控制的变频调速系统等。

在电力牵引的运用中，交流传动系统最基本的任务是通过机电能量的转换，达到传动装置调速的目的，发挥系统调速范围宽、系统功率大等优势。实现机电转换的主体是牵引电机，因此，电传动系统是围绕牵引电机控制方法，实现变流装置能量变换的有序控制。为了保证系统优异的运行特性，控制系统应具备运行的稳定性、快速动态响应以及鲁棒性等特性。纵观当今控制技术的主流和发展趋势，直接转矩控制是最先进的高性能交流控制策略之一。该系统直接进行转矩的 Band-Band 控制，简化了控制系统结构，所以机车常采用这种系统。

当异步电机作为电机运行时，电机在 $0<s<1$ 范围内运行，s_m为电机最大转矩时的临界转差率。其中：$s=0\sim s_m$一段是电机的稳定运行范围；当 $s>s_m$后，电机的转矩将明显减少，使电机转速越来越低，直到停转。所以 s 在（$s_m\sim 1$）区段是电机不稳定运行区。

异步牵引电机运行方式主要有保持额定磁通的恒磁通运行、保持电压为额定值的恒电压运行、恒转差频率运行、恒功率运行等几种，应根据机车牵引的要求，针对异步电机的电压、频率采取不同的调节方式。

异步电机作为铁路机车的牵引电机，必须满足牵引性能的要求。一般来说，电力机车的牵引运行可分为起动加速区、恒功率输出区、提高速度区或恒电压区这 3 个运行调节区。在机车起动加速阶段，一般要求牵引力尽可能接近黏着牵引力，以获得大而稳定的起动牵引力，这时异步动机应按恒转矩要求进行变频调节；起动后，随着速度的提高，牵引电机输出功率也不断增大，起动过程结束，则希望牵引电机按在各种运行速度下保持恒功率输出的要求进行变频调节。为了满足机车起动和运行时牵引特性的要求，需要在调节频率的同时相应调节牵引电机的电压。

YJ85A 型交流电牵引电机是引进日本东芝公司技术，进行国产化生产的电机，该电机装用在大连机辆公司生产的 HXD_3 型 120 km/h 货运电力机车上，该机车轴式为 C_0-C_0，也即每台机车装用 6 台牵引电机。其额定功率为 1 250 kW，额定电压为 2 150 V。

Mitrac TM3800 F 型交流电牵引电机是一个四极三相鼠笼式单轴承异步电机，冷却方式采用强迫风冷，悬挂方式采用半悬挂、单级斜齿轮传动。该电机为逆变器供电特别设计，可降低逆变电源造成的脉动转矩、损耗和噪声等级。该电机由庞巴迪（Bombardier）公司开发生产，产品符合 IEC60349-2 标准。每台 HXD_{3B} 型机车由 6 台该电机驱动。其额定功率为 1 632 kW，额定电压为 2 183 V。

若将直流电机的换向片减少到 3 片，并调换电枢和磁极的位置，再用电子变流器——晶闸管逆变器代替机械变流器——换向器，用无接触式的位置检测器代替接触式的电刷来检测定子、转子的相对位置，即可得到晶闸管同步电机。因此，晶闸管同步牵引电机由晶闸管逆变器、同步电机和转子位置检测器等构成，有着与直流牵引电机相同的调速性能。

晶闸管同步牵引电机与普通同步电机结构相近。其转子采用隐极式，定子绕组采用短距双层波绕组，并做成在电气上彼此独立的两个 Y 形连接的三相绕组，以增加相数。为了改善晶闸管的换流条件，提高电机的工作性能，转子表面装有阻尼绕组，阻尼绕组由铜质材料组成短路的鼠笼形状。

思考与习题

1. 三相异步电机用作机车牵引电机，要解决什么关键问题？
2. 异步牵引电机的调速方法有哪几种？各有何特点？
3. 简述交-直-交变频调速基本电路的原理。
4. 试述电压型逆变器的工作原理。
5. 试述电流型逆变器的工作原理。
6. 试述直接转矩控制思路。
7. 试述交-直-交变频调速系统控制原理。
8. 异步牵引电机为什么要在恒磁通条件下才能实现变压变频（VVVF）调速？
9. 异步牵引电机两种变压变频调速方法有何异同？
10. 异步牵引电机恒转差频率运行方式的运行条件是什么？试分析其运行特性。
11. 异步牵引电机恒功率运行方式的运行条件是什么？试分析其运行特性。
12. 异步牵引电机恒转差频率运行方式和恒功率运行方式有何异同？

13. 异步电机作为铁路机车的牵引电机，必须满足哪些牵引性能要求？

14. 机车起动加速区如何对异步牵引电机进行变频调速？

15. 机车恒功率运行区对异步牵引电机的调节有哪两种方法？分别是怎样进行变频调节的？并对两种方法进行比较。

16. 简述异步牵引电机与一般异步电机在结构上有何特点。

17. 试比较 YJ85A、Mitrac TM 3800 F 型牵引电机有何相同点和不同点。

18. 直流牵引电机为什么可以衍化成同步牵引电机?

19. 简述直流牵引电机衍化成同步牵引电机的过程。

20. 晶闸管同步牵引电机由哪几部分构成？各部分具有什么功用？

21. 简要说明晶闸管同步牵引电机是如何实现转速调节的。

第六章　电力机车辅助电机

为了保证电力机车正常运行，在单相工频交流电力机车中装有许多辅助机械，这些辅助机械多采用结构简单、工作可靠、价格低廉的三相交流异步电动机驱动。

用于驱动辅助机械的三相交流异步电动机（简称辅助电动机）结构上与普通三相交流鼠笼式异步电动机相同。但由劈相机给辅助电动机供电时，电压波动范围大，三相电压和电流不对称等，使得辅助电动机工作在三相不对称且非额定、非正弦电压下。为了保证辅助电动机能正常工作，在选用和设计辅助电动机时，必须考虑电动机额定功率与实际使用功率之间的差异，以满足电动机在电压变化及不对称条件下运行的需要。

本章主要介绍劈相机的结构、工作原理及其起动和三相电压对称性的调整；异步劈相机的额定参数和结构特点；三相交流辅助电动机的工作特点；还简要介绍了 $SS_{4改}$、SS_9、HXD_1、HXD_3 等电力机车辅助电动机的结构和参数。

第一节　异步劈相机工作原理

异步劈相机是一种结构特殊、用途特殊的异步电机。它是一种能实现单—三相变换的异步电机，用于一切由单相电源供电，而又以三相异步电动机为负载的场合。在单相工频交流电力机车的辅助系统中，异步劈相机（简称“劈相机”）用来将主变压器辅助绕组供给的单相电源“劈成”三相，向辅助系统所有三相交流异步电动机供电。图 6-1 所示为异步劈相机工作原理线路图。

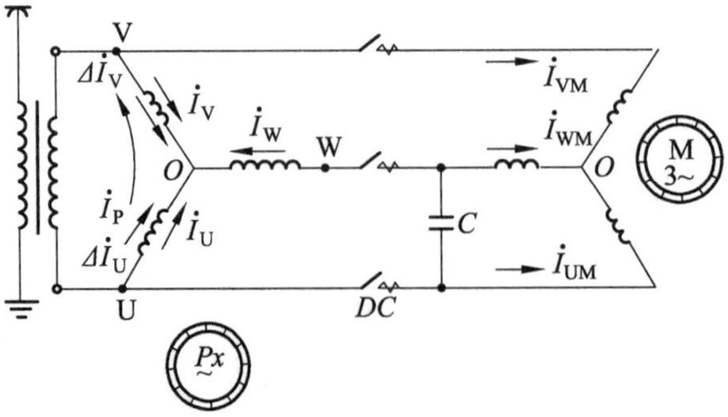

图 6-1　异步劈相机工作原理线路图

一、异步劈相机的空载工况

当定子绕组 UOV 接至单相电源时，单相电流 I_P 由 U 相流入，从 V 相流出，该电流产生的磁场可以分解为两个幅值相等、转速相同、转向相反的旋转磁场，分别称为正序旋转磁场和负序旋转磁场。当劈相机转子静止不动时，这两个旋转磁场在转子导体中感应出两个大小相等、方向相反的电势和电流，而产生两个大小相等、方向相反的电磁转矩，其合成启动转矩为零，故劈相机不能自行启动，这是劈相机的一个特点，也是一个缺点。因此，如何经济、可靠地实现劈相机的启动，是劈相机运行中必须首先解决的问题。

如果用某种方法使劈相机的转子转动起来，并达到额定转速 n_N，那么和转子转向一致的定子正序磁场与转子的相对速度很小，而和转子转向相反的定子负序磁场与转子的相对速度约为两倍同步转速，定子负序磁场切割转子导体，在转子导体中感应出数值较大，且频率为接近两倍电网频率的转子负序电势和电流。由于转子漏抗的显著增大，使转子负序电流在相位上滞后于转子负序电势 90° 电角度，从而使转子负序电流建立的磁场几乎抵消了定子负序磁场，气隙中的剩余负序磁场很微弱，这种现象称为转子的阻尼作用。异步电机的这种阻尼作用正是异步电机具有劈相机功能的基础。因此，当劈相机转子以额定转速转动时，可以认为气隙中只有正序磁场和正序磁通。

当劈相机转动起来以后，若劈相机不与外界电负载相接，称为劈相机空载工况。这时劈相机气隙中的正序磁场和磁通有两个作用：一是，正序磁通和转子导体内感应的正序电流相互作用产生电磁转矩，用以克服转子的机械阻转矩及转子负序电流产生的电磁阻转矩，驱使转子沿着正序磁场的方向继续维持转动，这时劈相机实际上是作为一台单相异步电动机运行；二是，正序磁场切割定子三相绕组，感应出三相电势，从劈相机三相负载端来看，它又是三相发电机。因此，从这两方面作用来看，劈相机是一台单相异步电动机和三相异步发电机的组合体，既可以在它的轴上接上机械负载，又可以在它的 U、V、W 三相输出端接上电负载。

二、异步劈相机的负载工况

当劈相机与三相电负载接通后，因 U、V 两相负载直接与单相电源相连，不需要经过劈相机即可直接从单相电源获得负载电流 I_{VM} 和 I_{UM}。W 相负载电流 I_{WM} 则由劈相机的 W 相提供。因为当电网 W 相缺相时，劈相机的 W 相电势高于 W 相端电压，从而使 W 相电流反相，源源不断地向三相负载输出第三相电流 I_W，这时电机才真正进入劈相机工况运行。由于专用劈相机的轴上均不带机械负载，故劈相机负载前后的轴输出机械功率是不变的，所以它的气隙正序磁场也应保持不变。但 W 相输出电流 I_W 产生的单相磁势将使气隙磁场发生变化，这就需要从 U 相和 V 相输入相应的附加电流 ΔI_U 和 ΔI_V，以保持气隙正序磁场不变，而定子的负序磁场将随着 W 相电流 I_W 的增加而增加，这些新增加的负序磁场同样由转子产生新的负序电流去抵消，仍然保持气隙负序磁场几乎为零的特点。用数学关系式来表示上述两个物理现象，可把劈相机负载时的定子三相电流分解成两组：一组是劈相机空载时，仅在 U、V 相绕组中流过的单相电流，此电流与转子作用产生电磁转矩，以维持转子的继续转动，故称此电流为电动机电流，习惯上将 U、V 相绕组称为劈相机的电动相绕组；另一组是劈相机负载后，在三相绕组中重新加入的三相电流 ΔI_U、ΔI_V、ΔI_W，该电流与转子作用产生电磁阻转矩，相应地将这一组电流称为发电机电流，习惯上将 W 相绕组称为劈相机的发电相绕组。由此可知，当劈相机负载时，在劈相机的发电相绕组中仅有发电机电流 I_W 流过，而在 U、V 电动相绕组中同时存在着电动机电流 I_P 和发电机电流 ΔI_U 、 ΔI_V ，所以劈相机负载后的定子三相电流的关系可写成：

$$I_U = I_P + \Delta I_U$$
$$I_V = -I_P + \Delta I_V$$
$$I_W = I_W$$

因此，劈相机无论是空载工况还是负载工况，其定子三相电流都是不对称的，这种三相电流的不对称是劈相机负载后三相电压不对称的重要原因之一，这将直接影响辅助电动机的正常运行。如何在劈相机负载后或负载变化时保持其输出三相电压的对称性，也是劈相机运用中必须解决的核心问题之一。

上述分析表明：劈相机实质上是一种本身只输出一相电流的异步电机。劈相机工况实际上是三相异步电机在不对称条件下运行的一个特例。

异步电机进入劈相机工况一般应具备以下两个条件：

（1）电机轴上的机械负载不变；

（2）三相电网中 W 相缺相，使 W 相电流反相输出。

只要具备上述条件，一般的三相异步电动机同样具有劈相机功能。对于多台异步电动机并联运行的场合，如果电网突然缺相造成三相异步电动机单相运行，那么先运行的电动机便会自动投入劈相机工况来起动后面的电动机，当后面的电动机启动完成后，该电机的劈相工况自动结束。

第二节　异步劈相机的启动及三相电压对称性调整

一、异步劈相机的启动方法

在单相电网中，劈相机不能自行启动，需采用特殊的启动方法。异步劈相机的启动方法有辅助电动机启动法和分相启动法两种。辅助电动机启动法是在劈相机的转轴上安装一台辅助电动机，启动时先由辅助电动机带动劈相机转子转动，待劈相机转速达到一定值时，将劈相机投入单相电网，并切除辅助电动机的电源。显然，这种启动方法需要增加设备，而且使劈相机的结构复杂、维修困难，故一般都不采用这种方法。分相启动法分为电阻分相启动和电容分相启动两种。电阻分相启动具有线路简单、设备成本低等优点，因而得到广泛的应用，国产 SS 系列电力机车上的劈相机都采用电阻分相启动的方法。

劈相机的电阻分相启动原理线路如图 6-2（a）所示，图中 R_Q 为启动电阻。当劈相机的电动相绕组 UV 接通单相电源启动时，可以把定子绕组看作是由两相组成：一相是 VOU，它直接由单相电源供电；另一相是 VOW，它与启动电阻 R_Q 串联后由单相电源供电。这时流经 VOU 相电流 I_{Q1} 滞后电压 U_{VU} 90° 电角，而流经 VOW 相电流 I_{Q2} 滞后 $U_{VU}\psi$ 角（ψ< 90°），如图 6-2（b）所示。这两个时间上有不同相位的启动电流通入在空间彼此相差一定电角度的

两相绕组中，所产生的气隙合成磁场是一个旋转磁场，在该磁场的作用下能产生较大的启动转矩，使劈相机的转子转动起来。当转速达到同步转速的 80% ~ 90% 时，借助接触器切除启动电阻，启动即告完成，劈相机投入空载运行。

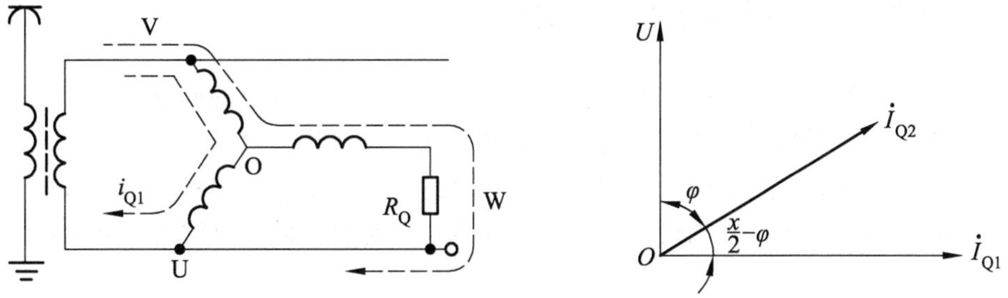

（a）原理线路图　　（b）向量图

图 6-2　劈相机电阻分相启动原理图

多年来，在国产 SS 系列电力机车上经常发生的劈相机烧损故障大部分发生在启动过程中，其主要原因是由于分相启动元件未能合理选择或正常接入。为了保证劈相机的可靠启动，应该解决以下两个问题。

（1）启动电阻值应选择合适，以获得最大的启动转矩。

由于启动电阻值的大小对发电相启动电流 I_{Q2} 的幅值和相位影响极大，启动电阻过大或过小都会使两相磁势的合成磁场成为一个幅值变动、非恒速的椭圆形磁场，从而使启动转矩变小。因此，对不同型号的劈相机而言都有一个相应的启动电阻最佳值。

（2）控制好切除启动电阻的时刻。

当劈相机的启动转矩达到最大值时，应及时切除启动电阻，启动电阻切除过早或过晚对启动电阻和劈相机都是很不利的。所以，在劈相机转速低于临界转速（JP402A 型为 850 r/min），尚未启动起来而过早切除启动电阻，则会因劈相机启动失败，造成定子绕组流过单相大电流而烧损，这种故障习惯上称为“走单相”。反之，当劈相机转速达到最大转矩对应的转速以后，如不及时切除启动电阻，对劈相机和启动电阻也是不利的。这是因为随着转速的增加，流过启动电阻的发电相电流也随之增加，造成启动电阻过热而烧损或阻值增大；同时负序磁场随发电相电流 I_W 的增加而增加，使转子导体中的负序电流增大，转子负序电流与气隙正序磁场相互作用产生 100 Hz 的交变电磁转矩，使劈相机承受强烈的电磁振动。

为了保证劈相机可靠启动和避免劈相机启动过程中有害的电磁振动，SS 系列电力机车上的劈相机是采用专门设计的启动继电器来控制启动电阻的切除时刻。它是根据劈相机在最大启动转矩对应的转速附近发电相电压将会急剧增加的特点，正确利用发电相电压 U_W 与电网电压 U_{VU} 比值的变化来控制启动继电器的动作，在最大转矩点切除启动电阻，以保证劈相机可靠启动。另外，在劈相机的实际使用时，还应注意以下几点：

（1）劈相机只允许空载启动，待劈相机启动完成后，才能逐个接通电动机负载。

（2）劈相机停止工作前应先断开电动机负载。劈相机运行中应特别防止接触网突然断电，劈相机转速下降到 1 200 r/min 以下不带启动电阻重新启动时，可能造成劈相机“走单相”故障的发生。

（3）劈相机启动时间不能过长，在最低网压（19 kV）下起动时间应不超过 15 s，在高网压（29 kV）下要防止过早切除启动电阻，造成劈相机在低速大电流下单相堵转。在一般情况下，连续启动次数不应超过 3 次，如仍不能启动，则应查明原因消除故障后，方可再行启动。

二、异步劈相机三相电压不对称的原因

使用由单相电源和劈相机组成的三相电源时，另一个需要解决的问题是，劈相机负载后如何保证输出三相电压的对称性，以使三相负载得到实际对称的电压和电流，保证辅助电动机的正常运行。实际上，如果劈相机的定子三相绕组为对称绕组，当劈相机空载时其输出的三相端电压是对称的，而在劈相机负载以后，即使负载是对称的，其输出三相端电压也是不对称的。

通过前面的分析已知，劈相机负载时其电动相绕组中流过的既有电动机电流，又有发电机电流；而发电相绕组中只流过发电机电流，这说明劈相机的定子三相电流是不对称的，不对称电流引起不对称的阻抗压降。在感性负载情况下，发电机电流引起的阻抗压降将使绕组的端电压小于感应电势，而电动机电流引起的阻抗压降使绕组的端电压大于感应电势。因此，如果三相绕组对称，则三相感应电势是对称的，在劈相机负载后由于三相不对称的阻抗压降，仍会造成劈相机三相端电压的不对称。

此外，没有被完全抵消的气隙剩余负序磁场，也将在定子三相绕组中感应出负序电势，这就进一步加剧了三相电压的不对称。

三、三相电压不对称调整的方法

劈相机输出三相电压的不对称，将直接影响辅助电动机的正常运行，严重的三相电压不对称还将引起辅助电动机个别绕组过热而烧损，直接影响电力机车的正常工作。为了改善劈相机三相电压的对称性，通常采取以下措施：

（1）劈相机定子绕组采用三相不对称绕组。

根据输出负载的要求，相应地提高或降低某些相的电势，是改善劈相机在额定负载时三相电压对称性的主要方法。为此，劈相机的定子三相绕组匝数和空间相隔的电角度均应根据需要确定，其绕组选择的定性规律是：一方面要增加发电相 W 相的匝数，另一方面要减少电动 V 相的匝数，即应 $W_W>W_U>W_V$。JP402A 型异步劈相机三相绕组匝数分别为 $W_W:W_U:W_V=54:48:24$。

应当指出，采用这种方法只能保证劈相机在额定负载、额定电压下三相电压的对称性。但劈相机的电负载是随机车运行工况而改变的，当负载变动以及单相电源电压在 270 ~ 460 V 波动时，劈相机的三相端电压也要随之改变，这将直接影响其三相电压的对称性。为了改善劈相机在负载变动时的三相电压对称性，还可采用并联电容器的措施。

（2）在负载侧的 U 和 W 端子上并联电容器。

劈相机的负载是三相异步电动机群，因机车运行工况的改变，电动机投入台数也不同，这就要求劈相机输出功率和功率因数随投入电动机数的差异而有所不同。为适应实际需要，可在负载侧的 U、W 端子并联一些电容器和电感元件，以扩展劈相机的容量，通过这些元件向负载提供 W 相电流。由它们辅助劈相机相向负载提供电流，有利于改善三相电压的对称性。

在实际使用中为了简化线路起见，一般只在负载侧的 U 和 W 端子间并联一定数量的电容器，图 6-3（a）为其原理接线图。这时，流经电容 C 的电流 I_{CK} 超前电压 U_{WU} 90°，如图 6-3（b）所示。在三相电压对称时，该电流对 W 相负载而言是提供正的电功率 $P_W = 0.5U_W \cdot I_{CK}$，这样就使单相电源通过电容向 W 相负载提供部分电流。因为电容 C 具有分相作用，故称为分相电容。

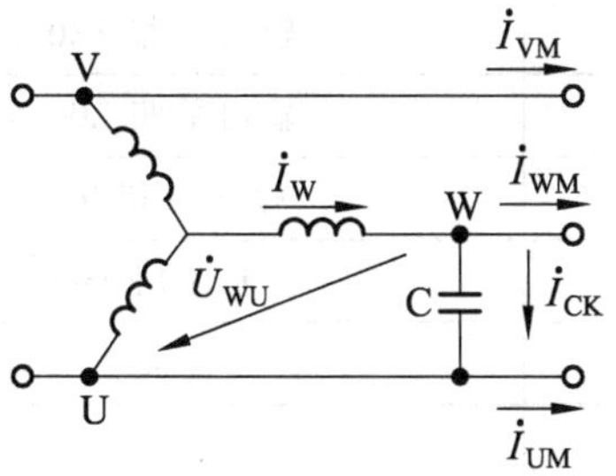

（a）原理线路图

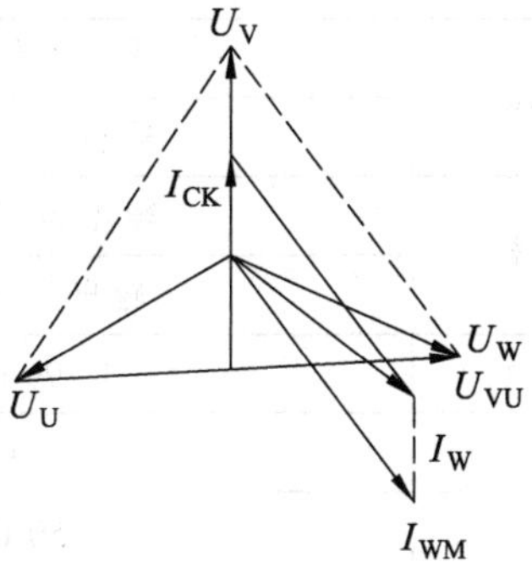

（b）向量图

图 6-3　并联电容器改善电压对称性

负载侧并联电容后可以减小流过劈相机 W 相的电流，从而降低劈相机三相电压的不对称度。设劈相机 W 的负载电流 I_{WM} 滞后 U_W 一个 ψ 角，则在没有并联电容时，负载电流 I_{WM} 即为流过劈相机 W 相电流 I_W，而在并联电容后，流经劈相机 W 相电流为 $I_W = I_{WM} + I_{CK}$。由图 9-3（b）可见，I_W 小于 I_{WM}，I_W 的减小可使 I_V 和 I_U 也随之减小，从而减小各相阻抗压降对三相电压的影响。显然，只要随着负载的增减相应地增减并联电容的数量，就能保证劈相机负载变化时的三相电压对称性。另外，并联电容后可使发电相电流 I_W 相位超前，有利于提高劈相机的功率因数。对于 SS_9 型电力机车，可视为在劈相机的 U_1 和 W_1 端子间接有 8 个 12 kvar 的电容器，以保证机车辅助系统中输出三相线电压的不对称度在单相电源电压为 270 ~ 460 V，不超过《机车车辆用三相异步电机基本技术条件》（TB 1608）中的有关规定。电动机并联电容后会在合闸瞬间产生较大的合闸电流，因此，频繁启动的压缩机电动机没有并联电容器。

第三节　异步劈相机的额定参数和结构特点

YPX2-280M-4 型异步劈相机在结构上与三相鼠笼式异步电动机相似，也是由定子（包括定子铁心、定子绕组和机座）、铸铝转子（包括转子铁心、转子绕组、转轴）及端盖、轴承盖等组成，在定子与转子间有 1 mm 的气隙。该劈相机为自行通风防护式，依靠转子上的铸铝风叶在旋转时将冷空气从机座两端端盖孔吸入，将热空气从机座中部的出风口排出，达到自行冷却的目的。SS_4 型电力机车劈相机的主要技术参数见表 6-1。

表 6-1　SS_4型电力机车劈相机主要技术参数

车号	SS_4型（1～158 号）	$SS_{4改}$型
型号	YPXZ-280M-4	JP402A
形式	自行通风防护式	自行通风防护式
额定功率	38 kVA	57 kVA
额定电压	输出单相 380 V	输出单相 380 V
	输出三相 380 V	输出三相 380 V
额定电流	输出单相 147 A	输出单相 200 A
	输出三相 57 A	输出三相 90 A
额定转速	1 499 r/min	1 499 r/min
极数	4	4
频率	50 Hz	50 Hz
输入功率因数	0.65	0.80
绝缘等级	B	F
定额种类	连续	连续
质量	550 kg	586 kg

劈相机结构如图 6-4 所示，定子铁心和转子铁心均采用 0.5 mm 厚 DW470-50 冷轧硅钢片，按给定图形冲制的冲片叠压而成，铁心两端各有一个用三片 1 mm 钢板 Q195F 点焊成一整体的端板和一个用 ZG230-450 铸钢加工而成的压圈，用 9 个扣片在压力状态下将铁心、端板、压圈扣为一整体。定子铁心外径为 423 mm，能径为 280 mm，铁心长为 280 mm，定子槽形为半闭口梨形槽，定子绕组为双层，短距、叠绕软绕组，导线为 ϕ1.40 QZ-2 高强度聚酯漆包线，三相绕组为不对称 Y 接，绝缘等级为 B 级。绕组线端标记：电动第一相为 U_1-U_2，电动第二相为 V_1-V_2，发电相为 W_1-W_2。U_1 端子连 202 母线，V_1 端子接 201 母线，W_1 端子接 203 母线。

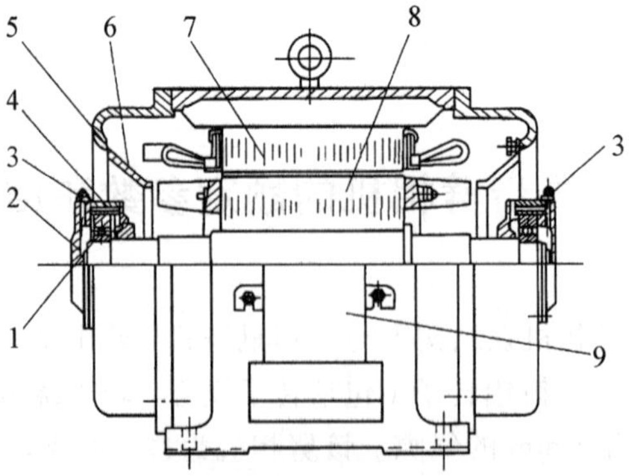

图 6-4　YPX2-280M-4 型异步劈相机结构图

1—313Z1 轴承；2—轴承外盖；3—油杯；4—轴承内盖；5—端盖；
6—挡风板；7—定子；8—转子；9—接线罩

定子绕组接线原理见图 6-5，绕组规范见表 6-2。

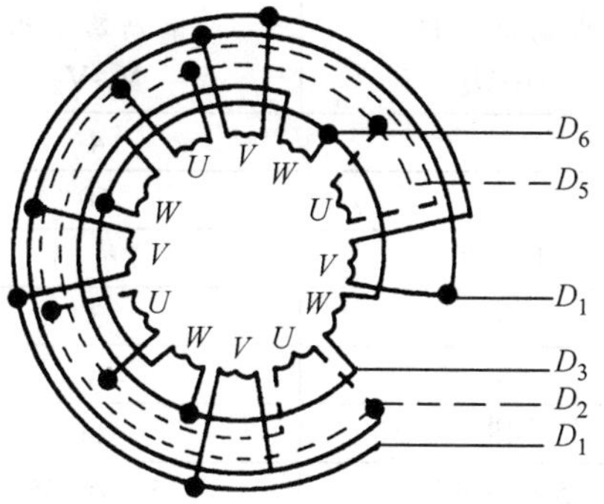

图 6-5　YPX2-280M-4 型异步劈相机定子绕组接线原理图

表 6-2　YPX2-280M-4 型异步劈相机定子绕组规范

线端标记	电动第一相 U_1-U_2	电动第二相 V_1-V_2	发电相 W_1-W_2
极数	4		
曹数	60		
节距	1 ~ 13	1 ~ 13	1 ~ 13
每极相组数线圈	6	4	5
每线圈匝数	8	8	11
每极每相线圈匝数	48	32	55
并绕导线数	5 × ϕ1.40	5 × ϕ1.40	4 × ϕ1.40
并联支路数	4	4	4

机座、端盖及轴承盖均由 HT200 灰口铁铸成。在机座出线侧的筋上与定子铁心间装有两个 M16 × 20 mm 定位用的紧定螺钉。两端轴承盖上各装有一个 M10 × 1 mm 直通式压注油杯和一个 M10 × 1 mm 的排油螺栓。端盖上装有 313Z1 低噪音单列向心球轴承。

转子为铸铝转子结构，端环、风叶、平衡柱及槽内导体用 AL99.5 铝采用离心浇注一次铸成，并热套于转轴上。转子外径为 278 mm，经车削加工而成。槽形为半闭口平行圆底槽，共 50 槽，槽斜 15 mm。

JP402A 型异步劈相机在结构上与三相鼠笼式异步电动机相似，也是由定子（包括定子铁心、定子绕组和机座）、铸铝转子（包括转子铁心、转子绕组、转轴）及端盖、轴承盖等组成，在定子与转子间有 1 mm 的气隙。结构与 YPX2-280M-4 型异步劈相机一样，如图 6-4 所示。

定子铁心和转子铁心均采用 0.5 mm 厚 DW470-50 冷压硅钢片，按给定图形冲制的冲片叠压而成。定子铁心外径为 423 mm，内径为 280 mm，铁心长为 310 mm，定子槽型为半闭口槽，定子绕组为双层、短距、叠绕软绕组、F 级绝缘，导线为ϕ1.45 QZ（G）-2/155 改性高强度聚酯漆包线，三相绕组为不对称 Y 接，绕组规范见表 6-3。

表 6-3　JP402A 型异步劈相机定子绕组规范

线端标记	电动第一相 U_1-U_2	电动第二相 V_1-V_2	发电相 W_1-W_2
极数	4		
曹数	60		
节距	1 ~ 13	1 ~ 13	1 ~ 13
每极相组数线圈	6	3	6
每线圈匝数	8	8	9
每极每相线圈匝数	48	24	54
并绕导线数	$5\times\phi1.45$	$5\times\phi1.45$	$4\times\phi1.45$
并联支路数	4	4	4

转子为铸铝转子结构，端环、风叶、平衡柱及槽内导体用 A199.5 铝一次铸成，并热套于转轴上。转子外径为 278 mm，共 50 槽，槽形为倒梨形半闭口槽，槽斜 15 mm 机座、端盖及轴承盖均由 HT200 灰口铁铸成。在机座出线侧的筋上与定子铁心间装有两个 M16 × 20 mm 定位用的紧固螺钉。轴承外盖上装有 45° M10 × 1 mm 接头式压注油杯。端盖上装有 313Z1 低噪音单列向心球轴承。

第四节　三相辅助电动机的工作特点

一、电力机车中交流辅助电机的类别

电力机车辅助电路系统是采用单相交流转变成三相交流供异步电动机工作的方式，由旋转式异步劈相机或逆变器方式实现单-三相交流的转换。主要辅助机械均由三相异步电动机拖动（升弓辅助压缩机组除外）。

对于 SS_9 型电力机车，使用着各种用途的辅助电动机共 15 台。其类别分别为：压缩机组是用来产生供机车与列车制动装置及气动器件所使用的压缩空气；牵引通风机组（即离心式风机及其驱动电机）用于冷却牵引电动机、主变流装置及平波电抗器；制动电阻通风机组用来冷却制动电阻；变压器通风机（即轴流式风机及其驱动电机）用来冷却主变压器油冷却器；变压器潜油泵（即潜油泵及其驱动电机的组合体）为变压器油循环提供动力，用来提高变压器的散热能力。

二、电力机车中交流辅助电机的作用及工作特点

电力机车上工作的辅助电动机与一般场合下使用的三相异步电动机相比较，其工作条件是比较恶劣的。《机车车辆用三相异步电机基本技术条件》（TB 1608）中规定，辅助电动机在下列条件下应能正常起动和长期工作。

（1）辅助电动机应能承受机车正常运行中产生的振动和冲击。

（2）在劈相机供电条件下，辅助电动机应在单相电源电压 270 ~ 460 V（相当于接触网电

压为 19 ~ 29 kV）波动时正常工作。

（3）辅助电动机在机车辅助回路三相线电压不对称度为 270V 时不超过 10%，460 V 时不超过 7% 的条件下应能正常可靠工作。

（4）环境空气温度：最高为 45 °C（车体内），最低为 – 40 °C。

（5）月平均空气相对湿度最大为 90%（该月月平均最低温度为 25 °C）。

（6）当使用于海拔在 1 400 ~ 2 500 m 的地区时，且该地区环境温度不超过 45 °C 与所需的环境空气温度降低补差值时，应能正常运行。所需的环境空气温度降低补偿值是按 1 400 m 以上，每 100 m 降低温升限值的 1% 计算。

辅助电动机长期在上述条件下运行，若不采取适当措施，对电动机的危害是很大的。当机车运行状态的改变或接触网网压波动时，造成辅助电动机工作电压过高或过低，电压过低时，电动机启动困难、发热严重；电压过高时，启动转矩过大，造成启动过程中的振动和冲击增大。另外，辅助电动机在三相电压不对称条件下运行时，电压负序分量也要产生负序三相电流，由于异步电动机的负序阻抗较小，所以负序电流较大，它将使转子产生较大的制动转矩，使电动机输出功率减小，过载能力降低。同时负序电流还使电动机损耗增加，效率降低。若某相绕组中正、负序电流相位接近同相时，合成电流特别大，使该相绕组局部过热，甚至造成电动机烧损。因此，从发热观点来看，三相异步电动机是不允许在较严重的不对称电压下长期运行的，否则必须相应降低电机的负载，以保证辅助电动机的安全运行。

第五节　典型电力机车的辅助电机

一、SS_9 型电力机车辅助电机的种类及额定参数

SS_9 型电力机车辅助系统中使用着各种用途的辅助电动机共 15 台，见表 6-4。这些电动机按用途可归纳为压缩机电动机、通风机电动机、主变压器油泵电动机三类。主要技术数据见表 6-5。

表 6-4　SS_9 型电力机车辅助电机一览表

序号	名　称	代　号	型　号	数　量	用　途
1	劈相机	1、2 MA	JP402A	2	
2	压缩机电动机	3、4MA	FS200-2A	2	驱动 TSA-230AD 型空气压缩机
3	牵引通风机电动机	5、6、7、8MA	JD305A	4	驱动 5-47 型牵引离心通风机
4	制动电阻通风机电动机	9、10、11、12MA	JD306A	4	驱动 TZTF6．0 型制动电阻轴流通风机
5	主变压器通风机电动机	13MA	JD330	1	驱动 TZTF5.6A-2 型主变压器轴流式通风机
6	主变压器油泵电动机	14MA	TG2A.95-170/10D	1	驱动 TG2A.95-170/10D 型变压器潜油泵
7	辅助压缩机电动机		TZK_1-50	1	驱动 TZK_1-50 型辅助压缩机

表 6-5 SS_9 型电力机车辅助电机主要技术数据

电机名称		压缩机电动机	牵引通风机电动机	制动电阻通风机电动机	主变压器通风机电动机	变压器油泵电动机
电机型号		FS200-2A	JD305A	JD306A	JD330	TC295-170
技术数据	额定功率/kW	22	30	15	22	10
	额定电压/V	380	380	380	380	380
	额定电流/A	42.7	56.5	30	40.16	
	功率因数	0.87	0.89	0.88	0.9	0.9
	转速 /（r/min）	2 955	2 945	2 900	2 940	
	绝缘等级	F	F	F	F	A
	质量/kg	190	286			

二、SS_9 型电力机车辅助电机的结构特点

1. 劈相机

异步劈相机的作用是将由主变压器的辅助绕组 *a*6-*x*6 供给的单相电源“劈”成三相电源，以供给辅助电路的所有三相异步电动机。异步劈相机（以下简称劈相机）的结构与三相鼠笼式异步电动机相似，但它的设计理论和计算方法与三相异步电动机不同，定子绕组按三相不对称规律嵌放在定子槽内，转子为鼠笼式。劈相机的电负荷随机车运行工况的改变而改变。当劈相机故障时，可由第二台劈相机带电阻启动后向其他辅助机组供电。

除 44 号、45 号机车安装的是 JIB150-1 型辅助逆变电源外，其余 SS_9 型电力机车上安装的是劈相机型号为 YPX3-280M-4，新型号为 JP402A。为了推广新型号，又不致引起混淆，将劈相机的型号写为 JP402A，其主要技术参数见表 6-6。

表 6-6 JP402A 劈相机主要技术参数表

参数		数据
额定功率/kW	输入单相	64.8
	输出三相	57
额定电压/V	输入单相	380
	输出三相	380
额定电流/A	输入单相	200
	输出三相	90
功率因数	输入单相	0.8
	输出三相	0.96
额定转速 /（r/min）		1 499
极数		4
频率/Hz		50
绝缘等级		F
质量/kg		586

JP402A（YPX3-280M-4）型异步劈相机由定子（包括定子铁心、定子绕组和机座）、铸铝转子（包括转子铁心、铸铝导条和端环、转轴）及端盖、轴承盖等组成。在定子和转子之间具有 1 mm 的气隙。该劈相机为自行通风防护式，其结构见图 6-6。

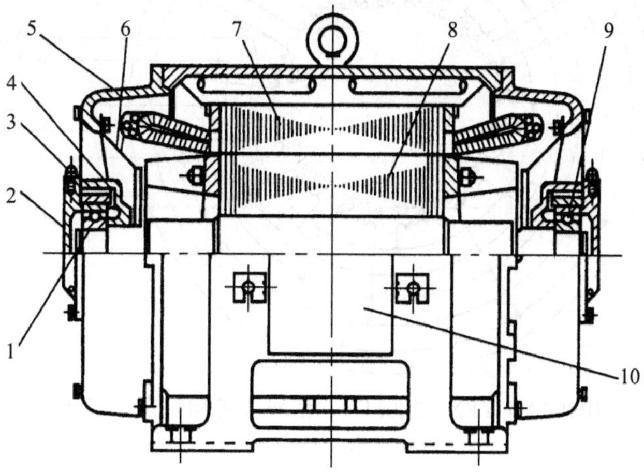

图 6-6　JP402A（YPX3-280M-4）型异步劈相机结构

1—轴承；2—轴承外盖；3—油杯；4—轴承内盖；5—端盖；6—挡风板；7—定子；8—转子；9—轴承；10—接线罩

定子铁心和转子铁心均采用 0.5 mm 厚的 50W470 冷轧硅钢片冲制的冲片叠压而成，定子槽形为半闭口槽，定子绕组为双层、短距、叠绕软绕组，采用 F 级绝缘，导线为 ϕ1.45 QZ（G）-2/155 高强度改性聚酯漆包线。三相绕组为不对称 Y 接，绕组规范见表 6-7，定子绕组接线原理见图 6-7。

转子为铸铝转子结构，导条、端环、风叶及平衡柱用 A199.5 一次铸成，并热套于转轴上，转子共 50 槽，槽形为倒梨形半闭口槽，槽斜 15 mm。

机座、端盖及轴承盖均由 HT200 灰口铁铸成。在机座出线侧的筋上与定子铁心间装有两个 M16 × 20 定位用的紧固螺钉。轴承外盖上装有 45° M10 × 1 接头式压注油杯，两端装有 6313Z1 低噪音单列向心球轴承。

表 6-7　JP402A（YPX3-280M-4）型异步劈相机定子绕组规范

线端标记	电动第一相 U_1-U_2	电动第二相 V_1-V_2	发电相 W_1-W_2
极数	4		
槽数	60		
节距	1 ~ 13		
每极相组线圈数	6	3	6
每线圈匝数	8	8	9
每相串联匝数	48	24	54
并联导线数	5 × ϕ1.45	5 × ϕ1.45	4 × ϕ1.45
并联支路数	4	4	4

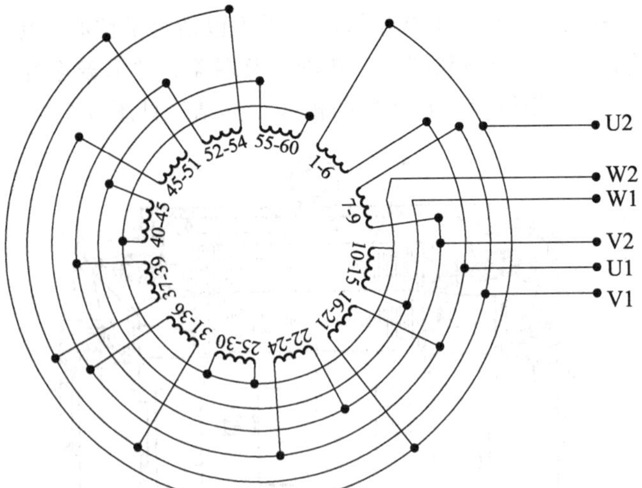

图 6-7 JP402A（YPX3-280M-4）型异步劈相机定子绕组接线原理

2. 牵引通风机组

43 号以前的机车安装的是 9-39/JD320S 型牵引通风机组，44 号以后的机车安装的是 5-47/JD305A 型牵引通风机组。两者结构形式相似，只不过前者是为机车车体通风方式设计的，后者是为机车独立通风方式设计的。牵引通风机组（即离心式风机及其驱动电机）用于冷却牵引电动机、主变流装置及平波电抗器。本节只介绍 5-47/JD305A 型牵引通风机组。

JD305A 型电动机在 SS_9 型电力机车上的实际使用轴负荷不大于 23 kW。结构形式为自行通风防护式，其结构为三相鼠笼式异步电动机结构，由定子（包括定子铁心、定子绕组和机座）、铸铝转子（包括转子铁心、铸铝导条和端环、转轴）及端盖、轴承盖等组成。其结构见图 6-8。

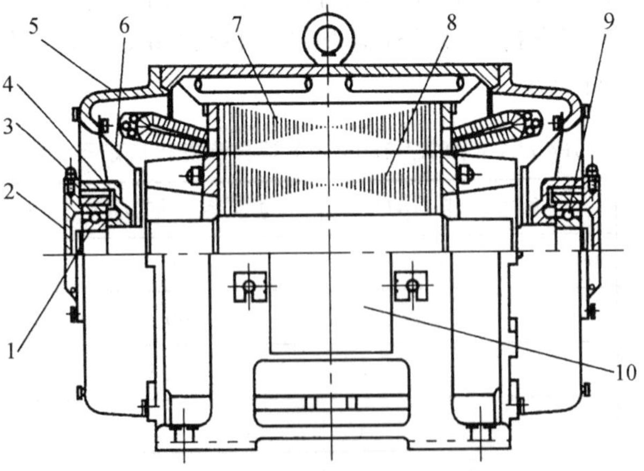

图 6-8 JD305A 型电动机结构

1—轴承；2—轴承外盖；3—加油管、油杯；4—轴承内盖；5—端盖；
6—接线盒；7—定子；8—转子；9—挡风板；10—轴承

定子铁心和转子铁心均采用 0.5 mm 厚的 50W470 冷轧硅钢片冲制的冲片叠压而成。定子槽形为半闭口槽，定子绕组为双层、短距、叠绕软绕组，采用 F 级绝缘，导线为 ϕ1.4 QZ（G）-2/155 高强度改性聚酯漆包线。三相绕组为对称 Y 接，绕组规范见表 6-8，定子绕组接线原理见图 6-9。

表 6-8　JD305A 型电动机定子绕组规范

线端标记	U_1-U_2	V_1-V_2	W_1-W_2
极数	2		
槽数	36		
节距	1 ~ 14		
每极相组线圈数	6	6	6
每线圈匝数	9	9	9
每相串联匝数	48	24	54
并联导线数	4×ϕ1.4	4×ϕ1.4	4×ϕ1.4
并联支路数	2	2	2

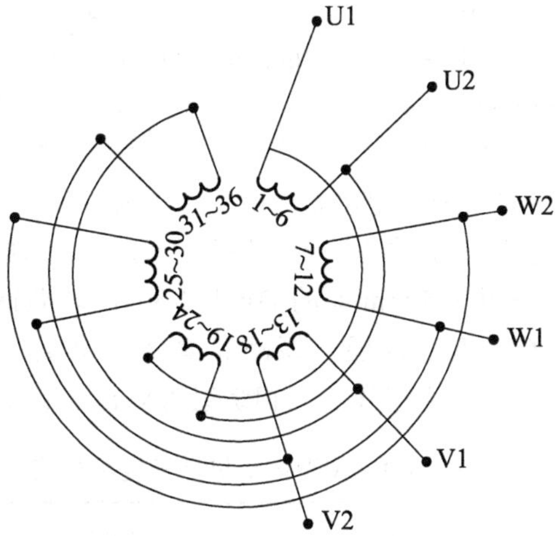

图 6-9　JD305A 型电动机定子绕组接线原理图

转子为铸铝转子结构，导条、端环、风叶及平衡柱用 A199.5 一次铸成，并热套于转轴上，转子共 50 槽，槽形为刀形槽，槽斜 15 mm。

机座、端盖及轴承盖均由 HT200 灰口铁铸成。在机座出线侧的筋上与定子铁心间装有两个 M16×20 定位用的紧固螺钉。轴承外盖（或加油管）上装有 M10×1 接头式压注油杯，在两端装有 6312Z1 低噪音单列向心圆柱轴承。

3. 制动电阻通风机组

除 44 号、45 号机车采用 TZTF6.0 A1(或 B1)/JD324A 型制动电阻通风机组（即轴流式风机及其驱动电机）外，其余机车采用的是 TZTF6.0 A1(或 B1)/JD306A 型制动电阻通风机组，用来冷却制动电阻。由于所需要的风量大，加上风道短及安装位置限制，所以采用轴流式风机。该机组在车上立式安装，安装在制动电阻的下方，气流方向为从下往上。

TZTF6.0 A1（或 B1）/JD306A 型制动电阻通风机组的实际使用轴负荷不超过 14.2 kW。其结构特点是：把双圆筒形机壳的内筒作为电机的机座，从而使轴流式风机和驱动电机作为一个整体。制动电阻通风机组驱动电机的机座就是双圆筒形机壳的内筒，嵌线定子、转子、端盖等均与 JD306A 电动机的相同。电动机结构见图 6-10。

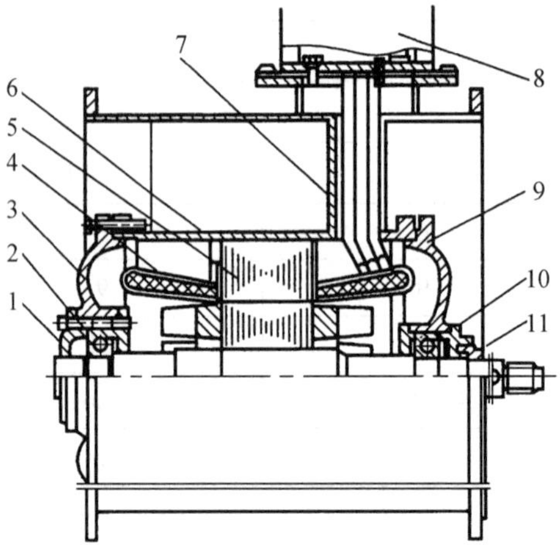

图 6-10　JD306A 电动机结构

1—后轴承盖；2—轴承；3—后端盖；4—定子；5—转子；6—机座；7—橡胶管；
8—接线盒组装；9—前端盖；10—轴承；11—油路环

JD306A 电动机为三相鼠笼式异步电动机，由定子［包括定子铁心、定子绕组和机座（即圆筒形机壳）］、铸铝转子（包括转子铁心、铸铝导条和端环、转轴）及端盖、轴承盖等组成。

定子铁心和转子铁心均采用 0.5 mm 厚的 DW470-50 冷轧硅钢片冲制的冲片叠压而成。定子槽形为半闭口槽，定子绕组为双层、短距、叠绕软绕组，采用 F 级绝缘，导线为 $\phi1.3$ QZ(G)-2/155 高强度改性聚酯漆包线。三相绕组为对称 Y 接，绕组规范见表 6-9。

表 6-9　JD306A 型电动机定子绕组规范

线端标记	U_1-U_2	V_1-V_2	W_1-W_2
极数	2		
槽数	36		
节距	1 ~ 14		
每极相组线圈数	6	6	6
每线圈匝数	13	13	13
每相串联匝数	156	156	156
并联导线数	2× $\phi1.3$	2× $\phi1.3$	2× $\phi1.3$
并联支路数	2	2	2

转子为铸铝转子结构，导条、端环、风叶及平衡柱用 A199.5 一次铸成，并热套于转轴上，转子共 28 槽，槽形为刀形槽。

机座、端盖及轴承盖均由 HT200 灰口铁铸成。在机座与定子铁心间装有一个 M12 × 16 定位用的紧固螺钉。整机装有两个加油管，从风机圆形机壳外壁一直伸到轴承盖油室，每根接一个 M10 × 1 直通式压注油杯。在传动端装有 7310AC 单列向心球轴承，在非传动端装有 6310Z1 低噪音单列向心球轴承。

4. 变压器通风机

TZTF5.6A-2 变压器通风机（即轴流式风机及其驱动电机）用来冷却主变压器油冷却器。由于所需要的风量大、风道短及安装位置限制，所以采用轴流式风机。该机组在车上为立式安装，安装在冷却器的上方，从车顶吸风，空气与冷却器进行热交换后从车体底部排出。TZTF5.6A-2 变压器通风机组的实际使用轴负荷不超过 22 kW，其结构特点是：驱动电机装在风筒内而使风机和驱动电机成为整体。该通风机采用的是 JD330 三相鼠笼式异步电动机，其结构见图 6-11。

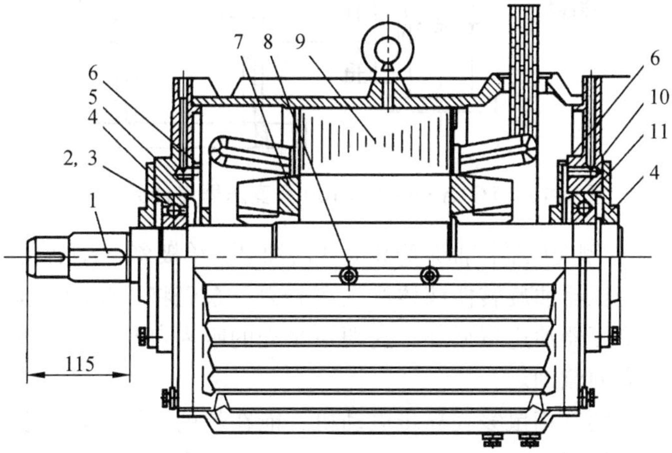

图 6-11　JD330 电动机结构

1—轴；2—挡圈；3，11—轴承；4—轴承外盖；5—前端盖；6—轴承内盖；7—定子；8—铭牌；9—转子；10—后端盖

JD330 电动机为三相鼠笼式异步电动机。定子铁心和转子铁心均采用 0.5 mm 厚的 50W470 无取向硅钢片叠压而成，定子槽为半闭口槽，绕组为双层、短距、叠绕软绕组，采用 F 级绝缘，导线为高强度改性聚酯漆包线。三相绕组为对称 Y 接，定子绕组接线原理图见图 6-12。

转子为铸铝转子结构，导条、端环、风叶和平衡柱用铝一次铸成，并热套与转轴上，转子共 28 槽，槽形为刀形。

机座、端盖和轴承盖均由 HT200 灰口铁铸成，整机设有两根加油管，从风机外壁一直伸到轴承盖油室，每根加油管接一个 M10 × 1 mm 直通式压注油杯。

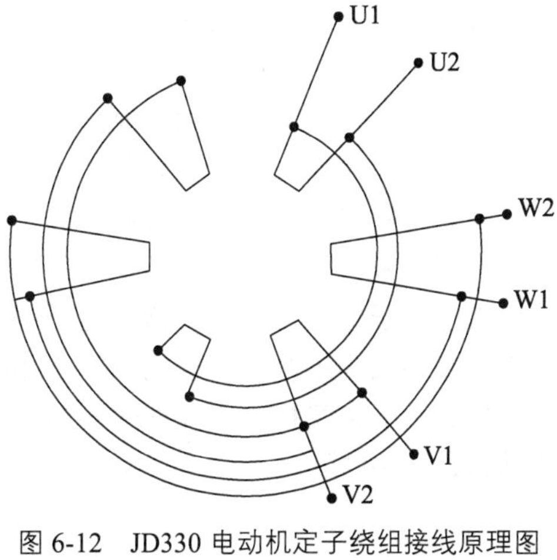

图 6-12　JD330 电动机定子绕组接线原理图

5. 变压器潜油泵

TG2A·95-170/10D 型变压器潜油泵（即潜油泵及其驱动电机的组合体），其作用是为变压器油循环提供动力，提高变压器的散热能力。TG2A·95-170/100 型变压器潜油泵的结构见图 6-13。

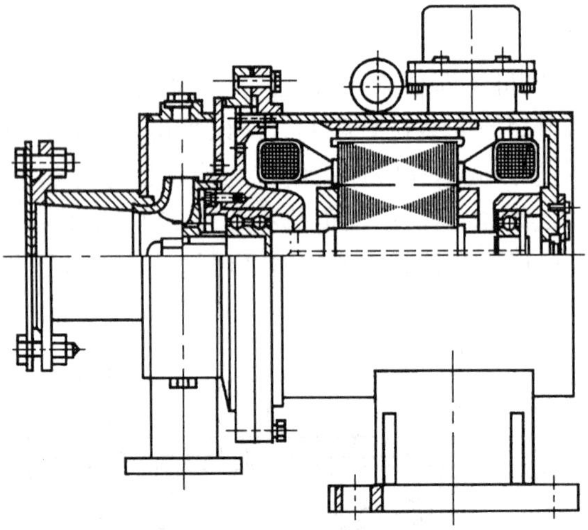

图 6-13　TG2A·95-170/100 型变压器潜油泵结构

TG2A·95-170/10D 型变压器潜油泵为离心式潜油泵，单极离心式叶轮直接装在驱动电机的轴端，叶轮旋转带动变压器油旋转使液体产生离心力，泵壳将工作叶轮排出的高速液流的动能转化成压力，迫使变压器油进行循环，这便在泵壳的吸入口与出口之间正、负压力区，迫使变压器油沿着一个方向流动。

电动机为特殊设计的三相鼠笼式异步电动机，能在热的变压器油中长期运行。电机工作产生的热量一部分经变压器油传给机座，再由机座散发到大气中；绝大部分借助变压器油通过在泵壳的压力区由机座引出一根油分路管（装在电机机座中的一根管子），油经滤网流进机座内腔，经绕组及铁心沿前轴端流回泵壳，在此过程中由电机和变压器油的热交换将电机工作产生的热量带走。

TG2A·95-170/10D 变压器潜油泵的各密封部件均采用丁腈耐油橡胶。泵的进出口各有一个 M20 × 15 mm 的油塞，为测量泵内的压力差用。在泵上装有放气塞，可排出泵内气体。

泵壳及机座均采用灰口铸铁铸成，叶轮是铜质的，接线板采用铜板，前后端均采用单列向心球轴承。定子槽形为半闭口槽，定子绕组为单层同心式，导线为缩醛漆包圆铜线。三相绕组为对称△接，定子绕组接线原理见图 6-14。转子为铸铝结构，共 20 槽。

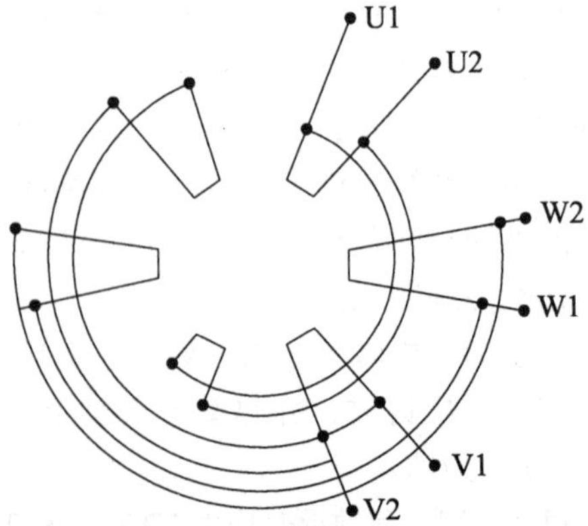

图 6-14　TG2A·95-170/10D 变压器潜油泵定子绕组接线原理图

6. 空气压缩机组

TSA-230AD 系列空气压缩机是为 SS_9 独立通风机车专门开发的下排风式螺杆压缩机，其主要特点是效率高，振动小，噪声低，动转平稳，可靠性好，易损件少，维修成本低。

TSA-230ADⅣ型空压机电机的是型号 FS200-2A，是按《机车、车辆用三相异步电机基本技术条件》（TB 1608）的要求进行设计的。其额定电压为 380 V，但在供电电压为 270 V 或 460 V 时也能输出 22 kW 的轴功率，满足驱动空压机的要求，并能在正弦性畸变率 30% 和电压不对称度 7%（最高电压时）或 10%（最低电压时）的情况下正常工作。

7. 辅助压缩机组

SS_9 型电力机车装有 TZKl-50 型辅助压缩机，该辅助压缩机组采用的是电机、压缩机整体式结构。

电机采用直流电机：额定电压 DC 110 V，额定转速 2 300 r/min。

三、$SS_{4改}$ 型电力机车的辅助电机

$SS_{4改}$ 型电力机车的劈相机、牵引通风机电机和制动通风机电机与 SS_9 电力机车基本相同，这里介绍主变压器轴流风机电机和硅整流装置轴流风机电动机。

1. JT61-2LA 型主变压器单级轴流风机电动机

JT61-2LA 型主变压器单级轴流风机电动机装在 $SS_{4改}$ 型机车上。该风机型号为 TZTF6.0#F，为 TZTF6.3Ⅱ型风机的改变型，改变的主要原因是 $SS_{4改}$ 型机车主变压器散热器从车底改为车体的底架上，而 TZTF6.3Ⅱ型风机为二级通风，外形偏高，装车时存在困难。改变型风机外形尺寸、风道尺寸、风叶轮直径等均与 SS_3 型机车主变压器用单机风机相同，但风向由原来由上而下改为由下而上。驱动电机由 JD306 电动机改用 SS_3 型机车 JT60-2LA 电动机，功率由 15 kW 降为 14 kW，极数由 4 极变为 2 极，转速由 1 462 r/min 提高到 2 900 r/min。

从 $SS_{4改}$ 型 239 号车开始，对 JT61-2LA 型电动机进行了改进。主要是提高该电机启动转矩，缩短启动时间，同时减少由于三角形接法而产生的内部环流。改进主要是电机功率由 14 kW 提高到 15 kW，由原来的三角形接法改为星形接法，定、转子槽形、线圈匝数、线径等都做了相应变化，而定子外径等主要结构尺寸维持不变。绕组规范见表 6-10，定子绕组接线原理见图 6-15。

表 6-10　JT61-2LA 改进型电动机绕组规范

线端标记	U_1-U_1	V_1-V_2	W_1-W_2
极　数	2		
槽　数	36		
节　距	1 ~ 14	1 ~ 14	1 ~ 14
每极相组线圈数	6	6	6
每线圈匝数	13	13	13
每相串联匝数	156	156	156
并绕导体数	2×ϕ1.3	2×ϕ1.3	2×ϕ1.3
并联支路数	2	2	2

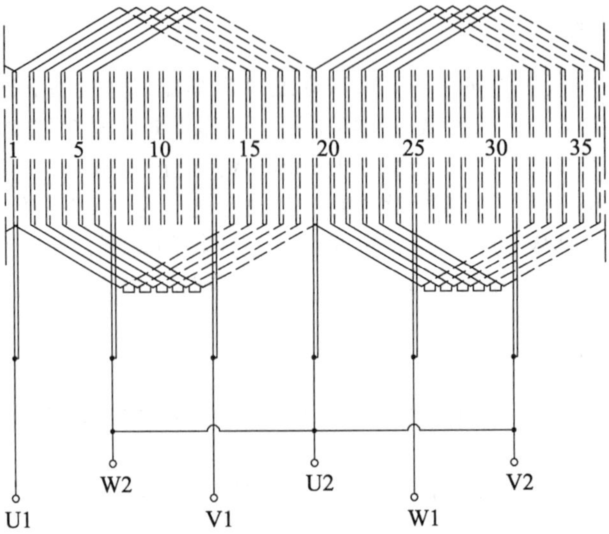

图 6-15　JT61-2LA 改进型电动机接线原理图

2. Y100L-2 型硅整流装置轴流风机电动机

Y100L-2 型硅整流装置轴流风机电动机(以下简称 Y100L-2 型电动机)安装在 SS_4 型(1 ~ 158 号)电力机车硅整流装置机上，主要技术参数见表 6-11。风机型号为 CLZ7-J，轴流通风机，立式安装，安装在硅整流装置的下方，自上将硅整流装置散发的热量吸入风机内，经风机吹向车底大气，达到冷却硅整流装置的目的。SS_4 型（1 ~ 158 号）电力机车上共有 12 台 CLZ7-J 型硅整流装置轴流风机，每节车 6 台。每 3 台为一组同时投入，同时切除。$SS_{4改}$ 型机车取消了 CLZ7-J 型硅整流装置轴流风机，硅整流装置冷却风源由牵引离心风机直接提供。

表 6-11　Y100L-2 型电动机主要技术参数

额定功率	3 kW
额定电压	380 V
额定电流	6.1 A
额定转速	2 900 r/min
极　数	2
频　率	50 Hz
功率因数	0.87
绝缘等级	B
定额种类	连续
绕组接法	对称星接

Y100L-2 型电动机在 SS_4 型（1 ~ 158 号）机车上的实际使用轴负荷不大于 1.6 kW，属封闭式电机，机座上带有散热筋，电机内部热量的散发，一部分由电机端盖法兰盘散发，一部分通过端盖法兰盘传递到机壳内套外表面，由内套外表面气流带走，另一部分由电机机座散

热筋散发到内套与几座之间的空气中，再由空气传递到内套，有内套外表面气流带走。Y100L-2 型电动机结构与封闭式三相鼠笼式异步电动机相似，由定子（定子铁心、定子绕组、机座）、轴铝转子（转子铁心、转子绕组、转轴）、端盖和轴承盖等组成。在定子与转子间具有 0.4 mm 气隙，其结构见图 6-16。

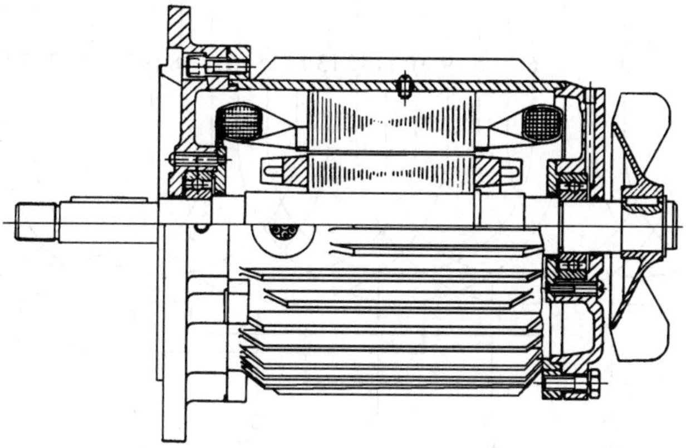

图 6-16　Y100L-2 型电动机结构

定子铁心和转子铁心均采用 0.5 mm 厚的 DW470-50 冷轧硅钢片，按给定图形冲制的冲片叠压而成，用 4 个扣片在压力状态下将铁心扣为一整体。定子铁心外径为 155 mm，内径为 84 mm，铁心长度 105 mm。定子槽形为半闭口梨形槽。定子绕组为单层同心式绕组，B 级绝缘，导线为 ϕ1.12 QZ-2 高强度聚酯漆包线，三相绕组为对称三角形接法，绕组规范见表 6-12，定子绕组接线原理见图 6-17。

转子为铸铝转子结构，转子外径为 83.2 mm，经车削加工而成。内径为 38 mm，槽形为刀形槽，共 20 槽，槽斜 11 mm。端环、风叶、平衡柱及槽内导体用 Al-1 铝一次铸成，并热套在转轴上。

表 6-12　Y100L-2 型电动机绕组规范

线端标记	U_1-U_1	V_1-V_2	W_1-W_2
极　数	2		
槽　数	24		
节　距	1～2 2～11	1～2 2～11	1～2 2～11
每极相组线圈数	4	4	4
每线圈匝数	40	40	40
每相串联匝数	320	320	320
并绕导体数	4×ϕ1.12	4×ϕ1.12	4×ϕ1.12
并联支路数	1	1	1

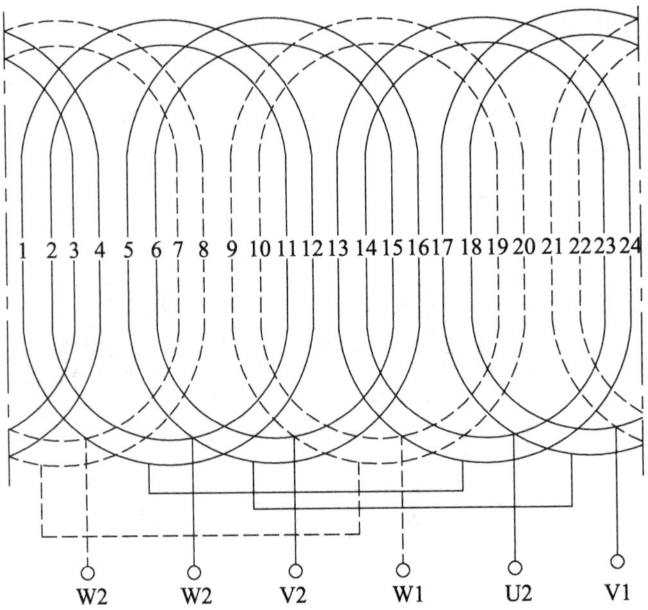

图 6-17　Y100L-2 型电动机接线原理图

端盖及轴承均由 HT200 灰口铁铸成。机座由无缝钢管加工而成，散热筋由钢板加工而成，焊在机座上。在机座与定子铁心间装有一个 M8 × 10 mm 定位用螺钉。整机装有两个加油管，均从风筒壳外壁一直通到轴承端油室。长加油管上装有一个 M8 × 1 mm 直通式压注油杯，短加油管上装有一个 M8 × 1 mm 接头式压注油杯。两端轴承均为 E206Z1 低噪音单列向心球轴承。

四、HXD_3 型电力机车的辅助机组

1. 牵引通风机组

HXD_3 型电力机车的 6 台牵引电动机采用 6 台牵引通风组进行独立冷却。牵引通风机组特点如下：

① 采用离心涡轮式叶轮，平衡修正为两面修正，以提高风机性能和效率。

② 风机叶轮与壳体之间间隙较大，以防止结冻。

③ 风机电机为三相鼠笼型异步电动机，其滚动轴承采用 NSK 生产的单列深沟球轴承，型号为 6309VVC3，轴承封入 ENS 油脂润滑油。

④ 风机噪声小。

通风机组主要由机壳、导风罩、电动机、叶轮、接线盒等组成。电动机借助其底座上的 4 个安装孔用螺栓与风机机壳内座板相连并保证同心度，在底座下端安装轴向止挡。为增强电机安装的稳定性，在电机上端面有一螺孔，用电机拉板以螺栓与风机内壳体连接。叶轮采用不锈钢螺帽安装在电动机输出轴上。通风机组通过接地螺栓接有接地导线。电机的三相引出线经连接管由机壳孔再经密封后引至铸铝接线盒内。

（1）电动机。

牵引通风机组电机采用鼠笼式三相异步电动机。由机车辅助变流装置（APU）供电。电

动机型号分为 TIKK-FCKW8、YFDQ185、FVF160DL1-2、JD160。

（2）主要技术参数（见表 6-13）。

表 6-13　HXD_3 牵引通风机组电动机主要技术参数

定额种类	连续（S1）
额定功率	18.5 kW
额定电压	AC 380 V
额定电流	35.5 A
额定频率	50 Hz
额定转速	2 930 r/min
额定效率	91.5%
功率因素	85.3%
极数	2
绕组连接方式	Y
绝缘等级	F
防护方式	IP44
通风方式	全闭外扇形
绝缘强度	导电部位与电机外壳间工频耐压 1 800 V，1 min 无击穿、闪络现象
轴承	输出端、非输出端 6309VVC3（ENS 润滑脂）
质量	150 kg

（3）主要结构。

电动机结构（TIKK-FCKW8 型电机）外形结构如图 6-18 所示。

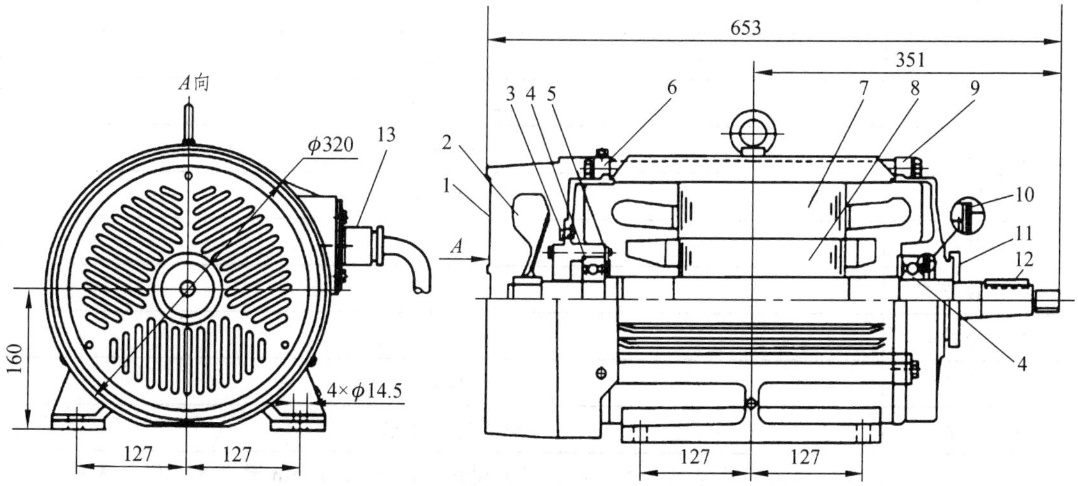

图 6-18　牵引通风机组结构（TIKK-FCKW8 型电机）

1—风扇罩；2—风扇；3—排水塞；4—滚动轴承；5—轴承内盖；6—后端盖；7—定子组装；8—转子组成；9—前端盖；10—弹簧组件；11—防水盖；12—键；13—出线部件

该电机与鼠笼型异步电机结构相似，主要由定子组装、转子组成、风扇、端盖、滚动轴承、轴承盖、键、出线部件等组成。电机的滚动轴承采用单列深沟球轴承，使用非接触橡胶密封圈式（载荷侧、反载荷侧一样）。轴承型号为 6309VVC03。轴承封入 ENS 油脂润滑油。

6309VVC03 型滚动轴承除具有承受径向负荷外，还可以承受两个方向的轴向负荷。改型轴承摩擦力矩小，适应于高速旋转、低噪声、低振动的场合。由于该轴承是双面非接触橡胶密封，所以具有较高密封性，防尘性能好，平时运用时，无须用油嘴加润滑脂，减少维护工作量，提高运用寿命。

2. 复合冷却器通风机组

HXD_3 型机车的 2 台复合冷却器采用 2 台复合冷却器通风机组进行独立冷却。

复合冷却器通风组特点如下：

① 采用斜流螺旋桨式叶轮，平衡修正为两面修正，以提高风机性能和效率。

② 风机叶轮与壳体间气隙较大，以防止冻结。

③ 采用免维护电机轴承，以减少通风机维护工作量。

④ 风机噪声小。

（1）电动机。

复合通风机组采用鼠笼式三相异步电动机。由机车辅助变流装置（APU），VVVF 供电。电机型号分为 TIKK-FCKLW8、YFDL200、FVF160DL2-2、JD160L。

（2）主要技术参数（见表 6-14）。

表 6-14　HXD_3 复合冷却器通风机组电动机主要技术参数

定额种类	连续（S1）
额定功率	20 kW
额定电压	AC 380 V
额定电流	38.5 A
额定频率	50 Hz
额定转速	2 930 r/min
额定效率	91.5%
功率因素	86.3%
极数	2
绕组连接方式	Y
绝缘等级	F
防护方式	IP44
通风方式	全闭其他外扇形
绝缘强度	导电部位与风机外壳间，工频耐压 1 800 V，1 min 无击穿、闪络现象
轴承	输出端、非输出端 6309VVC3（ENS 润滑脂）
质量	150 kg

（3）主要结构。

该电机与鼠笼式异步电动机结构相似。主要由定子组装、转子组装、前后端盖、滚动轴承、轴承盖、出线部件等组成。电动机依靠通风机的风来冷却。

电动机采用 6309VVC3 型滚动轴承，轴承内封入 ENS 油脂润滑油。

TIKK-FCKLW8 型电动机外形结构如图 6-19 所示。

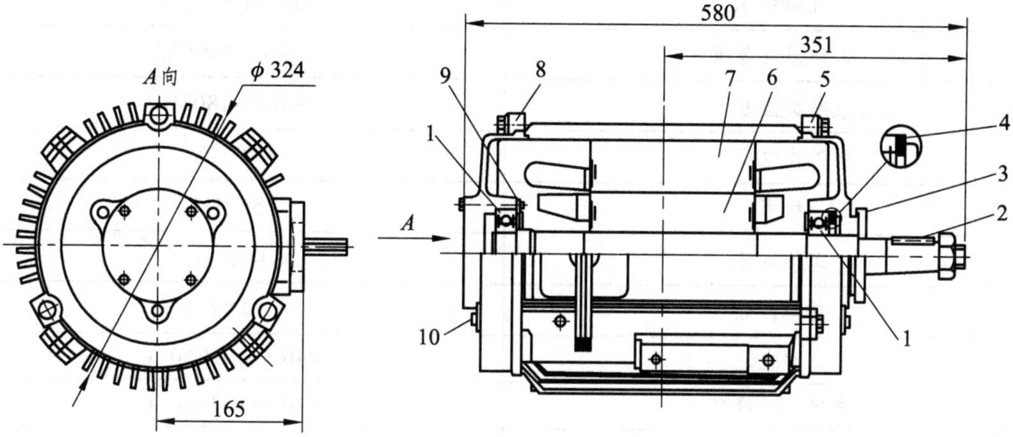

图 6-19　复合冷却通风机电动机外形结构（TIKK-FCKLW8）

1—滚动轴承；2—键；3—防水盖；4—弹簧组件；5—前端盖；6—转自组装；7—定子组装；8—后端盖；9—轴承内盖；10—排水盖；11—出线部位

3. 空气压缩机组

空气压缩机组的作用是为机车及车辆的制动系统提供符合要求的干燥、洁净的压缩空气。HXD_3 型电力接车采用两台 SL22-47 型螺杆式空气压缩机组作为系统风源，排风量为每台 2 750 L/min。配套使用两个 LTZ3.2-H 型双塔干燥器和两个 OEF2 型微油过滤器作为风源滤水、滤油的处理装置。其双塔干燥器的空气处理气量为每个 4.8 m^3/min。处理后的压缩空气可以满足 ISO8573-1 固体颗粒 2 级、油 2 级、水 2 级的标准。另外机车采用 4 个容积均为 400 L 的风缸串联作为压缩空气的储存容器，风缸采用车内立式安装。为了满足机车重联功能，在机车端部安装有总风重联管软管和平均管软管。

空气压缩机组型号为 SL22-47 为螺杆式压缩机组，其驱动电机为 KB/26-180LB 型交流电机。此空气压缩机组具有温度、压力控制装置，可以实现无负荷启动。冷却器排风口向下向车内排风。空气压缩机组的开停状态由总风压力开关进行自动控制，也可以通过手动按钮强行控制开停。

空压机组技术参数见表 6-15。

表 6-15　HXD_3 空气压缩机组主要技术参数

型　号	SL22-47
转速	2 920 r/min
流量	2 750×（1±6%）L/min
工作压力	1 MPa

续表

型　号	SL22-47
轴功率	25×(1±7%) kW
机油量	7/6L
机油牌号	Anderal3 057 M
工作温度范围	－40～＋50 °C
电机型号	KB/26-180LB
工作电压	$380^{+15\%}_{-5\%}$ V
频率	50 Hz
工作电流	$48^{+20\%}_{-10\%}$ A
功率因数	0.89
启动电流	440×(1+20%) A
冲击电流（峰值）	810×(1+20%) A
保护等级	IP55
冷却空气流速	055 m^3/s
控制电压	DC 110×(1±30%) V
整备质量	300×(1±3%) kg

五、HXD_1 型电力机车辅助电动机组

1 台 HXD_1 电力机车安装了 8 台通风机组，2 台油水冷却塔，2 台空气压缩机和 2 台辅助空气压缩机。

除辅助空气压缩机组采用直流电动机驱动外，其他机组都采用三相交流异步电动机驱动。电动机的具体结构和参数参阅相关资料。

第六节　交流辅助电动机的维护保养

交流辅助电动机的工作状况直接影响电力机车的运行，因此要加强对交流辅助电动机的维护保养，使其经常处于良好的工作状态。

一、定子绕组的维护保养

定子绕组检查的重点是其绝缘性能。定子绕组绝缘不应有破损、老化和过热现象。如遇

轻微破损时，可用1321号灰瓷漆涂补或用相应的绝缘材料进行包扎。如破坏严重或过热、老化，则应按大修规范更换定子绕组。

定子绕组端部的刚度和抗弯、抗扭强度主要取决于绑扎和绝缘处理的质量，对绕组运行可靠性影响很大，因此，线圈端部若有松弛、断裂，应重新进行绑扎。

定子槽楔应无裂纹、松弛现象，否则应将定子置于烘箱内按绝缘耐热等级加热，待槽楔相关缘软化后打出，更换新的槽楔。

用500 V兆欧表测量定子绕组对地及相间绝缘电阻值，均不得低于10 MΩ。若绝缘电阻偏低，一般是由于定子绕组绝缘受潮引起的，可进行干燥处理，干燥温度控制在120 °C以下，烘干8 h。

二、转子的维护保养

转子检修时，若发现转子铸铝导条断裂，端环有裂纹，应进行更新处理。转子铁心间如有摩擦痕迹，应进一步检查转轴是否弯曲，轴承及端盖的装配是否正常，有无可能因此造成气隙不均匀，产生较大的单边磁拉力使铁心偏向一方。转轴的弯曲程度可在机床上校验，如转子铁心中部弯曲超过公称气隙值的20%，则需要更换转轴。

转轴和铁心之间的装配情况，如发现松弛、位移，应查明原因。转轴配合部的轴径尺寸公差超限，或转子铁心内径松旷，应更换转轴或铁心。

转轴轴径尺寸及表面粗糙度应符合规定要求。如有锈蚀，可用油光锉及细砂布打磨消除。轴径磨损，尺寸偏差超限时，视超限程度采用镀铬恢复。若偏差较大镀层结合能力下降，则应更换。检查转轴的同时还应注意检查键槽的配合状态。

三、电机端盖、轴承及轴承盖的维护保养

端盖及轴承盖一般为铸铁件，检查时应注意是否有裂纹，局部裂纹是否可焊修。若裂纹扩展到轴承安装部位，焊修会引起变形，则应更换端盖。

检查轴承表面若有轻微锈迹，可用细砂纸或擦铜油擦拭。擦拭除锈后再经汽油清洗一次。手持轴承内圈转动轴承，检查是否轻快灵活，有无异常噪声。

端盖轴承镶入孔尺寸及表面粗糙度应符合规定要求。镶入孔因磨耗松旷时，装入轴承后轴承外径和镶入孔之间将出现异常间隙，电机运行时会发出异常噪声，电机启动时，异常噪声更加明显。镶入孔尺寸可用内径千分尺测量，也可在装入轴承时凭经验来判断轴承和镶入孔配合的松紧程度。

四、其他方面

（1）检查机座是否有破损或裂纹，定子铁心与机座的压装配合是否有松弛位移。

（2）检查接线板有无放电和裂纹，检查引线、接线端子连接是否良好。引线绝缘如有老化或裂纹时，应更换。

（3）经常清扫机座上的灰尘和油垢，以保证电机有良好的散热能力。

小　结

由单相电源和劈相机组成的辅助电路供电系统的特点是：单相电源电压波动范围大及三相电压、电流不对称。这对于三相辅助电动机的启动和运行都带来了不利，为保证机车辅助系统的正常运行，辅助电动机必须降低容量使用，并设置专用的辅机保护装置。

SS_9 型电力机车辅助系统中使用着各种用途的辅助电动机共 15 台，$SS_{4改}$ 型电力机车辅助系统中使用着各种用途的辅助电动机共 17 台，HXD_1 型电力机车辅助系统中使用着各种用途的辅助电动机共 14 台，HXD_3 型电力机车辅助系统中使用着各种用途的辅助电动机共 14 台，这些电动机按用途可归纳为：异步劈相机、压缩机电动机、通风机电动机、油泵电动机等。其结构与普通三相交流鼠笼式异步电动机相似。

交流辅助电动机的工作状况直接影响电力机车的运行，因此，必须加强对交流辅助电动机的维护保养，使其经常处于良好的工作状态。

思考与习题

1. 电力机车辅助电动机的类别有哪些？
2. 电力机车辅助电动机运行条件有何特点？
3. 简述异步劈相机的工作原理。
4. 异步劈相机的启动方法有哪些？
5. 简述异步劈相机三相电压不对称的原因及调整方法。
6. 简述 SS_9 型电力机车劈相机的技术要求及结构特点。
7. 简述各辅助电动机的用途及其主要结构特点。
8. $SS_{4改}$ 电力机车 JT61-2LA 型主变压器单级轴流风机电动机进行了哪些主要改进？
9. 试画出 $SS_{4改}$ 电力机车 Y100L-2 硅整流装置轴流风机电动机接线原理图。
10. HXD_3 型电力机车牵引通风机组的特点是什么？
11. HXD_3 型电力机车牵引通风机组电机的主要技术参数是什么？
12. 简述 HXD_3 型电力机车空气压缩机组的基本组成。

第七章　电器基本理论知识

在电力机车的各个电路中，应用着许多电器，这些电器能否可靠工作，对电力机车的正常运行起到重要作用。

本章在介绍电器的发热、散热，载流导体电动力的基础上，研究电弧的产生、性质及灭弧方法，讨论电接触时触头的接触形式、参数，触头的工作情况及触头参数，还介绍了电磁传动装置和电空传动机构等电器基本理论知识。

第一节　电器的发热和电动力

电器的发热及电动力是电器中存在的两种物理现象，它们对电器的正常工作有一定的影响。

一、电器的发热与散热

有触点电器由导电材料、导磁材料和绝缘材料等组成。电器在工作时由于有电流通过导体和线圈而产生电阻损耗。如果电器工作于交流电路，由于交变电磁场的作用，在铁磁体内产生涡流和磁滞损耗，在绝缘体内产生介质损耗。所有这些损耗几乎全部都转变为热能，其中一部分散失到周围介质中，另一部分加热电器本身，使其温度升高。

电器温度升高后，其本身温度与周围环境温度之差，称为温升。

电器的温度超过某一极限值后，其中金属材料的机械强度会明显下降，绝缘材料的绝缘强度会受到破坏。若电器温度过高，会使其使用寿命降低，甚至使电器遭到破坏。反之，电器工作时的温度也不宜过低，因为电器工作时温度太低，说明材料没有得到充分利用，经济性差，相对体积大，质量大。由此可见，研究电器的发热问题，对保证电器正常可靠地运行及缩小电器体积、节约原材料、降低成本、增加使用寿命等都具有重要意义。

电器的发热与散热是一个极其复杂的过程，影响它的因素很多，很难建立一个包括一切影响因素的热过程解析公式；电器的热计算只能是近似的，经过大量实验校核后，对于不同的具体条件，应用一些经验数据可以得到比较准确的结果，其中运用计算机采用温度场计算方法可以提高计算的准确度。为了确保电器的工作性能和使用寿命，各国电器技术标准都规定了电器各部件的发热温度极限及温升。

所谓发热温度极限就是保证电器的机械强度、导电、导磁性以及介质的绝缘性不受危害的极限温度。

因为电器工作环境直接影响电器的散热过程，我国国家标准规定最高环境温度为 40 °C（一般为 35 °C），从发热温度极限减去最高环境温度即为允许温升值，即

$$\text{允许温升} = \text{发热温度极限} - 40\ ^\circ\text{C}$$

1. 电器的发热

电器工作时，电流通过导电部分将产生电阻损耗。载流导体的电阻损耗为

$$P = I^2 R \tag{7-1}$$

式中 P—— 电阻损耗功率，W；

I—— 通过导体的电流，A；

R——导体电阻，Ω。

此损耗将转变为热能。正常状态时，其中一部分散发到周围介质中去，另一部分使导体的温度升高，形成温升。

2. 电器的散热

电器工作时，只要电器温度高于周围介质及接触零件的温度，它便会向周围介质散热，发热和散热同时存在于电器发热过程中。

当电器产生的热量与散失的热量相平衡时，电器的温升维持不变，称为热稳定状态。此时的温升称为稳定温升。若温升随着时间而变化，则称为不稳定发热状态。

电器的散热以传导、对流与辐射 3 种基本方式进行。

热传导现象的实质是通过具有一定内部能量的物质基本质点间的直接相互作用，使能量从一个质点传递到另一相邻质点。热传导的方向是由较热部分向其他部分传播，或由发热体向与它接触的物体传播。热传导是固体传热的主要方式，它也可在气体和液体中进行。

对流是通过流体（液体与气体）的运动而传递热量。根据流体流动的原因，对流分为自然对流和强迫对流。机车的电机、电器因受安装空间的限制，较多采用强迫对流，可加强散热，缩小体积。

热辐射是发热体的热量以电磁波的形式传播能量的过程。热辐射可穿越真空和气体而传播，但不能透过固体和液体物质。

传导、对流、辐射 3 种传热过程利用公式分别进行热计算是相当复杂的，而且结果不十分准确。所以在实际计算发热体表面温升时，不分别单独考虑，而是在一定表面情况和周围介质条件下，把 3 种散热方式综合起来，用综合散热系数 K_T 考虑散热，这就是通常采用的牛顿公式：

$$P = K_\text{T} S \tau \tag{7-2}$$

式中 P—— 散热功率，W；

K_T—— 综合散热系数，W/(m^2 · °C)；

S——有效散热面积，m^2；

τ——温升，°C。

通过式（7-2）可得出，散热功率与温升及有效散热面积成正比，温升越高，有效散热面越大，则散热功率越大。

二、载流导体的电动力及电动稳定性

载流导体处在磁场中会受到力的作用，载流导体间相互也会受到力的作用，这种力称为电动力。对于这种现象，有可利用的一面，如电机就是利用载流导体在磁场中受力将电能转换为机械能。也有危害的一面，如对大容量输配电设备来说，在短路情况下电动力可达很大数值，对配电装置的性能和结构影响极大。在电器中，载流导体间、线圈匝间、动静触头间、电弧与铁磁体间等都有电动力的作用。在正常电流下电动力不致于使电器损坏，但动、静触头间的电动斥力过大会使接触压力减小，接触电阻增大造成触头的熔化或熔焊，影响触头的正常工作。有时在强大短路电流所形成的电动力下，使电器发生误动作或使导体机械变形，甚至损坏。利用电动力的作用改善和提高电器性能的例子也是很多的。例如，接触器的磁吹灭弧、快速自动开关的速断机构等。

电动力的方向判断可用左手定则或磁通管侧压力原理来进行。左手定则：伸平左手，让磁力线垂直穿过手心，四指指向电流方向，大拇指的指向就是电动力方向。磁通管侧压力原理（米特开维奇定则）是：把磁力线看成为磁通管，并认为它有一种趋势，即纵向力图缩短，横向力图扩张，从而具有纵向张力和横向侧压力。因此，磁通管密度高的一侧具有推动导体向密度低的一侧运动的电动力。

电动力方向判断的两种方法其结果是一样的，可根据具体情况采用某一种。在结构及产生磁场因素复杂的情况下用磁通管侧压力原理来判定电动力方向较为方便。

1. 载流导体电动力计算基础和电动稳定性

当长为 L 并通有电流 I 的导体垂直置于磁感应强度为 B 的均匀磁场中时，作用在该导体上的电动力 F 为

$$F = BIL \tag{7-3}$$

若该导体与磁感应强度 B 的方向成 β 夹角时，则作用在导体上的电动力为

$$F = BIL\sin\beta \tag{7-4}$$

电器的电动稳定性就是指电器有关部分在电动力作用下不产生损坏或永久变形所能通过的最大电流。它以可能的最大冲击电流的峰值表示，也有的以它与额定电流的比值表示。

2. 触头电动力

触头闭合通过电流时，在触头间有电动力存在。这是因为触头表面不管加工怎样平整，从微观上看仍然是凹凸不平的。由于接触面积远小于触头表面积，电流线在接触点处产生收

缩，由此而引起触头间的电动斥力。当电流很大时，此电动力可将触头拉开或使触头间接触压力减小。触头处在闭合位置能承受短路电流所产生的电动力而不致损坏的能力，称为触头的电稳定性。由于触头面加工情况不同，触头压力情况不同，因而难以确定触头接触处电流线收缩的情况，因此电流线收缩而产生的电动斥力计算较复杂。

通过分析可得，“视在”接触面积、触头材料的抗压强度越大，电流线收缩得越厉害，电动斥力也越大。触头压力越大，有效接触面积增加，电动斥力也就越小。

第二节　电弧理论与灭弧方法

一、电弧的产生与熄灭

1. 概　述

在大气中开断电路时，通过相应的试验得出：如果电源电压超过 10 V，开断电流大于 1 A，在触头两端就会产生一团温度极高、亮度极强并能导电的圆柱形气体，称为电弧。

电弧的实质是一种自持气体放电现象。

电弧的温度很高，弧中心温度高达数千度甚至一万度以上，利用电弧高温和强光的特性，可作为强光源，可以使其广泛应用在焊接、熔炼和火箭技术等科技领域，但是它对开关电器的危害极大。当在开断电路时触头间产生电弧，触头开断后，电路仍不能断流，电弧将烧损触头并危及绝缘，甚至引起相间短路，或使开关电器爆炸引起火灾，危害整个电力系统的运行安全。因而从有利于电器的角度来研究电弧，目的在于了解电弧的各种规律，以便采取适当措施迅速熄灭电弧。

通过仪器观察测量电弧可发现，电弧电位在整个电弧长度上的分布是不均匀的，它分为近阴极区、弧柱区、近阳极区，如图 7-1 所示。

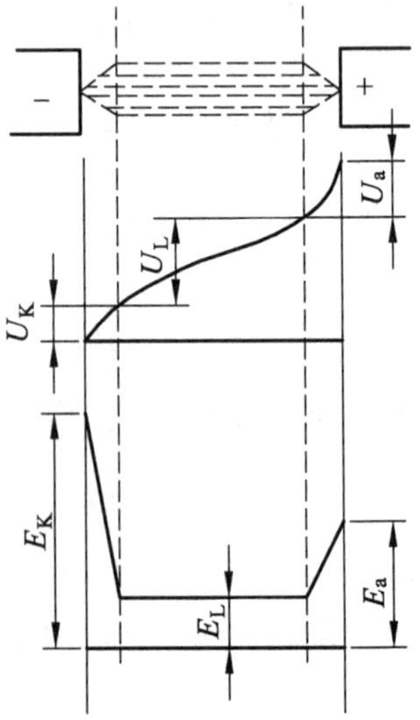

图 7-1　电弧三个区及电弧电位、电场强度的分布曲线

（1）近阴极区。近阴极区长度为10^{-4} cm，大致与电子的平均自由行程相等。在电场力作用下电子经过该段后使气体产生游离，气体游离后产生电子和正离子。电子运动速度比正离子大很多，迅速向阳极移动，正离子运动速度相对缓慢，它们聚集在阴极附近而形成正的空间电荷层，使阴极附近形成的电场强度（10^6 ~ 10^7 V/m），它对加速正离子向阴极运动、撞击阴极表面以产生二次发射和形成阴极高电场发射起着重要的作用。由表 7-1 可见，各种金属形成阴极压降变化不大，其值为 10 ~ 20 V。

表 7-1　几种触头材料的阴极压降

触头材料	气体介质	电流范围/A	阴极压降/V
铜 Cu	空气	1 ~ 20	8 ~ 9
铁 Fe	空气	10 ~ 30	8 ~ 12
碳 C	空气	2 ~ 20	9 ~ 11
汞 Hg	真空	1 ~ 1 000	7 ~ 10
碳 C	氦	-	20
钠 Na	真空	5	4 ~ 5

（2）近阳极区。长度约为近阴极区的数倍。在电场力的作用下自由电子向阳极运动，它们聚集在阳极附近且不断被阳极吸收而形成电流。同时在阳极附近的自由电子形成负的空间电荷层，产生阳极压降，其值稍小于阴极压降。由于阳极压降数制与阴极压降数制接近，但阳极区较长，故其电场强度比阴极区小。

（3）弧柱区。在阴极区和阳极区之间（几乎等于电弧的全长）光度强、温度高的部分称为弧柱，其压降用 U_L 表示。弧柱区正负带电粒子数是相等的，整个弧柱类似于一个金属导体，单位长度上电压降基本相等，近似于一个常数，它的大小与电流的大小、介质种类和冷却情况有关。

弧柱温度在燃烧时可达 6 000 ~ 20 000 K，趋于熄灭时为 3 000 ~ 4 000 K，在开关电器中，应重点研究弧柱的特性。

2. 电弧的分类

（1）按其外形可分为长弧与短弧，其区别主要取决于弧长与弧径之比。

一般把弧长小于弧径的电弧称为短弧，它的两极距离极短。短弧的特点是其物理过程主要决定于阴极，电弧压降主要反映的是极前压降，所以电弧压降几乎不随电流变化。

把弧长大大超过弧径的电弧称为长弧。长弧的特点是：电弧的过程主要决定于弧柱，电弧压降的大小也主要由弧柱压降所决定。

（2）按其电流的性质分为交流电弧和直流电弧。

电弧的物理过程比较复杂，且影响其特性的因素很多，因此，还不能全用理论的方法来计算电弧特性，在设计灭弧装置时，通常用经验的方法并通过实验来解决。在学习本节时，应很好掌握电弧内在的物理过程及其基本规律，并把密切相关的一些因素联系起来进行分析，就可以了解如何熄灭电弧的问题了。

3. 开断电路时电弧产生与熄灭的物理过程

当触头开断，触头间隙的气体由绝缘状态变为导电状态，使电流得以通过，即触头间隙中有电弧燃烧，电路仍然处于导通。气体呈导电状态的原因是由于原来的中性气体分解为电子和离子，即气体被游离，此过程称为气体的游离过程。气体游离出来的电子和离子在电场作用下各朝对应的极向运动，便形成电流，从而造成触头虽然已开断，但电路却并未切断。

但当电弧熄灭之后电路就不再导通了。这说明此时触头间隙的气体恢复了介质强度，又呈现绝缘状态，即气体已经消除游离而恢复为中性。那么，气体又是怎么会游离和消游离的呢？以下讨论电弧产生和熄灭的物理过程。

（1）电弧产生的物理过程。

① 阴极热电子发射。

触头开断过程中，接触面积越来越小，接触处的电阻越来越大，电流密度也越来越大，触头表面的温度升高，金属内由于热运动急剧活跃的自由电子克服金属内正离子的吸力而从阴极表面发射出来，这种主要是由于热作用所引起的发射称为热发射。

温度越低和逸出的功越大时，热发射的电流密度越小。

② 阴极冷发射。

在触头刚刚分开发生热发射的同时，由于触头之间的距离很小，线路电压在这很小的间隙内形成很高的电场，由此电场作用可是自由电子在常温下逸出金属，形成高电场发射。在高电场发射中，并不需要热功的参与，所以高电场发射也称为冷发射。

当金属的温度越低和阴极表面电场越小时，电子发射的数量就越少。

通常阴极电子的发射，同时包含了热发射和冷发射的过程，只是不同的材料热发射和冷发射的程度各不相同。

③ 撞击游离。

受强电场发射的自由电子，受电场力影响而加速，在向阳极移动过程中，碰撞其他中性质点，打出一个或几个电子，使其变成正离子。被打出的电子又可能和别的中性质点碰撞，这样的联锁反应，使大量的中性质点被游离，称其为撞击游离。如果电子所获的能量较小，撞击后不足以使中性气体分子立即游离，但撞击后可使电子从内层轨道跳到较远的外层轨道而不脱离其原子核的束缚，这种状态称激发状态。处于激发状态的气体分子经过多次撞击，便可发生游离，这种过程称为累积游离。

通常撞击游离的过程主要是累积游离的过程。

④ 热游离。

当电弧燃烧时，电弧间隙中气体温度很高，自由电子的运动速度加大动能增加，它们挣脱原子核的吸引和束缚，分解为带负电的自由电子和带正电的正离子，这种现象称为热游离。热游离实质上也是撞击游离，只不过发生撞击的原因是高温引起而不是电场引起的。

所以温度越低，热游离越弱；相反温度越高，热游离越强。应该指出，在高温情况下，往往有金属蒸汽充塞于触头间隙，由于金属蒸汽的游离比气体要快得多，因此游离程度更加迅速。

由上可见，电弧的产生，第一是由于热的作用，发生热发射和热游离；第二是由于电场的作用，发生冷发射和撞击游离，在气隙间出现大量电子流，使气体由绝缘体变成导体。电弧燃烧期间，起主要作用的是热游离。因而，使电弧迅速冷却是熄灭电弧的主要方法。

（2）电弧熄灭的物理过程。

电弧稳定燃烧时是处在热动态平衡状态中的，此时不可能有电子和离子的累积。这说明电弧内部除游离外，还存在着消游离的过程。消游离是指正、负带电粒子中和而变成中性粒子的过程。当电弧熄灭时，气体恢复为中性，这反映了消游离的结果。消游离的过程通过复合与扩散两种方式完成的。

① 复合。

带异性电荷的粒子相遇后因相互作用而中和变成中性粒子称为复合。复合方式有表面复合和空间复合两种。

带正、负电荷的粒子附在金属或绝缘材料表面上相互吸引变成中性粒子称为表面负荷。正、负粒子在放电间隙相互吸引发生中和现象的称为空间复合。空间复合又有直接复合和间接复合之分。自由电子与正离子相遇，相互吸引而中和电荷变成中性粒子，称为直接复合。由于自由电子的运动速度比正离子大得多，所以直接复合的概率很小，往往是自由电子黏合在中性粒子上，再与正离子相遇而复合，中和电荷形成两个中性粒子，这种过程称为间接复合。间接复合的概率大于直接复合近 1 000 倍。

显然，带电粒子的运动速度是直接影响复合作用大小的重要因素。温度降低，减小电场强度可使粒子运动速度减小，易于复合；带电粒子的浓度也直接影响复合的机会，浓度增加复合增强，在电弧电流不变的条件下，减小电弧直径，粒子浓度增加复合作用增强；此外，加入大量的新鲜气体分子，也可增强复合作用。

② 扩散。

弧柱中的带电粒子，由于热运动从弧柱中浓度高的区域移动到弧柱周围浓度低的区域的现象称为扩散。扩散能使弧柱带电粒子较少，消游离作用增强。电弧是一个电子和离子高度密集的空间，同时其中温度很高。它和气体分子一样，有均匀地分布在容积中的倾向，这样电子便从弧隙中向四周扩散，扩散出来的电子（或离子）因冷却互相结合而成为中性分子，这种过程的进行不在电弧的内部，而在电弧的表面空间进行。

扩散是由高温、高浓度区指向低温、低浓度区域的，扩散出的带电粒子因冷却作用极易相互结合。因此，当弧柱表面温度降低时，即电弧内部与电弧表面之间的温差增大时，扩散就会增大。所以加速电弧的冷却是提高扩散作用的有效方式。

综上所述，电弧中同时存在着游离和消游离作用。这是矛盾着的两个方面，电弧的燃烧情况就取决于同时存在着的游离作用和消游离作用的这对矛盾的斗争及其转化。当游离过程占优势时电弧便会发生和扩大；当消游离过程占优势时，电弧就趋于熄灭；当游离作用和消游离作用处于均衡状态时，则弧隙中保持一定数量的电子流而处于稳定燃烧状态。

二、交流电弧及其熄灭

1. 交流电弧的特性

在交流电路中，电流的大小随时间按正弦规律变化。电弧的温度、直径就弧压降也随时间变化，交流电弧的这种特性称为动特性。如图 7-2 所示，电流按正弦规律变化时，电弧温度和直径的波形呈脉动形状。若为理想情况，当交流电过零时，电源提供的能量为零，触头间电场为零、电弧温度最低，带电质点停止运动，消游离过程最强烈，交流电弧自然熄灭。

如图 7-2 所示，实际中电弧温度的变化总是滞后于电流的变化，其原因是弧柱的受热升温和散热降温都要有一个过程，跟不上快速变化的电流，这种现象称为电弧的热惯性。由于电弧具有热惯性，使电流过零时，电弧的温度不是最低，弧隙间仍有一定数量的带电质点，弧隙绝缘仍保持较低的数值，当反向电压加到弧隙上尚未达到最大时，弧隙将立即击穿，电弧重燃。

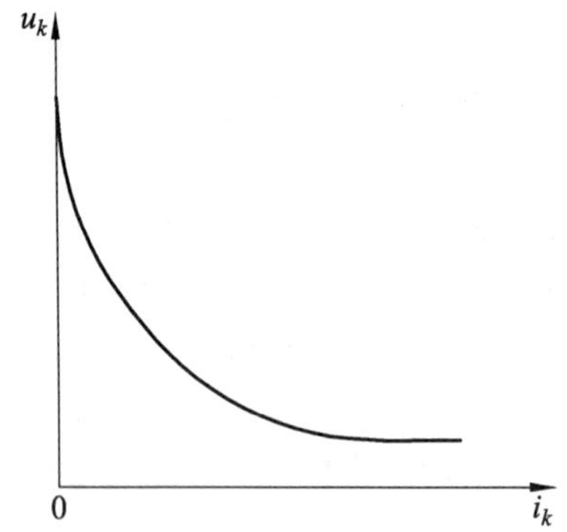

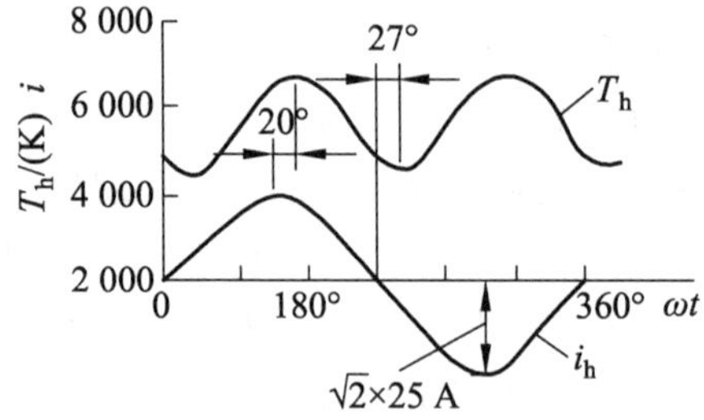

图 7-2　交流电弧温度变化曲线

综上所述，对于交流电弧而言，实际上就是一连串点燃和熄灭的过程，交流电弧研究的不是电弧能否熄灭的过程，而是电流过零后如何有效地阻止电弧重燃的问题。交流电弧电流通过零点时，热游离迅速下降，为电弧的最终熄灭创造了最有利的条件，此时只要采取一定的消游离措施，使少量的剩余离子复合，就能防止电弧在下半周重燃，使电弧最终熄灭。因此，交流电弧比直流电弧容易熄灭。我们通常把利用电弧电流自然过零特点进行的熄弧称为零点熄弧原理。

2. 与交流电弧能否重燃相关的两个物理过程

为了使电弧在弧电流通过零点自行熄灭后不再重燃，必须研究在电流通过零点时弧隙中的物理过程。首先必须了解什么是使电弧重新点燃的因素和什么是不利于电弧重新点燃的因素，从这一观点出发，凡是抑制电弧重新点燃的因素，或是加强不利于电弧重新点燃的因素，都可以促使交流电弧熄灭。

交流电弧电流过零期间，同时存在两个对立的基本过程：一是弧隙介质强度的恢复过程，这是促使电弧熄灭的因素；另一过程是弧隙电压恢复过程，因为此过程有可能把弧隙击穿而重新引起电弧的点燃，这是使电弧重燃的因素。

在交流电弧电流通过零点以后，电弧能否熄灭取决于上述弧隙介质强度的增长速率是否大于弧隙外加电压的增长速率，若前者大于后者，则弧隙游离必然下降，最后变为完全介质状态，电弧就不再重燃；反之，则弧隙游离必然加强，当离子浓度达到相当程度以后，电弧便重新点燃。由此可见，这两个过程是决定电流过零以后电弧是否重燃的根本条件，也就是游离与消游离仍是决定交流电弧熄灭或重燃的基本矛盾。

为此，对介质恢复过程和电压恢复过程进行分析。

（1）弧隙介质绝缘强度的恢复过程。

电流最大时，电弧温度最高，电弧中热游离最强，带电质点最多，弧隙导电性能最好，弧隙介电强度几乎为零。电流过零时，电源停止提供能量，弧隙温度剧降，热游离减弱，电源电压若同时为零，则弧隙中带电质点无电场力作用，其运动速度慢，此时的去游离过程最强烈，弧隙中中性质点数量剧增，弧隙电阻增大，弧隙有电流最大值时的良好导电状态逐渐变为中性的不导电状态，恢复为绝缘介质，电弧熄灭。此时弧隙介电强度恢复到某一初始值（此数值的大小与介质的种类、弧隙长度等因素有关）。电流过零后，由于电弧热惯性存在，弧隙温度继续下降，弧隙介电强度继续提高，这一过程称为弧隙介电强度的恢复过程。其恢复速度与弧隙中去游离过程强弱有关。例如，加强对弧隙的冷却，可提高弧隙介电强度的恢复速度。

（2）弧隙电压的恢复。

触头间电流过零时，夹在弧隙上的电压称为恢复电压。恢复电压达到最大值的变化过程称为弧隙电压的恢复过程。恢复电压的初始值的大小和弧隙电压的恢复速度与电路参数、恢复电压的频率等因素有关。

所以，比较电流过零后弧隙介电强度值和恢复电压值的大小，就可以判断交流电弧在电流过零后能否熄灭。只要电流过零后，弧隙介电强度值始终大于弧隙恢复电压值，弧隙不被击穿，交流电弧熄灭，否则电弧重燃。

三、常用的灭弧方法和装置

熄灭电弧的方法很多，如拉长电弧、降低温度、将长弧变为短弧、将电弧放置于特殊介质中、增大电弧周围气体介质的压力等。为熄灭电弧而采用的装置称为灭弧装置。一个灭弧装置可以采用某一种方法进行熄弧，但在大多数情况下则是综合采用几种方法，以增加灭弧效果，如拉长和冷却电弧往往是一起运用的。

1. 拉长电弧

电弧拉长以后，电弧电压增大，改变了电弧的伏安特性。在直流电弧中，其静伏安特性上移，电弧可以熄灭。在交流电弧中，由于燃弧电压的提高，电弧重燃困难。

电弧的拉长可以沿电弧的轴向（纵向）拉长，也可以沿垂直于电弧轴向（横向）拉长，如图 7-3 所示。

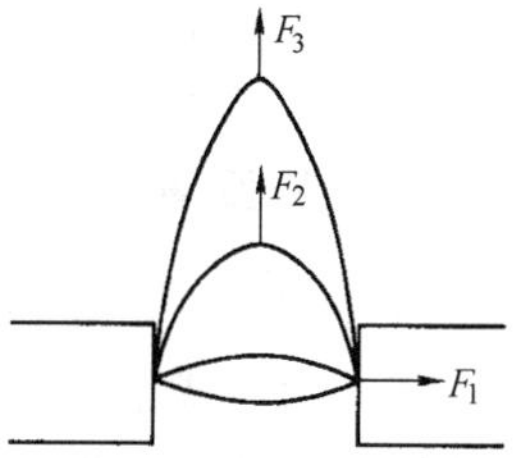

图 7-3　拉长电弧

（1）机械力拉长。

电弧沿轴向拉长的情况是很多的，电器触头分断过程实际上就是将电弧不断地拉长，刀开关中闸刀的拉开也是拉长电弧，电焊过程中将焊钳提高可使电弧拉长并熄灭。

（2）回路电动力拉长。

载流导体之间会产生电动力，如果把电弧看作一根软导体，那么受到电动力，它就会发生变形，即拉长，如图 7-4 所示。

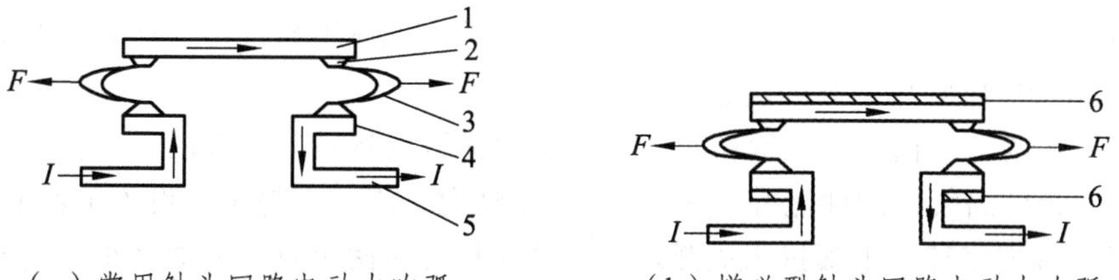

（a）常用触头回路电动力吹弧　　（b）增磁型触头回路电动力吹弧

图 7-4　触头回路电动力吹弧

1—触头桥；2—动触头；3—电弧；4—静触头；5—静触头座；6—磁性片

在一对桥式双断点结构形式的触头断开时，电弧受回路电动力 F 的作用被横向拉长，也就是图 7.3 中受 F_2 作用力的情况。横向拉长时电弧与周围介质发生相对运动，其冷却效果比纵向拉长的好。

在利用电路本身通过电流而产生的回路电动力拉长电弧时，要注意当回路电流较小时，其效果较差。

（3）磁吹灭弧。

当需要较大的电动力来拉长电弧时，可以让电弧在一个专门设置的磁场中受力的作用。这个产生专门用于熄弧的磁场的装置，一般称之为吹弧线圈，如图 7-5 所示。由于这个磁场力比较大，其拉长电弧的效果也较好，如图 7-3 中 F_3 作用力的情况。

由于磁吹线圈与电路的连接方式不同而形成串励线圈和并励线圈。当磁吹线圈与触头相串联而构成串励线圈时，若电流方向改变但磁场力方向不变，即磁吹方向不随电流的极性变化而改变。另一方向，吹弧力的大小与弧电流有关，弧电流越大，吹弧力越大，灭弧效果越好。当磁吹线圈与电路并联构成并励线圈时，它的特点与串励线圈上述两方面正好相反，即吹弧力的方向与弧电流方向有关，产生吹弧力磁场的大小与弧电流大小无关。还有一种不需线圈和电源也能产生和并励线圈同样效果的磁吹装置，那就是用永久磁铁。这样，其结构就可更趋简单。

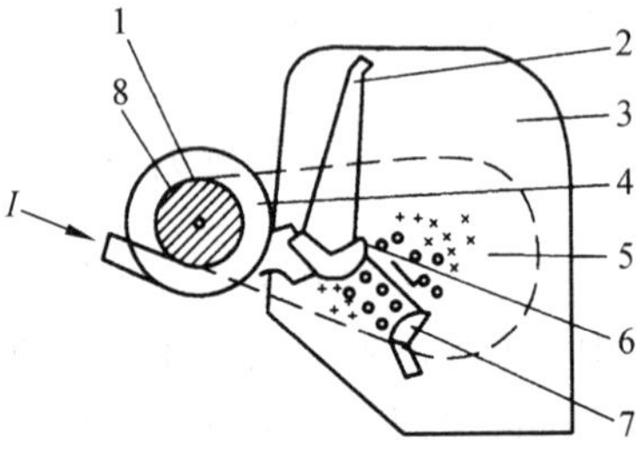

图 7-5　磁吹灭弧装置示意图

1—磁吹铁心；2—导弧角；3—灭弧罩；4—磁吹线圈；5—铁夹板；6—静触头；7—动触头；8—绝缘套

图 7-5 中所示的导弧角 2 是根据回路电动力的原理而设置的。其作用是使电弧很快离开触头且按一定方向运动，以减小触头表面电弧的烧伤。

2. 灭弧罩

灭弧罩是让电弧与固体介质相接触，降低电弧温度，从而加速电弧熄灭的比较常用的装置。其结构形式是多种多样的，但其基本构成单元为“缝”。灭弧罩壁与壁之间构成的间隙称作“缝”。根据缝的数量可分为单缝和多缝。缝的宽度小于电弧直径的称窄缝，反之，大于电弧直径的称宽缝。根据缝的轴线间的相对位置关系可分为纵缝与横缝。缝的轴线和电弧轴线相平行的称为纵缝，相垂直的则称为横缝。

（1）纵缝灭弧罩。

图 7-6 所示为一纵向窄缝的灭弧情况。当电弧受力被拉入窄缝后，电弧与缝壁能紧密接触。在继续受力情况下，电弧在移动过程中能不断改变与缝壁接触的部位，因而冷却效果好，对熄弧有利。但是在频繁开断电流时，缝内残余的游离气体不易排出，这对熄弧不利。所以此种形式适用于操作频率不高的场合。

图 7-7 所示为一纵向宽缝的灭弧情况。宽缝灭弧罩的特点与窄缝的正好相反，冷却效果差，但排出残余游离气体的性能好。图 7-5 中所示情况是将一宽缝中又设置了若干绝缘隔板，这样就形成了纵向多缝。电弧进入灭弧罩后，被隔板分成两个直径较原来小的电弧，并和缝壁接触而冷却，冷却效果加强，熄弧性能提高。此外，由于缝较宽，熄弧后残存的游离气体容易排出，所以这种结构形式适用于较频繁开断的场合。

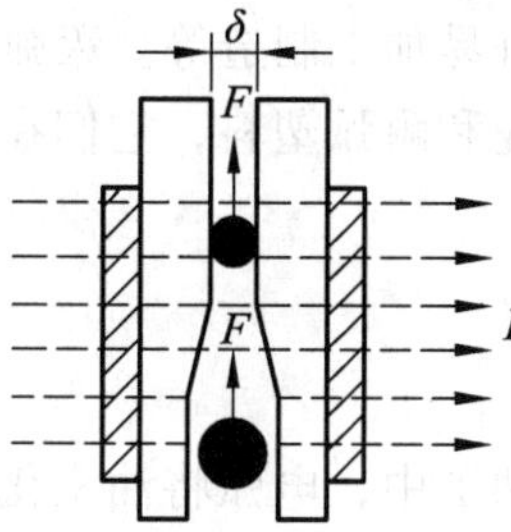

图 7-6　纵向窄缝式灭弧罩

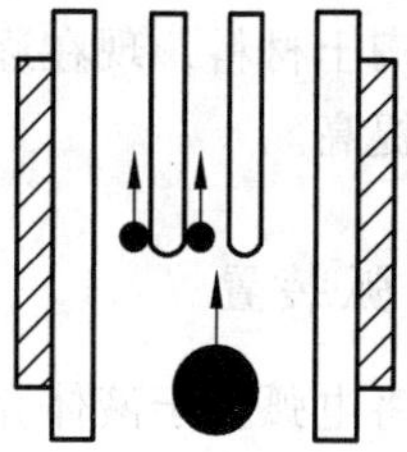

图 7-7　纵向宽缝式灭弧罩

图 7-8 所示为纵向曲缝式灭弧罩的灭弧情况。纵向曲缝式又称迷宫式，它的缝壁制成凹凸相间的齿状，上下齿相互错开。同时，在电弧进入处齿长较短，越往深处，齿长越长。当电弧受外力作用从下向上进入灭弧罩的过程中，它不仅与缝壁接触面积越来越大，而且长度也越来越长，这就加强了冷却作用，具有很强的灭弧能力。但是，也正因缝隙越往深处越小，电弧在缝内运动时受到的阻力越来越大，所以这种结构的灭弧罩一定要配以较大的让电弧运动的力，否则其灭弧效果反而不好。

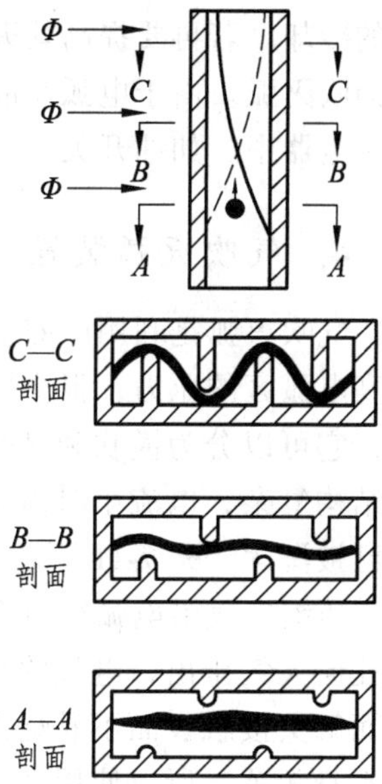

图 7-8　纵向曲缝式灭弧罩

（2）横缝灭弧罩。

为了加强冷却效果，横缝灭弧罩往往以多缝的结构形式使用，也就是称为横向绝缘栅片，如图 7-9 所示。

当电弧进入灭弧罩后，受到绝缘栅片的阻挡，电弧在外力作用下发生弯曲，从而拉长了电弧，并加强了冷却。为了分析电弧与绝缘栅片接触时的情况，以其放大图来说明，如图 7-10 所示。

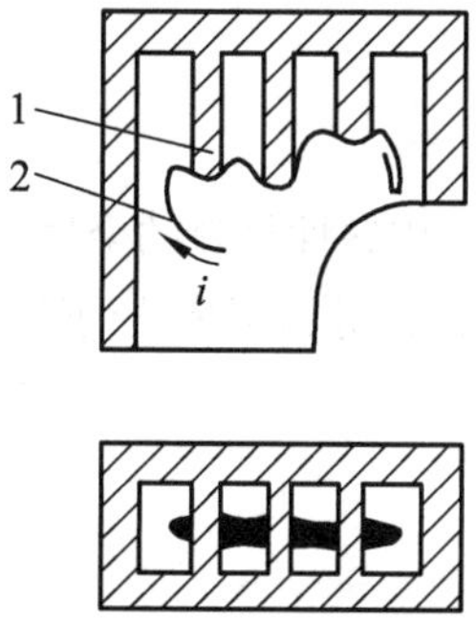

图 7-9　横向绝缘栅片式灭弧罩

1—灭弧罩；2—电弧

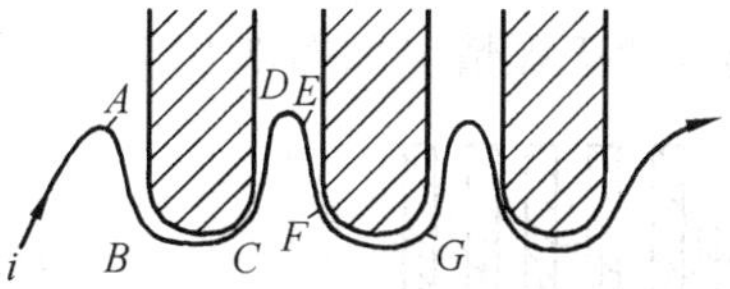

图 7-10　电弧在横向绝缘栅片式灭弧罩中的放大图

设磁通方向为垂直向里，电弧 *AB*、*BC* 和 *CD* 段所受的电动力都使电弧压向绝缘栅片顶部，而 *DE* 段所受的电动力使电弧拉长，*CD* 段和 *EF* 段相互作用产生斥力。这样一些力的作用，使电弧拉长并与缝壁接触面增大而且紧密，所以能收到比较好的灭弧效果。

由于灭弧罩要受电弧高温的作用，所以对灭弧罩的材料也有一定的要求，如受电弧高温作用不会因热变形、绝缘性能不能下降、机械强度好且易加工制造等。灭弧罩材料过去广泛采用石棉水泥和陶土材料，现在逐渐改为采用耐弧陶瓷和耐弧塑料，它们在耐弧性能与机械强度方面都有所提高。

3. 油冷灭弧装置

油冷灭弧是将电弧置于液体介质（一般为变压器油）中，电弧将油汽化、分解而形成油气。油气中主要成分是氢，在油中以气泡的形式包围电弧。氢气具有很高的导热系数，这就使电弧的热量容易散发。另外，由于存在着温度差，所以气泡产生运动，又进一步加强了电弧的冷却。若再要提高其灭弧效果，可在油箱中加设一定机构，使电弧定向发生运动，这就是油吹灭弧。由于电弧在油中灭弧能力比在大气中拉长电弧大得多，所以这种方法一般用于高压电器中，如油开关。

4. 气吹灭弧装置

气吹灭弧是利用压缩空气来熄灭电弧的。压缩空气作用于电弧，可以很好地冷却电弧，提高电弧区的压力，很快带走残余的游离气体，所以有较高的灭弧性能。按照气流吹弧的方向，它可以分为横吹和纵吹两类。气吹灭弧装置的绝缘件结构复杂，电流小时横吹过强会引起很高的过电压，故已被淘汰。图 7-11 所示为纵吹（径向吹）的一种形式。

压缩空气沿电弧径向吹入，然后通过动触头的喷口、内孔向大气排出，电弧的弧根能很快被吹离触头表面，因而触头接触表面不易烧损。因为压缩空气的压力与电弧本身无关，所以使用气吹灭弧时要注意熄灭小电流电弧时容易引起过电压。由于气吹灭弧的灭弧能力较强，故一般运用在高压电器中。

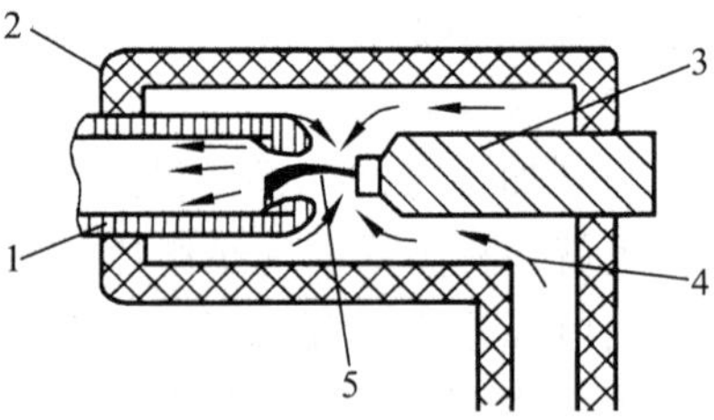

图 7-11　气吹灭弧装置

1—动触头；2—灭弧室瓷罩；3—静触头；4—压缩空气；5—电弧

5. 横向金属栅片灭弧

横向金属栅片又称为离子栅，它利用的是短弧灭弧原理。用磁性材料的金属片置于电弧中，将电弧分成若干短弧，利用交流电弧的近阴极效应和直流电弧的极旁压降来达到熄灭电弧的目的。

横向金属栅片灭弧情况如图 7-12 所示。

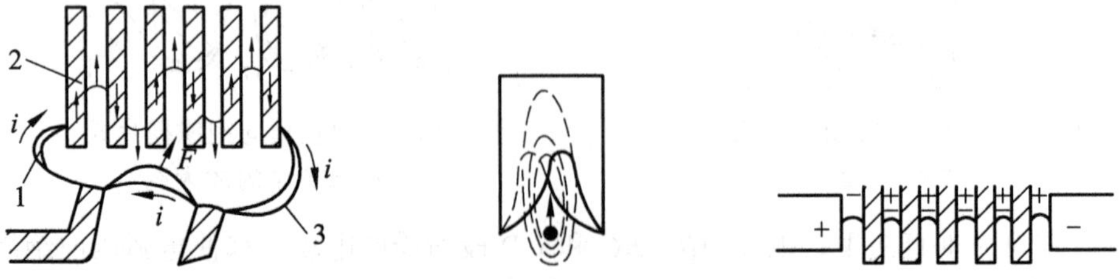

（a）横向金属栅对电弧的作用　（b）横向金属栅灭弧原理　（c）

图 7-12　横向金属栅片灭弧罩结构、原理图

1—入栅片前的电弧；2—金属栅；3—入栅片后的电弧

栅片的材料一般采用铁。当电弧靠近铁栅片时，由于铁片为磁性材料，所以栅片本身就具有一个把电弧拉入栅片的磁场力。当电弧被这个磁场力或外力拉入铁片栅中时，空气阻力较大。为了减少电弧刚进入铁栅片时的空气阻力，铁栅片作成楔口并交叉装置，如图 7-12（b）所示，即只让电弧先进入一半铁片栅中。随着电弧继续进入铁片栅中，磁阻减小，铁片对电弧的拉力增大，使电弧进入所有的铁片栅中。电弧进入栅片后分成许多串联短弧，电流回路产生作用于各短弧上的电动力使短弧继续发生运动。此时应注意短弧被拉回向触头方向运动的力，它会使电弧重燃并烧损触头。为了消除这种现象，可以采用凹形栅片和 O 形栅片。铁栅片在使用时一般外表面要镀上一层铜，以增大传热能力和防止铁片生锈。

横向金属栅片灭弧装置主要用于交流电器，因为它可将起始介质强度成倍的增长。对于直流电弧而言，因无近阴极效应，只能靠成倍提高极旁压降来进行灭弧。由于极旁压降值较小，要想达到较好的灭弧效果，金属栅片的数量太大，会造成灭弧装置体积庞大。

第三节　电接触与触头系统

一、触头的接触面形式

载流导体及电器的导电回路中，两个导电零件通过机械连接的方式互相接触，以实现导电的现象称为电接触。电接触按工作方式可分为固定接触、滑动及滚动接触和可分合接触三大类。

1. 固定接触

两个导体用螺栓、铆钉等紧固件连接起来，在工作过程中接触面不发生相互分离和相对移动的连接，称为固定接触。如母线与电器接线端的连接、母线与母线的连接等。

2. 滑动及滚动接触

在工作过程中，一个接触面沿另一个接触面滑动或滚动，但不能分断电路的接触，称为滑动及滚动接触。如直流电机的电刷与换向器之间的连接、滑线电阻器的滑臂与电阻线之间的连接等。

3. 可分合接触

在工作过程中，两个接触面既可以分开又可以闭合的连接，称为可分合接触，又称触头（或触点）。触头总是成对出现的，一个是动触头，另一个是静触头。动、静触头分别用于分断电路；动、静触头闭合用于接通电路。可分合接触广泛用于各种断路器、接触器和继电器中。

触头是电器的执行部分，在电器感测部分（传动装置）的带动下，完成电器的分合动作。

在动、静触头闭合接触时，依靠弹簧的压力使动、静触头紧密接触，以保证可靠的电接触。

按在电路中的作用，触头可分为主触头和辅助触头。主触头用于主电路，辅助触头用于辅助电路或控制电路。由于辅助触头常常起到电气联锁作用，所以又称为联锁触头。联锁触头又分为正联锁触头（常开触头）和反联锁触头（常闭触头）。在无电情况下，触头是断开的为常开触头；触头是闭合的为常闭触头。在特殊情况下，还有弧触头。

触头的接触形式分为点接触、线接触和面接触三种，如图 7-13 所示。

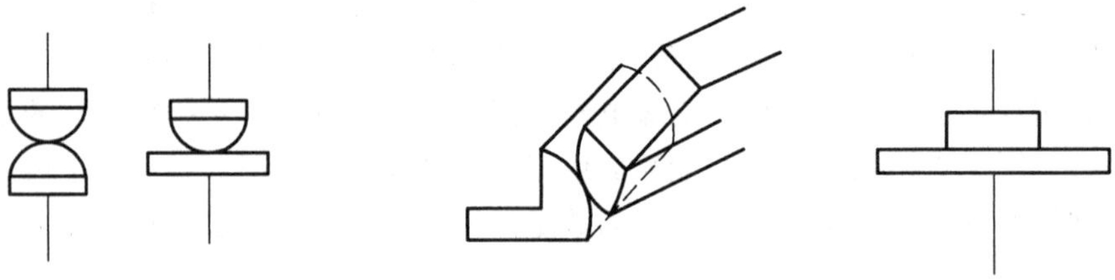

（a）点接触　　（b）线接触　　（c）面接触

图 7-13　触头的接触形式

（1）点接触。

点接触是指在一个很小的面积或只有若干个点相接触的触头（如球面对球面、球面对平面），如图 7.13（a）所示。点接触用于 20 A 以下的小电流电器，如继电器的触头、接触器和自动开关的联锁触头等。由于接触面积小，保证其可靠工作所需的接触互压力也较小。

（2）线接触。

线接触是指两个导体沿着线或较窄面积接触的触头（如圆柱对圆柱、圆柱对平面），如图 7-13（b）所示。线接触的接触面积和接触压力适中，常用于几十安至几百安电流的中等容量电器，如接触器、自动开关及高压开关电器的触头。

（3）面接触。

面接触是指两个导体沿着较广的表面接触的触头（如平面对平面），如图 7-13（c）所示。其接触面积和触头压力较大，多用于大电流的电器，如大容量的接触器和断路器的主触头。

二、触头的主要参数

触头的主要参数有开距 s、超程 r、初压力 F_0 和终压力 F_Z 等。

1. 触头的开距 s

触头处于断开位置时，动、静触头之间的最小距离称为触头的开距 s（或行程），如图 7-14（a）所示。用于保证触头分断电路时可靠地灭弧，并且具有必要的安全绝缘间隔。

2. 触头的超程 r

触头的超程是指电器触头完全闭合后，如果将静（或动）触头移开，动（或静）触头在触头弹簧的作用下继续前移的距离 r，如图 7-14（c）所示。超程是用以保证在触头允许磨损的范围内仍能可靠地接触，即触头压力的最小值。

（a）完全断开状态　　（b）刚接触状态　　（c）完全闭合状态

图 7-14　触头状态示意图

3. 触头的初压力 F_0

当动触头与静触头刚好接触，每个触头的压力称为触头的初压力 F_0，如图 7-14（b）所示。触头的初压力是由调节触头预压缩弹簧来保证的。增大初压力可以降低触头闭合过程的弹跳。

4. 触头的终压力 F_Z

当动、静触头闭合终了时，每个触头上的压力称为终压力 F_Z，如图 7-14（c）所示。它由触头弹簧最终压缩量决定，此压力应使触头闭合状态时的实际接触面积增加，接触电阻低而稳定。

触头的工作情况主要有以下 4 种。

（1）闭合状态。

触头处于闭合状态时的主要任务是保证能通过规定的电流，且触头温升不超过允许值。主要问题是触头的发热及热和电动的稳定性，触头的发热是由接触电阻引起的，因此应设法减小接触电阻。

（2）闭合过程。

触头在闭合过程中会因碰撞而产生机械振动。主要问题是设法减小机械振动，减小触头的磨损，避免触头熔焊。

（3）断开状态。

触头处于断开状态时，必须有足够的开距，以保证可靠地熄灭电弧和必要的安全绝缘间隔。

（4）开断过程。

触头开断过程是触头最繁重的工作过程。当触头开断电路时，一般会在触头间产生电弧，这个过程的主要问题是设法熄灭电弧，减小由电弧而产生的触头电磨损。

三、触头的接触电阻

1. 接触电阻的产生

两个导电零件接触在一起实现电的连接，其导电能力显然比同样尺寸的完整导体要差。图 7-15 所示为一段完整的导体，通以电流 I，用电压表测得其 AB 长度上的电压降为 U，则 AB 段导体的电阻 R 为

$$R=\frac{U}{I}$$

若将此导体截断，仍通以原来的电流 I，测得 AB 两点之间的电压降为 U_c，U_c 比 U 大得多，AB 两点之间的电阻 R_c 为

$$R_c=\frac{U_c}{I}$$

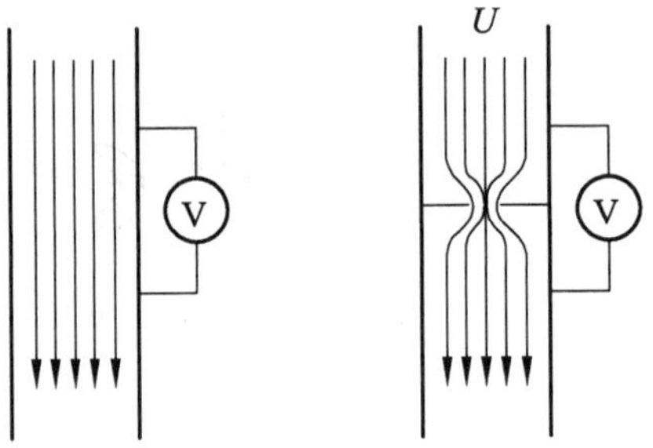

图 7-15　导体及电接触连接的电阻

R_c 除含有该段导体材料的电阻 R 外，还有附加电阻 R_j，即

$$R_c=R+R_j \tag{7-5}$$

称此附加电阻 R_j 为接触电阻，动、静触头接触时同样也存在接触电阻。

接触电阻 R_j 由收缩电阻 R_s 和表面膜电阻 R_b 组成，即

$$R_j=R_s+R_b \tag{7-6}$$

（1）收缩电阻 R_s。

接触处的表面，不可能是理想的平面，尽管经过精加工，但从微观角度分析，其接触面总是凹凸不平的，实际上只有若干小的凸起部分相接触，如图 7-16 所示，实际接触面积比“视在”接触面积小得多。当电流通过实际接触面积时，电流只从接触点上通过，在这些接触点附近，迫使电流线发生收缩。由于有效接触面积（实际接触面积）小于视在接触面积，由此产生的附加电阻称为收缩电阻 R_s [见图 7-15（b）]。

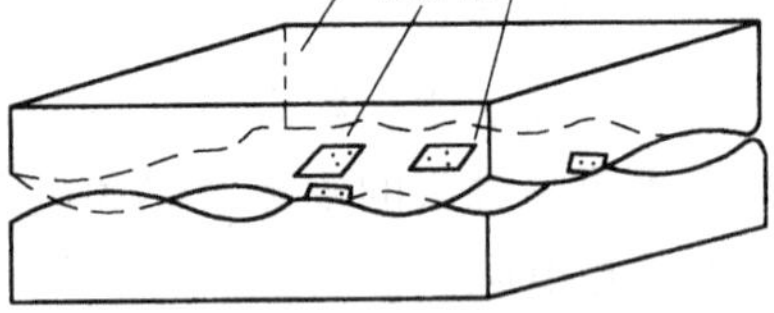

图 7-16　触头的接触状态

（2）表面膜电阻 R_b。

电接触表面，由于种种原因，覆盖着一层导电性很差的薄膜，如金属的氧化物、硫化物等，其电阻系数远大于原金属，也可能是落在接触表面上的灰尘、污物或夹在接触面间的油膜、水膜等，由此而形成的附加电阻，称为表面膜电阻 R_b。

2. 接触电阻 R_j 的计算公式

接触电阻与触头材料、触头压力、接触面形式、表面状况等因素有关。由于膜电阻难于计算，故接触电阻 R_j 可用经验公式计算，即

$$R_j=\frac{K_j}{F^m} \tag{7-7}$$

式中 R_j—— 触头接触电阻，Ω；

F—— 触头压力，N；

m—— 与触头接触形式有关的常数，其值在 0.5 ~ 1.0（点接触 $m=0.5$，线接触 $m=0.5$ ~ 0.8，面接触 $m=1$）；

K_j—— 与接触材料、接触表面加工方法、接触面状况有关的常数，其值可查阅相关资料。

3. 影响接触电阻的各种因素

人们一般希望得到低值而稳定的接触电阻以保证电接触的可靠工作。影响接触电阻的因素有接触压力、温度、化学腐蚀、触头表面情况、触头材料等。

（1）接触压力。

由式（7-7）可见，加大压力 F 可使接触电阻 R_j 减小，当压力很小时，接触压力微小的变化都会使接触电阻值产生很大的波动。但当压力达到一定值后，接触电阻受压力变化的影响甚微。这是因为在压力作用下，两表面接触处产生弹性变形，压力增大，变形增加，有效接触面积增加，收缩电阻减小。而当压力达到一定值后，收缩电阻几乎不变，这是因为材料的弹性变形是有一定限度的，因而接触面积的增加也是有限的，故接触电阻不可能完全消除。

（2）温度。

接触点温度升高后，金属的电阻率有所增加，但材料的硬度有所降低，使得有效接触面积增大。前者使收缩电阻 R_s 增大，后者使收缩电阻 R_s 减小，两相补偿，所以接触电阻变化甚微。但是，当触头电流长期超过额定值时，温度升高，引起接触面氧化，接触电阻则急剧上升，发热加剧，形成恶性循环。为保证接触电阻稳定，电接触的长期工作允许温度规定的较低。

（3）化学腐蚀。

单纯由化学作用引起的腐蚀称为化学腐蚀。如金属与干燥气体接触时，在金属表面生成相应的化合物，如氧化物、硫化物、氯化物等。

暴露在空气中的接触面（除铂和金外）都将产生氧化作用。空气中的铜触头在室温下（20 ~ 30 °C）即开始氧化，但其氧化膜很薄，在触头彼此压紧的过程中就被破坏，故对接触电阻影响不大。而当温度高于 70 °C 时，铜触头氧化加剧，氧化铜的导电性能很差，使膜电阻急剧增加。因此，铜触头的允许温升都是很低的。银被氧化后的导电与纯银差不多，所以银或镀银的触头工作很稳定。

为减小接触面的氧化，可以将触头表面搪锡或镀银，以获得较稳定的接触电阻。

（4）电化学腐蚀。

采用不同的金属作触头对时，由于两金属接触处有电位差，当湿度大时，在触头对的接触处会发生电解作用，引起触头的电化学腐蚀，使接触电阻增加。

常用金属材料的电化顺序是金（Au）、铂（Pt）、银（Ag）、铜（Cu）、氢（H）、锡（Sn）、镍（Ni）、镉（Cd）、铁（Fe）、铬（Cr）、锌（Zn）、铝（Al），规定氢的电化电位为 0，在它后面的金属具有不同的负电位（如 Al 的电化电位为 − 1.34 V），在它前面的金属具有不同的正电位（如 Ag 的电化电位为 + 0.8 V）。选取触头对时，应取电化顺序中位置靠近的金属，以减小电化电势。例如，不宜采用铝-铜做触头对。

（5）接触表面粗糙度。

表面粗糙度对接触电阻有一定的影响。接触表面可以粗加工，也可以精加工，至于采用哪种方式加工更好，要根据负荷大小、接触形式和用途而定。

对于大、中电流电器的触头表面，不要求精加工，最好用锉刀加工，重要的是平整。两个平整而较粗糙的平面接触在一起，接触点数目较多且稳定，并能有效地清除氧化膜。相反，精加工的表面，当装配稍有歪斜时，接触点的数目显著减小。

对于某些小功率电器，触头电流小到毫安以下，为了保证接触电阻小而稳定，则要求触头表面粗糙度越低越好。粗糙度低的触头不易受污染，也不易生成膜电阻。为达到这样低的粗糙度，往往采用机械、电或化学抛光等工艺。

（6）触头材料。

触头材料的电阻系数大的，接触电阻大。抗压强度越小，在同样接触压力下得到的实际接触面积就越大，接触电阻就越小。因此，常在接触连接处，用较软的金属覆盖在硬金属上，以获得较好的工作性能，如铜触头搪锡等。

银的电阻率小于铜，但银比铜贵，所以采用铜表面镀银的工艺。

铝在常温下几秒钟内就氧化，氧化膜电阻较大。铝一般只用作固定连接，并常在其表面覆盖银、铜、锡等以减小接触电阻。

金、铂、铱等化学性能稳定，但价格昂贵，一般只用于小型电器的弱电流触头。

4. 减小接触电阻的方法

根据接触电阻的形成原因，减小接触电阻一般可采用下列方法。

（1）增加接触点数目。为此，应选择适当的接触形式，用适当的方法加工接触表面，并在接触处加一定的压力。

（2）采用本身电阻系数小，且不易氧化或氧化膜电阻较小的材料作为接触导体，或作为接触面的覆盖层。

（3）触头在开闭过程中应具有研磨过程，以擦去氧化膜。

四、触头的振动与熔焊

如图 7-17 所示，触头在闭合过程中可能发生振动。当动触头以速度 v_0 碰撞静触头时，静触头受到碰撞后获得速度 v_1，若 $v_1 > v_0$，则动、静触头又分离。以后，动触头继续移向静触头，静触头则在触头弹簧初压力 F_0 作用下，使速度 v_1 逐渐降低。于是动、静触头又重新接触，发生第二次碰撞。因此，触头的闭合过程是经历一系列碰撞后才完成的，这种现象为触头在闭合过程中的机械振动。

设触头间距离为 l，则在闭合过程中触头距离对时间的变化曲线 $l = f(t)$，如图 7-17（b）所示。

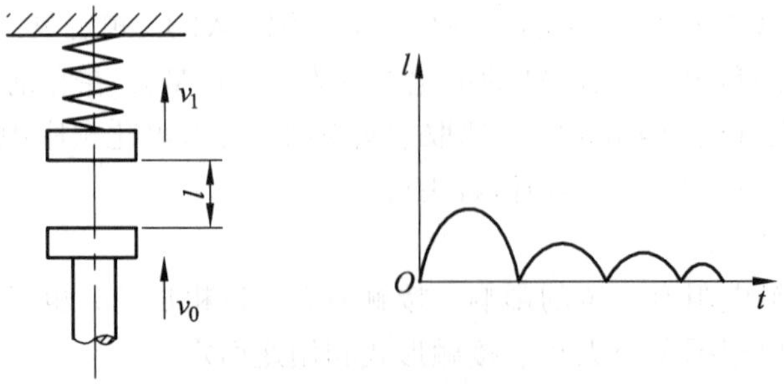

（a）碰撞过程　　（b）$l = f(t)$ 曲线

图 7-17　触头闭合过程中的碰撞

在触头闭合过程中，碰撞和摩擦的结果，使接触面产生的压皱、裂痕或塑性变形及磨损，统称为机械磨损，它与触头材料的硬度及接触面粗糙度有关。

触头的机械振动，不仅由于闭合过程中触头相互碰撞引起，触头间的收缩电动力也引起触头间的振动，特别是在触头间有短路电流通过时，电动排斥力更大，使触头间断续产生电弧。在电弧高温下，使触头金属表面熔化，当触头最终闭合时，动、静触头熔焊在一起，再也不能打开。这种由于热效应而引起的触头熔接，称为触头的“熔焊”或“热焊”。必须指出的是，触头的“熔焊”可能发生在严重过载或短路情况下，在额定电流下触头不可能发生“熔焊”。

还有一种触头焊接现象，产生于常温下，通常称为“冷焊”。“冷焊”常常发生在用贵金属材料（如金与合金）制成的小型继电器触点中。其原因为贵金属表面不易形成氧化膜，纯洁的金属接触面在触头压力作用下，由于金属分子和原子之间化学亲和力的作用，使动、静触头表面牢固地结合在一起，产生“冷焊”现象。由“冷焊”产生的触头间的黏结力很小，但是在小型继电器中，由于使触头分开的力也很小，不能把“冷焊”黏结在一起的触头弹开，常常造成触头黏住不释放的现象。

五、触头的磨损

触头在多次接通和断开有载电路后，它的接触表面将逐渐产生磨耗和损坏，这种现象称为触头的磨损。磨损直接影响电器的寿命。

1. 磨损的原因

触头磨损包括机械磨损、化学磨损和电磨损。机械磨损是在触头闭合和打开时研磨和机械碰撞造成的，它使触头接触表面产生压皱、裂痕或塑性变形。化学磨损是由于周围介质中的腐蚀性气体或水蒸气对触头材料侵蚀所造成的，它使触头表面形成非导电性薄膜，致使接触电阻变大且不稳定，甚至完全破坏了触头的导电性能。这种非导电性薄膜在触头相互碰撞及触头压力作用下，逐渐剥落，形成金属材料的损耗。机械磨损和化学磨损一般很小，约占全部磨损的 10% 以下。

触头的磨损主要取决于电磨损。电磨损主要发生在触头的闭合和开断过程中，在触头闭合电流时产生的电磨损，主要是由于触头碰撞引起振动所产生的，在触头开断电流时所产生的电磨损，是由高温电弧所造成的。

2. 电磨损的形式

触头分断与闭合电路过程中，会产生金属液桥、电弧和火花放电等各种现象，引起金属转移、喷溅和气化，使触头材料损耗和变形，这种现象称为触头的电磨损。电磨损主要有液桥的金属转移和电弧的烧损两种形式。

（1）液桥的形成和金属转移。

触头在断开过程中，动、静头间形成熔化的液态金属桥，称为液桥。触头断开前的瞬间，接触压力和接触点数目逐渐减小，这样就使接触点的电流密度急剧增加，促使接触处的金属熔化，形成金属液体滴。触头继续断开时，将金属液体滴拉长，形成液桥。实践证明，由于液桥的金属转移作用，经过很多次操作后，触头的阳极因金属损耗而形成凹坑，阴极金属增多形成针刺，凸出于接触表面。

在弱电流电器（如继电器）中，液桥对触头的电磨损起着重要影响。

（2）电弧对触头的腐蚀。

电弧对触头的腐蚀十分严重，电弧磨损要比液桥引起的金属转移高出 5 ~ 10 倍。当电弧的温度极高，触头间距离又较大时，一般都采用电动力吹弧的方法来熄灭电弧，加上强烈的金属蒸气气浪冲击，往往会把液态金属从触头表面吹出，向四周飞溅。这种磨损与小功率电弧的磨损是不同的，金属蒸气再度沉积于触头接触表面上的概率已大大减小，使触头的阴、阳极都遭到严重磨损，由于阳极温度高于阴极，所以阳极磨损更为严重。

3. 减小触头电磨损的方法

减小触头电磨损，可从减小触头在开断过程中的磨损和减小触头闭合过程中的磨损两方面着手。

（1）减小触头开断过程中的磨损，即减小触头开断时的电弧。

① 选择灭弧系统的参数，如磁吹的磁感应强度 B。B 值过小，吹弧电动力太小，电弧在触头上停留时间较长，触头电磨损增加；B 值过大，吹弧电动力过大，会把触头间熔化的金属液桥吹走，电磨损也增加。因此，应选择恰当的 B 值。

② 对于交流电器（如交流接触器）宜采用去离子栅灭弧系统，利用交流电流通过自然零点而熄弧，减小触头的电磨损。

③ 采用熄灭火花电路，以减小触头的电磨损。该方法是在弱电流触头电路中，在触头上并联电阻、电容，以熄灭触头上的火花。这种火花熄灭电路对开断小功率直流电路很有效。

④ 正确选用触头材料。例如，钨、钼的熔点和气化点高，因此，钨、钼及其合金有良好的抗磨损性能，银、铜的熔点和气化点低，抗磨损性能较差。

（2）减小触头闭合过程中的磨损。

触头闭合过程中的磨损，主要由触头在闭合过程中的振动引起，所以，想减小触头闭合过程中电磨损，必须减小触头的机械振动。

六、触头材料

触头所采用的材料关系到触头工作的可靠性，尤其是对触头磨损影响甚大。根据各种电器的任务和使用条件的不同，对触头材料性能的要求亦不同，一般要求如下：

（1）电气性能。要求材料本身的电阻系数小，接触电阻小且在长期工作中能保持稳定。要求生弧的最小电流大和最小电压高，电子逸出功及游离电位大。

（2）热性能。要求熔点高，导热性好，热容量大。

（3）机械性能。要有适当的强度和硬度，耐磨性好。

（4）化学性能。要具有很好的化学稳定性，在常温下不易氧化，或者氧化物的电阻尽量小，耐腐蚀。

此外，还要考虑材料的可加工性能好、价格便宜、经济适用。实际中是不可能同时满足以上各项要求的，只能根据触头的工作条件及负荷的大小，满足其主要的性能要求。

触头材料分为三大类，即纯金属、合金和金属陶瓷材料。

1. 纯金属材料

（1）银。

银是高质量的触头材料，具有高的导电和导热性能。银在常温下不易氧化，其氧化膜能导电，在高温下易分解还原成金属银。银的硫化物电阻率很高，在高温时也进行分解。因此，银触头能自动清除氧化物，接触电阻低且稳定，允许温度较高。银的缺点是熔点低，硬度小，不耐磨。由于银的价格高，一般仅用于继电器和小功率接触器的触头或用于接触零件的电镀覆盖层。

（2）铜。

铜是广泛使用的触头材料，导电和导热性能仅次于银。铜的硬度较大，熔点较高，易加工，价格较低。铜的缺点是易氧化，其氧化膜的导电性很差，当长时间处于较高的环境温度下，氧化膜不断加厚，使接触电阻成倍增长，甚至会使电流通路中断。因此，铜不适用于作非频繁操作电器的触头材料，对于频繁操作的接触器，电流大于 150 A 时，氧化膜在电弧高温作用下分解，可采用铜触头，并做成单断点指式触头。在触头分、合过程中须有研磨过程，以清除氧化铜薄膜。

（3）铂。

铂是贵金属，化学性能稳定，在空气中既不生成氧化物，也不生成硫化物，接触电阻非常稳定，有很高的生弧极限，不易生弧，工艺性好。铂的缺点是导电和导热性能差，硬度低，价格昂贵。因此，不采用纯铂作为触头材料，一般用铂的合金作小功率继电器的触头。

（4）钨。

钨的熔点高，硬度大，耐电弧，钨触头在工作过程中几乎不会产生熔焊。但是钨的导电性能较差，接触电阻大，易氧化，特别是与塑料等有机化合物蒸气作用（例如，在封闭塑料外壳内的钨触头），生成透明的绝缘表面膜，而且此膜不易清除，加工困难。因此，除少数特殊场合（如火花放电间隙的电极）外，一般不采用纯钨作触头材料，而与其他高导电材料制成陶瓷材料。

2. 合金材料

由于纯金属本身性能的差异，可将它们以不同的成分相配合，构成金属合金或金属陶瓷材料，使触头的工作性能得以改进。

常用的合金材料有银铜、银钨、钯铜、钯铱等。

（1）银铜合金。

适当提高银铜合金的含铜量，可提高其硬度和耐磨性能。但是，含铜量不宜过高，否则，会和铜一样易于氧化，接触电阻不稳定。银铜合金熔点低，一般不用作触头材料，主要用作焊接触头的银焊料。

（2）银钨和钯铜。

银钨和钯铜都有较高的硬度，比较耐磨，抗熔焊。有时用于小功率电器及精密仪器仪表中。

（3）钯铱合金。

钯铱合金使用较广泛，铱有效地提高了合金的硬度、强度及抗腐蚀能力。

3. 金属陶瓷材料

金属陶瓷材料是由两种或两种以上的彼此不相熔合的金属组成的机械混合物，其中一种金属有很高的导电性（如银、铜等），作为材料中的填料，称为导电相，另一种金属有很高的熔点和硬度（如钨、镍、钼、氧化镉等），在电弧的高温作用下不易变形和熔化，称为耐熔相，这类金属在触头材料中起着骨架的作用。这样，就保持了两种材料的优点，克服了各自的缺点，是比较理想的触头材料。

常用的金属陶瓷材料有银-氧化镉、银-氧化铜、银-钨、银-石墨等。

（1）银-氧化镉。

导电性能和导热性能好，抗熔焊，耐电磨损，接触电阻低且稳定，特别是在高温电弧的作用下，氧化镉分解为氧气和镉蒸气，能驱使电弧支点迅速移动，有利于吹灭电弧，故称银-氧化镉触头具有一定的自灭弧能力。此外，它的可塑性好，且易于加工。因此，它是一种较为理想的触头材料，广泛用于大、中容量的电器中。

（2）银-氧化铜。

与银-氧化镉相比，耐磨损，抗熔焊性能好，无毒，在高温下触头硬度更大，使用寿命长，价格便宜。试验结果表明，银-氧化铜触头比银-氧化镉触头在接触处具有更低且稳定的接触电压降，导电性能更好，发热情况较轻，温升较低。因此，近年来银-氧化铜材料得到了广泛的应用。

（3）银-钨。

具有银的良好的导电性，同时，又具有钨的高熔点、高硬度、耐电弧腐蚀、抗熔焊、金属转移小等特性，常用作电器的弧触头材料。随着含钨量的增加，其耐电弧腐蚀性能和抗熔焊性能也逐渐提高，但其导电性能下降。银-钨的缺点是接触电阻不稳定，随着开闭次数的增加，接触电阻增大，其原因在于分断过程中，触头表面产生三氧化钨、钨酸银等电阻率高的薄膜。

（4）银-石墨。

导电性好，接触电阻低，抗熔焊，耐弧能力强，在短路电流作用下也不会熔焊，其缺点是电磨损大。

第四节　电器的传动装置

一、电磁传动装置

电磁传动装置实际上就是一个电磁铁，通过电磁铁将电磁能转换成机械能，带动触头使之闭合或断开，它是电磁式电器的重要组成部分之一。电磁传动装置（电磁铁）主要由吸引线圈、铁心（静铁心）、衔铁（动铁心）、铁轭和空气隙等组成，如图 7-18 所示。

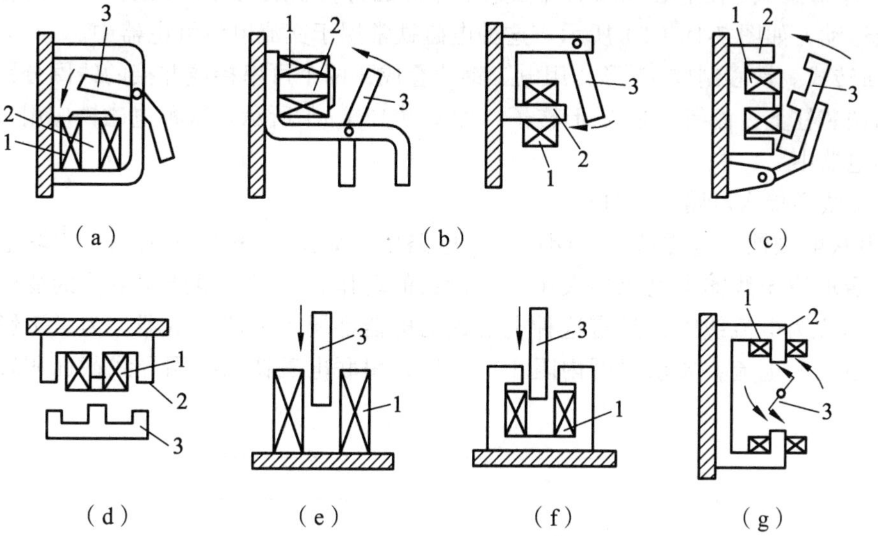

图 7-18　常用电磁传动装置（电磁铁）的形式

1—线圈；2—铁心；3—衔铁

1. 电磁铁的分类

电磁铁可根据线圈电流种类、磁路的形式、衔铁运动的方式、线圈接入电路的方式不同，分为多种形式和类型。

（1）按线圈电流种类分类。

① 直流电磁铁。直流电磁铁的线圈中通过直流电流，当电流达到稳定以后，磁通是恒定的，导磁体中没有涡流和磁滞损耗，故其铁心和衔铁可以采用整块工程钢制成。

② 交流电磁铁。交流电磁铁的线圈中通过交流电流，导磁体中的磁通是交变的，有涡流和磁滞损耗，故其铁心和衔铁一般采用电工钢片叠成。

（2）按磁路形式和衔铁运动方式分类。

① U 形拍合式。铁心制成 U 字形，而衔铁的一端绕棱角或转轴做拍合运动，如图 7-18（a）和图 7-18（b）所示。图 7-18（a）所示的电磁铁为衔铁绕棱角运动的 U 形拍合式，这种形式的电磁铁广泛用于直流电磁式电器（如直流接触器和直流继电器）中。图 7-18（b）所示的电磁铁为衔铁绕转轴转动的 U 形拍合式，这种形式的电磁铁广泛用于交流电磁式电器中。

② E 形拍合式和 E 形直动式。铁心和衔铁都制成 E 字形，并且都用电工钢片叠成，线圈套装在中间铁芯柱上。E 形拍合式如图 7-18（c）所示，E 形直动式如图 7-18（d）所示，这两种形式的电磁铁都用于交流电磁式电器中。E 形拍合式广泛用于 60 A 及其以上的交流接触器中。E 形直动式广泛用于 40 A 以下的交流接触器和交流电压继电器、中间继电器及时间继电器中。

③ 空心螺管式。空心螺管式电磁铁只有空心线圈和圆柱衔铁，没有铁心，衔铁在空心线圈中做直线运动，如图 7-18（e）所示。这种电磁铁主要用于交流电流继电器和供电系统用

的时间继电器中。

④ 装甲螺管式。在空心线圈的外面罩上用导磁材料制成的外壳，圆柱形衔铁在空心线圈中做直线运动，如图 7-18（f）所示。这种电磁铁常用于交流电流继电器中。

⑤ 回转式。铁心制成 C 形，用电工钢片叠成，两个可串接或并接的线圈分别绕在铁心开口侧的铁芯柱上，而衔铁是 Z 形转子，如图 7-18（g）所示。这种电磁铁应用于供电系统的电流继电器中。

（3）按线圈接入电路方式分类。

① 串联电磁铁。电磁铁的线圈串接于电路中，如图 7-19（a）所示。串联电磁铁的衔铁动作与否取决于线圈中电流的大小，但衔铁的动作并不影响线圈中电流的变化。串联电磁铁的线圈称为电流线圈，具有这种电磁铁的电器都属于电流型电器。为了不影响电路中负载的端电压和电流，要求线圈内阻小，所以，串联电磁铁的线圈导线截面积较粗，线圈匝数较少。

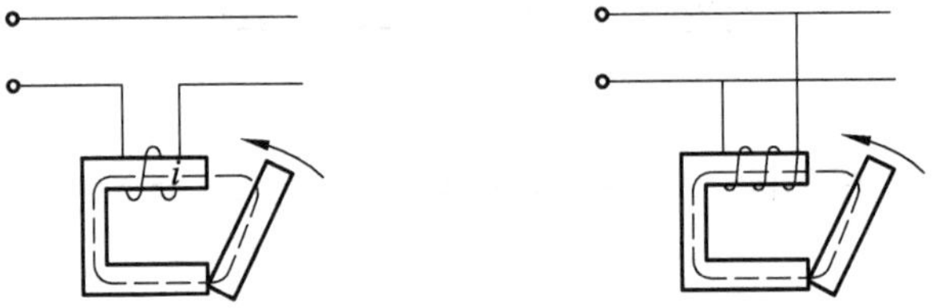

（a）串联电磁铁　　（b）并联电磁铁

图 7-19　电磁铁接入电路的方式

② 并联电磁铁。电磁铁的线圈并接于电路中，如图 7-19（b）所示。并联电磁铁的衔铁动作与否取决于线圈两端电压的大小，并联电磁铁的线圈又称为电压线圈，具有这种电磁铁的电器都属于电压型电器。直流并联电磁铁的衔铁动作不会引起线圈中电流的变化，但对于交流并联电磁铁，衔铁动作会引起线圈阻抗的变化，从而引起线圈中电流的变化。由实验得知，对于 U 形电磁铁，衔铁打开时线圈中电流值为衔铁闭合后的 6～7 倍，对于 E 形电磁铁，可达 10～15 倍。电磁铁的线圈允许电流值，是根据衔铁闭合后电流值设计，所以，一旦线圈有电而衔铁由于某种原因闭合不上或频繁操作时，线圈易过热乃至烧坏，这也是交流电压型电器比直流电压型电器易损坏的原因之一。

2. 电磁铁的工作原理

图 7-20 所示为一个直流拍合式电磁铁。

在线圈 3 未通电时，衔铁 1 在反力弹簧 7 的作用下，处于打开位置，衔铁 1 与极靴 2 之间保持一个较大的气隙。当线圈通电后，在导磁体中产生磁通 Φ，根据磁力线流入端为 S 极，流出端为 N 极的规定，在衔铁与极靴相对的端面具有异极性。由于异性磁极相吸，于是在铁心和衔铁间会产生电磁吸力。当电磁吸力大于反力弹簧的反作用力时，衔铁被吸向铁心，直到与极靴接触为止。这个过程称为衔铁的吸合过程。当线圈中的电流减小或

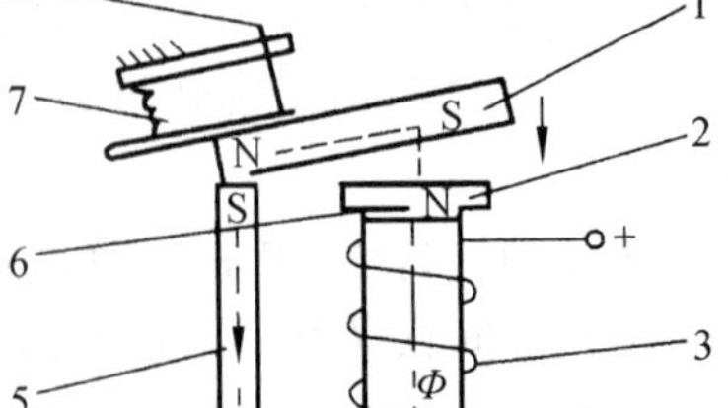

图 7-20　电磁铁工作原理

1—衔铁；2—极靴；3—线圈；4—铁心；5—磁轭；6—非磁性垫片；7—反力弹簧；8—调节螺钉

中断时，铁心中的磁通就变小，吸力也随之减小，当电磁吸力小于反力弹簧的反作用力时，衔铁就在反力弹簧作用下返回至打开位置，这个过程称为衔铁的释放过程。

二、电空传动机构

主电路电器通常采用电空传动装置。电空传动装置由压缩空气驱动装置和电空阀组成。电空传动装置按其结构形式分为气缸式传动装置和薄膜式传动装置。

1. 电空阀

电空阀是借电磁吸力来控制压缩空气管路的导通或关断，从而达到远距离控制气动器械的目的。

电空阀按工作原理分开式和闭式两种。不管是开式电空阀还是闭式电空阀，从结构来说都由电磁机构和气阀两部分组成，工作原理也类似，其中闭式电空阀是应用较多的一种。其原理结构如图 7-21 所示。

其工作原理：当线圈有电时，衔铁吸合，阀杆动作，使上阀门关闭，下阀门打开，关断了传动气缸和大气的通路，打开了气源和传动气缸的通路，压缩空气从气源经电空阀进入传动气缸，推动气动器械动作。当线圈失电时，衔铁在反力弹簧作用下打开，带动阀杆上移，使下阀门关闭，上阀门打开，关断了气源和传动气缸的通路，打开了传动气缸与大气的通路，传动气缸的压缩空气经电空阀排向大气，气动器械恢复原状。其结构如图 7-22 所示。

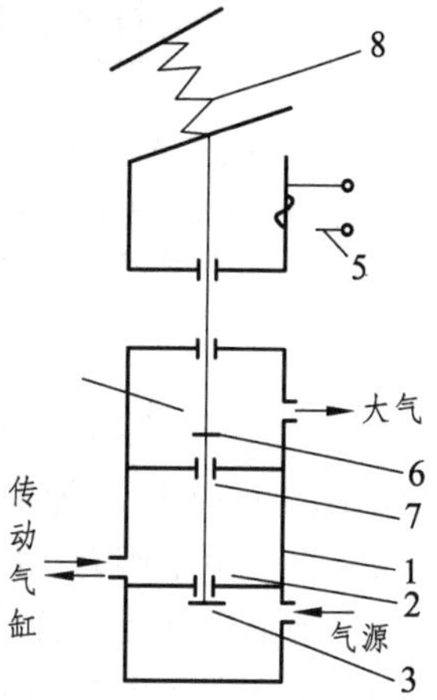

图 7-21　闭式电空阀原理结构

1—阀体；2—下阀门；3，6—阀块；4—阀杆；5—电磁铁；7—上阀门；8—反力弹簧

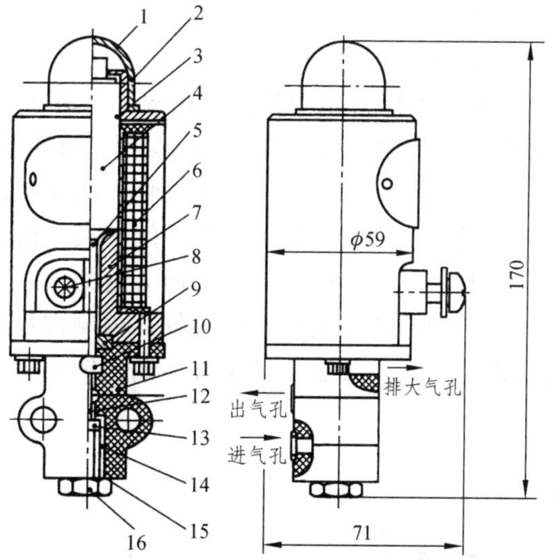

图 7-22　TFK1B 型电空阀结构简图

1—防尘罩；2—磁轭；3—铜套；4—动铁心；5—心杆；6—线圈；7—铁心座；8—接线座；9—滑道；10—上阀门；11—阀座；12—阀杆；13—下阀门；14—弹簧；15—密封垫；16—螺母

2. 气缸式传动装置

气缸式传动装置主要由气缸、活塞和电空阀等组成。它又可分为单活塞和双活塞两种，如图 7-23 所示。

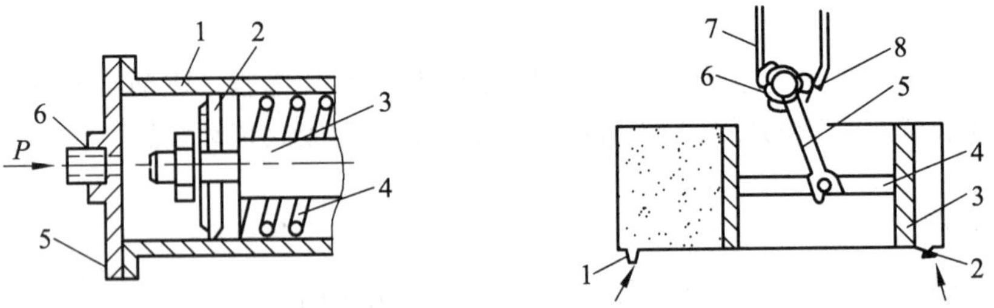

（a）单活塞气缸式传动装置

1—气缸；2—活塞；3—活塞杆；4—弹簧；5—气缸盖；6—进气孔

（b）双活塞气缸式传动装置

1，2—气口；3—活塞；4—活塞杆；5—曲柄；6—转鼓；7—静触头；8—动触头

图 7-23　气缸式传动装置

（1）单活塞压缩空气驱动装置。

图 7-23（a）所示为单活塞压缩空气驱动装置，气缸内压缩空气的进入和排出是由电空阀控制的。当电空阀有电时，打开了风源与传动气缸的通路，压缩空气由进气孔 6 进入气缸 1 内，推动活塞 2 克服弹簧 4 的弹力向右移动，活塞 2 带动活塞杆 3 移动，以操纵电器触头的开断或闭合。当电空阀失电时，关闭风源至气缸的通路，打开气缸至大气的通路，气缸内的压缩空气排向大气，则活塞 2 在弹簧 4 的作用下向左移动，恢复原位。通常活塞由皮碗或耐油橡皮制成，活塞上涂有机油，以减小活塞运动时的摩擦阻力，并具有良好的密封性能。气缸式传动装置的缺点是摩擦力较大，动作较慢，活塞磨损较多。因此，活塞使用寿命较短。在北方冬季运行时，由于润滑油冻结，气缸传动装置动作不灵活。它的优点是可按要求选择行程，以满足触头开距和超程的要求。

（2）双活塞压缩空气驱动装置。

图 7-23（b）所示为双活塞压缩空气驱动装置示意图。与活塞杆 4 相连的两个活塞均由压缩空气驱动，压缩空气由电空阀控制，它有两个工作位置：当气口 1 开通与气源的通路时，气口 2 则开通与大气的通路，压缩空气从气口 1 进入气缸，活塞被推向右侧，活塞杆 4 带动曲柄 5 使转鼓 6 反时针方向转过一个角度，带动触头开闭转换，传动装置处在第一个工作位置；反之，若气口 2 开通与气源的通路，则气口 1 开通大气的通路，动作过程相反，传动装置处在第二个工作位置。该装置的活塞是通过涨圈与气缸内侧进行配合的。由于双活塞压缩空气驱动装置所能控制的行程受一定的限制，且对被控制的触头不具有压力的传递等原因而较少采用。

3. 薄膜传动装置

薄膜传动装置结构如图 7-24 所示。

当电空阀有电时，压缩空气进入气缸内，作用在弹性薄膜 2 上的压力增大到大于右侧复原弹簧 4 的反作用力时，鼓动弹性薄膜 2，推动活塞杆 3 右移，驱动电器触头闭合或断开。当电空阀失电时，气缸内的压缩空气排出，在复原弹簧 4 的反力作用下，使活塞杆 3 复原，驱动电器触头动作。

与气缸传动结构相比，薄膜式传动的优点是动作灵活，摩擦和磨损较小，因此使用寿命较长。此外，它是靠薄膜突然变形驱动电器触头动作的，有利于触头断开时熄灭电弧。它加工制造方便，消耗金属材料较少，质量轻，在运行中不必润滑，维修较方便。薄膜式传动装置的缺点是行程由薄膜变形量决定，故其活塞杆行程较小。此外，在低温下薄膜材料丧失弹性，使变形处容易开裂。

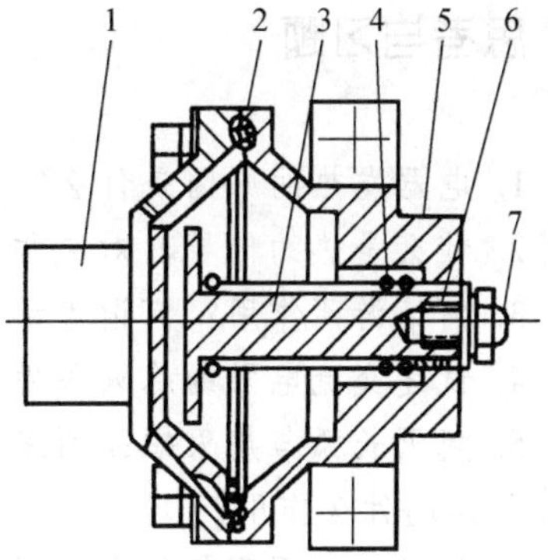

图 7-24　薄膜传动装置

1—气缸盖；2—弹性薄膜；3—活塞杆；4—复原弹簧；5—气缸座；6—衬套；7—杆头

小　结

电器在工作时产生电阻损耗、磁滞和涡流损耗、电介质损耗等，这些损耗几乎都变为热，一部分散失到周围介质中去，一部分加热电器，使电器的温度升高。电器零部件温度过高，会导致机械强度降低和绝缘损坏，因此不同工作制下电器各零部件的极限允许温升有明确规定。电器的散热有传导、对流和辐射三种方式，可以用一个综合的散热系数来考虑，即牛顿公式。

电弧是一种自持气体放电的现象。电弧电位在整个电弧长度上的分布是不均匀的，通过对电弧产生和熄灭过程的研究，了解电弧的规律，以便采取适当措施迅速熄灭电弧。对于交流电弧而言，利用零点熄弧原理，主要研究的是电流过零后如何有效地阻止电弧重燃的问题。为了有效熄灭电弧，可采用相应的措施，如拉长电弧、降低温度、将长弧变为短弧、将电弧放置于特殊介质中、增大电弧周围气体介质的压力等。也可采用为熄灭电弧专门制作的灭弧装置。一个灭弧装置可以采用某一种方法进行熄弧，但在大多数情况下则是综合采用几种方法，以增加灭弧效果。

触头是有触点电器的执行部件，也是电器中最薄弱的环节，其性能优劣直接影响到电器的性能。触头的接触形式分为点接触、线接触和面接触三种，在动、静触头接触时同样也存在接触电阻，接触电阻由收缩电阻和表面膜电阻组成，接触电阻过大，会产生较大的附加损耗，加速绝缘材料老化，减少触头的使用寿命。了解接触电阻的影响因素，尽量降低接触电阻阻值，并掌握减小触头振动、熔焊、磨损的方法，以保证触头系统的可靠工作。

传动装置是有触点电器用来驱使电器运动部分按照一定要求进行动作的机构。可接收外界的信号，做出有规律的反应，使电器的执行部分（触头）动作，输出相应的指令，实现控制的目的。传动装置分为电磁传动和电空传动两种不同的方式。

思考与习题

1. 电器发热的原因是什么？
2. 什么是热的传导、对流和辐射？
3. 何谓游离作用？何谓去游离作用？各有几种方式？
4. 试述交流电弧的熄灭条件。
5. 熄灭长弧与熄灭短弧所采用的方法有何不同？熄灭交流电弧时，栅片灭弧室中的金属栅片具体起什么作用？
6. 提高电弧周围气体介质压力为什么有利于灭弧？
7. 常用的灭弧装置有哪些？
8. 触头的参数主要有哪些？
9. 接触电阻是怎样形成的？
10. 电磁传动装置一般由什么组成？
11. 以拍合式电磁铁为例，说明电磁传动机构的工作原理。
12. 简述闭式电空阀的工作原理。
13. 电空传动装置有何优点？
14. 简述单活塞压缩空气驱动装置的工作原理。

第八章　接触器和继电器

本章在讲述接触器和继电器基本知识的基础上，对电力机车常用接触器和继电器的种类、作用、型号、结构、工作原理、特点和主要技术参数进行介绍，并简要介绍接触器和继电器的选用和维护方法。

第一节　接触器基本知识

一、接触器的定义和基本特点

接触器是在工业控制中应用非常广泛的一种电器。在电力机车上是用来频繁地接通或切断带有负载的主电路、辅助电路或大容量的控制电路。与其他开关电器相比，它具有可动作频繁，能通断较大电流，可以实现一定距离的控制等特点。

二、接触器的组成

接触器一般由以下几部分组成。

1. 触头装置

分主触头和联锁触头。主触头一般由动静主触头等组成，用以直接控制相应电路的通断。联锁触头用以控制其他电器、信号或电气联锁等。

2. 传动装置

包括驱使触头闭合的装置和开断触头的弹簧机构以及缓冲装置，用来可靠地驱使触头按规定要求动作。

3. 灭弧装置

灭弧装置一般与主触头配合使用，在主触头断开电路产生电弧时，用来及时地熄灭电弧，切断电路并保护触头。根据电流的性质、灭弧方法和原理，可以制成各种灭弧装置。

4. 安装固定装置

属于非工作部分，用以合理地安装和布置电器各部件。

三、接触器的分类

接触器的用途广，种类多。

1. 按传动方式分

有电磁接触器和电空接触器之分。电磁接触器采用电磁传动装置，电空接触器采用电空传动装置。电磁接触器一般应用于机车的辅助电路中，电空接触器应用于主电路中。

2. 按主触头通断电流的性质分

有交流接触器和直流接触器之分。对于某些在触头系统中控制的是交流电路，而线圈接入的是直流电路的接触器，又称交直流接触器。

3. 按线圈接入电路方式分

有串联和并联电磁接触器之分。一般用并联电磁接触器。

4. 按主触头所处的环境分

有空气式和真空式接触器之分。

5. 按主触头的数量分

有单极和多极接触头之分。

四、接触器的基本参数

基本参数除额定电压和电流外还有以下几种。

1. 切换能力

又称开闭能力、通断能力，是指触头在规定条件下接通和切断负载的能力。在此电流值下通断负载时，不应发生熔焊、电弧和过分的磨损等现象。保证接触器能在较恶劣的条件下可靠地工作。

2. 动作值和释放值

对电磁接触器主要是指电压和电流的动作值和释放值。对电空接触器包括电空阀的动作电压（及气缸相应的气压值）。

3. 操作频率

指接触器在每小时内允许操作的次数。接触器的操作频率越高，每小时开闭的次数就越多，触头及灭弧室的工作任务也就越重，对交流接触器来说，线圈受到的冲击电流及衔铁铁心受到的冲击次数也就越多，操作频率对常用的交、直流接触器来说，常采用每小时 150、300、600、1 200 次的规定。

4. 机械寿命和电气寿命

机械寿命指的是接触器在无负载操作下无零部件损坏的极限动作次数。电气寿命指的是接触器在规定的操作条件下，且无零部件损坏的极限动作次数。目前，接触器的机械寿命一般可达数百万到千万次以上，而电气寿命则按不同的使用类别和不同的机械寿命级别有一定的百分比，一般为机械寿命的 1/5 左右。

5. 动作时间和释放时间

动作时间（又称闭合时间）是指从电磁铁吸引线圈通电瞬间时起到衔铁完全闭合所需要的时间；释放时间（又称开断时间）是指从电磁铁吸引线圈断电瞬间起到衔铁完全打开所需要的时间。为了对有关电路能准确、可靠地进行控制，对接触器的动作时间也有一定的要求，例如，直流接触器的闭合时间一般为 0.04 ~ 0.11 s，开断时间为 0.07 ~ 0.12 s，交流接触器的闭合时间一般为 0.05 ~ 0.1 s，而开断时间为 0.1 ~ 0.4 s。

接触器除应满足以上基本参数的要求外，还应满足在 85%额定控制电压下保证接触器正常工作。

第二节　电磁接触器

电磁接触器采用电磁传动装置，通常又分为直流、交流、交直流三大类型。

一、直流电磁接触器

1. CZ5-22-10/22 型接触器

（1）型号。

其型号含义：C 表示接触器；Z 表示直流；5 表示设计序号；22 表示派生代号；10/22 分子第一、二位分别表示常开和常闭主触头数，分母第一、二位分别表示常开和常闭联锁触头数。

（2）作用。

该型接触器是用来控制调压开关伺服电机电源和机车前照灯。

（3）组成。

该型接触器主要由触头装置、灭弧装置和传动装置等组成。

该型接触器结构如图 8-1 所示。

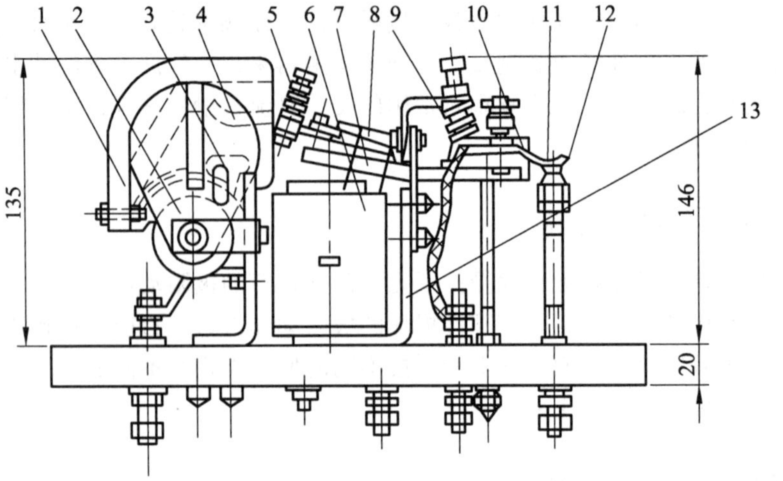

图 8-1　CZ5-22-10/22 型接触器结构

1—灭弧罩；2—吹弧线圈；3—主静触头；4—主动触头；5—触头弹簧；6—吸引线圈；7—衔铁；8—软连接；9—反力弹簧；10—绝缘基座；11—动联锁触头；12—静联锁触头；13—磁轭

触头装置是由单相主触头和 2 常开、2 常闭联锁触头组成。静主触头为铜质 T 形结构，与弧角一起装在支架上；动主触头为铜质指形结构，直接装于衔铁上。动联锁触头为指形结构，亦装于衔铁上，静联锁触头为半球形，装于螺杆上，为提高触头寿命，在联锁触头的紫铜块上镶有耐弧材料——银氧化镉片。另外，动主、辅触头上都有触头弹簧，防止触头闭合时产生有害振动。

灭弧装置是由带有灭弧罩的磁吹灭弧装置完成的，只设在主触头上。磁吹线圈与主触头串联，当主触头在打开过程中产生电弧时，电弧受到磁吹线圈产生的电场力而被拉向灭弧罩，使电弧变长变冷而熄灭。

传动装置是由直流拍合式电磁铁组成的，为了改善吸力特性，静铁心端面装有极靴，改变反力弹簧和工作气隙，可改变其动作值。为了防止剩磁将衔铁黏住，在衔铁的磁极端面处装有 0.1 ~ 0.2 mm 厚的紫铜片，亦称非磁性垫片。在铁心的磁极端面处一般还加装了极靴，以使直流接触器的吸引力特性平坦，减少吸合时的冲击。

（4）工作原理。

其工作原理类同电磁铁的工作原理。当吸引线圈未通电时，衔铁在反力弹簧的作用下打开，使常开触头打开，常闭触头闭合；当吸引线圈得电时，铁心与衔铁间产生的吸力将衔铁吸合，使常开触头闭合，常闭触头打开。

2. CZ5-11-00/33 型接触器

该型接触器用来控制调压开关伺服电机的转向。

该型接触器的结构和 CZ5-22-10/22 型基本相同，但无主触头和灭弧系统，只有 3 个常开和常闭联锁触头。传动装置完全相同。

3. CZT-20 型直流接触器

（1）型号。

CZT-20B 型的型号含义：C 表示接触器；Z 表示直流；T 表示铁路用；20 表示负载级别（A）；B 表示主接点构成为二常开，一常闭；无 B 表示二常开。

（2）作用。

该型接触器现用于 SS_4 型和 SS_8 型电力机车的控制电路中，也可用于辅助电路中。

（3）组成。

该型接触器主要由触头装置、传动装置和灭弧装置组成。触头装置由二常开一常闭的主触头和二常开二常闭的联锁触头组成，联锁触头的通断电流为 5 A，主触头可通断额定电压 DC 440 V 的直流电路，主触头端子标有“+”“–”极性，要按标志接线。

传动装置为一直动式直流电磁铁。

灭弧装置采用灭弧罩和磁吹装置。灭弧室不能装反，不要拆除灭弧室内的磁铁。

（4）工作原理。

其工作原理类同电磁铁工作原理，当吸引线圈得电时，衔铁吸合，带动常开触头闭合，常闭触头打开，当吸引线圈失电时，衔铁在反力弹簧作用下打开并带动常闭触头闭合，常开触头打开，常开主触头上的电弧被灭弧装置熄灭。

二、交流接触器

1. CJ20 系列三相交流接触器

（1）型号。

CJ20-100Z 和 CJ20-160Z 的含义为：C 表示接触器；J 表示交流；20 表示设计序号；100（160）表示主触头额定电流，A；Z 表示直流控制。

（2）作用。

在 SS_4 型（1 ~ 158 号）和 SS_6 型机车辅助电路中，用来接通和断开三相异步电动机或启动电阻（启动电容）等电阻。

（3）结构。

CJ20 系列三相交流接触器的结构形式为直动式，立体布置，双断点，开启式，并采用压铸铝底座，增强耐弧塑料底板和高强度陶瓷灭弧罩组成三段式结构，使接触器结构紧凑，便于检修和更换线圈。主要由主触头装置、传动装置和灭弧装置组成，如图 8-2 所示。

触头装置主触头中的动触桥为船形结构，因而具有较高的强度和较大的热容量。160 A 以下选用黄铜拉伸触桥。静触头选用型材并配以铁质引弧角，使之既具有形状的稳定性又便于电弧的外运动，触头材料选用 Ag-cdo12，其特点是具有较好的抗熔焊性能和耐电磨损的性能。辅助触头安置在主触头两侧，采用无色透明聚碳酯做成封闭式结构，确保防尘，使接触可靠，160 A 及以下等级为二常开，二常闭。

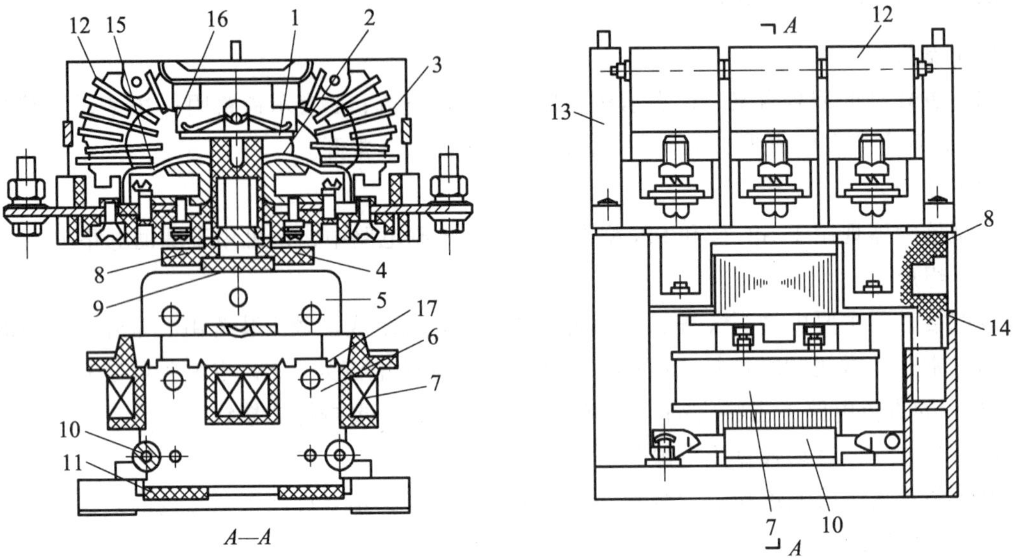

图 8-2　CJ20 型交流接触器结构简图

1—主动触头；2—主静触头；3—灭弧栅片；4—压缩弹簧；5—衔铁；6—静铁心；7—线圈；8—绝缘支架；9，11—缓冲件；10—缓冲硅橡胶管；12—灭弧室；13—联锁触头；14—反力弹簧；15，16—弧角；17—分磁环

传动装置采用具有双线的 U 形铁心磁系统，衔铁为直动式，没有转轴，气隙置于静铁心底部中间位置，因而释放可靠。磁系统的缓冲装置采用新型的耐高温吸振材料硅橡胶，还选用了耐磨性能好的聚氨酯橡胶作停挡。

灭弧装置采用高强度陶瓷纵缝灭弧罩。

（4）动作原理。

类似于电磁铁的工作原理，不再详述。

（5）特点。

其参数、特性出厂时已调好，一般可直接使用，不必调整。

2. 3TB 系列三相交流接触器

（1）型号。

3TB5217-OBF4 和 3TB4817-OBF4 的含义：3TB 表示 3TB 系列；48 表示级别代号；17 表示辅助触头规格与数量（17 代表二常开二常闭）；OB 表示直流操作（OA 表示交流操作）；F4 表示线圈电压与频率代号（F4 为直流 110 V）。

（2）作用。

曾用在 $SS_{4改}$型机车的辅助电路中，用来接通和断开三相异步电动机等电气设备。

（3）结构。

如图 8-3 所示，3TB 系列接触器采用体积小、质量轻的双断点直动式结构，3TB48、3TB52 接触器均采用单 U 形双绕组磁系统。

触头装置采用接触电阻稳定、抗熔焊、耐磨的银氧化镉、银氧化锡及镍等材料，触头支持件与低板均用特别的耐热耐弧的塑料制成。辅助触头安装在基座两侧，为二常开二常闭。

传动装置采用单 U 形双绕组直流磁系统，线圈按长期工作制设计，寿命长，无噪声，无冲击电流。在 U 形磁系统磁轭中部有一不变气隙，可保证衔铁可靠释放。

灭弧装置灭弧室中装有桥形灭弧导板，两旁各有带齿形的缺口栅片，使电弧能快速拉出熄灭。

接触器采用机械强度高，导热性能好的铝合金基座。

（4）工作原理。

类似电磁铁工作原理。

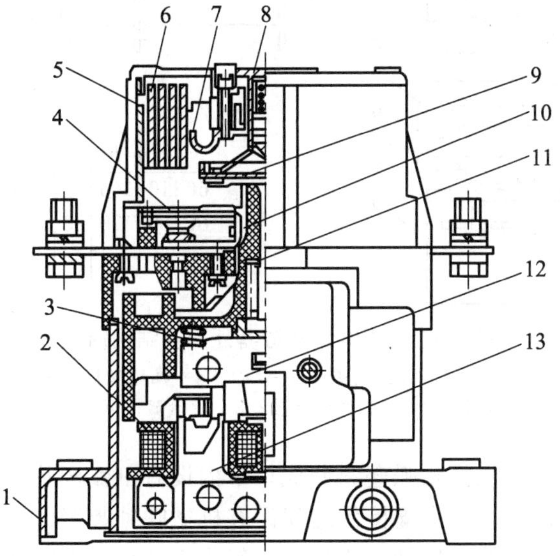

图 8-3　3TB52 型交流接触器结构

1—底座；2—线圈；3—弹簧；4—静触头；5—灭弧室；6—灭弧片；7—导板；8—指示件；9—触桥；10—触头支持件；11—弹簧；12—衔铁；13—磁轭

3. 6C 系列交流接触器

（1）型号。

6C180 和 6C110 的含义：6 表示序号；C 表示接触器；180，110 表示主触头额定电流，A。

（2）作用。

在 SS_4、SS_7、SS_8、SS_9 型电力机车的辅助电路中，用来控制辅助电动机等设备。

（3）结构。

两种型号的结构基本相同，其外形及结构如图 8-4 所示。

触头装置主触头采用常开直动式桥式双断点。

传动装置磁系统为单 E 形直动式，具有较陡的吸力特性，控制线圈由启动线圈和保持线圈并联组成，并串加一个桥式整流器，使控制电源为交、直流两用，整流器输入输出端都加有压敏电阻进行过电压保护。控制线圈通电后，启动线圈和保持线圈同时工作，在接触器快吸合时，启动线圈断开，只有保持线圈工作。启动线圈的分断由接触器自身一常闭联锁触头完成。

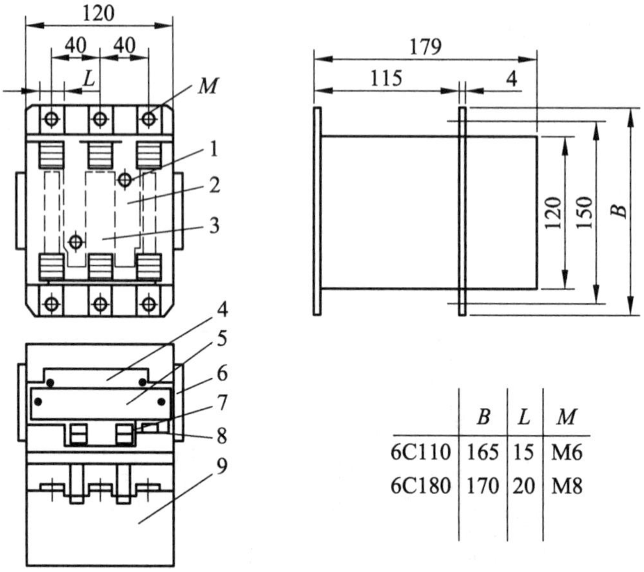

	B	L	M
6C110	165	15	M6
6C180	170	20	M8

图 8-4　6C180 型接触器外形及结构简图

1—灭弧罩安装螺钉；2—吸引线圈；3—铁心；4—机械联锁装置；5—整流器；6—联锁触头；7—线圈插座；8—指示器；9—灭弧罩

灭弧装置灭弧罩采用高强度耐弧塑料制成，罩内设有割弧栅片。

6C180 接触器的灭弧室与触头支持件之间设有机械联锁装置，当灭弧罩取下后，其联锁装置即将触头支持件销住，此时即使有人操作，触头系统也不会动作，能可靠保证维修人员的安全。在控制线圈引线边有一红色指示器，指示接触器的闭合或断开。

（4）动作原理。

类似电磁铁的工作原理。

（5）特点。

6C180 型交流接触器具有操作频率高、主触头压力大、抗熔焊性好、耐电弧等优点，应用较多。在许多电力机车上，原用的 3TB 系列和 6C110 型都改用 6C180 型。

6C 系列接触器结构为模块化设计，配件通用性大，便于维护及更换。

第三节　电空接触器

电空接触器因其具有较大的开断能力，在电力机车上被用在主电路里。图 8-5 为电空接触器的工作原理示意图。

电空接触器一般由触头装置、灭弧装置、传动装置组成。当电空阀线圈得电时，其控制的压缩空气进入传动气缸，推动活塞，压缩开断弹簧而向上运动，使动静触头闭合。当电空阀线圈失电时，其控制的压缩空气排向大气，在开断弹簧的作用下，推动活塞带动活塞杆和动触头下移，动静触头打开，同时灭弧。在主触头动作的同时，联锁触头也相应动作。

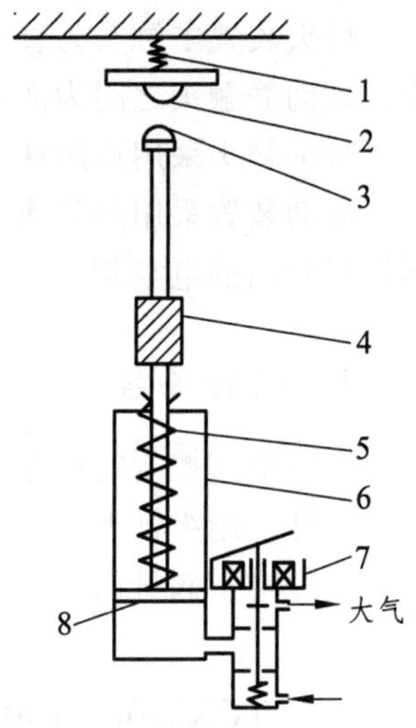

图 8-5 电空接触器工作原理示意图

1—缓冲弹簧；2—静主触头；3—动主触头；4—绝缘块及活塞杆；5—开断弹簧；6—缸体；7—电空阀；8—活塞

一、TCK1-400/1500 型电空接触器

1. 型 号

TCK1-400/1500 的含义为：T 表示铁路用；C 表示接触器；K 表示压缩空气控制；1 表示设计序号；400 表示主触头额定电流，A；1 500 表示开断电压，V。

2. 作 用

在 SS_4 型和 SS_1 型电力机车上，用于控制磁场削弱电阻。

3. 结 构

如图 8-6 所示，由于磁场削弱电阻上的压降低，且又是电阻性负载，所示不带灭弧装置主要由触头装置和传动装置组成。

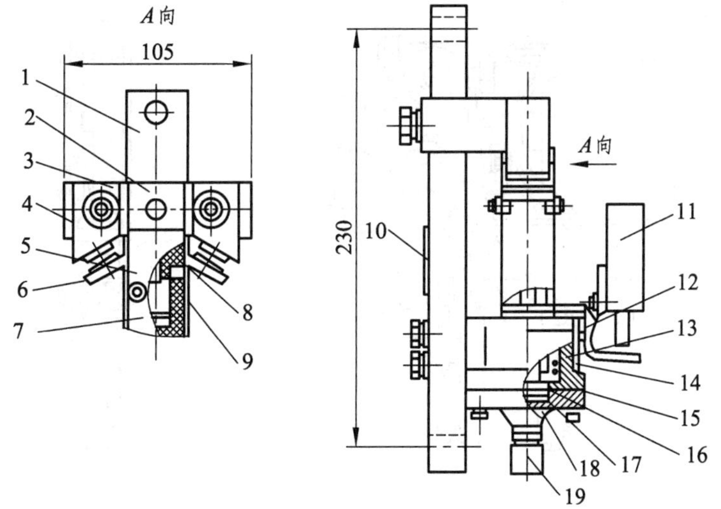

图 8-6 TCK1-400/1500 型电空接触器

1—支柱；2—静触头座；3—静主触头；4—连接片；5—绝缘块；6—动主触头；7—绝缘杆；8—动主触头桥；9—弹簧；10—名牌；11—联锁触头；12—联锁板；13—气缸座；14—铜套；15—反力弹簧；16—活塞；17—皮碗；18—气缸盖；19—管接头

触头装置主触头为直动桥式双断点，触头表面成 120° 夹角，其材质为紫铜，其上焊有银片，且动静触头之间为面接触，有较好的导电性能。

联锁触头采用通用件，为一行程开关。

传动装置采用的是薄膜传动装置，它主要由气缸、活塞、皮碗和复原弹簧等组成，本身不带有专门的电空阀。

4. 动作原理

当电空阀控制的压缩空气通过管接头进入气缸，鼓动皮碗推动活塞克服复原弹簧之反力，使活塞杆、绝缘杆上移，动静触头闭合，联锁触头相应动作。当电空阀失电时，气缸内的压缩空气经电空阀排向大气，在复原弹簧作用下，使活塞杆、绝缘杆下移，带动主触头打开。

二、TCK7-600/1500 型电空接触器

1. 型　号

含义同 TCK1 型电空接触器。

2. 作　用

该型接触器主要控制机车主电路的有关励磁电流回路和牵引电机回路。

3. 结构（见图 8-7）

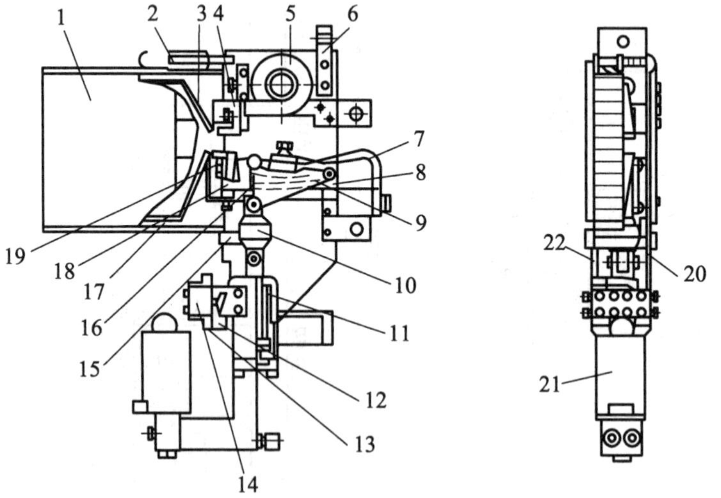

图 8-7　TCK7-600/1500 型电空接触器结构

1—灭弧罩；2—挂钩；3—静触头弧角；4—静触头；5—吹弧线圈；6—安装杆；7—软连接；8—杠杆出线座；9—杠杆支架；10—绝缘杆；11—传动气缸；12—联锁板；13—联锁触头；14—联锁支架；15—灭弧室支板；16—动触头弹簧；17—动触头弧角；18—动触头座；19—动触头；20—右侧板；21—电空阀；22—左侧板

TCK7-600/1500 型电空接触器主要由触头装置、灭弧装置和传动装置等组成。

触头装置主要由主触头和联锁触头组成，主触头为 L 形，线接触，紫铜基面上镶有银碳化钨粉末冶金片，它有较好的抗熔焊、耐电弧、耐机械磨损和电磨损性能，且导电、导热性能好。联锁触头为 KY_1 型盒式桥式双断点触头，材质为银，二常开二常闭。

灭弧装置主要由灭弧罩（短弧灭弧和长弧灭弧原理）、灭弧角（由 2 mm 厚黄铜板压制成）、灭弧线圈及铁心（磁吹装置）等组成。

传动装置由电空阀、传动气缸、绝缘杆等组成。电空阀为 TFK_{1B}-110 型闭式电空阀。传动气缸竖放，缸内有活塞及连杆等，绝缘杆用以隔离带电体。

4. 动作原理

其工作原理如图 8-5 所示。

TCK_7 的派生产品很多，结构基本相同，如 TCK_{7B} 没有灭弧装置，TCK_{7C} 仅多了两对常闭联锁触头，TCK_{7D} 取消了灭弧线圈中的铁心。

第四节　真空接触器

真空接触器由于其灭弧原理上的特点，比较适用于交流电路（若熄灭直流电弧，需采取适当的措施）。它比传统的空气交流接触器有更多的优点，具有耐压强度高，介质恢复速度快，接通、分断能力大，电气和机械寿命长等特点。可在重任务条件下供重要场合使用。

一、型　号

EVS630/1-110DC 和 EVS700/1-110DC 的含义：EVS 表示真空接触器；630，700 表示额定工作电流，A；1 表示极数；110 表示控制电源的电压值；DC 表示控制电源类型。

二、作　用

EVS630/1-110DC 型在 $SS_{4改}$ 型电力机车主电路中用来接通或断开功率因数补偿装置（PFC）。

EVS700/1-110DC 型在 SS_8 型电力机车供电电路中，用来实现机车向列车供电的控制。

三、结　构

如图 8-8 所示，在真空接触器的基座上，驱动机构 7 和装在其旁的辅助开关组件 8 位于真空开关管 2 的上方。真空开关管的动触头经联轴节组件 9 和驱动机构 7 连接，并经软连接 5 和上连接板 6 连接。真空开关管的静触头支杆经连接卡圈 3 和下连接板 4 连接。

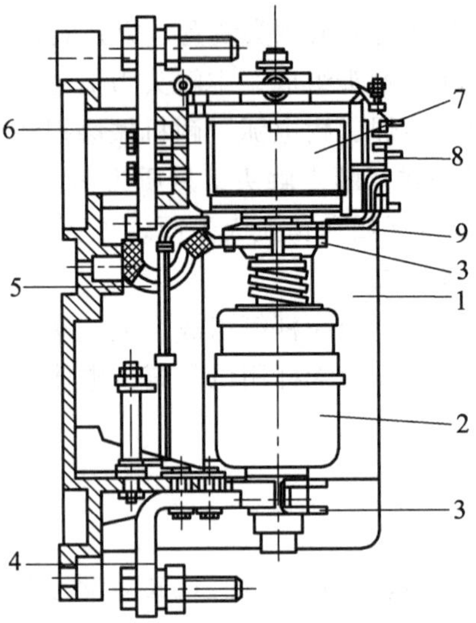

图 8-8 EVS630/1-110DC 型真空接触器剖视图

1—机座；2—真空开关管；3—连接卡圈；4—下连接板；5—软连接；
6—上连接极；7—磁驱动机构；8—辅助开关；9—联轴节

在断开状态下，真空开关管的两触头拉开 1.5 mm。由于在真空中断开，这么小的距离已能完全开断电路。触头被拉开的状态是由驱动系统中的压力弹簧实现的。

四、动作原理

真空接触器的电磁铁设计为带节能电阻的直流电磁铁。接通控制电源时，电磁铁对压力弹簧做功。释放动触头支杆，动触头支杆借助外部作用力使动静触头闭合。

五、特　点

真空接触器具有接通、分断能力大，电气和机械寿命长等特点，可在重任务条件下供重要场合使用。但也易出现电弧电流过零前就熄灭，出现截流现象，因而在电感电路中产生过电压。

六、参　数

EVS630 真空接触器主回路技术参数：

额定工作电流：630 A；

额定工作电压：1 140 V；

额定工作频率：50 Hz；

额定接通能力：6 300 A；

额定分断能力：5 040 A；

额定短时耐受电流：8 000 A；

额定峰值耐受电流：13 600 A；
机械寿命：≥5×10^6次；
电寿命：≥0.6×10^5；
最大机械操作频率：3 000 次/h。
辅助电路技术参数：
额定工作电流：DC 0.4 A；
额定工作电压：DC 220 V。

第五节　接触器的选用和维修

一、接触器的选用

接触器是现代工矿企业电力拖动和自动控制系统中使用量最大的一种电器。由于接触器的可靠性及其使用寿命与使用的电压、电流、控制功率、操作频率的大小密切相关，所以，随着使用场合及控制对象的不同，其操作条件和工作的繁重程度也有很大差异。

接触器的选用一般遵守下列原则。

1. 按一般任务选用

所谓一般任务使用条件是指接触器只需要在额定电压下接通或分断较小倍额定电流，其操作频率不高，只伴有少量点动，而且所控制的电机是直接启动，满速运行下开断电源。这种任务在工作中所占有的比例很大。

接触器在该使用条件下操作时，其触头磨损较轻，寿命较长。所以，选配接触器时，只要选择额定电压和额定电流等于或大于电机的额定电压和电流的接触器即可。

2. 按重任务选用

所谓重任务作用条件是指接触器需要接通或分断较额定电流大很多倍的启动电流，并频繁运行于点动、反接制动、反向和在低速时断开的使用条件。

接触器在该使用条件下操作，其触头会发生严重的电磨损。所以，必须选用适应重任务工作的接触器才能满足其要求。如电力机车辅助电路所选用的 CJ8Z-105Z、CJ20、3TB、6C180 等型交流接触器就属于重任务使用条件选用的接触器。

3. 按降容量选用

降容量选用一般有两种情况，一种是操作频率高，工作相当繁重，可靠性要求很高的场合，可以适当地选用大“马”来拉小“车”，以延长使用寿命，提高可靠性；第二种是按轻任务使用类别设计的接触器用于繁重任务使用类别时，也应降容量使用。

在接触器的选用中，原则上要以可靠性为前提，因为运行中的安全可靠包含着经济因素。而经济性则要根据使用条件、设备的设计要求，以及用户的重要程度诸多因素来考虑，只有兼顾才能做到合理，主要应根据实际情况而定。

二、接触器的简单维护

接触器在使用时应经常或定期地检查其运行情况，并进行必要的合理维护，以延长其使用寿命，保证其安全可靠的运行。维护、检修时应首先断开电源，再按如下步骤进行：

1. 外观检查

用压缩空气清除接触器各部件的灰尘，铁心极面上的灰尘也可以用毛刷清除。若有油污，可先用棉布沾少量酒精擦拭，然后再用干布擦净，并仔细观察接触器外观是否完整无损，注意拧紧所有紧固件。

2. 灭弧室维护

取下灭弧罩，用毛刷清除罩内落物及金属颗粒，如发现有破裂或严重烧损及零部件（如灭弧栅片）变形、松脱或位置变化等现象而不易修复时，应及时更换新灭弧室。重新安装时，应装回原位，不能随意更换到另一极上，以免影响其灭弧效力。

3. 触头的维护

定期检查触头的温升是否超过标准（主触头温升 75°），银或银基粉末冶金制成的触头表面有烧毛发黑的现象是正常的，不会影响其实际工作能力，一般可不必清理。如触头接触处有金属颗粒或毛刺，可以用细锉轻轻锉平，但不能用砂纸或砂布擦拭。对于具有铜触头的转动式接触器，若长时间没使用或连续工作 8 h 以上，在使用前应先开闭 1 ~ 2 次，以便除去触头的氧化膜。触头若有开焊、裂缝或磨损到原厚度 1/3 的情况时，则应更换新触头。

4. 吸引线圈的维护

观察线圈外表层有无过热变色，定期检查线圈温升是否超过所规定的值（一般规定，当环境温度为 40 °C，A 级绝缘的线圈用温度计测得的表面温升不得超过 60 °C），引线与导线是否有松动、开焊或将断的情况，线圈骨架有无碎裂、磨损或固定不正常现象。此外，还应注意缓冲件是否完整。

5. 铁心的维护

观察铁心极端面有无变形、松动现象。可用棉纱沾少量汽油擦拭极面上的污垢。注意交流电磁铁的分磁环有无断裂，中柱气隙是否保持在 0.1 ~ 0.3（发现过小可略锉去一些）；直流电磁铁心的非磁性垫片是否磨损或脱落，缓冲件是否完整，位置是否正确。

6. 接触器转轴的维护

转轴转动是否灵活，在转轴与轴承处可注入少量润滑油，以保持转动灵活。

三、接触器的常见故障及处理

接触器在使用过程中的常见故障主要发生在电磁接触器上，现将其故障现象，可能原因及处理方法列于表 8-1 中，以供参考。

表 8-1 触器常见故障的产生原因和处理方法

序号	故障现象	产生原因	处理方法
1	接触器开合不灵	1. 机械可动部分被卡住	1. 排除相应障碍即可
		2. 摩擦力过大	
		3. 气隙中有阻塞	
		4. 磁极表面积尘太厚	
		5. 电控接触器漏风或风压不足	
2	通电后不能完全闭合	1. 电源电压低于线圈额定电压	1. 调整电源电压或更换线圈
		2. 触头弹簧与反力弹簧压力过大	2. 调整或更换弹簧
		3. 触头超过过大	3. 调整触头超程
3	接触器关合过猛或线圈过热冒烟	1. 电源电压过高	1. 调整电源电压或更换线圈
4	断电后不释放	1. 反作用力太小	1. 调节或更换反力弹簧
		2. 剩磁过大	2. 对直流接触器应加厚或更换新非磁性垫片，对交流接触器则应去磁，气隙处的极面挫去一部分或更换新磁系统
		3. 触头熔焊	3. 撬开已熔焊的触头，或酌情更换新触头
		4. 铁心极面有油污或尘埃黏着	4. 清除磁极表面
5	铁心噪音过大或发生振动	1. 电源电压过低	1. 调节电源电压
		2. 铁心极面有脏物或锈层，或因过度磨损而不平	2. 清理极面，必要时可刮削修整或更换铁心
		3. 分磁环断裂	3. 焊接或更换分磁环
		4. 磁系统歪斜或机械上卡住而使铁心吸不平	4. 排除机械卡住故障更正工作位置
		5. 反作用力过大	5. 调节或更换弹簧

续表

序号	故障现象	产生原因	处理方法
6	线圈过热或烧损	1. 电源电压过高或过低	1. 调整电源电压或更换线圈
		2. 线圈的通电持续率与实际情况不符	2. 更换通电持续率相符的线圈
		3. 交流线圈操作频率过高	3. 降低操作频率或更换线圈
		4. 交流电磁可动部分卡住，铁心极面不平或去磁气隙过大	4. 排除卡住现象清除极面或调整铁心
		5. 线圈匝间短路	5. 更换线圈
		6. 空气潮湿，含有腐蚀性气体或环境温度过高	6. 用特殊设计的线圈
		7. 交流电磁铁采用直流双线圈控制时因常闭联锁触头熔焊而使起动线圈长期通电	7. 更换联锁触头，排除致使该触头熔焊的故障
7	接触器不闭合或正常情况下突然断开	1. 线圈引出线断裂	1. 焊好后可靠绝缘
		2. 线圈内部断线	2. 更换线圈
8	触头严重发热或熔焊	1. 操作频率过高或负载电流过大	1. 更换接触器
		2. 触头表面高低不平、生锈、积有尘埃或铜触头严重氧化	2. 清理接触面
		3. 超程过小或行程过大	3. 调整参数或更换触头
		4. 接触压力不足	4. 调整或更换弹簧
		5. 闭合过程中振动过于剧烈	5. 调整触头参数或更换接触器
		6. 触头分断能力不足	6. 调换合适的接触器
		7. 触头表面有金属颗粒凸起或异物	7. 清理触头表面
		8. 电源电压过低或机械上卡住而使触头停滞不前或反复跳动	8. 调高电源电压，排除机械卡住故障，保证接触器可靠吸起

四、接触器的检修

接触器在闭合过程、闭合状态或断开过程中，都不可避免地会产生机械磨损或疲劳裂损，触头系统产生电磨损，线圈及绝缘件出现过热、老化现象，如不及时检查修理，就会影响其工作的可靠性。因此，对接触器进行预防性的检查、修理，及时更换超过限度的零部件，是十分必要的。

接触器是根据电力机车走行千米的长短来确定修程的。电力机车小修时，接触器只作一般的清扫和检查，工作量不大；电力机车中修时，安装接触器的屏柜均吊离车体，在地面作较大范围的解体检修。虽然对不同的接触器，不同的修程有着不同的检修工艺、检修范围和技术要求，但它们在检修过程中还是有很多共同点的。比如说，中修时对接触器提出的检修技术要求就基本上适用于小修时的检查标准。因此，下面只叙述电力机车中修时，接触器的一般检修情况。

1. 触头检修

触头的工作状态决定了接触器的性能和可靠性，因此，接触器触头的检修，是有触点电器在检修时的一个关键问题。接触器的触头有开距、超程、研距、初压力、终压力等参数，触头的检修就是要注意这几个参数的测定及调试。

触头开距：检修时，可在触头处于完全打开状态时，用卡尺测量触头的开距。触头的开距由接触器的结构来决定，有的可进行微量的调整。

触头超程：在触头压缩弹簧良好的情况下，检查触头的超程就是检查触头由开始闭合到闭合终了时触头弹簧的压缩量，或者说是衔铁在此期间所走的距离。检修时，若触头片厚度小于规定值，则应当更换。

触头初压力：接触器保持适当的初压力，可以减少闭合时由于触头撞击而产生的弹跳，从而防止因触跳而引起拉弧、熔焊的危险。触头的初压力可以认为是动触头弹簧的预压缩力，因此，在动触头弹簧自由长度不变，在无疲劳、断裂的情况下，只要保证组装时的压缩量，触头的初压力也就能够得到保证。

触头终压力：只有具备一定的终压力，才能减少触头的接触电阻，从而减少触头的发热。终压力的测定方法是当动、静触头处于完全闭合状态时，在动、静触头之间并联一个带电源的指示灯，并在动触头接触线处挂一测力计，保持测力计的拉力方向与触头弹簧轴线方向一致。外施拉力，指示灯熄灭瞬间的拉力值，就是触头的终压力。

触头研距：是指转动式触头的动、静触头从刚刚开始接触到完全闭合所滚动和滑动的距离之和。研距的作用是保持触头正常工作点不受到机械碰撞和电弧危害，擦去表面氧化膜，保证良好的电接触。较大型的接触器的动、静触头从初始闭合到终了闭合间应有明显的研磨滚动的踪迹。

触头的接触状态：接触器动、静触头的接触面一般为线接触或点接触，检修时应检查其接触面是否清洁，有无金属熔镏，触头表面被电弧烧伤应给予整修，必要时还应使用细锉锉修表面。锉修时注意保持触头表面的曲率，锉光后用细布擦净。触头的接触状态还包括动、静触头与触头座间的静接触状态。动、静触头的接触表面一般不少于触头面积的 80%。灯光法是检查触头接触状态的常用方法，比较简便、直观。除此以外，最近还根据触头接触电阻可以反映触头接触面的状态这一点，采用专用的测试仪，通过测试接触电阻的大小来判断触头的接触状态，这种方法正在试行推广中。

触头检修时，CZ5 系列直流电磁式接触器主触头的开距、超程，可通过调节胶木底板上的垫片来达到。CJ8Z-150Z 型交流电磁式接触器的开距、超程，可调节开距调节棒的偏心位置、增减接触且与底座间垫片的厚度来达到；压力调节可配合超程协调进行；无法兼得时，可更换合适的触头弹簧。TCK7 系列电空接触器触头片厚度小于 1 mm 时，应当更换。以上各电磁接触器和电空接触器的触头参数应分别达到表 2-5 和表 2-6 所列出的技术要求。

接触器触头部分检修后，应使用兆欧表检查各带电部分之间及时地的绝缘状态。安装于主电路中的接触器，必要时还须进行对地介电强度的试验。

2. 传动机构检修

接触器的传动机构可分为电磁传动机构和气缸传动机构两种，检修时的要求略有不同，现分述如下。

（1）电磁传动机构。

按工艺要求顺序解体接触器。

用毛刷、汽油清扫各部污垢，并用白布擦拭干净。

检查吸引线圈，应无过热、变色，骨架应无裂纹，用万用表或电桥测量其电阻值，应符合技术要求，线圈包扎绝缘有局部损伤时，可适当包扎，并涂绝缘漆处理。

检查磁路系统，状态应良好，铁心极面应平整、光洁、E 形铁心可用塞尺检查中间极面低于里两侧极面的间隙，其值应为 0.12 ~ 0.3 mm，衔铁运动应灵活，无卡滞现象。

检查线圈、铁心及衔铁弹性减振元件，应完整，减振作用良好。

检查动触头盒安装桥及盒内弹簧，应无过热、变形、转动轴安装牢固。

检查灭弧装置，触头与灭弧罩不得相碰，灭弧罩有裂损和电弧灼伤时应更新。

检查联锁触头装置，触头有严重烧损应更新。

接触器组装后，应测量触头开距、超程及压力。电压为 88 V 时，接触器动作应灵活可靠，传动机构及触头系统的工作正常。

（2）气缸传动机构。

气缸传动机构以 TCK7 系列电控接触器为例。

① 解体前检查。

先取下灭弧罩进行外观检查，然后进行动作性能实验。

② 解体。

按工艺要求顺序解体电空阀、联锁支架、拉杆与活塞穿销，风缸下盖取出皮碗、活塞、弹簧，拆下导弧角、动触头、灭弧室支板，最后拆下左、右侧板。

③ 检修。

先用汽油清洗，再用清洁棉布（禁用棉纱、砂布）擦拭风缸、活塞、弹簧，更换老化、损坏、疲劳及发生放电痕迹部件；清洗、打磨、调整联锁触头，保证其接触良好，无卡滞、裂纹或打不开等现象；主触头检修按触头检修方法进行；清扫、整修灭弧室，灭弧罩有轻微灼伤时，可将碳化的部分或金属层用砂纸清理干净，有局部破损可考虑用环氧树脂粘补，灭弧室内灭弧栅片被电弧烧损需打磨，有严重烧伤应予更换；灭弧线圈包扎绝缘状态良好，匝间距离不小于 0.5 mm，表面绝缘脱落时应予涂漆，严重时应当更换；清洗各绝缘零件表面，有被电弧烧损时应将碳化层清理干净，并涂绝缘漆，编织线缺损大于 10% 时应当更换。

④ 组装。

组装过程是解体过程的反过程，组装时气缸内注入适量的蓖麻油，各联锁片与联锁触头接触元件滚子之间相对偏移应不大于 1 mm，动、静触头与座的齿纹啮合应良好，各螺栓紧固。

⑤ 试验。

接通电源、风源，做性能动作实验，手控动作 10 ~ 20 次，检查风缸及其传动部件的运动状态，并测量活塞行程为 22 ~ 24 mm，触头接触偏差不大于 2 mm，接触线长度不小于 80%，触头滚动距离不小于 8 mm，触头开距、超程、初压力及终压力必须符合规定的技术要求；用肥皂液在最大风压下做泄漏试验，以肥皂泡沫 5 s 不破为合格；相互绝缘的带电部分之间及时对地做 5 750 V 工频耐压 1 min 实验，应无击穿、闪络现象。

第六节　继电器基本知识

一、继电器的定义及组成

1. 继电器的定义及作用

继电器是根据某种输入信号（输入量）接通或断开小电流控制电路，实现远距离自动控制和保护的自动控制电器。

在电力机车上，继电器用于控制电路中，具有控制、保护或转换信号的作用。

2. 继电器的组成

（1）结构组成。

对于有触点的继电器，从其结构组成方面也可认为是由触头装置和传动装置（一般没有灭弧装置）组成。

（2）原理组成。

继电器根据外界输入的一定信号来控制相应电路中电流的“通”与“断”，为了完成它的特定使命，继电器一般由测量机构、比较机构和执行机构等部分组成，其原理组成方框图如图 8-9 所示。

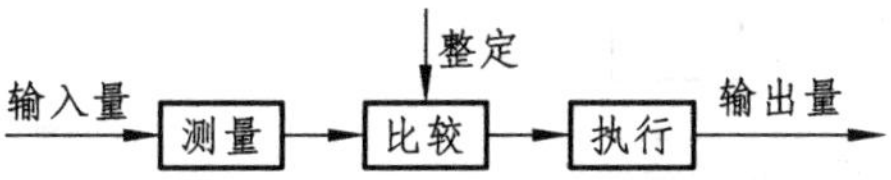

图 8-9　继电器原理组成

对于大部分继电器来说，输入量可以是电量，如电压、电流、阻抗、功率等，也可以是非电量，如压力、速度、温度等。输入量可以是一个量，也可以是两个或多个量。

测量机构是反应继电器输入量的装置，用于接收输入量，并将其转换成继电器工作所必需的物理量。例如，电磁型继电器，测量机构是线圈和铁心构成的磁系统，用来测量输入电量的大小，并在衔铁上将电量的大小转换成相应的电磁吸力。

比较机构的作用是将输入量（或转换量）与预设的整定值进行比较，根据比较结果决定执行机构是否动作。例如，电磁型继电器的反力弹簧等。当电磁吸力大于反力弹簧的反力时，衔铁吸合，执行机构动作；当电磁吸力小于反力时，衔铁不吸合，执行机构不动作，没有输出。一般可以在比较环节上调整（整定）继电器的动作值。

执行机构是反应继电器输出的装置，它作用于被继电器控制的相关电路中，以得到必需的输出量。执行机构根据比较的结果决定动作与否：如有触点电器中触点的分、合动作，无触点电器中晶体管的饱和、截止两种状态，执行机构的动作与否能实现对电路的“通”“断”控制。

输出量往往是电量。不管输入是何种形式的物理量，根据比较结果（即执行机构的动作状态）决定是否有输出量。

二、继电器的工作原理

现以图 8-10 所示的有触点电磁型继电器为例说明继电器的工作原理。

继电器由测量机构、比较机构、执行机构组成。它的电磁机构是测量机构，触头是执行机构。测量机构接收输入量（电流或电压等信号），并将其转变为继电器工作所必需的物理量（电磁吸力）；通过比较机构进行比较，当达到其动作参数或释放参数（电磁吸力大于或小于反力）时，促使执行机构动作（触头的闭合或开断）。接通被其控制的电路，从而得到一个输出电压。

继电器的输入量与输出量之间有一特定的关系,这就是继电器最基本的输入－输出特性，亦称继电特性。图 8-11 为具有常开接点继电器的继电特性，输入量用 X 来表示，输出量用 Y 表示。由上述工作原理分析可见，继电器的继电特性是由连续输入、跃变输出的折线组成，只要某装置有该输入-输出特性就能称为继电器。图中 X_{dz} 称为继电器的动作值，X_{fh} 称为继电器的返回值。

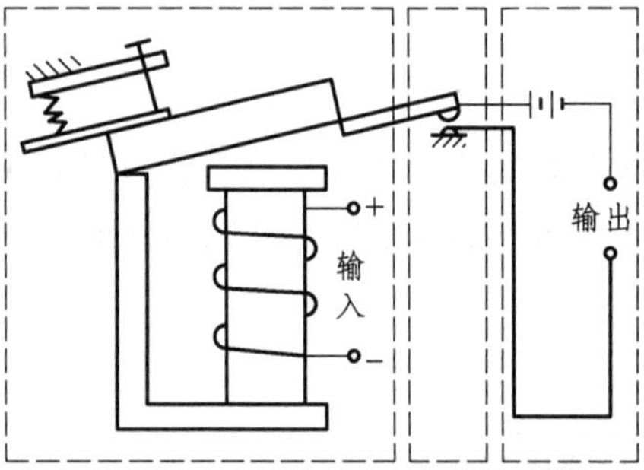

图 8-10　电磁型继电器工作原理

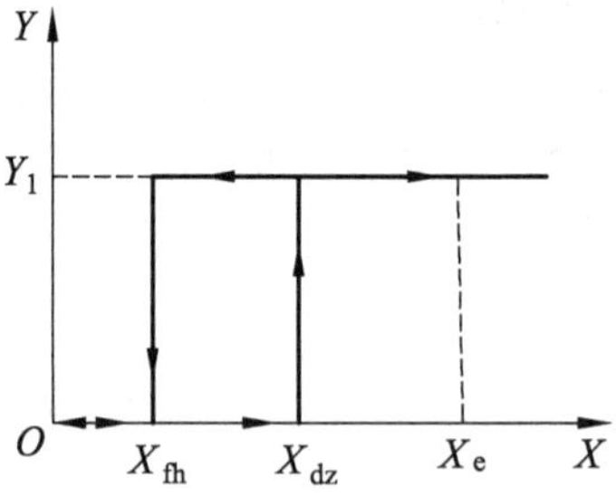

图 8-11　具有常开接点继电器的继电特性

三、继电器的特点

在电力机车上，继电器只用于控制电路，一般不直接控制主电路或辅助电路，而是通过接触器或主、辅电路中的其他电器对主电路及辅助电路进行控制的。同接触器相比较，继电器具有以下特点：

（1）继电器触头容量小，一般采用点接触形式，没有灭弧装置，体积和质量也比较小。

（2）继电器的灵敏度要求极高，输入/输出量应易于调节。

（3）继电器能反应多种信号（如各种电量、速度、压力等），其用途很广，外形多样化。

（4）继电器不能用来开断主电路及大容量的控制电路。

四、继电器的分类

继电器的用途很广，种类繁多，对不同类型的继电器要求不同，有时对同一类型的继电器，也需要从不同的方面去说明其特性，因此，继电器有很多种分类方法，下面仅根据目前电力机车上使用的情况来分类。

1. 按用途分类

按照在电力机车上的用途不同，继电器可分为控制继电器和保护继电器。

控制继电器可用来对电力机车上的一个或多个电路进行控制；保护继电器能够通过接通或开断相应电路来实现对电力机车的保护。

2. 按输入量的性质分类

电力机车上的继电器按输入量性质的不同，可分为电磁式继电器和机械式继电器。

电磁式继电器的输入量是电流、电压等电量，是反应电量的继电器；机械式继电器的输入量是压力、风速、温度等物理量，是反应非电量的继电器。

3. 按执行机构的种类分类

可分为有触点继电器和无触点继电器。

有触点继电器的执行机构为触头，通过触头的闭合和开断来执行动作；无触点继电器则通过晶体管的饱和或截止来实现如有触点继电器的触头动作的功能。

4. 按输入电流性质分类

可分为直流继电器和交流继电器。

5. 按作用分类

可分为电流继电器、电压继电器、时间继电器、中间继电器、压力继电器等。

五、继电器的基本参数

在继电器的选用、维护、维修等工作中，要求对继电器的一般参数有一定了解和掌握，以下就继电器的常见参数和一些重要参数进行介绍。

1. 额定参数

指输入量的额定值及触点的额定电压、额定电流等。

2. 动作值

使继电器吸合动作所需要的最小物理量的数值，如电流继电器的动作电流、电压继电器的动作电压、风压继电器的动作风压等。有时也称整定值。

3. 释放值

使继电器释放动作所需要的最大物理量的数值。对于具有常开接点的继电器而言，其释放值也称返回值。

4. 返回系数

指继电器输入量的释放值 X_{sf} 与动作值 X_{dz} 之比，用 K_{fh} 表示，即

$$K_{fh}=\frac{X_{sf}}{X_{dz}}$$

返回系数是继电器的重要参数之一，对继电器来说一般 $K_{fh}<1$。K_{fh} 越接近于 1，继电器动作越灵敏，但抗干扰能力就差，所以返回系数也不完全是越高越好，对控制继电器来说，返回系数要求不高，而保护继电器一般要求有较高的返回系数。

5. 额定工作制

对于继电器，一般有 3 种额定工作制，即长期工作制、短时工作制和间断工作制。

6. 使用寿命

指继电器的机械寿命和电气寿命，是继电器的重要技术指标。目前，控制继电器的机械寿命可高达一千万次以上，它与使用条件有关。

7. 动作时间和释放时间

对于电磁式继电器，动作时间是指继电器通电起，到所有触点达到工作状态止所经过的时间间隔。释放时间是指继电器断电起，到所有触点恢复到释放状态止所经过的时间间隔。按动作时间或释放时间的长短，继电器可分为快速动作、正常动作和延时动作 3 种类型。

六、继电器在电路中的表示方法

对于电磁式继电器，线圈是否有电决定着其触头处于闭合位还是断开位。因此，在电力机车的电气线路图中，通常把继电器的线圈和各触头表示出来，以显示该继电器在电路中的作用。并用不同的代号来标注不同用途的继电器，图 8-12 所示为 $SS_{4改}$ 型电力机车电气线路图中继电器的表示方法。

继电器和接触器的符号表示方法，在电路图中一般都有说明，同一电器的输入（如线圈）和输出（如触点）往往不画在一起，但代号是相同的，以表示控制和被控制的关系。

不同车型的代号编制方法是不同的。另外国产电力机车和进口车的常开、常闭接点的表示方法一般也不同。国产电力机车的继电器触点表示方法为“上开下闭，左开右闭”。例如，图 8-12 所示为 $SS_{4改}$ 型电力机车控制电路中的一个环节，图中 539KT 是时间继电器，其线圈用一侧涂黑的矩形表示；563KA、564KA、565KA 是中间继电器，其线圈用矩形表示。继电器的触点遵循“上开下闭，左开右闭”的原则制图。

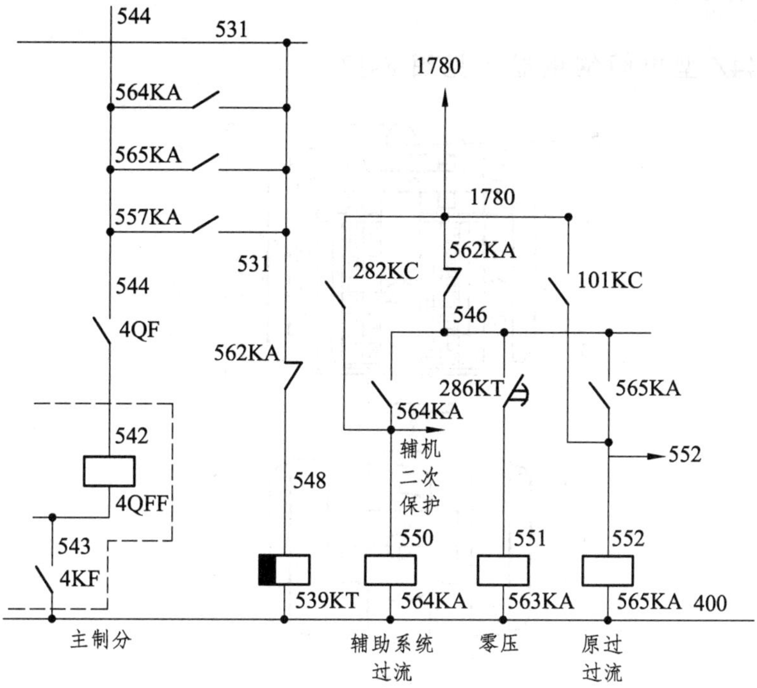

图 8-12　$SS_{4改}$型电力机车电气线路图中继电器的表示方法

第七节　电磁继电器

电磁继电器的测量机构是电磁铁，执行机构是触头。它具有工作可靠、结构简单、易于制造等优点，所以在电力机车上得到了广泛的应用。

电磁式继电器可分为电压继电器、电流继电器、中间继电器、时间继电器和信号继电器等。

按照电流种类的不同，电磁继电器还可以分为直流电磁继电器和交流电磁继电器。

电压继电器是指当继电器线圈两端电压达到规定值时动作的继电器，其吸引线圈与电路并联，故线圈直径较细，匝数较多，主要作控制用。

电流继电器是指当继电器线圈流过的电流达到规定值时动作的继电器，其吸引线圈与电路串联，故线圈直径较粗，匝数较少，多作过载或短路保护用。

中间继电器是指用来增加控制电路数目或将信号放大的继电器，它实际上也属于电压继电器。

时间继电器是指从接收信号至触头动作（或使输出电路的电参数产生跳跃或改变）具有一定的延时，该延时又符合其准确度要求的继电器。

一、直流继电器

1. JZl5-44Z 型中间继电器（见图 8-13）

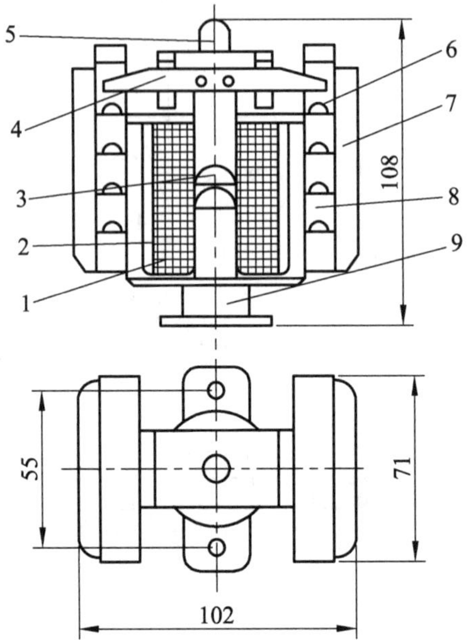

图 8-13　JZ15-44Z 型继电器结构

1—吸引线圈；2—磁轭；3—铁心；4—衔铁；5—按钮；
6—触头组；7—防尘罩；8—反力弹簧；9—支座

（1）型号及含义。

在韶山系列电力机车上装有 JZl5-44Z 型中间继电器。其含义：J 表示继电器；Z 表示中间；15 表示设计序号；44 表示 4 常开、4 常闭接点数；Z 表示直流控制。

（2）作用。

中间继电器在电力机车上应用较广，该型继电器在电力机车直流控制电路中，用来控制各种控制电器的电磁线圈，以使信号放大或用一个信号控制几个电路中的电器。

（3）组成。

JZl5-44Z 型中间继电器为整体式结构，布置紧凑，其结构如图 8-13 所示，主要由传动装置和触头（接点）装置组成。

传动装置：由直动螺管式电磁铁构成，铁心和线圈布置在继电器中央，铁心采用锥形止铁（可获得较平坦的吸力特性和足够的开距）。继电器的反力特性依靠动触头支架上的一对拉伸弹簧调节，衔铁上还装有一个手动按钮，以供检查及故障操作使用。

触头装置：为 8 对双断点桥式银点触头，分别布置在磁轭两侧。可根据需要任意组合成 2 开 6 闭，4 开 4 闭，6 开 2 闭的方式，但必须注意两个触头盒中的常开常闭接点数应对称布置。为了防尘和便于观察接点，继电器带有透明的防尘罩。

该型继电器的接点容量为 10 A，为了保证继电器体积小，结构紧凑，以及具备大电流的分断能力，触头系统采用永磁钢吹弧以提高触头直流分断能力。小型化的永磁钢嵌装在静触头的下部，采用无极性布置法，可以加强直流电弧的拉长，实现吹弧的目的。

在检修时要特别注意以下两点：

① 永磁钢极性不能任意改变，应保证两个静触头下的永磁钢极性相反，若装成同极性，则可能在某一电流方向时发生两弧隙电弧拉向内侧，造成静触头间飞弧的事故。

② 若永磁钢丢失，则分断能力要降低一半，触头必须降容量使用。

（4）主要技术参数（见表 8-2）。

表 8-2 电磁继电器主要技术参数

型号		JZ15-44Z	JT3 系列	JL14 系列		TJJ_2 系列
触头	数量	4 常开、4 常闭	1 常开、1 常闭	2 常开		2 常开、1 常闭
	额定电压/V	DC 110	DC 110	DC 110		DC 110
	额定电流/A	10	10	5		5
	开距/mm	<3	<3	<2.5		> 4
	超程/mm	<2	<1.5	<1.5		1.5
	初压力/N	0.7	0.7			0.9
	终压力/N	0.9	0.9	0.25		1.4
吸引线圈	额定电压（电流）	DC 110 V	DC 110 V	5 A	1 200 A	
	线径/mm	$\phi 0.16$	$\phi 0.18$			$\phi 0.29$
	匝数	13 100	6 750	216	1	4 000
	阻值/Ω	1 000	644	0.417	约为 0	120
恢复线圈	线径/mm					0.12
	匝数					3 000
	阻值/Ω					205
整定值			1 s，3 s	10 A	2 800 A	18 V

2. JT3-21/5 型时间继电器

（1）型号及含义。

JT3-21/5 的含义：J 表示继电器；T 表示通用；3 表示设计序号；2，1 表示 2 开 1 闭接点数目；5 表示动作值（延时时间），5 s。

（2）作用。

作为控制电路中的时间控制环节元件，作衔铁延时释放用。如控制通风机间隔起动的延时继电器，使两台通风机间隔 3 s 启动，以避免同时启动带来的启动过电流的叠加。该型继电器有 3 个时间等级：1 s（0.3 ~ 0.9 s），3 s（0.8 ~ 3 s），5 s（2.5 ~ 5 s）。

（3）结构。

该型继电器的结构如图 8-14 所示，其铁心和磁轭采用圆柱整体电工钢，使铁心与磁轭成为一体，再用铝基座浇铸而成（减小了装配气隙，降低磁阻，有利于提高继电器的灵敏度）。衔铁制成板状，装在磁轭端部，可绕棱形支点转动，形成拍合式动作。铁心端部套有圆环状的极靴。在衔铁内侧与铁心相接触处，装有一磷铜皮制成的非磁性垫片，此垫片使衔铁闭合时与铁心间保持一定的距离，即衔铁与铁心间有一定数值的磁阻，以防止衔铁在闭合状态下，当吸引线圈断电时，剩磁将衔铁“黏住”，引起继电器不能正常释放而造成事故。时间继电器的延时作用是依靠套装在磁轭上的阻尼套筒来保证的。继电器断电时，可借助于反力弹簧的作用使衔铁打开。

继电器的联锁触头采用标准组件，更换方便，且常开和常闭联锁触头的数量可按需要组合。它装在继电器的前侧。动触头支架由胶木制成杆状，与衔铁机械固定在一起，由拨叉控制，衔铁动作时通过拨叉控制动触头支架上、下动作，使联锁触头作相应的开闭。

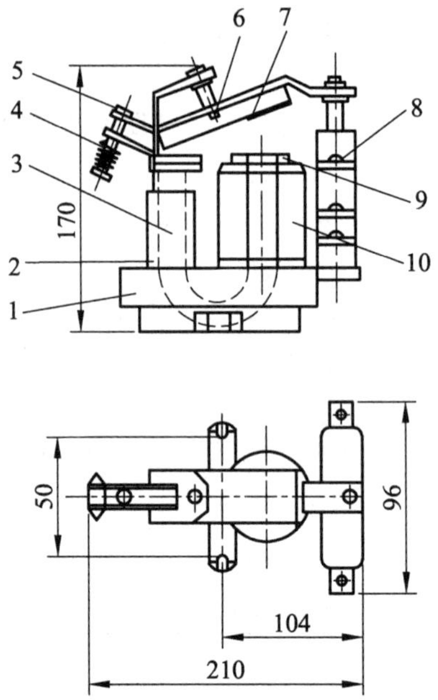

图 8-14　JT3 系列时间继电器结构

1—底座；2—阻尼套筒；3—铁心；4—反力弹簧；5—反力调节螺母；6—衔铁；7—非磁性垫片；8—触头组；9—极靴；10—吸引线圈

（4）动作原理（延时原理）。

当继电器的线圈通电时，在磁路中产生磁通。当磁通增加到能使衔铁吸动的数值时，衔铁开始动作，随着衔铁与铁心之间气隙的减小，磁通也增加。当衔铁与铁心吸合以后，磁通最大（此时的磁通大于将衔铁吸住时所需的磁通）。在线圈通电时，因为磁通的增长和衔铁的动作时间很短，所以联锁触头的动作几乎是瞬时的。当线圈断电时，电流将瞬时下降为零，相应于电流的主磁通也迅速减小，但因其变化率很大，根据楞次定律，在阻尼套内部将产生感应电势，并流过感应电流，此电流产生与原主磁通相同方向的磁通以阻止主磁通下降，这样就使磁路中的主磁通缓慢地衰减，直到磁通衰减到不能吸住衔铁时，衔铁才释放，接点相应地打开（或闭合），这样就得到了所需的延时。

为保证继电器延时的准确性，在使用时间继电器时必须保证有足够的充电时间（即线圈通电时间），使衔铁和铁心中的磁通完全达到稳定值。若充电不足，没有建立起稳定的磁通，延时作用将大大削弱。JT3 系列时间继电器的充电时间不能小于 0.8 s，故继电器通电时间必须大于 1 s。

（5）延时时间的调节。

时间继电器的延时整定必须符合所选继电器相对应的时间等级范围，否则将不能保证延时精度。

时间继电器不同延时时间等级之间的调节（又称大范围调节）可以用更换阻尼套的办法来实现。时间继电器的延时等级取决于阻尼套的材质及参数。因为阻尼套中电流的衰减过程取决于阻尼套的时间常数 T，R 越小，T 就越大，电流衰减也就越慢，延时时间也就越长。因此，5 s 级的时间继电器一般采用大截面铜套以降低电阻值，3 s 级的时间继电器则用铝套或小截面铜套以增加电阻值。

时间继电器相对应的阻尼套都是专用的，由制造厂配给，不能随意拆换。若确需改变继电器的使用等级，则可调换相应等级的阻尼套，以确保整定延时的足够精度。

在允许时间范围内，延时时间的调节方法有两种。

① 调节反力弹簧。

此调节可以是连续而细微的，称为细调。在保持非磁性垫片的厚度不变的前提下，反力弹簧拧得越紧，反作用力就越大，延时时间就越短；反之则反作用力越小，延时时间越长。但反力弹簧不能调得太松，否则有被剩磁黏住不释放的危险。

② 调节非磁性垫片。

这种调节是阶梯形的，既不连续，也不能作微量调整，称为粗调。在保持反力弹簧不变的前提下，非磁性垫片越厚，磁路的气隙和磁阻就越大，相同磁势下产生的电磁吸力就越小，衔铁就越容易释放，故延时时间相应缩短；反之则延时时间相应延长。但非磁性垫片不能太薄或取消，太薄容易损坏而成无垫片，无垫片将会发生继电器衔铁不能释放的现象。

（6）主要技术参数（见表 8-2）。

3. TJJ2-18/21 型接地继电器

（1）型号及含义。

TJJ2-18/21 型接地继电器的含义：T 表示铁路；JJ 表示接地继电器；2 表示设计序号；18 表示动作整定电压值（18 V）；2 表示主触头数；1 表示联锁触头数。

（2）作用。

TJJ2-18/21 型接地继电器用作主电路接地保护。$SS_{4改}$型电力机车上共装有两个该型继电器，分别装在 1、2 号高压柜内，对 1、2 架主电路进行接地保护。

（3）组成。

TJJ2-18/21 型接地继电器主要由传动装置、触头装置、指示装置和机械联锁等组成，组装在由酚醛玻璃纤维压制成的底板上，外面装有防尘的有机玻璃透明外罩，如图 8-15 所示。

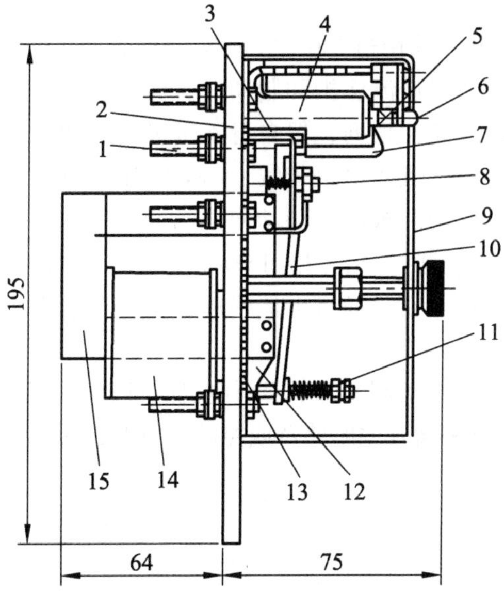

图 8-15　TJJ2 系列接地继电器结构

1—接线端子；2—底板；3—主触头；4—恢复线圈；5—联锁触头；6—指示器；7—钩子；8—扭簧；9—外罩；10—衔铁；11—反力弹簧；12—支座；13—非磁性垫片；14—吸引线圈；15—铁心

传动装置：由拍合式电磁铁构成，带有吸引线圈。

触头装置：有两对主触头和一对联锁触头，均为桥式双断点，主触头由衔铁控制，联锁触头由指示杆带动。

指示装置：带有恢复线圈、螺管式电磁铁和指示杆。

机械联锁：由钩子和扭簧组成。

（4）工作原理。

正常工作状态，红色指示杆埋在罩内，继电器处于无电释放状态，指示杆被钩子勾住，接地继电器的联锁触头处于常开位置。当机车主电路发生接地故障时，在电磁力的作用下，衔铁被吸合，主触头进行分合转换，开闭有关控制电路，使主断路器跳闸从而切断机车总电源，达到保护目的。与此同时，衔铁压下钩子的尾部，迫使钩子克服扭簧的作用力转开，不再钩住指示杆，使红色指示杆脱扣并在弹簧作用下跳出外罩，显示机械式动作信号，同时联锁触头相应闭合，在司机台显示故障信号。

当故障消除后，衔铁在反力弹簧作用下返回原位。但此时红色指示杆不能恢复原位（即回复至罩内），机械信号仍保持；司机台上信号也不能立即消除。只有通过按主断路器“合”按键，使恢复线圈短时得电，才能使指示杆吸合进入罩内，指示杆重新被钩子勾住，联锁触头也随之断开，于是接地继电器发出的机械信号和电信号一起消失，恢复至正常状态。

TJJ2 型接地继电器在使用过程中必须注意两点：一是该型继电器的指示杆正常时应能被钩子可靠勾住，以防信号错乱；二是该继电器的恢复线圈只能短时通电，其持续时间不得超过 1 min，以免过热而烧损。

（5）主要技术参数（见表 8-2）。

4. 过载继电器

（1）在 SS_1 型电力机车上曾采用过 TJL1 型过载继电器，包括牵引过流继电器和制动过流继电器。它用于牵引电机的牵引过流保护和制动过流保护。

该继电器与接地继电器属同一系列，但自身不带吸引线圈，牵引过流继电器的吸引线圈就是穿过铁心窗口的一根牵引电机的电枢母线（1 匝），制动过流继电器为了便于调整返回系数，吸引线圈为穿过铁心窗口的两根电阻制动回路的母线（2 匝）。

（2）SS_1 型、SS_3 型、SS_{3B} 型、SS_4（1 ~ 158#）型等电力机车也采用过 TJJ2 型电磁继电器，用作牵引电机的过载保护，它是通过电流传感器接入牵引电机回路检测信号的，但动作值不同。

（3）SS_{3B}、$SS_{4改}$型和 SS_8 型电力机车上，牵引电机的过载保护采用直流传感器采样送至电子柜或微机柜，通过中间继电器来断开主断路器或控制相应电路的电空接触器来切除故障电机。

二、交流继电器

1. JL14-20J 型电流继电器

（1）型号及含义

JL14-20J 型的含义：J 表示继电器；L 表示电流；14 表示设计序号；2 表示常开触头数；

0 表示常闭触头数；J 表示交流控制。

（2）作用。

该型号交流继电器在电力机车上是作为主电路原边过流保护和辅助电路过流保护之用。主电路原边过流保护采用 JL14-20J/5 型交流继电器，辅助电路过流保护采用 JL14-20J/1200 型交流继电器。

（3）组成及工作原理。

① 原边过流继电器。

原边过流继电器采用 JL14-20J/5 型交流电流继电器，它接在高压交流电流互感器的副边，作牵引变压器原边过电流保护。其额定电流为 5 A，动作电流整定值为 10 A（±10%）。

该型继电器的结构如图 8-16 所示。它的电磁系统是由呈角板形的磁轭、固定在磁轭上的圆形铁心、套装在铁心上的吸引线圈，以及平板形衔铁所组成。衔铁可绕磁轭的棱角支点转动，形成拍合式动作。磁轭棱角的左下方装有反力弹簧，继电器失电时，衔铁可借助于反力弹簧的反力打开。电磁系统右侧安装有触头组，触头支架与衔铁支件相连，衔铁动作时，可带动触头支架作相应的动作，使联锁触头开闭。在铁心端的衔铁上装有非磁性垫片，用以防止剩磁继续吸引衔铁而出现不释放现象。

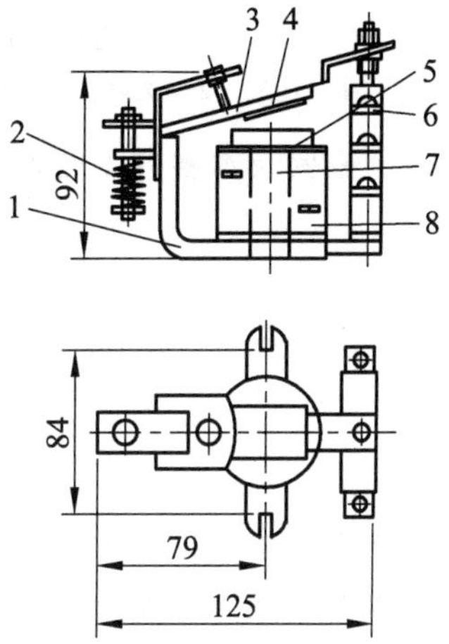

图 8-16　JL14－20J/5 型交流电流继电器结构

1—磁轭；2—反力弹簧；3—衔铁；4—非磁性垫片；5—极靴；6—触头组；7—铁心；8—吸引线圈

改变非磁性垫片的厚度，可调节继电器的释放电流值；改变反力弹簧的压力，可调节继电器动作电流的整定值。

② 辅助过电流继电器。

辅助过电流继电器选用的是额定电流为 1 200 A 的 JL14-20J/1200 型交流电流继电器，它直接接在辅助电路中（即电磁系统的吸引线圈就是辅助电路的母线，1 匝），作辅助电路过电流保护，其动作电流的整定值为 2 800 A（±10%）。

该型继电器与原边过电流继电器结构基本相同，如图 8-17 所示。根据励磁的需要，它的电磁系统由磁轭和分磁板组成矩形框架，吸引线圈就是穿过矩形方框的方形铜排，即母线，由它取代了铁心骨架。分磁板的作用是将短路或过载电流产生的磁通分为相位不同的两部分，以保证铁心对衔铁的合成吸力消除过零点，并保持在一定的范围内，从而减小了交流电磁铁处于闭合状态的振动和噪声。

当辅助电路工作正常时，母线中通过的电流小于动作值，衔铁在反力弹簧的作用下处于打开状态。若辅助电路出现过载或短路故障，衔铁即在电磁吸力的作用下吸合，带动触头组中的联锁触头作相应的分合转换，进而使电力机车主断路器跳闸，切断机车总电源，从而起到保护电力机车的作用。

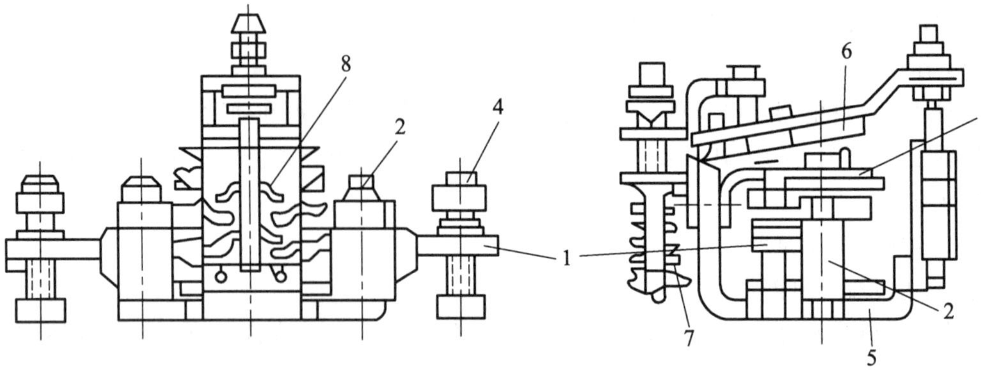

图 8-17　JL14－20J/1200 型交流电流继电器结构

1—母线；2—支架；3—分磁板；4—螺栓；5—磁轭；6—衔铁；7—反力弹簧；8—触头组

（4）主要技术参数（见表 8-2）。

第八节　机械式继电器

在电力机车上，除了较多使用电磁式继电器外，还根据需要使用了机械式继电器。电力机车上的机械式继电器有风道（风速）继电器、风压继电器、油流继电器等，以下分别进行介绍。

一、风道（风速）继电器

风道继电器安装在硅整流装置柜、制动电阻柜及牵引电机通风系统的风道里，用来反映通风系统的工作状态是否正常，以确保通风系统有足够的风量。目前采用风道继电器的有 TJV1-7/10 型和 TJY5（TJY5A）型。

1. TJV1-7/10 型风速继电器

（1）型号及含义。

TJV1-7/10 型继电器的含义：T 表示铁路机车用；J 表示继电器；V 表示速度；1 表示设计序号；7 表示动作值，m/s；1，0 表示常开常闭联锁触头数。

（2）作用。

该型继电器装在各通风系统的风道里，用来反映通风系统的工作状态是否正常，以确保通风系统有一定的风量，保护发热设备。

（3）组成。

主要由测量、比较、执行三个环节组成，如图 8-18 所示。

测量环节由风叶组成，用以感测风速。比较环节由扭簧和反力弹簧等组成，以决定继电器是否有输出（动作）。执行环节由 LW-11 型微动开关来担任。

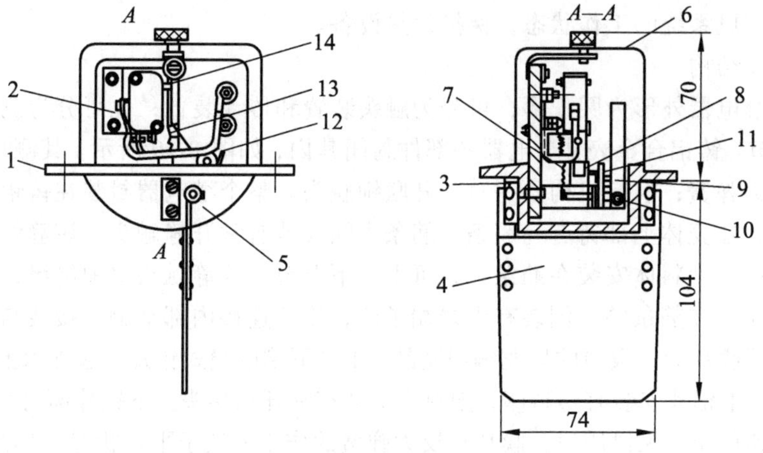

图 8-18　TJV1-7/10 型风速继电器结构简图

1—底座；2—微动开关；3—挡块；4—风叶；5—转轴；6—盖；7—反力弹簧；8—传动板；9—传动块；10—扭簧；11—拨杆；12—滚轮；13—弹性传动件；14—微动开关按钮

在风叶的转轴上套有轴套，并固定有传动块和传动板。传动板可通过它右侧的拨杆使传动块与套在轴套上的扭簧相连，左侧则可通过滚轮与弹性传动件接触。弹性传动件的上端即套在微动开关的支架上。通过扭簧和传动块、风叶的力矩就可传递到由传动板、滚轮和弹性传动件组成的传动组件上，进而通过弹性传动件来控制微动开关的按钮。

（4）动作原理。

当通风系统的工作正常时，风量足够，风叶在风压力作用下转动，传动块随着转动，并通过扭簧拨动传动板，使其克服反力弹簧的作用而向下运动，滚轮受压后带动弹性传动件移动，触动微动开关按钮，使其常开联锁触头速动闭合，接通相应的控制电路正常工作。

当通风系统发生故障时，风量很小或为零，风叶在扭簧和反力弹簧的作用下恢复到原位，使继电器返回，微动开关释放，其常开触头打开，从而切断相应的控制电路。

继电器的动作整定风速值靠调节反力弹簧来整定。反力弹簧的反力通过改变弹簧挂钩的上下位置来调节。其返回值约为 6 m/s。

（5）参数。

TJVl-7/10 型风速继电器的主要技术参数：

触头额定电压：DC 110 V；

触头额定电流：3 A；

触头对数：1 常开；

风速整定值：7 × (± 10%) m/s。

2. 风道继电器

（1）型号及含义。

TJY5-0.3/10 型和 TJY5A-0.3/10 型的含义：T 表示铁路机车用；J 表示继电器；Y 表示压力型；5，5A 表示设计序号；0.3 表示动作整定风压值，kPa；1 表示 1 个常开触头；0 表示 0 个常开触头。

（2）作用。

在 $SS_{4改}$ 型电力机车上，安装在牵引电机，硅整流装置柜和制动电阻柜的通风系统风道中，用来反映通风系统的工作状态，保护发热设备。

（3）组成及结构。

新型风道继电器外形为圆丘形，可分为触头装置和传动装置，也可分为测量环节、比较环节、执行环节。铸铝合金壳体，电器各部件封闭其内，如图 8-19 所示。其测量机构是膜片；比较机构为反力弹簧；执行机构是一对常开联锁触头。整个继电器封装在铸铝合金壳体内。取下继电器盖，在壳体上部铸有一筋条，筋条中间安装有常开静触头。该静触头为螺栓状，拧入一塑料体中，塑料体安装在筋条上，可上、下调节，故静触头对地绝缘，并可调节触头开距及压力大小。在筋条的一侧装有引线端子座，用于连接内部动触头接线与外部连线。

风道继电器膜片为一很薄的尼龙编织制品，上、下铆以膜式铝片，起支承上部动触头和传递风压的作用。上铝片安装有塑料座，塑料座上装有常开动触头。下铝片面对盖板，盖板上开有孔，用于传递风压。无风压时，膜片在反力弹簧的作用下处于平直状态，其常开触头断开。

风道继电器应垂直安装，即膜片处于垂直状态，安装位置可以比较灵活，它与 TJV1 风速继电器不同，可以不安装在风道上。

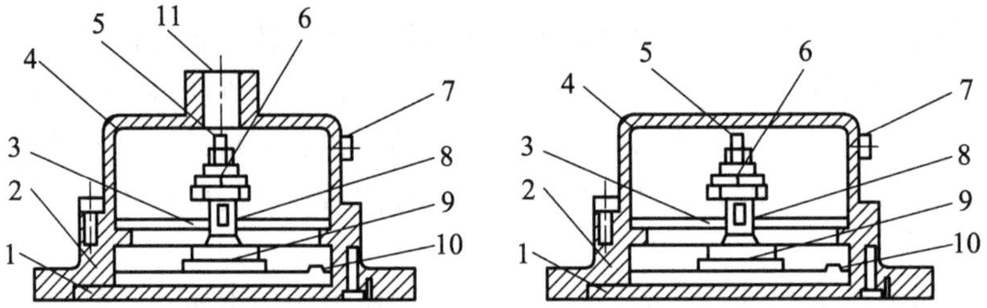

图 8-19　TJY5、TJY5A 型风道继电器结构

1—盖板；2—壳体；3—常开动触头；4—盖；5—常开静触头；6—塑料体；7—出线座；8—反力弹簧；9—塑料座；10—膜式铝片；11—气管

（4）动作原理。

① TJY5A 型风道继电器。

TJY5A 型风道继电器一般用于监视牵引电机和制动电阻通风设备的工作情况。

牵引电机和制动电阻柜是依靠牵引风机和制动风机吹入的压缩空气将热量带走而进行冷却的。TJY5A 型风道继电器的风压取自牵引、制动风机风道，为正压力。吹进牵引电机或制动电阻柜的压缩空气从盖板的小孔经管道进入膜片下方的空腔内，由盖罩下部的气孔将常压空气引入膜片上方的空腔。当风机正常工作时，风道某处的压力达到继电器的动作值时，膜片下方与上方的压力差足以克服反力弹簧的反力，推动膜片向上移动，带动常开动触头与静触头闭合并保持一定的接触压力，接通相应的控制电路正常工作；当通风系统发生故障时，风量很小或为零，膜片下方与上方的风压差很小或为零，膜片在反力弹簧的作用下复位，使常开联锁触头断开，从而切断相应的控制电路。

② TJY5 型风道继电器。

安装于 SS_8 型电力机车，用于监视硅整流装置通风系统的工作。

硅整流装置柜与牵引电机和制动电阻柜不同，它是依靠硅风机吸出压缩空气来进行冷却的。装在硅整流装置柜风道内的 TJY5 型风道继电器和 TJY5A 型风道继电器的结构相似，只是在它的盖上有一管道，使膜片上方的空腔通过这一管道与硅整流装置柜相连，膜片下方的空腔则通过继电器盖板上的小孔与大气相通。由于硅风机正常工作时将硅整流装置柜内的空气吸向了大气，故硅整流装置柜风道内的压力（膜片上方）低于大气压力（膜片下方），当风机正常工作，风道内的风压达到其动作值时，压力继电器产生一负压力，即吸力，使膜片在该吸力的作用下由下向上移动，推动塑料座克服反力弹簧的作用力运动，带动常开联锁触头闭合并保持一定的接触压力，接通相应的控制电路正常工作；当通风系统发生故障时，膜片上下方的压力差不足，膜片在反力弹簧的作用下复位，常开联锁触头断开，切断相应的控制电路。

可见，TJY5A 型风道继电器是由压缩空气将膜片向大气侧推动，是借助正压力来工作的；而 TJY5 型风道继电器风道继电器则是由大气将膜片推向低于大气压力侧，是借助负压力来工作的。

（5）特点。

该继电器与 TJV1 型风速继电器相比有以下优点。

① TJY5 型风道继电器取的控制量为压力，且在风道内的采样范围小，因而可以将风道内的涡流及外界变化对继电器的影响减小到很小程度；

② 它动作可靠，不会发生像 TJV1 型风速继电器那样的抖动现象；

③ 维护方便，一般不需要维修，若有尘埃进入堆积，清除即可；

④ 安装方式灵活，通用性强。

（6）参数。

触头额定电压：DC 110 V；

触头额定电流：3 A；

触头数量：1 常开；

风压整定值：0.3 kPa(±10%)；

质量：0.75 kg。

二、风压继电器

1. 型号及含义

TJY3-1.5/11 型和 TJY3A-4.5/11 型风压继电器的含义：T 表示铁路机车用；J 表示继电器；Y 表示压力型；3（3A）表示设计序号；1.5（4.5）表示动作整定风压值，kPa；11 表示常开常闭联锁触头数。

2. 作　用

TJY3-1.5/11 型是作为电力机车电阻制动和空气制动间的安全联锁，在电阻制动时，电制动力并非恒定，需加一点空气制动来限速。但空气制动力不能太强，以免车轮被抱死，造成滑行而擦伤车轮。

TJY3A-4.5/11 型是作为主断路器的欠气压保护，避免在低气压下动作主断路器。

3. 组　成

两种型号的继电器结构基本相同，主要由传动装置和联锁触头组成（当然也可分为测量、比较和执行三部分）。TJY3 型压力继电器结构如图 8-20 所示。

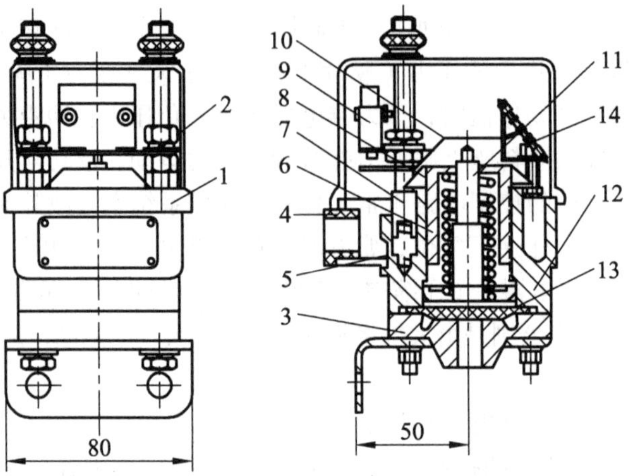

图 8-20　TJY3 型压力继电器结构简图

1—壳体；2—上盖；3—下盖；4—橡皮环；5—弹簧；6—反力弹簧；7—止销；8—调节螺母；9—行程开关；10—支架组装；11—活塞；12—阀体；13—橡胶薄膜；14—拉力弹簧

空气传动装置由橡胶薄膜、活塞、反力弹簧、调节螺母及拉力弹簧等组成。反力弹簧套装在铜质活塞上，其一端压装在基座上，另一端与调节螺母相接。可旋转调节螺母来调整反力弹簧对活塞的作用力，从而达到对该继电器的整定值的调整。调整完毕，止销弹出，防止调节螺母的误动作，影响该继电器的整定值。

联锁触头采用 LX19K 行程开关。

TJY3A-4.5 型的结构与 TJY3-1.5 型相似，只是行程开关换成微动开关，安装支架、反力弹簧和阀体也略有不同。

4. 动作原理

当气压达到动作值时，空气压力大于反力弹簧的反力，推动橡胶薄膜及活塞上行，通过传动件使接点动作。

（1）TJY3-1.5 型风压继电器。

当电力机车制动缸压力低于 150 kPa 时，在反力弹簧的作用下，空气压力不足以推动橡胶薄膜及活塞向上移动，行程开关的常闭联锁触头处于闭合状态，该继电器接通有关电阻制动电路。此时，电力机车使用的是电、空联合制动来限制运行速度。

当司机操作空气制动，补充电力机车制动缸压力达到 150 kPa 及以上时，被视为补充制动力过大。此时橡胶薄膜在空气压力的作用下，克服反力弹簧的作用力推动活塞上移，并通过支架组装带动行程开关动作，其常闭触头切断电阻制动中的励磁电路，电阻制动自动解除。

当制动缸压力下降到释放值 100 kPa 时，橡胶薄膜在反力弹簧的作用下复位，行程开关的常闭联锁触头恢复闭合状态，电阻制动电路重新接好，可再次施行电阻制动。

（2）TJY3A-4.5 型风压继电器。

当主断路器储风缸压力超过 450 kPa 时，该压力继电器动作，触头闭合，接通主断路器合闸电路，主断路器方能合闸。如果无此保护，主断路器就有可能在过低气压下动作，造成不能可靠合闸，烧坏主断路器合闸线圈，或者在过低气压下合闸后不能保证可靠分闸的危险，甚至更大的故障。现在，主断路器分闸电路也受此风压继电器控制，以确保主断路器能可靠动作，保证电力机车出现故障时能可靠分闸，切断机车总电源，防止故障范围扩大。

5. 主要技术参数

触头型式：桥式双断点；
触头数量：1 常开 1 常闭；
触头额定电压：DC 110 V；
触头额定电流：5 A；
额定气压：900 kPa；
TJY3 型触头接通风压：150 kPa；
TJY3 触头断开风压：100 ± 10 kPa；
TJY3A 型触头接通风压：450 ~ 465 kPa；
TJY3A 触头断开风压：400 ~ 425 kPa。

三、油流继电器

1. 型号及含义

TJV2 型油流继电器的含义：T 表示铁路机车用；J 表示继电器；V 表示速度；2 表示设计序号。

此外还有 LJ-38 和 YJ-100 等型号，结构基本相同。

2. 作　用

油流继电器是电力机车牵引变压器的附件，用来监视变压器循环系统的工作情况，当油流停止或不正常时，给司机发出警告信号。在牵引主变压器两端的循环油管内，各设置有一个 TJV2-1/11 型油流继电器。

3. 组　成

如图 8-21 所示，由叶片、扭簧和接线柱组成。

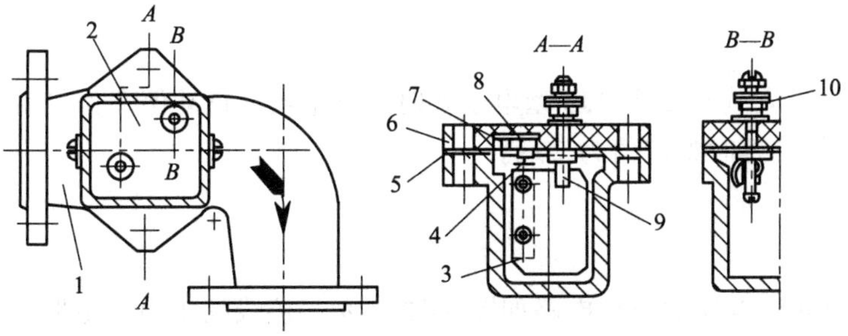

图 8-21　TJV2 型油流继电器

1—连管；2—外罩；3—叶片；4—扭簧；5—橡胶垫；6—底板；7—球轴承；8—转轴；9，10—接线柱

其测量机构由绕球轴承转动的叶片和扭簧组成，执行机构为由叶片 3 和接线柱 9 组成的常闭联锁触头承担。

4. 动作原理

当油流正常循环时，油流推动叶片克服扭簧的扭力而转动，使常闭联锁触头（叶片 3 和接线柱 9）断开，司机台上无电信号显示；当油流停滞时，叶片在扭簧作用下返回，同接线柱 9 接触，电信号电路经接线柱 9、叶片、扭簧和接线柱 10 而接通，司机台上显示相应的电信号，表示油流不正常。

该型油流继电器管体上标有油流方向箭头，分左、右两方向，不能装错。

第九节 电子时间继电器

一、电子时间继电器

在工业生产中，电子式时间继电器已成为主流产品，一般采用晶体管或集成电路和电子元件等构成。电子式时间继电器具有延时范围广、精度高、体积小、耐冲击和耐振动、调节方便及寿命长等优点，所以发展很快，应用广泛。

近年来，在电力机车上也采用了新型的电子继电器——TJS 型电子式时间继电器，它通过晶闸管的导通和截止来完成控制电路的通和断，由于电路的通或断是靠晶闸管的导通和截止来实现，无明显的开断点，所以也称无触点电器。TJS 型电子式时间继电器为了扩大输出功率，最终输出用的是小型中间继电器。

二、TJS 型电子式时间继电器

1. 型号及含义

TJS 型电子式时间继电器的含义：T 表示铁路机车用；J 表示继电器；S 表示时间。

2. 作　用

电力机车上一般安装有 2 个 TJS 型电子式时间继电器。自动停车信号装置的延时整定值为 7 s，空气制动柜的延时整定值为 25 s。

3. 工作原理

TJS 型电子时间继电器的原理电路如图 8-22 所示。接线柱 1 由外电路得电，通过接线柱 2 和接地端与外接中间继电器线圈相连。

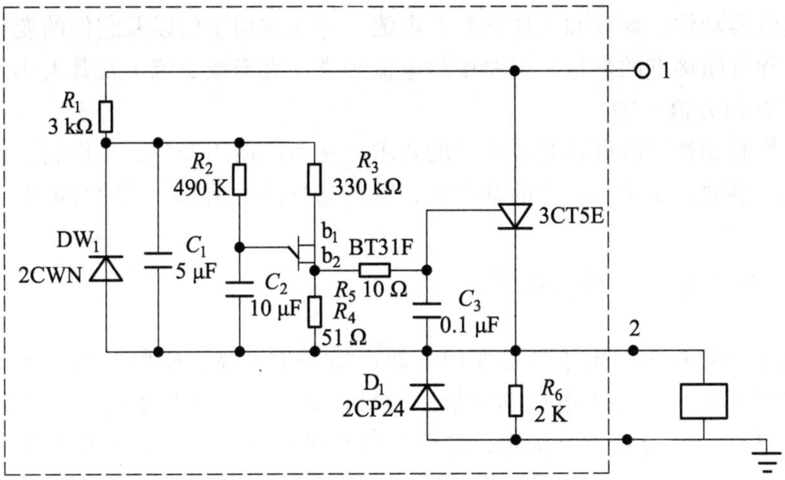

图 8-22 TJS 型电子时间继电器

当时间继电器接线柱 1 由外电路得电后，经降压电阻 R_1，在稳压管 DW_1 上获得 24 V 的直流电压，通过电阻 R_2 对电容器 C_2 充电，获延时作用（延时时间由时间常数决定）。当 C_2 上的电压充至单结晶体管 BT31F 的峰点电压时，C_2 经 BT31F 向电阻 R_4 放电，由此产生的脉冲触发晶闸管 T，由接线柱 2 输出，使外接中间继电器线圈得电。

电容器 C_1 起滤波和防干扰作用，电容器 C_3 用以防止晶闸管的误导通，二极管 D_1 用来释放外接中间继电器线圈的电磁能量，电阻 R_6 使晶闸管一旦导通后能维持导通状态，不受中间继电器线圈电感的影响。

4. 延时时间的调整

由于该型电子时间继电器的延时时间由 R_2 和 C_2 充电电路的时间常数决定，因此，只要改变电阻 R_2 的阻值，即可方便地调整延时时间。

第十节 继电器的选用和维修

一、继电器的选用

继电器在电力机车上使用品种多，用量大，熟悉各继电器的性能、参数和使用条件，正确地选择和使用继电器，是确保继电器及其被控制或保护对象可靠工作、正常运行的重要环节。

选用继电器一般可采用以下方法：

（1）根据被控制或保护对象（可以是电量或非电量）的具体要求，确定采用继电器的种类。

（2）确定控制和被控制电路的基本参数，如控制电路（继电器线圈电路）的线圈数量，电流种类，继电器动作、释放和工作状态的电流、电压或功率值以及它们的变化范围；被控制电路的常开和常闭接点的数量，电路中的电流种类（直流或交流）及其大小，负载的电阻和电感量（即 R 和 L 值）等。

（3）根据控制和被控制电路对继电器的要求，在考虑使用寿命、工作制、使用条件、继电器各主要技术参数、质量和尺寸的基础上，从产品目录中选择合适的继电器。

二、继电器的常见故障及处理

继电器在使用过程中，由于各种原因（如产品质量不高、使用不当、维修不好等）常常发生各种各样的故障。对于电子继电器，因目前机车上所用种类还少，其故障、处理以及检查、试验具有自己的特点。在此，主要介绍有触点继电器的故障及处理。最常见的有以下几种。

1. 触头故障

（1）由于触头的机械咬合（触头上形成的针状凸起与凹坑相互咬住）、熔焊或冷焊而产生无法断开的现象。

（2）由于接触电阻变大和不稳定使电路无法正常接通的现象。

（3）由于负载过大，或触头容量过小，或负载性质变化等引起触头无法分、合电路的故障。

（4）由于电压过高，或触头开距变小而出现触头间隙重新击穿的故障。

（5）由于电源频率过高，或触头间隙电容过大而产生无法准确开断电路的故障。

（6）由于各种环境条件不满足要求而造成触头工作的失误。

（7）由于没有采用熄弧装置或措施，或参数选用不当而造成触头磨损，或产生不必要的干扰。

2. 线圈故障

（1）由于环境温度的变化（超过技术条件规定值）导致线圈温升超过允许值而引起线圈绝缘的损坏；由于潮湿而引起绝缘水平的严重降低；由于腐蚀而引起内部断线或匝间短路。

（2）由于线圈电压超过 110% 额定电压而导致线圈损坏。

（3）在使用维修时，可能由于工具的碰伤而使线圈绝缘损坏，或引起线折断。

（4）由于线圈电压接错，如额定电压为 110 V 的线圈接到 220 V 的电源电压上，或将交流电压线圈接到同样等级的直流电压上而使线圈立即烧坏。

（5）交流线圈可能由于线圈电压超过 110% 额定电压，或操作频率过高使用线圈烧坏，或当电压低于 85%额定电压时因衔铁吸合不上而烧坏。

（6）当交流线圈接上电压时，可能由于传动机构不灵或卡死等原因，使衔铁不能闭合而使线圈烧坏。

3. 磁路故障

（1）棱角和转轴的磨损，导致衔铁转动不灵或卡死的故障。

（2）在有些直流继电器中，由于机械磨损或非磁性垫片损坏，使衔铁闭合后的最小气隙变小，剩磁过大，导致衔铁不能释放的故障。

（3）交流继电器铁心上分磁环断裂或衔铁和铁心极面生锈或侵入杂质时，将引起衔铁振动，产生噪声。

（4）交流继电器 E 形铁心中，由于两侧铁心的磨损而使中柱的气隙消失时，将产生衔铁黏住不放的故障。

4. 其 他

继电器产生故障的原因很多，如各种零件产生变形或松动，机械损坏，镀层裂开或剥落，各带电部分与外壳间的绝缘不够，反力弹簧因疲劳而失去弹性，各种整定值调整不当，产品已达额定寿命等。除了要求生产厂确保产品的质量以外，正确使用和认真维修也是减少故障、保证可靠工作的重要环节。

三、继电器的维修

继电器是电力机车控制电路和监测保护系统的主要配件。例如，电力机车运行时，若主电路和辅助电路中的电机、电器或联接线路出现故障，相应监测保护系统的继电器能够将故障信息转化为电信号，一方面反馈到主断路器的分闸线圈，使主断路器跳闸，切断电力机车总电源，对电力机车进行保护；另一方面反馈到信号装置（包括机械信号和电信号），使其显示不同的故障状态，指示电力机车乘务员及时而正确地处理故障。可见，继电器虽然不直接控制主电路和辅助电路，但在电力机车上的作用却是极其重要的。

由于电力机车电器的工作条件恶劣，各继电器及部件的性能与参数也将随着工作任务与使用时间的改变而改变，而且还经常受到各种偶然因素的影响。因此，我们必须对这些情况进行监视并及时掌握，对可能出现的各种异常现象及早防范，对某一继电器或继电器的某一部件产生的故障及时地修理或更换，以确保各继电器的使用寿命，保证电力机车正常而可靠地工作。所以，坚持预防为主的方针，建立必要的维修制度，对继电器进行经常的和定期的维修十分必要。

尽管继电器型号不同，检修方法也有区别，但是在检修时都应按以下共同的要求进行。

（1）继电器活动部分的动作应灵活、可靠，外罩及壳体应无损坏或缺少零件等情况。

（2）继电器线圈引出端子及外部连接线必须牢固、可靠，电磁继电器吸引线圈的阻值必须符合有关的技术规定。

（3）有指示件的继电器应检查指示件的自锁和释放作用，保证其正确、可靠工作。

（4）绝缘状态良好，磨耗件及易损件（包括胶木件、外罩、分磁环、非磁性垫片等）有缺损时应更新，各连接部分的紧固状态应良好。

（5）测量继电器触头厚度、开距、超程及终压力等技术参数，必须符合有关规程和工作文件的要求。

（6）调整继电器动作参数的整定值，并加漆封固定。有特殊要求时，还应测量继电器的返回系数。

继电器的检修工作除一般的清扫、检查外，主要内容是测量继电器的技术参数并调整其动作的整定值，即上面提到的第（5）、（6）条。

电力机车上装有电磁式继电器、机械式继电器和电子继电器。从继电器的输入/输出特性我们知道，继电器只有当输入量达到其规定的动作参数时才会动作，即电磁式继电器在达到规定的电压、电流值，或机械式继电器达到规定的压力、速度时，继电器才动作，并带动相应的联锁触头接触或分断相应的控制电路，将故障或正常工况准确地显示出来。由此可见，继电器的动作参数是决定继电器准确动作的决定性因素，而调节继电器动作参数的过程，即对继电器的整定过程就显得尤为重要了。所以，在电力机车中修时，最主要的任务之一就是必须对全部继电器重新整定、校检。继电器整定值的调试应由专职人员在专用的试验台上进行。电磁式继电器可通过调整反力弹簧、初始气隙及非磁性垫片等措施来调整动作值。一般地，调整初始气隙可改变其动作值，调整非磁性垫片可改变其释放值，而调整反力弹簧则动作值和释放值都可改变。各电磁式继电器、机械式继电器和电子时间继电器动作参数的具体整定方法在第二、三、四节中已经进行了介绍。需要注意的是，各继电器整定完毕后应铅封或漆封，以防错动而影响整定值。

必要时，某些继电器在检修后还应做振动试验、触头压力及接触电阻测试。

小　结

接触器是一种用于频繁地接通或分断交直流主电路、大容量控制电路等大电流电路，具有操作频繁、有一定过载能力和失压保护功能，并能实现一定距离的远程控制的电器。

接触器主要由触头装置、传动装置、灭弧装置、支架和固定装置组成，按通断电流的种类可分为直流接触器和交流接触器；按传动方式可分为电磁式和电空式；按触头所处的介质可分为空气式、真空式和油浸式接触器。应通过对典型的电磁式接触器、真空接触器的学习，掌握其结构、作用及特性，并应对选择接触器时所需考虑的因素及日常使用维护的基本常识有所了解。

继电器是一种在控制电路中用于传递信号的一种自动电器，具有控制、保护或转换信号的作用，当输入的激励量达到规定要求时，在电气输出电路中，被控参量发生预定的阶跃变化。继电器没有灭弧装置，触头容量较小，不能用来开断主电路及大容量的控制电路，但灵敏度极高，能反应多种信号，输入/输出量易于调节，用途极为广泛。通过对继电器基本知识的学习，掌握电磁式继电器、机械式继电器和时间继电器的工作原理、继电特性及基本技术参数，并了解继电器的选用和保护的基本常识。

思考与习题

1. 简述接触器的各个组成部分及其作用。
2. 按传动方式分，接触器分几类？其各自特点是什么？

3. 什么是接触器的动作时间和释放时间？
4. 简述三相交流接触器的工作原理。
5. 我们应该如何选择合适的基础器？
6. 简述接触器的日常维护方式方法。
7. 什么是继电器的返回系数？
8. 继电器的各组成部分有什么作用？
9. 继电器有哪些特点和基本参数？
10. 继电器的选择一般采用哪些方法？
11. 继电器触头故障常见有哪些？分析产生的原因。
12. 继电器线圈常见的故障有哪些？产生的原因是什么？
13. 继电器触头间接触电阻变大时，可能带来什么现象？

第九章　电力机车主型电器

电力机车主型电器是指专门为电力机车而设计制造的、作用重要、结构复杂、体积较大的专用电器，主要包括受电弓、高压连接器、主断路器、两位置转换开关、司机控制器等。本章着重介绍电力机车上主型电器的作用、型号、结构、工作原理、特点和主要技术参数，并简要介绍其检查、维护、检修和试验方法。

第一节　受电弓

一、概　述

电力机车、电动车辆从接触网接触导线或导电轨受取电流的装置统称为受流器。它是电力机车或电动车辆与固定供电装置之间的连接环节，受流器性能的优劣直接影响所取电流的可靠性，也直接影响电力机车或电动车辆的工作状态。随着机车运行速度的不断提高，对受流器性能的要求也越高。

受电弓是受流器中的一种，属于上部受流，与其他受流器相比，具有较好的受流质量。受电弓按其结构形式分为单臂、双臂两种。双臂受电弓结构对称、侧向稳定性好，但结构复杂，调整复杂。单臂受电弓结构简单，尺寸小，重量轻，调整容易，具有良好的动态特性，因而广泛用于现代、高速、大负荷的干线电力机车及电动车辆上。

受电弓是通过与固定导线的滑动接触而受流的，滑板的质量是影响受流质量的关键因素之一，优质滑板应满足以下要求。

（1）力学性能好，能承受一定的冲击载荷；

（2）摩擦系数低，对接触导线及滑板自身的磨耗小；

（3）电阻率低，耐弧性强；

（4）质量轻。

在受电弓滑板的研究和应用方面，其材料主要经历了铜滑板、炭滑板、粉末冶金滑板、浸金属炭滑板、金属基复合材料或无机非金属基复合材料滑板的发展过程。考虑更换导线的费用较为昂贵，以保导线为原则，滑板有可能以炭纤维滑板、金属纤维滑板，带有润滑功能的金属基复合材料（如 Cu-C）、具有自润滑功能的无机非金属基复合材料（如 Ti_3SiC_2/SiC）取代炭滑板、粉末冶金滑板。

为保证滑板和接触导线接触可靠，其间应有一定的接触压力。滑板和接触导线分别属于两个弹性系统——受电弓系统与接触网系统，两个弹性系统相互接触提供了滑板和接触导线之间的接触力。

受电弓升降弓时应不产生过分冲击，为此要求升降弓过程具有先快后慢的特点，即升弓时滑板离开底架要快，贴近接触导线要慢，以防弹跳；降弓时滑板脱离接触导线要快，接近底架时要慢，以防拉弧及对底架有过分的机械冲击。

运行中要求受电弓动作轻巧、平稳、动态稳定性好。为改善受电弓的动态特性，达到良好的跟随性，减少离线和拉弧，现在很多国家都在试验开发主动控制受电弓。所谓的主动控制受电弓就是在单臂受电弓模型的滑板下加装力传感器、加速度传感器和一个响应接触线高度变化和振动的执行器，底座上安装一个用于升降弓以及适应进出站线及隧道等接触线高度变化的执行器，将测得的弓网间的接触力反馈回控制系统去驱动执行机构，以调节接触压力，加速度传感器作为校正。

目前，电力机车上采用有各种型号的单臂受电弓，一类属于弹簧式的，如 SS_1 型、SS_{3B} 型机车采用的 TSG1-600/25 型，$SS_{4改}$型机车采用的 TSG1-630/25 型和 LV260-2 型，SS_6 型、SS_8 型机车采用的 TSG3-630/25 型等；另一类属于气囊式的，如 SS_{7E}、SS_9 型机车上采用的 DSA200 型单臂受电弓。

二、TSG1-630/25 型单臂受电弓

1. TSG1-630/25 型的基本结构

TSG1-630/25 型受电弓主要由滑板机构、框架和气缸传动机构三部分组成。其结构如图 9-1 所示。

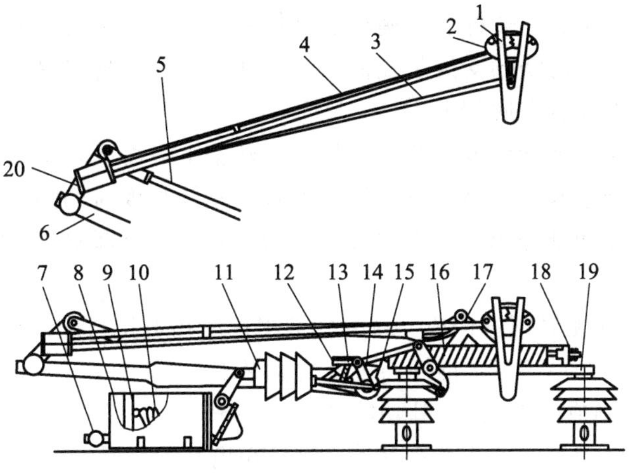

图 9-1 TSG1 受电弓结构图

1—滑板弓头；2—弓头支承装置；3—平衡杆；4—上框架；5—推杆；6—下臂杆；7—缓冲阀；8—传动风缸；9—活塞；10—降弓弹簧；11—拉杆绝缘子；12—滑环；13—扇形板；14—拐臂；15—转轴；16—升弓弹簧；17—底架；18—升弓弹簧调整螺母；19—支持绝缘子；20—铰链座

（1）滑板机构。

滑板机构主要由滑板及支架组成。

滑板的主体组成由铝板压制而成，在一定的强度下用铝可减轻其质量。上面有两排宽 25 mm 的接触板，用压板固定，如图 9-2 所示。采用炭质接触板，可减少接触网导线的磨损，

但导电性能较差，且接触板的磨损会较大；采用粉末冶金接触板，可改善导电性能，延长接触板的使用寿命。滑板的直线长度为 1 200 mm 且两端处制成弯角形，这是为了防止在接触网分叉处接触网导线进入滑板底而造成刮弓事故。为使接触板磨耗均匀，接触网导线与轨距中心线成“之”字形布置。

滑板是通过支架装在上部框架上。支架的结构如图 9-3 所示。支架由薄钢板制成，内装有小型圆柱螺旋弹簧，使整个滑板在机车运行时随接触网导线驰度的变化而做前后、上下的摆动，以改善受流状况。

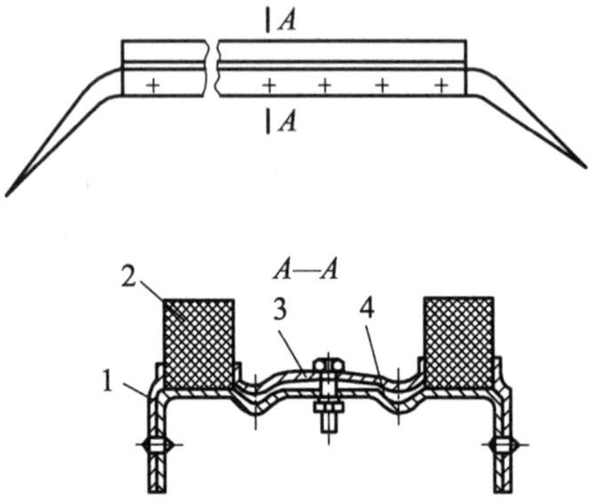

图 9-2　滑板

1—压板；2—接触板；3—压板；4—铝滑板

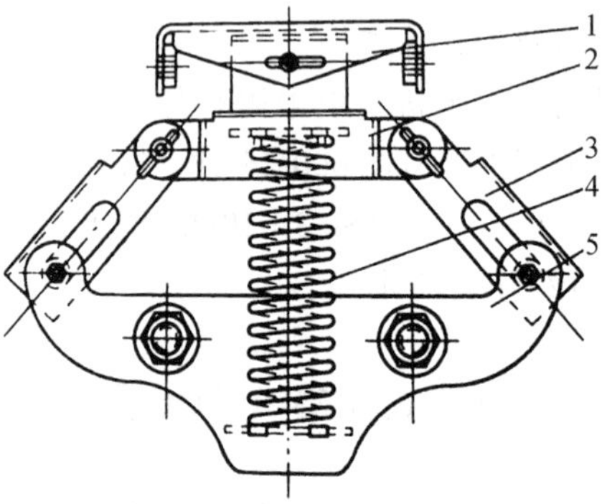

图 9-3　支架

1—托架；2—横架；3—拉杆；4—弹簧；5—基架

（2）框架。

整个框架由上部框架、下臂杆、平衡杆、推杆和底架组成（见图 9-1）。

底架是由槽钢和球墨铸铁的支架装配而成，并通过 3 个支持绝缘子安装在机车顶盖上。受电弓的受流运动部件都装在底架上。

下臂杆的转轴由无缝钢管构成，装在底架上。转轴上焊着两块扇形板，扇形板上各装有 4 个调整螺栓，通过调整螺栓的高度可以调整滑板在不同高度时的静态接触压力。下臂杆通过中间铰链座与上框架和推杆相连，中间铰链座为铸铁件。上框架由 $\phi32\times1.5$ mm 的薄壁无缝钢管组焊而成。

推杆由 $\phi34\times4$ mm 无缝钢管构成，两端分别用正反扣螺扣与推杆铰链连接，这样可以方便地调整落弓位和最大升弓高度。推杆与弓头之间装有 $\phi19\times1$ mm 无缝钢管制成的平衡杆，其功能是使弓头滑板在整个工作高度范围内基本处于水平状态，这是单臂受电弓特有的部件。

（3）气缸传动机构。

整个传动机构由缓冲阀、传动风缸、连杆、滑环及升降弹簧组成。

缓冲阀的结构如图 9-4 所示。阀体与两个阀座配合形成中心通道，在两个阀座上各开有一槽口，通道中间有一钢球。当由电空阀控制的压缩空气进入缓冲阀时，开始经中心通道直接进入传动风缸。因此，这时进入传

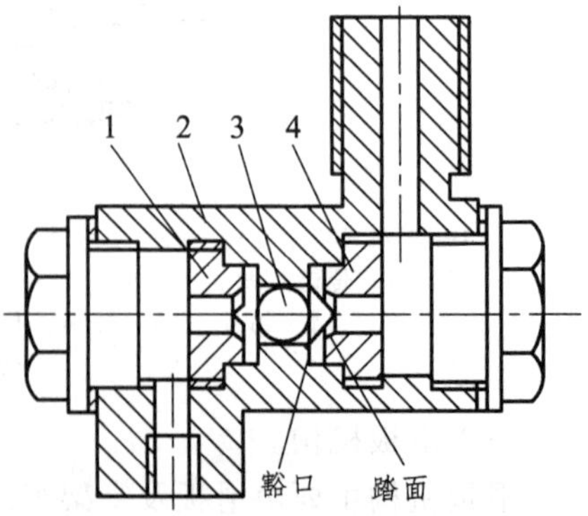

图 9-4　缓冲阀

1—排气阀座；2—阀体；3—钢球；4—进气阀座

动风缸的风量既大且快，在此气流推动下当钢球与对应阀座接触后，中心通道被堵塞，压缩空气只能经阀座的槽口进入传动风缸，受到了限制。排风时，由于钢球的运动，传动风缸内的压缩空气开始经由中心通道大量排出，当钢球与对应的阀座接触后，又只能经槽口缓慢排出。改变进气阀座和排气阀座的豁口尺寸，即可调整升弓和降弓的时间。

传动风缸单独安装在机车顶盖上，通过拉杆绝缘子和滑环与下臂杆的转轴进行力的传递，在传动风缸中安装了 2 个长度不等的降弓弹簧。

升弓弹簧有 2 个，一端用螺杆固定于底架上，另一端经扇形板螺栓固定于转轴上。调整螺杆的长度，可以起改变弹簧张力的作用。

2. TSG1 型单臂受电弓的动作原理

单臂受电弓的连杆机构是由两个四连杆机构组成，如图 9-5 所示。下部四连杆机构由下臂杆、铰链座、推杆及底架组成。其作用是当 φ 角度变化时，使滑板上升和下降并保持其运动轨迹基本为一铅垂线。上部四连杆机构由固定在铰链座上的上部框架与推杆铰接的平衡杆和支架组成。其作用是使滑板在整个运动高度保持水平状态。

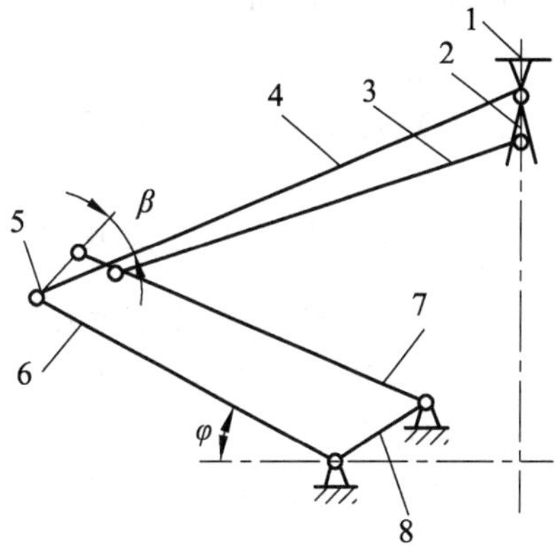

图 9-5　连杆机构示意图

1—滑板；2—支架；3—平衡杆；4—上部框架；5—铰链座；6—下臂杆；7—推杆；8—底架

（1）升弓过程。

升弓时，司机操纵受电弓按键开关，控制受电弓的电空阀使气路导通。压缩空气通过缓冲阀进入传动风缸，活塞克服降弓弹簧的压力向右移动，通过气缸盖上的杠杆支点，使拉杆绝缘子向左移动，同样通过杠杆支点的作用，使滑环右移，此时拐臂不受滑环的约束，下臂杆便在升弓弹簧的作用下，做顺时针转动。此时，中间铰链座在推杆的推动下，做逆时针转动，也即上框架做逆时针转动，整个受电弓弓头随即升起。

当传动风缸充气后，活塞处于右侧极限位置时，对应的滑环也处于右侧极限位置，这时传动风缸对受电弓无力的作用，弓头滑板对接触网导线的压力完全取决于升弓弹簧力的大小，而与传动风缸无关。

（2）降弓过程。

降弓时，司机操纵受电弓按键开关，使受电弓的电空阀将缓冲阀的气路与大气接通，于是传动风缸内的压缩空气经缓冲阀排向大气。活塞在降弓弹簧作用下向左移动，使滑环也向左移动，当滑环与拐臂接触后，迫使拐臂跟随着滑环继续左移，强制下臂杆做逆时针转动，最终使弓头降到落弓位。

3. 主要技术参数

名称：单臂受电弓；

型号：TSG1；

额定电压：25 kV；
额定电流：630 A；
工作高度范围内静态接触压力：70 ± 10 N；
升弓时间（气压为 500 kPa 时，落弓位至最大工作高度）：≤8 s；
降弓时间（气压为 500 kPa 时，最大工作高度至落弓位）：≤7 s；
额定工作气压：500 kPa；
最小工作气压：375 kPa；
最大工作高度：1 900 mm；
最小工作高度：400 mm；
最大升弓高度：≥2 400 mm；
滑板单向运动（上升或下降）时，不同高度处静态接触压力差：≤15 N；
受电弓质量（包括支持绝缘子和传动气缸）：约 256 kg；
折叠高度：411 mm。

三、DSA200 型单臂受电弓

1. DSA200 型单臂受电弓的基本结构

DSA200 型单臂受电弓主要是由集电头部分、四连杆机构、阻尼装置、驱动装置和自动降弓装置（ADD）等组成，如图 9-6 所示。

（1）集电头部分。

集电头部分包括集电头支撑和集电头，如图 9-7 所示。

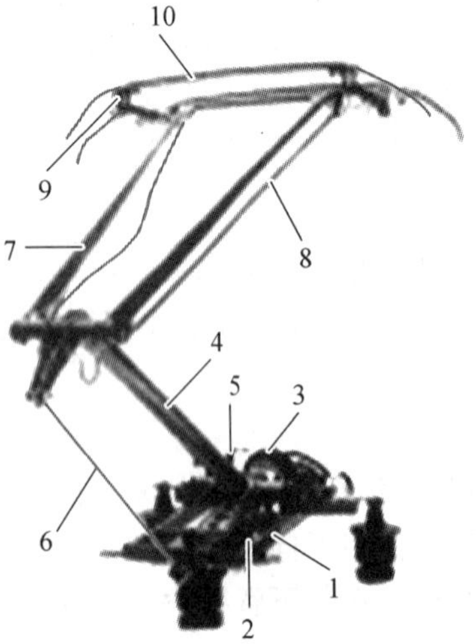

图 9-6　DSA200 受电弓外形结构图

1—底架；2—阻尼器；3—升弓装置；4—下臂；5—弓装配；6—下导杆；7—上臂；8—上导杆；9—集电头支撑；10—滑板

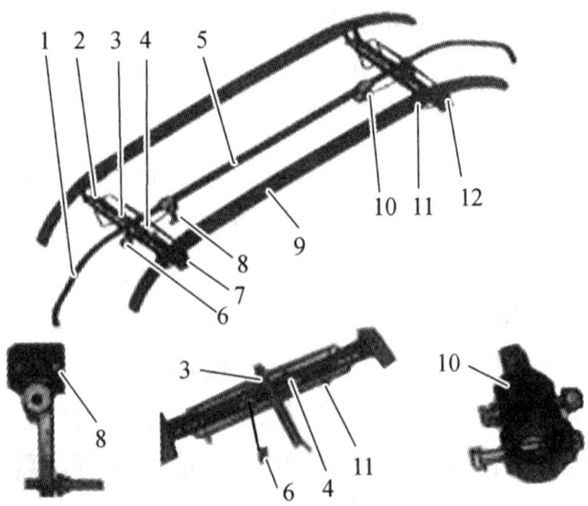

图 9-7　集电头部分

1—集电头；2—塑料支架；3—支架焊接；4—间隔套；5—管轴；6—扭簧；7—特制螺栓；8—传力柱头；9—护条和炭滑板；10—柱头；11—弹簧组装；12—集电头支架装配

集电头是直接与接触导线接触受流的部分，由弓角和滑板组成。弓角是为了防止在接触网分叉处接触网导线进入滑板底而造成刮弓事故。弓角插入集电头支架并用螺栓固定。滑板是直接与接触网导线接触受流的部件。DSA200 的滑板采用整体炭滑板，炭条高度为 22 mm，极限尺寸为 5 mm。滑板中有风道，通有压缩空气，如果滑板磨损至极限或断裂时，自动降弓装置发生作用，受电弓会迅速自动下降，防止弓网事故的进一步扩大。为保证安全受流，碳滑板与集电头托架连接的部位有一层凝脂状导电胶，该材料使得连接部位导电电阻减小，并降低了连接部位的温升，有效地避免了整个集电头部分过高的温升效应。

集电头支撑是滑板与弓角的支撑。滑板安装在集电头支撑上，集电头支撑垂悬在 4 个拉簧下方，2 个扭簧安装在集电头和上臂间，这种结构使滑板在机车运行方向上移动灵活，而且能够缓冲各方向上的冲击，达到保护滑板的目的。

集电头翼片是用来调节不同速度等级机车的动态接触压力的，其确切安装位置和尺寸由空气动力学试验结果决定。

集电头部分结构大量采用铝合金结构，大大降低了弓头的归算质量，保证了良好的弓网动力学性能。

（2）四连杆机构。

第一套四连杆机构主要由底架、下臂、上臂以及下导杆形成，该机构的作用是使受电弓完成工作过程中的升降动作。

① 底架由高级合金钢焊接成方框结构，如图 9-8 所示，具有很高的机械结构强度和抗振性能。它是整个受电弓的基座部分，并通过绝缘子固定在车顶上，在受电弓的四连杆机构当中作为静臂杆，同时也是驱动装置、ADD 系统以及其他连杆机构的安装和连接枢纽。

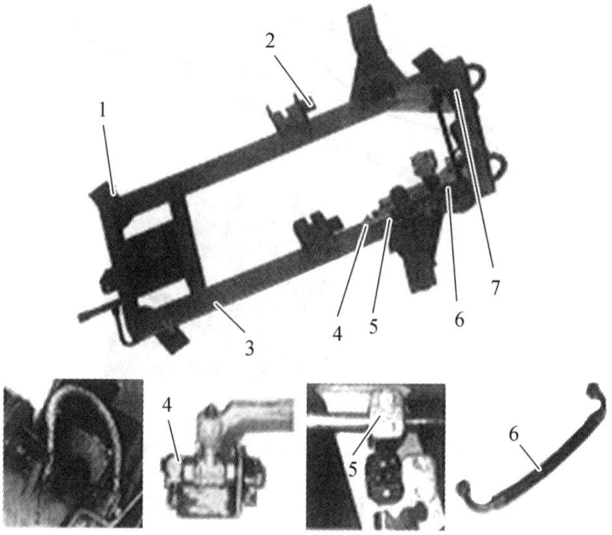

图 9-8　底架

1—橡胶减振器；2—软连接线；3—弯管；4—球阀；5—管卡；6—气管；7—销轴组装

② 下臂由圆管合金钢焊接而成，如图 9-9 所示，该部件作为四连杆机构中的主动杆，传递驱动装置的输出力矩给上框架系统，并最终作用于弓头系统，保证所需的弓网接触压力，同时也是 ADD 气路保护传输的通道。

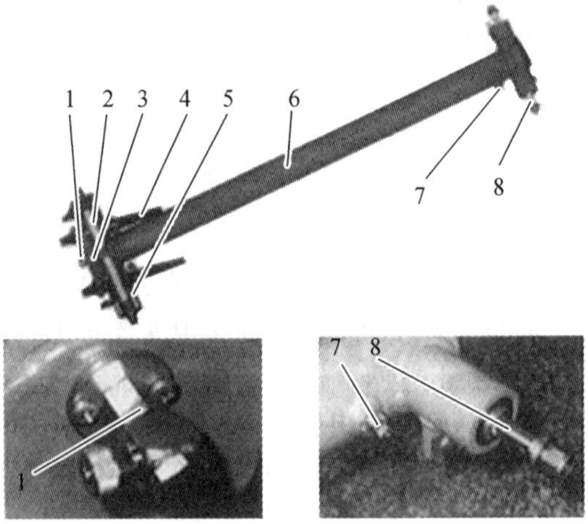

图 9-9　下臂组装

1—穿板式接头；2—长轴；3—线导向；4—线导板；5—轴承；6—下臂焊接；
7—穿板式管接头；8—短轴

③ 上臂由铝合金焊接框架组成，如图 9-10 所示，具有较小的归算质量。该部件作为四连杆机构中的从动杆，传递力矩给弓头结构，同时也作为平衡系统的一个重要环节。

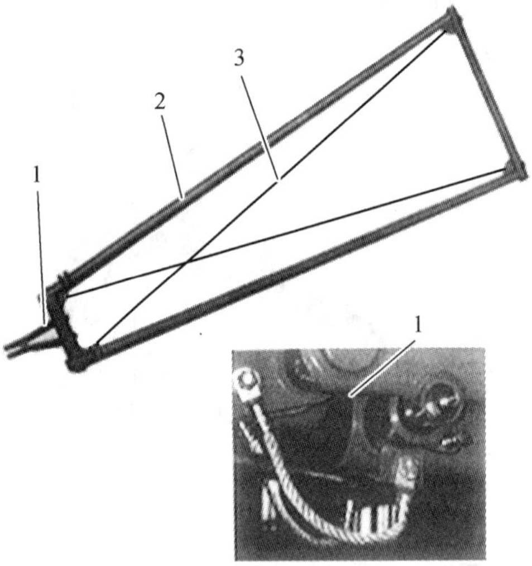

图 9-10　上臂组装

1—软连接线；2—上臂焊接；3—张紧绳

④ 下导杆不同于常速弹簧受电弓的推杆，如图 9-11 所示，该部件在工作中承受拉力，与上框架和底架连接，部件两端有万向球轴承，保证了灵活的自由度。

第二套四连杆机构主要由下臂杆、上臂、上导杆、集电头部分组成，该机构作用是保证集电头滑板面在受电弓整个工作高度范围内始终保持基本水平状态。导杆和平衡杆采用不锈钢材料，如图 9-11 所示，该部件的质量非常小。

各铰接处都装有滚动轴承并采用金属软编织线进行短接，以防止电流对轴承的烧损。

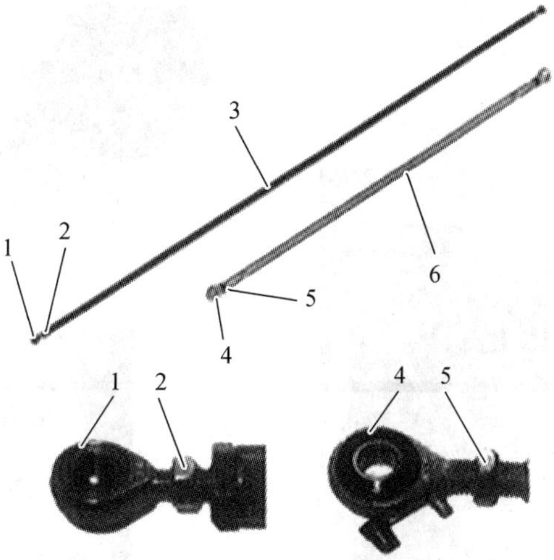

图 9-11　上、下导杆装配

1—M8 关节轴承；2—螺母 M8；3—导杆管；4—M16 关节轴承；
5—螺母 M16；6—平衡杆管

（3）阻尼装置和减振器。

阻尼装置主要由阻尼器、防尘盖、保护套等组成，如图 9-12 所示。阻尼装置用于有效地吸收机车高速运行时产生的冲击和振动，保证滑板和接触导线接触可靠。其中阻尼器采用的是单向阻尼器。根据不同的接触网类型以及速度要求，合适的阻尼匹配值可有效地改善受电弓的速度运行范围。

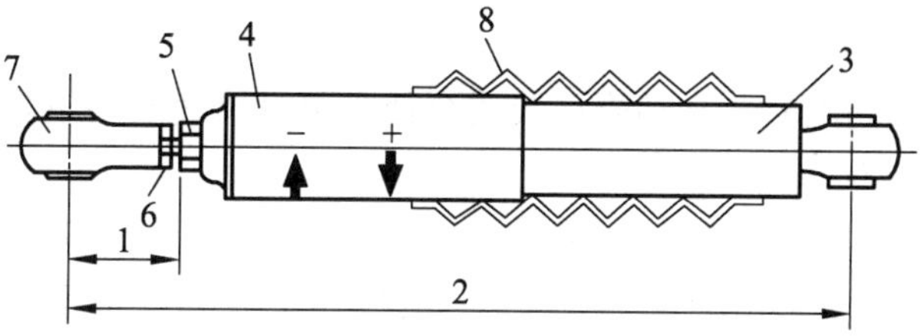

图 9-12　阻尼装置

1—长度 = 54 mm；2—长度=480 ± 1.5 mm；3—阻尼器；4—防尘盖；5—锁紧螺母（气缸）；
6—锁紧螺母（接头）；7—接头；8—保护套

在落弓位置，受电弓放在 3 个橡胶减振器上。

3 个橡胶减振器承载着受电弓上、下臂和弓头，且在落弓时，有弓装配来防护弓头。

（4）驱动装置。

驱动装置主要由空气过滤器、单向节流阀（升弓）、精密调压阀、压力表、单向节流阀（降弓）、安全阀、升弓装置、电空阀等组成，如图 9-13 和 9-14 所示，用于传递和控制升降弓作用力矩，并调节升降弓时间，保证动作过程先快后慢。

空气过滤器使进入气囊的压缩空气是清洁的。

单向节流阀是一个流量控制阀，它借助改变通流管路的截面大小来调节气流量。调整调节手轮，可以改变节流口过流面积，从而实现对流经该阀流量的控制。单向节流阀（升弓）和单向节流阀（降弓）的结构是相同的，装配时分正反。

图 9-13　阀板组装

1—空气过滤器；2—单向节流阀（升弓）；3—精密调压阀；4—压力表；5—单向节流阀（降弓）；6—安全阀

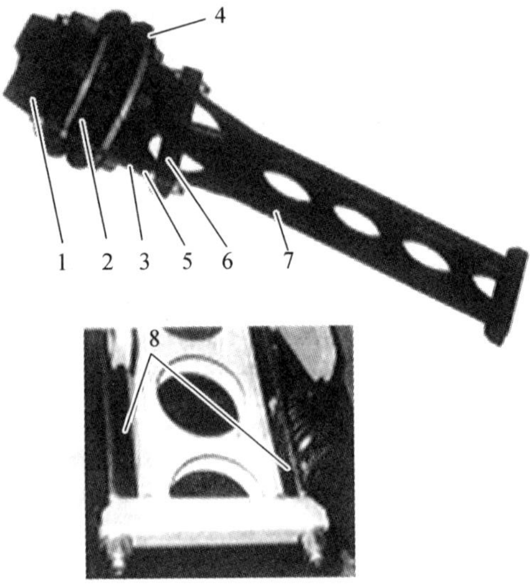

图 9-14　升弓装置

1—底板组装；2—关节装配；3—弹簧夹；4—气囊；5—螺杆；6—方形钢管；7—桁架装配；8—钢丝绳

精密调压阀为受电弓提供压力恒定的压缩空气，其精度偏差为 ± 0.002 MPa。精密调压阀用于调节接触压力，气压每变化 0.01 MPa，（约 0.1 kgf/cm^2），使接触压力变化 10 N。

压力表显示的数值仅起参考作用，应以实测接触压力为准。

如果精密调压阀出现故障，安全阀会起到保护气路的作用。

（5）自动降弓装置（ADD 气路保护装置）。

自动降弓装置如图 9-15 所示，主要由快速降弓阀、ADD 试验阀、ADD 关闭阀组成。在受电弓滑板断裂或磨损到限时，自动降弓装置会使受电弓迅速自动下降，避免受电弓和接触网继续损坏从而扩大故障。

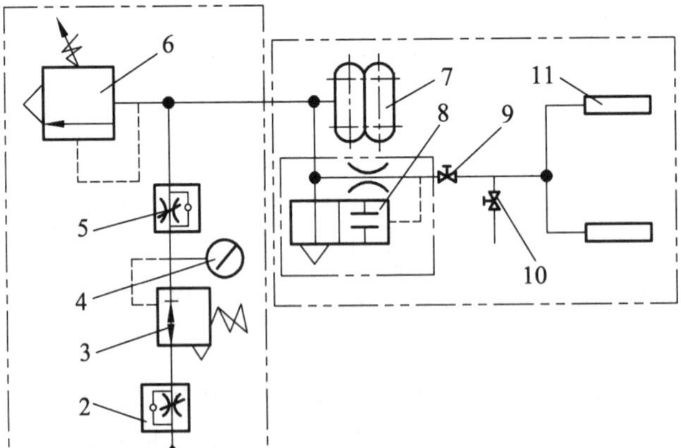

图 9-15　DSA200 受电弓气路原理图

1—空气过滤器；2—单向节流阀（升弓）；3—调压阀升弓装置；4—气压表；5—单向节流阀（降弓）；6—稳压阀；7—气囊；8—快速降弓阀；9—ADD 关闭阀；10—ADD 试验阀；11—滑板（2 件）

快速降弓（ADD）阀体内部分为两个腔体：一个腔体连接气囊，另一个腔体连接炭滑板。

在正常的升弓以及降弓的操作工况下，ADD 阀不工作。其中与炭滑板连接的腔体内部气压保持与炭滑板内部毛细气管一致。正常状态下，ADD 内部通过一个节流阀控制不断给炭滑板内部毛细气管供气，保证其气压平衡，并防止小泄漏事故引起降弓动作的发生。

ADD 试验阀在正常情况下处于闭合状态。该阀体主要功能是在现场组装及检修中，模拟炭滑板的泄漏情况，用来检查 ADD 阀是否工作正常和气管内部是否有堵塞现象发生。如果 ADD 系统工作正常，则一旦打开试验阀，将会引起受电弓迅速砸弓。因此，应特别建立安全的保护措施，用以保护检修工人的安全。

ADD 关闭阀在正常情况下处于打开状态。该阀体的主要功能是用于切断受电弓的 ADD 保护功能。在现场运用中，经常有可能因非弓网事故引起受电弓 ADD 功能启动，受电弓升不上去，使得出车受到很大影响。例如，ADD 气路传输中毛细气管发生泄漏，ADD 阀体工作不正常，或者仍然可以继续使用的炭滑板受到磨损或崩裂发生泄漏等情况，此时可通过该阀体关闭 ADD 功能，保证正常出车。

2. DSA200 型单臂受电弓的动作原理

（1）升弓过程。

由受电弓电空阀控制的压缩空气经过空气过滤器、单向节流阀（升弓）、精密调压阀、压力表、单向节流阀（降弓）、安全阀，进入气囊，气囊扩张使桁架向左移，带动钢丝绳绕下臂弧板运动，拉起下臂，通过下导杆，使得上臂升起，弓头与接触网接触，完成受流过程。其气动原理如图 9-15 所示。

（2）降弓过程。

压缩空气从气囊经安全阀、单向节流阀（降弓）、精密调压阀、压力表、单向节流阀（升弓）、空气过滤器和电空阀排出，气囊收缩使桁架向右移，带动钢丝绳绕下臂弧板运动，受电弓靠自重下落并维持在降弓位。降弓时，在降弓位允许弹跳，以作缓冲。

（3）自动降弓过程。

当发生弓网事故引起炭滑板内部毛细气管泄漏，或者中间气路传输通道的毛细气管发生破裂时，如果该部分气体的泄漏量远大于 ADD 阀体内部的补给量，会导致该部分迅速掉压，引起 ADD 内部两个腔体的气压不平衡，其结果就是 ADD 阀体迅速打开通向气囊的腔体，将气囊内部的空气迅速地直接排向大气，引起受电弓快速降弓。该过程将会爆发出非常刺耳的气体排放声音，并伴随着受电弓迅速脱离工作高度范围而砸下来，整个过程在 2 s 左右完成。

四、受电弓的特性

要使受电弓弓头滑板与接触网导线正常接触，可靠受流，受电弓必须具备如下性能。

1. 静态接触压力与静特性

众所周知，受电弓是靠滑动接触来传导电流的，弓头滑板与接触网导线形成一副摩擦偶件。为了保证可靠的电接触，其间必须保持一定的接触压力，静态接触压力就是受电弓主要技术参数之一，它包括 3 个部分。

（1）额定静态接触压力。

它是指在静止状态下，受电弓弓头滑板在工作高度范围内对接触网导线的压力。该值的大小，直接影响受流质量。压力值偏小，受流时离线率高，离线瞬间所产生的电弧，影响着正常的受流，而且使滑板和接触网导线间的表面光滑度恶化，从而加剧摩擦偶件的磨损。此外，接触压力偏小，接触电阻就大，在机车未运动时传导较大电流，会在接触网导线和滑板间产生高温，从而损坏接触导线或滑板。压力值偏大，机械摩擦增大，磨损也随之增加，影响接触网导线和滑板的使用寿命。因此，要求受电弓在其工作高度范围内有一个较合适的、基本不变的接触压力。这个接触压力则由受电弓机械结构的各部分参数决定。适当的静态接触压力可以使受电弓与接触网导线正常接触，减少离线，克服风和高速气流及轮轨传来的机械振动的影响，保证受流特性。

受电弓的静态接触压力与工作高度之间的关系称为受电弓的静特性，它可由受电弓静特性曲线表示，如图 9-16 所示。试验证明，静态接触压力值 70 N 是最佳值。并规定了压力值的允许偏差为 ± 10 N。

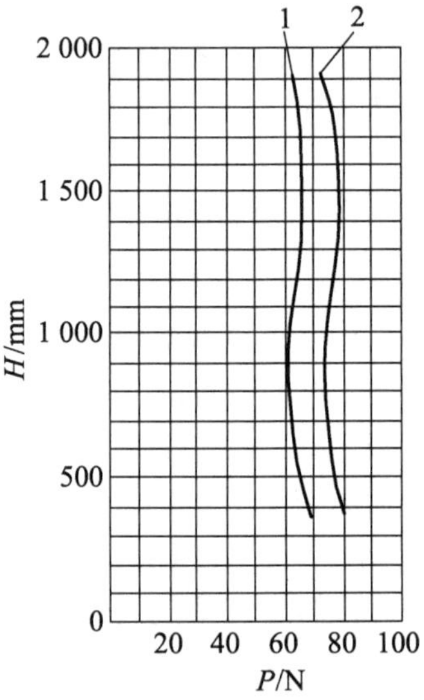

图 9-16　受电弓静特性

1—升弓曲线；2—降弓曲线

（2）同高压力差。

它是指受电弓弓头在同一高度下，上升和下降时的静态接触压力差。该值的大小，表征了受电弓各运动铰接部分的摩擦力大小。摩擦力始终与运动方向相反，因此当接触网导线向下倾斜而要求弓头滑板跟随着下降时，该摩擦力使接触压力增加。同理，上升时接触压力减小。所以为了减小摩擦力，在受电弓中的各铰接部分均装有滚动轴承。TSGl 型受电弓规定同高压力差不大于 15 N。

应该指出：升弓弹簧性能的优劣也会影响该值的大小。接触压力是升弓弹簧形成的升弓力矩作用的结果，升弓弹簧的拉伸和回缩对应着弓头的下降和上升的过程。当升弓弹簧性能差时，在同一变形量下，拉伸时的弹簧力往往大于回缩时的弹簧力，同时随着升弓弹簧性能越差，该弹簧力的差值越大。因此，对应着受电弓在同一高度下，上升和下降时的接触压力差也就越大。所以应该特别注意控制升弓弹簧的质量。

（3）同向压力差。

它是指在工作高度范围内，受电弓上升时和下降时的最大静态接触压力差。该值的大小表征了受电弓的总体调整水平。TSGl 型受电弓规定该值不大于 10 N。

2. 工作高度

它是指在此高度范围内，弓头滑板对接触网导线的静态接触压力为额定值，也即在此高度范围内，可以保证正常受流。该值的确定主要取决于接触网导线和机车的高度。根据《电力机车的通用技术条件》（GB 3317—2016）规定，受电弓工作高度应在距轨面高度 5 200 ~ 6 500 mm。这个高度减去机车落弓位时的高度，便是受电弓实际工作高度区域，同时应考虑到机车高度值的偏差和受电弓工作区的裕度，因此，TSG1 型受电弓工作高度定为 400 ~ 1 900 mm（以落弓位滑板顶面高度为零计）。

3. 最高升弓高度

它是指受电弓按其结构所能升起的最高限度。通常该值小些，可以缩小受电弓的总体尺寸。但实际上，从弓头高度为 1 900 mm 时的额定压力到最高升弓高度时的零值压力，是逐渐变化的，不可能突变，所以此变化过程所需要的高度是必不可少的。TSGl 型受电弓最高升弓高度大于等于 2 400 mm。

4. 升降弓时间

《铁路应用机车车辆干线机车车辆受电弓特性和试验》（TB 1456）规定：升降弓时间指在传动风缸处在额定工作气压时，由落弓位升到最大工作高度和由最大工作高度降至落弓位所需的时间。TSGl 型受电弓规定：升弓时间不大于 8 s，且对接触网导线无有害冲击。降弓时间不大于 7 s，且对受电弓底架无有害冲击。

5. 弓头运行轨迹

弓头在工作高度范围内应该始终处于机车转向架的回转中心上，这样当机车在弯道运行时，使弓头相对于轨道中心的偏移量最小，以避免弓头滑板偏离接触网，造成失流或刮弓的不良后果。因此，要求弓头垂直运动轨迹在工作高度范围内是一条直线。对于单臂受电弓，由于结构因素，规定了允许偏差值，在设计时已予以考虑了受电弓上升过程与下降过程的静特性存在着差异，其原因是受电弓活动部分存在着摩擦力。当受电弓下降时此摩擦力使接触压力增加，而当受电弓上升时此摩擦力使接触压力减小。为使同高压力差尽可能小，就必须设法减小摩擦力。

6. 动特性

机车运行时，受电弓是随着接触导线高度的变化而上下运动的。当运动速度不大时，接触压力可视为基本按静特性曲线变化，但随着运行速度的增高，接触压力不仅与受电弓的静特性有关，而且还与受电弓上下运动时的惯性力、风力、气体动态分力、列车运动产生的干扰力及受电弓运行于接触网导线下的干扰力等有关，即与受电弓的运动特征有关。

在动能相等的情况下，把受电弓运动系统的质量归化到滑板上，该质量称为归化质量。也就是说归化质量所求得的总动能和受电弓实际质量的总动能是相等的。受电弓的归化质量，与受电弓提升高度的关系称为受电弓的动特性。

为了在动态情况下取得较稳定的接触压力，就要设法尽量减小归化质量。要想减小归化质量可减轻受电弓各部分的质量，受电弓应尽可能轻些，特别是减轻上部结构质量，如 DSA200 型的上框架和弓头部分采用较轻的铝合金材料。

五、单臂受电弓的维护与调整

1. 受电弓的维护

使用前，检查所有紧固件状态是否良好；编织导线是否完整，断股严重的，应及时更换；

绝缘子不允许有裂痕，并应保持其清洁干净；弓头滑板应仔细检查，滑板之间平整，不允许凸台衔接。因为接触网导线与轨道中心成“之”字形布置，当机车运行时，接触网导线在弓头滑板上左右滑动，凸台衔接的滑板会阻碍左右滑动，可能导致不良后果。对于已磨损到限的滑板，应及时更换，更换后，整个滑板顶面应平滑。

2. 受电弓的调整

（1）静态接触压力的调整。

调整时，传动风缸接压缩空气，使受电弓和传动风缸之间无力的作用。整个调整过程是在弓头匀速上升或下降状态下进行。

调整方法：调节两个升弓弹簧拉伸长度和调节扇形板上的螺钉高度。这样就调节了升弓转矩大小，使受电弓在工作高度内静态接触压力在规定范围内。

这种调整，在工作高度范围内，要多次反复进行，直至静态压力值、同高压力差和同向压力差均稳定在规定范围内为止。

（2）升降弓时间的调整。

如前所述，升降弓时间是通过调整缓冲阀进气或排气阀座的豁口大小来达到的。当升弓太快时，将进气阀座和钢球拆下，将钢球对准豁口适当压紧，使豁口变小。升弓太慢时，则将进气阀座的豁口锉大些。

降弓时间的调整也类似，只要改变排气阀座的豁口大小，便可调整降弓时间。

（3）落弓不到位。

受电弓在使用中有时出现落弓不到位。一般，这种现象是由于滑板磨耗后弓头质量减轻，使弓头静态接触压力值变化而造成的。

其调整方法是：

① 检查静态接触压力值，并重新调整静态接触压力，恢复到规定值；

② 检查扇形板靠弹簧侧的调整螺钉是否过高；

③ 调整拉杆绝缘子的拉杆长度，使之增长，以便增加降弓弹簧的降弓力矩；

④ 检查推杆长度是否超过规定值（1 580 mm）；

⑤ 检查传动风缸和受电弓之间在车顶盖上的安装距离是否发生变化；

⑥ 检查传动风缸内的降弓弹簧刚度是否变值。

第二节　高压连接器

一、概　述

高压连接器的主要功能是在两节机车进行连挂时，自动连接两节机车车顶的 25 kV 高压电路。它安装在每节车尾部的车顶上，依靠机车连挂车钩的力量，与车钩同时对接，分离时也随机车的车钩脱开而自动分离。$SS_{4改}$型机车采用的是 TLG1-400/25 型高压连接器。

二、高压连接器的结构

单台 TLG1-400/25 型高压连接器的外形如图 9-17 所示，它主要由机械传动机构和电气连接机构两部分组成。

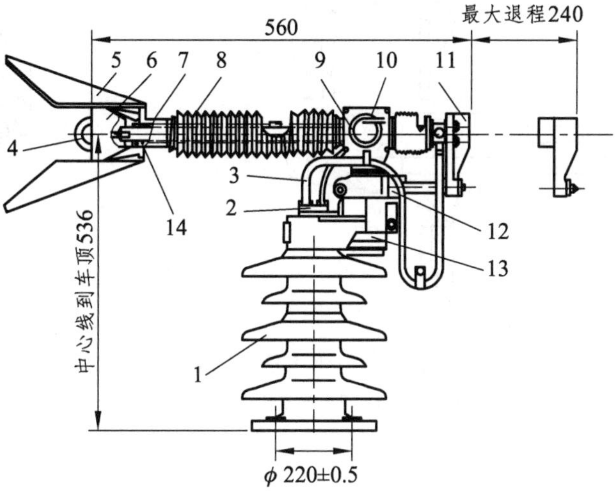

图 9-17　TLG1-400/25 型高压连接器的外形图

1—支持绝缘子；2—导电极；3—软连接线；4—半环；5—导向羊角件；6—喇叭形头部；7—导电杆；8—橡胶波纹管；9—挡板；10—十字轴支承；11—止动器；12—球面止挡；13—支承缸体；14—伸张弹簧

1. 机械传动机构

高压连接器的机械传动机构由伸张弹簧、橡胶波纹管、十字轴支承装置、止动器、球面止挡、支承缸体及支持绝缘子等组成。支持绝缘子将连接器的主体固定在车顶，并与车顶电气隔离。支承缸体安装在支持绝缘子上，并由缸体定位销定位。

伸张弹簧安装在橡胶波纹管内。当连接器头部不受压缩力时，连接器处于最大伸张状态，为对接做好准备；对接时，两台连接器相互压缩，当压缩到一定量时，连接器头部的半环与叉形连接机构动作，相互扣紧，连接过程完成。当两台连接器之间的距离随机车变化时，两台连接器的伸张弹簧保证其头部的电气连接机构一直处于扣紧状态，导电半环与叉形件的接触压力保持不变，因而具有优良的导电性能。TLG1 型高压连接器允许的运动距离是 160 mm。

十字轴支承体包括十字接头安装和十字轴支承装置。十字接头安装由十字接头和轴套组成，如图 9-18 所示。十字接头通过 3 个沉头螺钉与轴套固定连接。轴套由黄铜管加工而成，开有一长方形键槽孔。

十字轴支承装置如图 9-19 所示。在单节机车运行时，单台连接器处于自由状态，其连接电杆伸出机车端墙，处于悬臂状。为了保证在此状态上运行的稳定性，设有十字轴支承装置和止动杆。十字轴支承装置用于使处于自由状态的单台连接器处于平衡状态，止动器用于保证伸张弹簧有一定的初始压力。止动器下部的止动杆与球面止挡形成一对自复位机构，当连接器头部做上下左右摆动时，自复位机构能使连接器回到中心位置，保持在车顶的稳定位置。

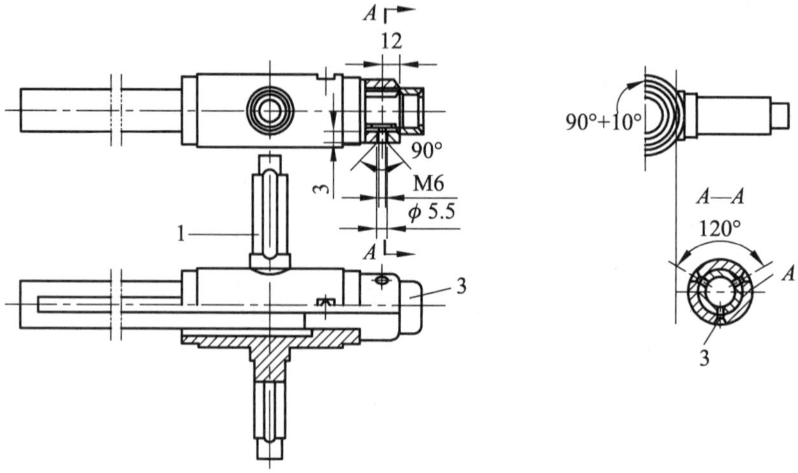

图 9-18　十字接头安装

1—十字接头；2—轴套；3—沉头螺钉

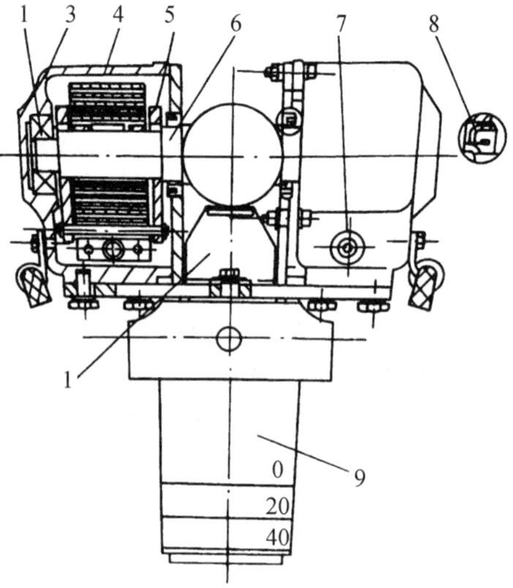

图 9-19　十字轴支承装置

1—板簧；2—轴承；3—左右十字支承座；4—蜗卷簧；5—止动板；
6—十字头安装；7—调整螺钉；8—密封圈；9—缸体

考到机车在弯道、坡道和轮缘磨耗等状态下对接和运行可靠性，要求高压连接器具有较宽的上下、左右导向和偏摆裕度。

高压连接器头部的上下摆动控制由图 9-19 中的板簧及蜗卷簧来平衡。板簧用螺钉固定在转动板上，再将左右十字头支承座体用 3 个螺钉固定在转动板的内侧，起支承十字接头安装的作用。蜗卷簧由弹簧钢带绕制而成，套装在十字头支承座内。静止时，板簧及头部重力形成的力矩与蜗卷簧的力矩相等，从而使导电杆保持水平。当因外力的作用使头部上下摆动时，由蜗卷簧及板簧的作用使之回到静止平衡状态。蜗卷簧的张力可以由调整螺钉进行调整，因而可以容易地使连接器在静止时使导电杆达到水平状态。此外，在不同轮箍磨耗情况的机车对接时，可预先调整连接器的安装高度，使前后两台连接器基本处于同一水平面上。图 9-19 中十字轴支承装置的缸体上的刻度便是做高度调整用的。

连接器头部的左右摆动由支承缸体中的弹簧控制。支承缸体由缸体和转轴安装等组成，如图 9-20 所示。轴承安装由转轴、轴承座、上传动块、扭簧、下传动块和轴承等组成。转轴由轴与钢板焊接后加工而成，轴承套于转轴上。扭簧由弹簧钢丝右旋绕制，套于转轴上。扭簧上端用上传动块与开口销扭住，下端用下传动块与开口销扭住。转轴安装完毕后，装入缸体内，在转轴上装入轴承后，用螺栓将盖板固定在缸体上。缸体中的这对扭簧通过其定位螺钉的调整，使其处于对中状态。当连接器头部左右摆动时，可在扭簧的作用下自动回位。

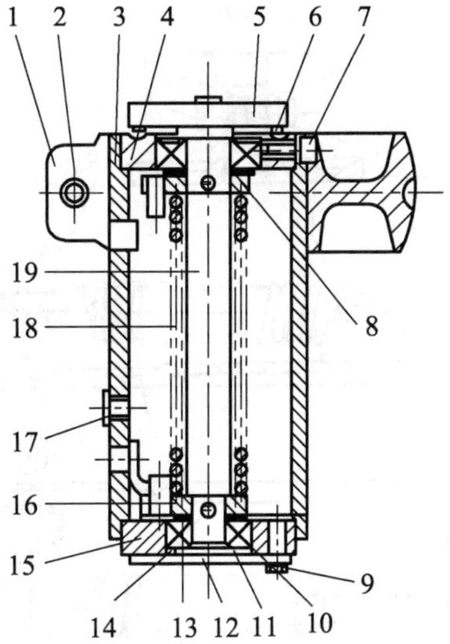

图 9-20　支承缸体

1—球面止挡；2，7，9—螺栓；4，15—密封圈；5—轴承安装；6—套环；8—上传动块；10—轴承；11—盖板；12—开口销；13—调整垫；14—垫圈；16—下传动块；17—定位销；18—扭簧；19—转轴

2. 电气连接部分

电气连接部分既决定了喇叭形头部的摆动方向，又起导通电流的作用。它由图 9-17 中的喇叭形头部、导电杆、盖板装配等组成。

喇叭形头部的主体由轻质铸铝合金制成。在喇叭形头部上装有羊角、半环与叉形件。羊角在水平及垂直方向都具有较宽的导向范围，当两台高压连接器对接时，即使水平位置或垂直位置存在误差，也可以保证良好的自动导向对接性能。此特性保证机车在最小曲率半径 125 m 及前后两节车轮箍磨耗（单边）差不大于 30 mm 时，高压连接器能可靠地进行摘挂。

导电杆如图 9-17 所示。它轴向穿过十字接头安装孔，再通过导电杆上的键槽与十字接头的轴套上的长方形键槽孔配合，组装成一整体。这就有效地控制了高压连接器的退程范围，起到了导通电流、机械连接、滑动和限位的作用。

盖板装配主要由盖板、叉形件（动触头）、半圆环（静触头）和拉簧等组成，如图 9-21 所示。盖板为薄形铸铝合金板，在其上面装有叉形件（动触头）、半圆环（静触头）和拉簧。盖板紧固在喇叭形头部上，喇叭形头部、双连线再与顶杆紧固连接成整体。上述 3 种部件是高压连接器中难度大而复杂的薄壁形铸铝合金组件。

高压连接器的叉形件（动触头）和半圆环（静触头）为铜质镀银材料，采用线接触方式，具有工作可靠、接触电阻小和散热较好的优点。连接动作时，两台高压连接器的叉形件插入彼此的半圆环中，同时由叉形件上的拉簧提供接触压力。

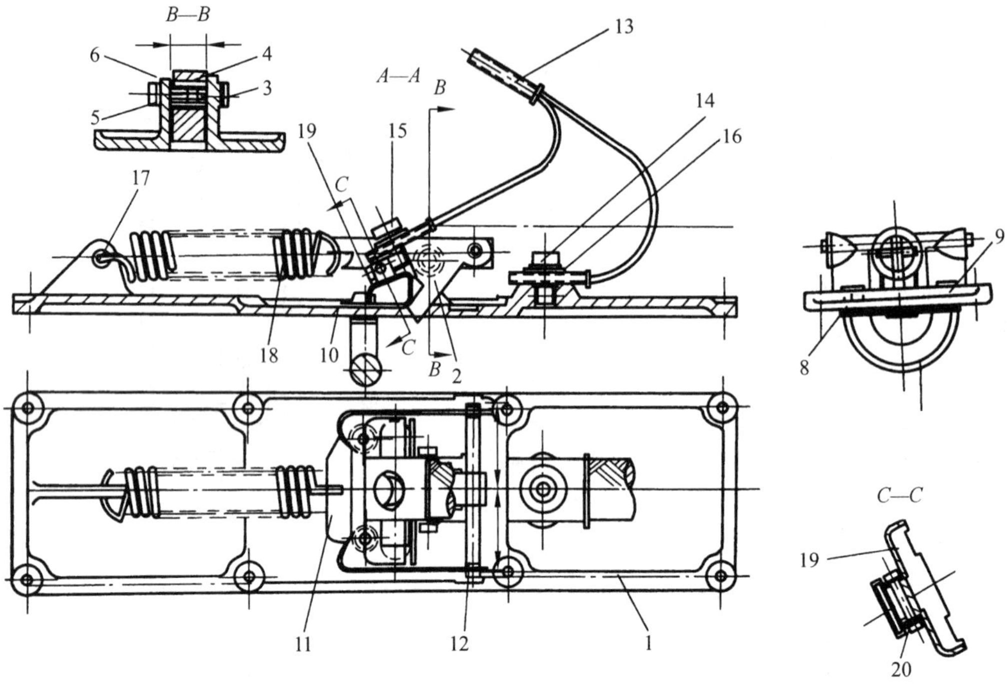

图 9-21　盖板装配

1—盖板；2—叉形件；3，12—销；5，9，14，15，20—螺栓；6，10，16—垫圈；7—半圆环；8—双金属片；11—卡箍；13—双连线；17—套环；18—拉簧；19—罩

三、动作原理

在两节车需要连挂，作重联运行时，依靠两节车车钩挂接时的牵引力，使两个连接器慢慢靠近，在羊角的导向作用下，使各自的导电半圆环（静触头）准确地插入对方的叉形件（动触头）中，接通两节车一次侧高压电路。同时叉形件上的拉力弹簧紧紧地把半环扣住，由于两台连接器的相对位移由张力弹簧、复位弹簧来吸收调整，因而能保持叉形件与半圆环的接触压力恒定不变，从而能够保证较好的电气性能。

当两节车分离时，依靠两节车分离时的牵引力可自动分离，并断开两节车的一次侧高压电路，位簧复原。

从图 9-17 中可以看出，高压连接器接合状态下的电流路径为：从一节车的高压回路到导电极，经软连接线，到导电杆，然后通过喇叭形头部内的软连线、半环、叉形件，到另一连接器的叉形件、半环、导电杆母线等，再到另一节车的车顶母线。

四、主要技术参数

额定电压：25 kV；

额定电流：400 A；

接触电阻阻值（连接状态）：≤650 μΩ；

导电杆中心线至车顶高：580 mm；

导电杆上下摆动角：≥8°30′；
导电杆左右摆动角：≥34°；
导电杆最大回程：≥240 mm；
导电最小回程（$\alpha = 34°$ 时）：≥210 mm。

五、使用与维护

（1）保证在无电状态下进行连接或分离操作。在进行连接操作前，注意观察喇叭形头部是否清洁，头部盖板内的叉形件是否有弹回的情况，如已经弹回，则需用钩形工具将其拉开成开启状态，然后才能进行连接操作。

（2）经常观察绝缘子表面是否清洁干燥，有无裂纹或损伤，否则应及时清扫或更换。

（3）经常检查橡胶波纹管，如有破损要及时更换，以免雨水、灰尘进入喇叭形头部和十字轴支承体内，造成零件锈蚀，影响动作性能。

（4）定期对各转动部分进行润滑处理，使之上下左右按规定摆动并复位。如单节连接器喇叭形头部不能保持水平，可以由十字支承件上的调整螺钉进行调整，顺时针方向调高，逆时针方向调低。

（5）每台高压连接器的结构完全相同，没有前后之分，可根据需要组合。

第三节　主断路器

一、概　述

高压断路器连接于受电弓及主变压器原边绕组之间，安装在机车车顶中部，它是电力机车电源的总开关和机车的总保护。机车受流后，当高压断路器闭合时，机车从外部获得电源，才可投入工作。如机车发生过流、接地、过电压、欠电压等故障时，故障信号通过一定电路使断路器自动开断，切断机车的总电源，以免使故障扩大及其他电气设备受到损害。

高压断路器按其结构可分为多油断路器、少油断路器及无油断路器等。无油断路器按其灭弧介质不同又可分为空气断路器、六氟化硫断路器及真空断路器。在电力机车中习惯把高压断路器称为主断路器。

二、主断路器的结构

TDZ1A-10/25 型空气断路器结构如图 9-22 所示，它以安装在机车车顶盖上铸铝制成的底板为界，分上下两大部分。露在车顶上的为高压部分，主要有灭弧室、非线性电阻绝缘子、支持瓷瓶、隔离开关和转动瓷瓶等部件。装在底板下部的为低压部分，主要有储气缸、主阀、延时阀、传动气缸、起动阀、辅助开关等部件。

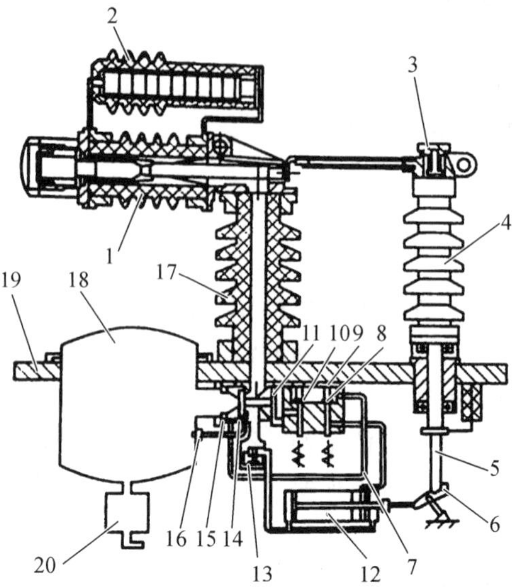

图 9-22　TDZ1A-10/25 型空气断路器

1—灭弧室；2—非线性电阻；3—隔离开关；4—转动瓷瓶；5—控制轴；6—传动杠杆；7—气管；8—合闸阀杆；9—起动阀；10—分闸阀杆；11—活塞；12—传动气缸；13—延时阀；14—主阀阀门；15—主阀；16—通风塞门；17—支持瓷瓶；18—储气缸；19—底板；20—辅风缸

1. 高压部分

（1）灭弧室。

灭弧室的结构如图 9-23 所示，它是主断路器安装主触头、熄灭电弧的重要部件。其主体为空心瓷瓶，一端装风道接头，通过支持瓷瓶的中心空腔与主阀的气路相连；另一端装法兰盘，以此将高压电引入主断路器。

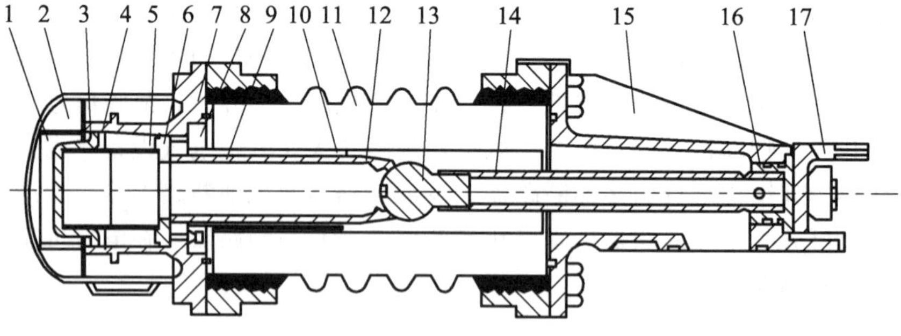

图 9-23　灭弧室

1—网罩；2—外罩；3—挡圈；4—缓冲垫；5—触头弹簧；6—弹簧座；7—法兰盘；8—固定圈；9—导电管；10—弹簧；11—灭弧室瓷瓶；12—动触头；13—静触头；14—静触头杆；15—风道接头；16—套筒；17—隔离开关静触头

静触头的头部为球状，端部镶着耐电弧的钼块，以提高耐弧性能；它固定在风道接头上，通过套筒与隔离开关静触头相连。动触头呈管状，其一端为工作端，工作端的管内壁做成弧形，成一“喷口”，以利于与静主触头球面有良好接触及产生良好的吹弧作用；另一端与一圆环形弹簧座相贴。弹簧座顺次接有触头弹簧、缓冲垫、挡圈、网罩和外罩。

动主触头的外面装有与它既有相对滑动也有良好电接触的导电管。导电管由铜管铣成多瓣形，通过弹簧弹性地套装在动主触头上，其尾端固定在法兰盘上。因此，从法兰盘引入的高压电源通过导电管传至动主触头。

触头弹簧的张力较大，它一方面使动、静主触头间具有一定的接触压力，另一方面使动、静主触头开断后能自行恢复闭合状态。缓冲垫用来缓和动主触头开断时触头弹簧对挡圈的撞击。网罩在动主触头开断过程中起消音作用。外罩用于防止外界脏物沾污主触头，其下部有排气孔。

当主断路器处于闭合状态时，主动触头在触头弹簧的作用下与静触头闭合。当分闸阀得电时，压缩空气进入灭弧室，推动主动触头克服触头弹簧的压力向左移动，动、静主触头间产生的电弧进入主动触头“喷口”，拉长、冷却，进而强迫熄灭。废气通过网罩由外罩下方排气孔排入大气。主断路器分闸完成，压缩空气停止进入灭弧室，动触头在触头弹簧的作用下与静触头重新闭合。

（2）非线性电阻。

非线性电阻用于限制过电压，减小电压恢复速度。空气断路器在分断小电流时，由于熄弧能力太强，易产生截流过电压；同时，其分断的可靠性受断口间电弧电流过零瞬时恢复电压上升的速度影响很大。因此，该型主断路器在动、静触头间并联了非线性电阻。

非线性电阻的结构如图 9-22 所示。在非线性电阻瓷瓶内，装了 10 个串联的非线性电阻片和干燥剂等主要部件。为了保证非线性电阻片之间及与外部连接之间的接触压力，减小接触电阻，在其一端装设了弹簧。

非线性电阻片采用碳化硅和结合剂烧结而成，其电阻值随外加电压的升高而下降。主断路器分闸时，动、静主触头间产生电弧，在熄弧过程中，触头间的电压将急剧增加。当电压增加到一定值时，非线性电阻值迅速下降，主触头上的电流迅速转移到非线性电阻上，既可限制过电压，减小电压恢复速度，又有利于主触头上电弧的熄灭，减少触头电磨损。随着非线性电阻两端电压的降低，其阻值又迅速增大，以减小残余电流，保证隔离开关几乎在无电状态下断开，提高断路器的分断可靠性。为了避免非线性电阻受潮后性能发生改变，在放置非线性电阻的空心瓷瓶内设有密封圈和干燥剂。

（3）隔离开关。

隔离开关结构如图 9-24 所示。它由静触头、动触指、弹簧装置、隔离开关闸刀（动触杆）、法兰盘（下转动座）、铜滚珠、连接件（上转动座）及弹簧装置等组成。

隔离开关静触头固定在弯接头上，它与灭弧室内的静主触头相连。其接触面有沟槽，以便与动触指良好接触。动触杆紧固在下转动座上。动触指套装在动触杆上，并用螺钉紧固，便于在动触指磨耗到限时拆下更换，或反过面来继续使用。

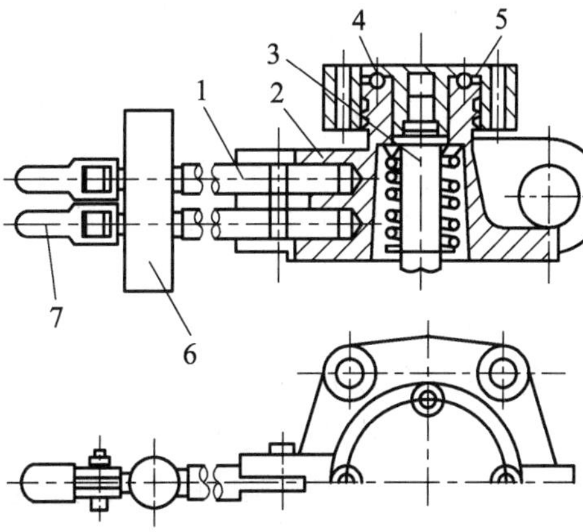

图 9-24　隔离开关

1—隔离开关闸刀；2—法兰盘；3—弹簧装置；4—铜球；5—连接件；6—弹簧装置；7—触指

弹簧装置设在动触杆上，用来保证动触指能夹紧隔离开关静触头，并保持一定的接触压力。下转动座、转动瓷瓶与操纵轴用螺钉固为一体。上转动座通过铜滚珠、轴承及弹簧固定在下转动座上。上、下转动座之间的铜滚珠用来减小摩擦，同时又用作上、下转动座之间的电联接。在主断路器动作过程中，连接件不转动，它与变压器原边绕组相连接。

隔离开关自身不带灭弧装置，不具有分断大电流的能力，它与主触头协调动作，完成主断路器的分、合闸动作。主断路器分闸时的动作顺序是：主触头分断电路并在灭弧室内熄灭主动、静触头之间的电弧，隔离开关打开，主触头重新闭合。此时，隔离开关保持在打开位置，从而保持主断路器处于分闸状态。即主断路器分闸时，隔离开关比主触头延时动作，待主触头断开并熄弧后再无电断开，主断路器合闸时，主触头不再动作，仅需操纵隔离开关闸刀闭合即可。

2. 低压部分

（1）启动阀。

启动阀由左边的分闸阀和右边的合闸阀两部分组成，呈对称分布，如图 9-25 所示。两阀有各自的阀杆、弹簧和密封垫，由各自的电磁铁控制，共用阀体、密封垫和盖板。D、E、F 3 个空腔分别与储气缸、主阀 C 腔、传动气缸相通。

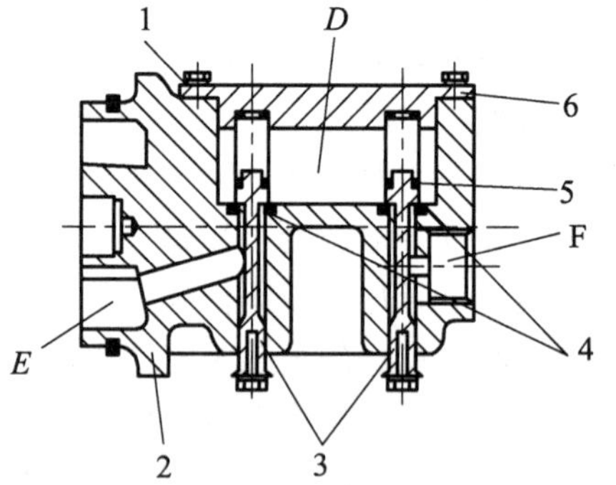

图 9-25　起动阀

1—密封垫；2—阀体；3—阀杆；4—密封垫；5—弹簧；6—盖板

当分、合闸线圈失电时，D 腔充满了来自储气缸的压缩空气，分闸阀和合闸阀在弹簧和 D 腔压缩空气的共同作用下处于关闭状态。

当合闸电磁铁线圈得电时，合闸电磁铁的动铁心撞击合闸阀阀杆，使阀杆克服弹簧的作用向上移动，阀门打开，D 腔压缩空气经阀门从 F 腔进入传动气缸，带动主断路器闭合。F 腔内有直径为 2 mm 的排气孔，进入 D 腔的压缩空气管径为 8 mm，所以，F 腔仍能保持相当高的气压使传动气缸装置动作。

当分闸电磁铁线圈得电时，分闸电磁铁的动铁心撞击分闸阀阀杆，使阀杆克服弹簧的作用向上移动，阀门打开，D 腔的压缩空气经阀门从 E 腔送往主阀的 C 腔，主阀动作，带动主断路器分闸。

（2）主阀。

主阀采用气动差动式结构，如图 9-26 所示。它由主阀体、活塞、阀杆、阀盘、弹簧等部件组成。主阀共有 5 条气路：A 腔与储气缸相连，B 腔经支持瓷瓶通向灭弧室，C 腔与起动阀的 E 腔相连，下方与延时阀进气孔相通，另有一条小气路将储气缸内少量的压缩空气由通风塞门（见图 9-22 中的 16）经主阀送入支持瓷瓶和灭弧室，保证灭弧室内始终有一个对外的正压力，防止外界潮湿空气进入灭弧室。

当分闸电磁铁线圈失电时，在 A 腔压缩空气和弹簧的共同作用下，主阀处于关闭状态。

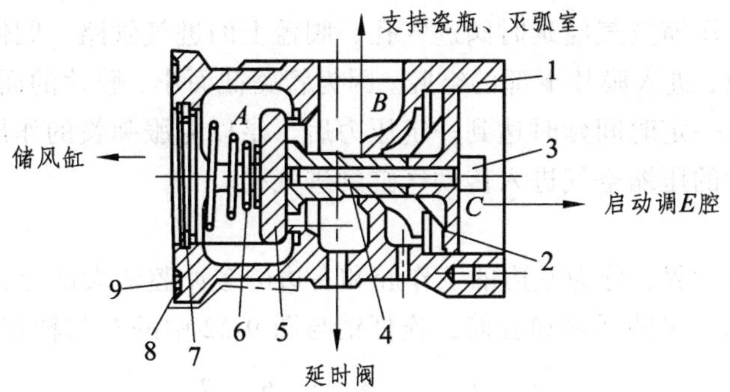

图 9-26 主阀

1—阀体；2—活塞；3—阀杆；4—滑块；5—阀盘；6—弹簧；
7—垫圈；8—挡圈；9—密封圈

当分闸电磁铁线圈得电时，分闸阀动作，起动阀 D 腔的压缩空气经阀门从 E 腔送往主阀的 C 腔，虽然主阀阀盘和活塞两端都受到空气的作用，但活塞的直径大于阀盘的直径，使阀杆带动阀盘和活塞左移，主阀打开，储气缸内大量的压缩空气向上经主阀、支持瓷瓶进入灭弧室，带动主触头动作；向下送入延时阀的进气孔。

（3）延时阀。

延时阀的作用是使传动气缸较灭弧室滞后一定时间得到储气缸的压缩空气，确保隔离开关比主触头延时动作，无电弧开断。

延时阀的结构如图 9-27 所示。它由阀座、膜片、阀杆、阀体、阀门、弹簧、阀盖、调节螺钉等部件组成。调节螺钉用于调整进入膜片下部空腔的气路大小，改变延时时间。

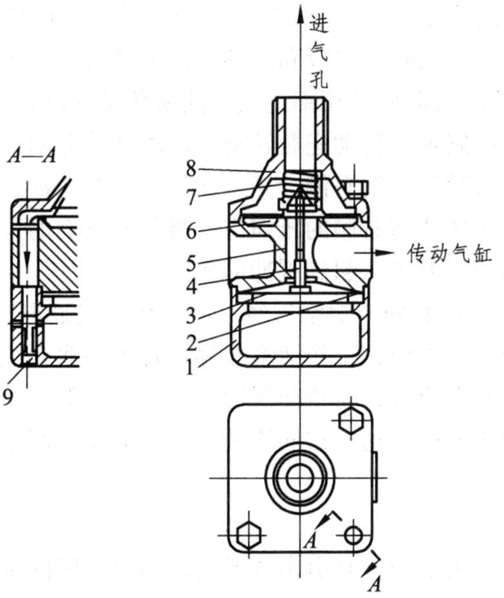

图 9-27 延时阀

1—阀座；2—密封环；3—膜片；4—阀杆；5—阀体；6—阀门；
7—弹簧；8—阀盖；9—调节螺钉

当延时阀进气孔无压缩空气送入时，延时阀阀门在弹簧的作用下处于关闭状态。

当主阀打开时，压缩空气经延时阀进气孔、阀盖上的进气管路、阀体上的通道、调节螺钉与阀座之间的间隙，进入膜片下部的空腔。因为管路截面小，膜片的面积大于阀门的面积，膜片下部的气压经过一定时间延时达到一定压力后，足以克服弹簧的作用，推动阀杆向上移动，阀门打开，大量的压缩空气进入传动气缸的进气孔。

（4）传动气缸。

传动气缸以隔板为界，分为左边的工作腔和右边的缓冲腔两大部分，如图 9-28 所示，活塞杆上装有工作活塞、缓冲活塞和套筒，连杆销与图 9-22 中的控制轴相连。

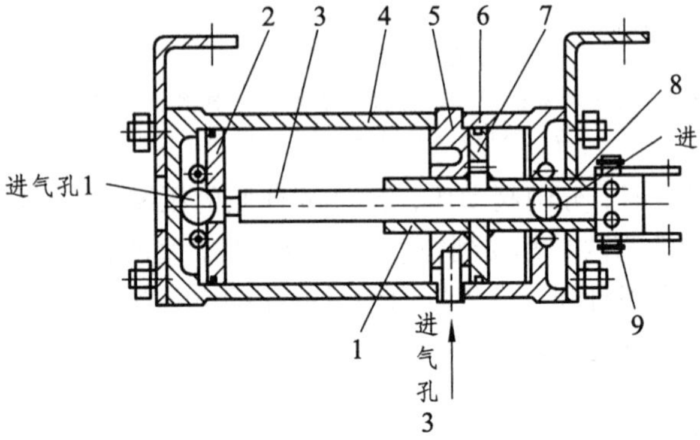

图 9-28 传动气缸

1—套筒；2—工作活塞；3—活塞杆；4—工作气缸体；5—隔板；
6—缓冲气缸体；7—缓冲活塞；8—套筒；9—连接销

由于隔离开关和转动瓷瓶均具有一定的质量，在隔离开关动作过程中，要使其瞬间制停到位，必然会产生很大的惯性冲击，容易发生控制轴、隔离开关刀杆或转动瓷瓶断裂。为此，在传动气缸的隔板上设有一排气孔，隔板和缓冲气缸上各设有一个逆止阀。

在分闸过程中，经主阀、延时阀的压缩空气一路从传动气缸进气孔 1 进入工作活塞左侧，推动工作活塞右移，带动控制轴、转动瓷瓶转动，隔离开关分闸。与此同时，另一路压缩空气从传动气缸进气孔 2 进入缓冲活塞右侧，当工作活塞向右运动，碰到套筒时，迫使套筒、缓冲活塞也随之右移，而缓冲活塞右侧的压缩空气将阻碍它们的运动。这就保证了主断路器在分闸过程中先快后慢的动作要求，起到缓冲的作用。

在合闸过程中，起动阀 D 腔的压缩空气经 F 腔、传动气缸进气孔 3，分别进入工作活塞的右侧和缓冲活塞的左侧。一方面，工作活塞左移，带动隔离开关合闸；另一方面，当工作活塞左移，带动连杆销碰到套筒时，会迫使缓冲活塞左移，但缓冲活塞左侧的压缩空气将阻碍工作活塞、套筒和缓冲活塞的运动。这同样使主断路器在合闸过程中先快后慢，起到缓冲的作用。

（5）辅助开关。

辅助开关由万能转换开关承担，其引出线通过插销或插座同机车有关电路相连。

辅助开关的作用：一是接收机车控制电路的电信号，控制分、合闸电磁铁的动作；二是作分、合闸之间的电气联锁，即分闸完成后切断分闸线圈电路，接通合闸线圈电路，为下一步合闸动作做好准备，保证下一步只能是合闸动作而非分闸动作，反之亦然；三是与信号控制电路相连，显示主断路器所处的状态，分闸状态时信号灯亮，合闸状态时信号灯灭。

三、动作原理

主断路器的动作原理用图 9-22 来说明。

1. 准备工作

储气缸充满足够的压缩空气；起动阀的 D 腔充满压缩空气；另有少量的压缩空气经通风塞门、主阀、支持瓷瓶进入灭弧室，使灭弧室内保持一定的正压力，防止外部潮湿空气的进入。

2. 分闸过程

司机按下主断路器分闸按键开关，分闸线圈得电，分闸阀阀杆上移，启动阀 D 腔的压缩空气经启动阀 E 腔进入主阀的 C 腔，主阀左移，储气缸内大量的压缩空气经支持瓷瓶进入灭弧室，推动主动触头左移，电弧被吹入主动触头的空腔内，冷却、拉长，进而熄灭。

进入延时阀的压缩空气经一定时间延时后，推动延时阀阀门上移，压缩空气进入传动气缸工作活塞的左侧，推动工作活塞右移，驱动传动杠杆带动控制轴、转动瓷瓶转动，隔离开关分闸。

与控制轴同步动作的辅助开关同时完成以下 3 项工作：一是切断分闸线圈电路，分闸线圈失电，分闸阀关闭，D 腔的压缩空气不再进入 E 腔和 C 腔，主阀关闭，压缩空气停止进入灭弧室，主触头在反力弹簧的作用下重新闭合，分闸过程完成；二是接通信号控制电路，使主断路器信号灯亮，显示主断路器处于断开状态；三是接通合闸线圈电路，为下一次合闸做好准备。

3. 合闸过程

司机按下主断路器合闸按键开关，合闸线圈得电，合闸阀杆上移，启动阀 D 腔的压缩空气经起动阀 F 腔进入传动气缸工作活塞的右侧，推动工作活塞左移，驱动传动杠杆带动控制轴、转动瓷瓶转动，隔离开关合闸。

同理，与控制轴同步动作的辅助开关同时完成以下 3 项工作：一是切断合闸线圈电路，合闸线圈失电，合闸阀关闭，压缩空气停止进入传动气缸，合闸过程完成；二是接通信号控制电路，使主断路器信号灯灭，显示主断路器处于闭合状态；三是接通分闸线圈电路，为下一次分闸做好准备。

四、主要技术参数

额定电压：25 kV；
额定电流：400 A；
额定频率：25 Hz；
额定分断电流：10 kA；
额定分断容量：250 MVA；

额定工作气压：700 ~ 900 kPa；
固有分闸时间：≤30 ms；
延时时间：35 ~ 55 ms；
合闸时间：≤0.1 s；
额定控制电压：DC 110 V；
总质量：150 kg。

五、使用与维护

为了使主断路器处于良好的工作状态，必须加强维护管理，主要应做到：

1. 保持气路洁净

压缩空气潮湿或不洁，管道不干净，可能造成以下后果：

（1）在电弧作用下分解成氢、氧等混合气体，破坏主触头分断后断口间的绝缘，使熄弧困难或电弧重燃，严重时会造成灭弧室炸裂；

（2）使支持瓷瓶和灭弧室内腔绝缘强度降低，造成沿面放电；

（3）管道中的漆皮、锈渣等异物可能堵塞气口，使主断路器动作失灵，发生卡位现象；

（4）异物若进入灭弧室，可能会造成主触头接触不良，使非线性电阻长期通电而烧损，严重时会造成非线性电阻瓷瓶炸裂。

因此，在主断路器储气缸的进气管上装有油水分离器，下部有放水阀，使用维护时应定期排水，保持气路洁净。

2. 定期更换橡胶件

主断路器是一种结构复杂的气动电器，各部件对密封性能要求较高，为保证良好的密封性，应定期更换橡胶件。

3. 定期检查各主要部件，保持各部件良好的技术状态

（1）灭弧室。

定期检测主触头超程和动触头复原弹簧的状态。动、静触头由于分、合频繁，会因相互摩擦而磨损，从而造成超程减小，接触压力减小。当超程减小到一定程度时，要更换动、静触头。动触头复原弹簧变形超过一定限度时，必须及时更换。

（2）非线性电阻。

保持非线性电阻瓷瓶内腔清洁，密封良好。定期更换非线性电阻瓷瓶中的干燥剂，检测非线性电阻片的阻值。阻值变化超过一定限度时，必须及时更换。

（3）主阀。

定期检查活塞与阀体间的配合尺寸，尺寸不符合要求应及时更换。

（4）传动气缸。

适当调节好传动气缸的缓冲，保证隔离开关动作良好。定期检查活塞与缸体之间的配合

精度，通过修整或更换零部件，保证其良好的动作性能。

（5）通风塞门。

必须定期更换塞门中的填料，检测塞门的通风量，将其调整至允许范围之内。

第四节　真空断路器

一、概　述

真空断路器是以真空作为绝缘介质和灭弧介质，利用真空耐压强度高和介质强度恢复快的特点进行灭弧的。与空气断路器相比，真空断路器具有结构简单、工作可靠、分断容量大、动作速度快、绝缘强度高、整机检修工作量小等诸多优点，因而在电力工业中得到了广泛应用。由于电力机车的特殊使用环境和一些恶劣工作条件所限，真空断路器直到 20 世纪 80 年代才运用到电力机车上。下面介绍的是我国自行设计、制造的 TDV3-8/25 型真空断路器和 SS_9 型电力机车上所使用的 BVAC N99 型交流真空主断路器。

二、TDV3-8/25 真空断路器

1. TDV3-8/25 的结构

TDV3-8/25（T 表示铁路机车用；D 表示断路器；V 表示真空；3 表示设计序号；8 表示额定开断电流，kA；25 表示额定电压，kV）型真空断路器属于双断口式交流断路器，该电器设备用于电力机车电路总电源的开断、接通电流，同时用于电力机车过载和短路保护。

它以底座为界，分为高压和低压两部分，如图 9-29 所示。高压部分为 T 形结构，位于机车顶部，包括真空灭弧室 6、中央传动机构箱 5、水平瓷瓶 4、支持瓷瓶 8、绝缘推杆 9 等；低压部分位于机车内部，包括箱体 1、合闸电空阀 11、分闸电磁铁 13、操作机构 12、辅助开关 3、计数器 2、过滤器 10 等。高压部分和低压部分之间通过支持瓷瓶和绝缘杆隔离，保证机车的安全。

（1）真空灭弧室。

真空灭弧室结构如图 9-30 所示。动、静触头 4 密封在玻璃管 3 内。静触头杆 1 直接固定在上方的金属端板 8 上，动触头杆 7 通过金属波纹管与下方的金属端板 8 联接，这样的结构既可保持密封，又使动触头可在一定范围内移动，保证了动、静触头在一定的真空度下断开。动、静触头与玻璃管之间设有金属屏蔽罩 5，它固定在玻璃管中部的金属环上。屏蔽罩的作用是在熄弧过程中吸收并冷却由电弧产生的金属蒸气，防止金属蒸气扩散到玻璃管内壁上而破坏其绝缘性能。

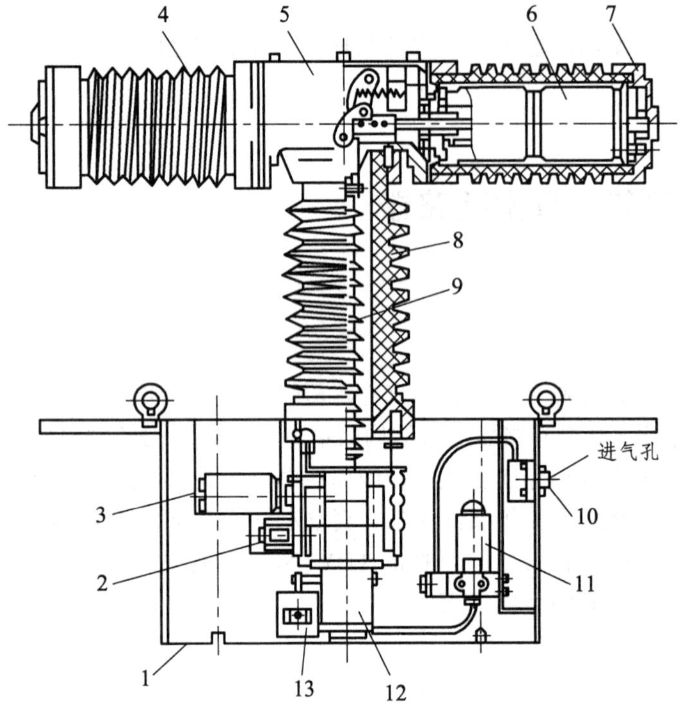

图 9-29　TDV3-8/25 型真空断路器

1—箱体；2—计数器；3—辅助开关；4—水平瓷瓶；5—中央传动机构箱；6—真空灭弧室；7—端盖；8—支持瓷瓶；9—绝缘推杆；10—过滤器；11—合闸电磁铁；12—操作机构；13—分闸电磁铁

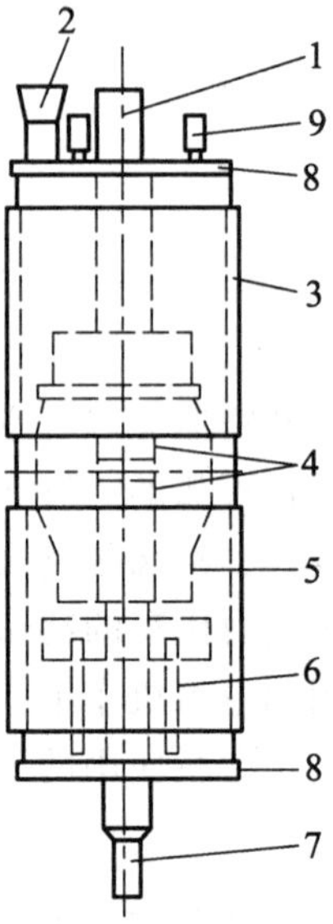

图 9-30　真空灭弧室

1—静触头杆；2—排气管；3—玻璃管；4—动、静触头；5—屏蔽罩；6—波纹管；7—动触头杆；8—端板；9—螺栓

在 TDV3 型真空断路器中，为了提高真空灭弧室的真空度和寿命，在灭弧室中加入了一定的高压消气剂，以减少和吸收触头在工作中产生的微量空气；为了达到导电性能好、开断能力大、抗熔焊能力高、截流水平低等较佳的综合技术指标，动、静触头采用了多元铜合金材料；为了提高波纹管的质量与寿命，采用了大口径波纹管，并在波纹管封装时采用了预拉伸技术。

（2）中央传动机构箱。

TDV3 型真空断路器用两个真空灭弧室串接成双断口结构形式，以保证断路器具有较高的耐压能力和灭弧能力。两个动触头杆由中央传动机构箱控制。中央传动机构箱的结构如图 9-31 所示。

当绝缘推杆 9 上移时，连杆 7，8 将向上的推力分解成左、右方向的推力，推动两个动触头向各自的静触头移动并闭合。当绝缘杆下移时，两动触头运动方向与上述相反，使动、静触头分离。弹簧 6 保证了动触头有一定的超程。弹簧 5 为缓冲弹簧组，合闸时，此弹簧吸收和缓和合闸时的冲击能量，抑制合闸时的触头弹跳；分闸时，分闸弹簧的拉力和缓冲弹簧的复位力共同作用，保证分闸速度快、动作稳定、工作可靠的动作要求，抑制分闸时触头的弹跳。

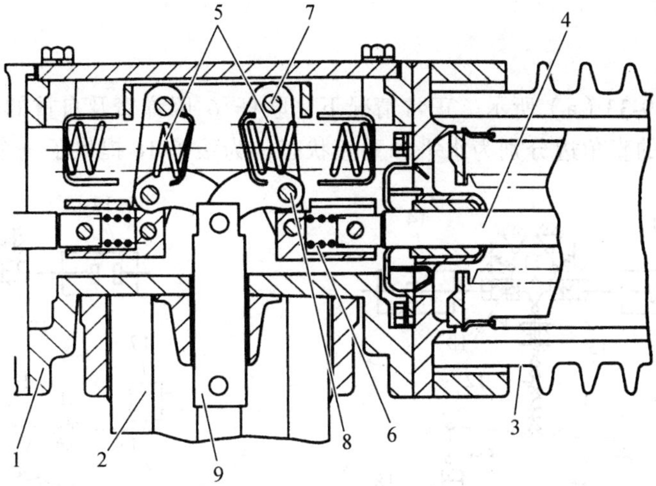

图 9-31　中央传动机构箱

1—箱体；2—支持瓷瓶；3—真空灭弧室；4—动触头杆；5，6—弹簧；7，8—连杆；9—绝缘杆

（3）气动操作机构。

气动操作机构垂直安装在支持瓷瓶底座下方，其作用是控制绝缘杆的上升与下降，进而完成断路器的合闸与分闸，如图 9-32 所示。正常情况下，联杆 7 因弹簧及自重作用而下降，被锁扣 8 锁定。当合闸风缸 1 充风时，活塞杆上移，将滚子 3 沿拐臂垂直边上推，使主控制杆 4 逆时针方向转动，推动绝缘杆 5 上升，实现合闸，同时使控制联锁转换。

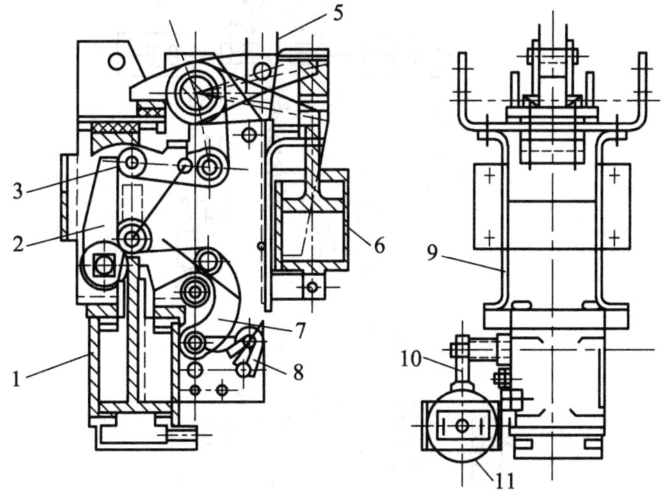

图 9-32　气动操作机构

1—合闸风缸；2—拐臂；3—滚子；4—主控制杆；5—绝缘杆；6—空气缓冲器；7—联杆；8—锁扣；9—构架；10—拨杆；11—分闸电磁铁

当分闸电磁铁 11 得电时，其衔铁撞击拨杆 10，拨动锁扣 8 使联杆 7 脱扣，拐臂 2 逆时针转动，滚子 3 下降，分闸弹簧的拉力通过主控制杆 4 使绝缘杆 5 下移，实现分闸，并使控制联锁转换。

2. 动作原理

（1）合闸过程。

合闸过程如图 9-33（a）所示。正常情况下，联杆 6 因弹簧及自重的作用而下降，被锁扣 8 锁定。拐臂 5 的直角边分别为水平和垂直状态，为滚子 16 提供了一个垂直的轨道。

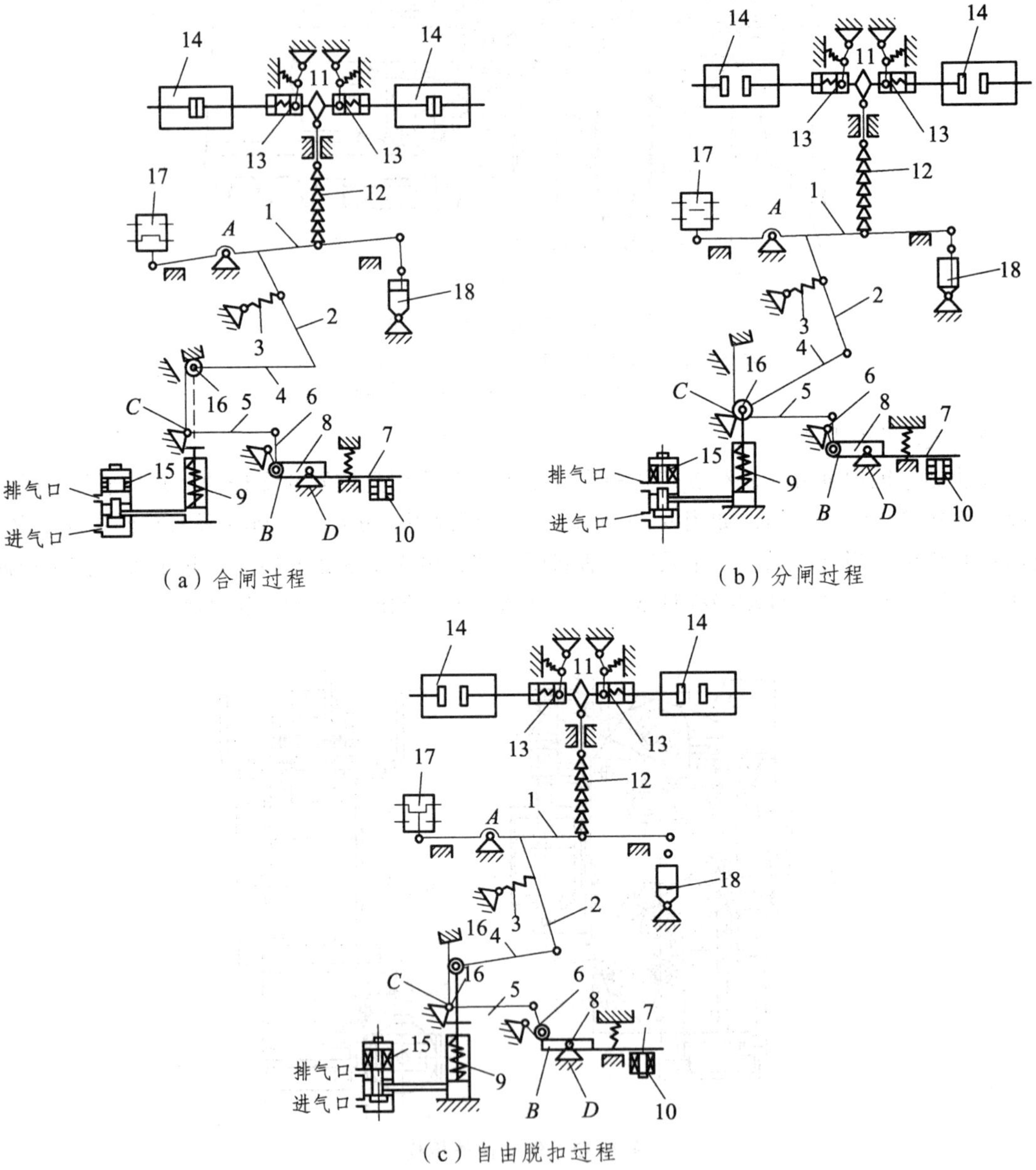

图 9-33　真空断路器动作原理

1—主轴转动杆；2—主轴驱动杆；3—分闸弹簧；4—推杆；5—拐臂；6—联杆；7—拔杆；8—锁扣；9—合闸风缸；10—分闸电磁铁；11—连杆；12—绝缘杆；13—弹簧；14—真空灭弧室；15—合闸电空阀；16—滚子；17—辅助开关；18—空气缓冲器

当合闸指令发出后，电空阀 15 得电动作，给合闸风缸 9 充风，活塞杆上移，推动滚子

16 沿拐臂 5 的垂直边上移，推杆 4 使主轴驱动杆 2 和主轴转动杆 1 以主轴 A 点为支点逆时针方向转动。一方面，分闸弹簧 3 拉伸储能；另一方面，推动绝缘杆 12 向上运动，带动连杆分别向左、右运动，压缩弹簧 13，使灭弧室中动、静触头闭合。

（2）分闸过程。

分闸过程如图 9-33（b）所示。当分闸指令发出后，分闸电磁铁 10 得电动作，衔铁撞击拨杆 7，拨动锁扣 8 使联杆 6 脱扣，拐臂逆时针转动，滚子 16 下降，在分闸弹簧 3 的拉力作用下，使主轴驱动杆 2 和主轴转动杆 1 以主轴 A 点为支点顺时针方向转动，拉动绝缘杆 12 向下运动，通过连杆使灭弧室中动、静触头断开。

与此同时，辅助开关 17 动作，分闸电磁铁失电，联杆 6 在滚子落下后，在自重及弹簧作用下，自动恢复到锁定状态，拐臂 5 也恢复到原始位置，分闸过程结束，为合闸做好准备。

在分、合闸过程中，空气缓冲器 18 起减小分、合闸过程中冲击和振动的作用。

（3）自由脱扣过程。

所谓自由脱扣，就是指真空断路器在合闸过程中，同时接到分闸指令时，合闸过程立即中止而去完成分闸过程。其动作过程如图 9-33（c）所示。

当合闸指令发出后，合闸电空阀 15 得电，合闸风缸充风，活塞上移，推动滚子 16 上移。若此时接到机车的分闸信号，分闸电磁铁动作，衔铁撞击拨杆 7 使联杆 6 脱扣，在分闸弹簧 3 的作用下，拐臂 5 逆时针转动，滚子 16 下降，断路器进行分闸过程，而无法合闸。

3. 主要技术参数

最高工作电压：31.5 kV；

额定电压：25 kV；

额定电流：400 A；

额定频率：50 Hz；

额定分断容量：200 MV · A；

额定分断电流：8 kA；

极限通过电流：20 kA；

分闸时间：≤45 ms；

固有分闸时间：≤25 ms；

合闸时间：≤150 ms；

最大外形尺寸：1 080 mm × 430 mm × 987 mm；

总质量：约 175 kg。

三、BVAC N99 交流真空主断路器

1. BVAC N99 交流真空主断路器的结构

BVAC N99 交流真空主断路器的结构如图 9-34 所示，分为高压、中间绝缘和控制 3 个部分。

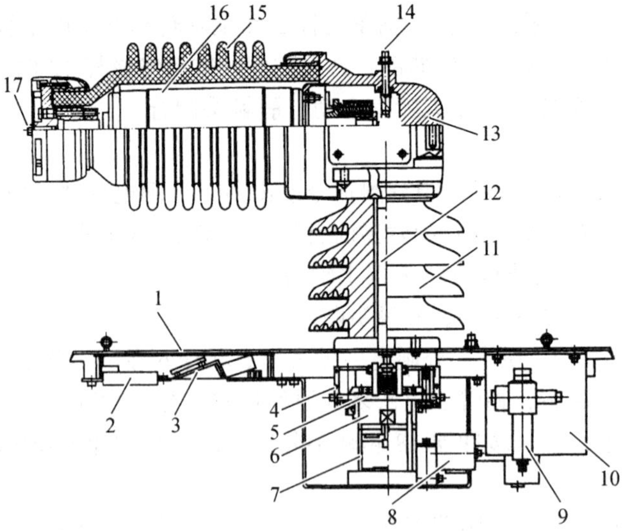

图 9-34　BVAC N99 交流真空主断路器

1—底板；2—插座连接器；3—110 V 控制单元；4—辅助触头；5—肘节机构；6—保持线圈；7—风缸；8—电磁阀；9—调压阀；10—储风缸；11—垂直绝缘子；12—绝缘操纵杆；13—传动头组装；14—高压连接端（HV1）；15—水平绝缘子；16—真空开关管组装；17—高压连接端（HV2）

（1）高压部分。

高压部分结构如图 9-35 所示，包括水平绝缘子、真空包组装和传动轴头组装等。由图可以看出，真空包组装安装于水平绝缘子内部，构成机车顶上的高压回路。真空包通过密封和大气隔离，其包括动触头、静触头和瓷质外罩等，真空包的结构如图 9-36 所示。同时，真空包的真空度是其最重要的参数之一，和真空包的开断能力成一定关系，如图 9-37 所示。

真空包的分、合闸即体现了整个主断路器的分合闸状况，具体表现为对动触头的操作，其通过右端传动轴头组装导向来自气动部分产生的机械动力来完成的，这样就可以保证它的轴向运动。

（2）中间绝缘部分。

中间绝缘部分包括如图 9-34 所示的垂直绝缘子 11 和底板 1 以及安装于车顶与断路器之间的 O 形密封圈。

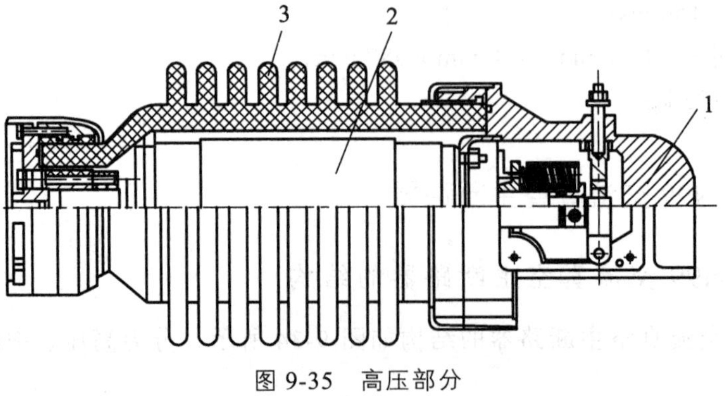

图 9-35　高压部分

1—传动轴头组装；2—真空包组装；3—水平绝缘子

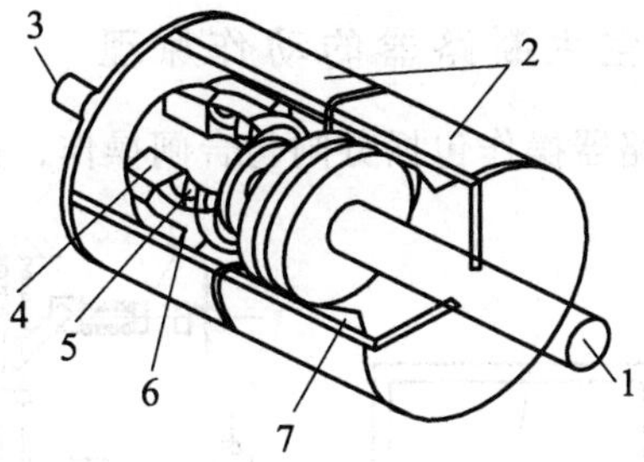

图 9-36　真空包结构示意图

1—静触头；2—瓷质外罩；3—动触头；4—导套；
5—金属波纹管；6—波纹管罩；7—金属罩

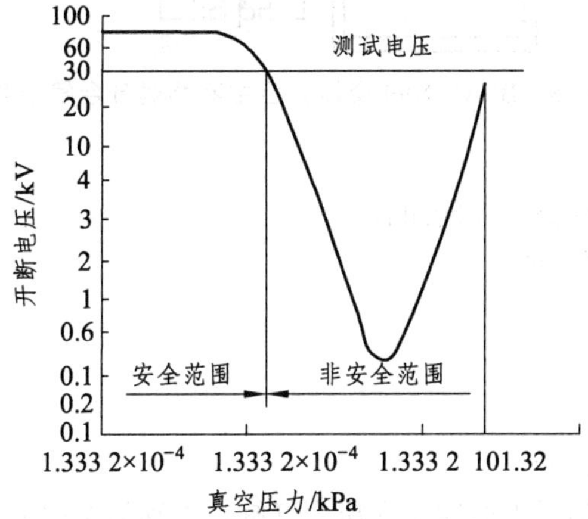

图 9-37　真空包真空度和开断电压关系曲线示意图

垂直绝缘子安装在底板上用以提供 30 kV 的绝缘要求，同时绝缘操纵杆通过垂直绝缘子的轴向中心孔，连接电空机械装置和真空包的动触头。底板安装于车顶，O 形密封圈用以保证断路器与车顶之间的密封。

（3）控制部分。

控制部分包括如图 9-34 所示储风缸 10、调压阀 9、压力开关、电磁阀 8、压力气缸 7、保持线圈 6、肘节机构 5、110 V 控制单元 3 等操纵控制部件。

BVAC N99 交流真空主断路器采用电空控制。该控制通过空气管路，在动触头快速合闸过程中提供必需的压力。储风缸 10 是实现断路器气动控制的气压源，其要求能够满足在机车对断路器不供气的状态下，其残余压缩空气至少能使断路器完成一次动作；调压阀 9 安装在断路器进气口与储风缸之间，通过对其气压值进行整定，用以保证进入储风缸内的气压值，同时，调压阀上安装有一空气过滤阀，以保证进入储风缸气体的清洁与干燥；压力开关（图中未表示出来）安装于储风缸上与调压阀相对一侧，其与储风缸内气体相连，用以监控断路器合闸的最小气压值，当储风缸内气压低于其整定值时，就会自动断开，并通过低压控制线路将信号反馈给 110 V 控制单元，以使断路器拒绝进行操作；电磁阀 8 控制储风缸内的气流的通断。气缸 7 把空气压力转化为机械作用力；保持线圈 6 安装于气缸上部，通过对气缸活塞的吸合，实现对断路器合闸状态的保持；肘节机构 5 用以实现真空断路器分闸时的快速脱扣，保证断路器快速的分断；110 V 控制单元 3 安装在真空断路器底板下部，通过其对断路器的动作进行整体控制。

2. BVAC N99 交流真空主断路器的动作原理

BVAC N99 交流真空主断路器操作包括分闸与合闸操作，如图 9-38 所示。

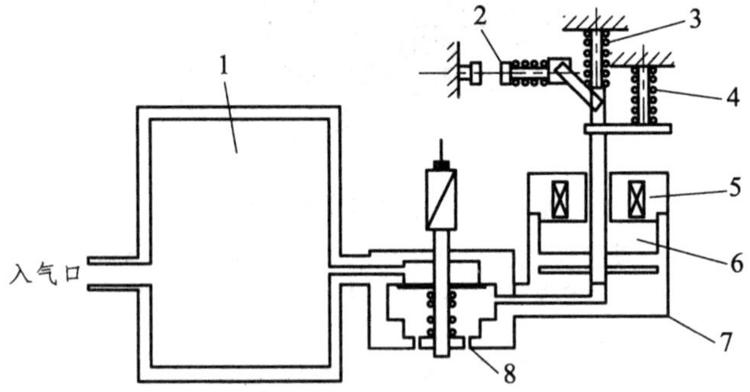

图 9-38 BVAC N99 交流真空主断路器分合闸示意图

（1）分闸操作。

只有满足如下条件时断路器才能闭合。

① 主断路器必须是断开的；

② 必须有充足的气压。

具体合闸过程如下：

- 按“开/关”键；
- 电磁阀得电，气路打开；
- 压缩空气由储风缸通过电磁阀流入压力气缸，推动活塞向上运动；
- 主动触头随着活塞的移动而运动；
- 恢复弹簧压缩；
- 主触头闭合；
- 触头压力弹簧压缩；
- 活塞到达行程末端；
- 保持线圈在保持位置得电；
- 电磁阀失电；
- 压力气缸内的空气排出。

（2）分闸操作。

① 保持线圈失电；

② 活塞在弹簧力作用下（恢复弹簧、肘节机构等）移动；

③ 主触头打开、真空开关管灭弧；

④ 行程结束，活塞缓冲。

四、使用与维护

为使真空断路器处于良好的工作状态，必须定期检查和制订维修计划。检查和维护程序如下：

1. 外观检查

定期进行绝缘子和密封件的外观检查。如出现裂纹或绝缘子的瓷釉和密封件损坏，应及时更换。

定期进行 BTE 高压接地开关的外观检查。如接地绝缘子的连接件损坏，应及时更换。

用软制品或布把断路器外部清理干净。绝缘子的外部可用硅树脂油脂进行清洗。

禁止使用任何含有氟酸盐成分或钠硅酸盐产品清洗部件。

2. 检查扭紧力矩

用力矩扳手检查表 9-1 所列部件的扭紧力。

表 9-1　部件扭紧力

部件号	检查	扭紧力/N
A	高压连接部分	67
B	接地连接部分	50
C	断路器固定螺栓	67

3. 气路检查

为了保证气路元件的正常动作，必须对机车管路中容易积水的器件排除积水。容易积水的部位一般为调节阀内、BVAC 储气缸的底部。

压力调节器的排水：

（1）在有气压的空气管路，拧开翼形螺钉（PA）充分排放积水。

（2）当气流停止，重新拧紧翼形螺钉（PA）和检查是否漏气。

BVAC 储气缸排水（RE）：

（1）装有排水阀的储气缸。

① 当储气缸处于有压力时打开排水阀，排光积水（注意泄露）。

② 储气缸排水完毕关掉排水阀。

③ 检查是否漏气，如有必要，清理排放管路。

（2）没有排水阀的储气缸。

① 关闭隔离阀，慢慢拧开位于储气缸下面的塞门（PB）和释放压缩空气。

② 一旦压力完全下降，完全打开塞门。

③ 关断主气路的隔离阀。

④ 拧紧塞门。

⑤ 检查是否泄露。

4. 检查密封件

在排放断路器气路系统后，连接断路器的主要管道的密封性必须检查，包括连接器的密封件、塞门密封件和软管。

第五节　转换开关

一、概　述

在韶山系列电力机车上，SS_1型、SS_3型、SS_{3B}型电力机车采用的是TKH3-500/1500型转换开关，SS_4型电力机车采用的是THK4-840/1000型转换开关，SS_7型电力机车采用的是THK9-1000/1000型转换开关，SS_8型电力机车采用的是TKH4A-970/1000型转换开关，SS_9型、$SS_{9改}$型电力机车采用的是TKH10-840/1020型转换开关。各型转换开关的工作原理是相同的，即用来转换接通主电路：一是改变牵引电机励磁绕组中电流的方向，也即改变机车的运行方向；二是实现机车牵引工况和电阻制动工况之间的转换。它们都是由两个转鼓组成，即反向鼓和牵引制动鼓。每个转鼓各有两个工作位置，"向前"和"向后"位，"牵引"位和"制动"位。故亦称该开关为两位置开关。

转换开关采用转鼓形式，是根据电接触原理理论设计，并经实践检验的。各型转换开关的额定电流为500～1 000 A，触头间的接触压力在45 N左右，触头选用线接触较为合适。此时，线接触的接触电阻要比面接触及点接触要小得多，这对抑制转换开关的温升是有利的。同时，采用转鼓触片，一方面增加了触头的传热和散热效果，另一方面，滚动的接触可防止触头产生氧化膜，或者说，若触头产生了氧化膜，由于位置的转换，可以清除氧化膜，从而达到减小接触电阻的目的。

二、TKH4-840/1000型转换开关的结构（见图9-39）

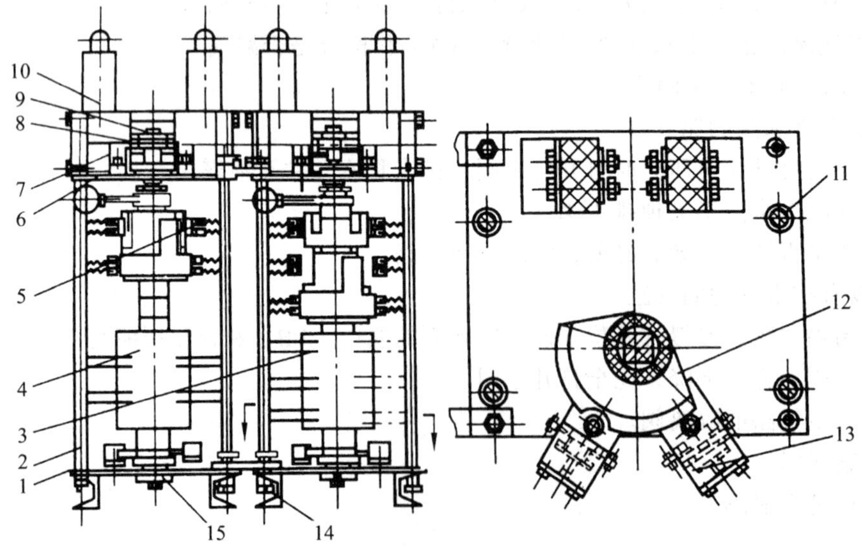

图9-39　转换开关外形结构

1—底板；2—支柱；3—牵引鼓；4—反向鼓；5—触指杆；6—面板；7—传动气缸；8—拨叉；9—销；10—电空阀；11—环氧玻璃布管；12—凸轮；13—联锁触头；14—槽钢；15—尼龙轴套

1. 骨　架

骨架由底板、面板、支柱及套在支柱上的环氧玻璃布管等组成。底板和面板上都焊有角钢，用来安装触指杆（静触头组），尼龙轴套用来安装反向鼓及牵引制动鼓。反向鼓及牵引制动鼓用连接板组合在一起。

2. 转　鼓

转鼓又称作转换开关的动触头组，分为反向鼓和牵引制动鼓，它们的结构形式基本相同，仅组装在转轴上触片的安装排列位置及绝缘垫圈长度不同，如图 9-40 所示。它由转轴、绝缘垫圈、触片、手柄、凸轮等组成。转轴由方钢制成，在其下端有一挡圈，通过定位销固定在转轴上。动触片、绝缘垫圈、凸轮与转轴的动作同步。

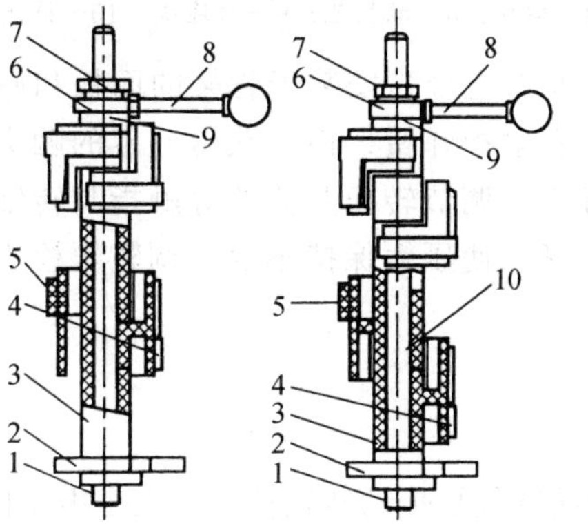

（a）反向鼓　　（b）牵引制动鼓

图 9-40　反向鼓和牵引制动鼓外形图

1—转轴；2—凸轮；3，9—长短不同的绝缘垫圈；4，5—触片（动触头）；6—手柄座；7—压紧螺母；8—手柄；10—转动鼓绝缘

触片（动触头）4，5 形状基本相似，仅有左右之分，它由“T”形钢片做成弧形，用埋头螺钉安装在与转轴固定的转鼓上，如图 9-41 所示。

动触片间间隔套装有长短不同的绝缘垫圈。绝缘垫圈的长度由额定电压等级所决定，其作用是使触片（动触头）之间保持有一定的绝缘距离，使开关工作安全可靠。

凸轮 2 属于联锁触头的一部分，用于控制联锁触头的开闭。

正常情况下，由传动装置控制反向鼓和牵引制动鼓转轴的动作；当传动装置发生故障、手动检查转换开关、调整触头之间的触头压力和接触线时，可手动操作手柄 8，使反向鼓或牵引制动鼓的转轴转动。

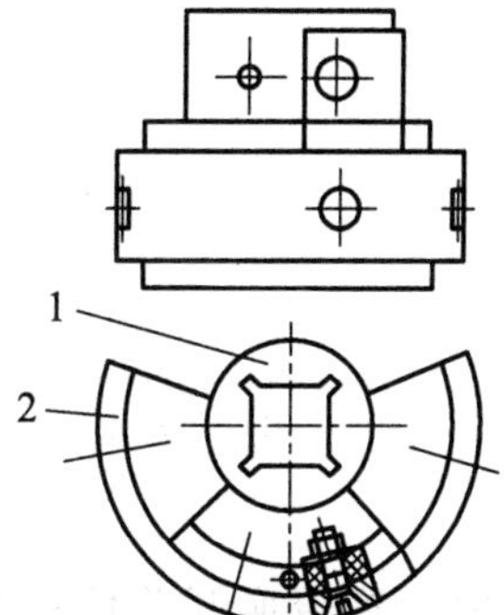

图 9-41　触片（动触头）组装

1—胶木座；2—触片

3. 触指杆（静触头组）

触指杆即转换开关的静触头组，由一块环氧玻璃布板和若干组触指杆装配而成，如图 9-42 所示。

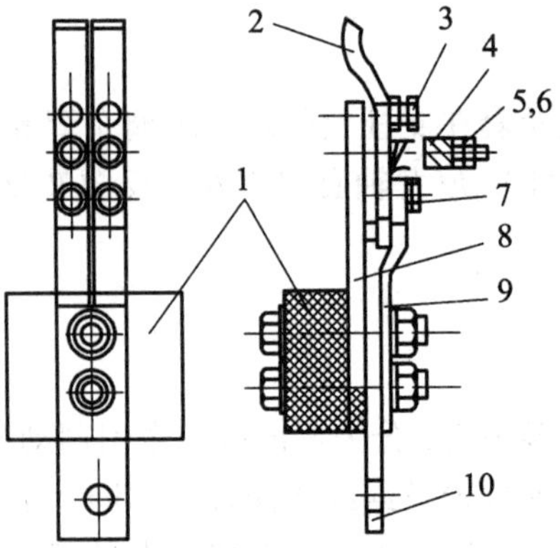

图 9-42 触指杆

1—环氧玻璃布板；2—触指；3—调整螺栓；4—弹簧；5，6—螺杆、螺母；7—螺栓；8—触指座；9—软连线；10—接线板

触指杆（静触头组）有左右之分，安装于骨架的面板和底板的角钢上。每组静触头由两个触指并联工作，其上装有触指弹簧，借以获得一定的触头超程和终压力，保证与动触片间有良好的电接触。螺母用于调节转换开关的静触指与转轴上动触片之间的接触压力，压力调整好后，用双螺母锁紧，使压力保持不变。调整螺栓用来调节触指的超程。接线板用于对外与主电路相连接。

4. 传动装置

两位置转换开关采用双活塞气缸传动装置传动，它由电空阀、传动气缸、转轴、转鼓等组成。传动气缸结构如图 9-43 所示。

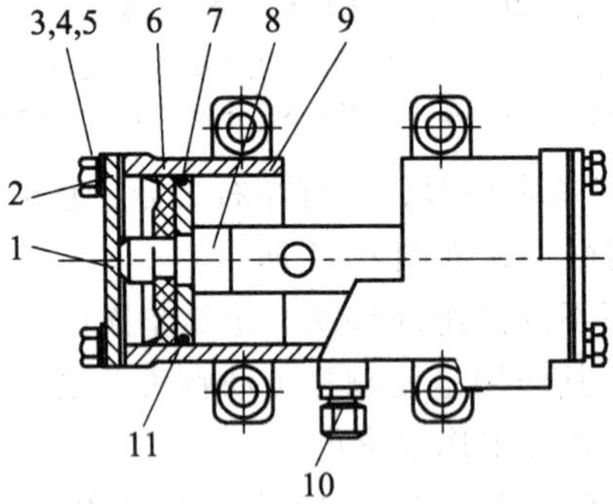

图 9-43 传动气缸

1—气缸盖；2—密封垫；3，4，5—螺栓、螺母及垫圈；6—皮碗；7—活塞；8—活塞杆；9—气缸体；10—管接头；11—毛毡

两位置转换开关传动原理用图 9-39 来说明。由 TFK1B 型电空阀控制的压缩空气推动气缸内活塞左右移动，通过在活塞杆上开有的槽和孔，使销插入活塞杆孔内，装于转轴上端的拨叉卡住销，这样气缸中活塞杆的左右运动就转变为转轴、转鼓的转动，并带动动触片动作，使反向鼓得到“向前”和“向后”，牵引制动鼓得到“牵引”和“制动”两个工作位置。在开关完成转换工作的同时，装于转轴上的凸轮及装于底板上的联锁触

头也进行着转换，开断和闭合控制电路中相应的联锁触点，使转换开关不会自动转换为非工作状态。

双活塞气缸传动装置转轴的转角大小决定于传动气缸的活塞行程。这一系统必须进行气缸的气密性能试验，试验合格后才能安装到转换开关上去。

5. 联锁触头

联锁触头用于控制有关联锁电路，安装在转换开关的底板上（见图 9-39）。TKH4A-840/1000 型转换开关采用 TKY1 型盒式联锁触头，如图 9-44 所示。它为单件式触头组成，具有联锁灵活、防污性好、接触可靠等优点。通过透明的有机玻璃外壳，可以方便地观察触头的开闭情况。

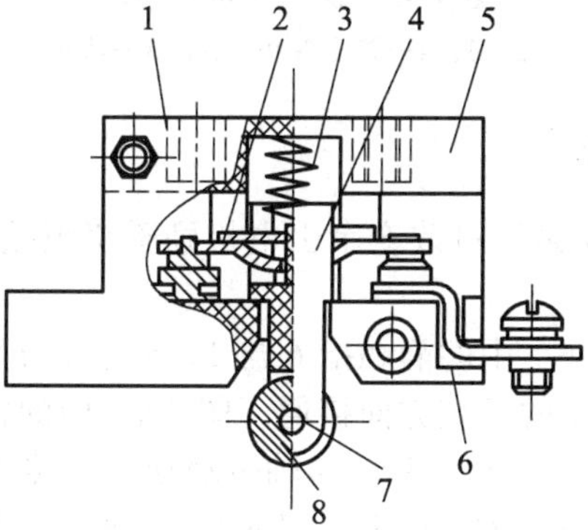

图 9-44 联锁触头结构示意图

1—盖板；2—动触头桥；3—反力弹簧；4—推杆；5—触头座；6—静触头；7—滚轮；8—轴

联锁触头的开闭由凸轮控制。当凸轮的凸出部分推动滚轮时，推杆压缩反力弹簧，使触桥与静触头断开；反之，触头闭合。

三、动作原理

转换开关借助电空阀控制压缩空气，带动转轴、动触片动作，利用动触片在不同的位置与静触指构成不同电路，改变机车主电路。

1. 换向原理

机车的正反向运行是通过改变牵引电机励磁绕组中电流的方向来达到的，如图 9-45 所示。在向前位时，图（b）中的静触指 1 与 2，3 与 4 分别在动触片 A，B 上，即 1 与 2，3 与 4 分别沿触片 A，B 的垂直方向接通，图（a）中的常闭触头闭合，此时，牵引电机电枢绕组与励磁绕组电流同向，机车向前运行。转轴带动动触片转动到向后位时，图（b）中的静触指 2 与 4，1 与 3 分别在动触片 A，B 上，即 2 与 4，1 与 3 分别沿动触片 A，B 的水平方向接通，图（a）中的常开触头闭合，常闭触头断开，这就在牵引电机电枢绕组电流方向不变的情况下改变了牵引电机励磁绕组中的电流方向，机车向后运行。

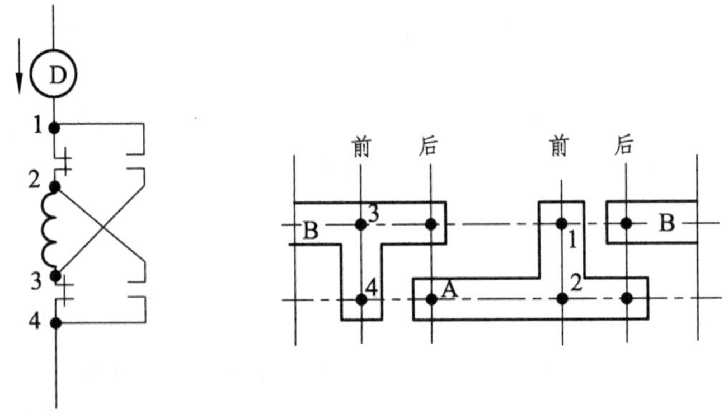

（a）牵引电机接线原理图　　　（b）动主触片展开图

图 9-45　换向原理示意图

1，2，3，4—静主触头；A，B—动触片

2. 牵引制动转换原理

机车的牵引制动工况转换是通过改变牵引电机励磁绕组接线方式来实现的，如图 9-46 所示。

机车在牵引状态时，图（b）中的静触指 6 与 1，5 与 4 分别在动触片 C，D 上，即 6 与 1，5 与 4 分别沿动触片 C，D 的垂直方向接通，图（a）中的常闭触头闭合，此时，牵引电机电枢绕组与励磁绕组串联，作电机运行。转轴带动动触片转动到向后位时，图（b）中的静触指 6 与 7，8 与 4 分别在动触片 C，D 上，即 6 与 7，8 与 4 分别沿动触片 C，D 的水平方向接通，图（a）中的常开触头闭合，常闭触头断开，此时，牵引电机电枢绕组与制动电阻串联，励磁绕组与其他牵引电机的励磁绕组串联，构成独立的励磁回路，牵引电机作发电机运行，机车由牵引工况转换为电阻制动工况。

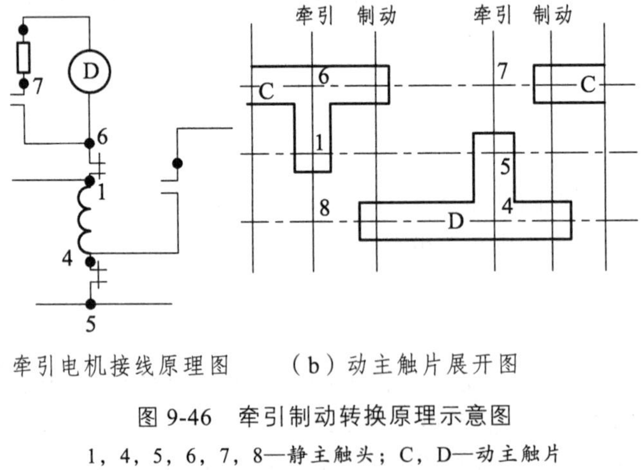

（a）牵引电机接线原理图　　　（b）动主触片展开图

图 9-46　牵引制动转换原理示意图

1，4，5，6，7，8—静主触头；C，D—动主触片

四、主要技术参数

型号：TKH10-840/1020；

额定电压：DC 1 000 V；
额定电流：DC 840 A；
控制电压：DC 110 V；
额定气压：490 kPa；
主触指单个终压力：39 ~ 49 N；
主触指接触线长度：≥14 mm；
主触指超程：2 ~ 3 mm；
气缸活塞杆行程：（44 ± 1）mm；
辅助触点：4 开 4 闭。

五、使用与维护

TKH4 型转换开关接在主电路中，自身不带灭弧装置，所以只能在机车无电状态下转换，否则会造成转换开关的严重烧损、牵引电机环火，严重时还会烧损牵引电机，擦伤机车轮缘。因此，换向操作时，应先将调速手柄拉回零位，待机车停稳后，再操作换向手柄，进行“前”“后”转换；牵引制动转换时，应先将调速手柄拉回零位，其次操作换向手柄进行“牵引”“制动”转换，然后再操作调速手柄进行速度的调节。

转换开关转鼓及转轴保养、维护要求：

（1）触头表面状态良好。清除触头烧痕。动静触头接触位置正确。触头厚度、压力、超程及接触线长度符合规定。

（2）绝缘板无烧损及过热变质。编织线折损面积不得超过原形的 10%。

（3）接线正确、牢固、标记清晰、鼓形转换开关的动触片及胶木座不得松动，转鼓外径符合限度规定，传动气缸的鞲鞴无裂纹、变形及拉伤，皮碗无裂损、老化及永久变形。

（4）辅助联锁保养、维护要求：

（5）触头无烧痕、无松动，接触良好，超程符合规定。

（6）安装板及绝缘件无裂损，联锁推杆动作灵活。

（7）转换开关维修重新装配后的试验应符合例行试验要求，应检查主触头触片厚度不小于 5 mm，主触头接触长度不小于 10 mm。转换开关的维护还应注意以下事项：

① 在转换开关组装试验完成后，转鼓上必须涂适量工业凡士林，以保护触片不受氧化和腐蚀。

② 转换开关若起了电弧痕，可以用细砂纸将触片和触指打磨平后继续使用。

③ 定期检查触片的压力，压力不足时可调节触指杆上的螺母，以保证转换开关的导流能力。

④ 气缸在定修时，清洗完后，应换上新的润滑脂。

第六节　司机控制器

一、概　述

在电力机车上，司机控制器包括主司机控制器和辅助司机控制器。它们是操纵控制电路的主令电器。通过控制机车控制电路中的电器动作，进而控制主电路和辅助电路中的电气设备，达到既方便又安全地控制机车的起动、调速、转换运行方向和电气制动的目的。

为了便于机车的双端操纵，在两端司机室的司机台各配有一台结构完全相同的主司机控制器；同时为了便于机车调车作业的操纵，在两端司机室各配有一台结构完全相同的辅助司机控制器，又名调车控制器。$SS_{4改}$型电力机车装配的主司机控制器为 TKS14A 型，辅助司机控制器为 TKS15A 型，这两种控制器都属于凸轮控制器，与鼓形控制器不同的是它的凸轮是由凸轮架和凸轮块拼装而成，因而，每一个凸轮的凸凹形状可根据控制需要而改变。

二、TKS14A 型主司机控制器

1. 结　构

TKSl4A 型司机控制器（见图 9-47）由上、中上、中下、下四层构成，各层之间由钢板隔开，并由六方支柱支撑；上层（面板上）主要有手轮 1、手柄 2；中上层主要为机械联锁装置，包括作为联锁用的凸轮组 3，4 及定位用的凸轮组 5；中下层包括作为控制用以实现电逻辑要求的凸轮架 6 和安装在其上的凸轮块 7 以及辅助触头盒 8；下层主要有电位器 9 及接线插座 10。该控制器左右两侧装有主轴 11 和转换轴 12，其中主轴用于调节机车的速度，换向轴用于控制机车的运行状态及方向。电位器 9 固定在主轴上，它为塑料导电膜电位器。辅助触头盒 8 的接触元件为双断点桥式常闭型结构，具有自润滑功能。它由两根档棍固定。在该型控制器的面板上还安装有一警惕按钮 13。

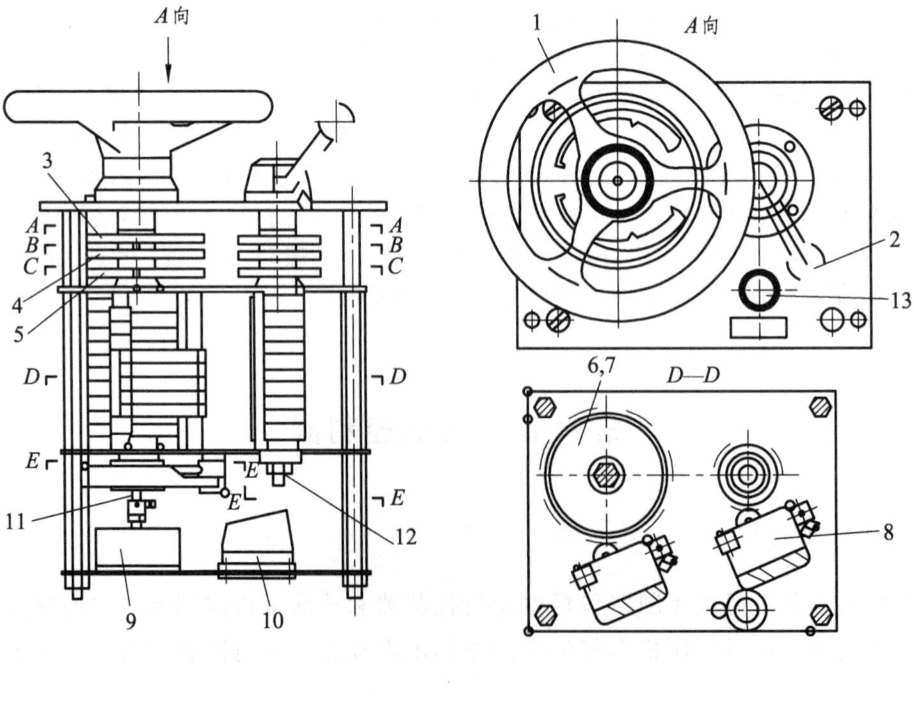

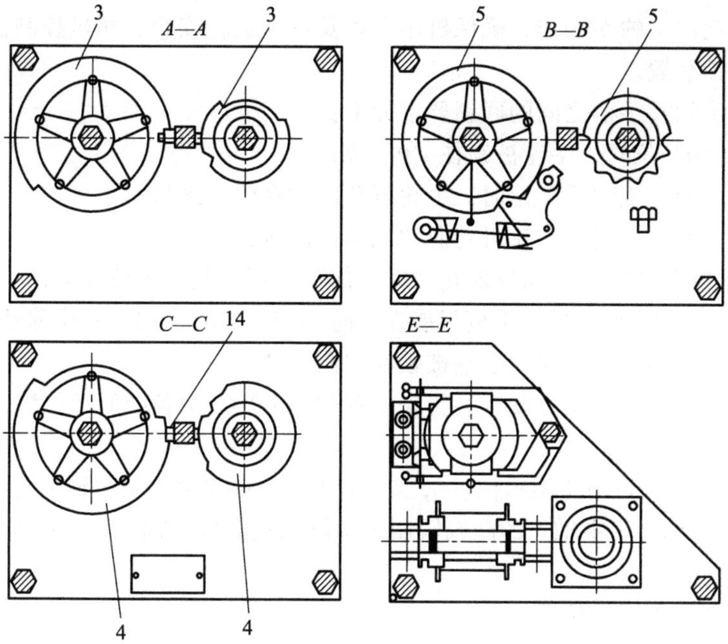

图 9-47　TKS14A 型主司机控制器结构示意图

1—手轮；2—手柄；3—凸轮；4—凸轮；5—定位凸轮；6—凸轮架；7—凸轮块；8—辅助触头盒；9—电位器；10—插座；11—主轴；12—转换轴；13—警惕按钮；14—锁柱座

根据触头闭合表的需要，主轴自“0”位开始可顺时针方向或逆时针方向各转动 150°。顺时针方向 0°～15° 区域为“0”位区，司机控制器无输出（即电位器 1，2 端电压约为 0 V）。15°～150° 区域为“牵引”区域。逆时针方向 0°～15° 区域也为“0”位区。在此区域内，司机控制器无输出。15°～150° 区域为“制动”区域。手轮可在“牵引”区域或“制动”区域内操纵主轴转动，由此改变电位器上“1”“2”端输出电压的大小，该电压又作为机车电路的指令来决定电机的转速，最终达到调节机车速度的目的。换向轴共有“后”“0”“制”“前”“Ⅰ”“Ⅱ”“Ⅲ”7 个位置。这 7 个位置由机械联锁装置中定位凸轮来定位。主轴上装有 10 层凸轮架，其中有 5 层为备用层。另外 5 层凸轮架上根据闭合表的要求装有相应的凸轮块。凸轮架上有凸轮的地方则形成凸缘，无凸轮块的地方形成凹槽。而辅助触头盒的安装能满足以下要求：当主轴转动到凸缘与辅助触头盒的杠杆同一位置时，该辅助触头盒的触点断开，而当主轴转动到凹槽对准辅助触头盒的杠杆时，辅助触头盒的触点闭合（不动作）。转换轴上情况类似，不同的是其备用层只有 3 层，凸轮块的位置应符合转换轴闭合表要求。

2. 机械联锁关系

司机是借助手轮及手柄来实现对控制器的操作。手轮是固定的，而手柄为可取式（钥匙式），利用面板上限位器的缺口来保证手柄只有在转换轴处于“0”位时，才能插入或取出。手柄同时又是调车控制器（TKS15A 型）的手柄。同样，利用调车控制器面板上限位器的缺口来保证：只有当主轴处于“取”位时，手柄才能插入或取出。这样，整台机车的主司机控制器和调车控制器共用 1 个活动手柄，从而保证了机车在运行中，司机只能操作 1 台司机控制器，其余 3 台均被锁在“0”位或“取”位。不致引起电路指令发生混乱。

为了防止可能产生的误操作，确保机车设备及机车运行安全，司机控制器的手轮与手柄之间设有机械联锁装置。

司机控制器手轮及手柄之间的联锁要求如下：

（1）手柄在“0”位时，手轮被锁在“0”位；

（2）手柄在“前”或“后”位时，手轮可转向“牵引”区域；

（3）手柄在“制”位时，手轮可转向“制动”区域；

（4）手轮在“0”位时，手柄只能在“0”“前”“后”“制”各位移动；

（5）手轮在“牵引”区域时，手柄只能在“前”“Ⅰ”“Ⅱ”“Ⅲ”各位移动或被锁在后位；

（6）手轮在“制动”区域时，手柄被锁在“制”位。

上述机械联锁要求是由机械联锁装置来实现的。图 9-47 中各图所示位置为手轮、手柄（或主轴、转换轴）均处在“0”位。

（1）当手柄在“0”位时（图示位置），*A－A* 视图中锁柱阻止了主轴上的凸轮向顺时针方向的转动。*B—B* 视图中，主轴上的凸轮限制了主轴向逆时针方向转动。这样，当手柄在“0”位时，手轮被锁在“0”位。

（2）手柄有两种可能的位置。

① 手柄在“前”位时，转换轴应自“0”位逆时针方向转动两个位置（每个位置之间为 30°），此时，*A－A* 视图中主轴上的凸轮顺时针方向的约束被解除。*B－B* 视图中主轴上的凸轮在顺时针方向无约束，逆时针方向的约束仍存在，*C－C* 视图中无这种约束，凸轮上的凸凹只是给司机相应的手感。因此，手轮可操作主轴向顺时针方向转动，即手轮可转向“牵引”区域。

② 手柄在“后”位时，转换轴应自“0”位顺时针方向转动 30°，此时，*A－A*、*B－B* 视图情况同上。

（3）手柄在“制”位时，转换轴应自“0”位逆时针方向转动 30°，此时，*A－A* 视图中主轴上的凸轮顺时针方向转动的约束还存在，逆时针方向无约束；*B—B* 视图中，主轴上的凸轮逆时针方向转动的约束被解除。这样，手轮只能操作主轴向逆时针方向转动即：手轮只能在“制动”区域内转动。

（4）手轮在“0”位，图示位置，*A－A* 视图中，转换轴无约束，*B－B* 视图中，转换轴可顺时针方向转动 30°，逆时针方向转动 60°，即手柄只能在“0”“后”“制”“前”各位间转换。

（5）手轮在“牵引”区域时，主轴由“0”位顺时针方向转过 15° 以上，*B－B* 视图中主轴上的凸轮最低“台阶”转动到锁柱 14 位置，将转换轴的所有约束解除。由（1）、（2）条可知，手轮若在“牵引”区域，则手柄事先应转动到“前”或“后”位：

① 假设手柄原来在“前”位，*A—A* 视图中，转换轴可逆时针转动 90°，即手柄可在“前”“Ⅰ”“Ⅱ”“Ⅲ”各位转动。

② 假设手柄原处在“后”位，*A－A* 视图中，锁柱 14 正好被卡入转换轴上“后”位的缺口中，转换轴在顺时针和逆时针方向都无法转动。因而手柄被锁在“后”位。

（6）手轮在“制动”区域时，即主轴由图示位置逆时针方向转动 15° 以上，*A－A* 视图中，转换轴无约束。而由前述（1）、（2）、（3）条可知，手轮若要到“制动”区域，手柄必须先转动到“制”位。*B－B* 视图中，当主轴逆时针转动 15° 以上时，转换轴由图示位置逆时针转动

30°，手柄正好处于“制”位，这样，锁柱正好被卡入转换轴上凸轮的缺口，转换轴在顺时针、逆时针方向都不能动作，即手柄被锁在“制”位。

3. 触头闭合表要求的实现

电逻辑即闭合表的要求是由主轴、转换轴、辅助触头盒及电连接来实现的，其各自的结构如图 9-48 ~ 9-50 所示。

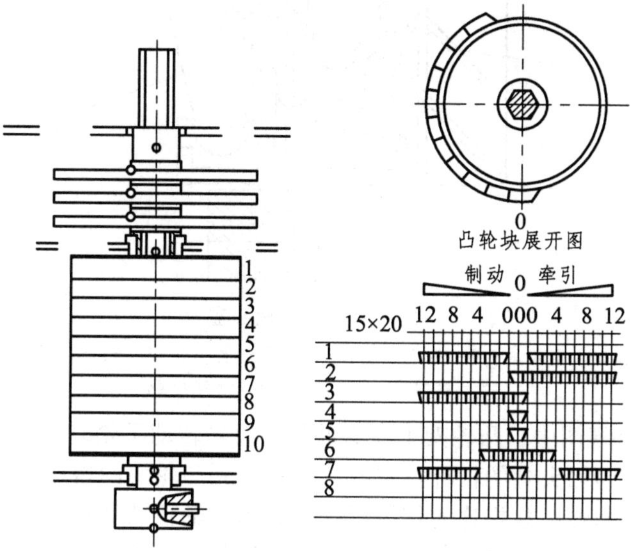

图 9-48　主轴组装

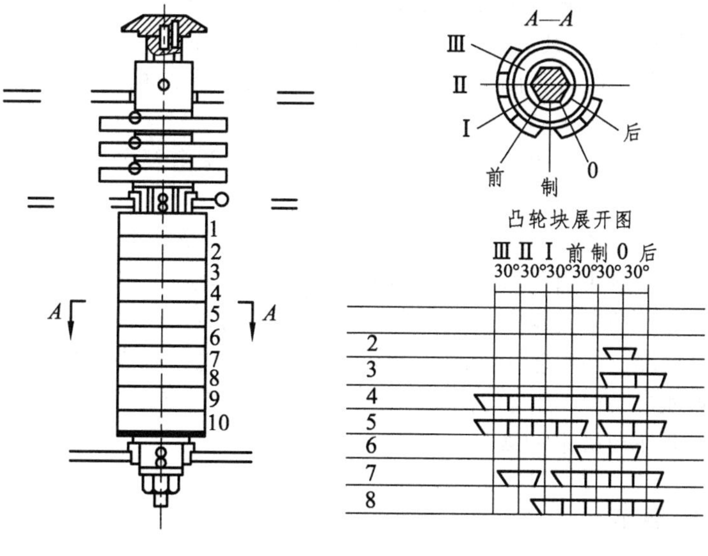

图 9-49　转换轴组装

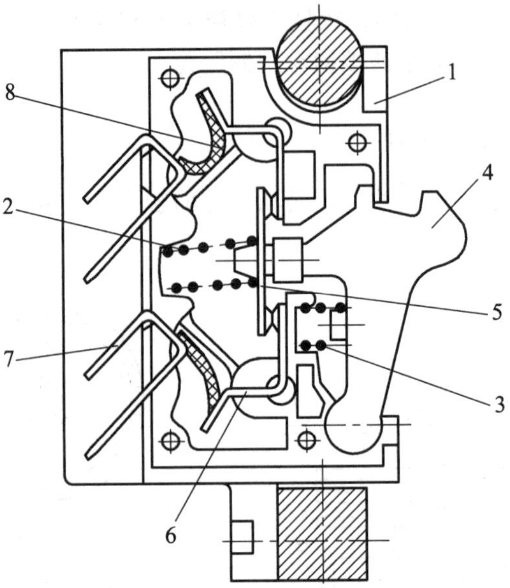

图 9-50 辅助触头盒

1—触头盒体和盖；2—触点弹簧；3—恢复弹簧；4—杠杆；5—动触头；
6—静触头；7—接线片；8—软连线

图 9-47 的 $D-D$ 视图中，凸轮架上装有凸轮块，当转动手轮时，凸轮架随之转动，当凸轮块的位置转动到辅助触头盒的杠杆位置时，杠杆受到凸轮块的挤压而将与其连动的动触头顶开，此时，与该辅助触头盒相连的控制线失电；当主轴转动到在辅助触头盒杠杆处凸轮架上无凸轮块时，由于辅助触头盒恢复弹簧的作用，使其触点闭合，这样，与该辅助触头盒相连的控制线得电。利用此原理，可根据电路原理图上司机控制器各控制线得失电情况，在主轴、转换轴的凸轮架上布置相应的凸轮块（见图 9-48 和图 9-49 中主轴、转换轴凸轮块展开图）以满足要求。这种结构非常灵活、方便。对于不同型号的机车，可能有不同的闭合表要求,使用这些系列司机控制器其方便在于不需要重新设计新的凸轮来满足不同闭合表的要求，只需要将凸轮块的位置按照各种闭合表要求拼装。因而，这种结构是机车司机控制器系列化、简统化较理想的结构。

电逻辑即闭合表的要求是由调速主轴、换向轴辅助触头盒及电连接来实现的。其结构如图 9-48 所示。

当推拉调速手柄（或转动换向手柄）时，调速主轴（或换向主轴）、凸轮随之转动，当主轴转动到凸缘对准辅助触头盒的杠杆时，该辅助触头盒的触点断开，当主轴转动到凹槽对准辅助触头盒的杠杆时，该辅助触头盒的触点闭合。利用此原理，根据电路原理图上司机控制器各控制线得失电情况，在主轴上布置不同角度缺口的凸轮，以满足要求。

主司机控制器通过 20 芯插座与机车控制电路连接。图 9-51 为主司机控制器的电气接口图，其中括号内为Ⅱ端司机室的线号。

4. 电位器的调节

调速手柄的调速主要通过调节电位器的电阻大小来实现。

该型司机控制器采用的是塑料导电膜、电阻分配如图 9-52 所示。

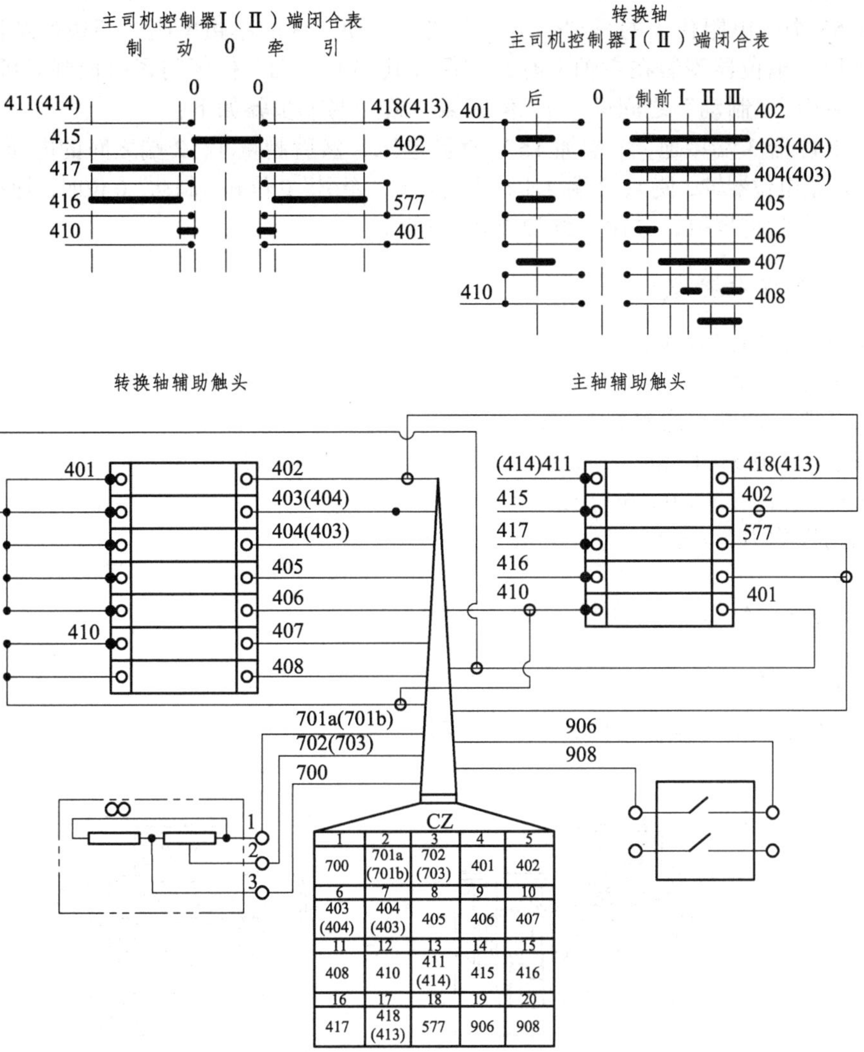

图 9-51　主司机控制器电气接口

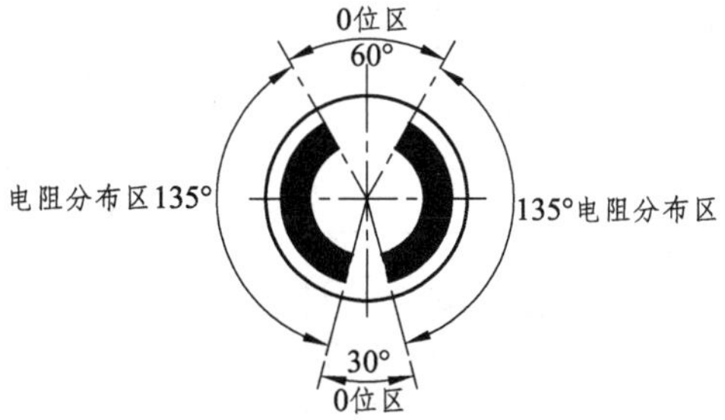

图 9-52　电位器电阻分布示意图

135° 区域为有效电气角度，30°“0”位区域的出线端子为“3”端，60°“0”位区域出线端为“1”端，135° 区域为“2”端。在 135° 区域内有一个固定电阻与一个均匀分布的同样大小的可调电阻。电气原理图如图 4-53 所示。

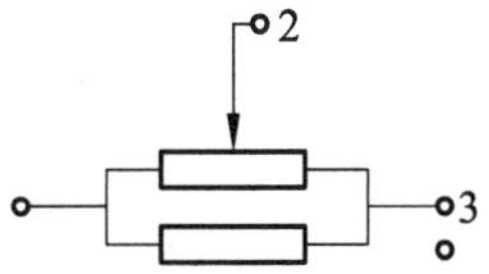

图 9-53　电位器原理

图 9-53 中的电阻代表的是“牵引”区或“制动”区的单边电阻，两边的结构以“0”位为中心对称。电位器安装在主轴上时，应保证其 30° “0”位区与司机控制面板上的标牌所标明的“牵引”“制动”之间的“0”位区域一致。调节步骤如下：

（1）电位器 3 端接地，1 端加 15 V 直流电压，然后测量 1，2 端之间的电压；

（2）调整电位器轴，使 1，2 端电压在手轮处于“牵引”0 位和“制动”0 位时，均不超过 0.1 V；

（3）拧紧紧定螺钉，并涂上红油漆防止松动。

5. 主要技术参数

额定电压：DC 110 V；

额定电流：5 A；

触头开距：两断点之和≥4 mm；

触头超程：0.5 ~ 1 mm；

触头终压力：2 × 1.0 mm；

手柄的操作力：≤50 N。

三、TKSl5A 型辅助司机控制器

1. 结　构

TKSl5A 型调车控制器结构如图 9-54 所示。

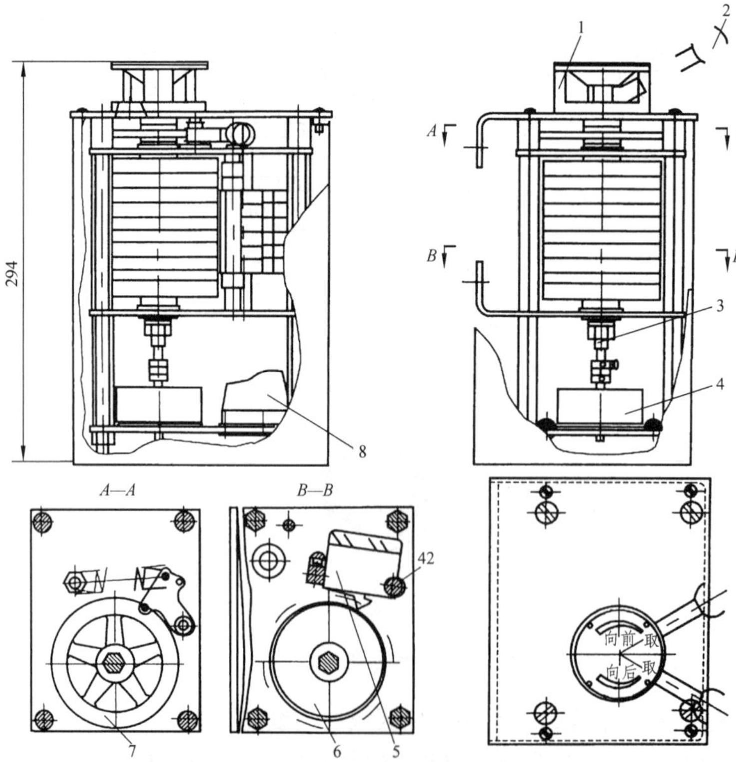

图 9-54　辅助司机控制器结构

1—限位器；2—手柄；3—主轴；4—电位器；5—辅助触头盒；6—凸轮架；7—定位凸轮；8—插座

TKS15A 型调车控制器在结构及原理上与 TKS14A 型司机控制器基本相似。所不同的是，TKS15A 型调车控制器只有一根轴，手柄共有“取”“向后”“取”“向前”4 个位置。“取”位即为调车控制器的机械“0”位。手柄只能从“取”位插入或取出。它的电位器同 TKS14A 型司机控制器。但其限位器限制了手柄在“向前”或“向后”转动的最大范围为 75°，加上分压电阻（见图 9-56）司机操作此控制器最大只能到 4 级。

2. 触头闭合表

辅助司机控制器通过 20 芯插座与机车控制电路连接。图 9-55 为辅助司机控制器的电气接口图，其中括号内为Ⅱ端司机室的线号。

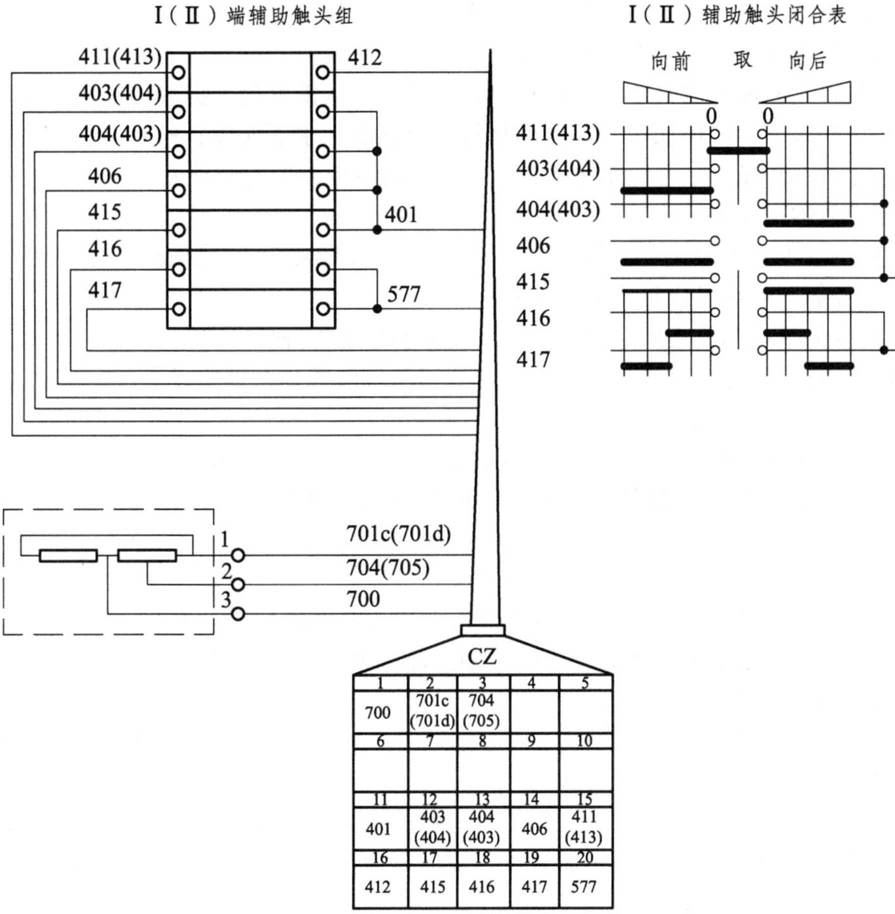

图 9-55　辅助司机控制器电气接口

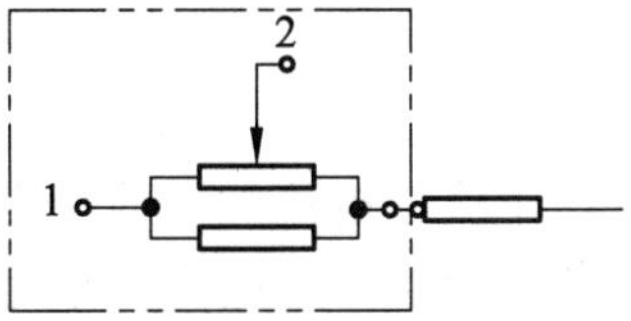

图 9-56　电位器与分压电阻连接原理

1—电位器；2—分压电阻

四、司机控制器的使用与维护

司机控制器使用与维护时应注意以下内容：

（1）司机控制器的铭牌及标识符号应齐整、清晰、正确。

（2）司机控制器各部件应清扫干净，绝缘性能良好，对外连接插座连接正确，零部件齐全完整。

（3）各紧固件齐全，紧固状态良好。

（4）手轮在各个挡位之间应转动灵活，无机械卡阻，相邻两挡位之间不应出现停滞现象。

（5）手柄在各个挡位之间应转动灵活，无机械卡阻，相邻两挡位之间不应出现停滞现象。且手柄在“－”位时，应顺利卸下。

（6）司机控制器手轮、手柄之间的联锁关系应正确无误。

（7）司机控制器的闭合表和对外连接线应与规定相一致。

（8）因司机控制器安装螺钉不在司机控制器面板上，从操纵台上拆装司机控制器时，注意先将插头、手柄拔下，利用面板背后的螺柱将面板顶起，拿下面板，松开司机控制器安装板上的 4-M5 的安装螺钉，将司机控制器拆下。放置司机控制器时，注意保护司机控制器插座，防止司机控制器插座损坏。

（9）司机控制器的各个转动部位加注 6 号汽油机油（GB 485），在机械联锁处加润滑脂。

（10）司机控制器的绝缘应符合以下要求：

① 相互绝缘的带电部分之间及对地的绝缘电阻不小于 10 MΩ。

② 检修后应进行绝缘介电强度试验。电位器回路带电部分对地施以 50 Hz、500 V 正弦交流电 1 min，应无击穿、闪络现象。

其余带电部分对地及相互间施以 50 Hz、1 100 V 正弦交流电 1 min，应无击穿、闪络现象。

注意：司机控制器耐压试验应单独进行，整车耐压试验时应将司机控制器插头拔下，避免电位器损坏。

（11）司机控制器触头的检修应符合以下要求：

① 司机控制器日常检修时，应注意检查触头内部及滚轮架（包括滚轮滚动）的动作是否灵活可靠。否则，应在触头滚轮轴芯及滚轮架轴芯部分加少许稀 6 号汽油机油（GB 485），以增加触头动作的灵活性。

② 如确有严重烧损和动作不灵活者，应更换触头。更换时，注意触头型号和触头滚轮的安装方向。

③ 应定期检测触头的接触电阻，采用低电阻测试仪测量，测量电流不小于 1 A。触头的接触电阻应小于 500 mΩ。如果接触电阻较大，应清除表面氧化膜，减小接触电阻。

小　结

受电弓是电力机车从接触网导线上受取电流的一种受流装置，受电弓作为电力机车与供电装置之间的连接环节，其性能的优劣直接影响电力机车运行的可靠性。受电弓的工作特点是靠滑动接触受流的，对其性能的基本要求是滑板与接触导线接触可靠，磨损小，升降弓时不产生过分冲击。应在了解受电弓结构的基础上，掌握受电弓升、降弓过程及其特性。

高压连接器的主要功能是在两节机车进行连挂时，自动连接两节机车车顶的 25 kV 高压电路。它安装在每节车尾部的车顶上，依靠机车连挂车钩的力量，与车钩同时对接，分离时也随机车的车钩脱开而自动分离。

主断路器连接在受电弓和牵引变压器原边绕组之间，在电力机车中起双重作用，既是电源的总开关，又是总保护电器。当主断路器闭合时，电力机车通过受电弓从接触网导线上获得电源投入工作。若电力机车主电路和辅助电路发生短路、接地、过载及零压等故障时，均通过主断路器自动切断电源，起着保护作用。主断路器属于高压断路器的一种，要了解各部件的结构及工作原理，从而掌握主断路器的分闸、合闸过程。

与空气断路器相比，真空断路器具有结构简单、工作可靠、分断容量大、动作速度快、绝缘强度高、整机检修工作量小等诸多优点，因而在电力工业中得到了广泛应用。由于电力机车的特殊使用环境和一些恶劣工作条件所限，真空断路器直到 20 世纪 80 年代才运用到电力机车上。

不同型号转换开关的工作原理是相同的，即用来转换接通主电路：一是改变牵引电机励磁绕组中电流的方向，即改变机车的运行方向；二是实现机车牵引工况和电阻制动工况之间的转换。它们都是由两个转鼓组成，即反向鼓和牵引制动鼓。每个转鼓各有两个工作位置，“向前”和“向后”位，“牵引”位和“制动”位。故亦称该开关为两位置开关。

司机控制器是司机用来操纵电力机车运行状态的主令电器，它通过控制电力机车电路中的电器来间接控制主电路的电器设备，使司机操作既方便又安全可靠。根据控制方式的不同，对司机控制器的结构也有不同的要求，应掌握换向、调速控制各工作位的作用及各联锁装置的作用。

思考与习题

1. 简述 TSG1 型受电弓的基本组成。
2. 简述 DSA200 型单臂受电弓的动作原理。
3. 简述调整升降弓时间的方法。
4. 为什么受电弓的工作特点是先快后慢？
5. 如何调整高压连接器喇叭形头部，使之成水平状态？
6. 如何进行高压连接器头部的上下摆动控制？
7. 简述主断路器的组成。
8. 主断路器的延时阀有什么作用？
9. 说明主断路器的分合闸动作过程。
10. 简述 BVAC N99 交流真空主断路器的动作原理。
11. 转换开关的作用和主要组成。
12. 试述转换开关的换向原理。
13. 司机控制器有什么作用？
14. 简述 TKS14A 型主司机控制器的组成。
15. 司机控制器的手轮与手柄各有哪几个工作位置？
16. 控制手柄和换向手柄之间存在哪些互锁关系？

第十章　电力机车用其他电器

本章主要介绍电力机车中应用到的自动开关、避雷器、互感器、传感器、蓄电池、熔断器、万能转换开关、按键开关等辅助电器的结构和工作原理。并说明这些辅助电器的作用、在电力机车中的应用情况及使用注意事项。

第一节　自动开关

一、概　述

1. 自动开关的定义和分类

自动开关又称自动空气断路器，是一种结构较为复杂，动作性能较为完善的配电保护电器。它能自动切断短路、严重过载、电压过低等故障电路，有效地保护接在它后面的电气设备；同时也可用它来手动非频繁地接通和分断正常电路。

和其他开关电器相比较，自动开关具有以下特点：

（1）能开断较大的短路电流，分断能力较强。

（2）具有对电路过载、短路的双重保护功能。

（3）允许操作频率低。

（4）动作值可调，动作后一般不需要更换零部件。

自动开关种类繁多，可按以下方式分类。

（1）按用途分：有保护配电线路用自动开关、保护电机用自动开关、保护照明电路用自动开关和漏电保护用自动开关等。

（2）按结构形式分：有框架式（又称万能式）自动开关和塑料外壳式（又称装置式）自动开关。

框架式自动开关为敞开式结构，一般选择型自动开关、自动快速开关特别是大容量自动开关多为此种结构。它主要用作配电网络的保护开关。

塑料外壳式自动开关的结构紧凑、体积小、质量轻，且具有安全保护用的塑料外壳，使用安全可靠，适于单独安装，它除了可用作配电网络的保护开关外，还可用作电机、照明电路以及电热器电路等的控制开关。

（3）按极数分：有单极自动开关、两极自动开关、三极自动开关和四极自动开关。

（4）按限流性能分：有一般不限流型自动开关和快速限流型自动开关。

（5）按操作方式分：有直接手柄操作式自动开关、杠杆操作式自动开关、电磁铁操作式自动开关和电机操作式自动开关。

2. 自动开关的基本结构

根据各类自动开关的共同功能，它们在结构上必然具备以下几个基本部分：

（1）触头系统。

触头系统是自动开关的重要部件，主要承担电路的接通、分断任务。

对触头系统的一般要求是：能可靠接通和分断一定次数的极限短路电流及额定电流以下的任何电流；具有一定的电寿命，不需要经常更换触头；要有足够的热稳定性和电动稳定性，不会因长期使用后触头接触不良导致温升过高或不能经受极限短路电流的冲击而自动弹开。

因此，自动开关比接触器的触头结构和触头材料要求都要高得多。

（2）灭弧系统。

主要有纵窄缝灭弧装置和去离子栅灭弧装置两种。

各类灭弧装置的灭弧方法可概括为长弧熄弧法（将电弧冷却、拉长）和短弧熄弧法（将电弧分割成串联短弧，利用直流电弧的极旁压降或交流电弧的近阴极效应来熄弧）两种。

对灭弧系统而言，一般应具备下列功能：短时间内应可靠熄弧，并保持良好的绝缘性能；喷出的电弧火花距离小，以免造成相间飞弧；有足够的热容量，使之在电弧高温作用下不致产生变形、碎裂或灭弧室及栅片严重烧伤；有足够的机械强度，保证受高温、合闸或冲击振动及运输过程中不会碎裂、缺损。

（3）传动机构。

用于操纵触头的闭合或断开。传动机构有手操纵直接传动式、手操纵通过弹簧传动式、电磁铁传动式、电机传动式、压缩空气传动式等几种。

（4）自动脱扣机构。

它与触头系统和保护装置相联系，通过自由脱扣机构的作用可使触头自动断开。“自由脱扣”是指人为操纵手柄处于闭合位置，当手还未离开手柄就发生短路、过载和欠电压等故障时，保护装置作用于自由脱扣机构，自动开关也能自动断开，起保护作用。

（5）脱扣器。

用于检测故障并作用于操作机构，使其脱扣，带动自动开关的触头断开。

自动开关通常采用电磁脱扣器和热脱扣器两种。

电磁脱扣器分为过电流脱扣器和欠电压脱扣器，它们实际上是一个小型电磁机构，若装以电压线圈即为欠电压脱扣器；装以电流线圈即为过电流脱扣器。

现以过电流脱扣器说明其动作原理。当被保护电路发生过载或短路故障，电流增加并达到整定值时，衔铁吸合，使脱扣杆钩子与主杠杆脱扣，自动开关断开，切除过载或短路故障，保护电气设备不受损坏。电磁脱扣器的动作电流值可根据需要调整反力弹簧来整定，它具有动作电流大，调节范围宽，动作时间短（一般为 10 ~ 40 ms）等优点，可用作短路保护。

热脱扣器是由热元件和双金属片等组成。电流通过热元件产生电阻损耗而发热，其温度升高以加热双金属片。双金属片是一个将热能转换为机械能的元件，如图 10-1 所示。它由两种不同膨胀系数的金属片焊接而成，其中，膨胀系数较大的金属片贴近热元件。双金属片一端固定，另一端处于自由状态。当热元件由于间接加热或直接通电流加热时，即将热能传递给双金属片，双金属片受热后温度升高。由于两种金属片膨胀系数不同，结合面的伸长要相同，迫使双金属片向着膨胀系数较小的一侧弯曲。双金属片弯曲时产生作用力作用于脱扣杆的钩子上，使之脱扣，自动开关断开，即可保护电气设备不因过载而损坏。由于双金属片是因受热而弯曲。所以双金属片弯曲时作用于脱扣机构的动作时间与过载电流大小有关。电流大动作时间短，电流小动作时间长，即动作时间与电流大小近似成反比。

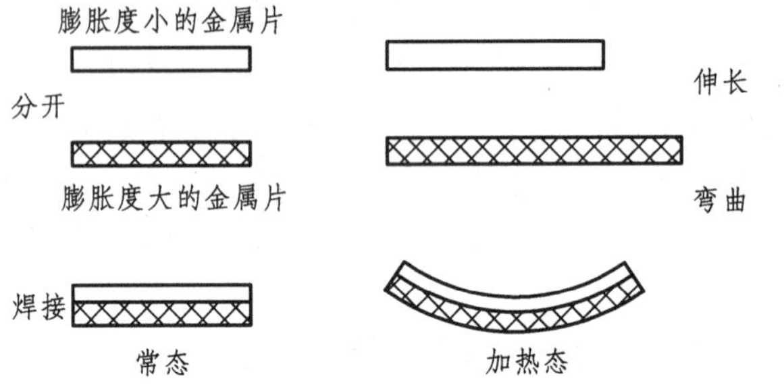

图 10-1　双金属片工作原理

3. 自动开关的工作原理

自动开关的主触头靠操作机构（手动或电动）合闸，自由脱扣机构是一套连杆机构。当主触头闭合以后将主触头锁在合闸位置，其工作原理如图 10-2 所示。

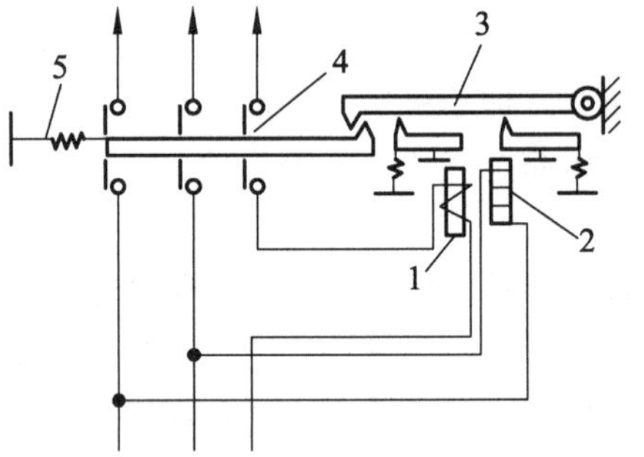

图 10-2　自动开关工作原理图

1—过电流脱扣器；2—失压脱扣器；3—自由脱扣机构的锁钩；4—主触头；5—开断弹簧

在正常工作情况下，自由脱扣机构的锁钩 3 扣住触头杆，使主触头 4 保持在合闸位置。

过电流脱扣器 1 的电磁线圈与被保护电路串联。在正常电流下，脱扣器的弹簧力使衔铁释放；当过载或短路时，强大的电磁吸力使衔铁吸合，带动衔铁另一端的顶杆向上运动，顶开自由脱扣机构中的锁钩 3，在开断弹簧 5 的作用下，主触头 4 迅速开断，将故障电路分断。

失压脱扣器 2 的电磁线圈与被保护电路并联。在正常电压下，衔铁吸合，锁钩 3 不脱扣；当失压时，电磁吸力很小，在失压脱扣器弹簧力的作用下，衔铁释放，其顶杆顶开锁钩 3，主触头 4 在开断弹簧 5 的作用下迅速开断，切断电路。

4. 自动开关在电力机车中的作用及应用情况

在电力机车上，为便于维修和检查故障，自动开关可用于手动非频繁地切换正常电路；同时，也可对辅助电路和控制电路进行过载、短路保护。各型自动开关在各型电力机车上的使用情况如表 10-1 所示。

表 10-1　自动开关在电力机车上的使用情况

序号	机　型	电器型号	作　　用	数量
1	SS_1	DZ5-25	用于控制电路中，作为控制电源各输出负载的过载和短路保护	20
2	SS_3	DZ5-25	同 SS_1	22
3	SS_{3B}	TH-5SB	同 SS_1	22
4	$SS_{4改}$	TH-5SB	用于辅助电路单相负载和控制电路中控制电源各输出负载的过载和短路保护	25
		TO-100BA	用于辅助电路中，作为各辅助电机走单相、堵转、短路等故障保护	7
		TO-225BA		1
5	SS_8	TO-100BA	用于辅助电路中，作为监护辅助机组电机的过电流元件	－
6	TM1	TH-5SB	同 SS_1	－
		TO-100BA	用于辅助电路中，作为各辅助电机走单相、堵转、短路等故障保护	－
		TO-225BA		－
		TO-800	用于列车供电电路中，作为列车供电回路过载、短路保护	－
7	6K	NF 系列	用于各直流控制回路、副司机台开关箱及各风机、压缩机电机回路	－

二、$SS_{4改}$型电力机车中的自动开关

$SS_{4改}$型电力机车使用的 TH-5SB 型自动开关和 TO 系列自动开关具体情况见表 10-2。

表 10-2　$SS_{4改}$型电力机车用自动开关

序号	电路代号	型　号	脱扣器额定电流	保护对象	数　量	电　路
1	215QA	TO-225BA	AC 380 V，200 A	劈相机	1	辅助电路
2	217QA	TO-100BA	AC 380 V，75 A	压缩机电机	1	辅助电路
3	219QA	TO-100BA	AC 380 V，75 A	牵引通风机电机	2	辅助电路
	220QA					辅助电路
4	223QA	TO-100BA	AC 380 V，75 A	制动风机电机	2	辅助电路
	224QA					辅助电路
5	227QA	TO-100BA	AC 380 V，30 A	变压器风机电机	1	辅助电路
6	228QA	TO-100BA	AC 380 V，30 A	变压器油泵	1	辅助电路

续表

序号	电路代号	型　号	脱扣器额定电流	保护对象	数　量	电　路
7	229QA	TH-5SB	AC 220 V，10 A	电炉	1	辅助电路
8	230QA	TH-5SB	AC 220 V，20 A	空调	1	辅助电路
9	231QA	TH-5SB	AC 220 V，20 A	备用	1	辅助电路
10	232QA	TH-5SB	AC 380 V，10 A	窗加热	1	辅助电路
11	233QA	TH-5SB	AC 380 V，20 A	取暖	1	辅助电路
12	623QA	TH-5SB	AC 380 V，30 A	备用	1	辅助电路
13	600QA	TH-5SB	AC 380 V，50 A	交流电源	1	辅助电路
14	601QA	TH-5SB	DC 110 V，50 A	蓄电池	1	控制电路
15	602QA	TH-5SB	DC 110 V，10 A	受电弓	1	控制电路
16	603QA	TH-5SB	DC 110 V，10 A	主断路器	1	控制电路
17	604QA	TH-5SB	DC 110 V，10 A	控制器	1	控制电路
18	605QA	TH-5SB	DC 110 V，20 A	辅机控制	1	控制电路
19	606QA	TH-5SB	DC 110 V，20 A	前照灯	1	控制电路
20	607QA	TH-5SB	DC 110 V，10 A	副前照灯	1	控制电路
21	608QA	TH-5SB	DC 110 V，10 A	车内照明	1	控制电路
22	609QA	TH-5SB	DC 110 V，10 A	电子控制	1	控制电路
23	610QA	TH-5SB	DC 110 V，10 A	电扇	1	控制电路
24	611QA	TH-5SB	DC 110 V，10 A	自动信号	1	控制电路
25	612QA	TH-5SB	DC 110 V，10 A	自动停车	1	控制电路
26	613QA	TH-5SB	DC 110 V，10 A	无线电台	1	控制电路
27	614QA	TH-5SB	DC 110 V，10 A	逆变电源	1	控制电路
28	615QA	TH-5SB	DC 110 V，10 A	电空制动	1	控制电路
29	616QA	TH-5SB	DC 110 V，6 A	接地保护	1	控制电路
30	617QA	TH-5SB	DC 110 V，50 A	重联	1	控制电路
31	102QA	TH-5SB	125 V，10 A	高压互感器	1	主电路

1. TH-5SB 型自动开关

$SS_{4改}$型电力机车采用 TH-5SB 型自动开关作为辅助电路单相负载以及控制电路中控制电源各输出负载的过载和短路保护元件。

TH-5SB 型塑壳式单极自动开关由手柄、操作机构、脱扣装置、灭弧装置及触头系统等组成。全部结构除接线处外均装于塑料外壳内，外壳上仅露出作为“分”“合”闸的操作手柄。接触系统采用银锡触头，装有带灭弧铁栅片的灭弧室。操作机构采用四连杆机构，正常分闸和脱扣器跳闸时，其反作用力不作用在同一零件上，故能提高开关寿命。自动开关采用热双金属片式脱扣器，作为过载和短路保护执行机构。

TH-5SB 型单极自动开关主要技术参数：

额定电压：DC 110 V/AC 380 V；

脱扣器类别：热双金属片式；

脱扣器额定电流：10，15，20，30，40，50 A；

短路通断电流：DC 125 V，1 000 A，AC 240 V，3 000 A。

2. TO 系列自动开关

$SS_{4改}$型电力机车采用 TO-100BA 型和 TO-225BA 型三相自动开关作为各辅助电机走单相、堵转、过流及短路等故障保护元件。

TO 系列三相自动开关由操作机构、脱扣装置、灭弧装置及触头系统等组成。3 个动触头通过支架固装于同一个绝缘方轴上，3 个动触头同时开断。每相都有一独立灭弧室，灭弧罩采用铁栅片式。采用热动-电磁式脱扣器作为过载和短路保护的执行机构。

例如，TO-100BA 型自动开关在 $SS_{4改}$型电力机车辅助电路作辅助机组过电流保护时，自动开关的三相触头依次串接在电机的三相绕组中，当电机中出现相间短路或绕组匝间短路时，故障引起电机电流上升，延时数秒以后，自动开关中的热敏元件动作，使热动-电磁式脱扣器脱扣，其触头切断电机电源，达到保护电机、防止故障恶化的目的。

TO 系列三相自动开关主要技术参数见表 10-3。

表 10-3　TO 系列三相自动开关主要技术参数

型　号	TO-100BA	TO-225BA
额定电压	AC 600 V 以下，DC 250 V 以下	
额定壳架电流/A	100	225
额定频率/Hz	50/60	
脱扣器额定电流/A	15，20，30，40，50，60，75，100	125，150，175，200，225
脱扣器型式	热动-电磁式	
短路分断能力	AC 380 V，50 Hz；18 kA $\cos\phi = 0.3$	AC 380 V，50 Hz；25 kA $\cos\phi = 0.25$

第二节　互感器

一、概　述

在电力系统中，高电压和大电流是不能直接测量的，一般只能借助于类似变压器的电流和电压互感器，把高电压、大电流变换成低电压、小电流，再供给测量仪表及继电器的电流线圈使用。这样，就可以使测量仪表与高压电路绝缘，保证工作安全，扩大仪表量程。

互感器和变压器原理完全一样，如图 10-3 所示。电流互感器匝数少的原边绕组与待测电路串联，匝数多的副边绕组与电流表相连。当铁心未饱和时，互感器的电流比和电压比可以用式（10-1）和式（10-2）来计算：

$$K_I = \frac{I_1}{I_2} \approx \frac{W_2}{W_1} \quad （一般电流互感器的 I_2 = 5\ \text{A}） \tag{10-1}$$

$$K_U = \frac{U_1}{U_2} \approx \frac{W_1}{W_2} \quad （一般电压互感器的 U_2 = 100\ \text{V}） \tag{10-2}$$

由此可见，我们只需要一只考虑放大 K_I 或 K_U 倍值刻度的电流表或电压表同一只专用的电流互感器或电压互感器配套使用，即可直接读出大电流或高电压值，即

$$I_1 = K_I I_2 \tag{10-3}$$

$$U_1 = K_U U_2 \tag{10-4}$$

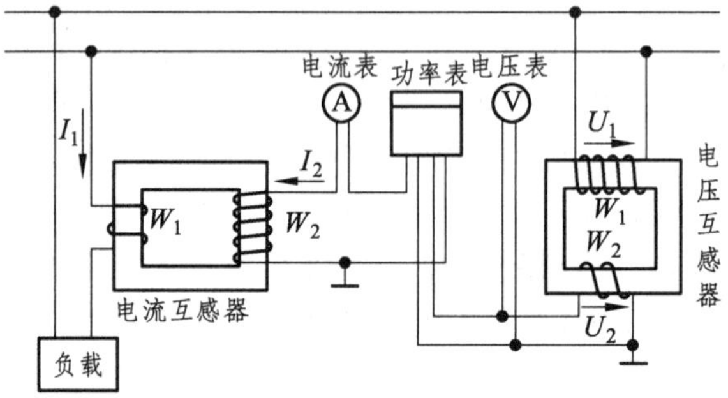

图 10-3　互感器作用原理示意图

互感器虽与变压器相似，但从两者的用途来看，变压器除了用来变压和有时变相外，主要用于传输电能，而互感器则是把原边电路的电压、电流准确地反映给副边电路。所以，它与电力变压器在结构和要求都有所区别。其主要特点如下：

（1）电流互感器的原边绕组同主电路串联，通过原边的电流就是主电路的负载电流 I_1，与副边电流 I_2 无关；而电力变压器的原边电流却是随副边电流的改变而改变的。

（2）由于串接在电流互感器副边的测量仪表或继电器电流线圈的阻抗都很小，所以，电流互感器的正常工作状态接近于短路状态，这也是同变压器不同的。

电流互感器原边额定电流 I_{1e}。与副边额定电流 I_{2e}（一般均为 5 A）之比称为互感器的额定电流比，即

$$K_e = \frac{I_{1e}}{I_{2e}} \approx \frac{W_2}{W_1} \tag{10-5}$$

式中　K_e——额定电流比，注明在铭牌上；

W_1，W_2——原、副边绕组匝数。

电流互感器在运行中由于励磁和铁心损耗，需要很小一部分励磁电流，因而实测的原、副边电流比 K 就不能在各种负载下都等于额定电流比 K_e。如果实测的副边电流为 I_2，原边电流仍用 $K_e \cdot I_2$ 来计算，则计算结果与实际的原边电流 I_1 间就会存在误差，这个误差通常用百分比表示为

$$f_i = \frac{K_e I_2 - I_1}{I_1} \times 100\% = \frac{K_e - K}{K} \times 100\% \tag{10-6}$$

式中　K——实际电流比，$K = I_1 / I_2$；

f_i——简称为比差。

除了比差外，励磁电流还会引起原、副边电流的相角差。相角差是指实测的原边电流相量同反转 180° 后的副边电流相量间的夹角，用“分”来表示。

作为测量用的电流互感器，其比差和角差直接影响到测量结果的正确程度，因此，比差和角差是这种互感器的最主要特性。比差和角差不但随原边电流的变化而略有改变，而且还随副边电路的负载阻抗 Z_2 的增大而增加。因此，同一电流互感器可能以几种不同的准确度级工作。为了限制误差范围，对每一个电流互感器都规定了一个额定的负载，并标注在铭牌上。所谓额定负载是指电流互感器误差不超过某一范围的副边最大负载，以“Ω”表示。

用于短路保护的电流互感器，由于短路时原边绕组中流过的电流大大超过额定电流，致使磁路饱和，误差大大增加。所以，作为这种用途的互感器的主要特性是饱和倍数，而不是角差。所谓饱和倍数，就是当原边电流超过额定值并继续增加到使比差恰等于负 10% 的原边电流同额定电流之比，用额定原边电流的倍数来表示。

如果由于某种原因，电流互感器的副边未接入仪表或继电器，必须将互感器副边绕组短接，也就是说，电流互感器在使用时，其副边只能短路而不能开路。因为在正常运行时，电流互感器的励磁安匝仅为原边安匝的很小部分，其极大部分用于与副边的安匝平衡。如果副边开路，则抵消一次侧线圈的安匝 $I_2 \cdot W_2$ 为零，此时，原边安匝全部用于激磁，使磁通增加，便会造成以下后果：

（1）铁心因强烈磁化而产生剩磁，增加测量误差。

（2）使副边绕组出现很高的尖峰电压，危及工作人员的安全和测量仪表的绝缘。

（3）使铁心的铁耗猛增而过热，甚至烧坏互感器。

为保证工作人员安全，还必须将电流互感器的外壳和副边绕组的一端可靠接地，以防原、副边绕组间绝缘一旦损坏，原边的高压窜入低压的副边，引起触电和仪表损坏。

电流互感器有以下几种分类方式。

（1）按原边绕组所用电流种类分，有交流电流互感器和直流电流互感器。

（2）按原边绕组电压等级分，有高压电流互感器和低压电流互感器。

（3）按用途分，有保护级电流互感器和测量级电流互感器。

各种互感器在 $SS_{4改}$ 型电力机车上的使用情况见表 10-4。

表 10-4　$SS_{4改}$型电力机车中互感器的使用情况

序号	电路代号	名　称	型　号	规　格	数　量
1	6TV	高压电压互感器	TBY1-25	25 000 V/100 V	1
2	7TA	高压电流互感器	TBL1-25	200 A/2 A	1
3	9TA	低压电流互感器	LQG-0.5	300 A/5 A	1
4	100TV	PFC 用电压互感器		100 V/10 V	1
5	109TA	PFC 主变压器原边电流测量用电流互感器	LMZJ-0.5（Y）	300 A/2 V	1
6	118TA、128TA 158TA、168TA	PFC 过流保护用电流互感器	LMZJ-0.5（Y）	800 A/2 V	4
7	176TA、177TA 186TA、187TA	主变压器次边短路保护用电流互感器	LMZJ-0.5（Y）	3 000 A/10 V	4

二、TBL1-25 型高压电流互感器

TBL1-25 型高压电流互感器是一种穿墙式电流互感器，它位于机车车顶，处于主变压器原边绕组的进线端。它的原边绕组（一次线圈）与主变压器原边绕组 A 端串联，将车外高压电引入车内，副边绕组（二次线圈）接 JL14-20J 型交流电流继电器，作为机车主电路原边的短路保护。该高压电流互感器属保护级电流互感器，要求它具有良好的过电流工作特性和较大的饱和倍数。其型号意义如图 10-4 所示。

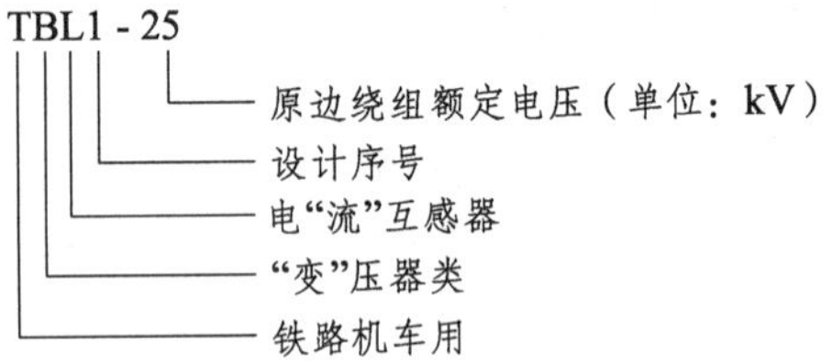

图 10-4　型号含义

TBL1-25 型高压电流互感器的结构如图 10-5 所示。它的一次线圈就是穿过瓷套管 1 的导电杆 7（单匝），用 ϕ16 mm 铜棒制成；杆 7 的两端有螺纹，可装螺母以连接载流导线，其户外端为 L_1，接主断路器，户内端为 L_2，接主变压器原边绕组的 A 端，将高压电从车顶外引入车内。二次线圈 4 有 40 匝，用 ϕ2.1 mm 双玻璃丝包圆铜线均匀地绕在环形铁心 5 的圆周上，其抽头标记为 K_1、K_2。铁心 5 用 0.35 mm 厚的 QD151-35 冷轧钢片卷绕而成。二次线圈和铁心同装在由两个铝制半法兰 3 拼成的法兰盘中。两个半法兰是接地的，它们用螺栓连成一体，下部再用薄钢板制成的护罩 6 盖紧，使二次线圈在高电场下得到屏蔽。二次线圈与法兰盘、护罩间用绝缘纸圈来绝缘。在法兰盘内径与穿墙套管 1 的中部浇注了环氧树脂 2，使成一体，然后再在瓷套浇注部位的外侧用铜丝加绕了一个短路匝，短路匝的两端固定在半法兰上，以使瓷瓶的浇注部分接地良好。最后，整个互感器通过法兰盘固定在主变压器上方的机车顶盖上。

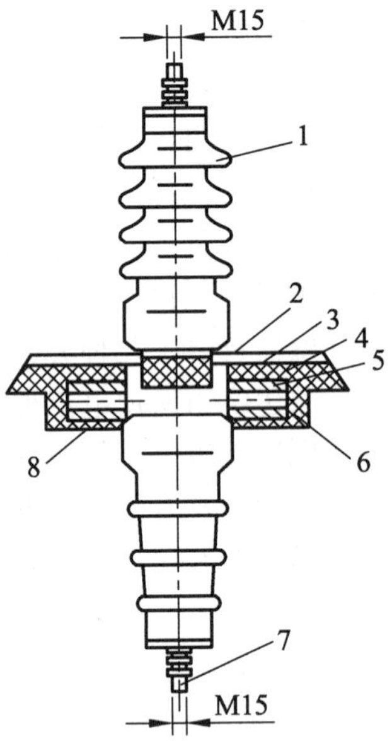

图 10-5　TBL1-25 型高压电流互感器

1—瓷套；2—环氧树脂；3—半法兰；4—二次线圈；5—环形铁心；6—护罩；7—一次线圈（单匝）；8—接线座

在使用该型高压互感器时应保持瓷瓶清洁、无裂纹，两个半法兰接缝处的密封良好，防止雨水渗进二次线圈，定期检查二次线圈对地绝缘电阻，如果二次线圈受潮或有进水现象，应进行干燥处理。

TBL1-25 型高压电流互感器主要技术参数：

额定电流比：200/5；

额定电压：25 kV；

额定负载（$\cos\varphi = 0.8$）：1.6 Ω；

准确级次：10 级（即一次侧电流为额定值的 50% ~ 120% 范围内，比差为±10%）；

饱和倍数：6；

瓷套管型号：CWB-35/400；

冷却方式：空气自冷；

质量：约 95 kg。

三、LQG-0.5 型低压电流互感器

LQG-0.5 型低压电流互感器与电度表配合，用于测量机车所消耗的电量。它的一次线圈与主变压器原边绕组的接地端 X 端子串联后接地，即该互感器一次侧流过的电流为网侧绕组的电流；副边绕组接电度表。它是测量级电流互感器，其型号意义如图 10-6 所示。

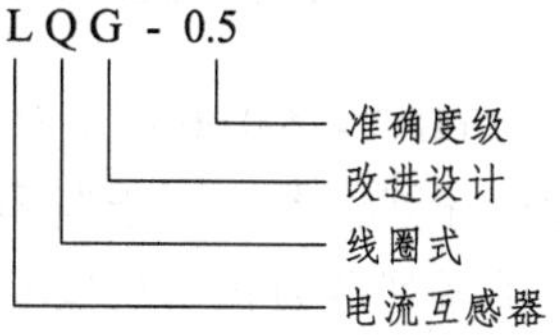

图 10-6　型号意义

低压电流互感器的结构如图 10-7 所示。铁心 4 由条形硅钢片叠成。二次线圈 2 分别套在两个铁心柱上，其线头接于胶木接线座上，出线端标记为 K_1、K_2。一次线圈 1 由铜带绕成，外部用纱带扎紧后作浸漆处理；它布置在一个芯柱的二次线圈以外，在其外侧有几片硅钢片并接在铁心上作为磁分路 6，用以防止磁路饱和，补偿误差；其首末端标号为 L_1、L_2。铁心下夹件 5 用钢板冲成并作为安装底座，其上备有安装孔。上夹件中有一根稍长，在其凸出的一端装有接地螺栓 3，另一夹件上装有接线座。

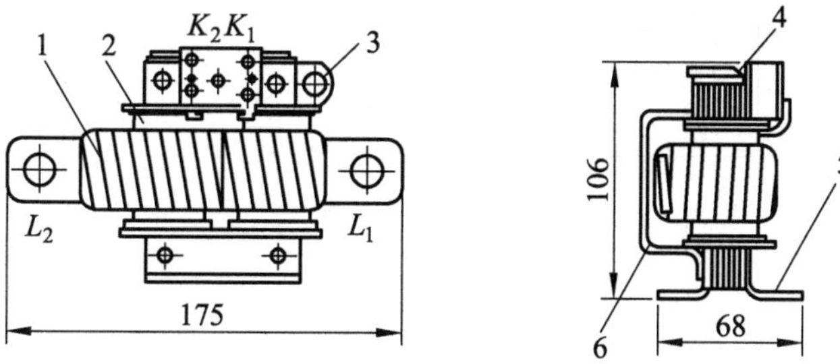

图 10-7　LQG-0.5 型低压电流互感器

1—一次线圈；2—二次线圈；3—接地螺栓；4—铁心；5—铁心下夹件；6—磁分路

LQG-0.5 型低压电流互感器主要技术参数：

额定电流比：300/5；

额定负载（$\cos\varphi = 0.8$）：0.4 Ω；

准确级次：0.5；

原边电流为额定电流的 100% ~ 120% 时比差：± 0.5%；

原边电流为额定电流的 100% ~ 120% 时角差：± 40′；

质量：约 1.7 kg。

四、LMZJ 系列电流互感器

$SS_{4改}$ 型电力机车中使用的 LMZJ-0.5（Y）型电流互感器作为 PFC 装置的测量及保护元件和主变压器次边短路保护元件。它是在 LMZJ-0.5 型电流互感器的基础上加以改进而派生的，主要是将互感器的二次侧电流信号改为电压信号输出。技术参数见表 10-5。

表 10-5　LMZJ 系列电流互感器主要技术参数

型　号	LMZJ-0.5	LMZJ-0.5（Y）		
规格	3 000 A/1 A	3 000 A/10 V	800 A/2 V	300 A/2 V
一次侧额定电流/A	3 000	3 000	800	300
二次侧额定电压/V		10	2	2
准确级次	0.5	0.5	0.5	0.5
额定二次负荷	10 Ω	10 mA	10 mA	10 mA
饱和倍数	6	6	6	6

五、TBY1-25/100 型高压电压互感器

TBY1-25/100 型高压电压互感器是株洲电力机车厂 1984 年设计并试制的一种电力机车用电压互感器，用于监测电力机车行驶过程中接触网电压，其结构安全可靠。第三代以后的韶山系列电力机车均安装有这种电压互感器。

1. 型号及意义（见图 10-8）

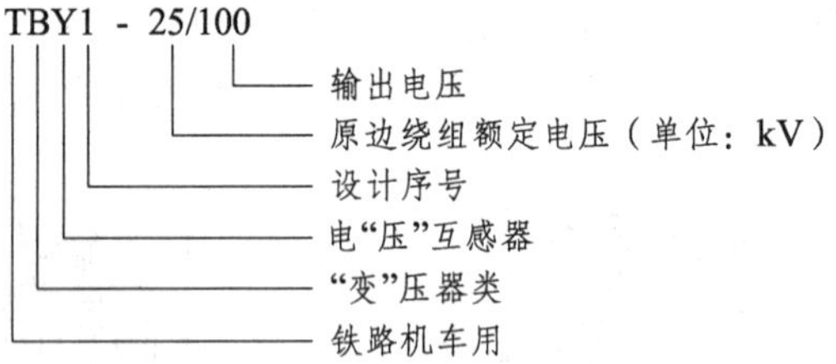

图 10-8　型号及意义

2. 结　构

TBY1-25/100 型高压电压互感器由线圈和铁心组成互感器的器身。线圈和铁心套装后经干燥处理，吊入油箱内，如图 10-9 所示。

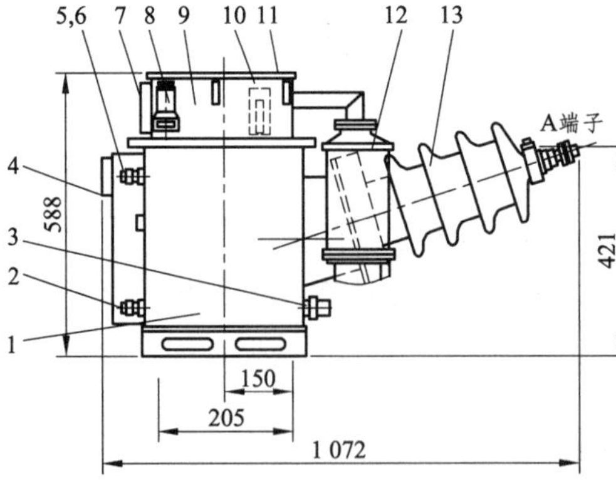

图 10-9　TBY1-25/100 型电压互感器

1—油箱；2—接地螺栓；3—油样活门；4—观察窗；5—二次电压套管；6—一次电压 X 套管；7—铭牌；8—压力释放阀；9—箱盖；10—油位表；11—吊钩；12—呼吸管；13—25 kV 套管

（1）线圈。

有高压线圈和低压线圈两部分，在高、低压线圈之间放有静电屏。

线圈以酚醛纸筒为骨架，为多层圆筒式结构。高压线圈分 A，B，C，D，E 五段，用缩醛漆包圆铜线绕制在静电屏的外层，轴向尺寸逐步递减，形成宝塔状。段间用电话纸和折边电缆纸作层间绝缘，每段端部无导线处用电话纸填平。线圈外包聚酰亚胺薄膜带和皱纹纸，并用直纺布带半迭包扎紧。低压线圈用缩醛漆包扁铜线直接绕在绝缘纸筒上，分两层，层间用电话纸和折边电缆纸作层间绝缘。

高压线圈对低压线圈及地之间存在分布电容，在原边发生故障时，低压线圈会产生很高的静电感应电压，造成高、低压线圈之间击穿，危及测量仪表或人身安全。因此，在高压线圈与低压线圈之间，设置了静电屏。静电屏用紫铜板围成，包在低压线圈外面，开口处垫有绝缘，与高、低压线圈之间也用电话纸和折边电缆纸作层间绝缘。

线圈两端有绝缘端圈：高压线圈出头 X，该端子处绝缘强度较低，容易对地或对低压线圈击穿，所以必须牢靠接地；低压线圈出头 $a1$、$x1$；静电屏出头从端圈中间引出。

（2）铁心。

铁心用晶柱取向冷轧硅钢片叠积成单柱旁轭式叠铁心。中间为五级圆形芯柱，两边为矩形旁轭。铁心磁路左右对称，即铁轭磁通等于芯柱磁通的一半，故铁轭的截面积为芯柱截面积的一半，这样可降低上、下铁轭的高度，有助于减少附加损耗。

芯柱与铁轭采用搭接结构。芯柱与上、下铁轭之间一层一层相互交错迭接，接缝为直缝。

整个铁心通过夹件夹紧。夹件与芯片间用环氧玻璃布板夹件绝缘，铁轭螺杆与铁心间套有醇酸漆布管和绝缘垫圈绝缘。铁心用紫铜带制作的接地片通过夹件接地。

（3）油箱。

油箱是互感器器身的支撑体，同时也是其他附件的安装基座。箱体和箱盖均用 3 mm 厚的钢板焊接而成，箱盖与油箱的箱沿之间垫有 5 mm 厚的耐油橡胶板的密封圈，由 34 根螺栓紧固。油箱内充有 25 号变压器油，以加强器身绝缘和冷却器身。箱体上有注油装置。油箱壁上焊有固定器身的 4 个安装座，箱底有 4 个定位钉，以保证器身在油箱中的准确位置。下部装有放油阀门和油样活门。

箱盖可看成是上油箱，它作成箱形，兼有储油柜作用，其上装有油位表、补油装置、压力释放阀和吸湿器的呼吸器。油位表用红色油漆在显著位置标明了 + 40 °C、 + 25 °C、 – 25 °C 温度下的油位。压力释放阀用于防止互感器内部短路或其他原因而引起互感器爆炸，其开启压力为（35±5）kPa，关闭压力为 19 kPa。呼吸器用于保证油箱内气压与外界大气压强相等，同时，为了保持因环境温度及油温变化时呼入或排出空气的干燥，呼吸器内装有 1.5 kg 硅胶。

线圈在油箱内卧式放置。高压线圈 A 端子在油箱内经绝缘件架空绝缘后，通过高压瓷套从箱壁右上部引出；接地屏出线端子、高压线圈 X 端子及低压线圈 $a1$，$x1$ 端子则通过 0.2 kV 低压瓷套，由油箱左侧壁引出。电抗器油箱外部经过接地螺栓可靠接地，避免由于悬浮电位造成放电现象。

此外，由于互感器为户外（车顶）安装，所以低压瓷套安装和油表均装有护罩以防灰尘和雨水。而 40 蝶阀、吸湿器、油样活门则借用的是主变压器的部件。

3. 主要参数

额定一次电压：25 kV；
额定二次电压：100 V；
额定电压比：25 000/100；
最大工作电压：29 kV；
额定负荷：29 kV · A。

4. 使用注意事项

（1）高压电压互感器一次侧绕组要与被测负荷并联，其二次侧所有测量仪表的电压线圈要与二次侧绕组并联。使用中，若不接仪表时，应使二次侧绕组处于开路状态，要绝对避免二次侧短路。因此，在电压互感器二次电路中接有保护用自动开关。

（2）电压互感器在使用中，二次侧绕组的一端和外壳要可靠接地，以防一次侧绕组放电或击穿时，高电压进入二次侧测量电路，危及仪表和人身安全。

第三节 传 感 器

一、概 述

1. 传感器的定义和分类

传感器是借助于检测元件接收一种形式的信息，并按一定规律将它转换成另一种信息的装置。它获取的信息可以为各种物理量、化学量和生物量，转换后的信息也可以有多种形式。目前的传感器大多为电信号，因此，从狭义上讲，传感器也可定义为把外界的输入信号转换成电信号的装置。

传感器是自动化系统中不可缺少的元件。它连接被测对象和测试系统，提供系统进行处理和决策所必需的原始信息。显然，一个自动化系统首先要检测到信息才能去进行自动控制，如果传感器不能获得信息，或者获得的信息不确切，或者不能把信息精确地转换成电信号，那么，要显示、处理这些信号就会非常困难，甚至没有意义。所以，传感器关系着一个测量系统或自动化系统的成败。

随着电子计算机、生产过程自动化、生物医学、环保、能源、海洋开发、遥感、遥测、宇航等科学技术的发展，从太空到海洋，从各种复杂的工程系统到日常生活的衣食住行，都广泛采用了各种传感器。

由于应用的对象、测量的范围、周围的环境等不同，需用的传感器也不一样，因此，传感器的种类很多。目前，传感器常用的分类方法有以下两种：

（1）按被测物理量划分。

① 位移传感器：用于长度、厚度、应变、振动、偏转角等参数的测量。

② 速度传感器：用于线速度、振动、流量、动量、转速、角速度、角动量等参数的测量。

③ 加速度传感器：用于线加速度、振动、冲击、质量、应力、角加速度、角振动、角冲击、力矩等参数的测量。

④ 力、压力传感器：用于力、压力、质量、力矩、应力等参数的测量。

（2）按工作原理分。

① 电阻式传感器：利用移动电位器触点改变电阻值或改变电阻丝或片的几何尺寸的原理制成，主要用于位移、力、压力、应变、力矩、气流流速和液体流量等参数的测量。

② 电感式传感器：利用改变磁路几何尺寸、磁体位置来改变电感和互感的电感量或压磁效应原理制成，主要用于位移、力、压力、振动、加速度等参数的测量。

③ 电容式传感器：利用改变电容的几何尺寸或改变电容介质的性质和含量，从而改变电容量的原理制成，主要用于位移、压力、液体、厚度、含水量等参数的测量。

④ 谐振式传感器：利用改变机械的或电的固有参数来改变谐振频率的原理制成，主要用于测量压力。

⑤ 电势型传感器：利用热电效应、光电效应、霍尔效应、电磁感应等原理制成，主要用于温度、磁通、电流、电压、速度、光强、热辐射等参数的测量。

⑥ 电荷式传感器：利用压电效应原理制成，主要用于力、加速度的测量。

⑦ 光电传感器：利用光电效应和几何光学原理制成，主要用于光强、光通量、位移等参数的测量。

⑧ 半导体传感器：利用半导体的压阻效应、内光电效应、磁电效应，与气体接触产生性质变化等原理制成，多用于温度、压力、加速度、磁场、有害气体和气体泄漏的测量。

本节介绍 $SS_{4改}$型电力机车上使用的采用霍尔器件的磁场平衡式电流传感器、电压传感器和速度传感器以及压力传感器。

2. 磁平衡式霍尔电传感器

磁平衡式霍尔电传感器是采用霍尔器件并引进瑞士（莱姆电子）LEM 公司的技术——磁平衡原理制成的电传感器。这种传感器随着 8K 车技术的引进并国产化后，现已在国产电力机车上广泛运用。它适用于电力机车控制系统和其他控制系统的要求，是一种很有发展前途的控制元器件。

（1）霍尔器件的工作原理。

载流导体在磁场作用下，两端会产生电位差 U_h，如图 10-10 所示。

电位差 U_h 的计算公式为

$$U_h = \frac{R_H}{d} \times I_1 \times B \qquad (10-7)$$

式中 $\frac{R_H}{d}$——常数，即霍尔系数，由霍尔器件的材料确定；

I_1——通过电流；

B——磁场；

U_h——霍尔电势。

利用霍尔电势的产生原理，现代科技已用半导体材料专门制成霍尔元件或称霍尔芯片，用于检测磁通。一般的霍尔芯片均有 4 根引线，其中 2 根引线为外加电压，提供电流，另 2 根引线为输出的霍尔电势 U_h。当外加电压恒定，电流 I_1 恒定时，输出的霍尔电势 U_h 与磁场有良好的线性关系。

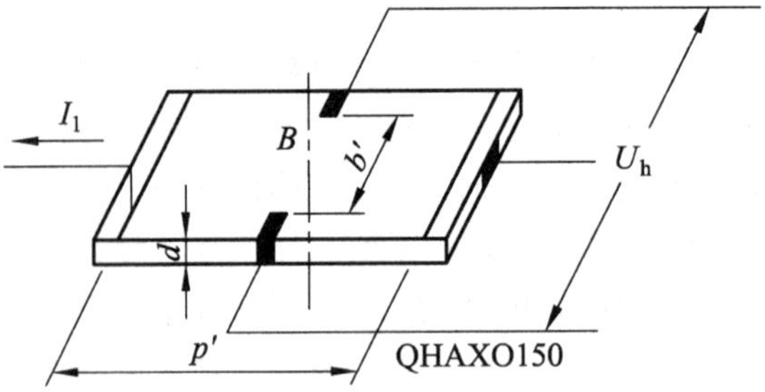

图 10-10　霍尔器件的工作原理

（2）LEM 传感器的工作原理。

LEM 传感器是利用上述霍尔器件的工作原理，特别是输出霍尔电势与磁场的线性关系，并运用磁平衡技术制成的，其工作原理如图 10-11 所示。

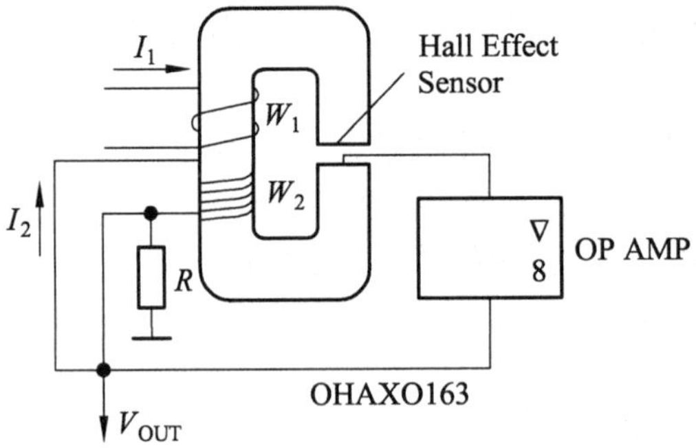

图 10-11　LEM 传感器的工作原理

图 10-11 中，I_1 为原边主回路电流，I_2 为副边电流，霍尔芯片置于聚磁铁芯的气隙中。原边主电流回路所产生的磁场与副边电流回路产生的磁场方向相反，互相抵消，使霍尔芯片处于检测零磁通的状态。当原边主电流回路产生的磁场导致聚磁环中的霍尔芯片产生霍尔电压时，霍尔电压使得电子放大器相应的功率管导通，并根据霍尔电压的数值提供相应的补偿电流；副边电流 I_2 产生的磁场抵消原边电流产生的磁场，直至霍尔电压为零，从而达到磁回路平衡，霍尔芯片又工作在零磁通状态。此时：

$$I_1 \cdot W_1 = I_2 \cdot W_2 \tag{10-8}$$

式中　W_1，W_2——原、副边线圈匝数。

如在副边输出回路中加测量电阻 R，则

$$U_{out} = R \cdot I_2 = R \cdot \frac{W_1}{W_2} \cdot I_1 \tag{10-9}$$

这里，平衡的建立是在瞬间完成的，且平衡后又会出现新的不平衡，因此是一个瞬间的

动态平衡过程。因磁路为零磁通，可以保证 I_1 与 I_2 是线性关系，测量 I_2 数值就可得到主电流 I_1。这种磁平衡霍尔传感器的测量精度主要取决于以下几个方面：

① W_1，W_2 的匝数比。这里，W_1 通常为 1 匝，W_2 补偿线圈的准确度成为测量精度的关键。而线圈绕制的精度，是可以控制的。

② 电子放大器的失调电流，即当原边电流为零时的残余电流。

③ 霍尔芯片的残余电位。

④ 电子放大器随温度变化产生的漂移。

上述 4 个方面均可以控制在精度 0.01% 以下。

（3）LEM 传感器的特点。

基于上述原理，磁平衡霍尔传感器有以下特点：

① 可以测量任意波形的电流和电压，直、交流脉动波形。因工作在零磁通状态，已不受磁饱和的影响，可以真实地反应各种原边电流的波形。

② 原、副边电路隔离。

③ 精度高，对任意波形可做到优于 1% 的精度。

④ 线性度好，一般可做到优于 0.1%。

⑤ 过载能力强，当原边电流过载（即达到饱和），可自动保护。

所以特别适应于电力机车的控制。机车电流通常为脉流，除直流分量外，有脉动交流成分。以前的国产电力机车只能采用磁补偿式直流互感器，在测量精度、线性度、失真度、过载能力等方面均落后；而磁平衡式霍尔传感器的采用大大提高了电力机车控制水平，使机车能实现各种先进的控制方式。

SS$_{4\text{改}}$型电力机车上使用的电流、电压、速度和压力传感器见表 10-6，其中电流和电压传感器就是采用霍尔器件的磁场平衡式传感器。

表 10-6　传感器在 SS$_{4\text{改}}$型电力机车上的使用情况

<table>
<tr><th>序号</th><th>电路代号</th><th>名　称</th><th>型　号</th><th>规　格</th><th>数　量</th></tr>
<tr><td>1</td><td>111SC　121SC
131SC　141SC</td><td>检测电枢电流用
电流传感器</td><td>TQG4A</td><td>1 500 A/10 V</td><td>4</td></tr>
<tr><td>2</td><td>199SC</td><td>检测励磁电流用
电流传感器</td><td>TQG4A</td><td>1 500 A/10 V</td><td>1</td></tr>
<tr><td>3</td><td>112SV　122SV
132SV　142SV</td><td>检测电机电压用
电压传感器</td><td>TQG3A</td><td>1 500 V/10 V</td><td>4</td></tr>
<tr><td>4</td><td>136SV　137SV
146SV　147SV</td><td>PFC 用电压传感器</td><td>TQG3A</td><td>2 000 V/80 mA</td><td>4</td></tr>
<tr><td>5</td><td>431BV　432BV
433BV　434BV</td><td>速度传感器</td><td>CHS-GD-3</td><td>0 ~ 1 000 r/min</td><td>4</td></tr>
<tr><td>6</td><td>201BP</td><td>辅助风缸压力传感器</td><td rowspan="2">CZY1</td><td rowspan="2">0 ~ 1 MPa
300 A/5 A</td><td>1</td></tr>
<tr><td>7</td><td>202BP</td><td>制动风缸压力传感器</td><td>1</td></tr>
</table>

二、电流传感器

电流传感器是一种通过霍尔发生器测磁来实现对各种电流进行测量的检测设备。它们串接在牵引电机电路的电枢回路或励磁电路中，将相应电流反馈信号输入到电子控制柜的相应信号插件。TQG4A、TCS1 型电流传感器原理基本一样，现以 TQG4A 型电流传感器为例介绍如下。

1. 结构及工作原理

TQG4A 型电流传感器由原边电路、磁路部件、安装在磁路气隙中的霍尔发生器，二次侧线圈和电子电路所组成，全部器件均密封安装在由阻燃塑料压注成形的外壳之中，具有很好的电隔离性能和抗振动冲击性能。

TQG4A 型电流传感器是采用霍尔器件的平衡式传感器，其原理如图 10-12 所示。霍尔发生器位于磁路的气隙之中，其控制电流 I_c 与磁场 H_c 方向垂直，会产生相应的霍尔电势 U_h，且

$$U_h = K \cdot H_c \cdot I_c \tag{10-10}$$

式中 K——霍尔发生器灵敏度系数；

I_c——恒定值；

H_c——被测电流产生的磁场强度，且与该电流成正比，因此 U_h 与被测电流成正比。

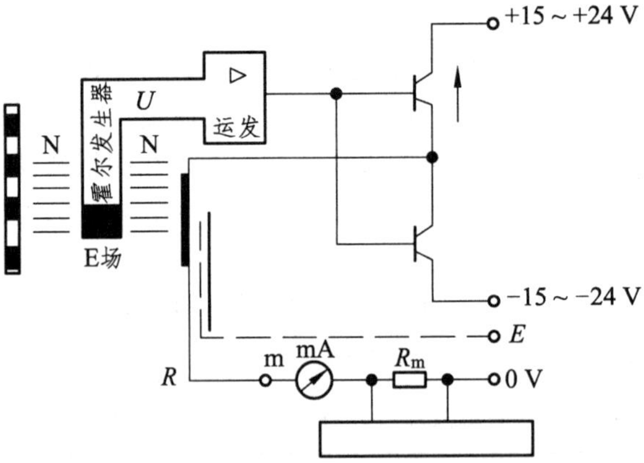

图 10-12　TQG4A-1000A 型电流传感器原理框图

这里，霍尔电势经运放差分放大转换成电流信号 I_s，并流经次边线圈，其产生的磁场与被测电流 I_p 产生的磁场大小相等而方向相反。因而使置于该磁场中的霍尔发生器工作在零磁通状态，即

$$I_s \cdot N_s = I_p \cdot N_p \tag{10-11}$$

式中 N_p——原边匝，为 1 匝；

N_s——次边匝数，为 5 000 匝。

故

$$I_s = I_p / 5\,000$$

2. 使用注意事项

（1）传感器接线。

电流传感器接线如图 10-13 所示。当被测电流为直流，且方向与传感器上箭头标示方向

一致时，则测量输出电流的方向是由 M 到 0，M 端为正；否则，M 端为负。

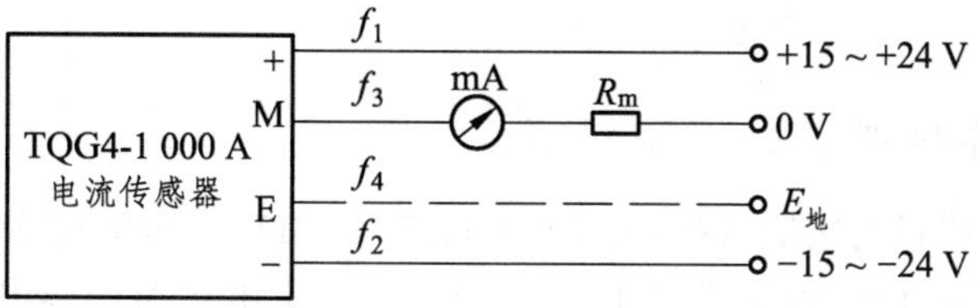

图 10-13　TQG4A-1000A 型电流传感器接线图

（2）电流传感器在使用时必须先接通电源，然后再加上被测电流。当测量结束时必须先断开被测电流，然后再断开电源，否则将因剩磁而影响测量精度。

3. 故障判断

电流传感器的故障，可以用检查无输入电压时偏移电流（失调电流）的方式判别。当原边无电流输入、副边加 ± 24 V 电源、失调电流小于 0.4 mA 时，一般可以认为电流传感器正常。

4. 主要技术参数

主要技术参数见表 10-7。

表 10-7　各型电流传感器主要技术参数

型　号	TQG4A-1000A	TCS1	TQG6B
额定电流	1 000 A	1 500 A	500 A
过载能力	1 500 A − 3 min/h	1 800 A − 2 min/h	800 A − 5 min/h
额定输出比例	200 mA/1 000 A	300 mA/1 500 A	100 mA/500 A
最大输出比例	360 mA/1 800 A		160 mA/800 A
准确度	±1%In	±1%In	±1%In
一次侧电路和二次侧输出电路之间耐压	6 kV/50 Hz/1 min	6 kV/50 Hz/1 min	6 kV/50 Hz/1 min
电源	±（15 ~ 24）V	±24 V±5%	±24 V
电阻	40 Ω	55 Ω	80 Ω
电流消耗	60 mA+被测电流	50 mA+被测电流	（35 mA±5）+被测电流
工作温度	− 25 ~ + 70 °C	− 25 ~ + 70 °C	− 25 ~ + 70 °C
外形尺寸	230 mm×132 mm ×153.5 mm	230 mm×152 mm ×152 mm	115 mm×74 mm×62 mm（穿心母线长 240 mm）
质量	3 kg	3 kg	1 kg

三、电压传感器

电压传感器安装在高压电器柜内，跨接在牵引电机的两端，将牵引电机端电压反馈信号输入电子控制柜。TQG3A、TSV1 型电压传感器原理基本一样，现以 TQG3A 型电压传感器为例进行介绍。

1. 结构及工作原理

传感器除一次侧被测电压输入接线端子（+HT，－HT）、限流电阻连接片、二次侧测量输出端子和工作电源供给端子（“+”“M”“－”）外，所有电子器件均用绝缘材料固封于自熄式绝缘外壳内，结构紧凑、牢固。

TQG3A 型电压传感器是采用霍尔器件的平衡式传感器，其原理如图 10-14 所示。传感器由限流电阻 R_1、一次侧线圈 W_1、霍尔发生器、二次侧线圈 W_2 及放大电路等部分组成。当被测电压 U 经过限流电阻 R_1 和一次侧线圈 W_1，产生电流 I_p 时，该电流流经 W_1，产生磁场 H_p，使霍尔发生器有霍尔电势输出，该信号经放大电路放大，推动功率管，从电源获得补偿电流 I_s，I_s 流经 W_2 所产生的磁场 H_s 的方向和 H_p 相反，从而补偿了 H_p，直到 $I_p \times W_1 = I_s \times W_2$ 为止。根据 $I_p \times W_1 = I_s \times W_2$，可得出 $I_p = (W_1/W_2) \times I_s$，而被测电压 $U = I_p \times R'$（$R' = R_1 +$ 一次线圈内阻），所以，测得 I_s 便可知被测电压 U 的值。

2. 使用注意事项

（1）电压传感器接线如图 10-14 所示。图中，+HT、－HT 端子接被测电压，+HT 接高电位，－HT 接低电位，测量电流方向如图 10-14 中 I_s 箭头所示。若被测电压为交流电时，I_s 方向跟随输入端电压方向改变而改变。

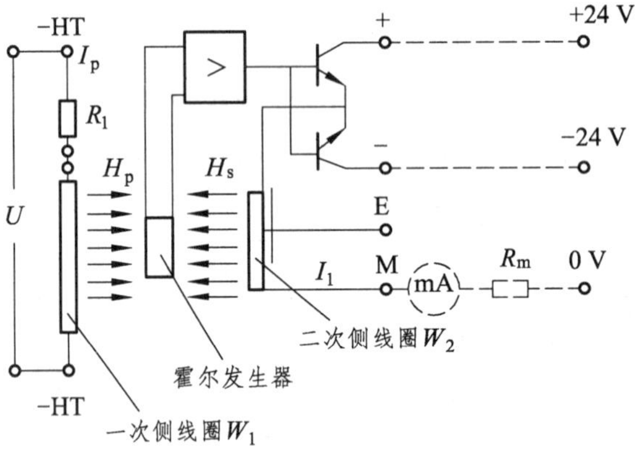

图 10-14　TQG3A 型电压传感器原理

“+”“－”端子接 ± 24 V 电源，“M”端子经外接毫安表（也可不接），测量电阻 R_m 接到 ± 24 V 电源的中点（0 V）。

“E”端子为内部屏蔽端子，一般接机车地线或电源“－”端，也可空着不接。

（2）电压传感器在使用时必须先接通电源，然后再加上被测电压，当测量结束时，必须先断开被测电压，然后再断开电源，否则将因剩磁而影响测量精度。

3. 故障判断

电压传感器的故障，通常用检查无输入电压时偏移电流（失调电流）的方式判别。在原边无输入被测电压时，副边加 ± 24 V 电源，通过“M”点串接测量电阻 R_m 和毫安表（如电压传感器接线示意图所示），当测量到偏移电流不大于 0.5 mA，且+HT 和 – HT 的值在 500 kΩ 左右时，一般可以认为电压传感器正常。

4. 主要技术参数

额定测量电压：2 000 V；

输入电阻：500 kΩ；

二次侧输出测量电流：80 mA/2 000 V；

二次侧线圈内阻：30 Ω；

准确度：± 1%U_e；

无输入电压时偏移电流：≤ ± 0.5 mA；

工作环境温度：– 25 ~ + 70 °C；

一次侧电路和二次侧输出电路及屏蔽间耐压：6 kV/50 Hz/1 min；

二次侧输出电路和屏蔽间耐压：1 kV/50 Hz/1 min；

电源：± 24 ×（1 ± 10%）V；

电流消耗：（35 ± 5）mA + 输出测量电流；

外形尺寸：196 mm × 134 mm × 105 mm；

质量：2 kg。

四、速度传感器

$SS_{4改}$ 型电力机车采用 FD 型速度传感器与 SD 型速度表配套使用，指示机车运行速度、行驶里程和时间。

FD 型速度传感器采用 FD 型永磁单相测速电机，此传感器装在机车轴箱上，通过机车轮轴轴头，驱动测速电机旋转，产生单相交流电压，经速度表内的速度控制板中的整流电路整流、滤波后，变成平滑直流电压，送入广角度直流毫安表。利用电机转速与电压的线性关系，在广角度电表上显示机车运行速度、轮径磨耗。其误差可通过调节速度显示电路的电位器来消除。

1. 测速原理

FD 型永磁单相测速电机是一只单相 16 极永磁测速电机。它通过拨动轴、传动簧使机车轮轴与电机轴软性连接，电机的转子由磁钢与一对极爪组成 16 个极，充磁方便，定子线圈有 3 挡抽头选择电机输出电压值，磁路中有可调的磁分路装置，电机的输出电压可通过线圈抽头和磁分路来调节，所以，电机电压线性好、精度高、具有互换性。当机车的轮轴驱动电机旋转时，就会产生与电机转速呈线性关系的单相交流电压，供电测量仪表进行速度、转速、显示与机车控制用。

2. 里程显示原理

FD 型电机上部装有由二级蜗轮、蜗杆减速、偏心轮装置和微动开关组成的里程减速机构。当机车轮轴走行 1 km 时，经蜗轮、蜗杆减速、偏心轮转动，顶动微动开关一次，里程开关信号进入 SD 型速度表内的里程计数器，累计机车走行公里。减速机构中，蜗轮的齿数根据机车轮径的大小决定，偏心轮装置保证机车无论前进、后退均能输出里程开关信号。

3. 主要技术参数

测量范围：0 ~ 1 000 r/min；
电压允许误差：AC（32 ± 0.2）V（800 r/min）；
电机的线性允许误差：± 0.3 V；
电机旋转方向：任意；
工作方式：连续；
结构形式：封闭自冷；
里程接点：每公里开关通断一次（根据轮径定货）；
环境温度（工作条件）：−20 ~ +50 °C；
相对湿度（工作条件）：不大于 85%（+25 °C）；
电机寿命：5 000 h；
质量：6 kg。

4. 使用、维护与检验

（1）速度表与 FD 型速度传感器需编号对应使用，传感器铭牌上的轮径数应与速度表铭牌上的轮径数相符，电表指针应调到机械零位，FD 型速度传感器的电机传动轴转动必须灵活。

（2）速度表与机车控制电路的连线必须牢固，不得有断线、短路现象。FD 型速度传感器的电机安装在机车轴箱上，传动轴通过传动机构与机车轮轴联接，其安装必须牢固可靠；电机接线盒内接线不得有断线、短路现象。

（3）测速发电机使用半年后，应检查各传动零件和电机零件的工作状况，如有磨损应予更换。更换后，组装时应清洗零件和重新润滑。电机电压的测定在速度表试验台上进行，采用阻抗不小于 10 MΩ、精度不低于 0.5 级的数字交流电压表测定。电压不符合技术要求时必须进行调整。调整完毕应用锁片自锁，防止调节螺钉松动。

（4）速度表与传感器每使用 3 个月应在速度表校验台上进行一次速度和转速、速度取样点校验。速度表表头与传感器的校验工作在专用校验台上进行。校验时根据机车的实测轮径进行计算。

五、压力传感器

$SS_{4改}$ 型电力机车采用 CZY1 型电阻应变或压力传感器来解决远程测试制动缸压力的问题，对机车辅助风缸和制动风缸的空气压力加以测量。

CZY1 型压力传感器具有良好的线性度，滞后误差小，垂直性好，精度较高，适用于测量各种不结晶液介质的静态（或变化缓慢的）液气体压力。

CZY1 型压力传感器的基本技术指标及参数：

工作电压：DC 24 V（波动范围 22 ~ 29 V）;
环境温度：－20 ~ 150 °C;
功耗电流：小于 40 mA；
外形尺寸：ϕ72 mm×105 mm；
质量：约 750 g；
测量范围：0 ~ 1 MPa；
耐机械力性能：3 g（80 ~ 120 次/min）；
绝缘电阻：不小于 30 MΩ。

1. 工作原理

CZY1 型压力传感器采用直接固定平圆膜片作为弹性变形元件。在压力作用下膜片产生弹性变形，粘贴在膜片一面的箔式组合电阻应变计（具有 4 个工作桥臂的全桥应变计）亦感受该变形。在稳定桥压下，由应变计电阻变化而引起的电压输出变化，线性地比例于施加压力的大小，应变计的毫伏输出值经专门的电子线路放大为伏级输出值，可获得理想的测试效果。

2. 安装与使用

（1）安装。

CZY1 型压力传感器的安装方法如图 10-15 所示；

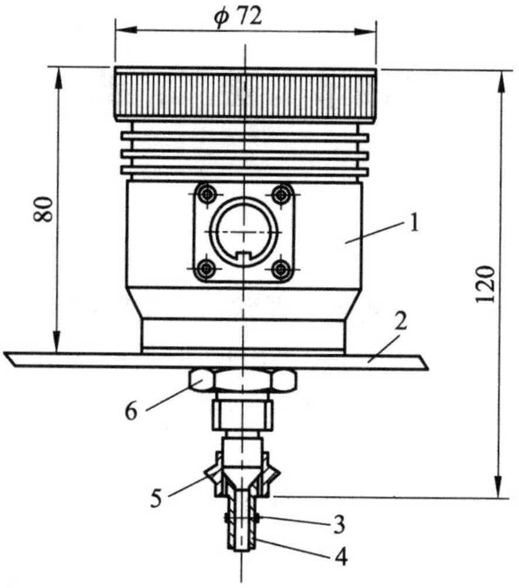

图 10-15　CZY1 型压力传感器安装图

1—传感器；2—安装板；3—铜管焊接处；4—连接铜管；5—螺母接嘴；6—安装螺母

当被测试介质是气体时，传感器可以在任意方向安装，但以垂直安装为最好；当被测试介质是液体时，必须以垂直安装，安装须稳定牢固，装卸时必须用工具操作。

（2）使用注意事项。

① CZY1 型压力传感器在机车上的接线方法如图 10-16 所示；

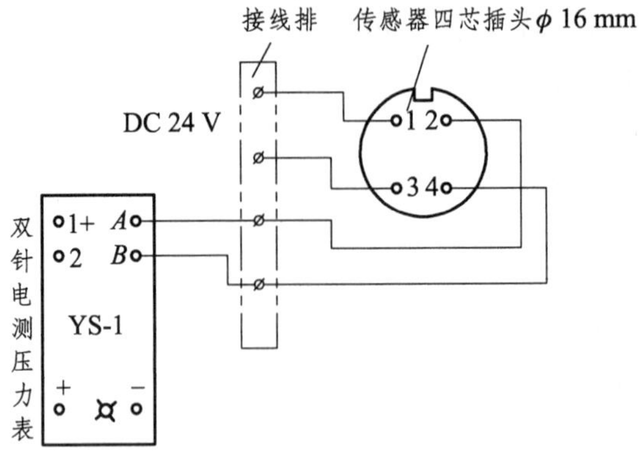

图 10-16　CZY1 型压力传感器在机车上的接线方法

② 引出线的插头插座配套提供，电源接通后传感器随即工作，1 h 后进入稳定工作状态；

③ 严禁输出线与电源线短路，接线时应仔细检查；

④ CZY1 型压力传感器具有一定的抗腐蚀能力，但不能测量腐蚀性很强的酸、碱液体或气体；

⑤ 传感器有 110%FS 的过载能力，用户使用时，应不要超过铭牌上给定的量程值；

⑥ 该传感器应定期进行校准（约 3 个月）；

⑦ 注意传感器的防尘、防潮，不使用时应置于温度为 10 ~ 30 °C，湿度为 30 ~ 80% 的清洁环境中。

第四节　避 雷 器

一、概　述

避雷器是一种限制过电压的保护装置，通常由火花间隙和非线性电阻组成，其基本工作原理如图 10-17 所示。它与被保护物并联，当出现的过电压危及被保护物时，避雷器放电，使高压冲击电流泄入大地，尔后，它仍能恢复原工作状态，截止伴随而来的正常工频电流使电路与大地绝缘。过电压越高，火花间隙击穿越快，从而限制了加于被保护物上的过电压。

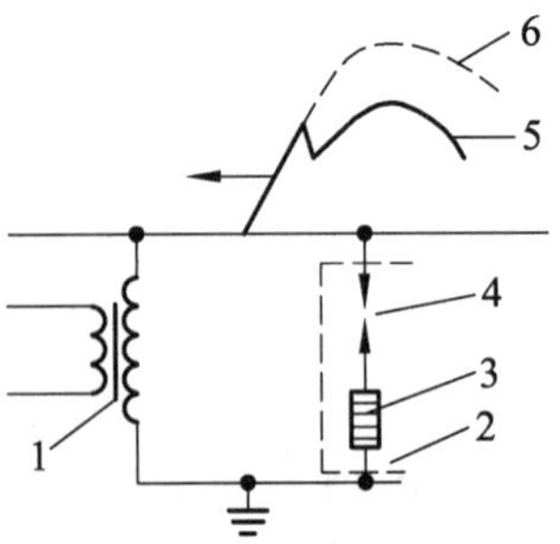

图 10-17　避雷器的工作原理

1—被保护变压器；2—避雷器；3—非线性电阻；4—火花间隙；5—被限制的过电压波；6—未被限制的过电压波

击穿电压的幅值同击穿时间的关系称为伏-秒特性。为使避雷器能可靠地保护被保护物，避雷器伏-秒特性至少应比被保护物绝缘的伏-秒特性低 20% ~ 25%，如图 10-18 所示；另外，避雷器在放电时，应能承受耐热及机械应力等变化而本身结构不致损坏。

避雷器的主要类型有保护间隙、管形避雷器、阀形避雷器和氧化避雷器等。在 SS_1 型、SS_3 型和 SS_4 型电力机车采用了保护火花间隙，SS_{3B} 型、$SS_{4改}$型、SS_7 型、SS_8 型和 SS_9 型电力机车采用 Y10W-42/105TD 型氧化锌避雷器（又称无间隙金属氧化物避雷器），现分别介绍如下。

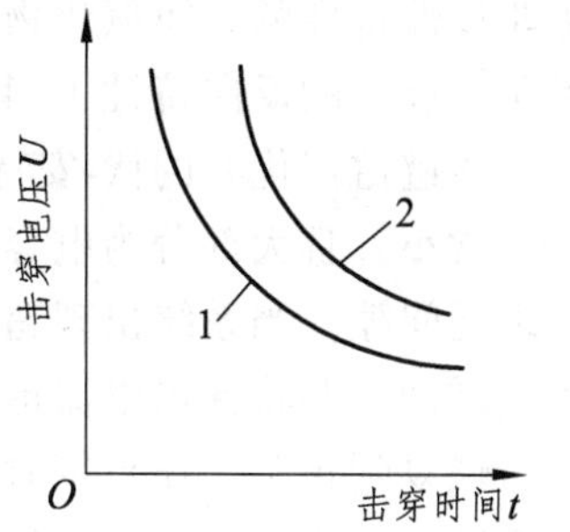

图 10-18　避雷器的伏 – 秒特性

1—避雷器的伏秒特性；2—被保护物绝缘的伏秒特性

二、保护火花间隙

在 SS_1、SS_3 和 SS_4 型电力机车上，采用了在主变压器的原边装棒形保护火花间隙，如图 10-19 所示，并在主变压器的副边加阻容保护的方法来限制由于大气内雷电感应或由接触网传来的供电系统上因跳闸、短路、接地等原因所产生的冲击过电压侵入电力机车，避免电气设备绝缘受到损坏。

棒形保护火花间隙的接线端子 1 接到主变压器原边 25 kV 高压引入母线上，接线端子 2 与地相连。放电极 4，5 之间的棒间间隙为 110 ± 1 mm（SS_4 型电力机车上为 100 ± 1 mm），工频放电电压为 65 kV，在标准大气条件下，全波冲击放电电压为 90 kV，当出现超过此值的大气过电压时，保护火花间隙击穿动作，高压冲击电流泄入大地，以避免进入电力机车，损坏电气设备绝缘。由于没有非线性电阻，所以，当火花间隙击穿后不能切断工频电压所引起的续流电流，将导致牵引变电所的开关跳闸。

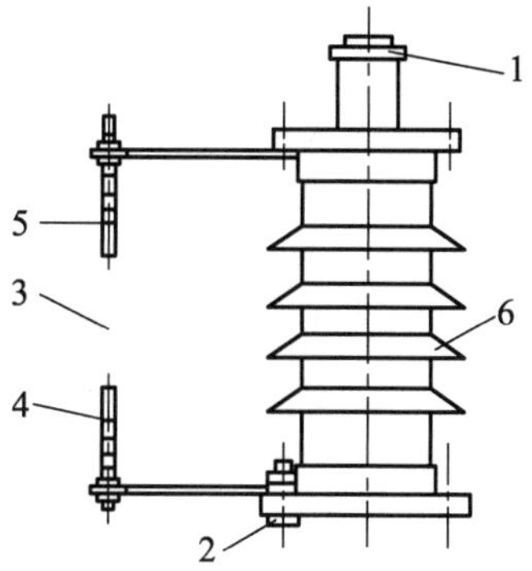

图 10-19　保护火花间隙

1，2—接线端子；3—放电间隙；4，5—放电电极；6—绝缘瓷瓶

保护火花间隙装在车顶，敞于户外大气中，易受气候变化的影响。由于我国幅员辽阔，各地区的气候条件千差万别，故它的实际放电电压数值差别较大。但是，保护火花间隙结构简单，价格低廉，一般在不太重要的场合可用它来代替阀式避雷器对变压器进行保护。

保护火花间隙结构应保证：

（1）间隙距离稳定不变。

（2）间隙动作时，电弧不危及其他设备。

（3）间隙正常动作时，电极不烧坏。

三、氧化锌避雷器

SS_{3B} 型、$SS_{4改}$、SS_7 型、SS_8 型和 SS_9 型电力机车采用 Y10W-42/105TD 型氧化锌避雷器，该避雷器安装于机车顶部，是专用的过电压防护装置，主要用于机车一次侧高压电气设备的绝缘，使之免受大气过电压和操作过电压的损害。

1. 工作原理

氧化锌避雷器主要元件氧化锌阀片是以氧化锌为主要成分，并附以多种精选过的、能产生非线性特性的金属氧化物添加剂用高温烧结而成的。它具有相当理想的伏-安特性（相当于稳压二极管的反向特性），其非线性系数为 0.025 左右。

该避雷器优异的伏-安特性可使氧化锌阀片在正常工作电压下呈高电阻，使流过阀片的电流非常小，且大部分为电容电流，这样小的电流不会烧坏氧化锌阀片，可视为绝缘体，从而实现无间隙。当系统出现超过某一电压动作值的电压时，阀片呈低电阻，使流过阀片的电流急剧增加，并将冲击电流迅速泄入大地，从而保护了与其并联的电力机车电气设备的绝缘。电压恢复到正常工作范围时，电流又非常小，避雷器又呈绝缘状态，因此，该避雷器不存在工频续流，也不影响系统的正常工作。

2. 产品结构及特点

Y10W-42/105TD 型氧化锌避雷器结构如图 10-20 所示，它主要由顶盖、避雷器单元、瓷套及底板等组成，具有以下特点。

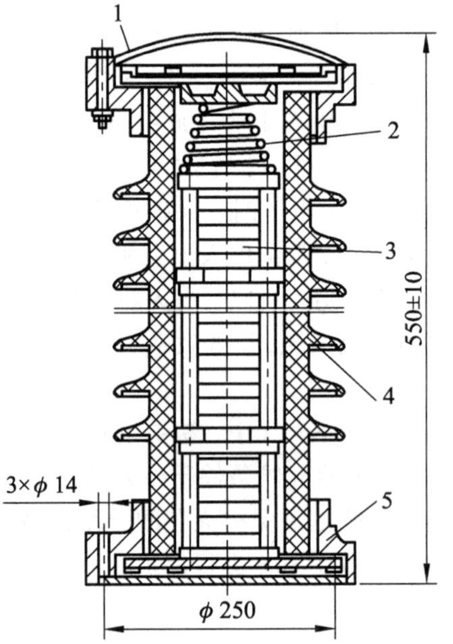

图 10-20 Y10W-42/ 105TD 型氧化锌避雷器结构

1—盖板组装（包括密封件等）；2—弹簧体；3—芯体（包括 ZnO 阀片等）；4—瓷套；5—底板组装

（1）是理想的全天候避雷器。与放电间隙相比，不存在间隙放电电压随气候变化而变化的问题。

（2）防污性能好，适用范围广。因为设计了防污型瓷套，保证了足够的爬电距离，故污秽不影响间隙电压，所以，在重污秽地区比传统避雷器有很大的优越性。

（3）防振性能好。对芯体采取了防振及加固措施，减少了各部件之间的相对位移，使芯体牢固地固定在瓷套内，适应了机车运行中振动频繁的要求。

（4）防爆性能好。使用了压力释放装置，在法兰侧面开一缺口，使气体定向释放。当避雷器在超负载动作或意外损坏时，瓷套内部压力剧增，使得压力释放装置动作，排出气体，从而保护瓷套不致爆炸，确保即使出现意外情况，车顶设备仍然完好，并能可靠运行。

（5）非线性系数好，阀片电荷率高，保护性能优越，它不但能抑制雷电过电压，而且对操作过电压也有良好的抑制作用。

（6）无续流，不存在灭弧问题，使地面变电站因机车引起的不明跳闸故障大为减少。

（7）体积小，质量轻，通流容量大，抗老化能力强，运行寿命长。

3. 安　装

避雷器的安装应自下而上进行，在安装过程中，首先安装连接过渡板，要确保气体释放方向朝向机车外侧未安装电气设备的空旷区。高压端用软连接带与车顶母线连接，地线接在接地连接片上。避雷器退出运行时，其拆卸方向与安装方向逆向进行。

4. 一般性维护保养

（1）在使用氧化锌避雷器的过程中，要始终保持瓷套表面干燥、光洁、无裂纹。每次回库定修时，需用干净软布擦拭瓷套，清除污垢。

（2）每次回库定修时需检查喷口，不允许有开裂或缺口。

（3）每次回库定修时需检查导线和编织线，导线需连接紧固，编织线折损面积不得超过原截面的 10%。

（4）运行过程中，原有刷漆部分每隔 1 – 2 年补漆一次。

5. 预防性试验

氧化锌阀片在长期运行电压作用下存在老化问题，在装配时或运行中可能因密封不良受潮，因此，在运行中需加强对避雷器的监测，并应定期对其进行预防性试验，另外，在每年的雷雨季节前，也应有选择性地进行试验。

预防性试验一般分为测量直流参考电压、测量直流泄漏电流、测量绝缘电阻、测量交流参考电压和测量持续运行电流等 5 类试验。直流参考电压和直流泄漏电流的测量是必做的试验，对有条件的用户，建议进行绝缘电阻测量、交流参考电压测量和持续运行电流测量这 3 项试验。

6. 主要技术参数

额定电压：42 kV；

标称放电电流：10 kA；

系统标称电压：27.5 kV；

系统最大持续运行电压：30 kV；

直流参考电压（1 mA 下）：≥58 kV；

工频参考电压（阻性 1 mA 下）：≥56 kV；

持续运行电流（阻性）：≤300 μA；

残压（10 kA，8/20 μs）：≤105 kV；

总高：（550±10）mm；

质量：42 kg。

第五节 蓄 电 池

一、概 述

蓄电池是化学能与电能互相转换的装置，它能把电能转变为化学能储存起来，使用时再把化学能转变为电能，而且变换的过程是可逆的。以上两个过程前者叫作充电，后者叫作放电。

根据极板所用材料和电解液性质的不同，蓄电池一般可分为酸性（铅）蓄电池和碱性蓄电池两大类。碱性蓄电池按其极板活性物质的不同，又可分为铁镍蓄电池和镉镍蓄电池等系列。

韶山系列电力机车均采用 GN-100 型镉镍碱性蓄电池组，它由 74 个蓄电池串联而成，每个蓄电池的标称电压为 1.25 V，容量为 100 A · h，蓄电池组的标称电压为 92.5 V。$SS_{4改}$ 型电力机车的蓄电池组总电压不得低于 80 V。

其型号意义如图 10-21 所示。

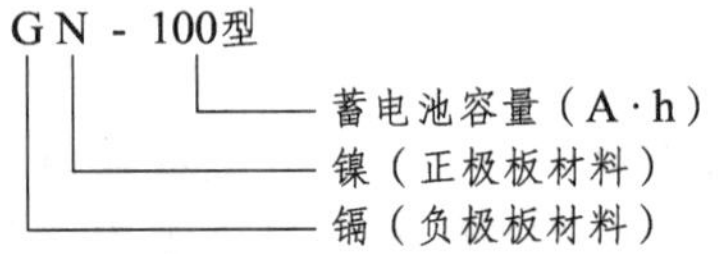

图 10-21 型号意义

电力机车的蓄电池组是机车上直流电源的辅助电源，并兼作可控硅稳压电源的滤波元件。在升弓前及可控硅稳压电源发生故障时，由蓄电池组向机车控制电路供电。可控硅稳压电源正常工作时，蓄电池处于浮充电的工作状态。

蓄电池主要由两种不同金属组成的正、负极板和电解液及容纳极板和电解液的电槽组成，如图 10-22 所示。

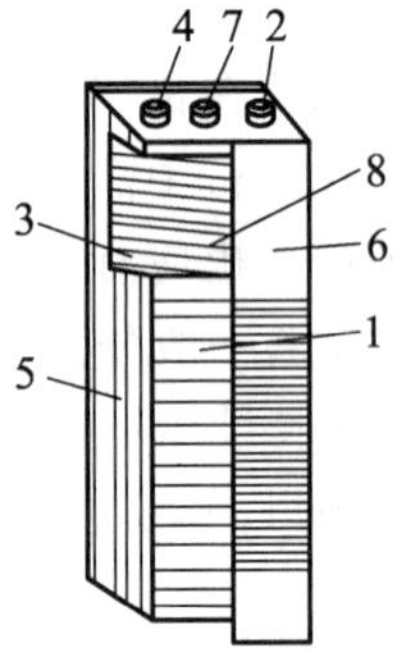

图 10-22 GN-100 型镉镍碱性蓄电池结构

1—正板板；2—正极板引线端；3—负极板；4—负极板引线端；5—硬橡胶棍；6—电槽；7—带有开关作用的螺丝塞；8—电解液

蓄电池的正、负极板用穿孔钢带制成的匣子分别装入正、负活性物质（氧化镍、镉铁合金等）构成，带上的小孔用于排出充电时所形成的气体，便于电解液的流通。正、负极板分别焊在各自带有接线柱的汇流排上，组成极板组。安装时将正、负极板交错排列并采用硬橡胶棍隔离，再通过各自的引线端柱紧固于槽盖上。正极板与电槽直接相连，负极板与电槽绝缘，故负极板比正极板略窄，以防负极板与电槽相连，形成正、负极板间短路。由于正极板活性物质单位质量的电容量少于负极板的活性物质，故在镉镍蓄电池中，正极板比负极板多一片，即 6 片正极板，5 片负极板。

电槽用镀镍钢板制成。由于碱性电池的电槽本身也是一个电极，所以必须注意各电池之间及电池与地之间的绝缘，以防短路。槽盖上有 3 个小孔，左、右两孔用于引出正、负极柱，并在正极柱旁注明有“+”号标志；中间一个为注液孔，孔内装有带开关作用的气塞。气塞有 3 个作用：一是可防止外部空气中二氧化碳侵入后产生碳酸盐，降低电池容量；二是可防止蓄电池短时翻转时电解液外流；三是能使电池内部的气体增加到一定量时通过气塞排出，以免电池中气压过高。

电解液是根据使用蓄电池的环境温度配制的，使用合理，可以延长蓄电池的寿命，保证其额定容量。

机车在运行一段时间以后，当蓄电池电压低于终止电压（一般规定终止电压为 1.1 V）时，蓄电池不适宜继续放电，应及时充电，并须补充蒸馏水或电解液。蓄电池以恒定的电流充电时，其充电制有初充电制、标准充电制和快速充电制 3 种。对 GN-100 型镉镍碱性蓄电池，不同充电制时的充电电流和充电时间如下：

初充电制：25 A 充 6 h，再用 12.5 A 充 6 h（放电时，用 12.5 A 放 4 h）。

标准充电制：25 A 充 7 h。

快速充电制：50 A 充 2.5 h，再用 25 A 充 2 h。快速充电方法仅在特殊情况下使用，不能作为经常的充电制度。

过充电制：25 A 充 9 h。

若充电电流及时间不定则称浮充电。

GN-100 型镉镍碱性蓄电池具有能承受大电流、耐振动、耐冲击、对过充电和欠充电不很敏感、自放电极弱、寿命长等优点，且不散发有害气体。缺点是单个电池的电压较低，内阻大，放电时电压变化较大。

二、蓄电池的使用与检修

1. 蓄电池的使用

（1）蓄电池使用时，最好采用正常的充放电制度，急用时方可采用快速充电。如遇过放电、反充电、小电流长期放电或间歇放电而造成容量损失，可用过充电制度充电恢复。充放电时，电解液要始终高于极板，低于极板时，应补充蒸馏水或电解液。每使用 10 ~ 15 次充放电循环，应检查并调整电解液比重。

（2）启用新的或短期（一年以内）存放的蓄电池组，注入电解液后应浸泡 2 h 以上，然后采用过充电制充电。长期（一年以上）存放的蓄电池组，需经 2 ~ 3 次正常充放电循环，恢复到额定容量后，方可正常充电使用。

（3）电解液容易吸收空气中的二氧化碳，增加碳酸盐含量，当含量超过 50 g/L 时，蓄电池容量将显著降低。因此，一般使用一年左右或 50 ~ 100 次充放电循环应更新电解液。更新时应在放电状态下进行，必要时还需用水清洗电槽，然后注入新电解液。

（4）环境温度升高或降低，蓄电池组容量和寿命均会降低。因此，应根据环境温度选用合适的电解液。环境温度升高（+35 °C 以上）影响充电效率，除应及时补加蒸馏水、调整电解液比重和缩短更换电解液周期外，还应采取降温措施，在冷风、空调环境或在夜间通风良好的地方充电。

（5）蓄电池组在低温环境（－15 °C 以下）使用，应选用比重大的氢氧化钾，充电最好在常温下进行，充电后再在低温环境中使用。如确需在低温下充电，宜采用快速充电制或过充电制充电。

（6）蓄电池正极与外壳相接，所以在使用、带电保存和运输中，导电体不能同时接触蓄电池的正、负极或同时接触外壳与负极。

（7）对随时使用或短期存放的蓄电池组，充电后可带电解液，拧紧气塞，在 25 °C 以下干燥通风的地方存放。对于长期存放的蓄电池组，应在放电状态下倒掉电解液，清理干净，并在导电金属零件上涂上凡士林，以防锈蚀。

2. 蓄电池的检修

（1）日常维护。

蓄电池使用中要经常维护，表面应清洁，气塞及绝缘件良好，无泄漏电解液现象，外壳耐碱绝缘的环氧瓷漆层良好。

定期检查液面高度，应在防护板 10 ~ 15 mm 以上，不够时应添加蒸馏水；调整电解液比重。定期检查每只蓄电池的容量，及时更换电压过低的元件。各连接铜板及接线应无烧痕、腐蚀现象。机车入库检修，需长时间使用控制电源时，应外接电源，用正常充电制充电。机车蓄电池在日常使用及维护保养中，应注意蓄电池组总电压不低于 96 V。

（2）定期检修。

蓄电池按规定周期自车上拆下做较大范围的检修时，应逐个清扫元件，必要时可用 70 ~ 80℃热水整体冲洗。检查电槽有无裂纹、漏液现象，气塞、绝缘件及密封件状态是否良好。检查元件的绝缘电阻及容量，每个元件的电压低于 1 V 时应更新。

检查连接板及接线有无烧损、老化现象，联接螺帽紧固。电槽的漆层及连接板镀层应良好。双次定修时，应全部分解元件，电槽重新涂刷耐碱的绝缘漆。

检查电解液面的高度及比重，进行充放电试验，每个元件的容量应达到额定容量的 60% 以上。

蓄电池充电后，应再次检查液面高度及比重，排气 2 h 后拧紧气塞备用。

三、常见故障及处理

蓄电池常见故障、可能原因及处理方法见表 10-8。

表 10-8　蓄电池常见故障及处理

故　障	原　因	处理方法
容量降低	1. 电解液使用时间过长，碳酸盐含量太高	更换新电解液
	2. 采用电解液不当，比重偏小或偏大	更换适用的电解液
	3. 电解液量过少，露出部分极板	补充蒸馏水或比重低的电解液并调整比重，然后过充电
	4. 电解液中有害杂质过多	清洗后更换合格的电解液
	5. 充放电制度不当，如深度放电，或充电效率低，容量没有得到及时恢复	改用适当的充放电制度
	6. 蓄电池正、负极板物质脱落或掉进导电物质，形成内部短路	如为正、负物质脱落、沉淀，需更换电解液；如系其他原因，应拆开上盖或底盖，酌情处理
	7. 使用仪表不当	校正仪表
	8. 外部接触不良或短路	清扫处理

续表

故　障	原　因	处理方法
电压不正常	1. 蓄电池内部短路、断路或无电解液	更换电解液，或拆开上、下盖检查修理
	2. 接触点接触不良或断开	检查接触点及跨接板、导线的接触情况
外壳膨胀	1. 气塞上橡胶套管失效，或气塞无气孔	更换新品，定期排气
	2. 充电后过早拧上气塞	充电后应开口搁置 2 h 以上
	3. 蓄电池内部短路，或电解液中有害杂质太多，产生大量气体，气塞排气不及	清除短路故障，或更换新电解液
内部析出泡沫	电解液内含有机杂质	更换电解液
爬碱严重	1. 凡士林涂抹不良	及时清理、涂抹凡士林，并保持干燥
	2. 电解液面过高	保持规定高度
	3. 极柱、气塞密封不良	更换密封材料
	4. 流出电解液过多	经常擦拭，并保持干燥
外壳漏电解液	壳体破裂或有砂眼	用一般塑料热补

第六节　熔断器

一、熔断器的用途及分类

熔断器是当电流超过规定值一定时间后，以它本身产生的热量使熔体熔化而分断电路的电器。它在低压配电线路中作过载和短路保护之用。

熔断器的结构形式很多，根据不同的特性，可分为以下几种。

1. 按结构形式分类

（1）开启式熔断器。

这种熔断器的熔体熔化时没有限制电弧火焰和金属熔化粒子喷出的装置，它往往与闸刀开关组合在一起，适用于开断短路电流不大的场合，如家用照明电路中装有保险丝的闸刀开关等。

（2）半封闭式熔断器。

这种熔断器的熔体装于熔断管内，管的一端或两端开启，以控制电弧火焰和金属熔化粒子喷向的方向，避免因相间飞弧造成短路故障，危及人身安全。

（3）封闭式熔断器。

这种熔断器的熔体完全封闭在熔断管内，没有电弧火焰喷出，不会造成飞弧和危及人身安全的事故，分断能力高。

2. 封闭式熔断器按外壳内有无填料分类

（1）无填料式熔断器。

熔体装于熔断管内，熔断管内无填料，熔断管能分解气体，电弧处在高气体压力的熔断管内而熄灭。

（2）填料式熔断器。

熔体置于充有填料（通常为石英砂）的熔断管内，电弧被填料包围、冷却，进而熄灭。

3. 按动作时间分类

（1）慢动作熔断器。

采用常用的保险丝，过载和短路时熔断器熔断时间较长，主要作电路、电机等的过载和短路保护。

（2）快动作熔断器。

过载和短路时熔断时间都较短，主要用于保护半导体器件。

二、熔断器的结构原理

熔断器主要由熔断管（座、盒）和熔体（金属丝或金属片）两部分组成。熔断管用来容纳熔体和填料，同时还是灭弧室；熔体既是熔断器的测量元件，又是它的执行元件，它串联于被保护电路之中，如图 10-23 所示。

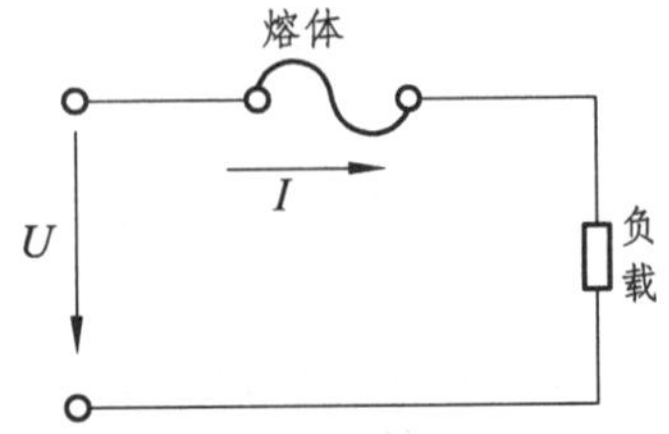

图 10-23　熔断器工作原理

为了保证被保护电路在正常工作时能可靠地通过电流，当电路为正常负载电流时，熔体温度较低，不会熔断；当电路中发生过载或短路故障时，通过熔体的电流达到规定值时，熔体的电阻损耗便使其温度上升到熔体金属的熔化温度，熔体自行熔断，分断故障电流，保护电路和电气设备。

上述熔断器断开电路的过程可分为 4 个阶段。

（1）熔体通过过载或短路电流使熔体达到熔化温度阶段。

该阶段所需时间与通过熔体的故障电流值有关，电流越大，温度上升越快，该时间越短。通过大的过载电流或短路电流时，熔体能很快上升到熔化温度。

（2）熔体的熔化和蒸发阶段。

熔体达到熔化温度后便熔化，并蒸发为金属蒸气。这一过程也与通过熔体的故障电流值有关，电流越大，时间越短。

（3）间隙击穿和电弧产生阶段。

熔体熔化的初瞬，电路中出现了间隙，由于间隙中的金属蒸气未游离时是良好的绝缘体，故电流突然中断，但金属蒸气很快被游离而出现电弧，使电路重新接通。该时间极短。

（4）电弧燃烧和熄弧阶段。

电弧发生后，如能量较小，可以因熔断间隙的扩大而自行熄灭。当能量较大时，必须依靠熔断器的熄弧措施。为了减小熄弧时间，提高分断能力，大容量的熔断器都具有完善的熄弧措施。熄弧能力越强，电弧熄灭越快，熔断器所能分断的短路电流值也越大。但熄灭电弧时不允许产生危害电气设备绝缘的过电压。

由于熔断器的测量机构和执行机构合为一体，所以，它具有结构简单、体积小、质量轻、价格低廉、使用维护方便等优点，具有一定的经济意义，因此得到了广泛应用。

三、熔断器的主要特性

熔断器的熔断时间 t 与熔断电流 I 的关系曲线叫作熔断器的保护特性，又称“安-秒特性”，如图 10-24 所示。它是熔断器的主要技术参数之一，也是选用熔断器的重要依据之一。

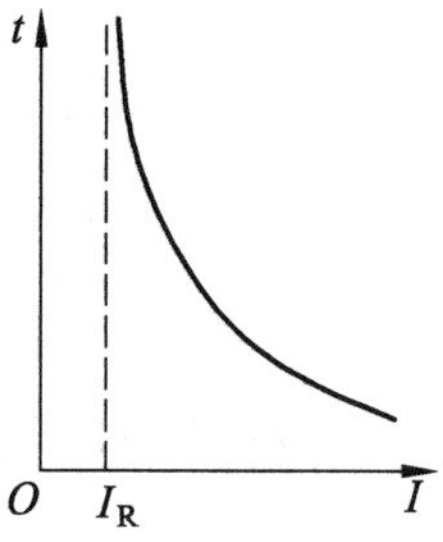

图 10-24　熔断器保护特性曲线

I—流过熔断器的电流；t—熔断时间

熔断时间由熔断器断开电路的第 1，2 阶段构成，与通过熔体的故障电流值有关，其规律是熔断时间与熔断电流的平方成反比，即电流越大，熔断时间越短，电流越小，熔断时间越长。因为熔体在熔化和气化过程中所需热量是一定的，故保护特性是反时限特性曲线。

在图 10-24 中还可以看到，当电流为 I_R 时，熔断时间趋近于无穷大，与此对应的电流叫作最小熔化电流 I_R 或临界电流。即当通过熔体的电流为最小熔化电流时，熔体应能熔断；当通过熔体的电流小于最小熔化电流时，熔体就不会熔断。

根据对熔断器的要求，熔体在额定电流下绝不应熔断，所以，最小熔化电流必须大于被保护电路的额定电流，亦即熔断器的额定电流 I_e。

最小熔化电流 I_R 与熔体的额定电流 I_e 之比，称为熔化因素，它决定了熔断器工作的可靠性和发热程度，一般取 1.5 ~ 2。

熔断器的保护特性必须处于被保护电气设备和允许过载特性之下才能起到可靠的保护作用。在图 10-25 中，曲线 1 为被保护电气设备的允许过载特性曲线，曲线 2 和曲线 3 分别为两种熔断器的保护特性曲线。曲线 2 的各点均处于曲线 1 之下，表示在任意过载电流下，还没有等到电气设备过热，熔断器就先行熔断，切断故障电路，可靠地保护了电气设备。曲线 3 和曲线 1 有交点 A，设在交点处的电流为 I_A，在 I_A 的右侧，曲线 3 在曲线 1 之下，熔断器能可靠地保护电气设备。但在 I_A 的左侧，曲线 3 处于曲线 1 之上，在此区域内过载时，便会出现电气设备已过热烧损，而熔断器还没有熔断的现象，故不能保护电气设备。

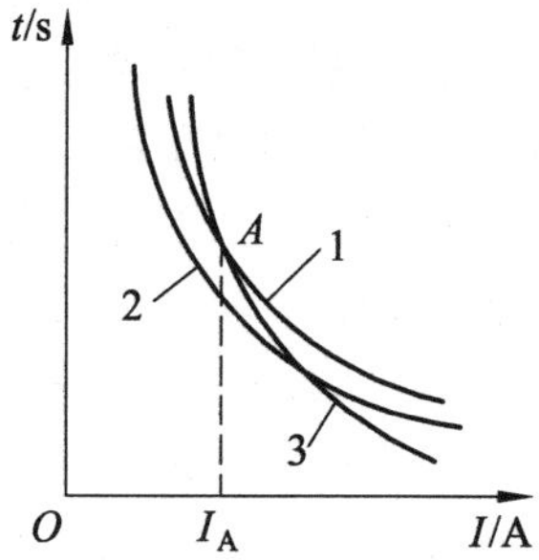

图 10-25　熔断器保护特性与电气设备热特性的配合

1—电气设备的允许过载特性；2，3—熔断器的保护特性

在有分支的电路中，通常串联总的熔断器和分支电路的熔断器，如图 10-26 所示。显然，总的熔断器的额定电流 I_{e1} 应大于各分支电路的熔断器的额定电流 I_{e2} 和 I_{e3}。从上面的分析可以知道，各分支电路中的熔断器的保护特性（曲线 2 和曲线 3）应处于总的熔断器保护特性（曲线 1）之下才能起到可靠的保护作用。当电路在 C 点发生接地故障时，故障电流 I_g 流过熔断器 1，2。由图 10-26（b）可以看出，当两个熔体流过相同的故障电流 I_g 时，熔体的额定电流越小，则熔断时间越短，即 $t_2 < t_1$。所以，熔断器 2 先行熔断，切断故障电流，熔断

器 1 不再流过故障电流，保证了正常支路继续得到供电。这就是熔断器动作的选择性。

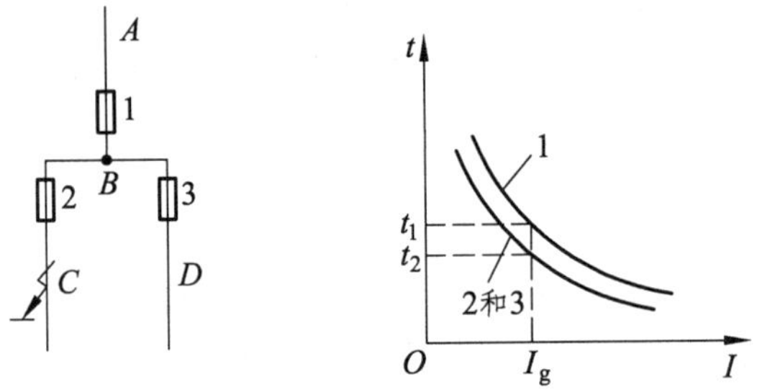

（a）分支电路的熔断器电路　　（b）熔断器的保护特性

图 10-26　有分支电路的熔断器及其保护特性

1—总熔断器保护特性；2，3—分支电路熔断器的保护特性

四、熔断器的熔体

熔体是熔断器的主要零件，熔体的材料、形状和尺寸对熔断器的保护特性和分断能力都有很大的影响。

常用的熔体材料基本上可以分为两类：第一类是熔点较低、电阻系数较大的锡、铅、锌及锡铅合金等，这类材料熔点低，熔化所需热量小，故熔化因素小，有利于过载保护，但它们的电阻系数较大，熔体截面积较大，熔断时产生的金属蒸气较多，由于金属蒸气极易游离，不利于熄弧，故分断能力较低，只宜在小电流场合使用；第二类是熔点较高、电阻系数较小的银、铜、铝等，这类材料做成的熔体与上述情况恰恰相反，它们的导电性能好，熔体截面积较小，有利于熄弧，故分断能力较高，一般用于大电流场合，但因熔点较高，熔断器可能出现过载熔断前因过热而不能正常工作及在小过载下反而不动作（熔化时所需热量较大）的现象，不利于过载保护，这是高熔点熔体的缺点。

一般地，20 A 以上的熔体采用铜丝，额定电流大于 200 A 时为保证开断能力，熔体采用变截面的铜片，如图 10-27 所示。变截面熔体狭颈窄，狭颈数目多，狭颈处的电阻较其他部分大，通过相同电流时产生的热量也比其他地方多。在通过额定电流时，因为狭颈部分产生的热量通过传导方式传给了截面大得多的宽部分，故熔体不会熔化。当通过短路电流时，巨大的热量使狭颈部分温度迅速上升到金属材料的熔点，在尚未来得及把热量传导出去的情况下，熔体片便在所有狭颈部分同时熔化。由于狭颈部分熔化产生的金属蒸气少，并且同时在几个断口出现电弧，创造了熄灭电弧的有利条件。

图 10-27　变截面熔体

为了弥补上述两种材料的缺点，还可以在高熔点材料的基础上局部焊上低熔点材料，形成所谓的“冶金效应”。例如，在铜熔体上焊上锡球或锡桥，当熔体温度上升到锡的熔点时，锡先熔化渗入铜，铜熔体局部成为合金，可以从原来的 1 083 °C 的熔点降低到 280 ~ 400 °C 时就熔断。这一方面对熔断器的分断能力影响不大，另一方面又减小了熔化因素，降低了最小熔断电流，兼具了两种材料的优点，可以有效地改善熔断器的保护特性，保证熔断器在正常电流下能正常工作，提高小过载时动作的可靠性。

值得注意的是，熔体材料的成分变化、尺寸偏差、熔体表面情况和冷却条件变化、熔断器接触不良、环境温度变化等原因，都可能引起特性不稳定，如出现正常电流熔断及过载反而不熔断的现象。所以，在安装、运输熔断器时必须加倍小心。

五、常用熔断器

熔断器在电力机车上的使用情况如表 10-9 所示。

表 10-9　熔断器在电力机车上的使用情况

序号	机型	电器型号	作用	数量
1	SS_1（第 221 号车起）	RS3-600/750	作硅整流装置的过载和短路保护	–
		RS0-350/250	作励磁电源装置过载和短路保护	–
		RL1-60/500	作 110 V 控制电源屏整流器和蓄电池组的过载和短路保护	–
2	SS_3	RS3-750/600	作硅整流装置中硅元件的过载和短路保护	24
		RL93-60/60	与 SS_1 的 RL1-60/500 作用相同	2
3	SS_{3B}	NGT3-630/1000	过载和短路保护	14
4	SS_4	NGT3-630/1000	过载和短路保护	24
5	$SS_{4改}$	RST1-1250/800	硅整流装置中主晶闸管的过载和短路保护	24
		NGT3-630/380	硅整流装置中励磁晶闸管过载和短路保护	2

1. 瓷插式熔断器

RC1A 系列瓷插式熔断器是最常见的一种熔断器，该系列熔断器是在 RC1 系列的基础上改进设计的，其结构如图 10-28 所示。它由瓷座 1 和瓷插头 5 组成，熔丝 4 装在瓷插头上。瓷座 1 的空腔与瓷插头 5 之间的间隙构成灭弧室。额定电流较大的熔断器在灭弧室中垫有石棉编织物 2，它一方面在熔体熔断时防止金属颗粒喷溅，保护瓷件；另一方面也可冷却电弧，提高分断能力。

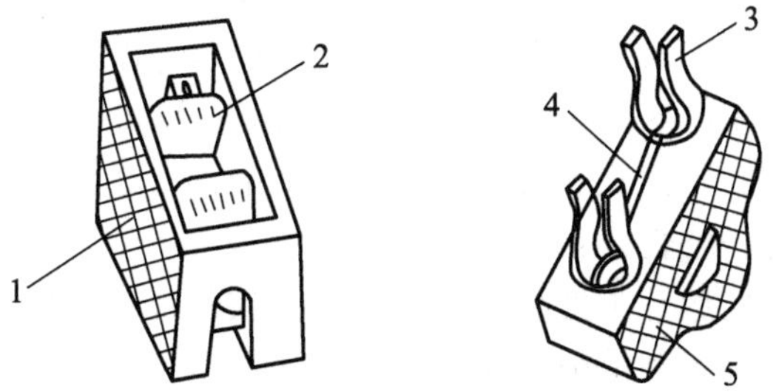

图 10-28　RC1A 系列瓷插式熔断器

1—瓷座；2—石棉编织物；3—触刀（静触头）；4—熔丝（动触头）；5—瓷插头

该系列熔断器的额定电流为 5 ~ 200 A，熔体材料可以根据熔体额定电流的大小选用软铅丝、铜丝或变截面冲制的铜片等。这种熔断器的保护特性很好，它具有结构简单、尺寸小、价格低、带电更换方便、用户无须任何特殊工具能自行更换熔体等特点，所以被广泛用于家用照明电路和工矿企业，作分支电路的短路保护。但它没有特殊的熄弧装置，分断过程会有弧光喷出和响声，极限分断能力不高。

2. 螺旋式熔断器

螺旋式熔断器有 RL1 型、RL93 型等，RL 系列为有填料封闭式熔断器，螺旋式熔断器的结构如图 10-29 所示。它主要由瓷帽 1、熔断管 4、瓷套 5 和瓷座 8 组成。熔断管 4 采用机械强度高、耐热性能好的高频电瓷做成，管内装有填料石英砂和熔体。熔体的两端焊在熔断管两端的导电金属端盖上，其上端盖中央有一个红色醒目的熔断指示器。当熔断器熔断后，电路分断，指示器弹出，并可通过瓷帽上的观察孔看见，此时只要旋松瓷帽，更换熔断管就行了。

填料石英砂具有较高的导热性能和绝缘性能，其颗粒大小应适当。当熔体熔断产生电弧时，填料颗粒同电弧接触的表面积很大，可以吸收大量的电弧能量，使电弧得到强烈冷却而加速熄灭。因此，这种熔断器具有较高的极限分断能力。当额定电流为 200 A 时，极限分断能力可达 50 000 A（有效值）。

螺旋式熔断器使用较方便，结构也较简单，安装尺寸小，一般在配电线路中作过载和短路保护，由于熔体的热惯性较大，也常用作中小型电机的保护。

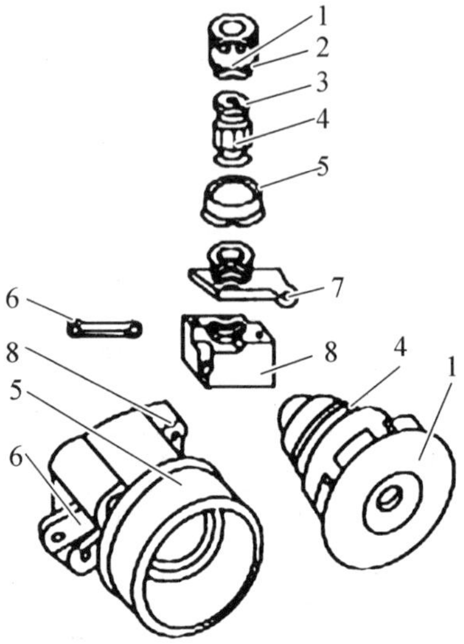

图 10-29 螺旋式熔断器

1—瓷帽；2—金属管；3—指示器；4—熔断管；5—瓷套；6—下接线端；7—上接线端；8—瓷座

3. 快速熔断器

快速熔断器主要用于保护半导体器件免遭过载和短路故障而烧损。众所周知，半导体器件的过载能力低，承受过载的时间短，即它的允许过载特性很陡；同时，半导体承受过电压的能力也很差。所以，具有很陡的保护特性的快速熔断器能可靠地保护半导体。当我们采取一定的措施后，熔体快速熔断时也不会引起危及半导体器件击穿的过电压。

快速熔断器除了具有 RL 系列有填料螺旋式熔断器的特点（即采用机械强度高、耐热性能好的高频电瓷做熔断管；管内充有填料石英砂；上端盖有红色醒目指示器）外，主要采取以下措施以获得陡峭的保护特性，且不产生高的过电压。

（1）熔体采用变截面的熔片（见图 10-27），熔片狭颈窄，狭颈数目多，极易熔断，这种结构形式的熔片一方面可在过载故障电流作用下快速熔断。获得陡的保护特性；另一方面，这些狭颈被熔化后相当于立即出现了许多串联短弧，可利用近阴极效应熄弧，避免熄弧时引起过高的过电压。快速熔断器能快速熔断的主要原因就是因为它采用了变截面的熔体。

（2）熔片采用含银量不少于 99.9% 的银片冲制而成，可防止熔断器在长期正常工作的情况下因老化而产生误动作。

（3）熔断器导电铜板镀银，熔体和导电板间多片接触，保证接触良好，减少接触电阻，这样既可减少接触电阻上的损耗，又可改善传热性能，以降低正常工作电流时的温度。

电力机车上采用的快速熔断器有 RS0 系列和 RS3 系列。RS0 系列用作硅整流器及其成套装置的过载和短路保护，RS3 系列用作可控硅元件及其成套装置的过载和短路保护，其型号意义如图 10-30 所示。

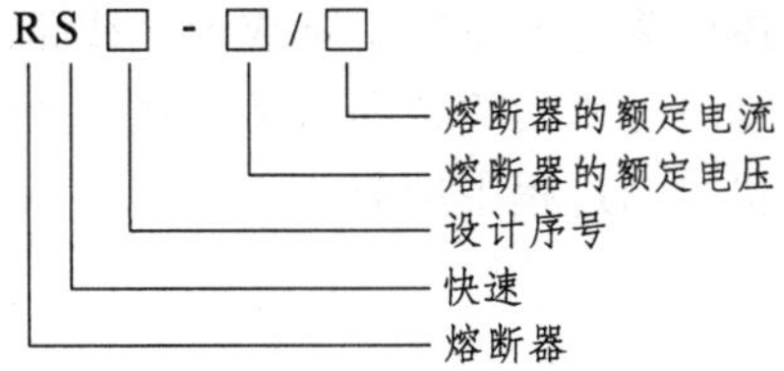

图 10-30　型号意义

RS0-350/250 型快速熔断器是低压有填料封闭管式的，其结构如图 10-31 所示。该型熔断器具有快速熔断器的典型结构特点。熔断管 3 采用机械强度高、耐弧耐热性能好、外表洁白美观的高频滑石瓷制成；熔体 4 的材料为纯银，形状为“V”形变截面（见图 10-27）；熔断管 3 内装有填料石英砂 5；指示器 9 为一红色醒目的机械信号装置。

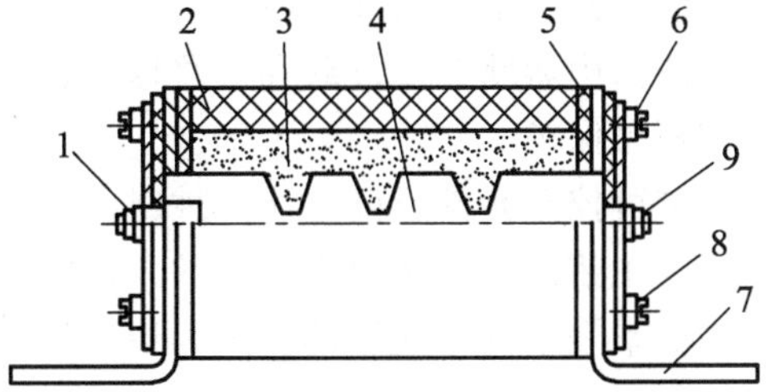

图 10-31　RS0-350/250 型快速熔断器

1—接线板；2—指示熔件；3—熔断管；4—熔体；5—填料；6—绝缘垫；7—盖；8—螺钉；9—指示器

当电流大于规定值时，熔体狭颈处因电阻较大，散热较差而首先熔断，使整个熔体变成几段掉落下来，形成许多串联短弧，这样就可利用近阴极效应及熔断管内的填料石英砂对电弧的冷却作用使电弧迅速熄灭。当熔断器熔断时，红色指示器跳出，指示清晰，以便识别故障电路，有利于迅速恢复供电。该系列熔断器具有动作速度快、分断能力高、熄弧时产生的过电压低等优点。

RS3-600/750 型快速熔断器的结构与 RS0-350/250 型快速熔断器相似，如图 10-32 所示，它相当于两个 RS0-350/250 型快速熔断器并联而成。

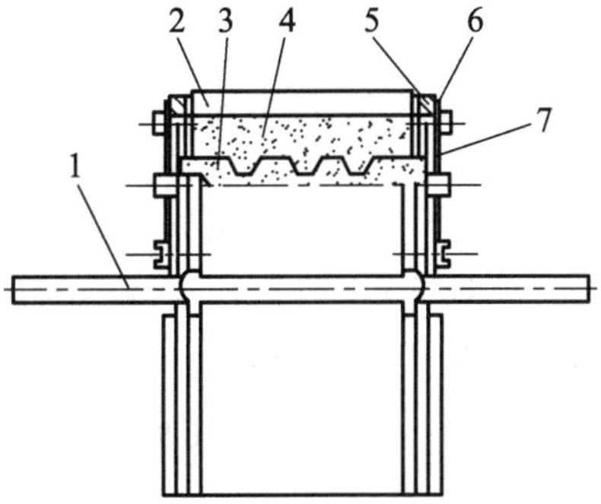

图 10-32　RS3-600/750 型快速熔断器

1—接线板；2—熔断管；3—熔体；4—填料；5—盖板；6—螺钉；7—指示器

六、熔断器的选用

由于熔断器的额定电流与熔体的额定电流不同，某一额定电流等级的熔断器可以分别安装不同额定电流等级的熔体，所以，选择熔断器时，首先应根据被保护对象选择熔体的规格，然后再根据熔体来选定熔断器。

1. 熔体的选择

（1）对变压器、电炉、照明用电灯等，熔体的额定电流应大于或等于实际负荷的电流。

（2）对于输配电线路，熔体的额定电流应小于或等于线路的安全电流。

（3）对于电机，应考虑启动时电机的负载和启动方式（全压启动或降压启动）对启动电流大小的影响，以免熔体在电机启动过程中熔断。

2. 熔断器的选定

（1）熔断器的保护特性必须与被保护对象的过载特性有良好的配合，即保护特性必须处于被保护电气设备的允许过载特性之下（见图 10-25），使其在整个曲线范围内获得可靠的保护。

（2）熔断器的极限分断电流应大于或等于被保护电路可能出现的短路冲击电流的有效值，才能得到可靠的短路保护。

（3）在配电系统中，为满足熔断器的选择性保护，应注意各级熔断器间的良好配合，一般要求前一级熔体比后一级熔体的额定电流大 2～3 倍，以免因越级动作而扩大故障范围。

（4）只有要求不高的电机才采用熔断器作过载和短路保护，一般过载最宜用过流继电器或热继电器，而熔断器则只作短路保护。

（5）在选用快速熔断器保护可控硅元件或硅整流元件时，应注意单位的换算，因为快速熔断器熔体的额定电流是以工频正弦波的有效值来表示的，而它所保护的可控硅元件或硅整流元件的额定电流却是用平均值来表示的，换算的公式为快速熔断器熔体的额定电流等于可控硅元件或硅整流元件额定电流的 π/2 倍。

第七节　万能转换开关及按键开关

一、万能转换开关

韶山系列电力机车采用 LW5 系列万能转换开关作为故障隔离、电气联锁、电源控制之用。该系列转换开关是一种组合式凸轮转换开关，适用于交直流电压 500 V 以下的电路。它的型号意义如图 10-33 所示。

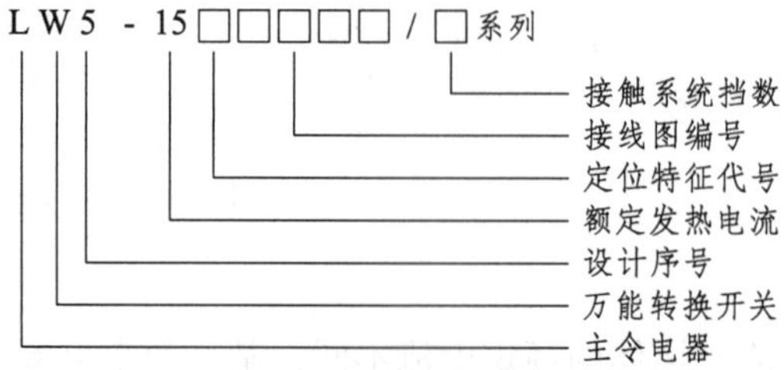

图 10-33　型号意义

LW5 系列万能转换开关由接触系统、定位和限位机构、凸轮、转轴、手柄、面板等主要部件组成，用长螺栓组装成开关整体。每一挡（层）接触系统有一个独立的接触元件，每个接触元件有一个胶木接线座，内装两对桥式双断点触头。通过凸轮的操作可以带动触头支架动作，进而控制触头的开闭，如图 10-34 所示。每挡的两对触头可以分别控制两条独立的电路。尼龙操作凸轮的Ⅲ形脚部可根据电路控制的需要切除，以做成不同形式的凸轮而构成相应的开关接线图。弧室口安装了透明、耐弧、可拆的尼龙限弧罩，除防尘作用外，它还可以提高触头的接触可靠性，限制电弧扩散范围。由于采用了双断点触头，故分断能力较强；若将触头接成四断点形式，分断能力还可提高。

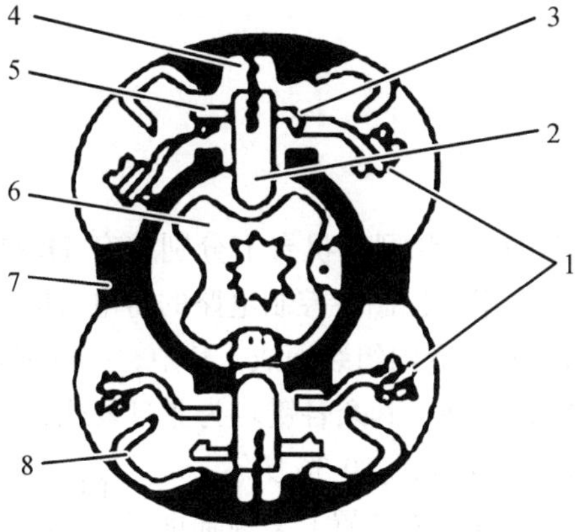

图 10-34　LW5 系列万能转换开关接触系统

1—静触头；2—动触头杆；3—动触桥；4—反力弹簧；5—超程弹簧；6—凸轮；7—底座；8—限弧罩

LW5 系列万能转换开关的定位特性是由操作机构（或称定位机构）来决定的，如图 10-35 所示。开关的方形转轴从手柄一直贯穿到操作机构及接触系统，起传动作用。棘轮保证了每 45° 位置的定位作用，依靠辐射状安装的滚子来卡住棘轮。因为是滚动摩擦，故操作轻便，定位可靠，机械寿命长。开关的操作手柄在两向极限位置的限位采用限制凸轮和限位片来实现。图 10-35（b）中所示的是两向极限为 90° 位置的限制。

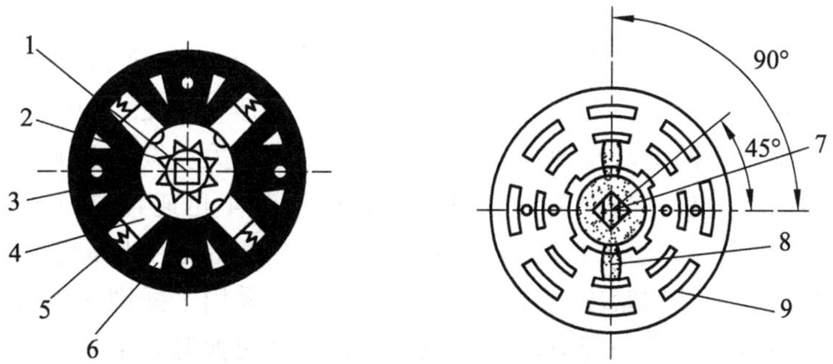

图 10-35　LW5 系列万能转换开关操作机构简图

1—转轴；2—棘轮；3—滚子；4—滑块；5—反力弹簧；6—底座；7—限制凸轮；8—限制片；9—端盖

LW5 系列转换开关的零件广泛采用热塑性塑料，产品结构为积木式组合，通用性强，维修方便，外表美观。

LW5 系列万能转换开关的主要技术参数：

额定电压：500 V；

额定电流：15 A；

操作频率：120 次/h；

电寿命：20 万次；

机械寿命：100 万次。

二、按键开关

1. 琴键式开关

在韶山系列电力机车的正司机台和副司机台上分别装有 TKZ1A-15/110 型主按键开关组和 TKT2A-15/110 型副按键开关组，用于控制各控制电路的得电或断电。它们都是由相同的插销插座式的琴键式开关单件在铝制的开关盒内组装而成。其中，主按键开关组除主断路器的“断”与“合”两个按键开关单件是自复式以外，其余各键均为非自复式；副按键开关组全部由非自复式按键开关单件组成。它们的型号意义如图 10-36 所示。

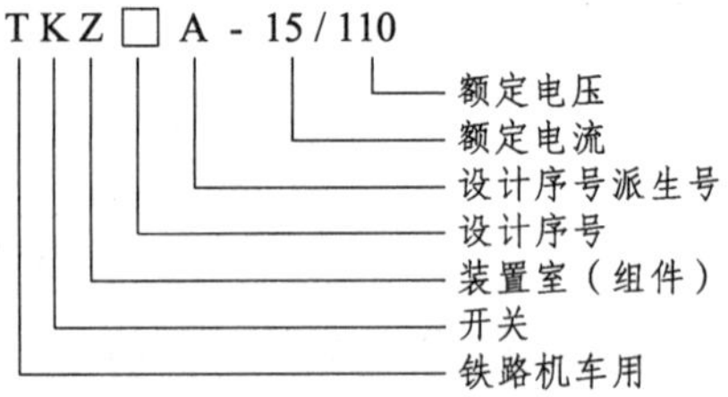

图 10-36 型号意义

主按键开关组上装有电气联锁开关装置（又称辅助开关），它是机车控制电路的电源开关。主按键开关钥匙只有在辅助开关处于断开位时才能插入或取出。当主按键开关钥匙未扳动时，辅助开关处于断开位置，控制电路失电，并通过扇形齿轮及锁杆将靠近钥匙的几个主按键开关锁住（前照灯和后副前照灯两按键除外）。当司机将主按键开关钥匙插入锁孔、向前扳动时，3 个扇形齿轮带动辅助开关旋转 45°，使辅助开关处于接通位置，机车的控制电路得电；与此同时，中间齿轮的轴（即连杆）转动，带动锁杆后移，各按键便能脱离锁杆的约束而进行操作。每台机车只配有 1 把主按键开关钥匙，司机离开机车时只要将钥匙带走，就可以防止他人违纪操作。

按键开关单件结构如图 10-37 所示。它用绝缘垫 10 和绝缘套管 11 将支板 9 与触头支架 8 绝缘，保证了静触头 5 和动触头 4 分开后电路能完全断开。自复式的按键开关还带有自复弹簧 6。按键开关动触头的运动是速动式的，与操作速度无关。按键开关在分断时，动、静触头间首先有一段研磨过程，当弹簧 7 过死点后，动触头 4 迅速奔向另一静触头。插销 15 与插座 17 间的接触压力一方面来自插座 17 的弹性，更主要的是由弹簧箍 16 来保证。

此种琴键式按键开关结构紧凑，外表美观大方，由于采用了插销插座式单件结构，插销及其上部各零部件可以随插销一起取出而无须拆线，检修更换时非常方便。

按键开关单件的主要技术参数：

额定电压：DC 110 V；

额定电流：15 A；

触头数量：一常开，一常闭；

触头开距：≥6 mm；

触头压力：≥8 N；

操作力：自复式≤35 N，非自复式≤25 N。

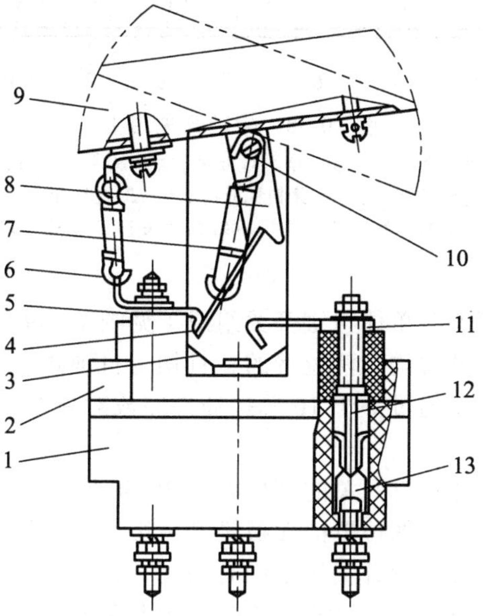

图 10-37 按键开关单件

1—底座；2—插销座；3—支架；4—动触头；5—短静触头；
6—自复弹簧；7—触头弹簧；8—触头支架；9—按键；
10—轴；11—长静触头；12—插销；13—插座

2. 扳键式开关

为符合铁路总公司标准化司机室的要求，在新型、新造及新修国产电力机车中开始采用扳键开关来代替传统的琴键开关。在机车每端司机室的操纵台上安装两组扳键开关组，分别为位于主司机前方的扳键开关组 1 和位于主司机右前方的扳键开关组 2。

（1）扳键开关组 1。

扳键开关组 1 由 12 个单体扳键开关组成，包括的开关有启动类和照明类（见图 10-38），其中启动类由 7 种开关组成，分别是主断、受电弓、劈相机、压缩机、通风机、制动风机和备用压缩机开关；另外还有一个司机钥匙开关，该开关是司机选择操纵端的依据，同时为启动类控制线路提供电源的总开关，司机钥匙与启动类开关还具有机械联锁的功能，能将开关组中的启动类开关的操作手柄锁住，这样，在没有操纵权时，这些开关就不能任意地进行开关动作，能有效地防止因误操作带来的安全隐患。

各开关的位数根据需要设置有两位置（如仪表灯、劈相机、通风机、制动风机和备用开关）、三位置（前照灯、司机室灯、主断、受电弓和压缩机）和五位置（辅照灯、标志灯）3 种。开关的型式有自复式的（主断和压缩机的强泵位开关）和自锁式（其余各开关）。

扳键开关组 1 对外的电气接口是通过两个 20 芯的插头插座来实现对外的电气连接，该接插件位于扳键开关组的下方。

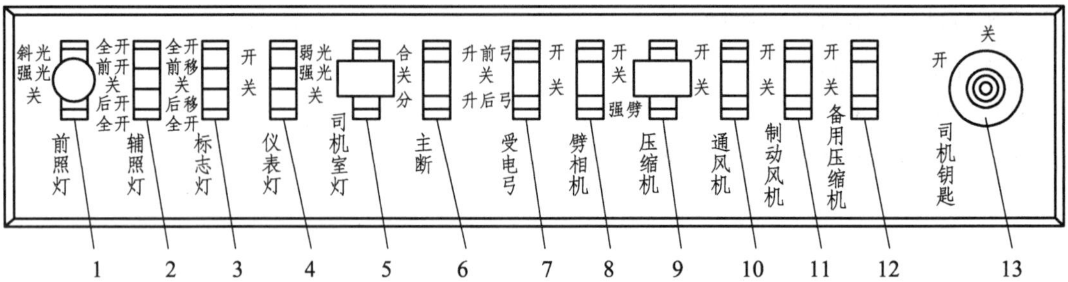

图 10-38　扳键开关组 1

1—前照灯开关；2—辅照灯开关；3—标志灯开关；4—仪表灯开关；5—司机室灯开关；6—主断开关；7—受电弓开关；8—劈相机开关；9—压缩机开关；10—通风机开关；11—制动风机开关；12—备用压缩机开关；13—司机钥匙开关

（2）扳键开关组 2。

扳键开关组 2 由 3 个照明类单体扳键开关组成（见图 10-39），分别是各室灯开关、走廊灯开关和备用开关。这 3 种开关均为两位置的，且均为自锁式。

扳键开关组 2 的电气接口通过一个 10 芯接插件完成对外电气连接。

（3）单体扳键开关。

组成扳键开关组的各单体扳键开关的结构如图 10-40 所示，其位数设置有 3 种，分别是两位置、三位置和五位置。其中两位置的在扳键开关组 1 中有仪表灯、劈相机、通风机、制动风机和备用压缩机开关，在扳键开关组 2 中有备用、各室灯和走廊灯开关；三位置的在扳键开关组 1 中有前照灯、司机室灯、主断、受电弓和压缩机开关；五位置的在扳键开关组 1 中有辅照灯和标志灯开关。

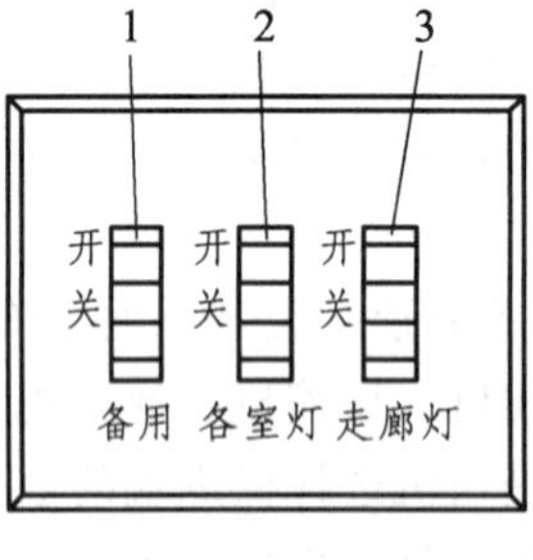

图 10-39　扳键开关组 2

1—备用开关；2—各室灯开关；3—走廊灯开关

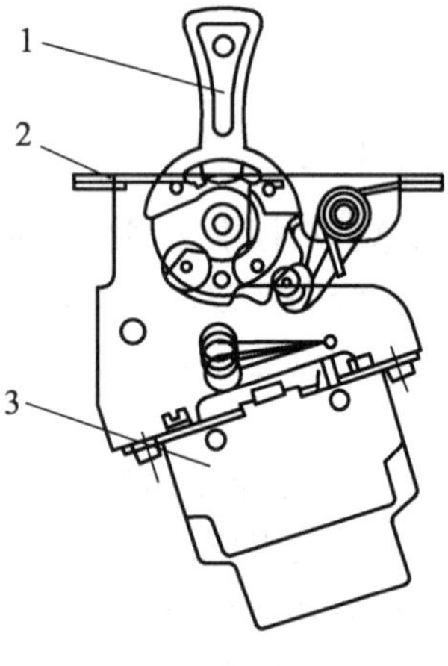

图 10-40　单体扳键开关构成

1—手柄；2—安装骨架；3—微动开关

各单体扳键开关的形式分为自复式和自锁式两种，其中自复式的有扳键开关组 1 中的主断开关和压缩机的强泵位开关；扳键开关组 1 的其余单体开关和扳键开关组 2 中的所有开关均为自锁式的。

单体扳键开关分别由手柄、安装骨架和微动开关组成。其中手柄共有 4 种，分别是 T 形手柄、球手柄、直手柄和标准手柄。其中前照灯开关的手柄为球手柄；司机室灯开关和压缩机开关的手柄为T形手柄；标志灯开关、辅照灯开关和仪表灯开关的手柄为直手柄；其余的单体开关手柄均为标准手柄。

小　结

自动开关又称自动空气断路器，是一种结构较为复杂，动作性能较为完善的配电保护电器。它能自动切断短路、严重过载、电压过低等故障电路，有效地保护接在它后面的电气设备；同时亦可用它来手动非频繁地接通和分断正常电路。

高电压和大电流是不能直接测量的，一般只能借助于类似变压器的电流和电压互感器，把高电压、大电流变换成低电压、小电流，再供给测量仪表及继电器的电流线圈使用。互感器虽与变压器相似，但从两者的用途来看，变压器除了用来变压和有时变相外，主要用于传输电能，而互感器则是把原边电路的电压、电流准确地反映给副边电路。所以，它与电力变压器在结构和要求都有所区别。在使用过程中要特别注意基本的使用方法。

传感器是自动化系统中不可缺少的元件。它连接被测对象和测试系统，提供系统进行处理和决策所必需的原始信息。显然，一个自动化系统首先要检测到信息才能去进行自动控制，如果传感器不能获得信息，或者获得的信息不确切，或者不能把信息精确地转换成电信号，那么，要显示、处理这些信号就会非常困难，甚至没有意义。所以，传感器关系着一个测量系统或自动化系统的成败。在电力机车中应用到了电流、电压、速度、压力等不同类型的传感器。

避雷器与被保护物并联，当出现的过电压危及被保护物时，避雷器放电，使高压冲击电流泄入大地，尔后，它仍能恢复原工作状态，截止伴随而来的正常工频电流使电路与大地绝缘。过电压越高，火花间隙击穿越快，从而限制了加于被保护物上的过电压。

熔断器是当电流超过规定值一定时间后，以它本身产生的热量使熔体熔化而分断电路的电器。它在电力机车电路中作过载和短路保护之用。

电力机车还采用万能转换开关和按键开关，作为故障隔离、电气联锁、电源控制之用。

思考与习题

1. 自动开关由哪几部分组成？
2. 简述自动开关的分断过程。
3. 电力机车上通常采用哪些互感器？各有什么作用？
4. 互感器工作时应注意哪些要求？
5. 电力机车上通常采用哪些传感器？各有什么作用？
6. 磁平衡式霍尔传感器有哪些特点？
7. 说明避雷器的工作原理。
8. 电力机车中蓄电池有何作用？
9. Y10W-42/105TD型氧化锌避雷器结构由哪些部分组成？有何特点？
10. LW5系列万能转换开关有何用途？它由哪些主要部件组成？
11. 司机室主台按键开关组中的主断按键开关为什么采用自复式开关？

参考文献

[1]　张龙. 电力机车电机[M]. 北京：中国铁道出版社，2013.
[2]　乔宝莲. 电力机车电器[M]. 北京：中国铁道出版社，2008.
[3]　祁冠峰. 电力机车电器[M]. 北京：中国铁道出版社，2008.
[4]　张有松，朱龙驹. 韶山 $_4$ 型电力机车[M]. 北京：中国铁道出版社，1998.
[5]　杨永林. 韶山 $_{7E}$ 型电力机车[M]. 北京：中国铁道出版社，2004.
[6]　余卫斌. 韶山 $_9$ 型电力机车[M]. 北京：中国铁道出版社，2005.
[7]　张曙光. HXD_1 型电力机车[M]. 北京：中国铁道出版社，2009.
[8]　张曙光. HXD_3 型电力机车[M]. 北京：中国铁道出版社，2009.
[9]　孔凡才. 自动控制原理与系统[M]. 北京：机械工业出版社，2005.
[10]　胡崇岳. 现代交流调速技术[M]. 北京：机械工业出版社，2005.
[11]　杜德昌. 电机结构与维修[M]. 北京：电子工业出版社，2007.